LES GRANDS **TEXTES**
DE L'ÉCONOMIE
ET DE
LA SOCIOLOGIE

Coordination
CLAUDE-DANIÈLE ECHAUDEMAISON

MICHEL BITARD
Agrégé de Sciences sociales
Enseignant à la Faculté d'Évry

JEAN BONCŒUR
Maître de Conférences
à l'Université de Bretagne occidentale

JACQUES SALIBA
Maître de Conférences en Sociologie
à l'Université de Nanterre

NATHAN

 ISBN - 2 09 181036-3

AVANT-PROPOS

Si l'économie plonge ses racines dans l'Antiquité, c'est au cours du XVIe siècle qu'elle commence peu à peu à se constituer en discipline autonome. En 1615 paraît le premier *Traité d'économie politique* dû à Antoine de Montchrétien, et ce n'est qu'à la fin du XVIIIe siècle que l'économie s'affirme comme une science à part entière. La sociologie quant à elle, fille de la philosophie, ne s'autonomise qu'au XIXe siècle. C'est en effet Auguste Comte qui crée ce terme, néologisme qui apparaît pour la première fois dans la 47e Leçon des *Cours de philosophie positive* (1830-1842).

Le terme **sociologie** présente, tout comme le terme **économie**, une grande polyvalence. Ces deux sciences se sont constituées à travers de longs processus de différenciation par rapport à d'autres sciences (historique, juridique, philosophique, etc.) mais également par des processus d'intégration qui permettent d'énoncer un certain nombre de lois, de paradigmes, qui fournissent une trame d'analyse pour comprendre, interpréter le comportement des hommes en société, pour comparer différentes sociétés, même si ces deux sciences sont, au XXe siècle, au cœur de controverses, voire de polémiques, liées à la concurrence entre des écoles de pensée, des points de vue doctrinaux.

Le choix de ces grands textes participe d'un certain arbitraire, puisque choisir certains textes, c'est bien évidemment en exclure d'autres. Notre sélection veut montrer le « noyau dur », les textes fondateurs, incontournables de ces disciplines mais également, en filigrane, les liens entre ces Sciences sociales et leurs auteurs, non seulement dans le dernier thème consacré à « L'articulation entre économie et sociologie » mais aussi dans l'ensemble des deux parties, l'œuvre de certains de ces auteurs s'inscrivant à la fois dans l'une et l'autre de ces sciences. Les bornes temporelles originelles ont été fixées au XVIe siècle en Économie et au XIXe siècle en Sociologie.

Les textes de la partie **Économie** se regroupent en six ensembles : « L'économie de marché », « Valeur et répartition », « La monnaie », « Relations économiques internationales », « La croissance économique », « Fluctuations et crises ». À l'intérieur de chaque thème, les textes s'organisent chronologiquement. La présentation **thématique** découle du désir de proposer une approche claire des concepts ; la classification **chronologique** permet de montrer que l'évolution de la réflexion économique est fonction du cadre temporel, institutionnel, politique, technique.

La partie **Sociologie** comporte sept thèmes : « La construction de la connaissance sociologique », « Société, culture, civilisation », « L'individuel et le collectif », « Régulation, contrôle social, action collective », « Travail, organisation, vie quotidienne », « Inégalités et stratifications sociales », « L'articulation entre économie et sociologie ». Après avois posé les racines de la sociologie et de son évolution au XXe siècle, ces thèmes entendent dresser le tableau des problématiques essentielles soulevées par la sociologie contemporaine.

Cet ouvrage est **une** vision de l'Économie et de la Sociologie **à travers les auteurs**. Il espère intéresser tous ceux pour qui la connaissance passe d'abord par un **contact direct** avec les **écrits originaux**. Bien évidemment, les lecteurs peuvent se laisser guider dans leur approche par le commentaire qui accompagne et explicite chaque texte.

Claude-Danièle ECHAUDEMAISON

SOMMAIRE

ÉCONOMIE (Jean Boncœur)

SOCIOLOGIE

1re PARTIE : La construction de la connaissance sociologique (Jacques Saliba)

SOMMAIRE

SOMMAIRE

Classes sociales

Mobilité sociale

La théorie du don

Le marché

De l'étude de la consommation à la nouvelle sociologie économique

1re PARTIE

L'ÉCONOMIE DE MARCHÉ

La réflexion économique se situe spontanément dans le cadre du marché. Lorsqu'elle est confrontée à des phénomènes non marchands, elle recourt le plus souvent à des artifices pour les exprimer dans les termes monétaires qui lui sont familiers (évaluation des services publics au coût de production par exemple). Parfois même, elle entreprend de montrer que le marché se cache derrière les phénomènes sociaux les plus divers (*cf.* la théorie du « marché politique »).

Cette approche de l'économie, aujourd'hui dominante, plonge ses racines dans une tradition de pensée libérale qui voit dans le marché une réalité « naturelle » [textes E 5 et E 10]. Pourtant, plusieurs auteurs ont mis en évidence le caractère historiquement déterminé de l'économie de marché [textes E 8, E 9 et E 18], et le développement de celle-ci a suscité d'âpres controverses, focalisées sur deux points essentiels : la question de la légitimité de la propriété privée, et celle de l'efficacité de la concurrence. Au-delà de leur intérêt historique, ces controverses peuvent être, pour le lecteur actuel, l'occasion de s'interroger sur la fonction sociale, l'intérêt et les limites d'une institution à la fois familière et déroutante.

Les trois premiers textes ci-après sont contemporains du mouvement des enclosures qui, du XVIe au XVIIIe siècle, bouleverse l'agriculture anglaise et contribue à créer les conditions du « décollage » industriel ultérieur. Ce mouvement suscite de vigoureuses protestations, qui parfois débouchent sur une remise en cause radicale de la notion de propriété privée [texte E 1]. La défense et illustration des enclosures fournit, quant à elle, matière à diverses théorisations du droit de propriété [textes E 2 et E 3]. L'une d'elle, appuyée sur la notion de « droit naturel », constituera le premier fondement doctrinal du libéralisme économique.

Le second est l'affirmation des vertus de la libre concurrence. De la physiocratie à l'école néo-classique, plusieurs générations d'économistes s'essaieront à démontrer la supériorité de celle-ci sur toute autre forme d'organisation économique [textes E 4, E 6, E 12]. Force est de constater que ces tentatives n'atteignent pas vraiment leur but [textes E 13 et E 16]. Ce constat est, au XXe siècle, à l'origine de renouvellements importants de l'analyse libérale [textes E 19, E 20]. Il vient également étayer les prises de position en faveur d'une économie mixte, où l'action régulatrice de l'État est censée tempérer le jeu de la concurrence [texte E 16]. Il se peut, au demeurant, que ce jeu ne soit pas exactement ce qu'il prétend être [textes E 13 et E 21].

E 1

Thomas More

«Les moutons mangent les hommes»

– La principale cause de la misère publique, c'est le nombre excessif des nobles, frelons oisifs qui se nourissent de la sueur et du travail d'autrui, et qui font cultiver leurs terres, en rasant leurs fermiers jusqu'au vif, pour augmenter leurs revenus [...]. Ce qui n'est pas moins funeste, c'est qu'ils traînent à leur suite des troupeaux de valets fainéants, sans état et incapables de gagner leur vie. [...] La noblesse et la valetaille ne sont pas les seules causes des brigandages qui vous désolent; il en est une autre exclusivement particulière à votre île.

– Et quelle est-elle ? dit le cardinal.

– Les troupeaux innombrables de moutons qui couvrent aujourd'hui l'Angleterre. Ces bêtes, si douces, si sobres partout ailleurs, sont chez vous tellement voraces et féroces qu'elles mangent même les hommes, et dépeuplent les campagnes, les maisons et les villages.

En effet, sur tous les points du royaume, où l'on recueille la laine la plus fine et la plus précieuse, accourent, pour se disputer le terrain, les nobles, les riches, et même de très saints abbés. Ces pauvres gens n'ont pas assez de leurs rentes, de leurs bénéfices, des revenus de leurs terres; ils ne sont pas contents de vivre au sein de l'oisiveté et des plaisirs, à charge du public et sans profit pour l'État. Ils enlèvent de vastes terrains à la culture, les convertissent en pâturages, abattent les maisons, les villages, et n'y laissent que le temple, pour servir d'étable à leurs moutons. Ils changent en désert les lieux les plus habités et les mieux cultivés. Ils craignent sans doute qu'il n'y ait pas assez de parcs et de forêts, et que le sol manque aux animaux sauvages.

Ainsi un avare affamé enferme des milliers d'arpents dans un même enclos; et d'honnêtes cultivateurs sont chassés de leurs maisons, les uns par la fraude, les autres par la violence, les plus heureux par une suite de vexations et de tracasseries qui les forcent à vendre leurs propriétés. Et ces familles plus nombreuses que riches (car l'agriculture a besoin de beaucoup de bras) émigrent à travers les campagnes, maris et femmes, veuves et orphelins, pères et mères avec de petits enfants. Les malheureux fuient en pleurant le toit qui les a vus naître, le sol qui les a nourris, et ils ne trouvent pas où se réfugier. Alors ils vendent à vil prix ce qu'ils ont pu emporter de leurs effets, marchandise dont la valeur est déjà bien peu de chose. Cette faible ressource épuisée, que leur reste-t-il ? Le vol, et puis la pendaison dans les formes.

Aiment-ils mieux traîner leur misère en mendiant ? On ne tarde pas à les jeter en prison comme vagabonds et gens sans aveu. Cependant, quel est leur crime ? C'est de ne trouver personne qui veuille accepter leurs services, quoiqu'ils les offrent avec le plus vif empressement. Et d'ailleurs, comment les employer ? Ils ne savent que travailler la terre; il n'y a donc rien à faire pour eux, là où il n'y a plus ni semailles ni moissons. Un seul pâtre ou vacher suffit maintenant à faire brouter cette terre, dont la culture exigeait autrefois des centaines de bras. [...]

Je sais que mon langage paraîtra dur et sévère aux conseillers des rois; néanmoins, je ne vois pas que sa nouveauté soit tellement étrange qu'elle frise l'absurde. Si je rappelais les théories de la *République* de Platon, ou les usages actuellement en vigueur chez les Utopiens, choses très excellentes et infiniment supérieures à nos idées et à nos mœurs, alors on pourrait croire que je viens d'un autre monde, parce qu'ici le droit de posséder en propre appartient à chacun, tandis que là tous les biens sont communs. Mais qu'ai-je dit qu'il ne soit convenable et même nécessaire de publier ? Ma morale montre le danger, elle en détourne l'homme raisonnable ; elle ne blesse que l'insensé qui se jette à corps perdu dans l'abîme. Il y a lâcheté et mauvaise honte à taire les vérités qui condamnent la perversité humaine, sous prétexte qu'elles sont bafouées comme des nouveautés absurdes, ou des chimères impraticables. Autrement, il faudrait jeter un voile sur l'Évangile, et dissimuler aux chrétiens la doctrine de Jésus. [...]

Maintenant, cher Morus, je vais vous ouvrir le fond de mon âme, et vous dire mes pensées les plus intimes. Partout où la propriété est un droit individuel, où toutes choses se mesurent par l'argent, là on ne pourra jamais organiser la justice et la prospérité sociale, à moins que vous n'appeliez juste la société où ce qu'il y a de meilleur est le partage des plus méchants, et que vous n'estimiez parfaitement heureux l'État où la fortune publique se trouve la proie d'une poignée d'individus insatiables de jouissances, tandis que la masse est dévorée par la misère.

Thomas More,
UTOPIE (1516),
trad. française Éditions sociales, Paris, 1966, livre I, pp. 78-82 et 105-107.

COMMENTAIRE

Humaniste de la Renaissance, catholique fervent et chancelier du roi Henri VIII (qui le fera décapiter pour son refus d'abjurer sa foi catholique à la suite du schisme de l'Église d'Angleterre), Thomas More (1478-1535) est témoin du premier mouvement d'enclosures qui, dans l'Angleterre du XVIe siècle, marque l'irruption de la propriété privée capitaliste dans le monde rural, en même temps qu'il jette sur les chemins des masses de gens dénués de moyens d'existence.

Stimulée par le développement de l'industrie lainière, la création de grands élevages de moutons par l'aristocratie tudorienne se réalise en effet au détriment des terrains communaux, des usages collectifs et des anciennes tenures qui permettaient traditionnellement à une paysannerie nombreuse de subsister dans le cadre du domaine féodal. Le mouvement des enclosures, mené avec une grande brutalité, a des conséquences sociales dramatiques que dénonce Thomas More dans la première partie de son *Utopie.*

Cet ouvrage, construit sur le mode des *Dialogues* de Platon, propose dans sa seconde partie la description d'une société idéale (baptisée « Utopie », mot forgé par More à partir du grec *ou-topos :* « en aucun lieu »), qui se présente comme un contrepoint lumineux à la sombre peinture de la société anglaise offerte par la première partie. Cette société idéale a en commun avec la *République* de Platon de reposer sur la propriété collective des moyens de production et l'absence d'échange marchand.

Thomas More, effrayé par les ravages qu'engendre dans son pays la course effrénée au profit, considère en effet que là réside la cause essentielle des malheurs du peuple, et propose d'attaquer le mal à la racine en supprimant toute forme d'accumulation privée. Réminiscence moderne de la *République* platonicienne, l'*Utopie* de More peut aussi, en ce sens, être considérée comme un texte précurseur des grands projets socialistes du XIXe siècle. À plus court terme, son message sera repris, au XVIIe siècle en Angleterre, par des mouvements à la fois sociaux et religieux (*diggers, levellers*) qui essaieront de traduire en actes leur lecture de l'Évangile en collectivisant les terres.

mots-clés

PROPRIÉTÉ PRIVÉE – ENCLOSURES – UTOPIE – COMMUNISME – ACCUMULATION – SOCIALISME

E 2

Thomas Hobbes

« La répartition appartient au pouvoir souverain »

L'alimentation de la République repose sur l'abondance et la répartition des matières premières qui assurent la vie ; sur leur digestion ou préparation ; et enfin, après qu'elles ont été digérées, sur l'acheminement qui les dirige, par des conduits appropriés, vers leur utilisation publique.

Quant à l'abondance de matière, elle est limitée par nature aux biens qui sortent des deux mamelles de notre mère commune, à savoir la terre et la mer, et que Dieu a coutume soit de dispenser libéralement au genre humain, soit de lui vendre en échange de son travail. En effet, la matière de cette nutrition, constituée d'animaux, de végétaux et de minéraux, Dieu l'a libéralement disposée devant nous, sur la face de la terre ou près de celle-ci, de telle sorte que les hommes n'aient plus besoin que d'en prendre possession par leur travail et leur industrie. Ainsi l'abondance a-t-elle pour seule condition (après la grâce de Dieu) le travail et l'industrie des hommes. [...]

La répartition de la matière première de cette nourriture consiste dans la détermination du mien, du tien et du sien, ou, pour le dire en un mot, dans la propriété : dans toutes les espèces de République, cette répartition appartient au pouvoir souverain. En effet, là où il n'y a point de République, il existe, comme on l'a précédemment montré, une guerre perpétuelle de chaque homme contre son prochain : toute chose appartient donc à celui qui l'obtient et la garde de force : ce qui n'est ni propriété, ni communauté, mais incertitude. [...] Par conséquent, étant donné que l'introduction de la propriété est un effet de la République, qui ne peut agir que par la personne qui la représente, cette introduction est l'acte du seul souverain ; elle repose sur les lois, que nul ne peut promulguer s'il ne dispose du pouvoir souverain. Cela, les anciens le savaient bien, qui appelaient *nomos,* c'est-à-dire répartition, ce que nous appelons loi ; et qui définissaient la justice comme la répartition par laquelle chacun reçoit ce qui lui appartient.

La première loi de cette répartition concerne le partage de la terre elle-même : dans ce partage, le souverain assigne une part à chacun, selon ce qu'il juge (lui, et non pas tel ou tel sujet, ou un certain nombre d'entre eux) conforme à l'équité et au bien commun. [...] On peut conclure de là que la propriété qu'a un sujet touchant ses terres consiste dans le droit d'interdire leur usage à tout autre sujet: mais non dans le droit de l'interdire au souverain, qu'il s'agisse d'une assemblée ou d'un monarque. Étant donné en effet que le souverain (c'est-à-dire la République, dont il représente la personne) est réputé ne rien faire qu'en vue de la paix et de la sûreté communes, la répartition des terres est réputée avoir été faite en vue de cette fin [...]. Il est vrai qu'un monarque souverain, ou la majorité d'une assemblée souveraine, peuvent ordonner, pour satisfaire leurs passions, beaucoup de choses contraires à leur conscience, ce qui revient à tromper la confiance d'autrui et à enfreindre la loi de nature: mais cela ne suffit pas pour autoriser un sujet à prendre les armes contre son souverain, ou même seulement à l'accuser d'injustice ou à en mal parler de quelque façon que ce soit: les sujets ont en effet autorisé toutes ses actions, et les ont faites leurs par l'acte qui lui a conféré le pouvoir souverain. [...]

Dans la répartition des terres, on peut concevoir que la République elle-même, incarnée dans son représentant, en reçoive une part, l'occupe et la fasse valoir; et que cette part puisse être assez grande pour supporter toutes les dépenses nécessairement requises pour la paix et la défense communes: tout cela serait très vrai, si l'on pouvait concevoir un représentant affranchi des passions et des faiblesses humaines. Mais la nature des hommes étant ce qu'elle est, la constitution d'un domaine public, ou l'assignation à la République d'un certain revenu, est une vaine entreprise qui tend à la dissolution du gouvernement et au retour à l'état de pure nature et de guerre, dès l'instant où le pouvoir souverain tomberait aux mains d'un monarque ou d'une assemblée trop négligents à l'égard des questions pécuniaires, ou trop aventureux dans leurs manières d'engager les fonds publics lors d'une guerre longue et coûteuse. Les Républiques ne supportent pas qu'on leur prescrivent un régime: étant donné en effet que leurs dépenses ne sont pas déterminées par leur propre appétit, mais par des accidents extérieurs et par l'appétit de leurs voisins, les ressources publiques ne sauraient supporter d'autres déterminations que celle que requerront les occasions imprévisibles. [...]

De même que la répartition des terres dans le pays, la détermination des endroits où les sujets pourront commercer, à l'étranger, ainsi que des biens sur lesquels portera ce commerce, appartient au souverain. En effet, s'il appartenait aux personnes privées d'en user comme elles l'entendent à cet égard, certains seraient amenés, en vue du gain, à fournir aux ennemis les moyens de nuire à la République, et même à lui nuire eux-mêmes, en important des objets qui, tout en flattant les appétits des gens, ne leur seraient pas moins préjudiciables ou à tout le moins inutiles. Il appartient donc à la République, c'est-à-dire au seul souverain, d'accorder ou de refuser sa permission, pour ce qui est des endroits et des objets concernés par le commerce extérieur.

En outre, étant donné qu'il ne suffit pas à la sustentation de la République que chacun ait la propriété d'une part de terre ou de quelques biens, ou soit propre, par nature, à quelque art utile (il n'est du reste pas d'art au monde qui ne soit nécessaire à l'existence ou au bien-être de presque tous les individus) il est nécessaire que les hommes se partagent ce dont ils peuvent se passer, et qu'ils se transfèrent mutuellement la propriété qu'ils ont sur ces choses, par échange et par contrat mutuel. Aussi appartient-il à la République, c'est-à-dire au souverain, de fixer la manière dont devront être faits les contrats de toutes espèces entre les sujets (touchant par exemple l'achat, la vente, l'échange, l'emprunt, le prêt, le fait de donner ou de prendre à bail).

Thomas Hobbes,
LÉVIATHAN (1651),
chap. 24.

COMMENTAIRE

Écrit en exil pendant la première révolution anglaise (1640-1660), le *Léviathan* de Thomas Hobbes (1588-1679) propose une justification de la monarchie absolue sur des bases résolument modernes, car exemptes de toute référence à la notion de droit divin. L'État de nature est selon lui un perpétuel état de « guerre de tous contre tous », où seule règne la loi du plus fort. Pour mettre fin à cette situation, les hommes ont, par contrat, remis le pouvoir à l'un d'entre eux (le souverain), avec pour mission d'organiser la société civile (que Hobbes compare à un « homme artificiel » auquel il donne le nom de *Léviathan*), c'est-à-dire de créer et de faire respecter le droit.

Cette analyse s'applique notamment au droit de propriété, pure création du pouvoir politique répondant à un objectif de bon fonctionnement de la société (la « répartition des aliments » nécessaires à la vie de l'« homme artificiel »). Ce caractère contingent du droit de propriété implique la possibilité, pour le souverain, d'agir sur lui chaque fois qu'il le trouve utile. Ainsi le pouvoir de lever l'impôt – enjeu immédiat de la première révolution anglaise – est-il absolument discrétionnaire. Il est intéressant de noter que Hobbes, après avoir envisagé la possibilité pour le souverain de garder la terre en régie directe, rejette cette solution pour des raisons d'efficacité.

Sur le plan économique, les idées de Hobbes sont assez représentatives de ce que Smith qualifiera un siècle plus tard de « système mercantile », nébuleuse associant la reconnaissance du rôle social des marchands et l'affirmation du nécessaire contrôle par l'État de leur activité.

mots-clés

ÉTAT DE NATURE – PROPRIÉTÉ – CONTRAT SOCIAL – MONARCHIE ABSOLUE – RÉPARTITION

E 3

John Locke

La propriété, un « droit naturel »

L'enseignement de la raison naturelle, selon laquelle les hommes ont droit, dès leur naissance, à la conservation et, avec elle, à la nourriture, à la boisson et à tous les objets dispensés par la nature pour assurer leur subsistance, s'accorde avec le récit de la révélation, selon lequel Dieu a donné le monde à Adam, à Noé et à ses fils, pour nous montrer clairement, comme l'a dit le roi David (*Psaume,* CXV. 16), que Dieu a fait don de la terre aux enfants des hommes, qu'il l'a donnée en commun à l'humanité. Pourtant, cela étant, certains ont beaucoup de mal à expliquer comment qui que ce soit a pu devenir propriétaire de quoi que soit ; [...] je m'efforcerai d'établir comment les hommes peuvent acquérir la propriété de portions distinctes de ce que Dieu a donné aux hommes en commun, cela, même sans l'accord exprès de tous les copropriétaires. [...]

Bien que la terre et toutes les créatures inférieures appartiennent en commun à tous les hommes, chacun garde la propriété de sa propre personne. Sur celle-ci, nul n'a droit que lui-même. Le travail de son corps et l'ouvrage de ses mains, pouvons-nous dire, sont vraiment à lui. Toutes les fois qu'il fait sortir un objet de l'état où la nature l'a mis et l'a laissé, il y mêle son travail, il y joint quelque chose qui lui appartient et de ce fait, il se l'approprie. Cet objet, soustrait par lui à l'état commun dans lequel la Nature l'avait placé, se voit adjoindre, par ce travail, quelque chose qui exclut le droit commun des autres hommes. Sans aucun doute, ce travail appartient à l'ouvrier ; nul autre que l'ouvrier ne saurait avoir de droit sur ce à quoi le travail s'attache, dès lors que ce qui reste suffit aux autres, en quantité et en qualité. [...]

Ainsi, cette loi de la raison donne-t-elle le cerf à l'Indien qui l'a tué ; on admet que la chose appartienne à celui qui lui a consacré son travail, même si, auparavant, tout le monde avait les mêmes droits sur elle. Chez ceux qui passent pour la partie civilisée de l'espèce humaine et qui ont institué, puis multiplié, les lois positives qui régissent la propriété, la loi primitive de la nature, qui autorise à s'approprier des biens auparavant communs, demeure toujours en vigueur ; grâce à elle, les poissons que quiconque attrape dans l'océan, ce fonds commun de l'humanité, si vaste et encore indivis, ou l'ambre gris qu'on y recueille, deviennent la propriété de celui qui leur consacre tant de soins, à cause du travail qui les soustrait à l'indivision où la nature les avait laissés. [...]

On objectera peut-être que, si la récolte des glands ou autres fruits de la terre, etc., donne un droit sur eux, alors n'importe qui peut en accaparer autant qu'il veut. À cela, je réponds qu'il n'en est rien. La même loi de la nature qui nous donne la propriété de cette manière lui impose des limites. Dieu nous a donné toutes choses en abondance. L'inspiration confirme-t-elle la voix de la raison ? Dans quelle mesure nous a-t-il fait ce don pour en jouir ? Tout ce qu'un homme peut utiliser de manière à en retirer un avantage quelconque pour son existence sans gaspiller, voilà ce que son travail peut marquer du sceau de la propriété. Tout ce qui va au-delà excède sa part et appartient à d'autres. Dieu n'a rien créé pour que l'homme le gaspille ou le détruise. Considérant donc l'abondance des provisions naturelles qui ont existé longtemps dans le monde, le nombre restreint des consommateurs et l'impossibilité, pour un homme seul, avec toute son industrie, d'atteindre et d'accaparer, aux dépens des autres, davantage qu'une infime portion de ces ressources, surtout s'il se limitait à ce qui pouvait lui servir, il faut admettre que la propriété acquise de cette manière ne risquait d'entraîner, à cette époque, que peu de querelles et de différends.

À présent que la propriété ne porte plus, au premier chef, sur les fruits de la terre et les bêtes qui vivent, mais sur la terre elle-même, en tant que celle-ci inclut et comporte tout le reste, il me paraît clair que cette propriété, elle aussi, s'acquiert comme la précédente. La superficie de terre qu'un homme travaille, plante, améliore, cultive, et dont il peut utiliser les produits, voilà sa propriété. Par son travail, peut-on dire, il l'enclôt et la sépare des terres communes. [...] Nul autre ne pouvait être lésé par celui qui s'appropriait ainsi une parcelle quelconque de terre en l'améliorant, car il en restait assez, d'une qualité aussi bonne, et même plus que ne pouvaient utiliser les individus qui n'en étaient pas encore pourvus. Si bien, qu'en réalité, le bornage que l'un effectuait à son profit ne réduisait jamais la part des autres.

John Locke,
DEUXIÈME TRAITÉ DU GOUVERNEMENT CIVIL (1690),
trad. française Librairie Vrin, Paris, 1977, chap. V, pp. 90-95.

COMMENTAIRE

La seconde révolution anglaise (1688) marque dans ce pays le triomphe de la monarchie parlementaire. Écrit au lendemain de cet événement, le *Deuxième Traité du gouvernement civil* de John Locke (1632-1704) peut s'interpréter comme la justification théorique du nouveau régime politique. En cela il s'oppose au *Léviathan* de Thomas Hobbes [texte E 2], et préfigure largement certaines des idées qui seront développées, au siècle suivant en France, par la « philosophie des Lumières » : il n'est pas exagéré de voir en Locke le père spirituel de la *Déclaration des droits de l'homme et du citoyen* de 1789. Mais l'ouvrage de Locke développe également une argumentation visant à réfuter les thèses communistes défendues, lors de la première révolution anglaise, par les *levellers* et autres disciples de l'*Utopie* de Thomas More [texte E 1]. Au-delà du contexte politique et social de l'Angleterre du XVIIe siècle, cette argumentation revêt une grande importance car elle constitue sans doute le premier fondement doctrinal d'une idéologie nouvelle : le libéralisme économique.
Contrairement à Hobbes, Locke considère que le droit préexiste au souverain, et s'impose à lui. Ce « droit naturel », inhérent à la personne humaine, correspond assez précisément à ce que la *Déclaration* de 1789 appellera les « droits de l'homme » : liberté, propriété, sûreté, et résistance à l'oppression *(art. 2)*. Le contrat social qui, pour les deux philosophes anglais, fonde la société civile, n'a aux yeux de Locke pas d'autre objet que d'assurer la codification et la protection du droit naturel. Dès lors le souverain n'agit légitimement que dans la mesure où il ne contredit pas celui-ci : le droit de résistance à l'oppression est le corollaire de la philosophie du droit naturel.
L'inscription du droit de propriété sur le registre des droits naturels de la personne humaine ne va pas de soi. En effet, Locke reprend à son compte l'affirmation des *levellers* selon laquelle « Dieu a donné la terre aux hommes en commun ». Mais, alors que ceux-ci en tirent une condamnation de la propriété privée du sol, Locke tente le tour de force d'aboutir à la conclusion opposée. De droit naturel, explique-t-il, chaque être humain est propriétaire de sa propre personne (thèse valant condamnation, nullement triviale au XVIIe siècle, de la pratique de l'esclavage), et donc des résultats de son travail. Par extension, poursuit Locke, chaque individu est légitimement propriétaire de la terre qu'il travaille.
Le rattachement de la propriété au droit naturel donne à celle-ci un statut beaucoup plus solide que celui que lui attribuait Hobbes. Ainsi, le souverain ne peut plus empiéter sur la propriété privée (notamment par l'impôt) qu'avec le consentement de l'assemblée représentant les propriétaires (le suffrage est alors censitaire). Toutefois, la justification de la propriété privée par le travail individuel peut difficilement passer pour un plaidoyer en faveur de l'ordre social en vigueur dans l'Angleterre de Locke – lequel se caractérise par de considérables écarts de for-

tune et par le fait que ceux qui possèdent la terre ne sont en général pas ceux qui la travaillent. Pour justifier cet état de choses, l'habile théoricien du droit naturel fera appel à une convention humaine : l'usage de la monnaie [texte E 39].

mots-clés

PROPRIÉTÉ - TRAVAIL - CONTRAT SOCIAL - DROIT NATUREL - LIBÉRALISME

E 4

Antoine Nicolas de Condorcet

Éloge de la liberté du commerce

La reproduction augmente avec l'intérêt qu'ont les cultivateurs d'employer des capitaux en entreprises de culture. Cet intérêt est composé : 1) du profit de ces entreprises ; 2) de la probabilité de succès ; 3) du bien-être dont on jouit dans l'état de cultivateur.

Or, la liberté augmentera le profit du cultivateur, et le rendra plus sûr. En effet, plus la circulation embrassera une grande étendue de pays, plus il y aura de marchands de blé, et plus aussi, dans les années abondantes, il y aura de probabilité que la quantité excédante de blé produite par l'amélioration de la culture trouvera des consommateurs, ou du moins des acheteurs. La concurrence entre les acheteurs empêchera que les cultivateurs, souvent nécessités à une prompte rentrée de leurs fonds, ne soient obligés de vendre à des prix trop bas ; le cultivateur sera donc plus assuré que toute la quantité de blé qu'il pourra faire naître sera vendue, et qu'elle lui produira, quelle que soit la fertilité de l'année, une rentrée avantageuse de ses avances.

Mais c'est peut-être par l'amélioration de l'état politique du cultivateur que la liberté contribue le plus efficacement à augmenter la reproduction. Les avances pour une culture un peu étendue sont très considérables, et si on compare les travaux du laboureur, les soins perpétuels qui remplissent son année, la vie dure et frugale qu'il mène, le peu de plaisirs et de commodités dont il jouit, avec la vie que le même capital lui procurerait dans le commerce ou dans les affaires, on voit que ce n'est ni l'amour de l'argent qui l'attache à son état, ni le goût de la paresse, ni celui des plaisirs. Mais, à l'exception de quelques classes privilégiées, les hommes ne sont pas des machines qui calculent et se déterminent toujours pour le parti où il y a le plus à gagner. L'homme aime mieux dépendre de la nature que de ses semblables : il souffre moins d'être ruiné par une grêle que par une injustice ; c'est là ce qui attache l'homme à l'agriculture ; ce qui l'empêche de la quitter, même lorsque sa fortune lui permet de choisir avec avantage des états plus doux, et, grâce à notre frivole vanité, plus honorés que le sien.

Mais le cultivateur perd tous ces avantages du moment où le commerce des subsistances n'est point libre ; sous l'empire d'un régime prohibitif, quel qu'il soit, à l'exception du laboureur pauvre, que le besoin contraint à vendre dès les premiers mois qui suivent la récolte, et dont la grange humble, délabrée, presque vide, ne peut exciter l'avidité, le cultivateur tombe dans la dépendance de tous les subalternes employés au maintien des lois sur les subsistances. Ces subalternes seront d'autant plus terribles, que parlant toujours de procurer du pain au « pauvre peuple », ils auront le talent de rendre le cultivateur odieux en même temps qu'ils l'opprimeront. [...] La culture sera donc abandonnée à des cultivateurs pauvres, dégoûtés de leur état, et bornant leur industrie à ne pas mourir de faim. [...]

Les hommes ne se sont réunis en société que pour conserver leur propriété et leur liberté ; ils n'ont pu consentir à en sacrifier une partie que lorsque ce sacrifice a été nécessaire à la conservation du reste. C'est à ce titre seul que le souverain a pu avoir le droit d'exiger des citoyens le renoncement à une partie de leur propriété ; c'est donc à ceux qui demandent des règlements prohibitifs à prouver que ces règlements sont nécessaires au salut de la nation.

Lorsque les partisans de la liberté accusent les règlements des maux que le défaut de subsistances et leur cherté ont pu produire, et que les prohibitifs imputent ces mêmes maux à la liberté, si le législateur ne se croit pas en état de se prononcer entre eux, il doit adopter dans sa conduite le parti de la liberté, parce qu'il n'a pas besoin de motifs particuliers pour laisser à chacun l'exercice de ses droits naturels. [...] Mais il ne suffirait pas aux prohibitifs d'avoir prouvé qu'en général la liberté a de grands inconvénients, et qu'on peut y remédier par des règlements prohibitifs ; il faudrait qu'ils eussent prouvé que tel règlement proposé remédie aux inconvénients de la liberté, et n'en traîne pas à sa suite de plus grands encore.

Antoine Nicolas de Condorcet,
RÉFLEXIONS SUR LE COMMERCE DES BLÉS (1776),
1re partie, chap. 8.

COMMENTAIRE

Écrit de circonstance destiné à soutenir la politique de réforme menée par Turgot au début du règne de Louis XVI, les *Réflexions sur le commerce des blés* de Condorcet (1743-1794) présentent l'intérêt de combiner la doctrine du droit naturel de John Locke [texte E 3] et les thèses économiques de François Quesnay, chef de file de l'école française des Physiocrates.

L'argumentation en faveur de la liberté du commerce des grains, que tente alors d'instaurer Turgot, est d'abord économique. Conformément au dogme central de la Physiocratie, l'agriculture est la seule activité vraiment productive, et par suite tout ce qui est bon pour l'agriculture est bon pour le royaume. Or, la prospérité de l'agriculture passe, selon les Physiocrates, par la possibilité pour celle-ci de vendre ses productions à un « bon prix », notion assez floue qui signifie que le prix de vente doit être suffisamment élevé pour permettre la reconstitution, voire l'élargissement des « avances » faites dans l'agriculture. Le « bon prix » est lui-même conditionné par l'existence d'un marché suffisamment large, ce qui suppose l'abolition des barrières limitant la circulation des grains d'une province à l'autre, voire d'un pays à l'autre (il est intéressant de constater qu'en un siècle, de Quesnay à Jules Méline, le discours agrarien français en faveur du « bon prix » du blé s'inversera complètement, et exigera la protection du marché national à l'aide de barrières douanières). À cette argumentation typiquement physiocratique, Condorcet ajoute une note plus personnelle en avançant l'idée que plus le marché est large, plus la probabilité que les cours soient stables est élevée.

Mais le raisonnement de Condorcet a aussi une dimension politique : conforme au droit naturel, la libre disposition par chacun du produit de son travail doit être la règle, tandis que les mesures de prohibition, qui portent toujours en elles le risque de l'arbitraire et de l'oppression, ne sauraient être que l'exception. Condorcet conclut par une remarque que ne désavoueraient pas les libéraux d'aujourd'hui : pour justifier l'intervention de l'État, il ne suffit pas de mettre en évidence les imperfections du marché ; encore faut-il prouver que l'État peut faire moins mal.

mots-clés

CONCURRENCE - DROIT NATUREL - PHYSIOCRATIE - LIBÉRALISME - ÉTAT - LIBERTÉ DU COMMERCE

E 5

Adam Smith

La propension naturelle à l'échange

Cette division du travail, de laquelle découlent tant d'avantages, ne doit pas être regardée dans son origine comme l'effet d'une sagesse humaine qui ait prévu et qui ait eu pour but cette opulence générale qui en est le résultat ; elle est la conséquence nécessaire, quoique lente et graduelle, d'un certain penchant naturel à tous les hommes, qui ne se proposent pas des vues d'utilité aussi étendues : c'est le penchant qui les porte à trafiquer, à faire des trocs et des échanges d'une chose pour une autre.

Il n'est pas de notre sujet d'examiner si ce penchant est un des premiers principes de la nature humaine dont on ne peut pas rendre compte, ou bien, comme cela paraît le plus probable, s'il est une conséquence nécessaire de l'usage de la raison et de la parole. Il est commun à tous les hommes, et on ne l'aperçoit dans aucune autre espèce d'animaux, pour lesquels ce genre de contrat est aussi inconnu que tous les autres. [...]

Dans presque toutes les espèces d'animaux, chaque individu, quand il est parvenu à sa pleine croissance, est tout à fait indépendant, et, tant qu'il reste dans son état naturel, il peut se passer de l'aide de toute autre créature vivante. Mais l'homme a presque continuellement besoin du secours de ses semblables, et c'est en vain qu'il l'attendrait de leur seule bienveillance. Il sera bien plus sûr de réussir, s'il s'adresse à leur intérêt personnel et s'il les persuade que leur propre avantage leur commande de faire ce qu'il souhaite d'eux. C'est ce que fait celui qui propose à un autre un marché quelconque ; le sens de sa proposition est ceci : « Donnez-moi ce dont j'ai besoin, et vous aurez de moi ce dont vous avez besoin vous-même » ; et la plus grande partie de ces bons offices qui nous sont si nécessaires s'obtient de cette façon. Ce n'est pas de la bienveillance du boucher, du marchand de bière ou du boulanger que nous attendons notre dîner, mais bien du soin qu'ils portent à leur intérêt. Nous ne nous adressons pas à leur sens de l'humanité, mais à leur égoïsme ; et ce n'est jamais de nos besoins que nous leur parlons, c'est toujours de leur avantage. Il n'y a qu'un mendiant qui puisse se résoudre à dépendre de la bienveillance d'autrui [...].

Comme c'est ainsi par traité, par troc et par achat que nous obtenons des autres la plupart de ces bons offices qui nous sont mutuellement nécessaires, c'est cette même disposition à trafiquer qui a dans l'origine donné lieu à la division du travail. Par exemple, dans une tribu de chasseurs ou de bergers, un individu fait des arcs et des flèches avec plus de célérité et d'adresse qu'un autre. Il troquera fréquemment ces objets avec ses compagnons contre du bétail ou du gibier, et il ne tarde pas à s'apercevoir que, par ce moyen, il pourra se procurer plus de bétail que s'il allait lui-même à la chasse. Par calcul d'intérêt donc, il fait sa principale occupation de fabriquer des arcs et des flèches, et le voilà devenu une espèce d'armurier. Un autre excelle à bâtir et à couvrir les petites huttes ou cabanes mobiles; ses voisins prennent l'habitude de l'employer à cette besogne, et de lui donner en récompense du bétail ou du gibier, de sorte qu'à la fin il trouve qu'il est de son intérêt de s'adonner exclusivement à cette besogne et de se faire en quelque sorte charpentier ou constructeur. Un troisième devient de la même façon forgeron ou chaudronnier; un quatrième est le tanneur ou le corroyeur de peaux ou cuirs qui forment le principal vêtement des sauvages. Ainsi la certitude de pouvoir troquer tout le produit de son travail qui excède sa propre consommation, contre un pareil surplus du produit du travail des autres qui peut lui être nécessaire, encourage chaque homme à s'adonner à une occupation particulière, et à cultiver et perfectionner tout ce qu'il peut avoir de talent et d'intelligence pour cette espèce de travail.

Dans la réalité, la différence des talents naturels entre les individus est bien moindre que nous le croyons, et les aptitudes si différentes qui semblent distinguer les hommes de diverses professions quand ils sont parvenus à la maturité de l'âge, ne sont pas tant la cause que l'effet de la division du travail, en beaucoup de circonstances. La différence entre les hommes adonnés aux professions les plus opposées, entre un philosophe, par exemple, et un portefaix, semble provenir beaucoup moins de la nature que de l'habitude et de l'éducation. [...]

Comme c'est ce penchant à troquer qui donne lieu à cette diversité de talents, si remarquable entre hommes de différentes professions, c'est aussi ce penchant qui rend cette diversité utile. Beaucoup de races d'animaux, qu'on reconnaît pour être de la même espèce, ont reçu de la nature des caractères distinctifs et des aptitudes différentes beaucoup plus sensibles que celle qu'on pourrait observer entre les hommes, antérieurement à l'effet de l'habitude et de l'éducation. Par nature, un philosophe n'est pas de moitié aussi différent d'un portefaix, en aptitude et en intelligence, qu'un mâtin l'est d'un lévrier, un lévrier d'un épagneul, et celui-ci d'un chien de berger. Toutefois ces différentes races d'animaux, quoique de même espèce, ne sont presque d'aucune utilité les unes pour les autres. Le mâtin ne peut pas ajouter aux avantages de sa force en s'aidant de la légèreté du lévrier, ou de la sagacité de l'épagneul, ou de la docilité du chien de berger. Les effets de ces différentes aptitudes ou degrés d'intelligence, faute d'une faculté ou d'un penchant au commerce et à l'échange, ne peuvent être mis en commun, et ne contribuent pas le moins du monde à l'avantage ou à la commodité commune de l'espèce. Chaque animal est toujours obligé de s'entretenir ou de se défendre lui-même à part et indépendamment des autres, et il ne peut retirer la moindre utilité de cette variété d'aptitudes que la nature a réparties entre ses pareils. Parmi les hommes, au contraire, les talents les plus disparates sont utiles les uns aux autres; les différents produits de leur industrie respective, au moyen de ce penchant universel à troquer et à commercer, se trouvent mis, pour ainsi dire, en une masse commune où chaque homme peut aller acheter, suivant ses besoins, une portion quelconque de l'industrie des autres.

Adam Smith,

RECHERCHES SUR LA NATURE ET LES CAUSES DE LA RICHESSE DES NATIONS (1776), *trad. française Éditions Gallimard, Paris, 1976, livre I, chap. 2, pp. 46-51.*

COMMENTAIRE

Après avoir fait l'éloge de la division du travail, en laquelle il voit la cause essentielle du progrès de la « richesse des nations », Adam Smith (1723-1790) s'interroge sur son origine, et voit en elle le résultat d'une tendance inhérente à la nature de l'homme : la propension à l'échange qui, plus que toute autre caractéristique, distingue selon lui l'espèce humaine du reste du règne animal.

Du même coup, c'est l'institution du marché qui se trouve « naturalisée » (dès que la division du travail s'instaure, le marché apparaît, tend à nous montrer la fable de l'armurier, du charpentier, du forgeron et du tanneur), et avec elle toute la science économique. En témoigne le vocabulaire utilisé par Adam Smith, et, à sa suite, par le courant dit « classique » (« prix naturel », « profit naturel », « salaire naturel »...).

Les conséquences de cette prise de position ne sont pas uniquement académiques : si l'économie de marché doit être considérée comme une réalité « naturelle », il est illusoire de prétendre construire un système économique alternatif. Les rapports marchands sont loin d'être idylliques, nous dit Adam Smith à diverses reprises, mais, dans la sphère économique, il n'y en a pas d'autres possibles.

Comme le montre l'exemple du philosophe et du portefaix, le « naturalisme » d'Adam Smith n'a toutefois rien de dogmatique : les différences d'aptitudes entre les hommes, qui favorisent la division du travail et donc l'enrichissement collectif [texte E 62], résultent selon lui beaucoup moins de différences entre les « talents naturels » que de l'éducation, c'est-à-dire de la division du travail appliquée à la formation du capital humain. Il s'établit ainsi une interaction entre ces différences d'aptitudes et la division du travail, les deux phénomènes se renforçant mutuellement. Adam Smith étendra cette analyse au commerce entre les nations [texte E 52].

mots-clés

DIVISION DU TRAVAIL – ÉCHANGE – NATURE – MARCHÉ – PRIX NATUREL – PROFIT NATUREL – SALAIRE NATUREL – CAPITAL – NATURALISME

E 6

Adam Smith

La « main invisible »

Chaque individu met sans cesse tous ses efforts à chercher, pour tout le capital dont il peut disposer, l'emploi le plus avantageux : il est bien vrai que c'est son propre bénéfice qu'il a en vue, et non celui de la société ; mais les soins qu'il se donne pour trouver son avantage personnel le conduisent naturellement, ou plutôt nécessairement, à préférer précisément ce genre d'emploi même qui se trouve être le plus avantageux pour la société.

Premièrement, chaque individu tâche d'employer son capital aussi près de lui qu'il le peut, et par conséquent, il tâche de faire valoir l'industrie nationale, pourvu qu'il puisse gagner par là les profits ordinaires que rendent les capitaux, ou guère moins. [...]

En second lieu, chaque individu qui emploie son capital à faire valoir l'industrie nationale, tâche nécessairement de diriger cette industrie de manière que le produit qu'elle donne ait la plus grande valeur possible. [...]

Mais le revenu annuel de toute société est toujours précisément égal à la valeur échangeable de tout le produit annuel de son industrie, ou plutôt c'est précisément la même chose que cette valeur échangeable. Par conséquent, puisque chaque individu tâche, le plus qu'il peut, 1) d'employer son capital à faire valoir l'industrie nationale, et 2) de diriger cette industrie de manière à lui faire produire la plus grande valeur possible, chaque individu travaille nécessairement à rendre aussi grand que possible le revenu annuel de la société. À la vérité, son intention en général n'est pas en cela de servir l'intérêt public, et il ne sait même pas jusqu'à quel point il peut être utile à la société. En préférant le succès de l'industrie nationale à celui de l'industrie étrangère, il ne pense personnellement qu'à se donner une plus grande sûreté ; et en dirigeant cette industrie de manière que son produit ait la plus grande valeur possible, il ne pense qu'à son propre gain ; en cela, comme dans beaucoup d'autres cas, il est conduit par une main invisible à remplir une fin qui n'entre nullement dans ses intentions. Tout en ne cherchant que son intérêt personnel, il travaille souvent d'une manière bien plus efficace pour l'intérêt de la société, que s'il avait réellement pour but d'y travailler. Je n'ai jamais vu que ceux qui aspiraient, dans leurs entreprises de commerce, à travailler pour le bien général, aient fait beaucoup de bonnes choses. Il est vrai que cette belle passion n'est pas très commune parmi les marchands, et qu'il ne faudrait pas de longs discours pour les en guérir.

Quant à la question de savoir quelle est l'espèce d'industrie nationale que son capital peut mettre en œuvre, et de laquelle le produit promet de valoir davantage, il est évident que chaque individu, dans sa position particulière, est beaucoup mieux à même d'en juger qu'aucun homme d'État ou législateur ne pourra le faire pour lui. L'homme d'État qui chercherait à diriger les particuliers dans la route qu'ils ont à tenir pour l'emploi de leurs capitaux, non seulement s'embarrasserait du soin le plus inutile, mais encore il s'arrogerait une autorité qu'il ne serait pas sage de confier, je ne dis pas à un individu, mais à un conseil ou un sénat, quel qu'il pût être ; autorité qui ne pourrait jamais être plus dangereusement placée que dans les mains de l'homme assez insensé et assez présomptueux pour se croire capable de l'exercer.

Adam Smith,
RECHERCHES SUR LA NATURE ET LA CAUSE DE LA RICHESSE DES NATIONS (1776),
livre IV, chap. 2, pp. 251-257.

COMMENTAIRE

Avant Adam Smith (1723-1790), les Physiocrates avaient déjà célébré les bienfaits de la liberté du commerce. Mais leur argumentation restait centrée sur le cas de l'agriculture, et se bornait, pour l'essentiel, à affirmer que le « laisser faire, laisser passer » amènerait des prix rémunérateurs à cette activité jugée primordiale. Avec Smith la perspective s'élargit. Le point de départ de son raisonnement est la recherche du gain individuel, vieil objet de suspicion que les multiples réglementations de l'activité économique s'efforçaient de contenir et de canaliser. Renversant la problématique traditionnelle de l'opposition entre profit privé et intérêt collectif, Smith affirme que c'est au contraire la poursuite par chacun de son intérêt personnel qui, dans une économie où règne la concurrence, conduit à un optimum collectif. L'auteur de la *Richesse des nations* ne s'attarde guère sur la définition de cet optimum collectif, qu'il assimile ici simplement à la maximisation du revenu national. Quelles que soient les imprécisions qu'elle recèle, la doctrine de la « main invisible » reste aujourd'hui encore la pierre de touche du libéralisme économique.

Préfigurant la théorie moderne des biens collectifs, Smith nuance son propos au livre V de son ouvrage, en reconnaissant qu'« une des fonctions du souverain est de financer des ouvrages et des établissements publics dont une grande société retire d'immenses avantages, mais qui sont néanmoins de nature à ne pouvoir être entrepris ou entretenus par un ou par quelques particuliers, attendu que pour ceux-ci, le profit ne saurait jamais leur en rembourser la dépense » (*Richesse des nations,* livre V, chap. 1).

mots-clés

CONCURRENCE – MARCHÉ – LIBÉRALISME – MAIN INVISIBLE – BIEN-ÊTRE

E 7

Karl Marx

Critique du « naturalisme » des économistes

L'objet de cette étude est tout d'abord la production matérielle. Des individus produisant en société – donc une production d'individus socialement déterminée, tel est naturellement le point de départ. Le chasseur et le pêcheur individuels et isolés, par lesquels commencent Smith et Ricardo, font partie des plates fictions du XVIIIe siècle. Robinsonnades qui n'expriment nullement, comme se l'imaginent certains historiens de la civilisation, une simple réaction contre des excès de raffinement et un retour à un état de nature mal compris. De même, le contrat social de Rousseau qui, entre des sujets indépendants par nature, établit des relations et des liens au moyen d'un pacte, ne repose pas davantage sur un tel naturalisme. Ce n'est qu'apparence, apparence d'ordre purement esthétique dans les petites et grandes robinsonnades. Il s'agit, en réalité, d'une anticipation de la « société bourgeoise » qui se préparait depuis le XVIe siècle et qui, au XVIIIe, marchait à pas de géant vers sa maturité. Dans cette société où règne la libre concurrence, l'individu apparaît détaché des liens naturels, etc., qui font de lui à des époques historiques antérieures un élément d'un conglomérat humain déterminé et délimité. Pour les prophètes du XVIIIe siècle – Smith et Ricardo se situent encore complètement sur leurs positions –, cet individu du XVIIIe siècle – produit, d'une part, de la décomposition des formes de société féodales, d'autre part, des forces de production nouvelles qui se sont développées depuis le XVIe siècle – apparaît comme un idéal qui aurait existé dans le passé. Ils voient en lui non un aboutissement historique, mais le point de départ de l'histoire, parce qu'ils considèrent cet individu comme quelque chose de naturel, conforme à leur conception de la nature humaine, non comme un produit de l'histoire, mais comme une donnée de la nature. […]

Plus on remonte dans le cours de l'histoire, plus l'individu – et par suite l'individu producteur, lui aussi – apparaît dans un état de dépendance, membre d'un ensemble plus grand : cet état se manifeste tout d'abord de façon tout à fait naturelle dans la famille et dans la famille élargie jusqu'à former la tribu ; puis dans toutes les différentes formes de communautés, issues de l'opposition et de la fusion des tribus. Ce n'est qu'au XVIIIe siècle, dans la « société bourgeoise », que les différentes formes de l'ensemble social se présentent à l'individu comme un simple moyen de réaliser ses buts particuliers, comme une nécessité extérieure. Mais l'époque qui engendre ce point de vue, celui de l'individu isolé, est précisément celle où les rapports sociaux (revêtant de ce point de vue un caractère général) ont atteint le plus grand développement qu'ils aient connu. L'homme est, au sens littéral un *« zoon politikon »* [animal politique], non seulement un animal sociable, mais un animal qui ne peut s'isoler que dans la société. La production réalisée en dehors de la société par l'individu isolé – fait exceptionnel qui peut bien arriver à un civilisé transporté par hasard dans un lieu désert et qui possède déjà en puissance les forces propres à la société – est chose aussi absurde que le serait le développement du langage sans la présence d'individus vivant et parlant ensemble. […]

Quand donc nous parlons de production, c'est toujours de la production à un stade déterminé du développement social qu'il s'agit – de la production d'individus vivant en société. Aussi pourrait-il sembler que, pour parler de la production en général, il faille, soit suivre le procès historique de son développement dans ses différentes phases, soit déclarer de prime abord qu'on s'occupe d'une époque historique déterminée, par exemple de la production bourgeoise moderne, qui est, en fait, notre véritable sujet. Mais toutes les époques de la production ont certains caractères communs, certaines déterminations communes. La production en général est une abstraction, mais une abstraction rationnelle, dans la mesure où, soulignant et précisant bien les traits communs, elle nous évite la répétition. […] Mais, s'il est vrai que les langues les plus évoluées ont en commun avec les moins évoluées certaines lois et déterminations, ce qui constitue leur évolution, c'est précisément ce qui les différencie de ces caractères généraux et communs ; aussi faut-il bien distinguer les déterminations qui valent pour la production en général, afin que l'unité – qui découle déjà du fait que le sujet, l'humanité, et l'objet, la nature, sont identiques – ne fasse pas oublier la différence essentielle. C'est de cet oubli que découle, par exemple, toute la sagesse des économistes modernes qui prétendent prouver l'éternité et l'harmonie des rapports sociaux existant actuellement. Par exemple, pas de production possible sans instrument de production, cet instrument ne serait-il que la main. Pas de production possible sans travail passé accumulé, ce travail ne serait-il que l'habileté que l'exercice répété a développée et fixée dans la main du sauvage. Entre autres choses, le capital est, lui aussi, un instrument de production, c'est, lui aussi, du travail passé, objectivé. Donc le capital est un rapport naturel universel et éternel ; oui, mais à condition de négliger précisément l'élément spécifique, ce qui transforme en capital l'« instrument de production », le « travail accumulé ». [...]

Toute production est appropriation de la nature par l'individu dans le cadre et par l'intermédiaire d'une forme de société déterminée. En ce sens, c'est une tautologie de dire que la propriété (appropriation) est une condition de la production. Mais il est ridicule de partir de là pour passer d'un saut à une forme déterminée de la propriété, par exemple à la propriété privée (ce qui, de plus, suppose également comme condition une forme opposée, la non-propriété). L'histoire nous montre bien plutôt dans la propriété commune (par exemple chez les Indiens, les Slaves, les anciens Celtes, etc.) la forme primitive, forme qui, sous l'aspect de propriété communale, jouera encore longtemps un rôle important. Quant à savoir si la richesse se développe mieux sous l'une ou l'autre forme de propriété, il n'en est encore nullement question ici.

Karl Marx,
INTRODUCTION À LA CRITIQUE DE L'ÉCONOMIE POLITIQUE (1859),
trad. française in Contribution à la critique de l'économie politique,
Éditions sociales, Paris, 1972, pp. 149-150

COMMENTAIRE

Souvent élogieux à l'égard de ceux qu'il appelle les économistes « classiques » – au premier rang desquels Adam Smith – Marx (1818-1883) leur reproche essentiellement d'avoir cherché à construire une science « naturelle » de l'économie (c'est le sens qu'il donne à l'expression « critique de l'économie politique »). Le projet de Marx est clair : favorable, comme Thomas More, à une société communiste [texte E 1], il souhaite fonder son engagement, non sur une approche morale, mais sur une base scientifique (c'est avec Marx que l'expression « socialisme utopique » prendra une connotation péjorative). Pour cela, il lui faut d'abord montrer que les rapports marchands ne sont pas inhérents à la nature humaine, mais historiquement déterminés, et comme tels susceptibles d'être remplacés par d'autres rapports économiques. L'étape suivante consistera pour Marx à établir la nécessité de l'avènement du communisme dans la dynamique même de l'économie de marché, et plus précisément du capitalisme qui en constitue pour lui la phase ultime [textes E 67 et E 68].

Les « robinsonnades » que raille Marx dans le texte ci-dessus sont, effectivement, un genre cultivé par les économistes du XVIIIe siècle [*cf.* par exemple Turgot, texte E 23]. Et, si le lecteur d'aujourd'hui peut voir, dans les meilleures d'entre elles, une première esquisse des modèles de base de la théorie microéconomique moderne, il est vrai que sur le plan ethnographique leur valeur est à peu près nulle. Toutefois, en ce qui concerne Smith, la flèche de Marx manque largement sa cible : loin de partir du modèle de Robinson seul dans son île, l'auteur de la *Richesse des nations* commence au contraire par affirmer que, contrairement à la plupart des autres créatures vivantes, « l'homme a presque toujours besoin du secours de ses semblables » [*cf.* texte E 5]. Si la forme de sociabilité privilégiée par Smith peut être discutée [*cf.* texte E 18], il n'en reste pas moins que, pour cet auteur tout autant que pour Marx ou Aristote, l'homme est un « animal politique ».

mots-clés

NATURE – SCIENCE SOCIALE – HISTOIRE – CRITIQUE DE L'ÉCONOMIE POLITIQUE – COMMUNISME – NATURALISME – ÉCONOMIE DE MARCHÉ – CAPITALISME

E 8

Karl Marx

Division du travail et production marchande

La division manufacturière du travail suppose l'autorité absolue du capitaliste sur des hommes transformés en simples membres d'un mécanisme qui lui appartient. La division sociale du travail met en face les uns des autres des producteurs indépendants qui ne reconnaissent en fait d'autorité que celle de la concurrence, d'autre force que la pression exercée sur eux par leurs intérêts réciproques, de même que dans le règne animal la guerre de tous contre tous, *bellum omnium contra omnes,* entretient plus ou moins les conditions d'existence de chaque espèce. Et cette conscience bourgeoise qui exalte la division manufacturière du travail, la condamnation à perpétuité du travailleur à une opération de détail et sa subordination passive au capitaliste, elle pousse les hauts cris et se pâme quand on parle de contrôle, de réglementation sociale du procès de production ! Elle dénonce toute tentative de ce genre comme une attaque contre les droits de la Propriété, de la Liberté, du Génie capitaliste. « Voulez-vous donc transformer la société en une fabrique ? » glapissent alors ces enthousiastes apologistes du système de la fabrique. Le régime des fabriques n'est bon que pour les prolétaires !

Si l'anarchie dans la production sociale et le despotisme dans la division manufacturière du travail caractérisent la société bourgeoise, des sociétés plus anciennes, où la séparation des métiers s'est développée spontanément, puis s'est cristallisée et enfin a été sanctionnée légalement, nous offrent par contre l'image d'une organisation sociale du travail régulière et autoritaire, tandis que la division manufacturière y est complètement exclue, ou ne se présente que sur une échelle minime, ou ne se développe que sporadiquement et accidentellement.

Ces petites communautés indiennes, dont on peut suivre les traces jusqu'aux temps les plus reculés, et qui existent encore en partie, sont fondées sur la possession commune du sol, sur l'union immédiate de l'agriculture et du métier et sur une division du travail invariable, laquelle sert de plan et de modèle toutes les fois qu'il se forme des communautés nouvelles. Établies sur un terrain qui comprend de cent à quelques mille acres, elles constituent des organismes de production complets se suffisant à eux-mêmes. La plus grande masse du produit est destinée à la consommation immédiate de la communauté ; elle ne devient point marchandise, de manière que la production est indépendante de la division du travail occasionnée par l'échange dans l'ensemble de la société indienne. L'excédent seul des produits se transforme en marchandise, et va tout d'abord entre les mains de l'État auquel, depuis les temps les plus reculés, en revient une certaine partie à titre de rente en nature. Ces communautés revêtent diverses formes dans différentes parties de l'Inde. Sous sa forme la plus simple, la communauté cultive le sol en commun et partage les produits entre ses membres, tandis que chaque famille s'occupe chez elle des travaux domestiques, tels que filage, tissage, etc. À côté de cette masse occupée d'une manière uniforme, nous trouvons l'« habitant principal », juge, chef de police et receveur d'impôts, le tout en une seule personne ; le teneur de livres, qui règle les comptes de l'agriculture et du cadastre et enregistre tout ce qui s'y rapporte ; un troisième employé, qui poursuit les criminels et protège les voyageurs étrangers qu'il accompagne d'un village à l'autre ; l'homme-frontière, qui empêche les empiètements des communautés voisines ; l'inspecteur des eaux, qui fait distribuer pour les besoins de l'agriculture l'eau dérivée des réservoirs communs ; le bramine, qui remplit la fonction du culte ; le maître d'école, qui enseigne aux enfants de la communauté à lire et à écrire sur le sable ; le bramine calendrier, qui, en qualité d'astrologue, indique les époques des semailles et de la moisson ainsi que les heures favorables ou funestes aux divers travaux agricoles ; un forgeron et un charpentier, qui fabriquent et réparent tous les instruments d'agriculture ; le potier, qui fait toute la vaisselle du village ; le barbier, le blanchisseur, l'orfèvre et, çà et là, le poète, qui dans quelques communautés remplace l'orfèvre et, dans d'autres, le maître d'école. Cette douzaine de personnages est entretenue aux frais de la communauté entière. Quand la population augmente, une communauté nouvelle est fondée sur le modèle des anciennes et s'établit dans un terrain non cultivé. L'ensemble de la communauté repose donc sur une division du travail régulière, mais la division dans le sens manufacturier est impossible, puisque le marché reste immuable pour le forgeron, le charpentier, etc. et que tout au plus, selon l'importance des villages, il s'y trouve deux forgerons ou deux potiers au lieu d'un. La loi qui règle la division du travail de la communauté agit ici avec l'autorité inviolable d'une loi physique, tandis que chaque artisan exécute chez lui, dans son atelier, d'après le mode traditionnel, mais avec indépendance et sans reconnaître aucune autorité, toutes les opérations qui sont de son ressort. La simplicité de l'organisme productif de ces communautés qui se suffisent à elles-mêmes, se reproduisent constamment sous la même forme, et, une fois détruites accidentellement, se reconstituent au même lieu et avec le même nom, nous fournit la clef de l'immutabilité des sociétés asiatiques, immutabilité qui contraste d'une manière si étrange avec la dissolution et la reconstruction incessantes des États asiatiques, les changements violents de leurs dynasties.

Karl Marx,
LE CAPITAL, livre I (1867),
trad. française Éditions sociales, Paris, 1971, tome 2, chap. 14, pp. 46-48.

COMMENTAIRE

L'exploitation du thème de la « propension à l'échange » – supposée caractériser le genre humain – amène Adam Smith à assimiler largement la division du travail et l'économie de marché [*cf.* texte E 5]. Cette assimilation est critiquée par Marx (1818-1883), à partir de deux exemples très différents : celui de la communauté indienne traditionnelle et celui de la grande entreprise capitaliste moderne (ou «fabrique»).

À l'intérieur de ces deux groupes humains, note Marx, on trouve une division du travail mais pas d'échange marchand, car dans les deux cas, la répartition des tâches et la circulation des produits est régie par une autorité centrale : celle de la tradition, ou celle du propriétaire de la fabrique. D'où la conclusion : pour que le marché existe à l'intérieur d'un groupe humain, il est certes nécessaire, mais pas suffisant que le travail soit divisé entre les membres de ce groupe ; encore faut-il que les travaux soient « privés et indépendants les uns des autres », ce qui suppose une organisation sociale particulière.

mots-clés

DIVISION DU TRAVAIL – DIVISION DU MARCHÉ – MARCHÉ – PROPRIÉTÉ – COMMUNISME

E 9

Karl Marx

L'accumulation primitive du capital

Le rapport officiel entre un capitaliste et un salarié est d'un caractère purement mercantile. Si le premier joue le rôle de maître et le dernier le rôle de serviteur, c'est grâce à un contrat par lequel celui-ci s'est non seulement mis à son service, et partant sous la dépendance de celui-là, mais par lequel il a renoncé à tout titre de propriété sur son propre produit. Mais pourquoi le salarié fait-il ce marché ? Parce qu'il ne possède rien que sa force personnelle, le travail à l'état de puissance, tandis que toutes les conditions extérieures requises pour donner corps à cette puissance, la matière et les instruments nécessaires à l'exercice utile du travail, le pouvoir de disposer des subsistances indispensables au maintien de la force ouvrière et à sa conversion en mouvement productif, tout cela se trouve de l'autre côté.

Au fond du système capitaliste il y a donc la séparation radicale du producteur d'avec ses moyens de production. Cette séparation se reproduit sur une échelle progressive dès que le système capitaliste s'est une fois établi ; mais comme celle-là forme la base de celui-ci, il ne saurait s'établir sans elle. Pour qu'il vienne au monde, il faut donc que, partiellement au moins, les moyens de production aient déjà été arrachés sans phrase aux producteurs, qui les employaient à réaliser leur propre travail, et qu'ils se trouvent déjà détenus par des producteurs marchands, qui eux les emploient à spéculer sur le travail d'autrui. Le mouvement historique qui fait divorcer le travailleur d'avec ses conditions extérieures, voilà le fin mot de l'accumulation appelée « primitive » parce qu'elle appartient à l'âge préhistorique du monde bourgeois.

L'ordre économique capitaliste est sorti des entrailles de l'ordre économique féodal. La dissolution de l'un a dégagé les éléments constitutifs de l'autre.

Quant au travailleur, au producteur immédiat, pour pouvoir disposer de sa propre personne, il lui fallait d'abord cesser d'être attaché à la glèbe ou d'être inféodé à une autre personne ; il ne pouvait non plus devenir libre vendeur de sa force de travail, apportant sa marchandise partout où elle trouve un marché, sans avoir échappé au régime des corporations, avec leurs maîtrises, leurs jurandes, leurs lois d'apprentissage, etc. Le mouvement historique qui convertit les producteurs en salariés se présente donc comme leur affranchissement du servage et de la hiérarchie industrielle. De l'autre côté, ces affranchis ne deviennent vendeurs d'eux-mêmes qu'après avoir été dépouillés de tous leurs moyens de production et de toutes les garanties d'existence offertes par l'ancien ordre des choses. L'histoire de leur appropriation n'est pas matière à conjecture : elle est écrite dans les annales de l'humanité en lettres de sang et de feu indélébiles.

Quant aux capitalistes entrepreneurs, ces nouveaux potentats avaient non seulement à déplacer les maîtres des métiers, mais aussi les détenteurs féodaux des sources de la richesse. Leur avènement se présente de ce côté-là comme le résultat d'une lutte victorieuse contre le pouvoir seigneurial, avec ses prérogatives révoltantes, et contre le régime corporatif avec les entraves qu'il mettait au libre développement de la production et à la libre exploitation de l'homme par l'homme. [...]

L'ensemble du développement, embrassant à la fois la genèse du salarié et celle du capitaliste, a pour point de départ la servitude des travailleurs ; le progrès qu'il accomplit consiste à changer la forme de l'asservissement, à amener la métamorphose de l'exploitation féodale en exploitation capitaliste. Pour en faire comprendre la marche, il ne faut pas remonter trop haut. Bien que les premières ébauches de la production capitaliste aient été faites de bonne heure dans quelques villes de la Méditerranée, l'ère capitaliste ne date que du XVIe siècle. Partout où elle éclot, l'abolition du servage est depuis longtemps un fait accompli, et le régime des villes souveraines, cette gloire du Moyen Âge, est déjà en pleine décadence.

Dans l'histoire de l'accumulation primitive, toutes les révolutions qui servent de levier à l'avancement de la classe capitaliste en voie de formation font époque, celles surtout qui, dépouillant de grandes masses de leurs moyens de production et d'existence traditionnels, les lancent à l'improviste sur le marché du travail. Mais la base de toute cette évolution, c'est l'expropriation des cultivateurs. Elle ne s'est encore accomplie d'une manière radicale qu'en Angleterre : ce pays jouera donc nécessairement le premier rôle dans notre esquisse. Mais tous les autres pays de l'Europe occidentale parcourent le même mouvement, bien que selon le lieu il change de couleur locale, ou se resserre dans un cercle plus étroit, ou présente un caractère moins fortement prononcé, ou suive un ordre de succession différent.

Karl Marx,
LE CAPITAL, livre I (1867),
trad. française Éditions sociales, Paris, 1971,
tome 3, chap. 26, pp. 153-155.

COMMENTAIRE

Pour Marx (1818-1883), le capitalisme ne se confond pas avec la production marchande, dont on peut trouver des traces « depuis la plus haute Antiquité ». Il en constitue l'aboutissement historique, phase marquée par la généralisation de la forme marchandise à la quasi-totalité des produits du travail humain, et à la force de travail elle-même (le salariat).

L'avènement du capitalisme nécessite que soient réunies des conditions techniques (la révolution industrielle), mais aussi sociales. Les travailleurs doivent, en effet, être libre de toute sujétion personnelle (esclavage, servage), et en même temps dénués de moyens d'existence propres : ils doivent être des prolétaires, contraints à vendre leur force de travail pour survivre.
Le processus historique de « séparation du producteur d'avec ses moyens de production », qui donne naissance aux deux classes polaires caractéristiques du mode de production capitaliste (la bourgeoisie et le prolétariat), est appelé par Marx « accumulation primitive du capital ». Le mouvement des enclosures y tient une place essentielle [*cf.* texte E 1].

mots-clés

HISTOIRE – CAPITALISME – ACCUMULATION DU CAPITAL – ENCLOSURES – SALARIAT

E 10

Léon Walras

Le prix en concurrence parfaite, un « fait naturel »

Prenons le marché au blé, et supposons qu'à un moment donné, on y voie 5 hectolitres de blé s'échanger contre 120 francs ou contre 600 grammes d'argent au titre de 9/10, on dira : « le blé vaut 24 francs l'hectolitre ». Voilà le fait de la valeur d'échange.

Le blé vaut 24 francs l'hectolitre. Remarquons d'abord que ce fait a le caractère d'un fait *naturel.* Cette valeur du blé en argent, ou ce prix du blé, ne résulte ni de la volonté du vendeur, ni de la volonté de l'acheteur, ni d'un accord entre les deux. Le vendeur voudrait bien vendre plus cher ; il ne le peut, parce que le blé *ne vaut pas plus,* et que, s'il ne voulait vendre à ce prix, l'acheteur trouverait à côté de lui un certain nombre de vendeurs prêts à le faire. L'acheteur ne demanderait pas mieux que d'acheter à meilleur marché ; cela lui est impossible, parce que le blé *ne vaut pas moins,* et que, s'il ne voulait acheter à ce prix, le vendeur trouverait à côté de lui un certain nombre d'acheteurs disposés à y consentir.

Le fait de la valeur d'échange prend donc, une fois établi, le caractère d'un fait naturel, naturel dans son origine, naturel dans sa manifestation et sa manière d'être. Si le blé et l'argent *ont de la valeur,* c'est parce qu'ils sont rares, c'est-à-dire utiles et limités en quantité, deux circonstances naturelles. Et si le blé et l'argent ont *telle valeur* l'un par rapport à l'autre, c'est qu'ils sont respectivement plus ou moins rares, c'est-à-dire plus ou moins utiles et plus ou moins limités en quantité, encore deux circonstances naturelles, les mêmes que ci-dessus.

Cela ne veut pas dire du tout que nous n'ayons aucune action sur les prix. De ce que la pesanteur est un fait naturel, obéissant à des lois naturelles, il ne s'ensuit pas que nous n'ayons jamais qu'à la regarder faire. Nous pouvons ou lui résister ou lui donner libre carrière selon qu'il nous convient ; mais nous ne pouvons changer son caractère et ses lois. Nous ne lui commandons, comme on dit, qu'en lui obéissant. De même pour la valeur. En ce qui concerne le blé, par exemple, nous pourrions en faire hausser le prix en détruisant une partie de l'approvisionnement ; nous pourrions faire baisser ce prix en mangeant, au lieu de blé, du riz, des pommes de terre ou quelque autre denrée. Nous pourrions même décréter que le blé se vendra 20 francs, et non 24 francs, l'hectolitre. Dans le premier cas, nous agirions sur les causes du fait de la valeur pour substituer une valeur naturelle à une autre valeur naturelle. Dans le second cas, nous agirions sur le fait lui-même pour substituer une valeur artificielle à une valeur naturelle. Nous pourrions enfin, à la rigueur, supprimer la valeur en supprimant l'échange. Mais, si nous échangeons, nous ne saurions empêcher que, certaines circonstances d'approvisionnement et de consommation, en un mot certaines circonstances de rareté, étant données, il n'en résultât ou ne tendît à en résulter naturellement une certaine valeur.

Le blé vaut 24 francs l'hectolitre. Remarquons en outre le caractère *mathématique* de ce fait. La valeur du blé en argent, ou le prix du blé, était hier de 22 ou 23 francs ; elle était tout à l'heure de 23 fr.50 ou 23 fr.75 ; elle sera un peu plus tard de 24 fr.25 ou 24 fr.50 ; elle sera demain de 25 ou 26 francs ; mais aujourd'hui et pour l'instant, elle est de 24 francs, *ni plus ni moins.* [...]

La valeur d'échange est donc une grandeur et, on peut le voir dès à présent, une grandeur appréciable. Et si les mathématiques en général ont pour objet l'étude des grandeurs de ce genre, il est certain qu'il y a une branche des mathématiques, oubliée jusqu'ici par les mathématiciens, et non encore élaborée, qui est la théorie de la valeur d'échange. [...] Je ne dis pas, on le sait déjà suffisamment, que cette science soit toute l'économie politique. Les forces, les vitesses sont, elles aussi, des grandeurs appréciables, et la théorie mathématique des forces et des vitesses n'est pas toute la mécanique. Il est toutefois certain que cette mécanique pure doit précéder la mécanique appliquée. De même il y a une *économie politique pure* qui doit précéder l'*économie politique appliquée,* et cette économie politique pure est une science tout à fait semblable aux sciences physico-mathématiques. Cette assertion est neuve et paraîtra singulière ; mais je viens de la prouver déjà, et je la prouverai mieux encore par la suite.

Si l'économie politique pure, ou la théorie de la valeur d'échange et de l'échange, c'est-à-dire la théorie de la richesse sociale considérée en elle-même, est, comme la mécanique, comme l'hydraulique, une science physico-mathématique, elle ne doit pas craindre d'employer la méthode et le langage des mathématiques.

Léon Walras,
ÉLÉMENTS D'ÉCONOMIE POLITIQUE PURE (1875 ; 4e édition, 1901),
LGDJ 1952, 3e leçon, pp. 26-29.

COMMENTAIRE

Dans son style inimitable, Léon Walras (1834-1910), le génial fondateur de la théorie de l'équilibre général nous livre une nouvelle version du « naturalisme » économique illustré, un siècle plus tôt, par Adam Smith [texte E 5]. Définie comme « la théorie de la détermination des prix en régime de libre concurrence absolue », l'économie politique pure constitue en effet, pour Léon Walras, une science naturelle – au même titre que la mécanique – car elle traite de « faits naturels ». Sont ainsi qualifiés les prix en concurrence parfaite, dans la mesure où

ils résultent de la confrontation d'un grand nombre d'offres et d'un grand nombre de demandes, et de ce fait s'imposent à la subjectivité de chaque agent : ni le vendeur, ni l'acheteur, pris individuellement, n'ont le pouvoir de modifier ces prix, qu'ils doivent donc traiter comme des paramètres dans leurs calculs. Les prix de marché revêtent ainsi une dimension « objective », au même titre que la force de la pesanteur.
Chez un auteur qui a tendance à confondre formalisme mathématique et démarche scientifique, le parallèle entre l'économie pure et la mécanique théorique se trouve renforcé par le fait que les deux disciplines traitent de grandeurs mesurables, et par suite susceptibles d'être mises en équations. Si l'épistémologie de Walras peut sembler aujourd'hui un peu désuète, son approche de l'économie politique reste très représentative de ce qui, est devenu en moins d'un siècle, sous le nom de théorie néo-classique, le « courant dominant » de la discipline.

mots-clés

MARCHÉ – CONCURRENCE PARFAITE – PRIX – ÉQUILIBRE – ÉCONOMIE POLITIQUE PURE – ÉCONOMIE POLITIQUE APPLIQUÉE – FAIT NATUREL

E 11

Léon Walras

Le mécanisme d'équilibrage des marchés

Les choses valables et échangeables s'appellent aussi *marchandises.* Le *marché* est le lieu où s'échangent les marchandises. Le phénomène de la valeur d'échange se produit donc sur le marché, et c'est sur le marché qu'il faut aller pour étudier la valeur d'échange.

La valeur d'échange laissée à elle-même se produit naturellement sur le marché sous l'empire de la *concurrence.* Comme acheteurs, les échangeurs *demandent à l'enchère,* comme vendeurs ils *offrent au rabais,* et leur concours amène ainsi une certaine valeur d'échange des marchandises tantôt ascendante, tantôt descendante et tantôt stationnaire. Selon que cette concurrence fonctionne plus ou moins bien, la valeur d'échange se produit d'une manière plus ou moins rigoureuse. Les marchés les mieux organisés sous le rapport de la concurrence sont ceux où les ventes et les achats se font à la criée, par l'intermédiaire d'agents tels qu'agents de change, courtiers de commerce, crieurs, qui les centralisent, de telle sorte qu'aucun échange n'ait lieu sans que les conditions en soient annoncées et connues et sans que les vendeurs puissent aller au rabais et les acheteurs à l'enchère. Ainsi fonctionnent les bourses de fonds publics, les bourses de commerce, les marchés au grain, au poisson, etc. À côté de ces marchés, il y en a d'autres où la concurrence, quoique moins bien réglée, fonctionne encore d'une manière assez convenable et satisfaisante : tels sont les marchés aux fruits et légumes, à la volaille. Les rues d'une ville où se trouvent des magasins et des boutiques de boulangers, de bouchers, d'épiciers, de tailleurs, de bottiers, sont des marchés d'une organisation un peu plus défectueuse sous le rapport de la concurrence, mais où cependant elle se fait très suffisamment sentir. C'est encore la concurrence incontestablement qui préside à la fixation de la valeur des consultations de médecins et d'avocats, des séances de musiciens et de chanteurs, etc. Enfin, le monde peut être considéré comme un vaste marché général composé de divers marchés spéciaux où la richesse sociale se vend et s'achète, et il s'agit pour nous de reconnaître les lois suivant lesquelles ces ventes et achats tendent d'eux-mêmes à se faire. Pour cela, nous supposerons toujours un marché parfaitement organisé sous le rapport de la concurrence, comme en mécanique pure on suppose d'abord des machines sans frottement.

Voyons donc comment s'exerce la concurrence sur un marché bien organisé, et, pour cela, entrons à la bourse des fonds publics d'un grand marché des capitaux tel que Paris ou Londres. Ce qu'on vend et ce qu'on achète, dans ces endroits, ce sont des parties de certaines espèces très importantes de la richesse sociale représentées par leurs titres de propriété : portions de créances sur les États et les communes, portions de chemins de fer, de canaux, usines métallurgiques, etc. Au premier abord, quand on y entre, on n'entend qu'une clameur confuse, on n'aperçoit qu'un mouvement désordonné ; mais, une fois qu'on est au courant, ce bruit et cette activité s'expliquent à merveille.

Prenons, par exemple, en les séparant de toutes les autres, les opérations sur la rente française 3% à la bourse de Paris. Le 3% est, comme on dit, à 60 fr. Des agents qui ont ordre de vendre à 60 fr. *ou moins* offrent une certaine quantité de rente 3%, c'est-à-dire un certain nombre de titres de 3 fr. de rente sur l'État français, au prix de 60 fr. Nous appellerons *offre effective* l'offre ainsi faite d'une quantité déterminée de marchandise à un prix déterminé. Par contre, des agents qui ont ordre d'acheter à 60 fr. *ou plus* demandent une certaine quantité de rente au prix de 60 fr. Nous appellerons *demande effective* cette demande d'une certaine quantité de marchandise à un certain prix. Nous avons maintenant trois hypothèses à faire suivant que la demande est *égale, supérieure* ou *inférieure* à l'offre.

• 1re hypothèse. On demande à 60 fr. une quantité égale à celle qui est offerte à ce même prix. Chaque agent vendeur ou acheteur trouve exactement ce qu'on appelle sa *contrepartie* chez un autre agent acheteur ou vendeur. L'échange a lieu. Le cours de 60 fr. se maintient ; il y a *état stationnaire* ou *équilibre* du marché.

• 2e hypothèse. Les agents acheteurs ne trouvent plus leur contrepartie, ce qui prouve que la quantité de 3% demandée au prix de 60 fr. est supérieure à la quantité offerte au même prix. Théoriquement, l'échange doit être suspendu. Les agents qui ont ordre d'acheter à 60 fr.05 *ou plus* demandent à ce prix. Ils vont à l'enchère. Cette enchère produit un double résultat : 1) des acheteurs à 60 fr., qui ne sont plus acheteurs à 60 fr.05, se retirent ; 2) des vendeurs à 60 fr.05, qui n'étaient pas vendeurs à 60 fr., surviennent. Les uns et les autres donnent leurs ordres s'ils ne les ont déjà donnés. Ainsi, par un double motif, il y a réduction de l'écart existant entre la demande effective et l'offre effective. Si l'égalité est rétablie, la *hausse* s'arrête là ; dans le cas contraire, il y a enchérissement de 60 fr.05 à 60 fr.10, de 60 fr.10 à 60 fr.15, jusqu'au rétablissement de l'égalité entre l'offre et la demande. Il y a alors nouvel état stationnaire à un cours plus élevé.

• 3e hypothèse. Les agents vendeurs ne trouvent plus leur contrepartie, ce qui prouve que la quantité de 3% offerte au prix de 60 fr. est supérieure à la quantité demandée au même prix. Suspension de l'échange. Les agents qui ont ordre de vendre à 59 fr.95 *ou moins* offrent à ce prix. Ils vont au rabais. Double résultat : 1) retrait des vendeurs à 60 fr. qui ne sont plus vendeurs à 59 fr.95 ; 2) survenue d'acheteurs à 59 fr.95 qui n'étaient pas acheteurs à 60 fr. Réduction de l'écart entre l'offre et la demande. Baisse, s'il le faut, de 59 fr.95 à 59 fr.90, de 59 fr.90 à 59 fr.85, jusqu'au rétablissement de l'égalité. À ce moment, nouvel équilibre à un cours plus bas.

Supposez que la même opération qui se fait sur la rente française 3% se fasse en même temps sur toutes les rentes d'États : anglaise, italienne, espagnole, turque, égyptienne, sur les actions et obligations des chemins de fer, ports, canaux, mines, usines à gaz et autres, banques et institutions de crédit, par variations convenues de 0 fr.05, 0 fr.25, 1 fr.25, 5 fr., 25 fr. sur les cours, suivant l'importance des valeurs ; qu'à côté des opérations de vente et d'achat *au comptant,* se fassent des opérations de vente et d'achat *à terme,* les unes *ferme,* les autres *à prime,* et le tumulte de la bourse devient un véritable concert où chacun fait sa partie.

Léon Walras,
ÉLÉMENTS D'ÉCONOMIE POLITIQUE PURE (1875 ; 4e édition, 1901),
LGDJ 1952, 5e leçon, pp. 44-47.

COMMENTAIRE

Un des mérites de la démarche de Walras (1834-1910) est d'expliciter bon nombre d'hypothèses qui restent souvent implicites dans le raisonnement des autres économistes. Ainsi en est-il du processus d'obtention de l'équilibre sur les marchés. Celui-ci, nous montre Walras, suppose en principe que soient réunies des conditions assez contraignantes : procédure de centralisation de l'information (sur les offres et les demandes correspondant à certains prix), règle de variation des prix (en fonction des écarts constatés entre les offres et les demandes), règle concernant le dénouement des négociations (pas de transactions tant que l'équilibre n'est pas atteint). Encore Walras se montre-t-il exagérément optimiste sur la capacité du système qu'il décrit à converger vers l'équilibre (à supposer que celui-ci existe).

Les marchés réels, constate Walras, se rapprochent plus ou moins de ce « type idéal ». La plupart de ses successeurs, conscients comme lui du fait que, dans leur majorité, les marchés ignorent le commissaire-priseur et les enchères publiques, ont « fait comme si » cette caractéristique était sans grande importance. Il en est résulté une abondante production de théories recourant à la notion de « prix d'équilibre » dans des conditions périlleuses.

L'intérêt premier de la théorie moderne du déséquilibre (qui trouve son origine, aux États-Unis, dans les travaux de Clower et Leijonhufvud et qui, en France, a été développée notamment par Benassy et Malinvaud) est de reprendre les choses là où Walras les avait laissées : s'il n'y a pas de commissaire-priseur, les transactions ont lieu normalement en déséquilibre, et l'analyse économique doit s'efforcer d'en tirer les conséquences. Une des principales est le fait que les prix ne véhiculent pas une information suffisante sur l'état des marchés : les agents doivent également tenir compte de phénomènes de rationnement (de la demande ou de l'offre) résultant du fonctionnement en déséquilibre de l'économie.

mots-clés

MARCHÉ – ÉQUILIBRE – TÂTONNEMENT – COMMISSAIRE-PRISEUR

E 12

Léon Walras

Libre concurrence et « maximum d'utilité »

Il résulte de la démonstration par nous faite dans la 21e leçon que la libre concurrence en matière de production, c'est-à-dire d'une part la liberté laissée aux entrepreneurs de développer leur production en cas de bénéfice et de la restreindre en cas de perte, et d'autre part la liberté laissée aux propriétaires fonciers, travailleurs et capitalistes et aux entrepreneurs de vendre au rabais et d'acheter à l'enchère les services et les produits, est bien la résolution pratique des équations de la 20e leçon. Or, si nous nous reportons à ces équations et aux conditions sur lesquelles elles reposent, nous voyons que *la production sur un marché régi par la libre concurrence est une opération par laquelle les services peuvent se combiner en les produits de la nature et de la quantité propres à donner la plus grande satisfaction possible des besoins, dans les limites de cette double condition que chaque service comme chaque produit n'ait qu'un seul prix sur le marché, celui auquel l'offre et la demande sont égales, et que le prix de vente des produits soit égal à leur prix de revient en services.*

Peut-être voudra-t-on bien enfin reconnaître l'importance de l'économie politique pure élaborée scientifiquement. Placés à ce point de vue de la science pure, nous n'avons dû prendre et n'avons pris jusqu'ici la libre concurrence que comme un fait, ou même que comme une hypothèse ; car il importait peu que nous l'eussions vue : il suffisait à la rigueur que nous l'eussions pu concevoir. Dans ces données, nous en étudiions la nature, les causes, les conséquences. Il se trouve à présent que ces conséquences se résument en l'obtention, dans certaines limites, du maximum d'utilité. Par là ce fait devient un principe d'intérêt, ou une règle, dont il n'y a plus qu'à poursuivre l'application détaillée à l'agriculture, à l'industrie, au commerce. Ainsi, la conclusion de la science pure nous met au seuil de la science appliquée. Que l'on remarque combien tombent ici d'elles-mêmes certaines objections à notre méthode. On nous disait d'abord : « Un des éléments de la détermination du prix en libre concurrence est la liberté humaine dont on ne peut calculer les décisions. » Or, jamais nous n'avons essayé de calculer les décisions de la liberté humaine ; nous avons seulement essayé d'en exprimer mathématiquement les effets. Chaque échangeur, dans notre théorie, peut être supposé établissant comme il l'entend ses courbes d'utilité ou de besoin. Ces courbes une fois établies, nous montrons comment les prix en résultent sous un régime hypothétique de libre concurrence absolue. « Mais précisément, nous dit-on alors, la libre concurrence absolue n'est qu'une hypothèse. Dans la réalité, la libre concurrence est entravée par une infinité de causes perturbatrices. Il n'y a donc aucun intérêt quelconque, sinon de curiosité, à étudier la libre concurrence en elle-même et dégagée de ces éléments de perturbation dont aucune formule ne saurait tenir compte. » La vanité de cette objection se révèle pleinement. À supposer qu'aucun progrès ultérieur de la science ne permette d'introduire et de faire figurer les causes perturbatrices dans les équations de l'échange et de la production, ce qu'il est peut-être imprudent et certainement inutile d'affirmer, ces équations, telles que nous les avons établies, n'en conduisent pas moins à la règle générale et supérieure de la liberté de la production.

La liberté procure, dans certaines limites, le maximum d'utilité; donc les causes qui la troublent sont un empêchement à ce maximum; et quelles qu'elles puissent être, il faut les supprimer le plus possible.

C'est bien là, en somme, ce que les économistes ont déjà dit en préconisant le *laisser faire, laisser passer.* Malheureusement, il faut bien le dire: les économistes jusqu'ici ont moins démontré le *laisser faire, laisser passer* qu'ils ne l'ont affirmé à l'encontre des socialistes, anciens et nouveaux, qui, de leur côté, affirment, sans la démontrer davantage, l'intervention de l'État. Je sens qu'en m'exprimant ainsi je vais heurter quelques susceptibilités.

Léon Walras,
ÉLÉMENTS D'ÉCONOMIE POLITIQUE PURE (1875; 4e édition, 1901),
LGDJ 1952, 22e leçon, pp. 231-233.

COMMENTAIRE

La théorie de l'équilibre général de « libre concurrence absolue » présentée par Walras (1834-1910) se présente comme un système d'équations traduisant l'égalité entre les offres et les demandes sur les différents marchés (marchés des produits et marchés des « services producteurs » rendus par les facteurs de production).

Ces offres et demandes émanent des propriétaires de facteurs d'une part (propriétaires fonciers, travailleurs, capitalistes), et des entrepreneurs d'autre part (distincts des capitalistes, ceux-ci ont en charge la combinaison des services producteurs en vue de l'obtention des produits). Les premiers offrent les services des facteurs qu'ils possèdent et demandent des produits, de façon à maximiser leur satisfaction (ou utilité); symétriquement, les seconds demandent les services des facteurs de production et offrent les produits résultant de la combinaison de ces services, avec comme objectif de maximiser leur profit (défini comme la différence entre le prix de vente des produits et le prix de revient des services producteurs utilisés). Cependant le jeu de la concurrence entre les entrepreneurs aboutit, à l'équilibre, à la disparition de leur profit (qui ne doit pas être confondu avec le revenu des capitaux), c'est-à-dire, pour chaque produit, à l'égalisation du prix de vente et du prix de revient en services producteurs (lequel inclut le revenu des capitaux mobiliers).

Résumant dans le texte ci-dessus les conclusions de sa théorie de l'équilibre général (dans la version qu'il appelle « théorie de la production »), Walras pense pouvoir en conclure que la libre concurrence correspond à un état de « maximum d'utilité » à l'échelle de la société. Ainsi se trouverait démontrée scientifiquement la théorie de la « main invisible » [texte E 6] qui n'était jusque-là qu'intuition, et dans le même temps démontrée la supériorité de l'économie mathématique sur l'économie que Walras qualifie dédaigneusement de « littéraire ».

Mais on a du mal à suivre ici Walras, car il n'a tout simplement pas défini la notion d'utilité à l'échelle sociale. Dès lors le maximum de celle-ci reste une grandeur parfaitement indéterminée. En fait, il semble bien qu'il qualifie de « maximum d'utilité » une situation où chaque propriétaire de facteurs maximise son utilité personnelle sous la contrainte de son budget. Mais alors son propos ressemble à une naïveté: quelle que soit la situation de l'économie au regard de la concurrence, un tel état est atteint dès lors que chacun prend soin de ses intérêts.

Si la tentative de Walras visant à démontrer « scientifiquement » les vertus du libéralisme doit être considérée comme un échec, sans doute prépare-t-elle le terrain à une découverte importante que fera Pareto sous le nom de « maximum d'ophélimité » [texte E 14].

mots-clés

CONCURRENCE - LIBÉRALISME - UTILITÉ - ÉQUILIBRE GÉNÉRAL - BIEN-ÊTRE - MAXIMUM D'UTILITÉ - MAXIMUM D'OPHÉLIMITÉ

E 13

Thorstein Veblen

La « distinction provocante »

On tient couramment que l'acquisition et l'accumulation ont pour fin la consommation des biens accumulés : soit que le propriétaire des marchandises les consomme lui-même, soit qu'il les fasse consommer par sa maison, qui pour lors s'identifie théoriquement à lui. À tout le moins, on a le sentiment que c'est là le but économique légitime de l'acquisition, le seul qu'il incombe à la théorie de prendre en considération. Bien entendu, on peut concevoir que cette consommation satisfait les besoins physiques du consommateur – lui assure ses aises – ou ce qu'on baptise ses besoins supérieurs – spirituels, esthétiques, intellectuels, et tout ce qui s'ensuit ; cette dernière catégorie de besoins étant satisfaite indirectement par une dépense de biens à la manière des économistes, bien connue de leurs lecteurs.

Or, il faut entendre cette consommation de marchandises en un sens très éloigné de sa signification naïve, si l'on tient à dire qu'elle procure le stimulant dont l'accumulation procède invariablement. Le motif qui se trouve à la racine de la propriété, c'est la rivalité ; c'est le même qui continue d'agir dans cette institution qu'il a fait naître, et dans le déploiement de tous ces traits de la structure sociale qui touchent à l'institution de la propriété. La possession des richesses confère l'honneur : c'est une distinction provocante. On ne saurait rien dire d'aussi convaincant sur la consommation des marchandises, ni d'aucun autre ressort de l'acquisition, ni surtout d'aucun aiguillon de l'acquisition des richesses.

Sans doute ne faut-il pas oublier que dans une société où presque tous les biens sont propriété privée, la nécessité du gagne-pain est un puissant, un incessant aiguillon pour les plus pauvres. La nécessité de subsister et d'accroître le confort physique peut être pour un temps le mobile dominant de l'acquisition, dans les classes où l'on s'emploie ordinairement aux travaux manuels, où les moyens de vivre sont précaires, où l'on possède peu de choses, où l'on n'a guère d'occasion d'accumuler ; or il apparaîtra au cours de la discussion que même dans le cas de ces classes impécunieuses, le besoin physique n'est pas un motif aussi prédominant qu'on l'a parfois supposé. Quant aux membres et aux clans de la société dont la grande affaire est d'accumuler la richesse, la subsistance et les commodités physiques ne leur sont pas un stimulant bien considérable. La propriété a pris naissance et s'est faite institution sur des bases qui n'ont aucun rapport avec le minimum vital. Le grand aiguillon, dès le principe, ce fut la distinction qui provoque l'envie ; c'est elle qui s'attache à la richesse, et nul autre mobile, sauf exception momentanée, n'en a usurpé la primauté dans les stades ultérieurs de l'évolution. [...]

Du moment où la propriété fonde l'estime populaire, elle devient non moins indispensable à ce consentement de soi que nous appelons amour-propre. Dans toute société où chacun détient ses propres biens, il est nécessaire à l'individu, pour la paix de son esprit, d'en posséder une certaine quantité, la même que possèdent ceux de la classe où il a coutume de se ranger ; et quelle énorme satisfaction que de posséder quelque chose de plus ! Or, au fur et à mesure qu'une personne fait de nouvelles acquisitions et s'habitue au niveau de richesse qui vient d'en résulter, le dernier niveau cesse à tout coup d'offrir un surcroît sensible de contentement. Dans tous les cas, la tendance est constante : faire du niveau pécuniaire actuel le point de départ d'un nouvel accroissement de la richesse ; lequel met à son tour l'individu à un autre niveau de suffisance, et le place à un nouveau degré de l'échelle pécuniaire s'il se compare à son prochain. Dans la mesure où elle entre ici en question, la fin qu'on se propose en accumulant, c'est d'avoir assez de puissance pécuniaire pour prendre le pas sur les autres. Tant que la comparaison lui sera nettement défavorable, l'individu normal, l'individu moyen vivra dans l'insatisfaction chronique et se trouvera mal loti ; et quand il aura rejoint ce qui peut s'appeler le niveau pécuniaire normal, cette insatisfaction fera place en lui à une surtension ; il n'aura de cesse que l'intervalle s'élargisse encore et toujours entre sa position et ce niveau dit normal. L'individu qui se livre à la comparaison provocante ne la trouvera jamais assez favorable : il ne demanderait pas mieux que de se classer plus haut encore.

Thorstein Veblen,
THÉORIE DE LA CLASSE DE LOISIR (1899),
trad. française Éditions Gallimard, Paris, 1970, chap. 2, pp. 19-23.

COMMENTAIRE

Pour les économistes néo-classiques (Walras par exemple), à la base de l'économie de marché se trouve le comportement de l'*« homo œconomicus »,* individu calculateur qui établit son programme de consommation (immédiate et différée) de façon à maximiser son utilité, compte tenu des prix en vigueur et prévus.
Cette vision des choses est radicalement contestée par Thorstein Veblen (1857-1929) , économiste iconoclaste de la fin du XIXe et du début du XXe siècle, considéré comme un des pères du courant « institutionnaliste » américain [voir également texte S 76, page 415]. Selon lui, l'aiguillon véritable de l'accumulation de richesses n'est pas la satisfaction des besoins matériels ou culturel de l'individu et de ses proches, mais la rivalité (ou « comparaison provocante ») : consommer, c'est avant tout essayer de consommer plus que son voisin, et le faire savoir. Cet aspect ostentatoire de la consommation, qui n'est, aux yeux de Veblen, que la transposition dans le monde moderne des habitudes prédatrices d'époques antérieures, est difficilement conciliable avec le paradigme néo-classique de l'*homo œconomicus.* En effet celui-ci suppose l'indépendance des préférences par rap-

port aux prix, alors que dans la conception de Veblen ceux-ci deviennent un argument des préférences des consommateurs à la recherche de « distinction provocante » : plus un produit est cher, plus il devient désirable.

mots-clés

COMPORTEMENT ÉCONOMIQUE – CONSOMMATION OSTENTATOIRE – INSTITUTIONS – MAXIMUM D'UTILITÉ – DISTINCTION

E 14

Vilfredo Pareto

Économie pure et choix de société

[...] Nous commencerons par définir un terme dont il est bon de se servir pour éviter des longueurs. Nous dirons que les membres d'une collectivité jouissent, dans une certaine position, du *maximum d'ophélimité,* quand il est impossible de trouver un moyen de s'éloigner très peu de cette position, de telle sorte que l'ophélimité dont jouit chacun des individus de cette collectivité augmente ou diminue. C'est-à-dire que tout petit déplacement à partir de cette position a nécessairement pour effet d'augmenter l'ophélimité dont jouissent certains individus, et de diminuer celle dont jouissent d'autres : d'être agréable aux uns, désagréable aux autres. [...]

La libre concurrence détermine les coefficients de production de façon à assurer le maximum d'ophélimité. [...] Elle tend à rendre égaux les revenus nets des capitaux que l'on peut produire au moyen de l'épargne ; en effet, l'épargne est évidemment transformée dans les capitaux qui donnent le plus haut revenu, jusqu'à ce que l'abondance de ces capitaux en fasse descendre le revenu net au niveau commun. Cette égalité des revenus nets est également une condition pour obtenir de l'usage de ces capitaux le maximum d'ophélimité. Même dans ce cas, la démonstration rigoureuse ne peut être donnée qu'avec les mathématiques ; nous ne pouvons ici qu'indiquer à peu près la marche du phénomène. En ce qui concerne le revenu des capitaux, on peut remarquer que si l'épargne obtient dans un certain emploi un revenu plus grand que dans un autre, cela signifie que le premier emploi est plus « productif » que le second. Par conséquent, il y a avantage pour la « société » à diminuer le premier emploi de l'épargne pour augmenter le second, et on arrive ainsi à l'égalité des revenus nets dans les deux cas. [...]

Il nous faut maintenant parler des phénomènes du type (III) *[économie collectiviste],* auxquels nous avons fait jusqu'ici simplement allusion. Pour leur donner une forme concrète, et par une abstraction analogue à celle de l'*homo œconomicus,* considérons une société collectiviste, qui ait pour but de procurer à ses membres le maximum d'ophélimité.

Le problème se subdivise en deux autres, qui sont complètement différents et qui ne peuvent pas être résolus avec les mêmes criteriums : 1) Nous avons un problème de distribution : comment doivent être répartis entre ses membres les biens que possède ou que produit la société ? Il faut faire intervenir des considérations éthiques, sociales de différents genres, des comparaisons d'ophélimité de différents individus, etc. Nous n'avons pas à nous en occuper ici. Nous supposerons donc ce problème résolu. 2) Nous avons un problème de production : comment produire les biens économiques de façon que, en les distribuant ensuite suivant les règles obtenues par la solution du premier problème, les membres de la société obtiennent le maximum d'ophélimité ?

Après tout ce que nous avons dit, la solution de ce problème est facile. Les prix, les intérêts nets des capitaux peuvent disparaître, si toutefois cela est possible, comme entités réelles, mais ils demeureront comme entités comptables ; sans eux, le ministère de la production marcherait à l'aveugle et ne saurait comment organiser la production. Il est bien entendu que si l'État est le maître de tous les capitaux, c'est à lui que vont tous les intérêts nets. Pour obtenir le maximum d'ophélimité, l'État collectiviste devra rendre les différents intérêts nets égaux et déterminer les coefficients de production de la même façon que les détermine la libre concurrence. De plus, après avoir fait la distribution d'après les règles du premier problème, il devra permettre une nouvelle distribution que pourront opérer entre eux les membres de la collectivité, ou que pourra faire l'État socialiste, mais qui, dans tous les cas, devra se faire comme si elle était opérée par la libre concurrence.

La différence entre les phénomènes du type (I) *[libre concurrence]* et ceux du type (III) réside donc principalement dans la répartition des revenus. Dans les phénomènes du type (I), cette répartition s'opère d'après toutes les contingences historiques et économiques dans lesquelles a évolué la société ; dans les phénomènes de type (III), elle est la conséquence de certains principes éthico-sociaux.

Il nous faut de plus rechercher si certaines formes de la production sont plus faciles dans la réalité avec les phénomènes de type (I) ou avec ceux du type (III). Théoriquement, rien n'empêche de supposer qu'avec la libre concurrence, on suive, par exemple, la ligne des transformations complètes ; mais pratiquement, cela peut être plus difficile avec la libre concurrence qu'avec la production collectiviste. [...]

Dans l'État économique basé sur la propriété privée, la production est réglée par des entrepreneurs et des propriétaires ; il y a, par conséquent, une certaine dépense qui figure au nombre des obstacles. Dans l'État collectiviste, la production serait réglée par des employés de cet État ; la dépense qu'ils occasionneraient pourrait être plus grande, et leur travail moins efficace ; dans ce cas, les avantages signalés pourraient être compensés et se changer en perte.

En résumé, l'économie pure ne nous donne pas de criterium vraiment décisif pour choisir entre une organisation de la société basée sur la propriété privée et une organisation socialiste. On ne peut résoudre ce problème qu'en tenant compte d'autres caractères des phénomènes.

Vilfredo Pareto,
MANUEL D'ÉCONOMIE POLITIQUE (1906),
trad. française Droz, Genève, 1966, chap. 6, pp. 354-364.

COMMENTAIRE

Successeur de Léon Walras à la chaire d'économie politique de l'université de Lausanne, Vilfredo Pareto (1848-1923) se présente comme un disciple critique du père de la théorie de l'équilibre général. Féru comme son prédécesseur d'économie mathématique, il adopte sa démarche d'ensemble, en lui apportant un certain nombre d'améliorations substantielles. La principale concerne la théorie de

l'utilité (à laquelle il donne le nom d'« ophélimité ») : alors que le consommateur de Walras était censé attribuer une note chiffrée à chacune de ses consommations (utilité « cardinale »), Pareto se contente de supposer que le consommateur est capable de classer par ordre de préférence les différents « paniers » de biens qu'il est susceptible de consommer (utilité « ordinale »).
Par ailleurs, Pareto introduit, sous le nom de « maximum d'ophélimité », une notion nouvelle et importante. Par ce terme (auquel l'usage substituera celui d'« optimum de Pareto »), il désigne tout état de l'économie tel qu'on ne puisse améliorer la satisfaction d'un individu sans détériorer celle d'au moins un autre. Et il montre – dans des cas simples qui seront généralisés par des travaux ultérieurs – qu'un équilibre général de concurrence parfaite conduit à un « maximum d'ophélimité ».
On ne saurait toutefois en conclure que Pareto apporte le « chaînon manquant » qui faisait défaut à Walras dans sa tentative pour démontrer la supériorité de la libre concurrence [texte E 12]. D'une part, l'obtention d'un optimum de Pareto par la voie de la libre concurrence n'est effective que si certaines conditions fortement restrictives sont réunies (absence de biens collectifs et d'effets externes, en particulier). D'autre part, en dépit des ambiguïtés de la terminologie, un optimum de Pareto ne peut être assimilé à un « maximum d'utilité » à l'échelle sociale : une telle notion suppose une comparaison interpersonnelle d'utilités qui est étrangère au « maximum d'ophélimité » de Pareto ; celui-ci se laisse plus justement définir comme un état efficace de fonctionnement de l'économie, c'est-à-dire n'entraînant pas de gaspillage de ressources. Enfin, comme Pareto nous l'explique lui-même, une économie collectiviste peut en principe atteindre, par la voie de la planification, un « maximum d'ophélimité » tout aussi bien qu'une économie de marché par la voie de la concurrence : l'économie pure ne permet pas, selon lui, de trancher en faveur d'un système ou de l'autre.
La remarque est d'autant plus importante que Pareto, politiquement très marqué à droite, ne saurait être soupçonné de la moindre sympathie pour l'économie « collectiviste » dont il analyse le fonctionnement. Beaucoup plus que dans sa contribution à l'économie pure, c'est dans la sociologie de Pareto qu'il faut rechercher les bases de son aversion pour le socialisme.

mots-clés

MARCHÉ – CONCURRENCE – PLANIFICATION – BIEN-ÊTRE – OPTIMUM DE PARETO – SOCIALISME – MAXIMUM D'UTILITÉ – MAXIMUM D'OPHÉLIMITÉ – OPHÉLIMITÉ

E 15

Arthur Cecil Pigou

Le marché et les effets externes

L'intérêt privé tendra à établir l'égalité de valeur des produits marginaux privés nets investis de différentes façons. Mais il ne tendra pas à établir l'égalité des valeurs des produits marginaux sociaux nets, sauf quand les deux produits marginaux nets sont identiques. C'est pourquoi, lorsqu'il y a une divergence entre eux, cet intérêt personnel tendra pas à porter au maximum le revenu national ; par conséquent, certains ne actes déterminés d'intervention dans des processus économiques normaux peuvent, non diminuer, mais augmenter probablement ce revenu. Il devient donc important de rechercher dans quelles conditions les valeurs du produit social et privé net, pour une augmentation d'investissement dans une industrie, est susceptible de diverger l'une de l'autre, dans l'une ou l'autre direction. [...]

La source des divergences générales entre les valeurs des deux produits marginaux nets, et qui se manifestent dans un régime de concurrence ordinaire, est le fait que, dans certaines branches, une part du produit d'une unité de ressources consiste en un quelque chose qui, au lieu d'être immédiatement attribué à la personne qui investit cette unité, est attribué au contraire, en premier lieu (c'est-à-dire antérieurement à la vente, si la vente a lieu), à titre de poste, positif ou négatif, à d'autres gens. [...]

Voici ce dont il s'agit ici : une personne, en rendant service à une autre et étant rémunérée à cet effet, se trouve rendre également, mais de façon incidente, des services, ou des « déservices », à des tiers (non producteurs de services semblables), et de telle nature qu'on ne peut exiger de ces tiers un paiement pour en avoir bénéficié, ou qu'on ne peut leur accorder une compensation en raison du dommage par eux subis. [...]

Voici d'abord des exemples de cas où il est difficile d'obtenir un paiement des bénéficiaires. [...] Des services non compensés sont rendus par ceux qui, dans des villes, investissent leurs ressources en créant des parcs privés ; car, même si le public n'y est pas admis, ils améliorent l'atmosphère du voisinage. Il en va de même – encore qu'ici il faille tenir compte de certains inconvénients – quand on investit des ressources en routes et tramways qui augmentent la valeur des terrains adjacents, sauf bien entendu, lorsque des taxes spéciales sont imposées à cet effet à leur propriétaire. C'est encore vrai, de même, des ressources affectées au reboisement, car les effets bénéfiques sur le climat s'étendent souvent au-delà des limites des propriétés que possède le complanteur ; de même, pour ce qui est des ressources affectées à l'éclairage ; de même en va-t-il des ressources que l'on emploie à la protection contre la fumée des cheminées d'usines. Cette fumée, en effet, dans les grandes villes, cause à la communauté de lourds dommages non compensés, tant aux bâtiments qu'aux végétaux, entraînent des dépenses pour laver le linge, nettoyer les chambres, et éclairer ces dernières à la lumière artificielle, etc. Enfin, et cela est plus important que tout, c'est encore vrai des ressources affectées aux recherches fondamentales dans le domaine scientifique, grâce auxquelles de façons tout à fait inattendues, des découvertes d'une haute utilité pratique apparaissent. La même chose est vraie pour ce qui concerne le perfectionnement des inventions et l'amélioration des processus industriels. Car ces derniers sont souvent d'une nature telle qu'ils ne peuvent être ni brevetés, ni tenus secrets et, par conséquent, le total du bénéfice nouveau qui en revient d'abord à leur inventeur est très rapidement transféré par lui, au public en général, sous la forme d'une réduction de prix. Le but des lois sur les brevets a pour objet de rapprocher les deux produits marginaux nets. En faisant briller la perspective d'une récompense pour certains genres d'inventions, elles ne stimulent pas en fait de façon appréciable, l'activité des inventeurs, qui est pour la plupart spontanée, mais elle la dirige dans une voie utile à tous.

À l'opposé des investissements ci-dessus où le produit marginal privé net demeure inférieur au produit marginal social net, il en est d'autres où, eu égard à la difficulté technique qu'il y a à faire verser une compensation pour des « déservices » incidents, le produit privé est plus grand que le produit social. Ainsi, des « déservices » incidents non compensés sont rendus à des tiers lorsque l'un des occupants évite systématiquement de détruire le gibier, en sorte que le terrain occupé par un voisin est envahi par les lapins – à moins que, en fait, les deux occupants ne se trouvent liés par un contrat de location, et qu'alors une compensation puisse être donnée par une modification du fermage. Il en va de même quand le propriétaire d'un immeuble, dans un quartier d'habitation d'une ville, y construit une usine, détruisant par là en grande partie des agréments des emplacements environnants ; ou, à un moindre degré, lorsqu'il use de son emplacement de telle façon qu'il nuise à l'éclairage des maisons d'en face ; ou lorsqu'il emploie ses ressources à construire des maisons dans un centre surpeuplé, ce qui tend à porter tort à la santé et à l'efficience des familles vivant aux environs, en diminuant le cube d'air de l'espace à leur disposition. On peut encore citer le cas où les tiers – cette fois le public en général – souffrent de « déservices » incidents, non compensés, quand des ressources sont investies en vue de faire circuler des automobiles qui usent le réseau routier. Le cas est semblable – les conditions des goûts du public étant données – quand des ressources sont affectées à la production et à la vente de boissons fortes. Pour que le produit net social puisse être apprécié sur la base du produit net privé de la livre marginale qui est investie dans cette forme de production, cet investissement devrait être, comme M. Bernard Shaw l'observe, débitée des frais supplémentaires en agents de police et prisons qu'il rend indirectement nécessaires.

Mais la meilleure illustration, peut-être, d'exemple où le produit net privé dépasse le produit social, est fourni par le travail des femmes en usine, particulièrement durant les périodes qui précèdent et suivent immédiatement leur accouchement ; car on ne saurait douter que ce travail, s'il rapporte des gains aux femmes elles-mêmes, ne cause de graves dommages à la santé de leurs enfants. [...]

Il est clair que les divergences entre produits nets privé et social, de la nature de celles que nous venons d'examiner, ne peuvent pas [...] être atténuées par une modification des relations contractuelles entre deux parties contractantes, puisque une telle divergence provient de services, ou de « déservices », rendus à des personnes autres que des personnes contractantes. Pourtant, il est possible pour l'État, s'il s'y décide, d'écarter cette divergence dans un domaine quelconque, en apportant des « encouragements extraordinaires », ou des « restrictions extraordinaires » aux investissements dans ce domaine. Les formes les plus évidentes que ces encouragements et restrictions peuvent prendre sont, bien entendu, celles de primes et impôts.

Arthur Cecil Pigou,
L'ÉCONOMIE DU BIEN-ÊTRE (1920),
trad. française Dalloz, Paris, 1958, 2e partie, chap. 2 et 9, p. 132 et pp. 153-164.

COMMENTAIRE

Dans la Grande-Bretagne de l'entre-deux-guerres, Pigou (1877-1959) représente la tradition « classique » face à Keynes, et c'est principalement la *Théorie du chômage* publiée en 1933 par le premier que le second prend pour cible dans sa *Théorie générale* de 1936. On aurait tort pourtant de voir en Pigou un partisan du « laisser-faire » intégral. Son *Économie du bien-être* de 1920 comporte au contraire des implications nettement interventionnistes qui peuvent amener à le considérer, pour d'autres raisons que Keynes [texte E 16], comme un des promoteurs de l'« État-providence », et lui vaudront la critique des partisans d'un libéralisme économique sans concessions.

Dans cet ouvrage, Pigou développe la notion d'effet externe, qui jouera par la suite un grand rôle dans l'analyse économique : par ce terme sont désignées les influences, non compensées par le marché, qu'exerce l'action de certains agents sur la satisfaction ou le profit d'autres agents. Ces effets peuvent être positifs (Pigou cite l'exemple du particulier qui améliore la qualité de l'atmosphère urbaine en créant un jardin), ou négatifs (cas des pollutions). En présence de tels effets externes, on peut montrer que la concurrence pure et parfaite ne conduit pas l'économie dans une situation d'optimum paretien [*cf.* texte E 14], ce que Pigou exprime en parlant de divergence entre les « produits marginaux privés » (c'est-à-dire enregistrés par les agents émetteurs des effets externes) et les « produits marginaux sociaux » (enregistrés par l'ensemble de la société, donc y compris ceux qui subissent les effets externes) : par exemple, le bénéfice enregistré par une entreprise qui pollue une rivière est supérieur au bénéfice résultant pour la société de son activité productive, car celui-ci est affecté négativement par la perte d'aménité résultant de la pollution. C'est cette divergence qui est à l'origine de l'inefficacité du marché, dans la mesure où elle ne pousse pas les agents privés à agir dans un sens conforme aux intérêts de la société : la « main invisible » d'Adam Smith est prise en défaut.

La solution préconisée par Pigou est d'« internaliser » les effets externes, c'est-à-dire d'amener les agents émetteurs de tels effets à les prendre en compte dans leurs propres calculs économiques, par le biais d'un système de taxes et de subventions : en subventionnant les producteurs d'effets externes positifs, on les amène à développer leur activité bénéfique pour la société, et un résultat symétrique sera obtenu en taxant les producteurs d'effets externes négatifs. Cette analyse est à l'origine du principe « pollueur-payeur » qui est, aujourd'hui, appliqué dans le traitement de certaines pollutions. La mise en œuvre de ce principe soulève un certain nombre de difficultés pratiques. Outre les difficultés d'ordre politique (les pollueurs n'apprécient guère d'être mis à contribution), la question se pose de savoir sur quelles bases et à quel taux il convient d'établir la taxe. En effet, dans la majorité des cas il n'est pas question de supprimer les pollutions, mais de les réduire à un niveau « acceptable », et la définition de ce niveau est source d'incertitudes. Ces incertitudes sont d'ordre scientifique (à quel seuil la présence de tel polluant dans l'eau commence-t-elle à être dangereuse pour la santé humaine ?) mais aussi social (jusqu'à quel point la société est-elle prête à accepter les effets induits par la réduction des pollutions en termes de pouvoir d'achat, d'emploi, etc. ?).

mots-clés

MARCHÉ – EXTERNALITÉS – BIEN-ÊTRE – TAXATION – COÛT SOCIAL – ÉTAT-PROVIDENCE – CONCURRENCE

E 16

John Maynard Keynes

L'économie « mixte »

Les deux vices marquants du monde économique où nous vivons sont, le premier, que le plein emploi n'y est pas assuré, le second, que la répartition de la fortune et du revenu y est arbitraire et manque d'équité. Le rapport entre la théorie qui précède et le premier de ces vices est évident. Mais il existe deux points importants où elle touche aussi le second.

Depuis la fin du XIXe siècle, la taxation directe des revenus cédulaires, des revenus globaux et des successions a permis de réaliser, surtout en Grande-Bretagne, de sérieux progrès dans la réduction des très grandes inégalités de fortune et de revenu. Certains souhaiteraient qu'on allât beaucoup plus loin dans cette voie, mais ils sont retenus par deux ordres de considérations. D'abord ils craignent de rendre les évasions fiscales trop avantageuses et aussi d'affaiblir à l'excès le motif qui incite à assumer les risques. Mais ce qui, à notre avis, les arrête surtout, c'est l'idée que la croissance du capital dépend de la force du motif qui pousse à l'épargne individuelle et que cette croissance est en grande partie commandée par l'épargne que la classe riche retranche sur ses superfluités. Notre thèse est sans influence sur les premières considérations, mais elle conduit à envisager les secondes sous un jour bien différent. Nous avons vu en effet que tant que le plein emploi n'est pas établi, une faible propension à consommer n'accélère nullement la croissance du capital, mais au contraire la ralentit et que c'est seulement dans une situation de plein emploi qu'elle y est favorable. [...] L'analyse qui précède nous amène donc à conclure que, dans les conditions contemporaines, la croissance de la richesse, loin de dépendre de l'abstinence des milieux aisés, comme on le croit en général, a plus de chances d'être contrariée par elle. Ainsi disparaît l'une des principales justifications sociales des grandes inégalités de fortunes. [...]

Pour notre part, nous pensons qu'on peut justifier par des raisons sociales et psychologiques de notables inégalités dans les revenus et les fortunes, mais non des disproportions aussi marquées qu'à l'heure actuelle. Il existe des activités humaines utiles qui, pour porter tous leurs fruits, exigent l'aiguillon du lucre et le cadre de la propriété privée. Bien plus, la possibilité de gagner de l'argent et de constituer une fortune peut canaliser certains penchants dangereux de la nature humaine dans une voie où ils sont relativement inoffensifs. Faute de pouvoir se satisfaire de cette façon, ces penchants pourraient trouver une issue dans la cruauté, dans la poursuite effrénée du pouvoir personnel et de l'autorité, et dans les autres formes de l'ambition personnelle. Il vaut mieux que l'homme exerce son despotisme sur son compte en banque que sur ses concitoyens ; et, bien que la première sorte de tyrannie soit souvent représentée comme un moyen d'arriver à la seconde, il arrive au moins dans certains cas qu'elle s'y substitue. Mais, pour stimuler ces activités et satisfaire ces penchants, il n'est pas nécessaire que la partie se joue à un taux aussi élevé qu'aujourd'hui. Des taux beaucoup plus bas seraient tout aussi efficaces dès lors que les joueurs y seraient habitués. [...]

Mais il y a une seconde partie de notre analyse dont les conséquences sont beaucoup plus importantes pour l'avenir des inégalités de fortune : c'est notre théorie du taux de l'intérêt. On justifiait jusqu'ici une certaine élévation du taux de l'intérêt par la nécessité de fournir à l'épargne un encouragement suffisant. Mais nous avons démontré que le montant effectif de l'épargne est rigoureusement déterminé par le flux de l'investissement et que celui-ci grossit sous l'effet d'une *baisse* de l'intérêt, pourvu qu'on ne cherche pas à le gonfler par la baisse de l'intérêt au-delà du volume qui correspond au plein emploi. La politique la plus avantageuse consiste donc à faire baisser le taux de l'intérêt par rapport à la courbe de l'efficacité marginale jusqu'à ce que le plein emploi soit réalisé. Ce critère conduira, sans aucun doute, à un taux de l'intérêt beaucoup plus faible que celui qui a régné jusqu'ici. Et, pour autant que l'on puisse faire des conjectures au sujet des courbes de l'efficacité marginale correspondant à un équipement en capital de plus en plus développé, il est probable que le taux de l'intérêt baissera régulièrement si l'on parvient à maintenir un état plus ou moins continu de plein emploi. […] Cet état de choses serait parfaitement compatible avec un certain degré d'individualisme. Mais il n'en impliquerait pas moins l'euthanasie du rentier et par suite la disparition progressive du pouvoir oppressif traditionnel qu'a le capitaliste d'exploiter la valeur conférée au capital par sa rareté. L'intérêt ne rémunère aujourd'hui aucun sacrifice véritable non plus que la rente du sol. Le détenteur du capital peut obtenir un intérêt parce que le capital est rare, de même que le détenteur du sol peut obtenir une rente parce que le sol est rare. Mais, tandis que la rareté du sol peut s'expliquer pour des raisons intrinsèques, il n'y a pas de raisons intrinsèques qui expliquent la rareté du capital. […] La généralisation de la rente nous paraît constituer une phase de transition du capitalisme ; elle prendra fin lorsqu'elle aura produit son objet. Et la disparition de la rente du capital entraînera bien d'autres changements radicaux dans ce régime. Le grand avantage de l'évolution que nous préconisons, c'est que l'euthanasie du rentier et du capitaliste oisif n'aura rien de soudain, qu'elle n'exigera aucun bouleversement. […]

Dans la pratique on pourrait se proposer (tout ceci n'a rien d'irréalisable) d'une part d'augmenter le volume de l'équipement jusqu'à ce qu'il cessât d'être rare, de manière à supprimer la prime attribuée au capitaliste oisif ; d'autre part d'aménager les impôts directs de manière à affecter au service de la communauté, sur la base d'émoluments raisonnables, l'intelligence, le dynamisme et la capacité administrative des financiers, entrepreneurs et *tutti quanti* (qui certainement aiment assez leurs métiers pour que leur travail puisse être obtenu à bien meilleur marché qu'à présent). […]

La théorie qui précède apparaît assez conservatrice sous l'angle de ses répercussions dans d'autres domaines. Tout en indiquant l'importance vitale que présente la création d'un contrôle central sur certaines activités aujourd'hui confiées en grande partie à l'initiative privée, elle laisse inchangés de vastes secteurs de la vie économique. En ce qui concerne la propension à consommer, l'État sera conduit à exercer sur elle une influence directrice par sa politique fiscale, par la détermination du taux d'intérêt, et peut-être aussi par d'autres moyens. Au surplus il est improbable que l'influence de la politique bancaire sur le taux de l'intérêt suffise à amener le flux d'investissement à sa valeur optimum. Aussi pensons-nous qu'une assez large socialisation de l'investissement s'avérera le seul moyen d'assurer approximativement le plein emploi, ce qui ne veut pas dire qu'il faille exclure tous les genres d'arrangements et de compromis permettant à l'État de coopérer avec l'initiative privée. Mais à part cela, aucune argumentation convaincante n'a été développée qui justifierait un socialisme d'État embrassant la majeure partie de la vie économique de la communauté. Ce n'est pas la propriété des moyens de production dont il importe que l'État se charge. S'il est en mesure de déterminer le volume global des ressources consacrées à l'augmentation de ces moyens et le taux de base de la rémunération allouée à leurs possesseurs, il aura accompli tout le nécessaire. [...]

Pour placer la question sur un plan concret, nous ne voyons pas pourquoi le système actuel ferait un très mauvais usage des facteurs de production employés. Sans doute des erreurs de prévision sont-elles commises, mais on ne les éviterait pas en centralisant les décisions. Lorsque sur dix millions d'hommes désireux et capables de travailler il y en a neuf millions employés, il n'est pas évident que le travail de ces neuf millions soit mal orienté. Le reproche qu'il convient de faire au système actuel n'est pas de ne pas affecter aux tâches appropriées les neuf millions d'hommes employés, mais de n'avoir pas d'ouvrage disponible pour le dernier million. C'est le volume et non la consistance de l'emploi que le système actuel a été incapable de déterminer correctement.

Nous estimons donc [...] que la suppression des lacunes de la théorie classique ne conduit pas à abandonner le « Système de Manchester » mais simplement à indiquer quelle sorte d'environnement le libre jeu des forces économiques exige pour que les possibilités de la production puissent être toutes réalisées. Les contrôles centraux nécessaires à assurer le plein emploi impliquent, bien entendu, une large extension des fonctions traditionnelles de l'État. D'ailleurs la théorie classique moderne a elle-même appelé l'attention sur les divers cas où il peut être nécessaire de modérer ou de diriger le libre jeu des forces économiques. Mais un large domaine n'en subsistera pas moins, où l'initiative et la responsabilité privées pourront encore s'exercer. Dans ce domaine les avantages traditionnels de l'individualisme garderont toute leur valeur. [...]

Les régimes autoritaires contemporains paraissent résoudre le problème du chômage aux dépens de la liberté et du rendement individuels. Il est certain que le monde ne supportera plus très longtemps l'état de chômage qui, en dehors de courts intervalles d'emballement, est une conséquence, et à notre avis une conséquence inévitable, de l'individualisme du régime capitaliste moderne. Mais une analyse correcte du problème permet de remédier au mal sans sacrifier la liberté ni le rendement.

John Maynard Keynes,
THÉORIE GÉNÉRALE DE L'EMPLOI, DE L'INTÉRÊT ET DE LA MONNAIE (1936),
trad. française Éditions Payot, Paris, 1969, chap. 24, pp. 366-372.

COMMENTAIRE

La doctrine économique libérale classique considère que la flexibilité des salaires assure normalement le plein emploi [texte E 79]. Keynes (1883-1946) critique cette analyse, sérieusement mise à mal par les conséquences de la grande crise de 1929. Pour lui, l'emploi dépend de la demande effective (ou demande globale de biens et services adressée au système productif), c'est-à-dire principalement de la consommation des ménages et de l'investissement des entreprises ; et il y a peu de chances pour que le volume d'emploi ainsi déterminé permette, spontanément, d'éliminer le chômage [texte E 81].

Il revient donc à l'État d'assurer le plein emploi (ou une situation proche du plein emploi) par une régulation de la demande effective : action sur l'investissement privé par une baisse des taux d'intérêt (politique monétaire), action sur la « propension à consommer » de la collectivité par une redistribution des revenus en faveur des ménages à faible pouvoir d'achat (transferts sociaux), augmentation du flux direct de dépenses publiques (politique budgétaire).

Commandée par un impératif macroéconomique, cette intervention de l'État dans le fonctionnement de l'économie peut également servir un objectif de justice sociale, dans la mesure où elle implique une réduction des inégalités de revenus, et tout particulièrement une baisse des revenus des « rentiers et capitalistes oisifs » : contrairement au « Système de Manchester » (le corps de principes traditionnels du libéralisme économique), Keynes considère l'efficacité économique et la solidarité collective plutôt comme complémentaires que comme contradictoires. Cette réconciliation de l'économique et du social constitue un des fondements essentiels de l'« État-providence » qui connaîtra un développement spectaculaire après la Deuxième Guerre mondiale.

Mais l'interventionnisme keynésien a ses limites. L'auteur de la *Théorie générale* se prononce contre la nationalisation des entreprises, et contre la manipulation de la plupart des prix de marchés par l'État. Il propose de diminuer, mais non de supprimer les inégalités de revenus. Son opposition au « Système de Manchester » n'est en effet pas totale : une fois assuré un état proche du plein emploi, les « avantages traditionnels de l'individualisme » – en termes économiques, mais aussi politiques – retrouvent à ses yeux tout leur sens.

mots-clés

MARCHÉ – EMPLOI – RÉGULATION MACROÉCONOMIQUE – REDISTRIBUTION – ÉTAT-PROVIDENCE

E 17

Joseph Schumpeter

Une bonne thèse servie par de mauvais arguments

Du point de vue de l'analyse économique, le principal mérite des classiques consiste en ceci qu'ils ont réfuté, en même temps que bien d'autres erreurs grossières, la notion naïve selon laquelle, en société capitaliste, l'activité économique, du seul fait qu'elle est axée sur le motif du profit, doit nécessairement aller à l'encontre des intérêts des consommateurs ; ou encore, pour nous exprimer en termes différents, que la conquête de l'argent détourne nécessairement la production de ses objectifs sociaux ; ou enfin que les profits privés, tant en eux-mêmes que par la déformation corrélative du processus économique, se traduiraient toujours par une perte nette pour le public, à l'exception des individus qui les encaissent, et représenteraient par conséquent un gain net susceptible d'être moissonné par des mesures de socialisation. Si nous nous bornons à apprécier la logique de ces thèses ou de thèses similaires qu'aucun économiste qualifié n'a jamais songé à soutenir, leur réfutation par les classiques peut, certes, paraître banale. Si, cependant, nous en venons à considérer tous les slogans et théories impliquant, consciemment ou inconsciemment, de telles conséquences et qui, une fois de plus, nous sont resservis tout chauds de nos jours, nous éprouvons davantage de respect pour la performance des classiques. […]

Cependant, entre *concevoir,* d'une part, que la chasse au profit maximum et la tendance au rendement maximum ne sont pas nécessairement incompatibles et *prouver,* d'autre part, que la première implique nécessairement (au moins dans l'immense majorité des cas) la seconde, il existe un abîme beaucoup plus large que ne le supposaient les classiques – et ils n'ont jamais réussi à jeter un pont d'un bord à l'autre. L'économiste moderne, quand il étudie leurs doctrines, ne cesse de se demander comment ils ont pu se satisfaire de leurs arguments ou prendre leurs arguments pour des preuves : à la lumière de l'analyse contemporaine, il apparaît que, pour sûre que puisse avoir été leur *intuition,* leur *théorie* doit être tenue pour un château de cartes.

Nous procéderons à une telle analyse en deux étapes et en ne la poussant que jusqu'au point nécessaire pour clarifier notre problème. Historiquement, la première étape nous conduira jusqu'à la première période décennale du XXe siècle et la seconde couvrira certains des développements de l'économie scientifique à partir de 1919. [...]

La première étape peut être symbolisée par deux grands noms [...] : Alfred Marshall et Knut Wicksell[1]. Leur articulation théorique n'a guère de points communs avec celle des classiques – bien que Marshall ait fait de son mieux pour dissimuler cette divergence – mais ils ont retenu la thèse selon laquelle, en cas de concurrence parfaite, l'aspiration du producteur au profit tend à maximiser la production. Ils ont même fourni une preuve presque satisfaisante de cette thèse. À vrai dire, au cours du traitement destiné à l'énoncer et à la démontrer correctement, elle a perdu beaucoup de son contenu – certes, elle a survécu à l'opération, mais émaciée et respirant à peine. [...] Néanmoins, on peut montrer, dans le cadre des hypothèses générales de l'analyse Marshall-Wicksell, que les firmes incapables d'exercer par leur action isolée une influence quelconque sur le prix des produits qu'elles vendent ou sur celui des facteurs de production qu'elles emploient [...] développeront leur production jusqu'au point où la dépense additionnelle engagée pour accroître légèrement leur production (coût marginal) est exactement égale au prix de vente du supplément produit. [...] Or, il est possible de démontrer que le volume d'une telle production coïnciderait, en règle générale, avec celui de la production « socialement désirable ». [...]

Passons à la deuxième étape. L'analyse Marshall-Wicksell n'a pas, bien entendu, perdu de vue les cas nombreux qui sortent du cadre de la concurrence parfaite et les classiques ne les avaient pas négligés davantage, car ils avaient reconnu l'existence de cas de « monopole », et Adam Smith lui-même avait soigneusement noté la mise en œuvre fréquente de procédés visant à restreindre la concurrence, ainsi que les différences de flexibilité des prix résultant de telles pratiques. Néanmoins, ils tenaient ces cas de monopole pour des exceptions, susceptibles d'être éliminés à la longue. Marshall partageait d'ailleurs dans quelque mesure cette opinion [...].

Si nous examinons de plus près les conditions (qui n'ont pas toutes été explicitement formulées, ni même clairement aperçues, par Marshall et Wicksell) qui doivent être remplies aux fins de réaliser la concurrence parfaite, nous nous rendons immédiatement compte que, abstraction faite de la production agricole commune, les cas où

1. *Les* Principes *de Marshall (1re édition 1890) et les* Lectures *de Wicksell (1re édition suédoise 1901) méritent la primauté que je leur confère, étant donné l'influence qu'ils ont exercé sur beaucoup d'esprits en cours de formation et aussi en raison du fait qu'ils ont élaboré la théorie dans un esprit résolument pratique. Sur un plan purement scientifique, la préséance devrait être reconnue à l'œuvre de Léon Walras. [...]*

elle joue ne sauraient être nombreux. […] En ce qui concerne pratiquement tous les produits finis de l'industrie et du commerce, il est évident que chaque épicier, chaque station d'essence, chaque fabricant de gants ou de crème à raser ou de scies à main dispose d'un petit marché précaire qu'il essaie – qu'il doit essayer – de créer et de maintenir en faisant jouer la stratégie des prix, la stratégie des qualités (« différenciation des produits ») et la publicité. Du même coup, nous avons affaire à un « modèle » entièrement différent, pour lequel il n'y a, semble-t-il, aucune raison de s'attendre à ce qu'il donne les résultats de la concurrence parfaite, mais qui s'ajuste beaucoup mieux au schéma du monopole. En pareil cas, nous parlons de concurrence monopolistique, dont la théorie a constitué, entre les deux guerres, l'une des principales contributions à la science économique[2]. Reste une large gamme de produits substantiellement homogènes – principalement : matières premières industrielles et produits semi-finis, tels que lingots d'acier, ciments, cotonnades unies, etc. – pour lesquels ne semblent pas prévaloir les conditions qui favorisent l'apparition de la concurrence monopolistique. Nous n'en disconvenons pas. Néanmoins, en règle générale, des conséquences analogues se manifestent sur les marchés, dans la mesure où ceux-ci constituent en majeure partie le domaine des firmes de très grande taille qui, isolément ou de concert, sont en mesure de manipuler les prix sans même différencier leurs produits – c'est-à-dire en cas d'oligopoles. À cet égard encore, le schéma, correctement adapté, du monopole paraît décrire ce type de politique commerciale beaucoup mieux que ne le fait le schéma de concurrence parfaite.

Aussitôt que l'on a reconnu la prévalence de la concurrence monopolistique ou de l'ologopole ou de combinaisons de ces deux formules, beaucoup des thèses enseignées avec une parfaite sérénité par la génération d'économistes contemporains de Marshall-Wicksell deviennent ou bien inapplicables, ou bien beaucoup plus difficiles à démontrer. Ceci vaut, en premier lieu, pour les propositions pivotant autour du concept fondamental de l'équilibre, c'est-à-dire d'un état donné de l'organisme économique vers lequel tend n'importe quel autre état temporaire et que caractérisent certaines propriétés. Dans le cas général de l'oligopole, il n'existe en fait aucun équilibre déterminé et la possibilité apparaît d'une série indéfinie de marches et de contremarches, d'un état de guerre perpétuel entre les firmes concurrentes. Certes, il se trouve beaucoup de cas spéciaux pour lesquels un état d'équilibre existe théoriquement. Cependant, en second lieu, même dans de tels cas, non seulement l'équilibre est beaucoup difficile à atteindre que dans celui de la concurrence parfaite (et encore plus difficile à maintenir), mais de plus il y a beaucoup plus de chances, semble-t-il, pour que la concurrence « bienfaisante » du type classique fasse place à une concurrence destructrice, à une « guerre au couteau » ou, simplement, à des luttes pour prise de contrôle, menées sur le terrain financier. Or, de telles manœuvres constituent autant de sources de gaspillage social, auxquelles s'en ajoutent bien d'autres tels que les frais des campagnes de publicité, l'étouffement des nouvelles méthodes de production (achat de brevets pour ne pas les exploiter) et ainsi de suite. Enfin, et ce point est le plus important de tous : dans les conditions envisagées, l'équilibre, même s'il est finalement atteint en usant de procédés extrêmement onéreux, cesse de garantir soit le plein emploi, soit la production maximum au sens de la concurrence parfaite. […]

---

2. Cf. *notamment E.S. Chamberlin,* Theory of Monopolistic Competition, *et Joan Robinson,* The Economics of Imperfect Competition.

De telles conclusions ne confirment-elles pas l'opinion que l'homme de la rue (s'il n'est pas un businessman) s'est toujours fait des pratiques en honneur dans les milieux des affaires ? L'analyse moderne n'a-t-elle pas complètement réfuté la doctrine classique tout en justifiant les opinions populaires ? N'est-on pas, en fin de compte, parfaitement fondé à soutenir qu'il n'existe guère de parallélisme entre la production pour le profit et la production pour le consommateur, et que le régime de l'entreprise privée n'est guère davantage qu'un système visant à comprimer la production aux fins d'extorquer des profits, lesquels devraient être bien plutôt qualifiés de dîmes ou de rançons ?

Joseph Schumpeter,
CAPITALISME, SOCIALISME ET DÉMOCRATIE (1942),
trad. française Éditions Payot, Paris, 1983, chap. 6, pp. 107-113.

COMMENTAIRE

Joseph Schumpeter (1883-1950) peut sans doute être considéré, au moins de prime abord, comme un économiste paradoxal : partisan sans faille du libéralisme économique, il va puiser ses arguments plutôt du côté de Marx que dans le « courant dominant » de l'analyse économique moderne (la théorie néo-classique) – dont pourtant il admet la supériorité sur le plan théorique.

L'auteur de *Capitalisme, socialisme et démocratie* part du constat selon lequel Adam Smith et ses successeurs classiques de la première moitié du XIXe siècle (essentiellement Ricardo et Stuart Mill) n'ont pas véritablement démontré les avantages de la « main invisible » [texte E 6]. Il étend ensuite l'analyse à l'économie néo-classique qui se développe à la fin du XIXe siècle (et qu'il personnalise dans le texte ci-dessus sous l'appellation d'« analyse Marshall-Wicksell », tout en reconnaissant que « sur un plan purement scientifique, la préséance devrait être reconnue à l'œuvre de Léon Walras »). Walras, nous l'avons vu, échoue dans sa tentative pour montrer que la libre concurrence conduit à un « maximum d'utilité » [texte E 12]. Certes Pareto, à sa suite, établit une correspondance entre un équilibre général de concurrence parfaite et ce qu'il nomme un « maximum d'ophélimité » [texte E 14] mais, comme il le souligne lui-même, ce résultat ne peut être considéré comme un argument décisif en faveur du libéralisme économique. L'ancienne thèse libérale, note ironiquement Schumpeter, « a survécu à l'opération [de la formalisation mathématique], mais émaciée et respirant à peine ».

L'étape suivante du raisonnement conduit Schumpeter à s'intéresser aux développements de l'analyse économique de l'entre-deux-guerres connus sous le nom de théorie de la concurrence imparfaite (Robinson) ou monopolistique (Chamberlin). Ces développements montrent que la concurrence réelle, loin d'introduire quelques « frottements » dans le modèle de concurrence parfaite comme le laissait entendre Walras, conduit à des conclusions souvent radicalement différentes de ce modèle, et beaucoup plus proches du modèle du monopole (un seul vendeur) développé au XIXe siècle par Cournot (*Recherches sur les principes mathématiques de la théorie des richesses,* 1838). Or ces conclusions sont ravageuses pour les thèses libérales, car elles montrent que l'équilibre économique – lorsqu'il existe – n'est jamais un « maximum d'ophélimité » au sens de Pareto, en d'autres termes que la concurrence réelle n'est pas efficace. Ce constat ne pourrait être que renforcé par la prise en compte des « effets externes » (par exemple : pollution) étudiés en 1920 par Pigou [texte E 15].

Sur la base de semblables raisonnements, on devrait rejeter le libéralisme, conclut Schumpeter. Mais cette conclusion n'est que provisoire, car pour lui l'efficacité de la concurrence ne peut s'analyser qu'en dynamique, dans la mesure où elle repose sur un phénomène largement négligé par le « courant dominant » de l'analyse économique moderne : l'innovation [texte E 69]. Ici l'on retrouve Marx et le « rôle révolutionnaire de la bourgeoisie dans l'histoire »... [texte E 66].

mots-clés

LIBÉRALISME – CONCURRENCE IMPARFAITE – INNOVATION – ENTREPRENEUR – MAXIMUM D'OPHÉLIMITÉ

E 18

Karl Polanyi

Le marché autorégulateur

Avant de pouvoir entreprendre la discussion des lois qui gouvernent une économie de marché, telle que le XIXe siècle cherchait à la créer, il nous faut d'abord bien saisir les hypothèses extraordinaires qui sont à la base d'un tel système. L'économie de marchés suppose un système autorégulateur de marchés : pour employer des termes un peu plus techniques, il s'agit d'une économie gouvernée par les prix de marché et par eux seuls. On peut assurément dire d'un tel système, capable d'organiser la vie économique sans aide ou sans intervention extérieure, qu'il est autorégulateur. Ces indications sommaires devraient suffire à montrer la nature absolument sans précédent de cette aventure dans l'histoire de la race humaine.

Précisons notre propos. Aucune société ne saurait naturellement vivre, même pour peu de temps, sans posséder une économie d'une sorte ou d'une autre ; mais avant notre époque, aucune économie n'a jamais existé qui fut, même en principe, sous la dépendance des marchés. En dépit du chœur d'incantations universitaires, si opiniâtre tout au long du XIXe siècle, le gain et le profit tirés des échanges n'avaient jamais joué auparavant un rôle important dans l'économie humaine. Quoique l'institution du marché ait été tout à fait courante depuis la fin de l'Âge de pierre, son rôle n'avait jamais été que secondaire dans la vie économique. Nous avons de bonnes raisons pour insister sur ce point avec toute l'énergie dont nous sommes capables. Un penseur de la taille d'Adam Smith a avancé que la division du travail dans la société dépendait de l'existence de marchés, ou, comme il le disait, de la « propension [de l'homme] à échanger bien contre bien, bien contre service, chose contre chose » *[Man's « propensity to barter, truck and exchange one thing for another »]*. De cette phrase devait plus tard sortir le concept d'« homme économique ». On peut dire, rétrospectivement, qu'aucune interprétation erronée du passé ne s'est jamais révélée aussi annonciatrice de l'avenir. [...] En fait, les idées d'Adam Smith sur la psychologie économique du premier homme étaient aussi fausses que celles de Rousseau sur la psychologie politique du sauvage. La division du travail, phénomène aussi ancien que la société, provient des différences inhérentes aux sexes, à la géographie et aux dons individuels ; et la prétendue tendance de l'homme au troc et à l'échange est presque entièrement apocryphe. Alors que l'histoire et l'ethnographie connaissent l'existence de divers types d'économies, dont la plupart comportent l'institution des marchés, elles n'ont connaissance d'aucune économie antérieure à la nôtre qui soit, même approximativement, dirigée et réglée par les marchés. [...]

La découverte la plus marquante de la recherche historique et anthropologique récente est que les relations sociales de l'homme englobent, en général, son économie. L'homme agit de manière, non pas à protéger son intérêt individuel à posséder des biens matériels, mais de manière à garantir sa position sociale, ses droits sociaux, ses avantages sociaux. Il n'accorde de valeur aux biens matériels que pour autant qu'ils servent à cette fin. Ni le processus de la production ni celui de la distribution n'est lié à des intérêts économiques spécifiques attachés à la possession de biens ; mais chaque étape de ce processus s'articule sur un certain nombre d'intérêts sociaux qui garantissent en définitive que l'étape nécessaire sera franchie. Ces intérêts sont très différents dans une petite communauté de chasseurs ou de pêcheurs et dans une vaste société despotique, mais, dans les deux cas, le système économique sera géré en fonction de mobiles non économiques.

Il est facile d'expliquer les choses en termes de survie. Prenons le cas d'une société tribale. L'intérêt économique de chaque individu l'emporte rarement, car la communauté évite à tous ses membres de mourir de faim, sauf si la catastrophe l'accable elle-même, auquel cas c'est encore collectivement, et non pas individuellement, que ses intérêts sont menacés. D'autre part, le maintien des liens sociaux est essentiel. D'abord, parce qu'en n'observant pas le code admis de l'honneur ou de la générosité, l'individu se coupe de la communauté et devient un paria ; ensuite, parce que toutes les obligations sociales sont à long terme réciproques, et qu'en les observant l'individu sert également au mieux ses intérêts « donnant donnant ». Cette situation doit exercer une pression continuelle sur l'individu, de façon à éliminer de sa conscience l'intérêt économique personnel, au point de le rendre incapable dans de nombreux cas (mais nullement dans tous), de seulement saisir les implications de ses propres actes en fonction de cet intérêt. Cette attitude est renforcée par la fréquence des activités en commun comme le partage de la nourriture provenant des prises communes ou la participation aux dépouilles d'une expédition tribale lointaine et dangereuse. Le prix conféré à la générosité est si grand, quand on le mesure à l'aune du prestige social, que tout comportement autre que le plus total oubli de soi n'est tout simplement pas payant. Le caractère de chaque individu a peu de choses à voir avec la question. L'homme peut être aussi bon que méchant, social ou asocial, envieux ou généreux relativement à un ensemble de valeurs que relativement à un autre. Ne donner à personne de motif pour être jaloux, c'est en fait un principe général de la distribution cérémonielle, tout comme de faire publiquement l'éloge de celui qui obtient de belles récoltes dans son jardin (à moins qu'il ne réussisse *trop bien,* auquel cas on peut à bon droit le laisser dépérir avec l'illusion qu'il est victime de la magie noire). Les passions humaines, bonnes ou mauvaises, sont simplement orientées vers des buts non économiques. L'étalage cérémoniel sert à stimuler au maximum l'émulation, et la coutume du travail en commun tend à placer très haut les critères quantitatifs et qualitatifs. Tous les échanges s'effectuent comme des dons gratuits dont on attend qu'ils soient payés de retour, quoique pas nécessairement par le même individu – procédure minutieusement articulée et parfaitement préservée grâce à des méthodes élaborées de publicité, à des rites magiques, et à la création de « dualités » [*dualities*] qui lient les groupes par des obligations mutuelles, et cela devrait par soi-même expliquer l'absence de la notion de gain, ou même de celle d'une richesse qui ne soit pas seulement constituée d'objets qui accroissent traditionnellement le prestige social.

Karl Polanyi,
LA GRANDE TRANSFORMATION (1944),
trad. française Éditions Gallimard, Paris, 1983, chap. 4, pp. 71-76.

COMMENTAIRE

Pour Karl Polanyi (1886-1964), l'« économie de marché » ne saurait être confondue avec une économie où existent des marchés. Par ce terme, il désigne un système économique très particulier (et même « extraordinaire »), apparu au XIXe siècle, où l'*ensemble* des processus économiques est régi par la loi du marché, « sans aide ou sans intervention extérieure » (système « autorégulateur »). Ainsi définie, l'économie de marché ressemble beaucoup au mode de production capitaliste de Marx, avec lequel Polanyi partage la critique du « naturalisme » des économistes [texte E 7].
S'appuyant sur les travaux de l'anthropologie moderne (notamment ceux de Malinowski et Thurnwald), Polanyi entreprend de montrer que le comportement réel des individus vivant dans les sociétés traditionnelles est fort éloigné de celui que la tradition classique attribuée au « sauvage », et qui est, selon lui, en réalité typique de l'homme moderne immergé dans l'économie de marché (chez Veblen par contre, ce modèle de l'*homo œconomicus* n'est qu'illusion d'économistes, même en ce qui concerne la société contemporaine – *cf.* texte E 13).

mots-clés

MARCHÉ AUTORÉGULATEUR – HISTOIRE – COMPORTEMENT ÉCONOMIQUE – SOCIÉTÉS PRIMITIVES

E 19

Friedrich von Hayek

Le problème de l'utilisation du « savoir dispersé »

L'idée d'un contrôle conscient des phénomènes sociaux a fait sentir son influence la plus grande dans le domaine économique. La popularité actuelle du « planisme économique » est directement attribuable à la prévalence des idées scientistes que nous avons discutées. Comme dans ce domaine les idéaux scientistes se manifestent sous les formes particulières qu'ils prennent aux mains de celui qui s'adonne à la science appliquée et notamment à l'ingénieur, il sera utile de combiner la discussion de cette influence avec l'examen des idéaux caractéristiques des ingénieurs. Nous verrons que l'influence de cette optique de technicien, de ce point de vue d'ingénieur, sur les opinions courantes en matière d'organisation sociale, est beaucoup plus grande qu'on ne le réalise généralement. La plupart des schémas de reconstruction complète de la société, depuis les vieilles utopies jusqu'au socialisme moderne, portent en fait la marque distinctive de cette influence. [...]

Nous devons ici nous limiter à quelques traits saillants des problèmes spécifiques que soulève constamment l'expérience professionnelle de l'ingénieur et qui déterminent son optique. Le premier est que ses tâches caractéristiques sont d'habitude complètes par elles-mêmes : il s'intéressera à un seul but, contrôlera tous les efforts dirigés vers ce but, et disposera à cette fin d'une quantité de ressources données avec précision. C'est ce qui rend possible le trait le plus caractéristique de sa démarche : en principe au moins, toutes les parties de l'ensemble de ses opérations sont préformées dans l'esprit de l'ingénieur avant qu'elles ne commencent ; toutes les données sur lesquelles l'œuvre est fondée sont explicitement entrées dans ses calculs préliminaires et ont été condensées dans la « maquette » qui commande l'exécution du schéma tout entier. Tant qu'il s'agit de son problème, l'ingénieur ne participe pas à un processus social dans lequel d'autres peuvent prendre des décisions indépendantes, mais il vit dans un monde séparé qui lui est propre. [...] Il est cependant bon d'observer que la vision que l'ingénieur a de sa tâche, aussi complète qu'elle soit en elle-même, est dans une certaine mesure une illusion. Il est dans une société concurrentielle et il est en mesure de la traiter comme telle parce qu'il peut compter sur l'aide de la société dans son ensemble ; il compte sur elle comme sur une de ses données ; cette aide lui est donnée sans qu'il ait à s'en préoccuper. Qu'il puisse acheter à des prix donnés matières premières et services humains dont il a besoin, que s'il paie ses ouvriers, ceux-ci puissent se procurer leur nourriture et d'autres biens nécessaires, il tiendra d'habitude ces faits pour acquis. C'est en fondant ses plans sur les données qui lui sont offertes par le marché que ceux-ci s'ajustent au complexe plus vaste des activités sociales ; c'est parce qu'il n'a pas à se soucier de savoir comment le marché lui fournira ce dont il a besoin, qu'il peut considérer son travail comme autonome. Aussi longtemps que les prix du marché ne changent pas de façon inattendue, il les utilise comme un guide dans ses calculs sans beaucoup réfléchir à leur signification. Mais bien qu'il soit forcé d'en tenir compte, ce ne sont pas là des propriétés semblables aux propriétés des choses qu'il manipule. Ce ne sont pas des attributs objectifs des choses, mais les reflets d'une situation humaine particulière à un moment et en lieu donnés. [...] Si, au lieu d'utiliser cette information sous la forme abrégée que lui rapporte le système des prix, il devait s'efforcer dans tous les cas de revenir aux faits objectifs et de les prendre consciemment en considération, cela reviendrait pour lui à se priver de la seule méthode qui lui permette de se limiter aux circonstances immédiates, et à lui substituer une méthode qui exige que toute cette connaissance soit rassemblée dans un centre et incorporée de façon explicite et consciente dans un plan unique. L'application de la technique de l'ingénieur à l'ensemble de la société exige en fait que le directeur possède la même connaissance complète de la société que celle que possède l'ingénieur de son monde limité. La planification économique centrale n'est rien d'autre qu'une application des principes de la mécanique à l'ensemble de la société, fondée sur l'hypothèse que cette concentration complète de toute la connaissance disponible nécessaire est possible. [...]

Le problème d'assurer un usage efficient de nos ressources est ainsi très largement celui de savoir comment la connaissance des circonstances particulières du moment peut être le plus efficacement utilisée ; la tâche qui attend le planificateur d'une société rationnelle est de trouver une méthode qui lui permette de recourir le mieux possible à cette connaissance largement dispersée. C'est faire une pétition de principe que de décrire cette tâche, comme on le fait d'habitude, comme celle d'utiliser efficacement les ressources « disponibles » pour satisfaire des besoins « existants ». Ni les ressources « disponibles », ni les besoins « existants » ne sont des faits objectifs dans le même sens que ceux dont s'occupe l'ingénieur dans son domaine limité ; ils ne peuvent jamais être connus directement dans tous leurs détails convenables par un seul bureau de planification. Ressources et besoins existent pour des fins pratiques par l'intermédiaire seulement de quelqu'un qui les connaît ; ils seront toujours infiniment mieux connus de tout le monde que de l'autorité la plus compétente. Une solution heureuse ne peut donc pas se fonder sur l'autorité qui traite directement de faits objectifs, mais doit l'être sur une méthode d'utilisation de la connaissance dispersée parmi tous les membres de la société ; de cette connaissance, l'autorité centrale ne saura d'habitude dans un cas particulier ni qui la possède, ni même si elle existe. On ne peut donc pas l'utiliser en l'intégrant à un ensemble cohérent ; seul peut en tirer partie un mécanisme qui déléguera les décisions particulières à ceux qui la possèdent et qui saura en extraire l'information générale qui leur permettra de faire le meilleur usage des circonstances particulières qu'ils sont seuls à connaître.

C'est précisément la fonction qu'accomplissent les divers « marchés ». Chacune de leurs parties ne connaîtra certes qu'un faible secteur seulement de toutes les sources d'offre possibles, ou de tous les usages d'une marchandise ; pourtant ces parties sont si étroitement liées entre elles, directement ou indirectement, que les prix enregistrent des résultats nets significatifs de tous les changements affectant la demande et l'offre. C'est, entre tous ceux qui s'intéressent à une marchandise particulière, comme un instrument de communication de l'information convenable sous une forme abrégée et condensée ; c'est ainsi que l'on doit considérer les prix si on veut comprendre leur fonction. Ils servent à utiliser les connaissances de nombreuses personnes sans qu'il soit d'abord besoin de les rassembler dans un seul organisme ; ils permettent de combiner la décentralisation et le mutuel ajustement des décisions que l'on trouve dans un système concurrentiel.

Recherchant un résultat qui ne doit pas se fonder sur un seul ensemble intégré de connaissances et de raisonnements que possède le planificateur, mais sur les connaissances dispersées de nombreuses personnes, la tâche de l'organisation sociale diffère fondamentalement de celle de l'organisation de ressources matérielles données. Le fait qu'aucun esprit ne puisse seul savoir davantage qu'une fraction de ce qui est connu par tous les esprits individuels limite la mesure dans laquelle une direction consciente peut améliorer les résultats de processus sociaux inconscients. L'homme n'a pas délibérément établi ce processus et il n'a commencé à le comprendre que longtemps après son apparition. Que quelque chose cependant dont le fonctionnement ne repose pas sur un contrôle délibéré, qui n'a même pas été systématiquement établi, puisse entraîner des résultats désirables, que l'on ne pourrait obtenir autrement, il y a là une conclusion qui semble difficilement acceptable aux sciences de la nature. […]

Ce que semblent incapables de comprendre les gens désireux de renoncer aux pouvoirs d'une direction consciente, c'est que cette renonciation à un pouvoir qui sera toujours exercé par des hommes sur d'autres hommes est, pour la société prise dans son ensemble, une résignation apparente, une abnégation que les individus sont amenés à pratiquer pour accroître le pouvoir de l'espèce, libérer les connaissances et les énergies des individus sans nombre, qui ne pourraient jamais être utilisées dans une société consciemment dirigée du sommet.

Friedrich von Hayek,
SCIENTISME ET SCIENCES SOCIALES (1952),
trad. française Plon, Paris, 1953, chap. X, pp. 151-167.

COMMENTAIRE

Pour Hayek (1899-1992), grande figure de la pensée libérale contemporaine, le « courant dominant » de l'analyse économique moderne se fourvoie lorsqu'il tente d'appliquer aux sciences sociales les méthodes qui ont fait leurs preuves dans les sciences de la nature. Cette erreur, qu'il appelle « scientisme » et qu'il considère comme typique de la « mentalité de l'ingénieur » lorsque celui-ci prétend s'occuper de phénomènes sociaux, provient selon lui du fait que le mode de connaissance diffère radicalement dans les deux domaines : objectif dans les sciences de la nature (dont les progrès initiaux ont consisté à se débarrasser du préjugé « animiste » consistant à voir derrière les phénomènes naturels une intentionnalité comparable à la nôtre), il serait nécessairement « subjectif » dans les sciences sociales (toute imparfaite qu'elle soit, notre compréhension des phénomènes sociaux repose essentiellement sur le fait qu'ils résultent de comportements d'individus qui, peu ou prou, nous ressemblent).

Les conséquences du « scientisme » débordent le cadre strictement académique : Hayek y voit l'origine des différentes utopies « constructivistes », et notamment des variantes de l'interventionnisme qui prétendent « diriger » l'économie comme une machine. Ces utopies négligent le fait que la connaissance des besoins, des ressources et des techniques est, par nature, dispersée entre un très grand nombre de personnes et qu'il est impossible de la rassembler en un seul point de la société (le « bureau du plan »). Au surplus, celle-ci s'est spontanément et graduellement dotée d'un système (sans doute imparfait mais certainement moins mauvais que tout ce par quoi on pourrait le remplacer) permettant de traiter le problème de l'information dispersée : ce système est celui des prix de marché, qui agissent comme des signaux rassemblant pour les unités microéconomiques une large part, sinon la totalité de l'information dont elles ont besoin pour prendre leurs décisions.

Cette approche aide à comprendre le caractère intransigeant du libéralisme hayekien : outre le risque politique, déjà souligné par Condorcet [texte E 4], qu'elle comporte, toute intrusion dans le système du marché représente pour lui une perte ou une distorsion de l'information socialement utile qu'il véhicule.

mots-clés

MARCHÉ – PRIX – LIBÉRALISME – INFORMATION

E 20

Ronald Coase

Pas assez de marché ?

Cet article étudie les actions des firmes qui portent préjudice aux autres. L'exemple type est celui de l'usine dont les dégagements de fumée ont des effets nocifs sur les propriétaires voisins. L'analyse économique d'une telle situation consiste généralement à établir une divergence entre le produit privé et le produit social de l'usine, les économistes s'inspirant largement ici de la présentation de Pigou dans *L'Économie du bien-être.* La conclusion à laquelle semblent avoir abouti la plupart des économistes à travers cette analyse est qu'il serait souhaitable de rendre le propriétaire de l'usine responsable du préjudice subi par ceux que la fumée incommode, ou encore, d'imposer une taxe au propriétaire de l'usine, taxe qui varierait avec la quantité de fumée produite et équivaudrait en termes monétaires au préjudice causé, ou encore de chasser l'usine des quartiers résidentiels (et éventuellement d'autres endroits où le dégagement de fumée peut avoir des effets nocifs sur les autres). Je suis persuadé que les mesures ainsi proposées sont inadaptées et qu'elles aboutissent à des résultats peu souhaitables. [...]

À mon avis, le fait que les économistes ne parviennent pas à des conclusions correctes lorsqu'ils traitent des effets de nuisance n'est pas imputable à quelque faute de raisonnement. Il s'agit d'erreurs de base, que l'on retrouve dans toute appréhension des problèmes de bien-être en économie. Ce qu'il faut, c'est changer d'optique.

L'analyse en termes de divergence entre les produits social et privé insiste sur un certain nombre de déficiences du système et tend à nourrir l'idée que toute mesure susceptible de remédier à ces déficiences est nécessairement souhaitable. Elle laisse du même coup dans l'ombre les changements qui, conséquence indirecte des mesures correctives en vigueur, interviendront à leur tour dans le système, changements qui peuvent rendre le remède pire que le mal. [...]

Une dernière raison pour laquelle on ne réussit pas à mettre sur pied une théorie satisfaisante pour traiter le problème des effets de nuisance provient de l'interprétation donnée au concept de facteur de production. On le considère généralement comme une entité physique que l'entrepreneur acquiert et utilise (un hectare de terre, une tonne d'engrais) au lieu de l'envisager comme un droit de réaliser certaines actions (physiques). Nous parlons d'une personne qui détient de la terre et l'utilise comme facteur de production mais ce que le propriétaire terrien possède en fait c'est le droit de se livrer à une liste d'actions limitées. Les droits d'un propriétaire terrien ne sont pas illimités. Il ne lui est pas toujours possible de déplacer la terre en y creusant des carrières (par exemple). Et bien qu'il soit en mesure d'empêcher certaines personnes d'utiliser « sa » terre, il en est d'autres devant lesquelles il doit s'incliner. Par exemple, certaines personnes auront le droit de traverser ses terrains. Par ailleurs, il ne peut pas toujours construire certains types de bâtiments, faire pousser certaines cultures ou utiliser certains systèmes de drainage sur son terrain. Ces restrictions ne sont pas uniquement dues à une réglementation gouvernementale. Elles peuvent également exister sous le régime de la loi ordinaire. En fait elles s'appliqueraient sous n'importe quel système de légalité. Un système où les droits des individus seraient illimités serait un système où aucun droit ne serait à acquérir.

Si les facteurs de production sont considérés comme des droits, il devient facile de comprendre que le droit de faire quelque chose qui a des effets nuisibles (comme par exemple faire de la fumée, du bruit, des odeurs, etc.) constitue également un facteur de production. Lorsque nous pouvons utiliser un terrain de manière à empêcher quelqu'un d'autre de le traverser ou d'y garer sa voiture ou d'y construire sa maison, nous pouvons donc l'utiliser de manière à priver cette personne de la vue, de la tranquillité ou de la pureté de l'air. Le coût d'exercice d'un droit (ou d'utilisation d'un facteur de production) équivaut toujours à la perte subie pour d'autres, en conséquence de l'exercice de ce droit – l'impossibilité de traverser un terrain, de garer une voiture, de construire une maison, de profiter d'une vue, d'avoir du calme ou de respirer de l'air pur.

Il serait évidemment souhaitable que les seules actions auxquelles on se livrât soient celles où ce qui est gagné est plus important que ce qui est perdu. Mais lorsque nous choisissons des aménagements sociaux qui serviront de cadre aux décisions individuelles, nous devons avoir présent à l'esprit qu'une modification apportée au système en vigueur qui améliorera la qualité de certaines décisions peut également en rendre d'autres plus mauvaises. Par ailleurs, nous devons prendre en ligne de compte les coûts que comporte le remaniement des aménagements sociaux (qu'il s'agisse du fonctionnement du marché ou de la sphère gouvernementale), en même temps que les coûts de mise en place d'un nouveau système. Lorsque nous préconisons certains aménagements sociaux, nous devons avoir en vue tous leurs effets possibles. Ce n'est pas évident et, en définitive, c'est à ce changement d'optique que je souhaite que nous arrivions.

Ronald Coase,
« Le problème du coût social »,
in *The Journal of Law and Economics* (1960),
trad. française in R. et N. Dorfman, Économie de l'environnement,
Calmann-Lévy, Paris, 1975, pp. 129-167.

COMMENTAIRE

L'article de Ronald Coase (1910-) sur « le problème du coût social » constitue une critique de la thèse, défendue par Pigou dans son *Économie du bien-être,* concernant l'internalisation des effets externes [texte E 15]. Selon cette thèse, les divergences entre « produits marginaux nets sociaux » et « produits marginaux nets privés » créées par les effets externes conduisent à une inefficience dans l'allocation des ressources, que l'État doit corriger par un système de taxes et de subventions (taxation des pollueurs par exemple). Pour Coase cette approche du problème des effets externes est théoriquement incorrecte, et conduit en pratique à des politiques inadaptées.

Selon cet auteur, l'existence d'effets externes résulte, fondamentalement, d'une définition insuffisante des droits de propriété, opération qui constitue un préalable au fonctionnement de l'économie de marché [textes E 2 et E 3]. Ainsi par exemple, la question des rapports entre « pollueurs » et « pollués » ne peut être résolue tant qu'on n'a pas défini « à qui appartient l'environnement » (la réponse implicite du régime du laisser-faire est que l'environnement appartient aux pollueurs). La définition des droits de propriété que retient Coase se démarque de l'approche traditionnelle, car ces droits portent selon lui, non sur des choses, mais sur des actions (par exemple le droit de construire un immeuble sur un terrain, ou d'émettre un polluant dans l'atmosphère, ou d'effectuer un prélèvement sur un stock de poissons). Cette définition l'amène à réinterpréter la notion économique traditionnelle de « facteurs de production » en termes de droits : disposer de certains facteurs, c'est disposer du droit d'effectuer certaines actions permettant d'obtenir certains produits. Une fois les droits de propriété clairement définis, le fonctionnement efficace de l'économie de marché suppose généralement que ces droits puissent circuler entre agents par voie de transactions : de même qu'il existe un marché des biens d'équipement, un marché foncier ou un marché du travail, on peut envisager la création d'un marché des droits à polluer, ou un marché des quotas de prélèvement sur certaines ressources naturelles communes (de tels marchés existent déjà, en particulier dans les pays anglo-saxons : marché de droits d'émission de certains polluants atmosphériques aux États-Unis, gestion des pêcheries par quotas individuels transférables en Nouvelle-Zélande, par exemple). Selon cette approche, la fonction de l'État consiste à définir les droits de propriété, les principes de leur allocation initiale et les règles de fonctionnement des marchés. La prise en compte des effets externes passe donc, non pas par une restriction au libre jeu du marché, mais par une extension de ses fonctions (cette extension n'est toutefois pas synonyme de « laisser-faire » : en matière de pollution par exemple, il revient à la puissance publique de définir les quantités maximales de polluants qu'on peut émettre dans une zone donnée pendant une certaine période, et de déterminer les principes de la répartition initiale de ces « droits à polluer » – il lui revient aussi, bien évidemment, de veiller au respect de ces droits).

Coase propose une analyse du traitement des effets externes qui est sans doute plus conforme à la philosophie libérale que celle de Pigou. Il serait pourtant erroné de voir en lui une sorte d'intégriste du marché. On lui doit aussi, en effet, une analyse de « la nature de la firme » (*Economica,* novembre 1937) qui met en évidence l'existence de deux principes de coordination des activités productives dans une société complexe : celui du marché et celui de la firme. Alors que dans le premier cas, la coordination repose sur le mécanisme des prix, celui-ci est normalement exclu dans le second cas (cette opposition n'est, en pratique, pas absolue : les relations entre une maison-mère et ses filiales, par exemple, font appel simultanément aux deux principes). À la question faussement naïve : « pourquoi existe-t-il des firmes ? », Coase répond en mettant en évidence des coûts de transaction qui, dans certains cas, peuvent surpasser les avantages tirés de la coordination par le marché. Cette analyse peut évidemment être transférée à la gestion des effets externes : compte tenu des coûts de transaction, il n'est nullement évident que la solution du marché soit toujours la plus efficace. Mais l'intérêt de l'analyse de Coase est de nous montrer, à l'encontre de bien des idées reçues, qu'elle ne doit pas être exclue *a priori.*

mots-clés

MARCHÉ – EXTERNALITÉ – COÛT SOCIAL – DROIT DE PROPRIÉTÉ – ÉTAT

E 21

John Kenneth Galbraith

La filière inversée

Dans pratiquement tous les manuels et traités d'enseignement économique, l'initiative est censée appartenir au consommateur. Pour répondre à ses besoins innés ou à ceux qui lui sont imposés par son environnement, il achète biens et services sur le marché. Les possibilités qui en résultent de gagner plus ou moins d'argent sont le message que lance le marché aux entreprises de production. Celles-ci réagissent au message, donc, en dernière analyse, aux ordres du consommateur. Les ordres vont dans un seul sens : de l'individu au marché, puis du marché au producteur. Tout cela est proclamé, et de façon appropriée, par une terminologie qui implique que le consommateur est la source de tout pouvoir. C'est ce qu'on appelle le règne du consommateur. [...] Le sens unique dans lequel cheminent les ordres du consommateur au marché, puis du marché au producteur peut se définir : la filière normale, ou classique. [...]

La grande entreprise moderne a sous la main les moyens d'exercer une action sur les prix auxquels elle vend comme sur ceux auxquels elle achète. Elle a également les moyens de manœuvrer le consommateur pour qu'il achète aux prix dont elle est maîtresse. Ce contrôle et son conditionnement sont indispensables à sa planification. La planification procède de la mise en œuvre de la technologie et du capital, de la durée que leur utilisation implique, de l'amoindrissement du marché des produits et des qualifications techniques et spécialisées.

Assurer le fonctionnement de la filière ainsi modifiée, telle est la motivation de la technostructure. Ses membres s'efforcent d'adapter les objectifs de l'entreprise à leurs objectifs propres et, par extension, l'entreprise s'efforce d'adapter les attitudes et les fins sociales à ceux des membres de sa technostructure. Ainsi, les croyances sociales ont en partie leur source dans le producteur. L'adaptation du comportement de l'individu à l'égard du marché, et celle des attitudes sociales en général, aux besoins du producteur et aux objectifs de la technostructure, est donc une caractéristique naturelle du système. Son importance croît avec celle du système industriel.

Il s'ensuit que la filière classique correspond de moins en moins à la réalité. Au contraire, c'est l'entreprise de production qui pousse ses tentacules pour contrôler ses propres marchés, bien mieux, pour diriger le comportement de marché et les attitudes sociales de ceux qu'apparemment elle sert. Pour ce phénomène, il nous faut aussi trouver un nom : celui de filière inversée paraît approprié.

John Kenneth Galbraith,
LE NOUVEL ÉTAT INDUSTRIEL (1967),
trad. française Éditions Gallimard, Paris, 1968, chap. 19, pp. 218-219.

COMMENTAIRE

La conception libérale de l'économie de marché débouche sur la notion de « souveraineté du consommateur » : par l'influence que ses choix exercent sur les prix, celui-ci adresse des signaux aux entreprises, qui y répondent car il est de leur intérêt de le faire [*cf.* texte E 28]. Ainsi, en dernière analyse, ce sont les décisions des consommateurs qui orientent la production des entreprises. Souligné par Samuelson dans son célèbre manuel *(L'Économique),* le parallèle avec la démocratie politique est net, à ceci près que sur les marché les « bulletins de vote » ne sont pas distribués de façon égalitaire.

Cette analyse suppose que le consommateur puisse prendre ses décisions en toute indépendance. Dans sa *Théorie de la classe de loisir* (1899), Veblen avait déjà pris ses distances avec le modèle de l'*homo œconomicus* [texte E 14]. Dans *Le Nouvel État industriel* (1967), Galbraith (1908-) développe une critique d'inspiration voisine, en affirmant que, dans un certain nombre de cas, les préférences des individus sont en fait manipulées par les entreprises : par différents moyens (notamment la publicité), celles-ci poussent les consommateurs à désirer ce qu'elles souhaitent leur vendre. Dans ce cas, conclut Galbraith, il convient d'inverser la « filière classique » qui veut que les entreprises obéissent aux ordres que leur adressent les consommateurs. Dans cette « filière inversée » qui, selon Galbraith, prend de plus en plus d'importance dans la société industrielle moderne, la souveraineté du consommateur est à peu près aussi effective que celle du monarque dans le régime politique britannique.

mots-clés

CAPITALISME – CONSOMMATION – TECHNOSTRUCTURE – COMPORTEMENT ÉCONOMIQUE – FILIÈRE INVERSÉE

2e PARTIE

VALEUR ET RÉPARTITION

Comprendre les règles qui président à la détermination des prix et des revenus a toujours constitué une préoccupation essentielle des économistes. La question est compliquée par le fait que ses implications vont au-delà du strict domaine scientifique : l'analyse de la formation des revenus (et, partant, des prix) n'est pas neutre au regard des jugements de valeur qui sont portés sur l'organisation économique de la société. Ainsi les partisans du libéralisme économique s'accommodent-ils plus facilement d'une explication des revenus du capital en termes de « rémunération de service productif » [textes E 27 et E 35] qu'en termes de « déduction sur la valeur créée par le travail » [texte E 26], privilégiée en revanche par les marxistes compte tenu de son rapport évident avec le thème de la lutte des classes. Mais il faut éviter tout schématisme : les pères de la théorie de la valeur-travail sont aussi ceux du libéralisme économique, et la thèse selon laquelle leurs successeurs néo-classiques auraient abandonné la valeur-travail au vu des conclusions explosives qu'en a tirées Marx, se heurte au fait que les acteurs de la révolution marginaliste n'avaient manifestement pas lu *Le Capital.* S'il importe de reconnaître la dimension idéologique de telle ou telle prise de position, il est sans doute encore plus important pour la compréhension du sujet d'en percevoir la problématique proprement scientifique : dans sa monumentale *Histoire de l'analyse économique,* Schumpeter nous invite à examiner l'apport de chaque auteur en faisant abstraction de ses préjugés sociaux, et le résultat qu'il obtient est suffisamment impressionnant pour que sa démarche mérite quelque considération.

Plus que par la valeur-travail (en laquelle elle voit, au mieux, une approximation), l'approche classique développée par Smith et Ricardo se caractérise par l'établissement de deux distinctions essentielles dans le champ de la valeur : entre « valeur d'échange » et « valeur d'usage » d'une part [texte E 25], entre « prix naturel » et « prix de marché » d'autre part [texte E 28]. Reprenant à son compte cette double distinction, Marx tente de surmonter les difficultés rencontrées par les classiques avec la valeur-travail en proposant une théorie de la « transformation des valeurs en prix de production » [texte E 30].

L'approche néo-classique, qui se développe à partir de la révolution marginaliste des années 1870, rompt avec l'héritage classique dans la mesure où elle ne reconnaît pas les deux distinctions évoquées ci-dessus. L'idée de relier la valeur d'échange des produits à leur utilité et aux quantités de « facteurs primaires » mises en œuvre pour les obtenir n'est pas neuve, de même que l'explication de la rémunération de ces facteurs à partir de leur « pouvoir productif » [textes E 22, E 23, E 24, E 27]. Ce qui l'est davantage, c'est le recours systématique au raisonnement à la marge – déjà expérimenté par Ricardo dans le cadre de son analyse de la rente [texte E 29] – en vue de modéliser le comportement de l'*homo œconomicus,* maximisateur d'utilité ou de profit sous contrainte budgétaire ou technique ; à partir de l'équilibre individuel ainsi obtenu, les néo-classiques dérivent des fonctions d'offre et de demande dont la confrontation sur les différents marchés aboutit à la détermination des prix et revenus d'équilibre [textes E 31 et E 35]. Si une telle démarche est caractéristique de la discipline qui s'est développée au XXe siècle sous le nom de microéconomie, dès le XVIIIe siècle on en trouve une géniale anticipation chez Turgot [textes E 23 et E 24].

Voir en la théorie néo-classique un ensemble unifié constituerait une autre simplification abusive. Ainsi l'approche marshallienne en termes d'équilibre partiel [texte E 33] ne se confond pas avec la théorie de l'équilibre général développée par Walras et Pareto, qui par ailleurs n'ont pas des positions identiques sur la question de la valeur [textes E 31 et E 34]. En matière de répartition, la thèse popularisée par J.B. Clark [texte E 35] et critiquée par J. Robinson [texte E 36], selon laquelle la productivité marginale du capital détermine l'intérêt, est loin de faire l'unanimité chez ceux que l'on considère habituellement comme « néo-classiques » : en vain en chercherait-on la trace, par exemple chez Walras, ou encore chez Böhm-Bawerk qui développe une théorie originale du capital et de l'intérêt [texte E 32].

E 22

Richard Cantillon

Valeur, terre et travail

Un arpent de terre produit plus de blé, ou nourrit plus de moutons, qu'un autre arpent ; le travail d'un homme est plus cher que celui d'un autre homme, suivant l'art et les occurrences [...]. Si deux arpents de terre sont de même bonté, l'un entretiendra autant de moutons et produira la même quantité de laine que l'autre arpent, supposant le travail le même ; et la laine produite par l'un se vendra au même prix que celle qui est produite par l'autre.

Si l'on travaille la laine d'un côté en un habit de gros drap, et la laine de l'autre en un habit de drap fin, comme ce dernier habit demandera un plus grand travail, et un travail plus cher que celui de gros drap, il sera quelquefois dix fois plus cher, quoique l'un et l'autre habits contiennent la même quantité de laine et d'une même bonté. La quantité du produit de la terre, et la quantité aussi bien que la qualité du travail, entreront nécessairement dans le prix.

Une livre de lin travaillé en dentelles fines de Bruxelles demande le travail de quatorze personnes pendant une année ou le travail d'une personne pendant quatorze années [...]. Le prix qu'on donne de ces dentelles suffit pour payer l'entretien d'une personne pendant quatorze ans, et pour payer encore les profits de tous les entrepreneurs et marchands qui s'en mêlent.

Le ressort d'acier fin qui règle une montre d'Angleterre se vend ordinairement à un prix qui rend la proportion de la matière au travail, ou de l'acier au ressort, comme un à un, de manière que le travail fait ici la valeur presque entière du ressort [...].

D'un autre côté, le prix du foin d'une prairie, rendu sur les lieux, ou d'un bois qu'on veut couper, est réglé sur la matière, ou sur le produit de la terre, suivant sa bonté.

Le prix d'une cruche d'eau de la rivière Seine n'est rien, parce que c'est une matière immense qui ne tarit point ; mais on en donne un sol dans les rues de Paris, ce qui est le prix ou la mesure du travail du porteur d'eau.

Par ces inductions et exemples, je crois qu'on comprendra que le prix ou la valeur intrinsèque d'une chose est la mesure de la quantité de terre et du travail qui entre dans sa production, eu égard à la bonté ou produit de la terre, et à la qualité du travail.

Mais il arrive souvent que plusieurs choses qui ont actuellement cette valeur intrinsèque ne se vendent pas au marché suivant cette valeur : cela dépendra des humeurs et des fantaisies des hommes, et de la consommation qu'ils feront.

Si un seigneur coupe des canaux et élève des terrasses dans son jardin, la valeur intrinsèque en sera proportionnée à la terre et au travail ; mais le prix à la vérité ne suivra pas toujours cette proportion : s'il offre de vendre ce jardin, il se peut faire que personne ne voudra lui en donner la moitié de la dépense qu'il y a faite ; et il se peut aussi faire, si plusieurs personnes en ont envie, qu'on lui en donnera le double de la valeur intrinsèque, c'est-à-dire de la valeur du fond et de la dépense qu'il y a faite.

Si les fermiers dans un État sèment plus de blé qu'à l'ordinaire, c'est-à-dire beaucoup plus de blé qu'il n'en faut pour la consommation de l'année, la valeur intrinsèque et réelle du blé correspondra à la terre et au travail qui entrent dans sa production ; mais comme il y en a une trop grande abondance, et plus de vendeurs que d'acheteurs, le prix du blé au marché tombera nécessairement au-dessous du prix ou valeur intrinsèque. Si au contraire les fermiers sèment moins de blé qu'il ne faut pour la consommation, il y aura plus d'acheteurs que de vendeurs, et le prix du blé au marché haussera au-dessus de sa valeur intrinsèque.

Il n'y a jamais de variation dans la valeur intrinsèque des choses ; mais l'impossibilité de proportionner la production des marchandises et denrées à leur consommation dans un État cause une variation journalière, et un flux et reflux perpétuel dans les prix du marché. Cependant dans les sociétés bien réglées, les prix du marché des denrées et marchandises dont la consommation est assez constante et uniforme ne s'écartent pas beaucoup de la valeur intrinsèque ; et lorsqu'il ne survient pas des années trop stériles ou trop abondantes, les magistrats des villes sont toujours en état de fixer le prix du marché de beaucoup de choses, comme du pain et de la viande, sans que personne ait de quoi s'en plaindre.

La terre est la matière, et le travail la forme de toutes les denrées et marchandises ; et comme ceux qui travaillent doivent nécessairement subsister du produit de la terre, il semble qu'on pourrait trouver un rapport de la valeur du travail à celui du produit de la terre [...].

Richard Cantillon,
ESSAI SUR LA NATURE DU COMMERCE EN GÉNÉRAL (1755),
chap. X.

COMMENTAIRE

Souvent considéré comme un auteur charnière entre mercantilisme et économie classique, Richard Cantillon (1680-1733) propose ici une théorie de la valeur qui préfigure un certain nombre d'aspects du programme de recherche classique : explication de la « valeur intrinsèque » des marchandises à partir de leurs conditions de production ; distinction de cette « valeur intrinsèque » (dont, curieusement, Cantillon affirme le caractère immuable) et du prix courant, fluctuant sur le marché au gré des mouvements de l'offre et de la demande.

On peut voir également dans cette analyse certains éléments du programme de recherche néo-classique, dans la mesure où Cantillon cherche à ramener le coût de production des marchandises aux doses de « facteurs primaires » utilisées aux différents stades de leur production. Ces facteurs primaires sont, selon lui, au nombre de deux : terre et travail (à cette liste Böhm-Bawerk, au siècle suivant, ajoutera un troisième facteur : le temps - *cf.* texte E 32).

L'explication de la valeur d'échange d'une marchandise à partir des doses de travail et de terre qu'a nécessitées sa production pose le problème de la commensurabilité de ces deux apports, compte tenu de la différence qualitative existant entre terre et travail. Cantillon propose la solution suivante : le rapport quantitatif existant entre les deux facteurs découle selon lui de la quantité de terre que nécessite en moyenne la subsistance d'un travailleur. Ainsi, s'il faut en moyenne un arpent et demi de terre pour pourvoir à l'entretien d'un paysan (et de sa famille), Cantillon considère comme équivalents, du point de vue de leur contribution à la « valeur intrinsèque » des produits, le travail d'un paysan et l'utilisation d'un arpent et demi de terre. Cette analyse n'est pas seulement théorique : Cantillon s'efforce d'établir, à partir des données empiriques dont il dispose, les budgets de consommation de familles de travailleurs de différentes conditions. Ces considérations seront utilisées par Adam Smith dans son analyse du salaire naturel [texte E 26].

De même la distinction établie par Cantillon entre valeur intrinsèque et prix de marché préfigure-t-elle largement la théorie smithienne de la gravitation du prix de marché autour du prix naturel [exposée par Ricardo dans le texte E 28]. Mais, alors que les classiques feront confiance à la libre concurrence pour ramener en permanence les prix de marché vers leur centre de gravité, Cantillon préfère encore s'en remettre à l'intervention des magistrats des villes.

mots-clés

VALEUR FONDAMENTALE – TERRE – TRAVAIL – GRAVITATION

E 23

Anne-Robert-Jacques Turgot

La valeur estimative

Avant tout, il est nécessaire de se faire une idée nette de ce qu'on doit entendre ici par ce mot *valeur.* Ce substantif abstrait, qui répond au verbe *valoir,* en latin *« valere »,* a dans la langue usuelle plusieurs significations qu'il est important de distinguer.

Dans le sens ordinaire que ce mot avait dans la langue latine, il signifiait force, vigueur [...]. Le mot *valoir* a pris dans la langue française un autre sens fort usité, et qui, quoique différent de l'acception qu'on donne dans le commerce à ce mot et à celui de *valeur,* en est cependant la première base. Il exprime cette bonté relative à nos besoins par lesquels les dons et les biens de la nature sont regardés comme propres à nos jouissances, à la satisfaction de nos désirs. On dit qu'un ragoût *ne vaut rien* quand il a mauvais goût, qu'un aliment *ne vaut rien* pour la santé, qu'une étoffe *vaut mieux* qu'une autre étoffe, expression qui n'a aucun rapport avec la *valeur commerçable,* et signifie seulement qu'elle est plus propre aux usages auxquels on la destine. [...]

Ce sens du mot *valeur* aura lieu pour un homme isolé, sans communication avec d'autres hommes.

Nous considérerons cet homme n'exerçant ses facultés que sur un seul objet ; il le recherchera, l'évitera ou le laissera avec indifférence. Dans le premier cas, il a sans doute un motif de rechercher cet objet : il le juge propre à sa jouissance ; il le trouvera *bon,* et cette bonté relative pourrait absolument être appelée *valeur.* Mais cette *valeur,* n'étant point comparée à d'autres *valeurs,* ne serait point susceptible de mesure, et la chose qui *vaut* ne serait point *évaluée.*

Si ce même homme a le choix entre plusieurs objets propres à ses usages, il pourra préférer l'un à l'autre, trouver une orange plus agréable que des châtaignes, une fourrure meilleure pour le défendre du froid qu'une toile de coton : il jugera qu'une chose *vaut mieux* qu'une autre ; il comparera dans son esprit, il appréciera *leur valeur.* Il se déterminera, en conséquence, à se charger des choses qu'il préfère et à laisser les autres. Le sauvage aura tué un veau qu'il porte à sa cabane ; il trouve en chemin un chevreuil ; il le tue et il le prend à la place du veau, dans l'espérance de manger une chair plus délicate. C'est ainsi qu'un enfant qui a d'abord rempli ses poches de châtaignes, les vide pour faire place à des dragées qu'on lui présente.

Voilà donc une comparaison de *valeurs,* une *évaluation* des différents objets dans ces jugements du sauvage et de l'enfant ; mais ces *évaluations* n'ont rien de fixe, elles changent d'un moment à l'autre, suivant que les besoins de l'homme varient. Lorsque le sauvage a faim, il fera plus de cas d'un morceau de gibier que de la meilleure peau d'ours ; mais que sa faim soit satisfaite et qu'il ait froid, ce sera la peau d'ours qui lui deviendra la plus précieuse.

Le plus souvent, le sauvage borne ses désirs à la satisfaction du besoin présent et, quelle que soit la quantité des objets dont il peut user, dès qu'il en a pris ce qu'il lui faut, il abandonne le reste, qui ne lui est bon à rien. L'expérience apprend cependant à notre sauvage que, parmi les objets propres à ses jouissances, il en est quelques-uns que leur nature rend susceptibles d'être conservés pendant quelque temps et qu'il peut accumuler pour les besoins à venir : ceux-là conservent leur *valeur,* même lorsque le besoin du moment est satisfait. Il cherche à se les approprier, c'est-à-dire à les mettre dans un lieu sûr où il puisse les cacher ou les défendre. On voit que les considérations qui entrent dans l'estimation de cette *valeur,* uniquement *relative à l'homme* qui jouit ou qui désire, se multiplient beaucoup par ce nouveau point de vue qu'ajoute la prévoyance au premier sentiment du besoin.

Lorsque ce sentiment, qui d'abord n'était que momentané, prend un caractère de permanence, c'est alors que l'homme commence à comparer entre eux ses besoins, à proportionner la recherche des objets, non plus uniquement à l'impulsion rapide du besoin présent, mais à l'ordre de nécessité et d'utilité des différents besoins. Quant aux autres considérations par lesquelles cet ordre d'utilité plus ou moins pressante est balancé ou modifié, une des premières qui se présente est l'excellence de la chose, ou son aptitude plus ou moins grande à satisfaire le genre de désir qui la fait rechercher. Il faut avouer que cet ordre d'excellence rentre un peu, par rapport à l'estimation qui en résulte, dans l'ordre d'utilité, puisque l'agrément de la jouissance plus vive que produit ce degré d'excellence est lui-même un avantage que l'homme compare avec la nécessité plus urgente des choses dont il préfère l'abondance à l'excellence d'une seule. Une troisième considération est la difficulté plus ou moins grande que l'homme envisage à se procurer l'objet de ses désirs ; car il est bien évident qu'entre deux choses également utiles et d'une égale excellence, celle qu'il aura le plus de peine à retrouver lui paraîtra bien plus précieuse, et qu'il emploiera bien plus de soins et d'efforts à se procurer. C'est par cette raison que l'eau, malgré sa nécessité et la multitude d'agréments qu'elle procure à l'homme, n'est point regardée comme une chose précieuse dans les pays bien arrosés, que l'homme ne cherche point à s'en assurer la possession, parce que l'abondance de cette substance la lui fait trouver sous la main. Nous n'en sommes pas encore à l'échange, et voilà déjà la *rareté,* un des éléments de l'*évaluation.* [...]

On peut réduire à ces trois considérations toutes celles qui entrent dans la fixation de ce genre de valeur relative à l'homme isolé; ce sont là les trois éléments qui concourent à la former. Pour la désigner par un nom qui lui soit propre, nous l'appellerons *valeur estimative,* parce qu'elle est effectivement, avec une entière précision, le degré d'estime que l'homme attache aux différents objets de ses désirs. [...]

En y réfléchissant, nous verrons que la totalité des objets nécessaires à la conservation et au bien-être de l'homme forme, si j'ose ainsi parler, une *somme de besoins* qui, malgré toute leur étendue et leur variété, est assez bornée. Il n'a pour se procurer la satisfaction de ses besoins qu'une mesure plus bornée encore de forces ou de facultés. Chaque objet particulier de ses jouissances lui coûte des soins, des fatigues, des travaux et au moins du temps. C'est cet emploi de ses facultés appliquées à la recherche de chaque objet qui fait la compensation de sa jouissance et pour ainsi dire le *prix* de l'objet. L'homme est encore seul; la nature seule lui fournit à ses besoins, et déjà il fait avec elle un premier *commerce* où elle ne lui fournit rien qu'il ne paie par son travail, par l'emploi de ses facultés et de son temps. Son capital, dans ce genre, est renfermé dans des bornes étroites; il faut qu'il y proportionne la somme de ses jouissances; il faut que, dans l'immense magasin de la nature, il fasse un choix, et qu'il partage ce *prix* dont il peut disposer entre les différents objets qui lui conviennent, qu'il les *évalue* à raison de leur *importance* pour sa conservation et son bien-être. Et cette évaluation, qu'est-ce autre chose que le compte qu'il se rend à lui-même de la portion de sa peine et de son temps, ou, pour exprimer ces deux choses en un seul mot, de la portion de ses facultés qu'il peut employer à la recherche de l'objet évalué sans y sacrifier celle d'autres objets également ou plus importants? Quelle est donc ici sa mesure des valeurs? Quelle est son échelle de comparaison? Il est évident qu'il n'en a pas d'autre que ses facultés mêmes. La somme totale de ses facultés est la seule *unité* de cette échelle, le seul point fixe d'où il puisse partir, et les *valeurs* qu'il attribue à chaque objet sont des parties proportionnelles de cette échelle. Il suit de là que la *valeur estimative* d'un objet, pour l'homme isolé, est précisément la portion du total de ses facultés qui répond au désir qu'il a de cet objet, ou celle qu'il veut employer à satisfaire ce désir.

Anne-Robert-Jacques Turgot,
VALEURS ET MONNAIES (projet d'article, 1769),
in Turgot, Écrits économiques, *Calmann-Lévy, Paris, 1970, pp. 233-250.*

COMMENTAIRE

Deux éléments concourent à minimiser l'apport personnel de Turgot (1727-1781) à la science économique: sa sympathie affichée pour les thèses libérales de l'école physiocratique, et le fait que ses activités administratives et politiques ne lui aient pas laissé le loisir de synthétiser les résultats de ses recherches dans un ouvrage, à l'instar d'Adam Smith (les *Réflexions sur la formation et la distribution des richesses* que publie Turgot en 1766 ne constituent, comme le note Schumpeter, qu'un « squelette »). La lecture des textes épars qu'il a laissés conduit

cependant à le considérer comme un économiste d'une grande originalité et d'une grande puissance d'analyse, sans doute parmi les plus féconds de son époque.
De ces qualités témoigne, entre autres, le projet d'article qu'il a rédigé en 1769 sous le titre « Valeurs et monnaies ». Ce texte se présente sous la forme typique des « robinsonnades » raillées par Marx [texte E 7]. Derrière les apparences d'une anthropologie de pacotille, Turgot nous livre en fait un modèle abstrait, construit avec rigueur, visant à expliquer la formation des prix sur le marché à partir d'une analyse du comportement d'individus confrontés au problème de la rareté. La ressemblance de cette démarche avec celle de la microéconomie moderne est frappante, à deux différences près : le formalisme mathématique est absent du raisonnement de Turgot, qui par ailleurs prend comme point de départ un producteur-consommateur isolé (sosie de Robinson dans son île) et non un individu déjà immergé dans l'économie de marché.
Ce premier temps de l'analyse est présenté dans le texte ci-dessus, consacré à la mise en évidence de ce que Turgot appelle la « valeur estimative » des objets. Ce terme n'est pas synonyme de celui de « valeur d'usage » utilisé par d'autres auteurs [texte E 25]. La « valeur estimative » d'un objet pour un homme isolé, nous dit Turgot, résulte en effet de trois types de considérations : son utilité, son « excellence » (qui, reconnaît-il, « rentre un peu dans l'ordre de l'utilité »), et la difficulté qu'il rencontre à se procurer cet objet. Celle-ci se manifeste par le fait qu'il doit consacrer à son acquisition une certaine « portion de ses facultés ». En schématisant, on peut donc dire que la valeur estimative dépend à la fois de l'utilité de l'objet et de la quantité de travail que nécessite son acquisition.
Mais Turgot ne se contente pas de juxtaposer ces différents éléments. Il entreprend de les intégrer logiquement dans un modèle qui n'est autre que celui de l'*homo œconomicus,* placé en situation d'abandon sur une île déserte : celui-ci doit faire face à une « somme de besoins », mais il ne peut les satisfaire complètement car ses « facultés » sont trop limitées ; il va donc allouer celles-ci à la satisfaction (partielle) des différents besoins, de façon telle que sa satisfaction globale soit maximale compte tenu de la contrainte que constitue le caractère limité de ses facultés productives. Turgot ne possède pas les outils formels permettant de caractériser rigoureusement la solution d'un tel problème, mais il semble bien qu'il ait de celle-ci une intuition fondamentalement juste, lorsqu'il définit la valeur estimative, à la fois comme « le degré d'estime que l'homme attache aux différents objets de ses désirs », et comme « la portion de ses facultés qu'il peut employer à la recherche de l'objet sans y sacrifier celle d'autres objets également ou plus importants ». La théorie microéconomique moderne nous dit en effet que la solution du problème ci-dessus est, normalement, telle que le taux marginal de transformation technique entre deux produits (rapport de leur coûts marginaux en travail) soit égal à leur taux marginal de substitution psychologique (rapport de leurs utilités marginales) ; en d'autres termes, Robinson doit allouer ses facultés à la production des différents objets de façon telle que la dépense de travail nécessitée par la production de chacun d'eux soit, à la marge, proportionnelle à l'utilité qu'il en retire. Ainsi la « valeur estimative » de chaque objet produit par Robinson peut-elle s'analyser aussi bien en termes d'utilité (marginale) que de coût (marginal) en travail, car il existe à l'équilibre une proportionnalité entre ces deux ordres de considération.

mots-clés

VALEUR ESTIMATIVE – INDIVIDU – UTILITÉ MARGINALE – TRAVAIL – COÛT MARGINAL – RARETÉ

E 24

Anne-Robert-Jacques Turgot

La valeur appréciative

[...] Étendons notre première supposition. Au lieu de ne considérer qu'un homme isolé, rassemblons-en deux : que chacun ait en sa possession des choses propres à son usage, mais que ces choses soient différentes et appropriées à des besoins différents. Supposons, par exemple, que dans une île déserte, au milieu des mers septentrionales, deux sauvages abordent chacun de leur côté, l'un portant avec lui dans son canot du poisson plus qu'il n'en peut consommer, l'autre portant des peaux au-delà de ce qu'il peut employer pour se couvrir et se faire une tente. Celui qui a apporté du poisson a froid, celui qui a apporté des peaux a faim ; il arrivera que celui-ci demandera au possesseur du poisson une partie de sa provision, et lui offrira de lui donner à la place quelques-unes de ses peaux : l'autre acceptera. Voilà l'*échange,* voilà le commerce.

Arrêtons-nous un peu à considérer ce qui se passe dans cet échange. Il est d'abord évident que cet homme qui, après avoir pris sur sa pêche de quoi se nourrir pendant un petit nombre de jours, passé lequel le poisson se gâterait, aurait jeté le reste comme inutile, commence à en faire cas lorsqu'il voit que ce poisson peut servir à lui procurer (par la voie de l'échange) des peaux dont il a besoin pour se couvrir ; ce poisson superflu acquiert à ses yeux une valeur qu'il n'avait pas. Le possesseur des peaux fera le même raisonnement, et apprendra de son côté à *évaluer* celles dont il n'a pas un besoin *personnel.* Il est vraisemblable que, dans cette première situation, où nous supposons nos deux hommes pourvus chacun surabondamment de la chose qu'il possède, et accoutumés à n'attacher aucun prix au superflu, le débat sur les conditions de l'échange ne sera pas fort vif ; chacun laissera prendre à l'autre, l'un tout le poisson, l'autre toutes les peaux, dont lui-même n'a pas besoin. Mais changeons un peu la supposition : donnons à chacun de ces deux hommes un intérêt de garder leur superflu, un motif d'y attacher de la valeur : supposons qu'au lieu de poisson, l'un ait apporté du maïs, qui peut se conserver très longtemps ; que l'autre, au lieu de peaux, ait apporté du bois à brûler, et que l'île ne produise ni grain, ni bois. Un de nos deux sauvages a sa subsistance, et l'autre son chauffage, pour plusieurs mois ; ils ne peuvent aller renouveler leur provision qu'en retournant sur le continent, d'où peut-être ils ont été chassés par la crainte des bêtes féroces ou d'une nation ennemie ; ils ne le peuvent qu'en s'exposant sur la mer, dans une saison orageuse, à des dangers presque inévitables ; il est évident que la totalité du maïs et la totalité du bois deviennent très précieuses aux deux possesseurs, qu'elles ont pour eux une grande valeur ; mais le bois que l'un pourra consommer dans un mois lui deviendra fort inutile si, dans cet intervalle, il meurt de faim faute de maïs, et le possesseur de maïs ne sera pas plus avancé, s'il est exposé à périr de froid faute de bois : ils feront donc encore un échange, afin que chacun d'eux puisse avoir du bois et du maïs jusqu'au temps où la saison permettra de tenir la mer pour aller chercher sur le continent d'autre maïs et d'autre bois. Dans cette supposition, l'un et l'autre seront sans doute moins généreux ; chacun pèsera scrupuleusement toutes les considérations qui peuvent l'engager à préférer une certaine quantité de la denrée qu'il n'a pas à une certaine quantité de celle qu'il a; c'est-à-dire qu'il calculera la force des deux besoins, des deux intérêts entre lesquels il est balancé, savoir: l'intérêt de garder du maïs et celui d'acquérir du bois, et celui d'acquérir du maïs et de garder du bois; en un mot, il en fixera très précisément la *valeur estimative* relativement à lui. Cette *valeur estimative* est proportionnée à l'*intérêt* qu'il a de se procurer ces deux choses; et la comparaison des deux *valeurs* n'est évidemment que la comparaison des deux *intérêts.* Mais chacun fait son calcul de son côté, et les résultats peuvent être différents: l'un changerait trois mesures de maïs pour six brasses de bois; l'autre ne voudrait donner ses six brasses de bois que pour neuf mesures de maïs. Indépendamment de cette espèce d'évaluation mentale par laquelle chacun d'eux compare l'intérêt qu'il a de garder à celui qu'il a d'acquérir, tous deux sont encore animés par un intérêt général et indépendant de toute comparaison: c'est l'intérêt de garder chacun le plus qu'il peut de sa denrée, et d'acquérir le plus qu'il peut de celle d'autrui. Dans cette vue, chacun tiendra secrète la comparaison qu'il a faite intérieurement de ses deux intérêts, des deux valeurs qu'il attache aux deux denrées à échanger, et il sondera, par des offres plus faibles et des demandes plus fortes, le possesseur de la denrée qu'il désire. Celui-ci tenant de son côté la même conduite, ils disputeront sur les conditions de l'échange, et comme ils ont tous deux un grand intérêt à s'accorder, ils s'accorderont à la fin: peu à peu chacun augmentera ses offres et diminuera ses demandes, jusqu'à ce qu'ils conviennent enfin de donner une quantité déterminée de maïs pour une quantité déterminée de bois. Au moment où l'échange se fait, celui qui donne, par exemple, quatre mesures de maïs pour cinq brasses de bois, préfère sans doute ces cinq brasses de bois aux quatre mesures de maïs; il leur donne une valeur estimative supérieure; mais, de son côté, celui qui reçoit les quatre mesures de maïs les préfère aux cinq brasses de bois. Cette supériorité de la *valeur estimative,* attribuée par l'acquéreur, à la chose acquise sur la chose cédée est essentielle à l'échange, car elle en est l'unique motif. Chacun resterait comme il est s'il ne trouverait un intérêt, un profit personnel, à échanger; si, relativement à lui-même, il n'estimait ce qu'il reçoit plus que ce qu'il donne.

Mais cette différence de valeur estimative est réciproque et précisément égale de chaque côté; car, si elle n'était pas égale, l'un des deux désirerait moins l'échange et forcerait l'autre à se rapprocher de son prix par une offre plus forte. Il est donc toujours rigoureusement vrai que chacun donne *valeur égale* pour recevoir *valeur égale.* [...] Dans la fixation de la *valeur échangeable,* il y a deux hommes qui comparent et il y a quatre intérêts comparés; mais les deux intérêts particuliers de chacun des deux contractants ont d'abord été comparés entre eux à part, et ce sont les deux résultats qui sont ensuite comparés ensemble, ou plutôt débattus par les deux contractants, pour former une *valeur estimative moyenne* qui devient précisément la *valeur échangeable,* et à laquelle nous croyons devoir donner le nom de *valeur appréciative,* parce qu'elle détermine le *prix* ou la condition de l'échange.

Anne-Robert-Jacques Turgot,
VALEURS ET MONNAIES (projet d'article, 1769),
in Turgot, Écrits économiques, *Calmann-Lévy, Paris, 1970, pp. 233-250.*

COMMENTAIRE

Après avoir analysé la « valeur estimative », ou valeur des objets pour un homme isolé [texte E 23], Turgot (1727-1781) entreprend d'expliquer la façon dont se détermine leur « valeur appréciative », ou valeur d'échange sur le marché. À cette fin, il provoque la rencontre, dans des conditions légèrement rocambolesques, de deux des « sauvages » dont il avait, auparavant, étudié le comportement individuel dans des conditions d'isolement total.

Arrivés par hasard sur la même île déserte, les deux sauvages font connaissance. Ils sont l'un et l'autre munis de provisions, et ont chacun en tête des « valeurs estimatives » pour celles-ci. *A priori,* remarque Turgot, il n'y a aucune raison pour que les proportions existant entre ces différentes valeurs estimatives coïncident chez les deux individus. Cette caractéristique est à l'origine de l'échange, qui va se traduire par une élévation de l'utilité chez les deux contractants, en même temps que par l'émergence d'une « valeur appréciative » commune pour chaque objet échangé. Celle-ci est définie par Turgot comme la moyenne des valeurs estimatives initialement attribuées par chaque individu à l'objet considéré.

Guère plus « réaliste » que le précédent, ce deuxième scénario présente une parenté étroite avec le modèle de monopole bilatéral connu aujourd'hui sous le nom de « boîte d'Edgeworth » (quoiqu'en fait dû à Pareto). Vu sous un autre angle, on peut aussi le rapprocher de la théorie ricardienne des avantages comparatifs [texte E 53].

La « boîte d'Edgeworth » confronte deux individus munis de stocks, arbitrairement fixés, de deux biens. Dans la situation initiale les taux marginaux de substitution entre les deux biens (ou rapports des utilités marginales) sont en général différents d'un individu à l'autre. Le modèle montre que les deux individus peuvent élever leur satisfaction par l'échange jusqu'au point où ces deux taux en viennent à coïncider; le rapport d'échange qui s'établit alors entre les deux biens est égal au taux marginal de substitution de chacun des deux contractants, et se trouve dans la fourchette délimitée par leurs taux marginaux de substitution initiaux. Si l'on rappelle que les « valeurs estimatives » de Turgot peuvent s'interpréter en termes d'utilités marginales pour l'individu isolé, la parenté des deux analyses devient évidente. Toutefois le modèle moderne ne permet pas de vérifier la thèse de Turgot, selon laquelle le rapport d'échange des deux biens doit être égal à la moyenne des rapports des valeurs estimatives initiales : il permet seulement de dire qu'il se trouve quelque part entre ces deux bornes. De même apparaît excessive l'affirmation de Turgot selon laquelle, à l'équilibre du marché, il doit y avoir égalité des gains retirés de l'échange par les deux contractants : cette affirmation suppose que les satisfactions d'individus différents soient commensurables, hypothèse encombrante à laquelle a renoncé la théorie microéconomique moderne.

Le rapprochement avec la théorie ricardienne des avantages comparatifs repose sur la seconde interprétation des valeurs estimatives, en termes de dépenses de travail pour l'individu isolé (rappelons que la compatibilité des deux interprétations est assurée par le modèle d'équilibre individuel de Robinson – *cf.* texte E 23). Si l'on assimile les deux « sauvages » du modèle de Turgot aux deux pays du modèle de Ricardo, la ressemblance des deux modèles apparaît immédiatement : chacune des deux parties est initialement munie d'un rapport d'échange entre deux produits, qui lui est propre et repose sur ses coûts de production « internes ». L'écart existant entre ces coûts relatifs internes suscite entre les deux parties un échange mutuellement avantageux, d'où émergent des « termes de l'échange » situés à l'intérieur de la fourchette délimitée par les coûts relatifs internes (là encore, Turgot s'aventure un peu trop loin lorsqu'il affirme que les termes de l'échange doivent se situer exactement au milieu de la fourchette).

Pour le lecteur actuel, les insuffisances de l'analyse de Turgot sont évidentes. Sa principale faiblesse est sans doute l'absence du raisonnement « à la marge » qui permettrait de penser avec précision les relations entre utilité et dépense de travail dans le modèle du producteur-consommateur isolé. On peut d'autant plus regretter cette absence que Turgot lui-même a, par ailleurs, formulé l'esquisse d'un tel raisonnement dans son analyse des rendements du travail appliqué à la terre [texte E 60]. Toutefois le constat, assez trivial aujourd'hui, des carences techniques de la « robinsonnade » de Turgot ne devrait pas occulter son extraordinaire fécondité conceptuelle.

mots-clés

VALEUR APPRÉCIATIVE - MARCHÉ - ÉQUILIBRE - ÉCHANGE

E 25

Adam Smith

Valeur d'usage et valeur d'échange

Il s'agit maintenant d'examiner quelles sont les règles que les hommes observent naturellement, en échangeant les marchandises l'une contre l'autre, ou contre de l'argent. Ces règles déterminent ce qu'on peut appeler la *valeur relative* ou *échangeable* des marchandises.

Il faut observer que le mot *valeur* a deux significations différentes ; quelquefois il signifie l'utilité d'un objet particulier, et quelquefois il signifie la faculté que donne la possession de cet objet d'acheter d'autres marchandises. On peut appeler l'une *valeur en usage,* et l'autre *valeur en échange.* Des choses qui ont la plus grande *valeur en usage* n'ont souvent que peu ou point de *valeur en échange ;* et, au contraire, celles qui ont la plus grande *valeur en échange* n'ont souvent que peu ou point de *valeur en usage.* Il n'y a rien de plus utile que l'eau, mais elle ne peut presque rien acheter ; à peine y a-t-il moyen de rien avoir en échange. Un diamant, au contraire, n'a presque aucune valeur quant à l'usage, mais on trouvera fréquemment à l'échanger contre une très grande quantité d'autres marchandises. [...]

Dans ce premier état informe de la société, qui précède l'accumulation des capitaux et l'appropriation du sol, la seule circonstance qui puisse fournir quelque règle pour les échanges, c'est, à ce qu'il semble, la quantité de travail nécessaire pour acquérir les différents objets d'échange. Par exemple, chez un peuple de chasseurs, s'il en coûte habituellement deux fois plus de peine pour tuer un castor que pour tuer un daim, naturellement un castor s'échangera contre deux daims ou vaudra deux daims. Il est naturel que ce qui est ordinairement le produit de deux jours ou de deux heures de travail vaille le double de ce qui est ordinairement le produit d'un jour ou d'une heure de travail.

Si une espèce de travail était plus rude que l'autre, on tiendrait naturellement compte de cette augmentation de fatigue, et le produit d'une heure de ce travail plus rude pourrait souvent s'échanger contre le produit de deux heures de l'autre espèce de travail. De même, si une espèce de travail exige un degré peu ordinaire d'habileté ou d'adresse, l'estime que les hommes ont pour ces talents ajoutera naturellement à leur produit une valeur supérieure à ce qui serait dû pour le temps employé au travail. Il est rare que de pareils talents s'acquièrent autrement que par une longue application, et la valeur supérieure qu'on attribue à leur produit n'est souvent qu'une compensation raisonnable du temps et de la peine qu'on a mis à les acquérir. Dans l'état avancé de la société, on tient communément compte dans les salaires du travail, de ce qui est dû à la supériorité d'adresse ou de fatigue, et il est vraisemblable qu'on en a agi à peu près de même dans la première enfance des sociétés.

Dans cet état de choses, le produit du travail appartient tout entier au travailleur, et la quantité du travail communément employée à acquérir ou à produire un objet échangeable est la seule circonstance qui puisse régler la quantité de travail que cet objet devrait communément acheter, commander ou obtenir en échange.

Aussitôt qu'il y aura des capitaux accumulés dans les mains de quelques particuliers, certains d'entre eux emploieront naturellement ces capitaux à mettre en œuvre des gens industrieux, auxquels ils fourniront des matériaux et des subsistances, afin de faire un profit sur la vente de leurs produits, ou sur ce que le travail de ces ouvriers ajoute de valeur aux matériaux. Quand l'ouvrage fini est échangé, ou contre de l'argent, ou contre du travail, ou contre d'autres marchandises, il faut bien qu'en outre de ce qui pourrait suffire à payer le prix des matériaux et le salaire des ouvriers, il y ait encore quelque chose de donner pour les profits de l'entrepreneur de l'ouvrage, qui hasarde ses capitaux dans cette affaire. Ainsi la valeur que les ouvriers ajoutent à la matière se résout alors en deux parties, dont l'une paye leurs salaires, et l'autre les profits que fait l'entrepreneur sur la somme des fonds qui lui ont servi à avancer ces salaires et la matière à travailler. Il n'aurait pas d'intérêt à employer ces ouvriers, s'il n'attendait pas de la vente de leur ouvrage quelque chose de plus que le remplacement de son capital, et il n'aurait pas d'intérêt à employer un grand capital plutôt qu'un petit, si ses profits n'étaient pas en rapport avec l'étendue du capital employé.

Les profits, dira-t-on peut-être, ne sont autre chose qu'un nom différent donné aux salaires d'une espèce particulière de travail, le travail d'inspection et de direction. Ils sont cependant d'une nature absolument différente des salaires ; ils se règlent sur des principes entièrement différents, et ne sont nullement en rapport avec la quantité et la nature de ce prétendu travail d'inspection et de direction. Ils se règlent en entier sur la valeur du capital employé, et ils sont plus ou moins forts, à proportion de l'étendue de ce capital.

Adam Smith,
RECHERCHES SUR LA NATURE ET LES CAUSES DE LA RICHESSE DES NATIONS (1776),
trad. française Éditions Gallimard, Paris, 1976,
livre I, chap. 4 et 6, p. 60 et pp. 71-73.

COMMENTAIRE

Constatant que l'on ne peut confondre la valeur d'usage des marchandises et leur valeur d'échange, Adam Smith (1723-1790) entreprend d'analyser cette dernière à partir du travail, en faisant totalement abstraction de leur valeur d'usage (ce qui distingue nettement son analyse de celle de Turgot – *cf.* textes E 23 et E 24). Cette approche, que Marx appellera « classique » et à laquelle il se ralliera lui-même, se heurte toutefois à de sérieuses difficultés, que Smith ne méconnaît pas même s'il ne leur donne pas toujours une solution satisfaisante (signalons au passage qu'il est ici question du travail « incorporé » et non « commandé », en d'autres termes du travail dépensé dans la production des marchandises et non de celui contre lequel elles peuvent s'échanger sur le marché ; le travail « commandé », supérieur au travail « incorporé » à partir du moment où existent des profits et des rentes, ne saurait par définition constituer la base d'une théorie de la valeur – et Smith, qui le choisit comme numéraire, n'a jamais rien prétendu de tel).

Une première difficulté concerne la prise en compte des mouvements de la demande, qui de toute évidence affectent les prix. La réponse classique à ce problème repose sur la distinction entre « prix de marché » et « prix naturels », ainsi que sur la distinction – introduite de façon explicite par Ricardo – entre biens reproductibles et non reproductibles ; ces deux distinctions sont examinées par ailleurs [*cf.* textes E 28 et E 29].

Une deuxième difficulté tient à l'hétérogénéité du travail : comment rendre commensurable des travaux de pénibilités et de qualifications différentes ? La réponse de Smith, selon laquelle ces différences sont prises en compte par le marché, contient un risque de circularité évident, puisque la théorie de la valeur-travail a précisément pour objet d'expliquer ce qui se passe sur le marché (au moins de façon indirecte). Smith semble être conscient de ce problème (qui amènera Marx à distinguer travail « concret » et travail « abstrait »), lorsqu'il relève que la valeur supérieure attribuée par la société au produit du travail qualifié « n'est souvent qu'une compensation raisonnable du temps et de la peine qu'on a mis à les acquérir ». Ce faisant, il esquisse une théorie du « capital humain », dans laquelle la valeur ajoutée par le travail qualifié inclurait l'amortissement du temps de travail investi dans la formation professionnelle.

Une troisième difficulté concerne les profits (terme qui désigne chez Smith et ses successeurs la rémunération du capital, entendu comme la valeur des « avances » permettant de payer la main-d'œuvre, les matières premières et les machines requises par le processus productif). Ceux-ci, constate Smith, ne dépendent pas de la dépense de travail (flux) mais de la masse du capital (stock) avancé dans la production. Il en résulte, dans le cas général, une non-proportionnalité entre les prix « naturels » des marchandises et les dépenses de travail nécessitées par leur production. Ce constat amène Smith à confiner la validité de la théorie de la valeur-travail à une hypothétique « société primitive » qui précéderait l'accumulation des capitaux (et l'appropriation privée des terres). Ce point de vue sera contesté par Ricardo qui devra pourtant bien, au bout du compte, constater la réalité du problème soulevé par Smith, et pensera s'en tirer en retenant la théorie de la valeur-travail à titre d'« approximation » (Ricardo, *Principes de l'économie politique et de l'impôt,* chap. I, section IV).

mots-clés

VALEUR D'USAGE – VALEUR D'ÉCHANGE – UTILITÉ – TRAVAIL – VALEUR-TRAVAIL

E 26

Adam Smith

Le salaire naturel

Ce qui constitue la récompense naturelle ou le salaire du travail, c'est le produit du travail. Dans cet état primitif qui précède l'appropriation des terres et l'accumulation des capitaux, le produit entier du travail appartient à l'ouvrier. Il n'a ni propriétaire ni maître avec qui il doit partager. Si cet état eût été continué, le salaire du travail aurait augmenté avec tout cet accroissement de la puissance productive du travail, auquel donne lieu la *division du travail.* [...]

Mais cet état primitif, dans lequel l'ouvrier jouissait de tout le produit de son propre travail, ne put pas durer au-delà de l'époque où furent introduites l'appropriation des terres et l'accumulation des capitaux. Il y avait donc longtemps qu'il n'existait plus, quand la puissance productive du travail parvint à un degré de perfection considérable, et il serait sans objet de rechercher plus avant quel eût été l'effet d'un pareil état de choses sur la récompense ou le salaire du travail. Aussitôt que la terre devient une propriété privée, le propriétaire demande une part de presque tout le produit que le travailleur peut y faire croître ou y recueillir. Sa rente est la première déduction que souffre le produit du travail appliqué à la terre. Il arrive rarement que l'homme qui laboure la terre possède par-devers lui de quoi vivre jusqu'à ce qu'il recueille la moisson. En général sa subsistance lui est avancée sur le capital d'un maître, le fermier qui l'occupe, et qui n'aurait pas d'intérêt à le faire s'il ne pouvait pas prélever une part dans le produit de son travail, ou si son capital ne devait pas lui rentrer avec un profit. Ce profit forme une seconde déduction sur le produit du travail appliqué à la terre. Le produit de presque tout autre travail est sujet à la déduction en faveur du profit. Dans tous les métiers, dans toutes les fabriques, la plupart des ouvriers ont besoin d'un maître qui leur avance la matière du travail, ainsi que leurs salaires et leur subsistance, jusqu'à ce que leur ouvrage soit tout à fait fini. Ce maître prend une part du produit de leur travail ou de la valeur que leur travail ajoute à la matière à laquelle il est appliqué, et c'est cette part qui constitue son profit. [...]

C'est par la convention qui se fait habituellement entre ces deux personnes, dont l'intérêt n'est nullement le même, que se détermine le taux commun des salaires. Les ouvriers désirent gagner le plus possible ; les maîtres, donner le moins qu'ils peuvent ; les premiers sont disposés à se concerter pour élever les salaires, les seconds pour les abaisser.

Il n'est pas difficile de prévoir lequel des deux partis, dans toutes les circonstances ordinaires, doit avoir l'avantage dans le débat, et imposer forcément à l'autre toutes ses conditions. Les maîtres, étant en moindre nombre, peuvent se concerter plus aisément ; et de plus, la loi les autorise à se concerter entre eux, ou du moins elle ne le leur interdit pas, tandis qu'elle l'interdit aux ouvriers. Nous n'avons point d'actes du parlement contre les ligues qui tendent à abaisser le prix du travail ; mais nous en avons beaucoup contre celles qui tendent à le faire hausser. Dans toutes ces luttes, les maîtres sont en état de tenir ferme plus longtemps. [...]

On n'entend guère parler, dit-on, de *coalitions* entre les maîtres, et tous les jours on parle de celles des ouvriers. Mais il faudrait ne connaître ni le monde, ni la matière dont il s'agit, pour s'imaginer que les maîtres se liguent rarement entre eux. Les maîtres sont en tout temps et partout dans une sorte de ligue tacite, mais constante et uniforme, pour ne pas élever les salaires au-dessus de leur taux actuel. Violer cette règle est partout une action de faux frère, et un sujet de reproche pour un maître parmi ses voisins et ses pareils. À la vérité, nous n'entendons jamais parler de cette ligue, parce qu'elle est l'état habituel, et on peut dire l'état naturel de la chose, et que personne n'y fait attention. Quelquefois les maîtres font entre eux des complots particuliers pour faire baisser au-dessous du taux habituel les salaires du travail. Ces complots sont toujours conduits dans le plus grand silence et dans le plus grand secret jusqu'au moment de l'exécution ; et quand les ouvriers cèdent comme ils le font quelquefois, sans résistance, quoiqu'ils sentent bien le coup et le sentent fort durement, personne n'en entend parler. Souvent cependant les ouvriers opposent à ces coalitions particulières une ligue défensive ; quelquefois aussi, sans aucune provocation de cette espèce, ils se coalisent de leur propre mouvement, pour élever le prix de leur travail. Leurs prétextes ordinaires sont tantôt le haut prix des denrées, tantôt le gros profit que font les maîtres sur leur travail. Mais que leurs ligues soient offensives ou défensives, elles sont toujours accompagnées d'une grande rumeur. Dans le dessein d'amener l'affaire à une prompte décision, ils ont toujours recours aux clameurs les plus emportées, et quelquefois ils se portent à la violence et aux derniers excès. Ils sont désespérés, et agissent avec l'extravagance et la fureur de gens au désespoir, réduits à l'alternative de mourir de faim ou d'arracher à leurs maîtres, par la terreur, la plus prompte condescendance à leurs demandes. Dans ces occasions, les maîtres ne crient pas moins haut de leur côté ; ils ne cessent de réclamer de toutes leurs forces l'autorité des magistrats civils, et l'exécution la plus rigoureuse de ces lois si sévères portées contre les ligues des ouvriers, domestiques et journaliers. En conséquence, il est rare que les ouvriers tirent aucun fruit de ces tentatives violentes et tumultueuses, qui, tant par l'intervention du magistrat civil que par la constance mieux soutenue des maîtres et la nécessité où sont la plupart des ouvriers de céder pour avoir leur subsistance du moment, n'aboutissent en général à rien autre chose qu'au châtiment ou à la ruine des chefs de l'émeute.

Mais quoique les maîtres aient presque toujours nécessairement l'avantage dans leurs querelles avec leurs ouvriers, cependant il y a un certain taux au-dessous duquel il est impossible de réduire, pour un temps un peu considérable, les salaires ordinaires, même de la plus basse espèce de travail. Il faut de toute nécessité qu'un homme vive de son travail, et que son salaire suffise au moins à sa subsistance ; il faut même quelque chose de plus dans la plupart des circonstances, autrement il serait impossible au travailleur d'élever une famille, et alors la race de ces ouvriers ne pourrait durer au-delà de la première génération. À ce compte, M. Cantillon paraît supposer que la plus basse classe des simples manœuvres doit partout gagner au moins le double de sa subsistance, afin que ces travailleurs soient généralement en état d'élever deux enfants ; on suppose que le travail de la femme suffit seulement à sa propre dépense, à cause des soins qu'elle est obligée de donner à ses enfants. Mais on calcule que la moitié des enfants qui naissent meurent avant l'âge viril. Il faut, par conséquent, que les plus pauvres ouvriers tâchent, l'un dans l'autre, d'élever au moins quatre enfants, pour que deux seulement aient la chance de parvenir à cet âge. Or, on suppose que la subsistance nécessaire de quatre enfants est à peu près égale à celle d'un homme fait.

Adam Smith,
RECHERCHES SUR LA NATURE ET LES CAUSES DE LA RICHESSE DES NATIONS (1776),
trad. française Éditions Gallimard, Paris, 1976, livre I, chap. 8, pp. 87-93.

COMMENTAIRE

Le chapitre de la *Richesse des nations* consacré aux « salaires du travail » constitue sans doute une des meilleures illustrations de l'affirmation de Marx selon laquelle on ne saurait lui imputer la paternité de la notion de lutte des classes. Ce chapitre constitue également un rude démenti pour tous ceux qui tiennent absolument à voir dans Adam Smith (1723-1790) un « professeur d'harmonies » ou le « peintre d'un monde merveilleux ».

Rapports marchands, les rapports existant entre ouvriers et « maîtres » sont pour cet auteur essentiellement des rapports de force, dans lesquels la balance penche presque toujours en faveur des maîtres, tant pour des raisons économiques que politiques (l'image pieuse de l'État « arbitre de l'intérêt général » ne sort pas indemme de la description qui nous est livrée ici de la régulation des conflits du travail dans l'Angleterre de la révolution industrielle).

La violence exercée par les maîtres sur les ouvriers apparaît d'autant moins légitime que, selon Smith, leur profit (de même que la rente des propriétaires fonciers) constitue une « déduction sur le produit du travail », ou « sur la valeur que le travail ajoute à la matière à laquelle il est appliqué ». On est ici, très exactement, en présence de ce que Marx appellera l'« exploitation capitaliste ». Toutefois, la solidarité évidente qui existe entre cette analyse et la théorie de la valeur-travail pose problème, dans la mesure où Smith a confiné la validité de cette théorie à une hypothétique société ignorant profits et rentes [texte E 25]. Smith n'apporte pas de solution à ce problème, que Marx tentera de résoudre à travers son analyse de la « transformation des valeurs en prix de production » [texte E 30].

La pression des maîtres sur les salaires ne peut durablement les faire baisser en dessous d'un certain niveau, que Smith appelle « salaire naturel » (« valeur de la force de travail » chez Marx, qui rejette le « naturalisme » de l'économie classique – *cf.* texte E 7). Ce niveau est déterminé par la valeur du « panier » de marchandises nécessaires à la subsistance des salariés et de leur famille. Si Smith, qui se réfère aux recherches de Cantillon sur le sujet, se garde de toute quantification, il ne fait pas de doute pour lui, comme pour la plupart des économistes de son époque, que le « salaire naturel » correspond à une réalité tangible : la précarité des conditions d'existence de la classe ouvrière dans la première phase de la révolution industrielle est telle qu'elle s'apparente largement à un élémentaire problème de survie physique.

Un aussi sombre tableau soulève nécessairement des interrogations quant aux facteurs motivant l'adhésion d'Adam Smith à la cause du libéralisme économique. La description des rapports sociaux qu'il propose ici nous rapproche, en effet, apparemment davantage de Thomas More et de Karl Marx que des bienfaits attribués à la « main invisible » [texte E 6]. Deux éléments de réponse semblent pouvoir être avancés : le premier est que, si les rapports sociaux fondés sur le salariat n'ont rien d'idyllique, il n'est pas concevable pour Smith de les remplacer par autre chose (et toute tentative en ce sens ne peut selon lui que se retourner contre les salariés eux-mêmes) ; le second, plus positif, est que la dureté du système est la contrepartie de son efficacité, qui finit malgré tout par bénéficier aux salariés eux-mêmes à travers l'accroissement de la « richesse des nations » qu'elle suscite [texte E 62].

mots-clés

RÉPARTITION – SALAIRE NATUREL – DÉMOGRAPHIE – LUTTE DES CLASSES – VALEUR-TRAVAIL

E 27

Jean-Baptiste Say

Les services productifs

Nous avons vu, au commencement de cet ouvrage, que le premier fondement de la valeur d'une chose est l'utilité que les hommes y trouvent. Cette utilité tient à la nature physique et morale de l'homme, au climat qu'il habite, aux mœurs, à la législation de la société dont il fait partie. [...]

L'utilité d'une chose ainsi entendue la rend désirable aux yeux des hommes, la fait souhaiter, établit une demande de cette chose. Lorsqu'il suffit de la désirer pour l'obtenir, elle peut être considérée comme une richesse naturelle, livrée sans mesure aux besoins de l'homme, et dont il jouit sans l'acheter au prix d'aucun sacrifice : tels sont l'air, l'eau, la lumière du soleil. S'il obtenait ainsi tous les objets de tous ses besoins et de tous ses désirs, il serait infiniment riche. Rien ne lui manquerait. Malheureusement il n'en est pas ainsi ; la plupart des choses qui lui sont, je ne dis pas seulement commodes et agréables, mais indispensablement nécessaires, surtout dans l'état social pour lequel l'homme semble spécialement formé, la plupart de ces choses, dis-je, ne lui sont pas accordées en quantité illimitée. Elles n'ont pu exister sans le concours d'un travail humain, d'un capital accumulé, et dans beaucoup de cas, d'un fonds de terre ; concours auquel nous avons donné le nom de *service productif* de l'industrie, des capitaux et des terres. Mais l'industrie, les capitaux et les terres, dont il est ici question, ne sont pas eux-mêmes illimités. Il n'y a dans le monde qu'une certaine quantité de travail industriel disponible, une certaine quantité de capitaux productifs, une certaine étendue de terres cultivables situées à la portée des consommateurs. Il n'y a donc qu'une certaine quantité de produits à consommer ; et la consommation ou la disposition de ces produits n'est à la disposition que de ceux qui ont en leur possession les fonds productifs, à l'action desquels les produits doivent l'existence.

Or, comment est-on propriétaire de ces fonds productifs ? Et par suite, comment est-on propriétaire des produits qui peuvent en sortir ? Ici, le droit positif est venu ajouter sa sanction au droit naturel. Il est *naturel* que la capacité de travailler, c'est-à-dire la force corporelle, l'adresse et l'intelligence, soient la propriété de l'individu que la nature en a gratifié ; et la loi civile a reconnu cette propriété partout, excepté dans les lieux où elle consacre l'esclavage, c'est-à-dire un vol, une spoliation, un crime. Il est *naturel* que les capitaux (c'est-à-dire les valeurs que l'individu avait en sa possession, *de fait,* qu'il pouvait par conséquent consommer et détruire, et qu'il a mieux aimé réserver pour les employer à la production) ; il est naturel, dis-je, que ces valeurs appartiennent à celui qui les a épargnées, ou à ceux auxquels il a jugé à propos de les transmettre. Ici, la loi positive a de même reconnu la loi naturelle, excepté dans les pays où elle admet le droit d'un homme sur les biens d'un autre, le despotisme, c'est-à-dire encore, le crime. Quant au droit de propriété sur les fonds de terre, il est moins évident. Cependant, comme il est très essentiel à la société qu'il existe [...], la loi civile a fort bien fait de statuer qu'une possession foncière *reconnue,* une possession *non contestée* pendant un certain nombre d'années, suppose le droit de propriété et le consacre. On ne peut nier toutefois que ce genre de propriété ne soit moins sacré que les autres, et qu'il ne soit plus dépendant de la loi civile, par cela même qu'il l'est moins de la loi naturelle.

Revenant au fait, à l'observation de la manière dont les choses se passent (seul fondement de toute bonne étude), nous voyons donc d'abord des agents de production que nous avons nommé *fonds productifs,* et qui sont des propriétés ; nous voyons des *services productifs* rendus par ces agents, et des *produits* résultant de ces services productifs. Or, ce sont ces produits qui composent le *revenu* des propriétaires des fonds productifs, propriétaires auxquels nous avons donné le nom de *producteurs,* parce qu'ils produisent, soit par eux-mêmes, soit par leurs fonds. Ces produits, ils peuvent les consommer, ou les échanger : la quantité de choses qu'ils peuvent obtenir par cet échange, compose la *valeur* de leurs produits.

On voit qu'il faut faire deux classes des choses qui sont à l'usage de l'homme, à savoir : 1) les richesses naturelles, qui nous sont données gratuitement et sans mesure par la nature ; 2) les produits, qui sont le résultat de nos fonds productifs. Les premières, nous en jouissons sans être obligés de les acquérir. Les secondes, nous les acquérons au prix des services productifs rendus par notre industrie, nos capitaux et nos terres[1]. Ainsi la production peut être considérée comme un échange dans lequel nous donnons le service productif de nos fonds, et dans lequel nous recevons les produits qui en résultent. Nous pouvons même échanger le service productif de notre industrie, de nos capitaux et de nos terres contre d'autres produits que ceux qui résulteront de ce service. Quand on loue sa terre, quand on place ses capitaux, ou quand on reçoit un salaire pour son travail, on vend le service rendu pendant un certain temps par ces divers agents de la production, et l'on renonce aux droits qu'on avait à leurs produits. Leurs produits appartiennent dès lors à l'entrepreneur qui a acquis leurs services productifs.

Le vrai revenu des producteurs est donc, en remontant à sa première source, le *service productif* que leurs fonds (c'est-à-dire leur industrie, leurs capitaux ou leurs terres) sont capables de rendre. C'est la valeur de ce service productif qu'ils échangent à volonté, soit contre le produit auquel ce service coopère, soit contre tout autre produit étranger. C'est la valeur des produits qui peuvent résulter des services productifs, qui donne de la valeur à ces derniers ; et c'est la valeur des services productifs qui donne de la valeur au fonds productif susceptible de les rendre ; pourvu néanmoins qu'il soit aliénable de sa nature. Ainsi le service qu'on peut tirer d'un fonds de terre est le fondement de la valeur du fonds de terre ; le service qu'on peut tirer d'un capital

1. Je ne considère pas ici le service productif des fonds de terre comme gratuit, puisque le propriétaire fait payer pour leur concours, quoiqu'il les ait eues gratuitement dans l'origine.

est le fondement de la valeur de ce capital. Mais quant à ce dernier, composé de produits consommables, il tire encore sa valeur de l'usage qu'on peut faire de ces produits.

Après avoir vu quel est le fondement de toutes ces valeurs, il faut savoir d'après quelles lois elles se fixent. La valeur d'une chose évaluable (que ce soit un produit, un service, ou bien un fonds productif) est la quantité d'une autre chose que le vendeur consent à recevoir, et que l'acquéreur consent à céder en échange. On voit qu'il y a là-dedans deux volontés : celle du vendeur et celle de l'acheteur ; et une seule valeur : celle dont l'un et l'autre demeurent d'accord. Le vendeur élève la valeur de sa chose aussi haut, et l'acheteur la baissent aussi bas qu'ils le peuvent l'un et l'autre. Or le vendeur peut d'autant plus élever la valeur de la chose qu'elle est moins commune et plus recherchée ; et l'acheteur peut d'autant plus l'abaisser que la chose est plus abondante et moins demandée : le point où leurs deux efforts se balancent est celui où se fixe la valeur de la chose. C'est ce qu'on exprime par cette formule, que *la valeur des choses est toujours en raison directe de la quantité demandée, et en raison inverse de la quantité offerte, de chaque chose, en chaque lieu.*

Jean-Baptiste Say,
TRAITÉ D'ÉCONOMIE POLITIQUE (1803),
Calmann-Lévy, Paris, 1972, livre II, chap. 1.

COMMENTAIRE

Jean-Baptiste Say (1767-1832) se présente comme le disciple d'Adam Smith et le propagateur de ses idées sur le continent. Pourtant la filiation entre les deux auteurs apparaît souvent ténue, dans la mesure où Say prend le contre-pied d'un certain nombre de thèses majeures de la *Richesse des nations*. En revanche, il jette les bases d'une conception de l'économie qui triomphera quelques décennies plus tard avec la théorie néo-classique : la similitude existant entre sa « vision du monde » économique et celle de Walras est frappante, et le fait que celui-ci limite à quelques remarques acides ses références à Say ne grandit pas vraiment le père de la théorie de l'équilibre général (pour lequel, il est vrai, la doctrine de son prédécesseur souffre d'un vice rédhibitoire, celui d'appartenir au genre « littéraire »).

Reprenant un thème déjà développé par plusieurs auteurs français au XVIIIe siècle (notamment Condillac), Say voit dans l'utilité et la rareté les fondements de la valeur d'échange. En ce qui concerne les produits, la rareté résulte selon lui du fait que leur obtention nécessite le recours à divers « fonds productifs » (on parle aujourd'hui de « facteurs de production ») eux-mêmes limités en quantité : travail, capitaux, terres. Sa justification de la propriété privée des « fonds productifs » mêle – pour le travail et les capitaux – la théorie du droit de Locke [texte E 3], et – pour les terres, dont la propriété a un caractère « moins sacré » – celle de Hobbes [texte E 2]. Les propriétaires de ces divers fonds peuvent les utiliser eux-mêmes, ou encore les louer à des entrepreneurs qui combineront leurs « services productifs » pour obtenir des produits.

À travers cette analyse, le statut des revenus du capital (que Say appelle intérêts, réservant le terme de profit au revenu de l'entrepreneur) et de la rente foncière subit une transformation radicale par rapport à celui qu'il occupait dans l'œuvre de Smith : de « déductions sur le produit du travail » [*cf.* texte E 26], ils deviennent « rémunérations de services productifs » au même titre que les salaires. Comme

les salariés, les capitalistes et les propriétaires fonciers sont en effet aux yeux de Say « des producteurs, parce qu'ils produisent, soit par eux-mêmes, soit par l'intermédiaire de leurs fonds ». Quoi qu'il en soit de la validité scientifique des thèses des deux auteurs, il est certain qu'on se trouve, avec Say, en présence d'une approche de la formation des revenus beaucoup plus « politiquement correcte » du point de vue de l'ordre social libéral. Marx ne s'y est pas trompé, qui, refusant à cet auteur le label d'économiste « classique », prétendit le rejeter dans les ténèbres de l'« économie vulgaire ».
Sur le plan strictement analytique, la contribution de Say à la théorie de la valeur et de la répartition est, il est vrai, des plus modestes, dans la mesure où – selon Say lui-même – elle se résume dans le constat selon lequel « la valeur des choses est toujours en raison directe de la quantité demandée et en raison inverse de la quantité offerte ». En dépit des effets de style dont Say juge bon de l'entourer, un tel constat ne bouleverse sans doute pas la science, même au tout début du XIXe siècle; il permet de mesurer, *a contrario,* la portée de l'analyse beaucoup plus méconnue de Turgot [textes E 23 et E 24].

mots-clés

RÉPARTITION – SERVICES PRODUCTIFS – ENTREPRENEUR – VALEUR – VALEUR D'ÉCHANGE – UTILITÉ – RARETÉ

E 28

David Ricardo

Prix naturel et prix de marché

Nous avons regardé le travail comme le fondement de la valeur des choses, et la quantité de travail nécessaire à leur production comme la règle qui détermine les quantités respectives des marchandises qu'on doit donner en échange pour d'autres; mais nous n'avons pas prétendu nier qu'il n'y eût dans le prix courant des marchandises quelque déviation accidentelle et passagère de ce prix primitif et naturel.

Dans le cours ordinaire des événements, il n'y a pas de denrées dont l'approvisionnement continue pendant un certain temps à être précisément aussi abondant que l'exigeraient les besoins et les désirs des hommes, et par conséquent il n'y en a pas qui n'éprouvent des variations de prix accidentelles et momentanées.

Ce n'est qu'en raison de telles variations que des capitaux sont consacrés précisément dans la proportion requise, et non au-delà, à la production des différentes marchandises pour lesquelles il y a demande. Par la hausse ou la baisse du prix, les profits s'élèvent au-dessus, ou tombent au-dessous de leur niveau général, et par là les capitaux se rapprochent ou s'éloignent des industries qui viennent d'éprouver l'une ou l'autre de ces variations.

Chacun étant libre d'employer son capital comme il lui plaît, il est naturel qu'il cherche à le placer de la manière la plus avantageuse; il ne se contentera pas d'un profit de 10% si, par un autre emploi, il peut en tirer 15%. Ce désir inquiet qu'a tout capitaliste d'abandonner un placement moins lucratif pour un autre qui le soit davantage tend singulièrement à établir l'égalité dans les taux de tous les profits, ou à en fixer les proportions de telle sorte que les individus intéressés puissent estimer qu'elles compensent tout avantage que l'un aurait ou paraîtrait avoir sur l'autre. [...]

Supposons que toutes les marchandises soient à leur prix naturel, et par conséquent que le taux des profits du capital soit le même dans toutes les industries, ou ne diffèrent que parce que ces marchandises ont, dans l'esprit des parties intéressées, quelque avantage réel ou imaginaire dont on jouit ou auquel on renonce. Supposons ensuite qu'un changement dans la mode augmente la demande des soieries et diminue celle des étoffes de laine : leur prix naturel restera le même, car la quantité de travail nécessaire à leur production n'aura pas changé ; mais le prix courant des soieries haussera, et celui des étoffes de laine baissera. Par conséquent les profits du fabricant de soieries se trouveront au-dessus, et ceux du fabricant d'étoffe de laine au-dessous du taux ordinaire des profits ; et ce changement survenu dans les profits s'étendra au salaire des ouvriers. Cependant la demande extraordinaire de soieries serait bientôt satisfaite, au moyen des capitaux et de l'industrie détournés des manufactures de drap vers celles de soieries ; et alors les prix courants des étoffes de soie et de laine se rapprocheraient de nouveau de leurs prix naturels, et chacune de ces branches de manufactures ne donnerait plus que les profits ordinaires.

C'est donc l'envie qu'a tout capitaliste de détourner ses fonds d'un emploi déterminé vers un autre plus lucratif, qui empêche le prix de marché des marchandises de rester longtemps beaucoup au-dessus ou beaucoup au-dessous de leur prix naturel. C'est cette concurrence qui établit la valeur échangeable des marchandises, de telle sorte qu'après le paiement des salaires pour le travail nécessaire à leur production, et après les autres dépenses indispensables pour donner au capital engagé toute sa faculté de production, l'excédent de valeur est dans chaque espèce de manufacture en raison de la valeur du capital employé.

David Ricardo,
DES PRINCIPES DE L'ÉCONOMIE POLITIQUE ET DE L'IMPÔT (1817),
trad. française Flammarion, Paris, 1977, chap. 4, pp. 77-80.

COMMENTAIRE

En dépit des problèmes rencontrés par la théorie de la valeur-travail avec la question des profits [texte E 25], Ricardo (1772-1823) considère qu'elle constitue une approximation valable pour l'explication de la valeur d'échange des biens reproductibles dans un régime concurrentiel. Cependant cette théorie présente apparemment l'inconvénient de négliger la demande, dont l'effet sur les prix peut difficilement être nié.

Pour traiter cette question, Ricardo reprend à son compte une distinction introduite par Smith entre deux types de prix : le « prix de marché » que l'on constate effectivement dans les transactions, et le « prix naturel » qui assure un taux de profit équivalent aux capitaux engagés dans les diverses branches de la production sociale (« taux de profit naturel »). Le premier de ces deux prix fluctue en fonction du rapport entre l'offre et la demande, alors que le second est, selon Ricardo, approximativement proportionnel à la dépense de travail que requiert la production de la marchandise considérée. La théorie de la valeur-travail concerne les prix « naturels » et non les prix de marché.

Mais il existe un rapport entre les deux types de prix, dans la mesure où les prix de marché « gravitent », selon l'expression de Smith, autour des prix naturels. Ce processus de gravitation est décrit dans le texte ci-dessus, à travers l'exemple que nous donne Ricardo des lainages et des soieries. Cet exemple constitue également une bonne illustration de la doctrine smithienne de la « main invisible » : les mouvements de la demande affectent les prix de marché, donc la rentabilité relative des différentes productions ; c'est le souci des producteurs de maximiser leurs profits – et non de satisfaire les consommateurs – qui les amène à modifier la structure de leur offre ; ce faisant ils répondent au mouvement de la demande (souveraineté du consommateur), en même temps qu'ils contribuent à ramener les prix de marché vers leurs niveaux « naturels » (gravitation).

mots-clés

PRIX NATUREL – PRIX DE MARCHÉ – GRAVITATION – VALEUR-TRAVAIL

E 29

David Ricardo

La rente foncière

Il reste à considérer si l'appropriation des terres et la création subséquente de la rente peuvent causer quelque variation dans la valeur relative des denrées, indépendamment de la quantité de travail nécessaire à leur production. Pour comprendre cette partie du sujet il faut étudier la nature de la rente et chercher les principes qui en règlent la hausse et la baisse.

La rente est cette portion du produit de la terre que l'on paie au propriétaire foncier pour l'usage des facultés originelles et indestructibles du sol. Cependant on confond souvent la rente avec l'intérêt et le profit du capital, et dans le langage vulgaire on donne le nom de rente à tout ce que le fermier paie annuellement au propriétaire. Supposons deux fermes contiguës, ayant une même étendue et un sol d'une égale fertilité, mais dont l'une, pourvue de tous les bâtiments et instruments utiles à l'agriculture, est de plus bien entretenue, bien fumée, et convenablement entourée de haies, de clôtures et de murs, tandis que tout cela manque à l'autre. Il est clair que l'une s'affermera plus cher que l'autre ; et dans les deux cas on appellera rente la rémunération payée au propriétaire. Il est cependant évident qu'une portion seulement de l'argent serait payée pour exploiter les propriétés originelles et indestructibles du sol, le reste représentant l'intérêt du capital consacré à amender le terrain et à ériger les constructions nécessaires pour assurer et conserver le produit. [...]

Lorsque des hommes font un premier établissement dans une contrée très riche, dont il suffit de cultiver une très petite étendue pour nourrir la population, ou dont la culture n'exige pas plus de capital que n'en possèdent les colons, il n'y a point de rente ; car qui songerait à acheter le droit de cultiver un terrain, alors que tant de terres restent sans maître, et sont par conséquent à la disposition de quiconque veut les cultiver ?

Par les principes ordinaires de l'offre et de la demande, il ne pourrait être payé de rente pour la terre, par la même raison qu'on n'achète point le droit de jouir de l'air, de l'eau, ou de tous ces autres biens qui existent dans la nature en quantités illimitées. Moyennant quelques matériaux, et à l'aide de la pression de l'atmosphère et de l'élasticité de la vapeur, on peut mettre en mouvement des machines qui abrègent considérablement le travail de l'homme ; mais personne n'achète le droit de jouir de ces agents naturels qui sont inépuisables et que tout le monde peut employer. De même, le brasseur, le distillateur, le teinturier, emploient continuellement l'air et l'eau dans la fabrication de leurs produits ; mais comme la source de ces agents est inépuisable, ils n'ont point de prix. Si la terre jouissait partout des mêmes propriétés, si son étendue était sans bornes et sa qualité uniforme, on ne pourrait rien exiger pour le droit de la cultiver, à moins que ce ne fût là où elle devrait à sa situation quelques avantages particuliers. C'est donc uniquement parce que la terre varie dans sa force productive, et parce que, dans le progrès de la population, les terrains d'une qualité inférieure, ou moins bien situés, sont défrichés, qu'on en vient à payer une rente pour avoir la faculté de les exploiter. Dès que, par suite des progrès de la société on se livre à la culture des terrains de fertilité secondaire, la rente commence pour ceux de première qualité, et le taux de cette rente dépend de la qualité respective des deux espèces de terre.

Dès que l'on commence à cultiver des terrains de troisième qualité, la rente s'établit aussitôt pour ceux de la seconde, et est réglée de même par la différence dans leurs facultés productives. La rente des terrains de première qualité hausse en même temps, car elle doit se maintenir toujours au-dessus de celle de la seconde qualité, et cela en raison de la différence de produits que rendent ces terrains avec une quantité donnée de travail et de capital. À chaque accroissement de population qui force un peuple à cultiver des terrains d'une qualité inférieure pour en tirer des subsistances, la rente des terrains supérieurs haussera. […]

La valeur d'échange de toutes les marchandises, qu'elles soient le produit de manufactures, de mines ou de la terre, n'est jamais réglée par la plus petite somme de travail nécessaire pour leur production dans des circonstances extrêmement favorables, et qui constituent une sorte de privilège. Cette valeur dépend au contraire de la plus grande quantité de travail que doivent nécessairement employer ceux qui n'ont point de pareilles facilités, et ceux qui, pour produire, ont à lutter contre les circonstances les plus défavorables, celles sous l'influence desquelles il est plus difficile d'obtenir la quantité requise de produits. […] Ce qui fait donc hausser la valeur relative des produits naturels, c'est l'excédent de travail consacré aux dernières cultures, et non la rente qu'on paie au propriétaire. La valeur du blé se règle d'après la quantité de travail employée à le produire sur les dernières qualités de terrains ou d'après cette portion de capital qui ne paie pas de rente. Le blé ne renchérit pas parce qu'on paie une rente ; mais c'est au contraire parce que le blé est cher qu'on paie une rente ; et l'on a remarqué, avec raison, que le blé ne baisserait pas, lorsque les propriétaires fonciers feraient l'entier abandon de leurs rentes. Cela n'aurait d'autre effet que de mettre certains fermiers dans le cas de vivre en seigneurs, mais ne diminuerait nullement la quantité de travail nécessaire pour cultiver des produits bruts sur les terrains cultivés les moins productifs.

David Ricardo,
DES PRINCIPES DE L'ÉCONOMIE POLITIQUE ET DE L'IMPÔT (1817),
trad. française Flammarion, Paris, 1977, chap. 2, pp. 57-71.

COMMENTAIRE

Pour Adam Smith, la correspondance entre prix naturels et dépenses de travail était remise en cause, non seulement par l'existence des profits [texte E 25] mais aussi par celle des rentes foncières, dans la mesure où ces deux types de revenu ne sont généralement pas proportionnels aux quantités de travail « incorporées » dans les marchandises. En ce qui concerne les profits, Ricardo (1772-1823) finit par admettre l'objection, tout en réduisant la portée pratique de celle-ci jusqu'au point où la valeur-travail peut être considérée comme une « bonne approximation » pour expliquer la structure des prix naturels. À propos des rentes en revanche, Ricardo considère qu'il n'y a pas matière à s'écarter de la théorie initiale, car selon lui, « la rente n'est pas un constituant du prix de la marchandise ».

Pour comprendre cette affirmation, il convient tout d'abord d'en préciser le champ : Ricardo limite son analyse aux marchandises « dont la quantité peut s'accroître par l'industrie de l'homme, dont la production est encouragée par la concurrence, et n'est contrariée par aucune entrave » (*Principes,* chap. I, section 1). Cela exclut, notamment, « les vins d'une qualité exquise, qu'on ne peut tirer que de certains terroirs peu étendus, et dont il n'y a par conséquent qu'une quantité très bornée » *(ibid.).* Pour de telles productions, le prix résulte de la confrontation entre une offre strictement bornée et une demande qui, si elle est suffisamment importante, fait apparaître une rente dans le prix, déconnectant celui-ci de la dépense de travail nécessitée par la production de la marchandise. Les rentes dont traite Ricardo dans le texte ci-dessus sont d'une autre nature : elles concernent les produits agricoles « reproductibles », c'est-à-dire ceux pour lesquels on peut encore envisager d'accroître les terres cultivées (ou d'intensifier la production par une dépense de travail supplémentaire sur les terres déjà mises en culture) : le blé par exemple. La clé de la théorie ricardienne de la rente réside dans l'existence de terres de qualités différentes, c'est-à-dire nécessitant des dépenses de travail différentes pour l'obtention d'une même quantité de produit. La terre « marginale », dans une situation donnée, est la moins bonne de toutes les terres effectivement mises en culture, et Ricardo affirme que cette terre « ne paie pas de rente », car elle a un statut de bien libre, au même titre que l'air que l'on respire : il existe des terres semblables, ou de qualité très voisine, qui ne sont pas cultivées, et donc nul n'est à même de percevoir un prix pour leur usage (il en va différemment pour les terres de qualités supérieures, car elles sont normalement déjà toutes mises en culture). Par suite, conclut Ricardo, le prix du blé provenant de la terre marginale se détermine en fonction de la quantité de travail que nécessite sa production. Mais le prix du blé est le même quelle que soit sa provenance, et l'écart existant entre la dépense de travail que nécessite sa production sur la terre marginale et sur les terres de meilleure qualité est, pour celles-ci, à l'origine d'une rente « différentielle » que peuvent empocher les propriétaires de ces terres (outre cette rente différentielle « extensive », il existe également une rente différentielle « intensive » due à l'application, sur une terre donnée, de doses de travail successives dont la productivité marginale est décroissante ; l'existence de cette rente ne modifie pas le principe de la détermination du prix du blé sur la base de la dépense marginale de travail que nécessite sa production ; pour la théorie des « rendements décroissants » du travail appliqué à la terre, *cf.* texte E 60).

Il est intéressant de noter que Ricardo affirme très clairement la validité du principe de détermination du prix sur la base du coût marginal pour « toutes les marchandises, qu'elles soient le produit de manufactures, de mines ou de la terre ». Ce principe sera « redécouvert », après plusieurs décennies, par la théorie néoclassique. Si les produits du sol reçoivent un traitement à part dans l'analyse de Ricardo, c'est parce qu'il existe entre les différentes terres cultivées des différences naturelles qui empêchent, même sur le long terme, le coût marginal de rejoindre le minimum du coût moyen (situation qui doit normalement prévaloir dans les activités manufacturières), et de ce fait assurent la pérennité des rentes différentielles.

mots-clés

RÉPARTITION – RENTE FONCIÈRE – RENDEMENTS DÉCROISSANTS – COÛT MARGINAL

E 30

Karl Marx

La transformation des valeurs en prix de production

À tout moment, la composition organique du capital dépend de deux circonstances : primo, du rapport technique de la force de travail employée à la masse de moyens de production utilisés ; secundo, du prix de ces moyens de production. Nous avons vu qu'elle doit être considérée en pourcentages. Nous exprimerons la composition organique d'un capital se composant de 4/5 de capital constant et de 1/5 de capital variable par la formule suivante : $80_c + 20_v$. En outre, nous supposerons au cours de notre comparaison que le taux de plus-value reste constant ; nous choisirons un taux quelconque, 100% par exemple. Le capital de $80_c + 20_v$ rapporte donc une plus-value de 20_{pl}, ce qui donne, par rapport au capital total, un taux de profit de 20%. [...] Nous supposerons pour simplifier que le capital constant entre partout entièrement dans le produit annuel des capitaux. [...]

Prenons cinq sphères différentes de production dans lesquelles ont été investis des capitaux ayant tous une composition organique différente, comme par exemple dans le tableau [suivant]. Dans cet exemple, nous avons pour différentes sphères de production, et une même exploitation du travail, des taux de profit très variés correspondant aux compositions organiques très différentes des capitaux.

Capitaux	Taux de plus-value	Plus-value	Valeur produite	Taux de profit
I. $80_c + 20_v$	100%	20	120	20%
II. $70_c + 30_v$	100%	30	130	30%
III. $60_c + 40_v$	100%	40	140	40%
IV. $85_c + 15_v$	100%	15	115	15%
V. $95_c + 5_v$	100%	5	105	5%

La somme globale des capitaux investis dans les cinq sphères est égale à 500, celle de la plus-value que les 500 ont produite est égale à 110 : la valeur totale des marchandises produites par ces capitaux s'élève à 610. Considérons maintenant les 500 comme un seul et unique capital dont les capitaux I-V constitueraient diverses parties [...] ; la composition moyenne du capital serait d'abord de $500 = 390_c + 110_v$ ou, exprimé en pourcentage, $78_c + 22_v$. Chaque capital de 100, considéré simplement comme 1/5 de la totalité du capital, aurait précisément pour composition celle de la moyenne, c'est-à-dire $78_c + 22_v$; de même à chaque fraction de 100 échoirait une plus-value moyenne de 22 ; le taux de profit moyen serait égal à 22% ; enfin le prix de chaque cinquième du produit total des 500 s'élèverait à 122. Le produit de chaque cinquième du capital total avancé devrait donc être vendu 122. [...]

Les prix obtenus en faisant la moyenne des différents taux de profit dans les diverses sphères de production et en l'ajoutant aux prix de revient dans ces sphères sont les *prix de production.* Ils sont conditionnés par l'existence d'un taux général de profit [...]. Le prix de production de la marchandise est donc égal à son coût de production plus un pourcentage de profit calculé conformément au taux général de profit ; autrement dit, il est égal à son coût de production plus le profit moyen.

Étant donné la composition organique différente des capitaux investis dans les différentes branches de production, étant donné le fait que des quantités très différentes de travail sont mises en mouvement par des capitaux de même grandeur (suivant le pourcentage plus ou moins grand que représente la partie variable dans un capital total de grandeur donnée), ces capitaux s'approprient des quantités très différentes de surtravail ou produisent des masses très différentes de plus-value. En conséquence, les taux de profit établis dans diverses branches de production diffèrent beaucoup, à l'origine. Ces divers taux de profit, sous l'effet de la concurrence, s'uniformisent en un taux général de profit qui est la moyenne de tous ces taux de profit différents. On appelle profit moyen le profit qui, conformément à ce taux général de profit, échoit à un capital de grandeur donnée, quelle que soit sa composition organique. [...]

Bien que les capitalistes des différentes sphères de production récupèrent, en vendant leurs marchandises, les valeurs capital consommées dans la production, ils n'en retirent pas la plus-value, donc le profit, résultant de la production de ces marchandises dans leur propre sphère : sur la masse totale de plus-value (ou de profit) produite dans une période donnée par tout le capital social pour l'ensemble des sphères de production, ils retirent seulement la plus-value (ou le profit) qui revient à chaque partie aliquote du capital total, après répartition uniforme. Pour 100 par exemple, chaque capital avancé, quelle que soit sa composition, rapporte chaque année, ou dans tout autre laps de temps, le profit qui, pour cette période, revient à ces 100 considérés comme tantième partie du capital total. En ce qui concerne le profit, les différents capitalistes jouent ici le rôle de simples actionnaires d'une société par actions dans laquelle les parts de profit sont également réparties pour chaque fraction de 100 ; elles ne diffèrent pour les divers capitalistes que par l'importance du capital que chacun a mis dans l'entreprise commune, c'est-à-dire par la participation proportionnelle de chacun à cette entreprise, suivant le nombre de ses actions. [...]

Dans les livres I et II nous n'avons eu affaire qu'aux *valeurs* des marchandises. Nous voyons maintenant que d'une part une fraction de cette valeur s'est détachée, à savoir le *coût de production,* et que d'autre part le *prix de production* s'est développé comme une forme métamorphosée de la valeur.

Mettons que la composition du capital social moyen soit $80_c + 20_v$, et le taux de plus-value annuel $pl' = 100\%$; le profit moyen annuel pour un capital de 100 serait donc égal à 20 et le taux général de profit annuel égal à 20%. Quel que soit le coût de production pr des marchandises annuellement produites par un capital de 100, leur prix de production sera $pr + 20$. Dans les sphères de production où la composition du capital est par exemple $(80 - x)_c + (20 + x)_v$, la plus-value effectivement produite – ou profit annuellement produit à l'intérieur de la sphère – sera $20 + x$; elle sera donc supérieure à 20, de même que la valeur marchandise produite qui est $pr + 20 + x$ sera supérieure à $pr + 20$, son prix de production. Dans les sphères où le capital se compose de $(80 + x)_c + (20 - x)_v$, la plus-value annuellement produite, ou profit, sera $20 - x$, c'est-à-dire inférieure à 20. Donc la valeur marchandise $pr + 20 - x$ se trouvera être plus petite que le prix de production $pr + 20$. En laissant de côté d'éventuelles différences dans le temps de rotation, le prix de production des marchandises n'égalerait les valeurs que dans les sphères où la composition du capital serait par hasard $80_v + 20_c$.

Karl Marx,
LE CAPITAL, livre III (1895),
trad. française Éditions sociales, Paris, 1969, tome 2, chap. 9, pp. 174-180.

COMMENTAIRE

Prenant appui sur la valeur-travail des classiques [texte E 25], Marx (1818-1883) développe, dans le livre I du *Capital,* sa théorie de l'exploitation capitaliste. Selon celle-ci, la valeur créée par les travailleurs se scinde en deux parts : l'une sert à payer les salaires et doit permettre de « reproduire la force de travail » ; l'autre, qu'il appelle « plus-value », alimente les profits ; les travailleurs sont « exploités » dans la mesure où ils ne reçoivent pas, sous forme de salaire, l'équivalent du travail qu'ils ont fourni à leur employeur. Marx appelle « capital variable » la part du capital qui sert à payer les salaires, « capital constant » celle qui permet d'acheter les moyens de production matériels (machines, matières premières...) et « composition organique du capital » le rapport du capital constant au capital variable. Le taux de profit s'analyse comme le rapport de la plus-value à la somme du capital variable et du capital constant avancés, alors que le taux de plus-value (ou taux d'exploitation) est défini par Marx comme le rapport de la plus-value au seul capital variable (ce taux représente le partage de la valeur ajoutée entre travail non payé et travail payé).

Cependant l'état dans lequel les classiques ont laissé la théorie de la valeur-travail, base de tout l'édifice, n'est pas satisfaisant : Smith considère qu'elle ne s'applique pas à une économie développée, et Ricardo voit en elle simplement une approximation commode – position dont la fragilité est rapidement mise en évidence par Malthus (*Principes d'économie politique,* 1820, chap. 2, section 4). Le problème essentiel vient de ce que les profits, proportionnels au capital avancé selon la définition même des « prix naturels », ne le sont généralement pas aux quantités de travail (direct et indirect) « incorporées » dans les marchandises. Ce problème est aggravé par le fait, mis en évidence par Ricardo lui-même (*Principes de l'économie politique et de l'impôt,* chap.1, section 4), que la structure des prix « naturels » se modifie sous l'effet d'un changement dans le partage salaires/profits, alors même que les quantités de travail nécessaires à la production des marchandises n'ont pas varié.

Pour réconcilier ces faits avec la théorie de la valeur- travail, Marx propose, dans le livre III du *Capital,* de clairement distinguer deux notions jusque-là plus ou moins confondues : d'une part les « valeurs », strictement déterminées par les quantités de travail incorporées dans les marchandises, d'autre part les « prix de production » (terme qui remplace chez Marx celui de « prix naturel ») obtenus en calculant le profit selon la règle du « taux général de profit » (le « taux de profit naturel » des classiques). Prenant un exemple chiffré simplifié, Marx montre que la différence entre les deux systèmes d'évaluation provient des écarts entre les « compositions organiques du capital » engagé dans les diverses branches de la production : dans le cadre du système des valeurs, plus la composition organique du capital d'une branche est faible, plus le taux de profit dégagé par cette branche est élevé (pour un taux de plus-value uniforme).

Dans une économie soumise à la concurrence entre les capitaux, remarque Marx, les marchandises ne peuvent pas durablement être vendues selon le système des valeurs, car cette concurrence fait converger les différents taux de profit vers un taux unique : ce sont les prix de production, et non les valeurs, qui constituent l'axe autour duquel « gravitent » les prix de marché [texte E 28]. Mais, poursuit Marx, le prix de production n'est qu'une « forme métamorphosée de la valeur » : le taux général de profit qui caractérise les prix de production est, selon lui, la moyenne des taux de profit spécifiques à chaque branche tels qu'on peut les calculer dans le système des valeurs, ou encore le rapport de la masse de la plus-value prélevée à l'échelle sociale par la classe capitaliste sur le travail de la classe ouvrière, à la masse totale des capitaux constants et variables avancés dans la production sociale (les deux éléments de ce rapport étant déterminés conformément à la théorie de la valeur-travail). Le taux général de profit étant ainsi déterminé à partir du système des valeurs, on peut alors, selon Marx, en déduire très simplement le système des prix de production : il suffit pour cela d'ajouter au coût de production de chaque marchandise – tel qu'il résulte du système des valeurs – un « profit moyen » calculé en multipliant la valeur du capital avancé dans la production de la marchandise considérée par le taux général de profit. Selon la composition organique du capital de la branche, le prix de production ainsi obtenu peut être inférieur, égal ou supérieur à la valeur. Mais à l'échelle sociale la somme des prix de production est égale à la somme des valeurs, de même que la somme des profits réalisés dans le cadre des prix de production est égale à la somme des plus-values dégagées dans le cadre du système des valeurs : la concurrence entre les capitaux, qui se traduit par l'émergence des prix de production, induit entre les différentes branches des transferts de plus-value, dont la formation s'explique dans le cadre de la théorie de la valeur-travail.

Pensant avoir ainsi montré comment les valeurs « se transforment » en prix de production sous l'effet de la concurrence entre les capitaux, Marx en déduit que la théorie de la valeur-travail est bien la clé ultime de l'explication de la formation des prix, et que la théorie de l'exploitation capitaliste qui s'y rattache fournit l'explication de la formation du profit à l'échelle de la société capitaliste tout entière. Cependant l'algorithme de transformation des valeurs en prix de production que l'on trouve au livre III du *Capital* (non publié du vivant de son auteur) contient une erreur, que Marx relève lui-même mais à laquelle il semble ne pas attacher beaucoup d'importance : les prix de production obtenus sont logiquement incohérents, dans la mesure où les marchandises qui entrent dans les coûts de production y sont exprimées en valeur.

Diverses tentatives seront faites pour rectifier l'erreur de Marx (la première d'entre elles, due à Bortkiewicz, date de 1907). Le traitement « moderne » du problème utilise la technique des matrices *input-output* de Leontief (Seton, 1957 ; Morishima et Seton, 1961). On ne saurait dire, toutefois, qu'un tel traitement apporte la solution au problème marxien de la transformation des valeurs en prix : il montre plutôt que ce problème n'a pas de solution. En effet, non seulement les prix de production sont obtenus sans passer par le système des valeurs (contrairement à l'algorithme de Marx), mais en outre le taux général de profit n'est généralement pas le même dans les deux systèmes, et il est impossible, sauf cas particulier, de retrouver la double égalité de Marx entre somme des valeurs et somme des prix de production d'une part, somme des plus-values et somme des profits d'autre part. Avec la théorie de la valeur-travail, c'est ainsi la théorie marxiste de l'exploitation capitaliste qui se trouve mise à mal. Cependant il a été démontré que, pour qu'un taux de profit positif apparaisse dans l'espace des prix de production, il est nécessaire et suffisant qu'un taux de plus-value positif existe dans l'espace des valeurs (Okishio, 1963). Certains économistes voient là une confirmation de l'« essence » du message de Marx, au-delà des imperfections « techniques » de sa formulation initiale.

mots-clés

VALEUR-TRAVAIL – PRIX DE PRODUCTION – TRANSFORMATION – PRIX NATUREL – PROFIT – SALAIRE – VALEURS – COMPOSITION ORGANIQUE DU CAPITAL – PLUS-VALUE

E 31

Léon Walras

La rareté, « cause de la valeur »

v_a et v_b étant les valeurs d'échange des marchandises (A) et (B) dont les rapports constituent les prix courants d'équilibre, r_{a1}, r_{b1}, r_{a2}, r_{b2}, r_{a3}, r_{b3}… étant les raretés de ces marchandises, ou les intensités des derniers besoins satisfaits, chez les échangeurs (1), (2), (3)… après l'échange on a, en vertu du théorème de la satisfaction maxima :

– pour l'échangeur (1) : $r_{a1}/r_{b1} = p_a \quad , \quad r_{b1}/r_{a1} = p_b$

– pour l'échangeur (2) : $r_{a2}/r_{b2} = p_a \quad , \quad r_{b2}/r_{a2} = p_b$

– pour l'échangeur (3) : $r_{a3}/r_{b3} = p_a$, $r_{b3}/r_{a3} = p_b$

et ainsi de suite. On a donc : $p_a = r_{a1}/r_{b1} = r_{a2}/r_{b2} = r_{a3}/r_{b3} = \ldots$

$$p_b = r_{b1}/r_{a1} = r_{b2}/r_{a2} = r_{b3}/r_{b3} = \ldots$$

[...] On peut énoncer la proposition suivante : *les prix courants ou prix d'équilibre sont égaux aux rapports des raretés.* Soit autrement : *les valeurs d'échange sont proportionnelles aux raretés.*

Nous sommes ici parvenus, en ce qui concerne l'échange de deux marchandises entre elles, au but que nous nous étions assignés au début de cette théorie mathématique de l'échange, et qui était d'arriver à la rareté en partant de la valeur d'échange, au lieu d'arriver à la valeur d'échange en partant de la rareté comme nous l'avions fait dans la première section consacrée à l'objet et aux divisions de l'économie politique et sociale. En effet, la rareté telle que nous l'avons ici, c'est-à-dire l'intensité du dernier besoin satisfait, se confond rigoureusement avec la rareté telle que nous l'avons définie précédemment par la double condition de l'utilité et de la limitation dans la quantité. Il ne saurait y avoir de dernier besoin satisfait s'il n'y avait pas de besoin, si la marchandise n'avait ni utilité d'extension ni utilité d'intensité, si elle était *inutile.* Et l'intensité du dernier besoin satisfait serait nulle si la marchandise, ayant d'ailleurs une courbe d'utilité, existait en quantité supérieure à l'utilité d'extension, si elle était *illimitée en quantité.* Notre rareté actuelle est donc bien la même que notre rareté antérieure. Il y a ceci de plus seulement qu'elle est conçue comme une grandeur appréciable, et que la valeur d'échange non seulement l'accompagne nécessairement, mais se proportionne nécessairement à elle comme cela a lieu pour le poids relativement à la masse. Or, s'il est certain que la rareté et la valeur d'échange sont deux phénomènes concomitants et proportionnels, il est certain que la rareté est la cause de la valeur d'échange.

Léon Walras,
ÉLÉMENTS D'ÉCONOMIE POLITIQUE PURE (1875 ; 4e édition, 1901),
LGDJ 1952, 10e leçon, pp. 100-102.

COMMENTAIRE

Avec le Britannique Jevons et l'Autrichien Menger, Walras (1834-1910) est l'un des trois principaux acteurs de la « révolution marginaliste » qui, dans les années 1870, renouvelle profondément la théorie de la valeur à partir de la notion d'utilité marginale (appelée « degré final d'utilité » par Jevons et « rareté » par Walras, celle-ci désigne la variation de la satisfaction du consommateur résultant d'une petite modification dans la quantité consommée d'un bien ou d'un service). Mais Walras est aussi le fondateur de la théorie de l'équilibre général, et c'est dans ce cadre analytique qu'il développe les conséquences du raisonnement à la marge appliqué au modèle de l'*homo œconomicus.*

La théorie construite par Walras se compose de plusieurs éléments, qui sont supposés se succéder logiquement. Le premier de ces éléments, appelé « théorie de l'échange », met face à face des individus munis de stocks, arbitrairement fixés, de biens de consommation divers (cette situation est proche de celle qu'envisageait Turgot dans le cadre de sa théorie de la « valeur appréciative », à ceci près que Walras envisage d'emblée un grand nombre de parties à l'échange – *cf.* texte E 24). Étudiant le comportement individuel des protagonistes, Walras montre que chacun d'eux maximise son utilité (sous la contrainte de sa dotation initiale) en faisant des propositions d'échange telles que, pour chaque couple de biens, le rapport des « raretés » soit égal au prix relatif des deux biens (que Walras, dans le texte ci-dessus, appelle simplement « prix »). Au niveau individuel, les prix sont des paramètres auxquels chacun s'adapte, mais au niveau de l'ensemble du système il en va différemment : les prix d'équilibre ne sont plus des données, mais le résultat de la confrontation des offres et demandes des nombreux individus composant le système [*cf.* texte E 11]. Compte tenu du comportement de chacun de ces individus, à l'équilibre des marchés le prix relatif de chaque couple de biens est égal au rapport de leurs « raretés », quel que soit l'individu considéré.

De ce constat, Walras pense pouvoir déduire que la « cause » de la valeur d'échange des marchandises est leur « rareté » (c'est- à-dire leur utilité marginale), car, écrit-il, « s'il est certain que la rareté et la valeur d'échange sont deux phénomènes concomitants et proportionnels, il est certain que la rareté est la cause de la valeur d'échange ». Une telle affirmation est de nature à susciter la perplexité du lecteur, dans la mesure où une « concomitance » entre deux phénomènes n'implique évidemment pas un lien de causalité entre eux. On peut penser que Walras se laisse emporter ici par son souci de « retourner complètement la formule de l'école anglaise » (la théorie ricardienne), c'est-à-dire d'expliquer la valeur des marchandises par l'utilité qu'en retirent les consommateurs, et non par le travail que leur consacrent les producteurs. Assurément, dans sa « théorie de l'échange » Walras ne fait pas appel aux conditions de production des marchandises pour déterminer leur prix, puisque par hypothèse il n'y a pas de production. Mais « l'école anglaise » n'a pas grand-chose à redouter de ce genre de réfutation.

Il convient de noter que, lorsque Walras introduit les éléments suivants de sa théorie de l'équilibre général (et notamment le second, appelé « théorie de la production »), il ne modifie pas pour autant son point de vue initial sur la valeur des biens et services consommables : pour lui celle-ci reste déterminée dans le cadre de la théorie de l'échange, et les éléments suivants permettent simplement de déterminer les prix des « services producteurs », puis des facteurs de production eux-mêmes. Walras partage l'idée des autres acteurs de la « révolution marginaliste » (Jevons, Menger) selon laquelle la valeur « remonte » des biens de consommation vers les services producteurs, et de là vers les facteurs de production. Cette idée n'a rien d'absurde, mais il n'est pas certain qu'elle soit compatible avec la logique de l'équilibre général [texte E 34].

mots-clés

VALEUR – UTILITÉ MARGINALE – RARETÉ – ÉCHANGE

E 32

Eugen von Böhm-Bawerk

Le prix du temps

Puisque les biens présents sont destinés à servir d'autres besoins effectifs et sont disponibles à un autre moment que les biens futurs, il faut admettre, d'après tout ce que nous savons de la valeur, que, selon toutes les règles, leur valeur sera différente.

Et il en est ainsi. Nous pouvons résumer en une phrase fondamentale pour notre recherche ce qui concerne les biens présents et les biens futurs : selon toutes les règles, les biens présents ont une valeur subjective plus élevée que les biens futurs en même nombre et de même espèce. Comme la résultante des appréciations de la valeur subjective détermine la valeur d'échange objective, les biens présents ont, selon toutes les règles, une valeur d'échange et un prix plus élevés que les biens futurs en même nombre et de même espèce.

Ce résultat est le fruit des effets d'ensemble d'une série de faits qui ont chacun une nature très différente, mais qui, par hasard, exercent dans la même direction le même effet. Nous voulons traiter de ces faits selon leur ordre d'importance.

Première raison

Une première raison principale pouvant causer une différence de valeur entre les biens présents et les biens futurs, se trouve dans la différence des rapports entre le besoin et sa couverture à différents moments du temps. [...] Une personne qui, dans le présent, manque de certains biens ou éprouve une insuffisance sensible de ces biens, même si elle peut espérer en être plus richement pourvue dans une période future, appréciera cependant bien davantage une quantité donnée de biens immédiatement disponibles que la même quantité de biens futurs. Cette relation se présente très souvent dans la vie économique. Elle est particulièrment typique dans les deux cas principaux suivants : d'abord, dans tous les cas de pénurie ou d'insuffisance momentanées, ensuite chez les personnes dont l'avenir est lié à l'amélioration économique constante de leur existence. Un exemple du premier cas est celui du paysan ayant fait une mauvaise récolte ou ayant subi des dommages à la suite d'un incendie de récolte, ou celui d'un ouvrier qui, à cause d'une maladie ou d'un décès survenu dans sa famille, doit faire face à des frais très lourds, ou celui du travailleur ayant subitement perdu son gagne-pain ; tous seront d'accord pour apprécier bien davantage l'aide présente qui les tirera dans l'immédiat du pire besoin qu'une aide future, cette sorte d'aide est surtout précieuse pour les personnes dont le souci est de se procurer de l'argent dans l'immédiat.

À la seconde catégorie appartiennent les débutants de tout genre, les jeunes qui appartiennent à l'Art ou à la Justice, les médecins ou les employés au début de leur carrière, ou encore les commerçants, qui accepteront très facilement et volontiers, en contrepartie d'une somme de biens présents qui les aidera à leur formation dans la profession choisie ou à la fondation de leur existence commerciale, le remboursement d'une somme d'autant plus élevée qu'ils pourront rembourser cette somme seulement après une première rentrée importante d'argent.

Deuxième raison

En second lieu, c'est un fait confirmé par l'expérience que nous attachons moins d'importance à une perte ou à un dommage futurs justement parce qu'ils sont futurs et comme ils appartiennent à un avenir très lointain, nous leur attribuons dans l'ensemble une moindre importance ; pour cette raison, les biens qui sont destinés à les couvrir ont une valeur qui est inférieure à l'intensité réelle de leur utilité marginale. Nous sous-estimons systématiquement nos besoins futurs et les moyens qu'il nous faudra pour les satisfaire.

TROISIÈME RAISON

Une troisième raison principale exerce enfin son effet dans la même direction. Elle s'appuie sur un fait qui est grossièrement connu depuis longtemps et dont l'existence a été fondamentalement reconnue ; il a été mêlé à une foule de conceptions fausses sous le nom de productivité du capital depuis Say et Lauderdale, qui ont voulu en tirer l'éclaircissement et l'explication de l'intérêt du capital. Je veux laisser de côté chaque nom qui a été à la source de tant d'erreurs et qui ne recouvre pas exactement le fait que nous traitons, et je veux me tenir avec fidélité et précision aux faits qui sont ici en jeu. Ces faits se résument ainsi : pour des raisons techniques, également, les biens présents sont un moyen bien meilleur en vue de la satisfaction de nos besoins et, par là, ils ont une utilité marginale plus élevée que les biens futurs.

Eugen von Böhm-Bawerk,
CAPITAL ET INTÉRÊT (1884-1889),
trad. française in J. M. Jeannerey et alii, Documents économiques,
PUF, Paris, 1959, pp. 319-321.

COMMENTAIRE

La théorie de la répartition fondée sur la productivité marginale des facteurs [texte E 35] a un caractère essentiellement statique : au cours d'une période déterminée, on combine les services de facteurs de production appelés travail, capital et, éventuellement, ressources naturelles (ou « terre »), et la vente de la production qui en résulte permet de rémunérer chaque facteur selon sa productivité marginale. La faiblesse de cette analyse sera soulignée par la critique néo-cambridgienne [texte E 36] : le pseudo « facteur capital » est une collection de biens hétérogènes produits au cours de périodes antérieures, et dont les prix dépendent du taux de profit (ou, selon une autre terminologie, du taux d'intérêt).

C'est une tout autre voie qu'explore l'économiste autrichien Böhm-Bawerk (1851-1914). Pour lui, la production est le résultat de la combinaison de trois « facteurs originels » qui sont le travail, les ressources naturelles et le temps. Le processus qui va de la mobilisation des ressources naturelles et des premières dépenses de travail à la fourniture d'un bien de consommation finale a une durée variable, dans la mesure où il peut être plus ou moins « détourné », c'est-à-dire plus ou moins capitalistique. Böhm-Bawerk illustre ce thème du « détour de production » par l'exemple célèbre du fermier assoiffé qui, pour se procurer l'eau de la source coulant à quelque distance de sa ferme, peut recourir à trois techniques : se rendre à la source chaque fois qu'il a soif, confectionner un seau lui permettant de ne faire le déplacement qu'une fois par jour, ou encore fabriquer une canalisation lui amenant l'eau courante à domicile. Cet exemple indique que, si les méthodes les plus capitalistiques sont souvent les plus productives, en revanche elles retardent le moment où les biens de consommation finale sont disponibles.

Or, explique Böhm-Bawerk, les consommateurs attachent généralement une valeur plus élevée à la disponibilité immédiate des biens qu'à leur disponibilité future. Il en est ainsi, selon lui, pour deux raisons (« première raison » et « deuxième raison » du texte ci-dessus) : la pénurie momentanée dans laquelle peuvent se trouver certains individus (le paysan ayant fait une mauvaise récolte, ou encore « les débutants de tous genres »), et une tendance psychologique à « sous-estimer nos besoins futurs et les moyens qu'il nous faudra pour les satisfaire ». Ces motifs qui poussent à raccourcir le plus possible les « détours de production » se trouvent confrontés à la prise en compte de la productivité supérieure des méthodes les plus capitalistiques, qui pousse au contraire à l'allongement de ces mêmes « détours » (« troisième raison » du texte ci-dessus). En d'autres termes, pour que des investissements puissent être réalisés – c'est-à-dire pour qu'une partie de l'activité productive puisse être consacrée à la réalisation de « détours de production » en vue de la satisfaction de besoins futurs –, il faut amener les consommateurs à épargner, c'est-à-dire à renoncer à la consommation immédiate d'une partie de leur revenus. Pour Böhm-Bawerk comme pour Turgot au siècle précédent [texte E 41], cette fonction est remplie par le taux d'intérêt. Ce taux constitue donc le « prix du temps », dont le niveau d'équilibre concilie le besoin de disposer sans attendre de certains biens de consommation et les potentialités offertes par l'allongement des « détours de production ».

Cette analyse inspirera divers auteurs, notamment Fisher, Wicksell [texte E 77], Aftalion [texte E 78] et Hayek [texte E 80]. Böhm-Bawerk l'utilise lui-même pour construire le concept de « période de production moyenne », à partir duquel il tente de définir le capital en termes de travail et de temps. Cette tentative n'aboutira pas, car le raisonnement de Böhm-Bawerk revient à utiliser, de façon incorrecte, un calcul en termes d'intérêts simples là où il serait nécessaire de recourir aux intérêts composés (ce qu'avait, en revanche, très bien compris Ricardo). Sraffa montrera, dans son ouvrage de 1960 intitulé *Production de marchandises par des marchandises,* qu'il est impossible d'obtenir une mesure du capital qui soit indépendante de la répartition par la méthode de « réduction à des quantités de travail datées » (de même que par toute autre méthode). Cette démonstration ruine définitivement l'entreprise de Böhm-Bawerk, qui n'en reste pas moins une des tentatives les plus originales – et peut-être les plus fécondes, en dépit de ses faiblesses – pour penser le concept de « capital » en économie. Schumpeter voit juste lorsqu'il appelle cet auteur « le Marx bourgeois ».

mots-clés

CAPITAL – INTÉRÊT – TEMPS – DÉTOUR DE PRODUCTION

E 33

Alfred Marshall

La théorie symétrique de la valeur

Il serait tout aussi raisonnable de discuter sur le point de savoir si c'est la lame supérieure ou la lame inférieure d'une paire de ciseaux qui coupe un morceau de papier que de se demander si la valeur est déterminée par l'utilité ou le coût de production. Il est vrai que lorsqu'une lame est maintenue immobile et que l'on coupe en faisant mouvoir l'autre, nous pouvons dire avec une brièveté peu correcte que c'est la seconde lame qui coupe ; mais l'assertion n'est pas rigoureusement exacte et elle n'est admissible que comme une affirmation simplement courante et non comme un exposé rigoureusement scientifique de ce qui se produit en réalité.

De même, lorsqu'une chose déjà produite doit être vendue, le prix que les gens voudront payer pour cette chose sera déterminé par le désir qu'ils ont de cette même chose, et en même temps, par la somme qu'ils peuvent y employer. Leur désir de l'avoir dépend en partie de la chance qu'ils ont, s'ils ne l'achètent pas, d'en trouver une autre pareille à un prix moins élevé ; ce prix, de son côté, dépend des causes qui déterminent l'offre de cette chose, et cette offre, à son tour, dépend du coût de production. Mais il peut se faire aussi que le stock destiné à la vente soit, en pratique, invariablement fixé. Tel est le cas par exemple, lorsqu'il s'agit d'un marché de poissons, marché dans lequel la valeur du poisson, pour chaque jour, est presque exclusivement déterminée par la quantité mise en vente par rapport à la demande. Et si une personne admet que le stock est invariable et qu'elle dise que le prix est déterminé par la demande, c'est une brièveté qui, peut-être, est excusable en tant qu'elle ne vise pas à une rigoureuse exactitude. C'est ainsi encore qu'il est excusable, mais non rigoureusement exact, de dire que les prix très différents que le même livre rare peut atteindre lorsqu'il est vendu et revendu à la salle de vente Christie, sont exclusivement gouvernés par la demande.

Si nous prenons un exemple à l'extrême opposé, nous trouvons des marchandises qui se comportent à peu près strictement conformément à la loi du rendement constant, c'est-à-dire que leur coût moyen de production sera à peu près le même qu'elles soient produites par grandes ou petites quantités. Dans ce cas, le niveau normal aux environs duquel oscillera le prix de marché sera représenté par ce coût de production défini et fixé (en monnaie). S'il arrive que la demande soit considérable, le prix du marché s'élèvera pour quelque temps au-dessus de ce niveau ; mais cela aura pour résultat une augmentation de la production et alors le prix du marché baissera ; le phénomène inverse se produira si la demande descend, pour quelque temps, au-dessous du niveau ordinaire.

En pareil cas, si l'on ne veut pas tenir compte des fluctuations du marché, et si l'on admet que, de toute façon, il se produira pour cette marchandise une demande suffisante pour qu'on soit assuré qu'une portion plus ou moins grande de cette marchandise trouvera acquéreur à un prix égal au coût de production, on pourra alors être excusable de ne pas tenir compte de l'influence de la demande et de parler du prix (normal) comme étant déterminé par le coût de production – à condition, cependant, de ne prétendre à aucune exactitude scientifique dans l'exposé de cette doctrine, et d'exposer, à sa véritable place, l'influence de la demande.

Ainsi nous pouvons poser *en règle générale* que plus sera courte la période que nous examinerons, et plus nous aurons à tenir compte de l'influence que la demande exerce sur la valeur ; et que, au contraire, plus cette période sera longue et plus importante sera l'influence exercée par le coût de production sur la valeur.

Alfred Marshall,
PRINCIPES D'ÉCONOMIE POLITIQUE (1890-1907),
trad. française Gordon & Breach, 1971, livre V, chap. 3, pp. 37-41.

COMMENTAIRE

Après l'œuvre fondatrice de Jevons (*Théorie de l'économie politique,* 1871), la théorie néo-classique en Grande-Bretagne est dominée par la figure d'Alfred Marshall (1842-1924), chef de file de l'« école de Cambridge » à la fin du XIXe et au début du XXe siècle. Cet auteur se distingue à plusieurs titres de ses contemporains continentaux de l'« école de Lausanne » (Walras et Pareto). Tout d'abord il souhaite construire une théorie économique « compréhensible par l'homme d'affaires », ce qui l'amène à faire un usage modéré de l'outil mathématique (dont il a une bonne maîtrise), mais aussi parfois, sous couvert de réalisme et de lisibilité, à transiger avec la rigueur du raisonnement. Par ailleurs Marshall, personnage œcuménique, ne manifeste pas la même arrogance que Walras et Pareto à l'égard de leurs prédécesseurs « littéraires ». Il s'efforce en particulier de mettre en évidence la continuité qui existe, selon lui, entre la théorie classique et la théorie néoclassique. Cette double préoccupation apparaît nettement dans son approche de la valeur, connue sous le nom de « théorie symétrique de la valeur ». Celle-ci fait appel aux deux concepts marshalliens d'« équilibre partiel » et de « période ».

Au lieu de raisonner, comme les économistes de Lausanne, dans le cadre rigoureux mais lourd de l'équilibre général, Marshall propose une méthode d'analyse simplifiée appelée « équilibre partiel » : cette méthode consiste à étudier les comportements d'offre et de demande sur un marché, en faisant abstraction des interdépendances qui existent entre celui-ci et les autres marchés. On recourt pour cela à l'hypothèse « toutes choses égales par ailleurs » qui consiste à figer, par la pensée, la situation sur les marchés autres que celui qu'on étudie. Sous cette hypothèse, l'offre et la demande d'un produit donné apparaissent comme des fonctions de son seul prix, et le prix d'équilibre s'obtient très simplement par égalisation des deux fonctions d'offre et de demande (Marshall préfère, en réalité, raisonner sur les fonctions inverses de « prix d'offre » et de « prix de demande »).

Le souci de réalisme amène par ailleurs Marshall à introduire la notion de « période » dans l'analyse du fonctionnement des marchés : en courte période, l'offre du produit considéré est limitée par le fait que les entreprises ne peuvent faire varier qu'une partie des facteurs de production qu'elles utilisent ; en longue période en revanche, tous les facteurs peuvent être considérés comme variables par chaque entreprise, et le nombre d'entreprises lui-même devient variable, ce qui accroît l'élasticité-prix de l'offre. « Courte période » et « longue période » sont des abstractions : dans la réalité, souligne Marshall, il existe tout un dégradé de situations intermédiaires entre la très courte période (où l'offre est fixe) et la très longue période (où l'offre peut devenir infiniment élastique par rapport au prix).

L'œcuménisme marshallien se manifeste à travers sa métaphore des « lames de ciseaux », par laquelle il prétend réconcilier Ricardo (pour qui le prix des marchandises se détermine sur la base de leur coût marginal – *cf.* texte E 29) et les pères de la révolution marginaliste, qui voient dans l'utilité marginale la « cause » de la valeur [texte E 31]. Le prix d'équilibre se détermine en effet à l'intersection des courbes d'offre et de demande ; or la première de ces courbes dépend du coût marginal, qui croît d'autant plus fortement avec la quantité offerte que la période considérée est courte ; et la seconde dépend quant à elle de l'utilité marginale, normalement décroissante au fur et à mesure que la quantité consommée s'accroît. Le prix d'équilibre dépend donc, « symétriquement », des facteurs qui gouvernent l'offre (les éléments du coût de production, y compris le profit « normal ») et de ceux qui gouvernent la demande (les goûts du consommateur). Cette symétrie est modulée selon la période considérée : plus celle-ci est courte, plus l'offre est rigide, et plus les facteurs de la demande ont de l'importance. Marshall pense pouvoir intégrer les « prix de marché » et les « prix naturels » des classiques comme deux cas particuliers de sa théorie : les premiers représenteraient des prix de très courte période, les seconds un cas particulier de prix de longue période où la branche produit à rendements constants (dans ce cas l'influence de la demande sur le prix s'efface).

mots-clés

VALEUR – ÉQUILIBRE PARTIEL – PÉRIODE – PRIX NATUREL – PRIX DE MARCHÉ

E 34

Vilfredo Pareto

« La valeur n'a pas *une* cause »

Le prix ou la *valeur d'échange* est déterminé en même temps que l'équilibre économique, et celui-ci naît de l'opposition entre les goûts et des obstacles. Celui qui ne regarde que d'un côté et considère uniquement les goûts, croit qu'ils déterminent exclusivement le prix, et trouve la *cause* de la valeur dans l'*utilité* (ophélimité). Celui qui regarde de l'autre côté, et ne considère que les obstacles, croit que ce sont eux exclusivement qui déterminent le prix et il trouve la *cause* de la valeur dans le coût de production. Et si parmi les obstacles il considère exclusivement le travail, il trouve la *cause* de la valeur exclusivement dans le travail. Si, dans le système des conditions (équations) qui, nous l'avons vu, déterminent l'équilibre, nous supposons que toutes les conditions sont satisfaites d'elles-mêmes, à l'exception de celles qui se réfèrent au travail, nous pouvons dire que la valeur (prix) ne dépend que du travail, et cette théorie ne sera pas fausse, mais simplement incomplète. Elle sera vraie pourvu que les hypothèses faites se réalisent. [...]

Il n'existe aucune entité ressemblant à ce que les économistes littéraires nomment *valeur,* et qui soit dépendante objectivement d'une chose, comme le serait la densité ou telle autre propriété physique quelconque de cette chose. Cette entité n'existe pas non plus sous la forme de « l'estimation » qu'un, ou plusieurs individus font de cette chose. Pour lui donner l'existence, il ne suffit pas non plus de considérer certains obstacles à la production. Si cette chose vague et indéterminée que les économistes littéraires nomment *valeur* a quelque rapport avec les prix, on peut affirmer qu'elle dépend de *toutes* les circonstances, aucune exceptée, qui influent sur la détermination de l'équilibre économique. Quelle est la *valeur* des diamants ? Vous ne pouvez résoudre cette question ni en considérant les désirs qu'il évoque chez les hommes et les femmes, ni en considérant les obstacles que rencontre sa production, ni les évaluations en lesquelles se traduisent ces désirs et ces obstacles, ni les « limitations de quantité », ni le coût de production, ni le coût de reproduction, etc. Toutes ces circonstances influent sur les prix des diamants, mais seules, ou même en groupe, elles ne suffisent pas pour le déterminer. Par exemple, vers la fin de l'année 1907, aucun changement notable n'avait eu lieu dans les circonstances que nous venons d'énumérer, le prix des diamants baissait et il aurait baissé encore plus s'il n'avait été soutenu par le monopole d'un syndicat. La crise était tellement profonde que les principaux producteurs de diamants, la compagnie De Beer et la compagnie Premier, suspendaient la distribution des dividendes. Quelle circonstance venait ainsi changer brusquement la valeur des diamants ? Simplement la crise financière aux États-Unis d'Amérique et en Allemagne. Ces pays, grands acheteurs de diamants, suspendaient presque entièrement leurs achats. Pour expliquer et prévoir de semblables phénomènes les théories métaphysiques des économistes littéraires ne servent de rien ; tandis que les théories de l'économie scientifique s'adaptent parfaitement à ces faits.

La chose indiquée par les mots de valeur d'échange, de taux d'échange, de prix, n'a pas *une* cause ; et l'on peut déclarer désormais que tout économiste qui cherche *la cause* de la valeur montre par là qu'il n'a rien compris au phénomène synthétique de l'équilibre économique. Autrefois on croyait généralement qu'il devait y avoir *une* cause de la valeur ; on discutait simplement pour savoir quelle elle était. Il est bon de noter que la puissance de l'opinion selon laquelle il devait y avoir une cause de la valeur était si grande que même M. Walras n'a pu s'y soustraire entièrement, lui qui, en nous donnant les conditions de l'équilibre dans un cas déterminé, a contribué à montrer l'erreur de cette opinion. Il exprime deux notions contradictoires. D'une part, il nous dit que « toutes les inconnues du problème économique dépendent de toutes les équations de l'équilibre économique », et c'est là une bonne théorie ; d'un autre côté, il affirme qu'il est certain que la *rareté* (ophélimité) est la cause de la valeur d'échange et c'est là une réminiscence de théories dépassées, qui ne correspondent pas à la réalité. Ces erreurs sont excusables, et même naturelles, au moment où on passe de théories inexactes à de nouvelles et meilleures théories ; mais elles seraient inexcusables maintenant que ces théories ont été élaborées et qu'elles ont progressé.

En résumé, les théories qui ne mettent en relation que la valeur (prix) [au] *degré final d'utilité* (ophélimité) n'ont pas grande utilité pour l'économie politique. Les théories les plus utiles sont celles qui considèrent, en général, l'équilibre économique et qui recherchent comment il prend naissance dans l'opposition des goûts et des obstacles. C'est la mutuelle dépendance des phénomènes économiques qui rend indispensable l'usage des mathématiques pour étudier ces phénomènes ; la logique ordinaire peut assez bien servir pour étudier les rapports de cause à effet, mais devient bientôt impuissante lorsqu'il s'agit de rapports de mutuelle dépendance. Ceux-ci, en mécanique rationnelle et en économie pure, nécessitent l'usage des mathématiques. La principale utilité que l'on retire des théories de l'économie pure est qu'elle nous donne une notion synthétique de l'équilibre économique, et pour le moment nous n'avons pas d'autre moyen pour arriver à cette fin. Mais le phénomène qu'étudie l'économie pure diffère parfois un peu, parfois beaucoup du phénomène concret, c'est à l'économie appliquée à étudier ces divergences. Il serait peu raisonnable de prétendre régler les phénomènes économiques par les seules théories de l'économie pure.

Vilfredo Pareto,
MANUEL D'ÉCONOMIE POLITIQUE (1906),
trad. française Droz, Genève, 1966, chap. 3, pp. 241-248.

COMMENTAIRE

Partageant le mépris de Walras pour les économistes « littéraires », Pareto (1848-1923) ne se prive pas de donner des leçons de rigueur mathématique à son prédécesseur à l'université de Lausanne chaque fois que l'occasion s'en présente. Le ton plein de révérence qu'il emploie pour en parler ne saurait cacher que, dans le texte ci-dessus, c'est bien une volée de bois vert qu'il adresse à l'« éminent savant » : « la chose indiquée par les mots de valeur d'échange, de taux d'échange, de prix n'a pas une cause, et l'on peut déclarer désormais que tout économiste qui cherche la cause de la valeur montre par là qu'il n'a rien compris au phénomène synthétique de la valeur d'échange », lance aimablement Pareto à l'adresse de celui qui a nommé un chapitre de son principal ouvrage « De la rareté, ou de la cause de la valeur d'échange » [texte E 31].

Lecteur attentif de la théorie walrasienne de l'équilibre général, Pareto voit bien que la structure formelle de celle-ci est un système d'équations simultanées, dans lequel l'ensemble des inconnues dépend de la combinaison de l'ensemble des conditions du problème – que Pareto résume à travers la formule des « goûts et des obstacles ». Sauf cas particulier, il n'y a donc pas lieu de considérer qu'une partie des inconnues (les prix des biens et services consommables) est déterminée par une partie des équations du système (les équations dites de l'échange), et ainsi de suite. Pareto est donc fondé à affirmer, contre Walras, que la valeur ne résulte pas plus des « goûts » que des « obstacles » : si par exemple une innovation technique vient modifier certaines équations de la production, cela se répercutera non seulement sur les prix des services producteurs, mais aussi sur ceux des produits.

Si les « goûts et obstacles » de Pareto présentent quelque similitude avec les « lames de ciseaux » de Marshall [texte E 33], les analyses des deux auteurs ne se confondent pas. Pour l'adepte convaincu de la théorie de l'équilibre général qu'est Pareto, l'hypothèse « toutes choses égales par ailleurs » utilisée par Marshall dans son analyse d'équilibre partiel n'a aucune validité : les goûts et obstacles qui interviennent dans la détermination d'un prix quelconque sont ceux qui caractérisent l'ensemble du système économique et non un marché particulier, comme en témoigne l'exemple du prix du diamant.

mots-clés

VALEUR – ÉQUILIBRE GÉNÉRAL – GOÛTS ET OBSTACLES

E 35

John Bates Clark

Répartition et productivités marginales des facteurs

Si nous supposons que le capital de la société est une somme fixe, nous pouvons faire une expérience imaginaire qui montrera ce que produit réellement le travail. Nous pouvons mettre à l'œuvre des individus, par petits groupes successifs, jusqu'à ce qu'ils soient tous employés, et nous pouvons mesurer la production de chacun de ces groupes. Nous ferions en sorte que ces groupes de travailleurs fussent aussi semblables entre eux que possible, et nous appellerions chaque section une unité de travail. S'il y avait dix de ces divisions et si le capital était suffisant pour les équiper toutes sur le même pied que le sont, en fait, actuellement, les travailleurs, il est clair que ce capital, s'il était consacré à une section unique, lui aurait assuré une profusion presque inconcevable d'instruments de production. Ce que nous considérerions aujourd'hui comme une quantité de capital raisonnable pour mille individus serait presque excessif pour les besoins de cent, et pourtant, on peut concevoir qu'il prendrait des formes telles qu'ils arriveraient à pouvoir l'utiliser.

Nous mettrons à l'œuvre une section que nous avons appelée une unité de travail et nous placerons entre les mains de ses membres la totalité du capital destiné, finalement, à outiller les dix sections. Il est bien évident que les formes que prendra ce capital ne peuvent être les mêmes que celles qu'il devra prendre, quand il sera employé par le contingent total des travailleurs. [...] Si nous continuons cette opération, jusqu'à ce que nous ayons dix unités de travail, employant la même quantité de capital que celle qu'employait, au début, une unité, nous constaterons que chaque unité, lorsqu'elle entre en ligne, ajoute moins au produit antérieur que ne le faisait l'unité précédente, et que c'est la dixième unité qui ajoute le moins de toutes.

Il faut avoir soin de ne pas confondre ce qui est ajouté au produit, par suite de la force de travail additionnelle, avec la quantité qui, après l'accroissement de la force, est créée par la dernière unité de travail *et sa part proportionnée de capital.* Quand la dixième unité de travail est à l'œuvre, elle emploie un dixième du capital, et les deux ensemble créent un dixième du produit. C'est là plus que la quantité qui est *ajoutée* au produit par suite de l'intervention de la dixième unité de travail. Cette addition est simplement la différence entre le produit du capital total et des neuf unités de travail, et celui du capital total et des dix unités de travail. Cet excédent de produit peut être attribué entièrement à l'augmentation du travail. [...]

C'est le pur produit d'une unité de travail seul que nous cherchons à distinguer des autres éléments dans la production générale de l'industrie, et il consiste dans la différence entre ce que neuf unités de travail et le capital total peuvent produire, et ce que dix unités de travail et le capital total peuvent produire. [...]

Les faits à retenir sont donc : premièrement, que le capital reste fixe en quantité, bien que sa forme change, à mesure que le nombre des unités de travail augmente ; secondement, que ce que nous appelons le produit d'une unité de travail est ce que cette unité, entrant en ligne sans capital, peut ajouter au produit du travail et du capital qui existaient déjà ; et troisièmement, que ce produit spécifique du travail diminue à mesure que s'accroît la quantité de travail, le produit de la dernière unité étant le plus petit de tous. Quand la dixième et dernière unité est à l'œuvre, chacune des neuf unités précédentes ne produit pas plus, d'elle-même, que l'unité finale, bien qu'elle produisît plus auparavant, à cause de la proportion plus forte de capital dont elle était pourvue. [...]

Dans l'état statique, que nous avons supposé, la concurrence agit sans empêchement ni obstacle. Elle n'agit pas ainsi dans le monde réel et nous tiendrons compte, en temps voulu, des obstacles qu'elle rencontre ; mais ce que nous étudions maintenant, ce sont les taux normaux auxquels cette concurrence telle qu'elle est – et elle est en réalité très active – tend à conformer les salaires. Nous voulons savoir ce qui se passerait, si cette concurrence ne rencontrait pas le moindre obstacle. Il faudrait, pour cela, qu'un ouvrier pût faire concourir entre eux les employeurs, pour obtenir ses services, aussi activement qu'un employeur peut faire rivaliser entre eux les travailleurs, pour la vente de leurs services. Si les choses se passaient ainsi, chaque unité de travail obtiendrait ce qu'elle produit, ni plus ni moins. Même un seul individu, s'offrant d'employeur en employeur, apporterait virtuellement dans ses mains un produit en puissance à vendre. Son entrée dans une usine quelconque signifierait une augmentation de production annuelle ; et si un employeur ne voulait pas lui payer cet excédent de marchandise à son prix courant, un autre le ferait. L'unité finale de travail social peut obtenir, dans un régime de concurrence parfaitement libre, la valeur de tout ce que crée le travail considéré, abstraction faite du capital. De plus, chaque unité de travail produit, à elle seule, comme nous l'avons vu, la même quantité de biens que l'unité finale et peut en obtenir le prix. Lors donc qu'elles sont à l'œuvre toutes ensemble, chacune d'elles peut se placer dans la position de l'unité finale, en quittant son emploi actuel et en offrant ses services ailleurs. [...] Comme les autres vendeurs, le travailleur peut obtenir la valeur véritable de son produit et il ne peut obtenir plus. [...]

Le produit de l'unité finale de travail – quantité mesurée en pratique, sans remonter à la progression antérieure de la force de travail – détermine le niveau du taux des salaires. Nous avons à voir maintenant que le taux d'intérêt a une base similaire. [...] Celui des deux facteurs que l'on emploie, dans des proportions croissantes, concurremment avec une quantité fixe de l'autre agent, est soumis à une loi de rendement décroissant. L'unité finale du facteur croissant produit moins que les unités antérieures de la série. Cela ne veut pas dire qu'à un moment quelconque une unité produise moins qu'une autre, car elles sont toutes également productives, à un moment donné. Cela veut dire que la dixième unité produit moins que ne le faisait la neuvième, *quand il n'y avait que neuf unités employées,* et que la neuvième unité produisait précédemment moins que la huitième dans cette phase encore antérieure de l'opération *où il n'y avait que huit unités employées,* etc. Si la richesse productive des États-Unis n'était que de cinq cents dollars par tête, au lieu d'être le double de cette somme, l'intérêt serait plus élevé qu'il n'est, parce que le pouvoir productif de chaque dollar de capital serait plus grand que le pouvoir productif qu'a chaque dollar actuellement ; et, en revanche, si nous continuons à amasser des fortunes, grandes et petites, jusqu'à ce qu'elles soient, dans le pays, de deux mille dollars par individu, y compris femmes et enfants, l'intérêt baissera, parce que le pouvoir productif d'un dollar deviendra inférieur à ce qu'il est actuellement.

John Bates Clark,
ÉLÉMENTS FONDAMENTAUX DE THÉORIE ÉCONOMIQUE (1907),
trad. française Giard et Brière, 1911, chap. 8 et 9, pp. 116-137.

COMMENTAIRE

On doit à l'économiste américain John Bates Clark (1847-1938) une des premières versions d'un instrument d'analyse qui sera très largement utilisé par la suite, au point d'être parfois (abusivement) considéré comme représentatif de l'ensemble de la théorie néo-classique en matière de production. Cet instrument est la « fonction de production agrégée », qui peut s'écrire symboliquement :

$$Q = f(K, L)$$

et dans laquelle une certaine quantité de « produit » (Q) apparaît comme le résultat de la combinaison de quantités déterminées de deux « facteurs », appelés respectivement « travail » (L) et « capital » (K). Cette fonction, telle que nous la présente Clark, obéit à la loi des productivités marginales décroissantes (exposée dès le XVIIIe siècle par Turgot – *cf.* texte E 60) : si l'on bloque à un niveau donné l'un des deux facteurs, on peut accroître le produit en recourant davantage à l'autre facteur, mais les suppléments de produit obtenus par adjonction successives de petites « doses » supplémentaires de ce facteur sont de plus en plus faibles, car chacune d'elles se combine avec une quantité décroissante du facteur fixe.

Cette caractéristique joue un rôle central dans la théorie de la répartition que propose Clark. Les productivités marginales des facteurs étant supposées décroissantes, on peut en effet montrer que l'entreprise cherchant à maximiser son profit emploie ces facteurs jusqu'au point où la productivité marginale de chacun d'eux devient égale à sa rémunération unitaire (taux de salaire dans le cas du travail, taux d'intérêt dans le cas du capital) : tant que la productivité marginale d'un facteur est supérieure à sa rémunération unitaire, l'entreprise est incitée est accroître l'emploi de ce facteur, et inversement. Constatant l'égalité des productivités marginales et des rémunérations des facteurs à l'équilibre des marchés (qu'il appelle « état statique »), Clark pense pouvoir en déduire que ce mécanisme assure à chaque facteur une rémunération correspondant à son « pur produit ». Ainsi se trouverait vérifiée, grâce au raisonnement à la marge, la thèse de Say selon laquelle salaires et intérêts représentent la juste rémunération des « services productifs » rendus respectivement par les travailleurs et les capitaux [texte E 27].

La thèse du « pur produit » souffre cependant d'un certain nombre de faiblesses. La première est le flou entourant la notion de capital utilisée par Clark, mystérieux facteur de production exprimé en dollars et susceptible de changer de « forme » tout en gardant la même « quantité » [pour la critique de cette notion, *cf.* texte E 36]. Mais, à supposer que les facteurs utilisés dans la fonction de production de Clark ne posent pas de problèmes d'identification, il est douteux que l'on puisse vraiment qualifier de « pur produit » d'un facteur sa productivité marginale, dans la mesure où celle-ci dépend, en général, également de la quantité utilisée de l'autre facteur. Idéologiquement opposées, la théorie des « services productifs » et celle de l'« exploitation capitaliste » ont l'une et l'autre des difficultés à s'imposer sur le plan scientifique comme théories explicatives de la formation des revenus en économie de marché.

mots-clés

RÉPARTITION – PRODUCTIVITÉ MARGINALE – CAPITAL

E 36

Joan Robinson

Qu'est-ce que le capital ?

Le concept de capital comme quelque chose de distinct des moyens physiques de production est lié à l'expérience des affaires. Une nouvelle entreprise se met en route avec une somme de monnaie, qu'elle soit possédée par les propriétaires ou empruntée contre intérêt. La monnaie est investie dans des moyens de production et des travaux en cours. Tant que l'affaire réussit, la valeur de l'investissement originel est conservée intacte. Elle peut être augmentée par une investissement additionnel financé à partir de profits ou d'emprunts supplémentaires. Une partie du profit brut est traitée comme un fonds d'amortissement. Avec le temps, la forme originelle de l'investissement peut cesser d'être la plus profitable et le premier stock de moyens de production est remplacé par un autre, incorporant une technique différente ou visant un marché différent. Ainsi le financement initial (tant que l'affaire réussit) continue d'exister comme somme de valeur continuellement incorporée dans des formes différentes de capacités de production. Mais le financement a pour origine des relations à l'intérieur d'une économie. Comment le financement peut-il être traité comme un facteur de production ? J. B. Clark traitait joyeusement le « capital » comme une quantité de quelque chose qui pouvait être incorporée dans diverses sortes de « biens capitaux » et changée d'une incorporation à l'autre. Mais il n'a pas essayé d'expliquer en quoi consistait cette quantité. Marshall, à une époque, a déclaré que les facteurs de production consistaient en la terre, le travail et l'« attente ». L'attente signifie la possession d'un stock de richesse. Ainsi le stock de capital est représenté par la somme de la valeur de tous les actifs possédés par les individus et les institutions que comprend l'économie. Mais Marshall était bien conscient que la valeur des actifs est influencée par le niveau du taux d'intérêt et il admettait qu'il est impossible de dériver le taux d'intérêt de la valeur du capital sans raisonner de façon circulaire. Wicksell était troublé par le même problème. [...]

N'étant pas apparemment au courant que ce problème n'avait jamais été résolu, les économistes du courant dominant traçaient des fonctions de production de la forme $Q = f(K, L)$, où la quantité de production est une fonction de la quantité d'intrants en travail et en « capital ». De plus, ils utilisaient cette formule pour interpréter les statistiques de performance de l'industrie, et ils traitaient les niveaux observés de salaires et de profits comme les produits marginaux du travail et du capital. Dans un article publié en 1953 [J. Robinson, « La fonction de production et la théorie du capital », *Review of Economic Studies,* vol. 21], j'ai ressuscité la vieille question, demandant si K, la quantité de capital, était supposée être une somme de monnaie ou une liste de « machines ». [...]

La réponse la plus habituelle était d'établir un modèle dans lequel les produits physiques étaient aussi semblables que possible à de la monnaie. La production consiste en une seule denrée homogène et divisible, par exemple du beurre, qui est à la fois consommable et convertible en un stock de moyens de production. Le stock est « malléable » : un stock de beurre utilisable pour un type de production peut être retiré et remodelé en une autre forme sans coût et sans changement de quantité. [...] Ce modèle était qualifié de parabole. Une parabole, au sens habituel, est une histoire tirée de la vie quotidienne, qui a pour but d'expliquer un mystère ; dans ce cas, c'est le mystère dont on attend qu'il explique la vie quotidienne.

Joan Robinson,
« QU'EST-CE QUE LE CAPITAL ? »
Revue d'économie politique, 1977.

COMMENTAIRE

« La fonction de production a été un instrument d'abêtissement très efficace », écrivait en 1953 Joan Robinson (1903-1983) dans un article paru dans la *Review of Economic Studies.* Cet article ouvrait le débat sur le capital qui fit rage, pendant une quinzaine d'années, entre néo-classiques et « néo-cambridgiens ». Ce terme désigne un groupe d'économistes de l'université de Cambridge (Grande-Bretagne) influencés par les idées de Keynes, de Ricardo et de Marx, et partageant une même aversion pour la « synthèse néo-classique » qui, dans les années d'après-guerre, prétend unifier la science économique sous sa houlette (un des plus éminents représentants de cette « synthèse » est l'économiste américain Paul Samuelson). Outre Joan Robinson, la « nouvelle école de Cambridge » est illustrée par les noms de Nicholas Kaldor, Luigi Pasinetti, Piero Sraffa.

La fonction de production à laquelle s'attaque J. Robinson dans la citation ci-dessus est la « fonction de production agrégée » :

$$Q = f(K, L)$$

utilisée, dès le début du siècle, par J. B. Clark [texte E 35], et devenue, à travers les travaux de Cobb et Douglas notamment, un instrument courant d'analyse économique à partir des années vingt. La critique néo-cambridgienne se concentre sur le « facteur K » de la fonction. Quel est exactement le statut de ce facteur? demande J. Robinson. S'il représente, comme le laisse supposer Clark, une collection de biens de production divers (des marteaux pilons, des centrales électriques, des pelles, des pioches, des machines à écrire...), se pose la question de l'unité dans laquelle on mesure ce « facteur » composé de biens hétérogènes. La réponse ne peut être que le recours à la monnaie, ce que confirme Clark lorsqu'il évoque le « pouvoir productif de *x* dollars de capital ». Ainsi la mesure du « stock » de capital, et partant de sa productivité marginale, suppose que l'on connaisse déjà les prix des biens de production composant le stock. Or on sait, depuis Ricardo, que les prix des produits (et donc notamment ceux des marteaux pilons, etc.) sont influencés par la façon dont le revenu se répartit entre salariés et capitalistes (ce « curieux effet » constaté par Ricardo dans le cadre de sa discussion de la théorie de la valeur-travail l'amenait à ne voir en celle-ci qu'une approximation). Par conséquent, remarque Joan Robinson, il est impossible de mesurer le stock de capital et sa productivité marginale si l'on ne connaît pas déjà le taux de profit (terminologie classique) ou d'intérêt (terminologie néo-classique, qui réserve généralement le terme « profit » au revenu spécifique de l'entrepreneur, sensé s'annuler à l'équilibre de longue période). Mais il suit de là que toute tentative pour expliquer, à la manière de Clark, le niveau du taux d'intérêt à partir de la supposée productivité marginale du capital tombe dans un raisonnement circulaire.

La critique de la fonction de production agrégée et de la théorie de la répartition qui s'appuie sur elle prit une force nouvelle avec la publication, en 1960 par Sraffa, d'un livre intitulé *Production de marchandises par des marchandises.* Ce livre, qui marque un retour en force de la théorie ricardienne dans l'analyse économique moderne, montre de façon convaincante que toute tentative pour trouver une mesure du capital qui soit indépendante de la répartition est vouée à l'échec (Marx et Böhm-Bawerk s'étaient déjà essayés sans succès à cet exercice), et met à jour, sous le nom de « retour des techniques », un phénomène susceptible de rendre inopérante la fonction de production agrégée, même à titre de « parabole » : la possibilité qu'une technique de production soit successivement abandonnée, puis reprise lorsque le rapport salaire/profit s'élève graduellement, contredit la thèse néo-classique selon laquelle une telle hausse entraîne une évolution vers des techniques toujours plus capitalistiques (et inversement). Or, cette thèse est essentielle pour la stabilité de l'équilibre de plein emploi dans les modèles néo-classiques utilisant la fonction de production agrégée (le modèle de croissance équilibrée de Solow par exemple – texte E 71). Après avoir ferraillé pendant plusieurs années avec les « néo-cambridgiens », Samuelson reconnut en 1966 le bien-fondé de leur critique.

Il serait pourtant hasardeux d'en conclure que la théorie néo-classique se trouve remise en cause dans son ensemble, car la critique néo-cambridgienne ne porte que sur la version « agrégée » de cette théorie. Or cette version, popularisée par

Clark et reprise par de nombreux auteurs, est étrangère à l'analyse walrasienne de l'équilibre général, qui ne traite jamais le capital comme un facteur de production. « La critique sraffienne, pertinente pour certaines variantes de la théorie marginaliste, est sans impact sur le modèle d'Arrow-Debreu » [version moderne de l'équilibre général walrasien], note le professeur Christian Bidard, qui ajoute même qu'« une fois réintroduites les hypothèses nécessaires, l'écart résiduel entre le modèle de Sraffa et celui de l'équilibre général se limite au marché du travail dont Sraffa ne dit pas qu'il se situe au plein emploi » (C. Bidard, *Prix, reproduction, rareté,* Dunod 1991, pages 319 et 321). Choquante sans doute pour les dévots des deux camps, la thèse du professeur Bidard présente le double avantage d'être étayée par une solide démonstration et de nous aider à sortir des guerres de religions.

mots-clés

RÉPARTITION – PRODUCTIVITÉ MARGINALE – CAPITAL – FONCTION DE PRODUCTION AGRÉGÉE

3e PARTIE

LA MONNAIE

Les anciens auteurs mercantilistes s'intéressaient de près à la monnaie : ils voyaient en elle un instrument de pouvoir, d'enrichissement personnel, de prospérité collective [textes E 38, E 39, E 40]. Leur analyse, il est vrai, n'était pas toujours exempte de contradictions, et l'une d'entre elles fut largement exploitée, à partir du XVIIIe siècle, par la doctrine économique libérale pour dénier à la monnaie le rôle éminent qui lui était jusque-là attribué : avancée dès le XVIe siècle [texte E 37], l'explication de « l'étrange enchérissement de toutes choses » par l'augmentation de la quantité de monnaie en circulation sera reprise par les détracteurs des mercantilistes et utilisée contre eux [texte E 41], en particulier pour rejeter l'idée que l'abondance monétaire est un facteur de prospérité économique.

Dès lors la voie était libre pour la thèse selon laquelle la monnaie, loin d'être la « vraie richesse » [texte E 42], n'était rien d'autre qu'un utile intermédiaire des échanges [texte E 43]. Cette thèse en préparait elle-même une autre, connue sous le nom de « loi des débouchés » [*cf.* texte E 75], qui allait faire de la monnaie un simple « voile » cachant les mécanismes de l'économie « réelle », dans laquelle « les produits s'échangent contre des produits ». Complétée par la prise en compte du phénomène du papier-monnaie [texte E 44], cette approche de la monnaie allait être, dans une large mesure, reprise à son compte à partir de la fin du XIXe siècle par la théorie néo-classique, qui formalisera l'ancienne théorie quantitative à travers l'« équation des échanges » [texte E 45].

Au XXe siècle, la théorie keynesienne de la préférence pour la liquidité [texte E 47] marque une rupture avec la théorie monétaire classique et néo-classique, et constitue dans une certaine mesure une réhabilitation des anciennes idées mercantilistes sur le rôle « actif » de la monnaie. Les conséquences n'en sont pas minces puisqu'avec la théorie keynesienne de la monnaie, ce sont la loi des débouchés et la croyance en une tendance spontanée au plein emploi dans une économie concurrentielle qui sont remises en cause. Il n'est dans ces conditions pas anodin que, dès les années cinquante, une des figures emblématiques de la « contre-révolution libérale » des deux dernières décennies se soit attachée à réhabiliter – en la modernisant – la théorie quantitative de la monnaie [texte E 48]. Pourtant tous les libéraux modernes sont loin de partager le même point de vue : il est intéressant de mettre en regard du monétarisme friedmanien la critique radicale de la théorie quantitative avancée, dès les années trente, par Hayek [texte E 46].

E 37

Jean Bodin

« L'étrange enchérissement de toutes choses »

Je trouve que la charté que nous voyons vient pour trois causes. La principale et presque seule (que personne jusqu'icy n'a touchée) est l'abondance d'or et d'argent, qui est aujourd'huy en ce royaume plus grande qu'elle n'a esté il y a quatre cens ans. Je ne passe point plus oultre, aussi l'extraict des registres de la Cour et de la chambre que j'ay, ne passe point quatre cens ans. Le surplus, il faut le cueillir de vieilles histoires avec peu d'assurance. La seconde occasion de charté vient en partie des monopoles. La troisième est la disette, qui est causée tant par la traitte que par le dégast. La dernière est le plaisir des roys et grans seigneurs, qui hausse le pris des choses qu'ils aiment. Je toucheray brièvement tous ces poincts.

La principale cause qui encherist toutes choses en quelque lieu que ce soit, est l'abondance de ce qui donne estimation et pris aux choses. Plutarque et Pline en tesmoignent, qu'après la conqueste du royaume de Macedoine sus le roy des Perses, le capitaine Paul Aemyl aporta tant d'or et d'argent en Romme, que le peuple fut afranchi de payer tailles, et le pris des terres en la Romaigne haussa des deux tiers en un moment. Ce n'estoit donc pas la disette de terres, qui ne peuvent croistre ny diminuer, ny le monopole, qui ne peut avoir lieu en un tel cas : mais c'estoit l'abondance d'or et d'argent qui cause le mespris d'iceluy, et la charté des choses prisées. Comme il advint à la venue de la royne de Candace, que l'escripture sainte appelle royne de Saba, en la ville de Jérusalem, où elle aporta tant de pierres précieuses qu'on les fouloit aux pieds. Et quand l'Espagnol se fist seigneur des terres neufves, les coignées et les cousteaux estoyent plus cher vendus que les perles et pierres précieuses, car il n'y avoit cousteaux que de bois et de pierre, et force perles. C'est donc l'abondance qui cause le mespris. En quoy, l'Empereur Tibère s'abusoit bien fort, faisant trencher la teste à celuy qui avoit rendu le verre mol et maléable, de peur, comme dit Pline, que si la chose estoit évantée, l'or ne perdit tout crédit. Car l'abondance de verre, qui se fait quasi de toutes pierres, et de plusieurs herbes, eust tousjours causé le mespris. Ainsi advient-il de toutes choses.

Jean Bodin,
RÉPONSE AUX PARADOXES DE M. DE MALESTROIT TOUCHANT L'ENCHÉRISSSEMENT DE TOUTES CHOSES (1568),
Éditions Armand Colin, Paris, 1932, p. 9.

COMMENTAIRE

À la suite de la découverte du « Nouveau Monde » en 1492, les grandes civilisations précolombiennes succombent rapidement sous les coups des conquistadores espagnols. Le pillage de leurs trésors, puis l'exploitation des mines d'or et d'argent d'Amérique se traduisent, au XVIIe siècle en Europe, par un afflux de métaux précieux dont une partie importante est transformée en monnaie.

À la même époque, plusieurs observateurs constatent, sur le long terme, une tendance à « l'enchérissement de toutes choses ». En 1566, le sire de Malestroit croit trouver l'explication du phénomène dans les mutations monétaires pratiquées par les souverains pour alléger leurs dettes (diminution du poids d'or des pièces, diminution de la valeur de la monnaie de compte par rapport à celle de la monnaie de règlement). C'est en répondant à Malestroit que Jean Bodin (1530-1596) propose une des premières formulations de ce qui sera désigné plus tard sous le nom de « théorie quantitative de la monnaie » : pour lui, la cause essentielle du mouvement long de hausse des prix réside dans l'augmentation de la circulation monétaire qui, en Europe, résulte de l'afflux d'or et d'argent d'Amérique.

Étayée par une minutieuse analyse des (rares) sources disponibles, la thèse de Bodin repose sur un raisonnement très simple : l'afflux de métaux précieux diminue leur rareté relativement à celle des autres marchandises, et par conséquent les déprécie par rapport à celles-ci ; en d'autres termes les prix de toutes les marchandises, exprimés en or ou en argent, s'élèvent. Ce raisonnement sera par la suite jugé trop simple par divers économistes ; il n'en constitue pas moins la base d'une théorie toujours actuelle [texte E 48].

mots-clés

INFLATION – MASSE MONÉTAIRE – THÉORIE QUANTITATIVE DE LA MONNAIE – ENCHÉRISSEMENT

E 38

Antoine de Montchrestien

« Le nerf de la guerre »

Toute société, pour en parler sommairement, semble estre composée de gouvernement et de commerce. Le premier est absolument nécessaire, et le second secondairement. D'où l'on peut conclure que les marchands sont plus qu'utiles en l'Estat, et que leur soin questuaire[1], qui s'exerce dans le travail et dans l'industrie, fait et cause une bonne part du bien public. Que, pour cette raison, on leur doive aussi permettre l'amour et la queste du profit, je croy que tout le monde l'accordera, considérant que, sans la convoitise d'avoir et le désir de gagner, qui les précipite à tous hazards, ils perdroient la résolution de s'exposer à tant d'incommoditez sur la terre et à tant de naufrages en mer. [...]

Je ne veux pas icy nier que les esprits marchands ne soient ordinairement plus attachez de leur propre convoitise que de l'affection du public ; que l'éclat jaunissant de l'or ne les esblouisse et fourvoye quelquefois un peu de l'équité ; mais, pour en parler politiquement, il ne les faut pas à ceste occasion rejetter de la République comme une espèce d'ilotes. On tire et compose un très bon antidote de ceste vipère. Cette cantharide[2] a de bons pieds et de bonnes ailes. Et, qui le voudroit prendre de si près, il n'y auroit point de bons laboureurs, de bons artisans, de bons avocats ; car en ces arts,

1. *Questuaire, du latin* questus : *gain, bénéfice, profit.*
2. *Cantharide : genre d'insecte coléoptère, autrefois utilisé pour les vésicatoires.*

les meilleurs sont ceux qui peuvent gagner davantage ; et cela mesme est un trait de leur art. C'est aux directeurs de la police de donner ordre que les choses à vendre se vendent au plus juste prix, de tenir la main aux fraudes et monopoles ordinaires du trafic, d'empescher les vices et corruptions des marchandises et de les répurger s'ils sont introduits, de conserver les droits du royaume et particulièrement de chasque ville. [...]

On peut dire que à présent que nous ne vivons pas tant par le commerce des élémens que par l'or et l'argent ; ce sont deux grands et fidèles amis. Ils suppléent aux nécessités de tous hommes. Ils les honorent parmi toutes gens.

Celui qui a dit que l'argent est le nerf de la guerre n'a point parlé mal à propos, car, bien que ce ne soit pas le seul, les bons soldats estans absolument requis avec luy, l'expérience de plusieurs siècles nous apprend que c'est toujours le principal. L'or s'est connu maintes fois plus puissant que le fer. C'est pourquoy en tout grand Estat qui peut assaillir ou estre assailly, on a toujours approuvé et trouvé tant que l'on a pu les moyens d'en amasser. Il est impossible de faire la guerre sans hommes, d'entretenir des hommes sans solde, de fournir à leur solde sans tributs, de lever des tributs sans commerce. Aussi l'exercice du trafic, qui fait une grande part de l'action politique, s'est toujours pratiqué entre tous les peuples qui ont esté fleurissans de gloire et de puissance, et maintenant et plus diligemment que jamais par ceux qui cherchent leur force et agrandissement.

Antoine de Montchrestien,
TRAITÉ D'ÉCONOMIE POLITIQUE (1616),
Paris 1889, pp. 137-145.

COMMENTAIRE

Inventeur de l'expression « économie politique », Antoine de Montchrestien se livre, dans son *Traité* de 1619, à un panégyrique du marchand, personnage à ses yeux essentiel à la prospérité et à la puissance du royaume (le terme « marchand » englobe généralement à cette époque les commerçants, manufacturiers, banquiers, armateurs, c'est-à-dire la classe de ceux que les Anglais qualifient de *« moneyed men »* par opposition aux *« landed men »* : les hommes dont la fortune est mobilière plutôt que foncière). Il s'efforce de montrer que « l'amour et la queste du profit » qui animent les marchands, loin de constituer un danger pour le bien public, peuvent au contraire le servir (« On tire et compose très bon antidote de ceste vipère. »).

Le lecteur d'aujourd'hui pourrait être tenté de voir là une préfiguration de la thèse smithienne de la « main invisible » [texte E 6] ; toutefois deux différences majeures séparent l'auteur du *Traité d'économie politique* de 1619 de celui qui, un siècle et demi plus tard, publiera *Recherches sur la nature et les causes de la richesse des nations.* Tout d'abord Montchrestien n'est nullement un partisan avant l'heure du « laisser faire, laisser passer » : « C'est aux directeurs de la police, écrit-il, de donner ordre que les choses à vendre se vendent au juste prix. » En second lieu, alors que Smith s'efforce de distinguer la « vraie richesse » de la monnaie qui n'est, à ses yeux, que le moyen de la faire circuler [texte E 43], Montchrestien considère que les marchands sont utiles au royaume, avant tout parce que leur activité, convenablement orientée et soutenue par le souverain, est source de rentrées monétaires : « on peut dire que nous ne vivons pas tant par le commerce des éléments que par l'or et l'argent », ne craint-il pas d'écrire.

Ce genre d'affirmation est bien entendu de nature à alimenter la critique de « bullionisme » (« amour du lingot ») qui sera adressée par la suite aux auteurs mercantilistes, jugés victimes de la même illusion que le roi Midas de la légende antique. Toutefois, plus que par le fétichisme de l'or, la pensée de ces auteurs peut sans doute se caractériser par son aspect foncièrement nationaliste ; dans cette optique, l'or est recherché avant tout comme instrument de la puissance politique.

À une époque où les États-nations modernes, en cours de constitution sous la forme de la monarchie absolue, s'affrontent rudement en Europe et au-delà des mers, un peu partout les mercantilistes proposent aux souverains de développer les bases économiques de leur puissance politique : pour être à même d'entretenir une forte armée, l'État doit disposer d'importantes sommes d'or et d'argent ; à cet effet, il doit pouvoir facilement lever l'impôt, ce qui sera rendu possible si la circulation monétaire est abondante dans le royaume ; un tel résultat, remarquent les mercantilistes, peut être obtenu par une balance commerciale excédentaire [*cf.* texte E 49], ce qui justifie selon eux une politique économique interventionniste : octroi d'aides à l'établissement des manufactures, protection contre la concurrence étrangère, régime de « l'exclusif » imposé aux colonies, privilèges accordés au pavillon national, mesures visant à limiter le coût salarial des manufactures... La thèse centrale de l'économie politique de Montchrestien est celle de la convergence des intérêts politiques du souverain et des intérêts économiques des marchands du royaume.

mots-clés

MONNAIE – MERCANTILISME – COMMERCE EXTÉRIEUR – FINANCES PUBLIQUES

E 39

John Locke

La source de l'inégalité des possessions

Ainsi s'établit l'usage de la monnaie : quelque objet durable, que les hommes puissent garder sans qu'il s'abîme et qu'ils conviennent entre eux d'accepter en échange des nécessités de la vie, vraiment utiles, mais périssables.

Comme les degrés divers de l'industrie des hommes pouvaient leur faire acquérir des possessions plus ou moins grandes, cette invention de la monnaie leur a fourni l'occasion de les conserver et de les accroître. En effet, imaginons une île, coupée de toute possibilité de commercer avec le reste du monde, où vivraient seulement une centaine de familles, mais où il y aurait assez de moutons, de chevaux et de vaches, avec d'autres animaux utiles, de fruits comestibles et de terres à blé pour cent mille fois plus, mais rien, dans l'île, qui ne soit trop ordinaire ou trop périssable pour tenir lieu de monnaie. Là, quelle raison qui que ce soit pourrait-il avoir d'agrandir ses possessions au-delà des besoins de sa famille, c'est-à-dire de ce qu'il faut pour qu'elle puisse consommer généreusement les produits de sa propre industrie, ou les échanger contre d'autres, également périssables et utiles, auprès de tiers ? Là où l'on ne trouve rien de durable et de rare, qui ait assez de valeur pour qu'on le thésaurise, rien n'incite les hommes à étendre leurs possessions sur des terres plus vastes, même si celles-ci sont fertiles et disponibles à souhait. Je le demande, qui attacherait une valeur à dix mille ou cent mille acres d'une terre excellente, facile à cultiver et, de plus, bien pourvue de cheptel, mais située au cœur de l'Amérique, s'il n'existe aucune possibilité de commercer avec d'autres parties du monde et d'attirer l'argent par la vente des produits ? Cette terre ne vaudrait pas la peine de l'enclore et nous verrions l'intéressé restituer à la friche indivise de la nature toute la surface qui ne serait pas strictement nécessaire pour lui procurer, à lui et à sa famille, les commodités de la vie, telles qu'on les trouve là-bas.

Ainsi, au commencement, toute la terre était une Amérique et plus encore qu'aujourd'hui ; car nulle part on ne connaissait l'argent. Trouvez quelque chose qui serve d'argent et qui ait cours parmi ses voisins, tout de suite vous verrez le même homme entreprendre d'agrandir ses possessions. Comme l'or et l'argent, qui sont de peu d'utilité pour la vie humaine, si on les compare à la nourriture, au vêtement et aux moyens de transport, tirent leur valeur du seul consentement des gens, qui se règle en grande partie sur le critère du travail, il est clair que les hommes ont accepté que la possession de la terre comporte des disproportions et des inégalités [...] ; là en effet, par consentement mutuel, les hommes ont élaboré et adopté un procédé qui permet à chacun, légitimement et sans causer de tort, de posséder plus qu'il ne peut utiliser lui-même ; pour le surplus, il reçoit de l'or et de l'argent, qu'on peut thésauriser sans nuire à personne ; car de tels métaux ne se gâtent ni ne se détériorent entre les mains du possesseur. Ce partage dans l'inégalité des possessions particulières, les hommes l'ont rendu possible en dehors des liens de la société, sans contrat, rien qu'en donnant une valeur à l'or et à l'argent et en convenant tacitement d'utiliser la monnaie.

John Locke,
DEUXIÈME TRAITÉ DU GOUVERNEMENT CIVIL (1690),
Librairie Vrin, Paris, 1977, chap. V, pp. 102-103.

COMMENTAIRE

Entre la justification de la propriété par le travail que propose Locke [texte E 3] et l'ordre social qu'il défend, il y a un considérable hiatus que cet auteur s'efforce de faire disparaître à l'aide de sa théorie de la monnaie.

Celle-ci est vue avant tout par Locke (1632-1704) comme une réserve de valeur, et par là un instrument d'accumulation individuelle de richesse. Dans une société qui n'a pas encore vraiment résolu le problème des subsistances (la « révolution technique » des plantes fourragères, qui permettra le décollage des rendements, ne se propagera véritablement en Angleterre qu'au XVIIIe siècle), la question de la conservation des produits du sol est cruciale. Tenter de constituer une fortune en stockant des denrées qui se corrompront et seront perdues pour tous est à la fois une bêtise et un péché, constate Locke. Mais il en va autrement si l'individu qui cherche à s'enrichir trouve le moyen de transformer ces denrées en un bien inaltérable, permettant de ce fait le transfert dans le temps de leur valeur. Ce moyen existe, c'est l'échange des denrées contre de la monnaie.

Les métaux qui forment la monnaie sont par eux-mêmes « de peu d'utilité pour la vie humaine » ; ils tirent leur valeur, selon Locke, du « consentement des gens » à les utiliser comme monnaie. Compte tenu des propriétés physiques de l'or et de l'argent, ce consentement à les utiliser comme monnaie vaut consentement à l'accumulation de fortunes individuelles. L'ardeur au travail et l'esprit d'économie variant d'un individu à l'autre, les inégalités de fortune peuvent alors se développer légitimement, conclut le théoricien du droit naturel.

mots-clés

MONNAIE – ACCUMULATION DU CAPITAL – PROPRIÉTÉ – INÉGALITÉ

E 40

John Law

Monnaie et emploi

Le commerce et le nombre des peuples, qui sont la richesse et la puissance d'un État, dépendent de la quantité et conduite des monnaies.

Des États dont le terroir est mauvais deviennent riches, pendant que d'autres naturellement riches deviennent pauvres : le bon gouvernement, l'industrie et l'économie y contribuent. Mais on supposera deux États de même grandeur, terroir et climat, bien situés pour le commerce, bien peuplés, également bien gouvernés, et portés à l'industrie et à l'économie, l'un avec 500 millions en espèces, l'autre avec 250 millions. Les peuples du premier seront employés, les terres cultivées, et le produit manufacturé, pendant que le produit de l'autre État sera moins fort, et une partie sera transportée pour être manufacturée en pays étrangers.

Il est nécessaire qu'un État ait une certaine quantité de monnaie proportionnée au nombre de ses peuples. Où les espèces sont rares, on fait des lois pour les faire circuler mieux, et pour engager les sujets au travail et au commerce, mais c'est avec peu de succès. Un million ne peut employer qu'un nombre de peuple proportionné à cette somme, la même pièce ne peut pas servir en plusieurs endroits en même temps. Les lois peuvent porter les espèces au plus haut de la circulation dont elles sont capables, et les forcer aux emplois les plus profitables, mais ne peuvent pas faire davantage : il faut plus de monnaie pour employer plus de monde.

La balance du commerce entre les États dépend de la quantité et de la conduite de la monnaie. Supposé que de ceux qui demandent à travailler, la moitié est seulement employée, et que la valeur des denrées ou marchandises transportées en pays étrangers soit égale avec celle des denrées ou marchandises étrangères qu'on fait entrer, il n'y aura pas de balance due. S'il y avait plus de monnaie et qu'elle fût bien employée, l'autre moitié des peuples, supposée oisive, trouverait à travailler, les terres produiraient plus, les manufactures avanceraient, le transport des marchandises serait plus fort et de plus grande valeur, une balance serait due par les étrangers, et leurs espèces ou matières d'or ou d'argent seraient apportées dans le pays. Au contraire, si la quantité de la monnaie était diminuée, une partie de ceux qui étaient employés ne trouverait plus à travailler, ou serait employée à des ouvrages moins profitables ; les terres alors produiraient moins, le transport des marchandises ne serait pas si grand ni de si grande valeur ; et à moins que la consommation de cet État ne soit diminuée à proportion, une balance sera due aux étrangers, et les espèces ou les matières seront transportées pour la payer.

Supposant que 500 millions en espèces suffiraient pour employer les peuples en France, sur le pied que les manufactures et le commerce y sont à présent, l'on croira peut-être qu'il ne serait pas nécessaire d'avoir plus d'espèces ; mais on raisonne mal, car plus d'espèces emploieraient un plus grand nombre de peuples, rendraient le commerce plus florissant, engageraient les négociants et les ouvriers étrangers à venir s'établir en France, et bonifieraient les revenus du roi, des propriétaires de terres, maisons, etc. Au contraire, la quantité d'espèces étant diminuée, l'industrie, les manufactures et le commerce diminueraient à proportion. Les peuples, ne trouvant point d'emploi chez eux, sortent du pays ; le prix ou intérêt de l'argent, augmentant à mesure qu'il devient rare, est cause que les négociants retirent leurs fonds du commerce, alors trop dangereux, pour les placer à rente ; les revenus du prince et des propriétaires des terres ne peuvent pas être payés, les fermiers ne pouvant vendre le produit qu'à très bas prix.

John Law,
PREMIER MÉMOIRE SUR LES BANQUES (1716).

COMMENTAIRE

Surtout connu pour ses tribulations financières sous la Régence, le banquier écossais John Law (1671-1729) est aussi, selon Joseph Schumpeter, un théoricien de la monnaie particulièrement inventif, à qui on doit la notion de « monnaie gérée ».

Pour Law la monnaie constitue un véritable facteur de production, auquel se proportionnent l'activité économique et l'emploi. Il en va ainsi, tout d'abord, parce que les agents économiques ont besoin, pour pouvoir réaliser leurs transactions courantes, d'un certain stock de monnaie, de sorte que si le stock est insuffisant, les transactions, et donc la production et l'emploi en souffrent (l'argument sera combattu à l'aide de la théorie quantitative, selon laquelle ce sont les prix, et non les grandeurs « réelles » qui s'ajustent aux variations du stock de monnaie – *cf.* texte E 41).

Mais l'abondance monétaire est également favorable à la prospérité économique, selon Law, par l'effet qu'elle exerce sur le taux d'intérêt : en cas de diminution de la masse monétaire, « le prix ou intérêt de l'argent augmente à mesure qu'il devient rare », et cela « est cause que les négociants retirent leurs fonds du commerce, alors trop dangereux pour le placer à rente » ; il en résulte une baisse de la production et par suite de l'emploi. On est ici, de toute évidence, très près de la thèse que développera Keynes en 1936 dans le cadre de sa *Théorie générale de l'emploi, de l'intérêt et de la monnaie.*

mots-clés

MASSE MONÉTAIRE – TAUX D'INTÉRÊT – EMPLOI

E 41

Anne-Robert-Jacques Turgot

« L'argent a dans le commerce deux évaluations distinctes »

J'ai déjà dit que le prix de l'argent prêté se réglait, comme celui de toutes les autres marchandises, par la balance de l'offre et de la demande. Ainsi, quand il y a beaucoup d'emprunteurs qui ont besoin d'argent, l'intérêt de l'argent devient plus haut ; quand il y a beaucoup de possesseurs d'argent qui en offrent à prêter, l'intérêt baisse. C'est donc encore une erreur de croire que l'intérêt de l'argent dans le commerce devrait être fixé par les lois des princes : c'est un prix courant fixé comme celui de toutes les autres marchandises. Ce prix est un peu différent suivant le plus ou moins de sûreté qu'a le prêteur de ne pas perdre son capital ; mais, à sûreté égale, il doit hausser ou baisser à raison de l'abondance et du besoin, et la loi ne doit pas plus fixer le taux de l'intérêt de l'argent qu'elle ne doit taxer toutes les autres marchandises qui ont cours dans le commerce.

Il paraît, par ce développement de la manière dont l'argent se vend, ou se loue, moyennant un intérêt annuel, qu'il y a deux manières d'évaluer l'argent dans le commerce. Dans les achats et les ventes, un certain poids d'argent représente une certaine quantité de valeurs ou de marchandises de chaque espèce ; par exemple, une once équivaut à une certaine quantité de blé ou à un certain nombre de journées d'homme. Dans les prêts et le commerce d'argent, un capital est l'équivalent d'une rente égale à une portion déterminée de ce capital, et réciproquement une rente annuelle représente un capital équivalent au montant de cette rente répété un certain nombre de fois suivant que l'intérêt est à un denier plus ou moins haut.

Ces deux différentes appréciations ont beaucoup moins de rapport et dépendent beaucoup moins l'une de l'autre qu'on ne serait tenté de croire au premier coup d'œil. L'argent pourait être très commun dans le commerce ordinaire, y avoir très peu de valeur, répondre à une très petite quantité de denrées, et l'intérêt de l'argent pourrait être en même temps très haut.

Je suppose qu'y ayant un million d'onces d'argent qui roule actuellement dans le commerce, une once d'argent se donne actuellement au marché pour une mesure de blé ; je suppose qu'il survienne, de quelque manière que ce soit, dans l'État, un second million d'onces d'argent, et que cette augmentation soit distribuée dans toutes les bourses suivant la même proportion que le premier million, en sorte que celui qui avait précédemment deux onces d'argent en ait maintenant quatre : l'argent, considéré comme masse de métal, diminuera certainement de prix, ou, ce qui est la même chose, les denrées seront payées plus cher, et il faudra, pour avoir la mesure de blé qu'on avait avec une once d'argent, donner beaucoup plus d'argent, et peut-être deux onces au lieu d'une.

Mais il ne s'ensuivra nullement de là que l'intérêt de l'argent baisse, si tout cet argent est porté au marché et employé aux dépenses courantes de ceux qui le possèdent, comme l'était, par la supposition, le premier million d'onces d'argent, car l'intérêt de l'argent ne baisse qu'autant qu'il y a plus d'argent à prêter, à proportion des besoins des emprunteurs, qu'il n'y en avait auparavant. Or, l'argent qu'on porte au marché n'est point à prêter : c'est l'argent mis en réserve, ce sont les capitaux accumulés qu'on prête.[...].

Au marché, une mesure de blé se balance avec un certain poids d'argent ; c'est une quantité d'argent qu'on achète avec la denrée ; c'est cette quantité qu'on apprécie et qu'on compare avec d'autres valeurs étrangères. Dans le prêt à intérêt, l'objet de l'appréciation est l'usage d'une certaine quantité de valeurs pendant un certain temps. Ce n'est plus une masse d'argent qu'on compare à une masse de blé ; c'est une masse de valeurs qu'on compare avec une portion déterminée d'elle-même, qui devient le prix d'usage de cette masse pendant un certain temps. Que vingt mille onces d'argent soient au marché l'équivalent de vingt mille mesures de blé, ou seulement de dix mille, l'usage de ces vingt mille onces d'argent pendant un an n'en vaudra pas moins dans le commerce du prêt la vingtième partie de la somme principale, ou mille onces d'argent si l'intérêt est au dernier vingt.

Le prix de l'argent au marché n'est relatif qu'à la quantité de ce métal employée dans les échanges courants ; mais le taux d'intérêt est relatif à la quantité de valeurs accumulées et mise en réserve pour former des capitaux. Il est indifférent que ces valeurs soient en métal ou en autres effets, pourvu que ces effets soient faciles à convertir en argent. [...]

Ce n'est donc pas la quantité d'argent existant comme métal qui fait hausser ou baisser l'intérêt de l'argent, ou qui met dans le commerce plus d'argent offert à prêter ; c'est uniquement la somme de capitaux existant dans le commerce, c'est-à-dire la somme actuelle des valeurs mobilières de toute espèce, accumulées, épargnées successivement sur les revenus et les profits pour être employées à procurer au possesseur de nouveaux revenus et de nouveaux profits. Ce sont les épargnes accumulées qui sont offertes aux emprunteurs, et plus il y en a, plus l'intérêt de l'argent est bas, à moins que le nombre des emprunteurs ne soit augmenté à proportion.

Anne-Robert-Jacques Turgot,
RÉFLEXIONS SUR LA FORMATION ET LA DISTRIBUTION DES RICHESSES (1767),
in Turgot, Écrits économiques, *Calmann-Lévy, Paris, 1970, pp. 168-176.*

COMMENTAIRE

Les analyses monétaires de la période mercantiliste (qui s'étend, approximativement, du XVIe à la première moitié du XVIIIe siècle) ont développé concurremment deux approches du « prix de l'argent » : selon une première approche [*cf.* texte E 37], cette notion recouvre la quantité de marchandises qu'on peut obtenir en échange d'une unité de monnaie, et désigne donc en fait l'inverse du niveau général des prix. Selon une seconde approche [*cf.* texte E 40], le « prix de l'argent » représente le loyer qu'il faut payer pour pouvoir disposer d'une unité de monnaie pendant un certain temps, c'est-à-dire le taux d'intérêt.

Dans ses *Réflexions sur la formation et la distribution des richesses,* Turgot (1727-1781) se livre tout d'abord à un exercice de clarification des concepts, en mettant cette dualité en évidence. Au-delà des questions de définition, il propose une analyse des déterminants de chacun des deux « prix de l'argent » qui préfigure très largement le modèle macroéconomique « classique » (en fait néoclassique) du XXe siècle.

En ce qui concerne le prix de l'argent relativement aux autres marchandises, Turgot adhère sans réserve à la théorie quantitative de la monnaie : dans la lignée de Bodin [texte E 37], il voit dans le niveau général des prix une fonction croissante de la quantité de monnaie en circulation. En revanche, contrairement à ce qu'affirme Law [texte E 40], le taux de l'intérêt ne dépend pas pour lui de la masse monétaire, mais de l'offre et de la demande de fonds prêtables, ou encore – schématiquement – de l'épargne et de l'investissement. Comme Law, Turgot perçoit bien l'utilité d'un taux d'intérêt faible pour le développement économique ; mais cela ne peut résulter pour lui que d'un développement de « l'esprit d'économie » (la propension à l'épargne), et non de la création de monnaie dont les effets sont essentiellement inflationnistes. On tient ici les bases de ce qui constituera, aux XIXe et XXe siècles, l'orthodoxie libérale en matière monétaire.

mots-clés

MASSE MONÉTAIRE – THÉORIE QUANTITATIVE DE LA MONNAIE – ÉPARGNE – TAUX D'INTÉRÊT – ARGENT

E 42

François Quesnay

« L'argent n'est pas la richesse »

Nous n'avons point parlé de la masse d'argent monnayé qui circule dans le commerce de chaque nation, et que le vulgaire regarde comme la vraie richesse des États, parce qu'avec l'argent on peut acheter, dit-on, tout ce dont on a besoin ; mais on ne se demande pas avec quoi on peut se procurer de l'argent ; cependant cette richesse ne se donne pas pour rien, elle coûte autant qu'elle vaut à celui qui l'achète. C'est le commerce qui l'apporte aux nations qui n'ont pas de mines d'or ou d'argent ; mais ces nations mêmes n'auraient ni or ni argent, si elles n'avaient pas de quoi les payer ; et elles en auront toujours autant qu'elles voudront en acheter, ou qu'il leur conviendra d'en acheter, si elles ont des productions à donner en échange.

Je dis autant qu'il leur conviendra d'en acheter ; car l'argent n'est pas la richesse dont les hommes ont besoin pour leur jouissance. Ce sont les biens nécessaires à la vie et à la reproduction annuelle de ces biens mêmes qu'il faut obtenir. Convertir des productions en argent pour soustraire cet argent aux dépenses profitables à l'agriculture, ce serait diminuer d'autant la reproduction annuelle des richesses. La masse d'argent ne peut s'accroître dans une nation qu'autant que cette reproduction elle-même s'y accroît ; autrement, l'accroissement de la masse d'argent ne pourrait se faire qu'au préjudice de la reproduction annuelle des richesses. Or, le décroissement de cette reproduction entraînerait nécessairement, et bientôt, celui de la masse d'argent et l'appauvrissement de la nation ; au lieu que la masse d'argent peut décroître dans une nation sans qu'il y ait décroissement des richesses chez cette nation, parce qu'on peut en bien des manières suppléer à l'argent quand on est riche et qu'on a un commerce facile et libre ; mais rien ne peut suppléer, sans perte, au défaut de reproduction annuelle des richesses propres à la jouissance des hommes. On doit même présumer que le pécule d'une nation pauvre doit être à proportion plus considérable que celui d'une nation riche ; car il ne leur en reste à l'une et à l'autre que la somme dont elles ont besoin pour leurs ventes et leurs achats. Or, chez les nations pauvres on a beaucoup plus besoin de l'entremise de l'argent dans le commerce ; il faut y payer tout comptant, parce que l'on ne peut s'y fier à la promesse de presque personne. Mais chez les nations riches, il y a beaucoup d'hommes connus pour riches, et dont la promesse par écrit est regardée comme très sûre et bien garantie par leurs richesses, de sorte que toutes les ventes considérables s'y font à crédit, c'est-à-dire par l'entremise de papiers valables qui suppléent à l'argent et facilitent beaucoup le commerce. Ce n'est donc pas par le plus ou moins d'argent qu'on doit juger de l'opulence des États ; aussi estime-t-on qu'un pécule égal au revenu des propriétaires des terres est beaucoup plus que suffisant pour une nation agricole où la circulation se fait régulièrement, et où le commerce s'exerce avec confiance et une pleine liberté.

François Quesnay,
ANALYSE DE LA FORMULE ARITHMÉTIQUE DU TABLEAU ÉCONOMIQUE (1758),
septième observation,
in F. Quesnay, Tableau économique des physiocrates,
Calmann-Lévy, Paris, 1969, pp. 71-73.

COMMENTAIRE

Dirigée par François Quesnay (1694-1774), l'école physiocratique joue un rôle de premier plan dans la réflexion économique française au milieu du XVIIIe siècle. Cette école se singularise par sa croyance en la productivité exclusive de l'agriculture : seule l'agriculture est véritablement créatrice de richesses, affirment les physiocrates, car seule elle multiplie la matière (un grain de blé mis en terre donnera un épi), alors que les autres activités ne font que la transformer (le meunier transforme le blé en farine, que le boulanger transforme à son tour en pain).

Dès la fin du XVIIIe siècle, le dogme central de la pensée physiocratique s'effondrera sous le double effet des découvertes de Lavoisier (rien ne se perd, rien ne se crée, tout se transforme) et de la révolution industrielle anglaise (la croissance économique apparaîtra essentiellement tirée par l'industrie). Mais l'importance de l'école physiocratique, du point de vue de l'histoire de la pensée économique, ne saurait se mesurer à sa durée de vie remarquablement brève. Outre le *Tableau* de Quesnay, qui constitue une sorte de prototype de modèle macroéconomique multisectoriel et dynamique, on lui doit une théorie des « avances productives » préparant largement la réflexion des classiques et de Marx sur le capital [*cf.* texte E 61], et une prise de position en faveur du libéralisme économique dans laquelle Adam Smith puisera une partie de son inspiration [*cf.* texte E 4].

L'adhésion de Quesnay au mot d'ordre du « laisser-faire, laisser-passer » attribué à l'intendant Vincent de Gournay s'accompagne d'une virulente critique des thèses mercantilistes, et notamment de celles qui concernent la monnaie. Prenant le contre-pied de Montchrestien selon lequel « nous ne vivons pas tant par le commerce des éléments que par l'or et l'argent » [texte E 38], Quesnay affirme que la richesse n'est pas l'argent mais « les biens nécessaires à la vie et à la reproduction annuelle de ces biens » (lesquels sont, pour lui, en dernière instance le résultat de l'activité productive des agriculteurs). Renversant le sens de la causalité établie par Law entre monnaie et production [texte E 40], il soutient qu'un pays ne peut souffrir d'une insuffisance de monnaie si sa « reproduction annuelle de richesses » est bien établie (ce qui suppose à ses yeux la liberté du commerce et une fiscalité n'écrasant pas la « classe productive »). En effet, un pays peut toujours importer des métaux précieux s'il a des produits à donner en échange et, en outre, « on peut en bien des manières suppléer à l'argent quand on est riche et qu'on a un commerce libre et facile » : dans une telle situation, « toutes les ventes considérables s'y font à crédit, c'est-à-dire par l'entremise de papiers valables qui suppléent à l'argent et facilitent beaucoup le commerce ». Quesnay semble considérer ces « papiers » comme un moyen d'accélérer la vitesse de circulation de la monnaie, qui reste définie en termes métalliques. On y verra par la suite des signes monétaires supplémentaires, qui viennent s'ajouter à la monnaie métallique (avant de s'y substituer).

mots-clés

MONNAIE - RICHESSE - MERCANTILISME - PHYSIOCRATIE

E 43

Adam Smith

L'intermédiaire des échanges

La division du travail une fois généralement établie, chaque homme ne produit plus par son travail que de quoi satisfaire une très petite partie de ses besoins. La plus grande partie ne peut être satisfaite que par l'échange du surplus de ce produit qui excède sa consommation, contre un pareil surplus du travail des autres. Ainsi chaque homme subsiste d'échanges ou devient une espèce de marchand, et la société elle-même est proprement une société commerçante.

Mais dans les commencements de l'établissement de la division du travail, cette faculté d'échanger dut éprouver de fréquents embarras dans ses opérations. Un homme, je suppose, a plus d'une certaine denrée qu'il ne lui en faut, tandis qu'un autre en manque. En conséquence le premier serait bien aise d'échanger une partie de ce superflu, et le dernier ne demanderait pas mieux que de l'acheter. Mais si par malheur celui-ci ne possède rien dont l'autre ait besoin, il ne pourra pas se faire d'échange entre eux. Le boucher a dans sa boutique plus de viande qu'il n'en peut consommer ; le brasseur et le boulanger en achèteraient volontiers une partie, mais ils n'ont pas autre chose à offrir en échange que les différentes denrées de leur négoce, et le boucher est déjà pourvu de tout le pain et de toute la bière dont il a besoin pour le moment. Dans ce cas-là, il ne peut y avoir lieu entre eux à un échange. Il ne peut être leur vendeur, et ils ne peuvent être ses chalands ; et tous sont dans l'impossibilité de se rendre mutuellement service. Pour éviter les inconvénients de cette situation, tout homme prévoyant, dans chacune des périodes de la société qui suivirent le premier établissement de la division du travail, dut naturellement tâcher de s'arranger pour avoir par devers lui, dans tous les temps, outre le produit particulier de sa propre industrie, une certaine quantité de quelque marchandise, qui fût, selon lui, de nature à convenir à tant de monde, que peu de gens fussent disposés à la refuser en échange du produit de leur industrie.

Il est vraisemblable que l'on songea, pour cette nécessité, à différentes denrées qui furent successivement employées. [...]

Cependant des raisons irrésistibles semblent, dans tous les pays, avoir déterminé les hommes à adopter les métaux pour cet usage, par préférence à toute autre denrée. Les métaux non seulement ont l'avantage de pouvoir se garder avec aussi peu de déchet que quelque autre denrée que ce soit, aucune n'étant moins périssable qu'eux, mais encore ils peuvent se diviser sans perte en autant de parties qu'on veut, et ces parties, à l'aide de la fusion, peuvent être de nouveau réunies en masse ; qualité que ne possède aucune autre denrée aussi durable qu'eux, et qui, plus que toute autre qualité, en fait les instruments les plus propres au commerce et à la circulation.

Adam Smith,
RECHERCHES SUR LA NATURE ET LES CAUSES DE LA RICHESSE DES NATIONS (1776),
trad. française Éditions Gallimard, Paris, 1976, livre I, chap. 4., pp. 55-60.

COMMENTAIRE

S'il rejette la thèse physiocratique de la productivité exclusive de l'agriculture, Smith (1723-1790) reprend à son compte la distinction faite par Quesnay entre monnaie et richesse [texte E42] : la monnaie n'est pas la richesse, affirme-t-il, mais le moyen commode de la faire circuler.

À la différence de Locke qui, un siècle plus tôt, mettait l'accent sur la fonction de réserve de valeur de la monnaie [texte E 39], Smith voit avant tout dans celle-ci un intermédiaire des échanges (la monnaie joue également un rôle de mesure des valeurs, mais, note-t-il, elle le joue très imparfaitement car sa valeur est elle-même fluctuante ; pour les besoins de l'analyse économique, le travail « commandé » par les marchandises constitue selon lui le meilleur étalon de mesure des valeurs).

Dans une société qui ne connaît que le troc, explique Smith, la division du travail ne peut que difficilement se développer car l'échange direct des produits du travail les uns contre les autres se heurte à d'importants obstacles techniques : absence de réciprocité des besoins, problèmes de divisibilité et de conservation des produits. Le troc enferme les individus dans une juxtaposition de relations bilatérales limitant les échanges à un niveau bien inférieur à ce que pourrait offrir un système de compensation multilatérale, c'est-à-dire un système permettant à un individu A de solder ses dettes à l'égard de B grâce aux excédents qu'il a dégagés sur C, et cela quelles que soient les identités de A, B et C (au plan international, on trouve au XXe siècle une belle illustration de ce problème dans la pratique des pays de l'ex-bloc soviétique, réunis de 1949 à 1991 au sein du COMECON). Les hommes ont inventé un tel système en créant la monnaie, qui se présente initialement comme « une marchandise [...] de nature à convenir à tant de monde que peu de gens [sont] disposés à la refuser en échange du produit de leur industrie ». Après avoir constaté que diverses marchandises peuvent servir à cette fonction, Smith conclut que, pour des raisons tenant à leur nature physique, les métaux se sont très largement imposés.

Quel que soit le support matériel de la monnaie, il n'en reste pas moins que ce sont, par son intermédiaire, « les marchandises de toute espèce qui [...] s'échangent l'une contre l'autre ». Cette proposition d'Adam Smith, que Jean-Baptiste Say reprendra à son compte, est moins anodine qu'il n'y paraît, puisqu'elle porte en elle les prémisses de la « loi des débouchés » [*cf.* texte E 75].

mots-clés

MONNAIE – DIVISION DU TRAVAIL – TROC – INTERMÉDIAIRE DES ÉCHANGES

E 44

David Ricardo

De la monnaie et des banques

L'or et l'argent, ainsi que toutes les autres marchandises, n'ont de valeur qu'en proportion de la quantité de travail nécessaire pour les produire et les faire arriver au marché. L'or est quinze fois environ plus cher que l'argent, non pas que la demande en soit plus forte, ni que l'argent soit quinze fois plus abondant que l'or, mais uniquement en raison de ce qu'il faut quinze fois plus de travail pour obtenir une quantité déterminée d'or.

La quantité de monnaie qui peut être employée dans un pays dépend de sa valeur. Si l'or seul était employé pour la circulation des marchandises, il n'en faudrait qu'un quinzième de ce qui serait nécessaire si l'argent était consacré à cette fonction. La monnaie en circulation ne saurait jamais être assez abondante pour regorger ; car si vous en faites baisser la valeur, vous en augmenterez dans les mêmes proportions la quantité ; et en augmentant sa valeur vous en diminuerez la quantité.

Tant que le gouvernement fait frapper des monnaies sans retenir les frais de monnayage, les pièces de monnaie ont une valeur égale à celle de toute autre pièce de même métal, d'un poids et d'une finesse pareils. Mais si le gouvernement retient un droit de monnayage ou de seigneuriage, la pièce de métal frappée excédera en général la valeur de la pièce non frappée de tout le montant de ce droit, parce qu'elle aura exigé plus de travail, ou, ce qui revient au même, la valeur du produit d'une plus grande quantité de travail nécessaire pour sa fabrication.

Quand l'État seul bat la monnaie, il ne peut pas y avoir de limite à ce droit de monnayage ; car, en restreignant la quantité du numéraire, on peut en élever la valeur indéfiniment. C'est en vertu de ce principe que circule le papier monnaie. Toute sa valeur peut être regardée comme représentant un seigneuriage. Quoique ce papier n'ait pas de valeur intrinsèque, cependant, si l'on en borne la quantité, sa valeur échangeable peut égaler la valeur d'une monnaie métallique de la même dénomination, ou de lingots estimés en espèces. C'est encore par le même principe, c'est-à-dire en bornant la quantité de la monnaie que des pièces d'un bas titre peuvent circuler pour la valeur qu'elles auraient eue si leur poids et leur titre étaient ceux fixés par la loi, et non pour la valeur intrinsèque du métal qu'elles contiennent. [...]

Après l'établissement des banques, l'État n'a plus à lui seul le pouvoir de battre monnaie ou d'en faire l'émission. On peut tout aussi bien augmenter la monnaie en circulation, au moyen du papier de banque, que par des espèces ; en sorte que si un État altérait ses monnaies et en limitait la quantité, il ne pourrait en maintenir la valeur ; car les banques auraient la même faculté que le gouvernement d'augmenter la quantité de l'argent en circulation.

D'après ces principes, il est aisé de voir que pour donner une valeur au papier-monnaie, il n'y a pas besoin qu'il soit payable à vue en espèces monnayées ; il suffit pour cela que la quantité de ce papier soit réglée d'après la valeur du métal qui est reconnu comme mesure commune. Si l'or, d'un poids et d'un titre déterminés, était cette mesure, on pourrait augmenter la quantité du papier à chaque baisse dans la valeur de l'or, ou, ce qui revient au même, à chaque hausse dans le prix des marchandises. [...]

L'expérience prouve cependant que, toutes les fois qu'un gouvernement ou une banque a eu la faculté illimitée d'émettre du papier-monnaie, ils en ont toujours abusé. Il s'ensuit que, dans tous les pays, il est nécessaire de restreindre l'émission du papier-monnaie, et de l'assujettir à une surveillance ; et aucun moyen ne paraît mieux calculé qu'une disposition qui impose à toutes les banques qui émettent du papier, de payer leurs billets, soit en monnaie d'or, soit en lingots. [...]

La monnaie est dans l'état le plus parfait quand elle se compose uniquement de papier, mais d'un papier dont la valeur est égale à la somme d'or qu'il représente. L'usage du papier en place de l'or remplace un agent très dispendieux au moyen d'un autre qui l'est fort peu, ce qui met le pays, sans qu'il en résulte aucune perte pour les particuliers, en état d'échanger tout l'or qu'il employait auparavant pour la circulation, contre des matières premières, des machines et des subsistances, dont l'usage augmente à la fois la richesse et les jouissances de la nation.

David Ricardo,
DES PRINCIPES DE L'ÉCONOMIE POLITIQUE ET DE L'IMPÔT (1817),
trad. française Flammarion, Paris, 1977, chap. 27, pp. 311-319.

COMMENTAIRE

Écrit dans le cadre d'une polémique à propos du rétablissement de la convertibilité-or de la livre sterling à l'issue des guerres napoléoniennes, le chapitre des *Principes* de Ricardo (1772-1823) traitant « de la monnaie et des banques » va bien au-delà d'un texte de circonstance. Avec le souci de rigueur qui le caractérise, l'auteur nous livre une analyse de la monnaie qui éclaire remarquablement deux articulations essentielles : entre valeur-travail et théorie quantitative de la monnaie d'une part, entre monnaie-marchandise et monnaie fiduciaire d'autre part.

La théorie de la valeur-travail explique la valeur des marchandises à partir de la dépense de travail nécessaire à leur production [texte E 25]. Cette théorie – que Ricardo ne considère que comme une approximation – s'applique à l'or et à l'argent comme à toute marchandise reproductible, et donc à la valeur de la monnaie lorsque celle-ci est composée de pièces d'or ou d'argent. La théorie quantitative de la monnaie explique quant à elle cette valeur à partir de la quantité de monnaie en circulation [texte E 37]. Ricardo intègre dans un ensemble unifié ces deux approches à première vue contradictoires, et il utilise pour cela la théorie smi-

thienne de la « gravitation » du prix de marché autour du prix naturel [texte E 28], qu'il applique à la monnaie elle-même : lorsque la production d'or augmente (à la suite de la découverte de nouvelles mines par exemple), son « prix de marché » diminue par rapport à celui des autres marchandises, ce qui se traduit concrètement par une hausse des prix-or de ces dernières (on retrouve ici la théorie quantitative de la monnaie) ; mais ce phénomène fait baisser la rentabilité de la production de l'or par rapport à celle des autres marchandises, ce qui entraîne un déplacement de capitaux de la première vers les secondes ; il en résulte une diminution de la production d'or, qui tend à ramener le « prix de marché » de l'or vers son « prix naturel » (lequel dépend de la quantité de travail nécessaire à sa production). Par ce mécanisme, la masse monétaire, exogène sur le court terme, devient endogène sur le long terme : la quantité de monnaie en circulation dans l'économie tend spontanément à se proportionner au besoin qu'on en a.
Cette analyse concerne une monnaie-marchandise (en l'occurrence l'or). Mais, selon Ricardo, la valeur de la monnaie n'est pas altérée si le stock d'or est remplacé par des signes de papier dont le coût de fabrication est négligeable (monnaie fiduciaire), sous réserve que la valeur faciale globale des signes émis n'excède pas le poids du stock d'or que ces signes sont censés remplacer. Ricardo se montre très favorable à ce système, dont le coût de fonctionnement lui semble nettement plus faible que celui de la monnaie-marchandise. Pour parer au risque inflationniste résultant d'une création monétaire excessive (par exemple en vue de financer le déficit budgétaire), Ricardo propose d'imposer aux banques qui émettent la monnaie de papier la contrainte de la convertibilité-or de cette monnaie. Cette proposition de Ricardo triomphe avec le *Resumption Act* de 1819, et le système monétaire qui se met ainsi en place sera conservé jusqu'à la Première Guerre mondiale.

mots-clés

MASSE MONÉTAIRE – THÉORIE QUANTITATIVE DE LA MONNAIE – VALEUR-TRAVAIL – GRAVITATION – ÉTALON-OR – BANQUES

E 45

Irving Fisher

Équation des échanges et théorie quantitative

Les différents facteurs présentés dans l'équation des échanges n'ont pas le même statut causal. Les prix sont l'élément passif et leur niveau général doit se conformer aux autres facteurs. Les propositions causales qui nous sont apparues vraies normalement, c'est-à-dire une fois achevées les transitions, sont en résumé les suivantes :

1. Une augmentation de la quantité de monnaie (M) tend à accroître les dépôts (M') en proportion, et l'accroissement de ces deux éléments (M et M') tend à accroître les prix proportionnellement.

2. Une augmentation de la quantité de monnaie dans un pays tend à se diffuser dans d'autres pays utilisant le même métal comme monnaie, et à l'activité, dès que les

niveaux de prix ou la valeur relative de la monnaie et des lingots diffèrent suffisamment pour rendre profitable l'exportation ou la fonte des pièces, et tend à faire monter légèrement les prix mondiaux.

3. Une augmentation des dépôts (M') par rapport à la monnaie (M) tend également à déplacer et à faire fondre les pièces, et à faire monter les prix mondiaux.

4. Une augmentation des vitesses de circulation tend à produire des effets similaires.

5. Une augmentation du volume des échanges (Q) tend, non seulement à faire baisser les prix, mais aussi à accroître les vitesses de circulation et les dépôts par rapport à la monnaie, et par là à neutraliser en partie ou totalement la baisse des prix.

6. Le niveau des prix est l'effet et ne peut être la cause d'un changement des autres facteurs.

7. D'innombrables causes extérieures à l'équation des échanges peuvent affecter M, M', V, V' et Q, et par suite affecter P. Parmi ces causes citons les niveaux des prix des pays voisins.

8. Les facteurs expliquant les prix individuels peuvent seulement expliquer les prix relatifs. Ils ne peuvent expliquer le niveau général des prix, en termes de monnaie.

9. Certaines propositions ci-dessus sont sujettes à de légères modifications pendant les périodes de transition. Il est vrai, par exemple, qu'une augmentation de la quantité de monnaie (M), outre les effets mentionnés ci-dessus, changera temporairement le rapport de M' à M et perturbera temporairement V, V' et Q, créant un cycle de crédit.

En général, donc, notre conclusion concernant les causes et les effets est que normalement le niveau des prix (P) est l'effet de tous les autres facteurs de l'équation des échanges (M, M', V, V' et Q) ; que parmi ces autres facteurs, les dépôts (M') sont principalement l'effet de la monnaie, étant donné le rapport normal de M' à M ; que ce rapport est en partie l'effet de l'activité (Q) ; que V et V' sont aussi en partie l'effet de Q ; et que toutes ces grandeurs, M, M', V, V' et Q, sont les effets de facteurs situés en dehors de l'équation des échanges.

La principale conclusion est que nous ne trouvons rien à redire à la théorie quantitative, selon laquelle une variation de la masse monétaire (M) produit normalement un changement proportionnel des prix.

Irving Fisher,
LE POUVOIR D'ACHAT DE LA MONNAIE (1911),
Mc Millan, New York, chap. 8, section 9, pp. 181-182.

COMMENTAIRE

Adepte moderne de la vieille théorie quantitative de la monnaie [texte E 37], l'économiste néo-classique américain Irving Fisher (1867-1947) propose, au début du XXe siècle, une présentation systématique de cette théorie à l'aide de « l'équation des échanges ». Celle-ci s'écrit :

$$M.V + M'.V' = P.Q$$

où M représente la monnaie manuelle émise par la banque centrale et le Trésor (billets et pièces), M' la monnaie scripturale composée des dépôts à vue du public dans les banques, V et V' les « vitesses de circulation » de M et M', Q le volume des transactions et P le niveau général des prix. Fisher fait l'hypothèse d'une relation stable entre M et M', ce qui permet d'écrire son équation des échanges sous la forme simplifiée suivante :

$$M.V = P.Q$$

où M représente l'ensemble de la masse monétaire (manuelle et scripturale) et V sa vitesse de circulation. Par elle-même, l'équation ci-dessus n'exprime aucune théorie – et ne saurait donc, notamment, être confondue avec la théorie quantitative de la monnaie – mais seulement la définition de la vitesse de circulation de la monnaie, qui représente le rapport de la valeur du flux de transactions annuel (P.Q) au stock de monnaie (M) servant à réaliser ces transactions.

Le passage d'une simple équation définitionnelle à une proposition théorique suppose l'établissement de relations causales entre les variables de l'équation. La thèse de Fisher est que M, V et Q sont des variables indépendantes dont le concours aboutit à la détermination de P (« le niveau des prix est l'effet et ne peut être la cause d'un changement des autres facteurs »). Cette proposition s'appuie sur deux hypothèses : tout d'abord la demande de monnaie des agents, c'est-à-dire le stock de monnaie qu'ils souhaitent en moyenne détenir, se limite à leurs besoins d'« encaisses-transaction », et par suite est dans un rapport stable avec la valeur des transactions qu'ils réalisent (P.Q) ; ensuite le niveau « réel » de l'activité (Q) est indépendant de la quantité de monnaie en circulation. Ces deux hypothèses renvoient l'une et l'autre à la conception « classique » de la monnaie, telle qu'elle s'est constituée à la fin du XVIIIe siècle [textes E 41, E 42, E 43] : la monnaie, simple intermédiaire des échanges, n'est pas recherchée pour elle-même, et ne saurait être confondue avec un facteur de production agissant sur le niveau d'activité « réel » (qui dépend, lui-même, uniquement de forces « réelles », en particulier l'esprit d'épargne, l'ardeur au travail et l'intensité de la concurrence).

M n'agissant ni sur V ni sur Q, il résulte de cette analyse que les perturbations de l'équilibre du « marché de la monnaie » provoquées par des variations de M se résolvent par des variations de P : « La principale conclusion, écrit Fisher, est que nous ne trouvons rien à redire à la théorie quantitative, selon laquelle une variation de la masse monétaire produit normalement un changement proportionnel des prix. »

Selon cette analyse, le fonctionnement de l'économie est séparé en deux « sphères » qui n'interagissent pas : la sphère « réelle », indépendante de la quantité de monnaie en circulation, détermine les grandeurs « réelles » que sont les quantités de facteurs employées et les quantités de produits fournies, ainsi que les prix relatifs ; la sphère « monétaire » détermine, conformément à l'équation des échanges, le niveau général des prix exprimés en monnaie.

Cette séparation de l'économie en deux « sphères » sera ultérieurement critiquée par des auteurs appartenant à des courants de pensée fort différents [textes E 46 et E 47]. Cependant Fisher lui-même en atténue sérieusement la portée, en admettant que les variations de M peuvent « perturber temporairement » la vitesse de circulation de la monnaie et le niveau de la production. La distinction entre effets « transitoires » et effets « permanents » de la création monétaire sera reprise par Milton Friedman, qui l'utilisera en vue de réhabiliter, sous le nom de monétarisme, la théorie quantitative après le passage de la « révolution keynésienne » [texte E 48].

mots-clés

MASSE MONÉTAIRE – THÉORIE QUANTITATIVE DE LA MONNAIE – VITESSE DE CIRCULATION – ÉQUATION DES ÉCHANGES

Friedrich von Hayek

Contre la théorie quantitative

Autrefois, les périodes de troubles monétaires ont toujours été des périodes de grand progrès dans ce domaine de la science économique (l'Italie du XVIe siècle est connue comme le pays de la pire monnaie et de la meilleure théorie monétaire). S'il n'en a pas été de même récemment, c'est me semble-t-il à cause du changement d'attitude de la part de la majorité des économistes à l'égard de la méthodologie appropriée à la science économique. Ce changement, fréquemment salué comme un progrès important, consiste en une tentative pour substituer des méthodes d'analyse quantitatives à des méthodes qualitatives. Dans le domaine de la théorie monétaire, ce changement s'est opéré même chez des économistes qui rejettent l'approche « nouvelle », et pour plusieurs d'entre eux, en fait, des années avant que la théorie quantitative ne fût devenue une mode ailleurs.

Le meilleur exemple connu, et le plus pertinent dans le cas considéré, est la redécouverte par Irving Fisher, il y a quelque vingt ans, des formes les plus mécanistes de la théorie quantitative de la monnaie dans sa fameuse équation des échanges. Que cette théorie, avec son appareil de relations mathématiques formulées pour être vérifiées statistiquement, soit un exemple caractéristique d'économie « quantitative », et qu'elle ait probablement contribué dans une large mesure à influencer la méthodologie des représentants actuels de cette école, sont des propositions qu'on peut difficilement nier. Je n'ai pas l'intention de critiquer le contenu positif de cette théorie : je suis même prêt à admettre qu'elle est vraie en soi, et que, sur le plan pratique, la pire des choses serait que l'opinion publique cesse à jamais de croire dans les propositions élémentaires de la théorie quantitative. Je déplore seulement que cette théorie sous ses diverses formes ait indûment occupé le centre de la théorie monétaire mais aussi que ses fondements constituent un obstacle réel à tout nouveau progrès. L'isolement actuel de la théorie monétaire par rapport au corps principal de la théorie économique générale n'est pas sa conséquence la moins dommageable. Il ne peut en être autrement aussi longtemps que nous utilisons des méthodes différentes pour expliquer d'une part les valeurs telles qu'elles sont supposées exister en dehors de toute influence monétaire, et d'autre part cette influence de la monnaie sur les prix. Pourtant, nous ne faisons rien d'autre lorsque nous essayons d'établir des relations causales *directes* entre la quantité *totale* de monnaie, le *niveau général* de l'ensemble des prix et éventuellement la production totale. Car aucune de ces grandeurs *en tant que telle* n'exerce jamais d'influence sur les décisions des individus ; pourtant, les principales propositions de la théorie économique non monétaire sont fondées sur l'hypothèse d'une connaissance des décisions individuelles. Nous devons notre compréhension, quelles qu'en soient les limites, des phénomènes économiques à cette méthode « individualiste ». C'est probablement le principal avantage de la théorie « subjective » moderne sur l'école classique, en dehors du contenu même de ces doctrines, que d'être allé plus loin dans l'utilisation cohérente de cette méthode.

Par conséquent, si la théorie monétaire essaie encore d'établir des relations causales entre agrégats ou moyennes générales, c'est à cause de son retard sur le développement de la science économique en général. En fait, ni les agrégats ni les moyennes n'interagissent, et il ne sera jamais possible d'établir entre eux des relations systématiques de cause à effet, comme on peut le faire pour des phénomènes individuels, des prix individuels, etc. J'irai même jusqu'à affirmer que, compte tenu de la nature même de la théorie économique, des moyennes ne peuvent jamais constituer un lien dans son raisonnement. [...]

Tout le monde reconnaît aujourd'hui qu'un changement des prix n'aurait aucune conséquence si tous les prix, au sens le plus large du terme, étaient également et simultanément affectés. Mais ce type de théorie s'intéresse essentiellement et explicitement, sous certaines hypothèses, aux « tendances qui affectent tous les prix également, ou à quelque taux que ce soit, simultanément et dans le même sens » (Hawtrey). Et ce n'est qu'après avoir ainsi établi la prétendue liaison causale entre les variations de la quantité de monnaie et les prix moyens que l'on s'intéresse aux effets sur les prix relatifs. Mais comme l'on suppose généralement que les variations de la quantité de monnaie n'affectent que le niveau général des prix, et que les variations des prix relatifs sont dues à des perturbations ou à des « frictions », on n'intègre pas ces variations de prix relatifs dans cette explication du niveau des prix. Ces variations de prix relatifs ne représentent que des phénomènes parallèles dont l'expérience nous indique qu'ils sont régulièrement associés aux variations du niveau des prix et non, comme on pourrait le penser, des conséquences issues nécessairement des mêmes causes. La forme de l'exposé et les concepts utilisés le montrent clairement. On note des « retards » entre les variations des différents prix. On suppose généralement que les prix des divers biens sont affectés selon une séquence définie et l'on sous-entend toujours que tout cela ne serait jamais arrivé si le niveau général des prix n'avait pas varié.

Friedrich von Hayek,
PRIX ET PRODUCTION (1931),
trad. française Calmann-Lévy, Paris, 1975, pp. 60-64.

COMMENTAIRE

Sous des formes diverses, la théorie quantitative de la monnaie est adoptée par un grand nombre d'économistes libéraux [textes E 41, E 44, E 45 et E 48]. La critique qu'en donne Hayek (1899-1992) est d'autant plus intéressante qu'elle émane d'un des plus éminents défenseurs de la cause du libéralisme au XXe siècle.

La charge de Hayek contre la théorie quantitative – et, singulièrement, contre la présentation qu'en donne Fisher à l'aide de son « équation des échanges » [texte E 45] – est en fait un aspect de son opposition au raisonnement macroéconomique qui est en train de prendre, dans les premières décennies du XXe siècle, son autonomie par rapport à la microéconomie : ce raisonnement, qui entend établir des relations significatives entre des grandeurs globales (à l'échelle de l'économie de tout un pays), est selon Hayek victime de l'erreur méthodologique qui consiste à vouloir appliquer dans les sciences sociales les méthodes « objectives » ayant fait leurs preuves dans les sciences de la nature [*cf.* texte E 19]. Les grandeurs globales n'ont aucune signification pour les individus dont les décisions quotidiennes forment la base de l'activité économique d'un pays, et n'aident en aucune façon à comprendre leur comportement (lequel ne peut être

approché que par la méthode « subjective » chère à Hayek). Par suite, conclut l'auteur, il faut abandonner toute prétention à établir des liens de causalité entre des grandeurs économiques globales, et notamment entre la masse monétaire et le niveau général des prix. Le seul impact intéressant, pour l'analyse économique, d'une variation de la quantité de monnaie en circulation dans un pays est celui qui affecte les prix individuels des différentes marchandises et non un quelconque « niveau moyen » [*cf.* texte E 80].
Bien que Keynes ait porté un jugement sévère sur l'ouvrage de Hayek dont est extrait le texte ci-dessus (« le plus horrible mélange que j'aie jamais lu »), il est intéressant de noter que les deux auteurs, à partir d'approches très différentes, se retrouvent pour rejeter l'idée de « neutralité » de la monnaie qui, avec parfois quelques nuances, suit la théorie quantitative comme son ombre.

mots-clés

MASSE MONÉTAIRE – THÉORIE QUANTITATIVE DE LA MONNAIE – PRIX RELATIFS – MACROÉCONOMIE

E 47

John Maynard Keynes

La préférence pour la liquidité

Par connaissance « incertaine », je m'explique, je n'entends pas simplement distinguer ce que l'on sait pour certain de ce qui est simplement probable. Le jeu de la roulette n'est pas sujet, dans ce sens, à l'incertitude ; pas plus que la perspective qu'un bon de la Victoire soit tiré au sort. Ou bien, encore, l'espérance de vie n'est que légèrement incertaine. Même la météorologie n'est que modérément incertaine. Le sens dans lequel j'utilise le terme est celui dans lequel la perspective d'une guerre européenne est incertaine, ou le prix du cuivre et le taux d'intérêt à vingt ans d'ici, ou l'obsolescence d'une nouvelle invention, ou la situation des propriétaires privés de la richesse dans le système social en 1970. En ces matières il n'y a pas de bases scientifiques sur lesquelles fonder une quelconque probabilité calculable. Nous ne savons tout simplement pas. Néanmoins, la nécessité d'agir et de décider nous oblige en tant qu'hommes pragmatiques à faire de notre mieux pour oublier ce fait embarrassant et à nous comporter exactement comme nous le ferions si nous avions derrière nous un bon calcul à la Bentham d'une série d'avantages et de désavantages éventuels, chacun multiplié par la probabilité qui lui aurait été affectée, et attendant d'être additionnée. [...]

La monnaie, c'est bien connu, sert deux desseins principaux. Agissant comme monnaie de compte elle facilite les échanges sans qu'il soit nécessaire qu'elle apparaisse comme un objet matériel. À cet égard elle est une commodité dénuée de signification ou d'influence réelle. En second lieu, elle est une réserve de richesse. C'est ce que l'on nous dit, sans sourire. Mais, dans le monde classique, quel fol usage auquel l'affecter ! Car la monnaie en tant que réserve de richesse a pour caractéristique reconnue d'être stérile ; tandis que pratiquement toute autre forme de richesse rapporte intérêt ou profit. Pourquoi quiconque en dehors d'un asile de fous voudrait-il utiliser la monnaie comme réserve de richesse ?

Parce que, sur des bases en partie raisonnables et en partie instinctives, notre désir de conserver de la monnaie comme réserve de richesse est un baromètre de notre degré de méfiance à l'égard de nos propres calculs et conventions concernant le futur. Même si ce sentiment vis-à-vis de la monnaie est lui-même conventionnel ou instinctif, il opère, pour ainsi dire, à un niveau plus profond de notre motivation. Il prend la relève dans les moments où les conventions plus superficielles, plus précaires, faiblissent. La possession de monnaie en tant que telle calme notre inquiétude ; et la prime que nous exigeons pour nous séparer de la monnaie est la mesure de notre degré d'inquiétude.

La signification de cette caractéristique a généralement été négligée ; et dans la mesure où elle a été remarquée, la nature essentielle du phénomène a été mal décrite. Car ce qui a attiré l'attention était la *quantité* de monnaie thésaurisée ; et l'on y attachait de l'importance parce que l'on supposait que cela avait un effet direct proportionnel sur le niveau des prix en affectant la vitesse de circulation. Mais la *quantié* thésaurisée ne peut être altérée que si la quantité totale de monnaie est changée ou si la quantité de revenu monétaire courant (pour parler bref) est changée ; tandis que des fluctuations dans le degré de confiance sont capables d'avoir un effet tout différent, en l'occurrence, non pas en modifiant le montant qui est réellement thésaurisé, mais le montant de la prime qui doit être offerte pour inciter les gens à ne pas thésauriser. Et les changements dans la propension à thésauriser, ou dans l'état de la préférence pour la liquidité comme je l'ai appelée, affectent principalement, non pas les prix, mais le taux d'intérêt ; tout effet sur les prix étant produit par répercussion comme conséquence ultime d'un changement dans le taux d'intérêt.

Ceci, exprimé de façon générale, est ma théorie du taux d'intérêt. Le taux d'intérêt mesure évidemment – au sens arithmétique du terme – la prime qui doit être offerte afin d'inciter les gens à conserver leur richesse sous une forme autre que la monnaie thésaurisée. La quantité de monnaie et le montant qui est nécessaire dans la circulation active pour les transactions des affaires courantes (dépendant principalement du niveau du revenu monétaire) déterminent combien est disponible pour les encaisses oisives, *i.e.* pour la thésaurisation. Le taux d'intérêt est le facteur qui ajuste à la marge la demande [de monnaie en vue] de thésaurisation à l'offre [de monnaie en vue] de thésaurisation.

John Maynard Keynes,
« La théorie générale de l'emploi » (1937),
in The Quarterly Journal of Economics, *février 1937,*
trad. française J. Grossman / D. Diatkine.

COMMENTAIRE

L'opposition de Keynes (1883-1946) à la théorie qu'il appelle « classique » repose essentiellement sur une approche différente de la monnaie : pour lui celle-ci ne se limite pas à un simple « intermédiaire des échanges », une commodité technique permettant de s'affranchir des embarras du troc mais dénuée d'importance sur le plan théorique.

En effet, affirme Keynes, les individus manifestent – à des degré très variables selon les circonstances – une « préférence pour la liquidité » qui, toutes choses égales par ailleurs, les pousse à choisir systématiquement les actifs les plus liquides, c'est-à-dire les plus facilement transformables en monnaie. Ce comportement est la preuve que, contrairement à ce qu'affirment les « classiques », la monnaie est recherchée pour elle-même, en d'autres termes que la demande de monnaie ne se limite pas aux encaisses-transaction, techniquement justifiées par les décalages existant, pour chaque agent, entre le rythme de ses recettes et celui de ses dépenses.

La cause de ce comportement de préférence pour la liquidité n'est pas à rechercher, pour Keynes, dans un quelconque biais irrationnel des agents, mais simplement dans le fait que leur connaissance imparfaite de l'avenir les pousse à se méfier de leurs propres prévisions, et donc à attacher de l'importance au fait que leur patrimoine, ou une partie de celui-ci, soit suffisamment liquide : « Notre désir de conserver de la monnaie comme réserve de richesse est un baromètre de notre degré de méfiance à l'égard de nos propres calculs et conventions concernant le futur. » Cette méfiance est d'autant plus fondée, souligne Keynes, que bien souvent, non seulement l'avenir n'est pas connu avec certitude, mais on n'a même pas d'idée sérieuse sur les probabilités des différents événements susceptibles de se produire. (Cette remarque est, par avance, une pierre sérieuse jetée dans le jardin que cultivera la « nouvelle économie classique » dans les années 70-80.)

Les conséquences de la prise en compte de la préférence pour la liquidité dans le comportement des agents sont importantes, car elles débouchent sur une théorie du taux d'intérêt qui vient ruiner la thèse classique de la « neutralité » de la monnaie. En effet, pour Keynes le taux d'intérêt n'est pas la rémunération de l'épargne [*cf.* texte E 41], mais la rémunération des placements ; cette distinction, qui est sans portée dans un univers classique ignorant la préférence pour la liquidité, devient par contre décisive dès que l'on prend en compte cette motivation des agents : l'intérêt représente alors la prime qu'il faut verser aux individus pour les amener à renoncer à la thésaurisation, c'est-à-dire au stockage de la monnaie. Keynes renoue ici avec une ancienne théorie de l'intérêt, qui faisait dépendre celui-ci de l'offre et de la demande de monnaie [*cf.* texte E 40], et qui avait été abandonnée, à la fin du XVIIIe siècle, au profit d'une analyse en termes « réels ». Le taux d'intérêt devient alors le canal par lequel les variations de l'offre et de la demande de monnaie transmettent leur influence sur l'économie « réelle », ce qui est très précisément le sens du titre donné par Keynes à son ouvrage de 1936, *Théorie générale de l'emploi, de l'intérêt et de la monnaie.*

Avec l'abandon de la thèse de la « neutralité » de la monnaie, la théorie quantitative est directement remise en cause : celle-ci suppose en effet qu'une modification de la masse monétaire n'affecte pas le volume de production (sauf « transitoirement », selon Fisher – *cf.* texte E 45), idée incompatible avec l'impact qu'a une telle variation sur le taux d'intérêt, d'après Keynes. La théorie quantitative n'est pas la seule victime de l'introduction de la préférence pour la liquidité dans l'analyse économique : la « loi des débouchés » [texte E 75] tombe avec elle, dans la mesure où cette « loi » repose également sur l'idée de neutralité de la monnaie et sur la conception « réelle » de l'intérêt qui sont mises à mal par le raisonnement keynésien [texte E 81].

mots-clés

MONNAIE – LIQUIDITÉ – INCERTITUDE – TAUX D'INTÉRÊT – THÉORIE QUANTITATIVE DE LA MONNAIE – LOI DES DÉBOUCHÉS

E 48

Milton Friedman

L'inflation, phénomène monétaire

En ce qui concerne l'origine du mal, nous devons établir une distinction entre les causes immédiates et les causes lointaines. La cause immédiate de l'inflation est très facile à établir ; la difficulté réelle porte sur les raisons de fond. La cause immédiate de l'inflation est toujours et partout la même : un accroissement anormalement rapide de la quantité de monnaie par rapport au volume de production. Cette conclusion repose sur de nombreux exemples historiques et se vérifie en effet pour beaucoup de pays, sur des périodes allant jusqu'à des siècles entiers. Il n'existe pas de période d'inflation prolongée – si celle-ci a pris des proportions importantes – qui ne soit accompagnée d'un accroissement de la quantité de monnaie plus rapide que celui de la production. Il s'agit là d'une proposition très simple. Pourtant, nombreux sont ceux qui ont du mal à l'admettre, bien qu'à ma connaissance aucune autre proposition de la théorie économique ne bénéficie d'autant de preuves empiriques à son appui. [...]

La question de fond consiste à se demander pourquoi la quantité de monnaie s'accroît plus vite que la production. Dans le passé, il est arrivé que ce phénomène se produise pour des raisons évidentes. C'est ainsi que les États-Unis ont connu une inflation importante au cours des quinze années qui ont précédé la guerre de Sécession, par suite des découvertes d'or réalisées en Californie en 1848. [...]

Toutefois, à l'époque moderne, de telles sources d'inflation sont très limitées, parce que nous sommes plus avisés que nos ancêtres et qu'au lieu de laisser la quantité de monnaie se fixer en fonction de l'or, cette relique barbare, nous en confions la responsabilité à la sagesse de nos conseillers de Washington. Aujourd'hui, les changements concernant la quantité de monnaie sont le résultat de la politique gouvernementale, ce qui revient à dire qu'à l'heure actuelle l'inflation des États-Unis se crée à Washington et nulle part ailleurs. Il est évident qu'aucun gouvernement n'aime à se voir reprocher ses mauvaises actions. Il est tout prêt à tirer avantage des heureuses initiatives d'autrui, mais pas à admettre la responsabilité de ses erreurs. C'est pourquoi, lorsqu'il s'agit d'inflation, le gouvernement accuse les Arabes d'avoir fait monter le prix du pétrole ou bien les dirigeants syndicaux d'avoir fait augmenter les salaires, quand il ne s'en prend pas à l'avidité des industriels ou aux catastrophes naturelles qui ont touché la production agricole.

Ce ne sont que de faux prétextes. Aucune de ces accusations n'a de lien réel avec l'inflation. Ces différents facteurs concernent les prix relatifs, c'est-à-dire le prix du pétrole par rapport à celui d'autres produits, ou le taux des salaires dans une branche par rapport à une autre, et ainsi de suite, mais aucun n'a d'impact fondamental sur l'inflation. Comme on peut le voir à partir des graphiques et à partir d'autres preuves empiriques, lorsque la quantité de monnaie augmente plus vite que le volume de la production, il y a un phénomène d'inflation, indépendamment de la crise du pétrole, des revendications syndicales ou de l'avidité des industriels. L'inflation est créée à Washington, par la faute du gouvernement.

Reste à savoir pourquoi. Comment se fait-il que le gouvernement, aux États-Unis ou ailleurs, laisse augmenter la quantité de monnaie plus rapidement que la production et soit par conséquent responsable de l'inflation ?

Je pense que cela s'explique par trois raisons principales. La première, qui a prévalu pendant des siècles, consiste à dire que le gouvernement se trouve dans l'obligation d'augmenter ses dépenses alors qu'il n'est pas en mesure d'augmenter officiellement les impôts. Il est par conséquent amené à appliquer une forme d'imposition indirecte à travers l'inflation. À cet égard, c'est la masse des Américains eux-mêmes qui peut être tenue pour responsable de l'inflation. Nous nous adressons à Washington pour faire entendre nos volontés et nous demandons à nos représentants de dépenser davantage d'argent pour de « bons » programmes. En d'autres termes, nous voulons leur faire dépenser davantage d'argent pour *nous*. [...] Toujours selon nos droits de citoyens, nous avons ajouté : « Mais n'augmentez pas les impôts. » Le Congrès nous a écoutés : il a augmenté les dépenses mais pas les impôts. À la place, sa politique a consisté à financer le surcroît de dépenses en imprimant de plus en plus de billets. C'est une des raisons pour lesquelles la quantité de monnaie a crû aussi rapidement. [...]

La seconde raison de l'inflation, beaucoup plus récente celle-là, tient à l'objectif du « plein emploi », qui a donné lieu à la politique du même nom. On a répété aux gens que si quelque chose va mal, le meilleur moyen de résoudre le problème consiste à faire appel à Washington. [...] À chaque fois qu'il y a eu récession, même mineure ou provisoire, le gouvernement s'est empressé d'augmenter ses dépenses, avec l'aide de la Banque fédérale et de la planche à billets. Cela a eu comme résultat d'amorcer un processus qui a abouti à l'inflation. [...]

Une troisième raison – valable ailleurs qu'aux États-Unis – pour laquelle l'accroissement de la quantité de monnaie a été trop rapide, tient aux erreurs commises par les banques centrales. Les dirigeants des différentes banques centrales prennent malheureusement leurs décisions en fonction de théories erronées ; ils ont pensé qu'ils devaient s'occuper des taux d'intérêt alors que leur tâche consiste en fait à contrôler la quantité de monnaie. En essayant de maintenir les taux d'intérêt, ils ont provoqué l'inflation et finalement les taux d'intérêt se sont retrouvés à un niveau beaucoup plus élevé que si les banques centrales avaient suivi une politique monétaire appropriée.

Milton Friedman,
« L'inflation, mal incurable ? » (1974),
trad. française in Milton Friedman, Inflation et systèmes monétaires,
Calmann-Lévy, Paris, 1976, pp. 65-80.

COMMENTAIRE

Pendant les trois décennies de rapide croissance économique qui suivent la Deuxième Guerre mondiale (les « Trente Glorieuses »), les idées de Keynes – ou une version schématisée de ses idées – dominent largement le champ de la macroéconomie, discipline alors elle aussi en rapide développement. Cependant, dès les années cinquante, Milton Friedman (1912-) entreprend de réhabiliter, en la modernisant, l'ancienne orthodoxie « classique » déstabilisée par Keynes. Sous le nom de monétarisme, cette réhabilitation concerne en particulier le volet monétaire de la doctrine classique, c'est-à-dire la théorie quantitative de la monnaie. L'entreprise de Friedman a une dimension empirique, consistant à tester économétriquement, sur longue période, la validité de la théorie quantitative (Friedman est un adepte de la méthode « objective » que rejette Hayek dans le domaine des sciences sociales). Elle a aussi une dimension théorique. Celle- ci vise, pour l'essentiel, à répondre à l'objection adressée par Keynes à la théorie classique, concernant l'incertitude vis-à-vis de l'avenir [texte E 47]. Friedman admet que les individus ont une connaissance imparfaite de l'avenir, et il propose pour traiter ce problème une théorie des anticipations (dites « adaptatives »), selon laquelle les individus forment leurs prévisions à partir de leur expérience du passé (les prévisions pour la période $t+1$ reprennent les prévisions antérieurement faites pour t, corrigées de l'écart constaté entre ces dernières et ce qui s'est effectivement passé : par exemple, si l'an passé les agents prévoyaient une inflation de 3% et si elle a été de 5%, ils vont pour cette année revoir à la hausse leurs prévisions antérieures, en prévoyant, par exemple, 4%).

Cette théorie des anticipations amène Friedman à réhabiliter la distinction de Fisher entre les effets « transitoires » et les effets « permanents » de la création monétaire [texte E 45] : dans une situation où les agents économiques ne prévoient pas d'inflation, une injection de monnaie dans l'économie peut, à court terme, avoir pour effet de stimuler l'activité et l'emploi ; mais elle entraîne également une hausse des prix qui, lorsque les agents l'intègrent dans leurs anticipations, les amène à réclamer des hausses compensatoires de leurs revenus nominaux (salaires, intérêts) ; il en résulte pour les entreprises une augmentation des coûts de production qui les amène à contracter leur activité jusqu'à un retour à la situation initiale. Au bout du compte, le seul effet de la création monétaire est d'avoir fait monter les prix : on retrouve la théorie quantitative.

Cette analyse, étendue à une économie en croissance, amène Friedman à considérer que la cause de l'inflation est une augmentation de la masse monétaire plus rapide que ce qu'il appelle le « taux de croissance naturel » de la production (ce taux est gouverné par des forces « réelles » telles que le comportement d'épargne de la population). Ce phénomène tient, selon lui, à la fois à des raisons politiques (la pression des électeurs pour augmenter les dépenses publiques mais pas les impôts se traduit par des déficits budgétaires qu'il est commode de financer par la création de monnaie), et à des erreurs théoriques : sous l'influence de Keynes, les responsables de la politique économique considèrent qu'il faut surveiller les taux d'intérêt et non la croissance de la masse monétaire, et en outre ils se laissent abuser par l'illusoire objectif de plein emploi, alors qu'il existe selon Friedman un « taux de chômage naturel », en dessous duquel il est impossible de descendre sans susciter une inflation toujours plus rapide [texte E 82].

Longtemps connues des seuls spécialistes, les idées de Friedman ont eu leur heure de gloire à la fin des « Trente Glorieuses », lorsque l'inflation s'est emballée et que le scepticisme à l'égard des idées keynésiennes s'est généralisé, au vu de leur apparente incapacité à endiguer une montée du chômage d'une ampleur inégalée depuis les années trente. Des politiques d'inspiration monétariste ont été adoptées un peu partout dans les années 80, avec comme axe essentiel le durcissement de la politique monétaire en vue de combattre l'inflation. Si cet objectif semble largement atteint au début des années 90, le coût des politiques menées en terme de chômage apparaît hors de proportion à certains économistes, que la notion de « taux de chômage naturel » laisse toujours aussi perplexes [*cf.* commentaire du texte E 82].

mots-clés

MASSE MONÉTAIRE – INFLATION – MONÉTARISME – POLITIQUE MONÉTAIRE – THÉORIE QUANTITATIVE DE LA MONNAIE – ANTICIPATIONS – TAUX D'INTÉRÊT – CHÔMAGE

4e PARTIE

RELATIONS ÉCONOMIQUES INTERNATIONALES

Alors que l'approche mercantiliste du commerce extérieur, étroitement liée aux considérations monétaires, se préoccupait avant tout du solde de la balance commerciale [texte E 49], l'approche libérale qui commence à s'affirmer dès le milieu du XVIIIe siècle opère un changement de point de vue radical : la théorie quantitative de la monnaie est mise à contribution pour montrer le caractère illusoire des politiques cherchant à obtenir un excédent du commerce extérieur [texte E 50], et les bienfaits du libre-échange sont mis en avant [textes E 51 et E 52]. À la sombre image de la « guerre d'argent » se substitue celle des bénéfices mutuels tirés de la division internationale du travail, dont les principes, posés par Ricardo dans le cadre de sa théorie de l'avantage comparatif [texte E 53], seront repris et transposés au XXe siècle par les néo-classiques sous la forme de la théorie des dotations de facteurs [texte E 54]. Promoteur d'une théorie quantitative rénovée, Milton Friedman propose quant à lui de faire jouer aux taux de change flottants le rôle de rééquilibrage automatique des balances des paiements autrefois tenu par l'étalon-or [texte E 58].

Si elle caractérise le courant dominant de l'analyse économique, cette vision « optimiste » des relations internationales ne fait pas l'unanimité. Outre les difficultés rencontrées sur le plan de la vérification expérimentale [texte E 57], la théorie néo-classique des dotations de facteurs est accusée par certains de masquer les antagonismes caractérisant les rapports économiques internationaux [texte E 59]. Par ailleurs, pour les économistes que ne convainc pas la loi de Say [texte E 54], la question des débouchés extérieurs est une source d'antagonisme évidente entre les États [texte E 56]. Ce problème amène Keynes à conclure que le libre-échange n'est possible que si les États abandonnent la doctrine du « laisser-faire » sur le plan intérieur [texte E 56].

E 49

Jean-Baptiste Colbert

« La guerre d'argent »

Comme il faut que les peuples ayent de quoi payer avant qu'ils pensent à s'acquitter de leurs impositions, et qu'elles doivent toujours avoir leur proportion avec l'argent que chaque particulier peut avoir, la conduite universelle des finances doit toujours veiller et employer tous les soins et l'autorité de Votre Majesté, pour attirer l'argent dans le royaume, le répandre dans toutes les provinces pour procurer aux peuples la facilité de vivre et de payer leurs impositions. [...] Le bon état des finances et l'augmentation des revenus de Votre Majesté consiste à augmenter par tous les moyens le nombre de l'argent monnoyé qui roule continuellement dans le royaume et à maintenir dans les provinces la juste proportion qu'elles en doivent avoir [...], augmenter l'argent dans le commerce public en l'attirant des pays d'où il vient, en le conservant au-dedans du royaume en empeschant qu'il n'en sorte, et donnant des moyens aux hommes d'en tirer profit. Comme en ces trois points consiste la grandeur, la puissance de l'État et la magnificence du Roi par toutes les dépenses que les grands revenus donnent occasion de faire, qui est d'autant plus relevée qu'elle abaisse en même temps tous les États voisins, vu que n'y ayant qu'une même quantité d'argent qui roule dans toute l'Europe et qui est augmentée de temps en temps par celui qui vient des Indes occidentales, il est certain et démonstratif que s'il n'y a que 150 millions de livres d'argent qui roulent dans le public, l'on ne peut parvenir à l'augmenter de 20, 30 et 50 millions qu'en même temps l'on en oste la même quantité aux États voisins [...], je supplie Votre Majesté de me permettre de lui dire que depuis qu'elle a pris l'administration des finances, elle a entrepris une guerre d'argent contre tous les États de l'Europe. Elle a déjà vaincu l'Espagne, l'Allemagne, l'Italie, l'Angleterre, dans lesquelles elle a jeté une très grande misère et nécessité, et s'est enrichie de leurs dépouilles, qui lui ont donné les moyens de faire tant de grandes choses qu'elle a faites et fait encore tous les jours. Il ne reste que la Hollande qui combat encore avec de grandes forces. [...] Votre Majesté a formé des compagnies qui, comme des armées, les attaquent partout. [...] Les manufactures, le canal de transnavigation des mers et tant d'autres établissements nouveaux que Votre Majesté fait, sont autant de corps de réserve que Votre Majesté crée et tire du néant pour bien faire leur devoir dans cette guerre. [...] Le fruit sensible du succès de toutes ces choses serait qu'en attirant par le commerce une très grande quantité d'argent dans son royaume, non seulement elle parviendrait bientôt à rétablir cette proportion qui doit être entre l'argent qui roule dans le commerce et les impositions qui sont payées par le peuple, mais même elle les augmenterait l'un et l'autre, en sorte que ses revenus augmenteraient et elle mettrait ses peuples en état de pouvoir l'assister plus considérablement en cas de guerre ou d'autre nécessité.

Colbert,
LETTRES, INSTRUCTIONS ET MÉMOIRES DE COLBERT (1670),
in P. Deyon, Le Mercantilisme,
Flammarion, Paris, 1969, pp. 101-102.

COMMENTAIRE

Partageant les conceptions de Montchrestien sur les rapports entre l'argent et la puissance militaire [texte E 38], le ministre Colbert (1619-1683) expose à l'intention du roi Louis XIV une doctrine du commerce extérieur à laquelle il donne le nom de « guerre d'argent ». Selon cette doctrine, le commerce extérieur est vu comme une sorte de jeu à somme nulle entre les États, dans lequel les gains des uns sont l'exacte contrepartie des pertes des autres. Le but du jeu est de capter la plus grande partie possible du stock de métaux précieux qui « roule » en Europe, et le moyen est le commerce extérieur : les exportations se traduisant par des entrées de métaux précieux dans le royaume et les importations par le flux inverse, une balance commerciale excédentaire est le signe que l'on gagne, et que d'autres joueurs sont en train de perdre au jeu de la « guerre d'argent » (ce jeu en prépare un autre, plus violent : la guerre *stricto sensu).*

Selon cette analyse le souverain doit mettre en œuvre tous les moyens permettant de dégager un excédent de sa balance commerciale, et Colbert en évoque quelques-uns dans le texte ci-dessus (notamment le soutien aux manufactures à vocation exportatrice). Si l'interventionnisme colbertiste a une consonance essentiellement fiscale et militaire, d'autres auteurs mercantilistes développeront des arguments plus économiques pour justifier le même type de politique. Pour l'essentiel, ces arguments tournent autour de deux thèmes : l'excédent du commerce extérieur accroît les débouchés offerts à la production nationale ; l'entrée nette de métaux précieux qui résulte de cet excédent fait baisser le taux d'intérêt, et par là stimule l'activité intérieure [*cf.* texte E 40].

Critiqués à partir du milieu du XVIIIe siècle par les économistes libéraux [textes E 50 à E 53], ces arguments seront, au XXe siècle, partiellement réhabilités par Keynes [texte E 55]. La problématique de cet auteur sera toutefois bien différente de celle des anciens mercantilistes : il ne s'agira plus pour lui de trouver les meilleurs moyens de gagner la « guerre d'argent », mais ceux qui permettraient de retirer au commerce extérieur cette dimension belliqueuse, magnifiée par Colbert avec le succès que l'on sait (Louis XIV lèguera à son successeur une France appauvrie et rétrécie).

mots-clés

MERCANTILISME – MONNAIE – BALANCE COMMERCIALE – COMMERCE EXTÉRIEUR – TAUX D'INTÉRÊT

E 50

David Hume

Le rééquilibrage automatique de la balance commerciale

[…] Il règne encore, même chez les nations accoutumées au commerce, une forte jalousie en ce qui concerne la balance du commerce. Cela me paraît presque toujours une appréhension sans fondement, et je redouterais autant l'épuisement de toutes nos sources et de toutes nos rivières que de voir le numéraire quitter un royaume peuplé et actif. Considérons soigneusement les avantages que nous offrent notre population et notre activité, et nous n'aurons jamais à craindre de perdre notre richesse monétaire. [...] Supposons que les quatre cinquièmes de toute la monnaie de la Grande-Bretagne soient anéantis en une nuit et que la nation se trouve réduite à la même condition, en ce qui concerne les espèces, qu'au temps des Henri et des Édouard, quelle en serait la conséquence ? Le produit de tous les travaux et de tous les produits ne baisserait-il pas en proportion et toutes choses ne seraient-elles pas vendues aussi bon marché qu'elles l'étaient à ces époques ? Quelle nation pourrait alors lutter avec nous sur les marchés étrangers à un prix qui procurerait pour nous un profit suffisant ? Faudrait-il beaucoup de temps pour que par là se trouve ramenée la monnaie que nous avions perdue et pour que nous nous levions au niveau de toutes les nations voisines ? Mais dès que nous l'aurions atteint, nous perdrions aussitôt l'avantage du bon marché du travail et des marchandises, et l'afflux de monnaie s'arrêterait, par suite de notre abondance et de notre plénitude.

Supposons maintenant que toute la monnaie de la Grande-Bretagne soit multipliée cinq fois en une nuit, l'effet contraire ne s'ensuivrait-il pas ? Tous les travaux et tous les produits ne hausseraient-ils pas à une hauteur si exorbitante qu'aucune nation voisine ne serait en état de nous acheter quelque chose ; tandis que leurs marchandises, d'autre part, deviendraient en comparaison si bon marché qu'en dépit de toutes les lois qu'on pourrait établir, elles se précipiteraient chez nous et que notre monnaie s'écoulerait au-dehors, jusqu'à ce que nous redescendions au niveau des étrangers et ayons perdu cette grande supériorité de richesses qui nous a soumis à de tels désavantages ?

Maintenant, il est évident que les mêmes causes qui corrigeraient ces inégalités exorbitantes, si elles se produisaient par miracle, doivent en prévenir la venue, dans le cours ordinaire des choses, et doivent, dans toutes les nations voisines, maintenir toujours la monnaie à peu près en proportion de l'habileté et de l'industrie de chacune d'elles. L'eau, partout où elle peut communiquer, demeure toujours de niveau. Demandez-en la raison aux physiciens. Ils vous diront que si elle se trouvait levée en un endroit quelconque, le poids plus grand en ce point n'étant balancé par rien s'abaisserait jusqu'à ce qu'il rencontre un contrepoids ; et que la même cause qui redresse les inégalités lorsqu'elles se produisent doit toujours en prévenir la venue à moins de quelque violente action extérieure.

David Hume,
DE LA BALANCE COMMERCIALE (1752).

COMMENTAIRE

Dans le texte ci-dessus, le philosophe et économiste David Hume (1711-1776) utilise la théorie quantitative de la monnaie [texte E 37] comme machine de guerre contre les conceptions mercantilistes en matière de commerce extérieur [texte E 49]. À cette occasion, il fournit un des premiers exposés de la théorie du rééquilibrage automatique du commerce extérieur, qui sera reprise par les économistes classiques et néo-classiques.

L'obsession mercantiliste de l'excédent de la balance commerciale est fondée sur le souci d'accroître le stock de métaux précieux en circulation dans le pays. Mais,

d'après la théorie quantitative, cet acroissement doit faire monter le niveau des prix dans les pays qui dégagent un excédent de leur commerce extérieur, alors que dans le même temps les prix doivent baisser dans les pays déficitaires. Il en résulte une baisse de la compétitivité des premiers relativement aux seconds, qui tend à rééquilibrer les balances commerciales des uns et des autres. Ainsi, selon Hume, il n'y a aucune raison de se préoccuper des variations du stock de métaux précieux engendrées par le commerce extérieur; le jeu spontané de la concurrence tend à répartir ces métaux précieux conformément aux besoins que chaque pays en a pour la réalisation de ses transactions.
Jointe à la loi des débouchés [texte E 75], cette doctrine contribuera à expliquer le désintérêt d'un grand nombre d'économistes libéraux pour les problèmes de la balance commerciale, en contraste tant avec les anciens écrits mercantilistes qu'avec les préoccupations des gouvernements et des milieux d'affaires. Keynes montrera que ceux-ci n'avaient pas nécessairement tort [texte E 55].

mots-clés

BALANCE COMMERCIALE – THÉORIE QUANTITATIVE DE LA MONNAIE – RÉÉQUILIBRAGE AUTOMATIQUE – COMMERCE EXTÉRIEUR – LOI DES DÉBOUCHÉS

E 51

François Quesnay

Le commerce extérieur « doit toujours être fort libre »

On a supposé dans l'état des dépenses que l'on vient d'exposer, que la nation ne commerce que sur elle-même ; or, il n'y a point de royaume dont le territoire ne produise toutes les richesses propres à la jouissances de ses habitants ; de sorte qu'il faut un commerce extérieur, par lequel une nation vend à l'étranger une partie de ses productions pour acheter de l'étranger celles dont elle a besoin. Cependant, comme elle ne peut acheter de l'étranger qu'autant qu'elle vend à l'étranger, l'état de ses dépenses doit toujours être conforme à la reproduction qui renaît annuellement de son territoire. Les calculs de ces dépenses peuvent donc être régulièrement établis sur la quotité de cette reproduction même, abstraction faite de tout commerce extérieur dont les détails sont indéterminés, incalculables et inutiles à rechercher ; il suffit de faire attention que dans l'état d'une libre concurrence de commerce extérieur, il n'y a qu'échange de valeur pour valeur égale, sans perte ni gain de part ou d'autre.

Quant aux frais de voiturage, la nation et l'étranger les payent de part et d'autre dans leurs ventes ou dans leurs achats ; et ils forment pour les commerçants un fonds séparé de celui de la nation ; parce que dans le commerce extérieur des nations agricoles tout négociant est étranger relativement aux intérêts de ces nations. Ainsi un royaume agricole et commerçant réunit deux nations distinctes l'une de l'autre : l'une forme la partie constitutive de la société attachée au territoire, qui fournit le revenu, et l'autre est une addition extrinsèque qui fait partie de la république générale du commerce extérieur, employée et défrayée par les nations agricoles. Les frais de commerce, quoique nécessaires, doivent être regardés comme une dépense onéreuse, prélevée sur le revenu des propriétaires des terres; ainsi ils doivent être dégagés de tout monopole et de toute surcharge qui retomberaient désastreusement sur les revenus des souverains et des autres propriétaires.

Dans l'état de libre concurrence de commerce extérieur, les prix qui ont cours entre les nations commerçantes doivent être la base de calcul des richesses et des dépenses annuelles des nations qui ont un commerce facile et immune. Le commerce extérieur est plus ou moins étendu selon que les productions du pays sont plus ou moins variées. Plus les productions d'un royaume sont variées, moins il y a d'exportations et d'importations, et plus la nation épargne sur les frais du commerce extérieur qui cependant doit toujours être fort libre, débarrassé de toutes gênes et exempt de toutes impositions, parce que ce n'est que par la communication qu'il entretient entre les nations, qu'on peut s'assurer constamment dans le commerce intérieur le meilleur prix possible des productions du territoire, et le plus grand revenu possible pour le souverain et la nation.

François Quesnay,
ANALYSE DE LA FORMULE ARITHMÉTIQUE DU TABLEAU ÉCONOMIQUE (1758),
cinquième observation,
in F. Quesnay, Tableau économique des physiocrates,
Calmann-Lévy, Paris, 1969, pp. 65-68.

COMMENTAIRE

La doctrine économique de Quesnay (1694-1774) se présente, à tous égards, comme une critique radicale de la politique menée, au siècle précédent, par Colbert. Cette opposition se manifeste notamment dans le domaine du commerce extérieur: alors que le ministre de Louis XIV était persuadé de son importance stratégique pour les intérêts du royaume [texte E 49], Quesnay construit, sous le nom de *Tableau économique,* un modèle de fonctionnement de l'économie nationale où ne figurent ni importations ni exportations. Ce n'est qu'à la cinquième des sept « observations » accompagnant la présentation du *Tableau* que la question est évoquée; à cette occasion Quesnay insiste sur les coûts supportés par le royaume du fait du commerce extérieur (les « frais de voiturage »), ainsi que sur l'écart qu'il croit déceler entre les intérêts de la « république générale du commerce extérieur » d'une part, et ceux de la classe productive (l'agriculture) et de la classe des propriétaires d'autre part.

Cependant, on commettrait un contresens en faisant de Quesnay un théoricien de l'autarcie. En dépit de ses inconvénients, le commerce extérieur présente à ses yeux une double utilité, nécessitant qu'il soit « toujours fort libre ». Le commerce extérieur sert tout d'abord à se procurer les marchandises qui ne peuvent être produites dans le royaume: dans cette optique qui s'oppose complètement à celle de Colbert, l'importation constitue la fin, et l'exportation simplement le moyen de financer les importations. Par ailleurs un commerce extérieur exempt d'entraves administratives est, pour Quesnay, le moyen d'établir, de la façon la plus constante possible, le « bon prix » des produits de la terre (à l'époque, essentiellement des grains).

L'aspect monétaire du commerce extérieur, qui retenait toute l'attention de Colbert, est totalement négligé par Quesnay: d'une part celui-ci semble considérer que la balance commerciale s'équilibre d'elle-même ; d'autre part, ayant posé une nette distinction entre monnaie et richesse, il soutient qu'« on peut en bien des manières suppléer à l'argent quand on est riche et qu'on a un commerce facile et libre » [*cf.* texte E 42]. Avec de tels arguments, la « guerre d'argent » préconisée par Colbert perd toute justification et devient au contraire une source de calamités pour le royaume, par les errements qu'elle suscite dans la conduite de la politique économique (entraves à la concurrence, pénalisation de l'agriculture asservie aux intérêts des manufactures exportatrices).

mots-clés

PHYSIOCRATIE – LIBRE-ÉCHANGE – COMMERCE EXTÉRIEUR – BALANCE COMMERCIALE

E 52

Adam Smith

La division internationale du travail

Accorder aux produits de l'industrie nationale, dans un art ou dans un genre de manufacture particulier, le monopole du marché intérieur, c'est en quelque sorte diriger les particuliers dans la route qu'ils ont à tenir dans l'emploi de leurs capitaux, et, en pareil cas, prescrire une règle de conduite est presque toujours inutile ou nuisible. Si le produit de l'industrie nationale peut être mis au marché à aussi bon compte que celui étrangère, le précepte est inutile ; s'il ne peut pas y être mis à aussi bon compte, le précepte sera en général nuisible. La maxime de tout chef de famille prudent est de ne jamais essayer de faire chez soi la chose qui lui coûtera moins cher à acheter qu'à faire. Le tailleur ne cherche pas à faire ses souliers, mais il les achète au cordonnier ; le cordonnier ne tâche pas de faire ses habits, mais il a recours au tailleur ; le fermier ne s'essaye point à faire ni les uns ni les autres, mais il s'adresse à ces deux artisans et les fait travailler. Il n'y en a pas un d'eux tous qui ne voie qu'il y va de son intérêt d'employer son industrie tout entière dans le genre de travail dans lequel il a quelque avantage sur ses voisins, et d'acheter toutes les autres choses dont il peut avoir besoin avec une partie du produit de cette industrie ou, ce qui est la même chose, avec le prix d'une partie de ce produit.

Ce qui est prudence dans la conduite de chaque famille en particulier ne peut guère être folie dans celle d'un grand royaume. Si un pays étranger peut nous fournir une marchandise à meilleur marché que nous ne sommes en état de le faire nous-mêmes, il vaut bien mieux que nous la lui achetions avec quelque partie du produit de notre propre industrie, employée dans le genre dans lequel nous avons quelque avantage. L'industrie générale du pays étant toujours en proportion du capital qui la met en œuvre, elle ne sera pas diminuée pour cela, pas plus que ne l'est celle des artisans dont nous venons de parler ; seulement ce sera à elle de chercher la manière dont elle peut être employée à son plus grand avantage. Certainement elle n'est pas employée à son plus grand avantage quand elle est dirigée ainsi vers un objet qu'elle pourrait acheter à meilleur compte qu'elle ne pourra le fabriquer. […]

À la vérité, il peut se faire qu'à l'aide de ces sortes de règlements, un pays acquière un genre particulier de manufacture plus tôt qu'il ne l'aurait acquis sans cela, et qu'au bout ce genre de manufacture se fasse dans le pays à aussi bon marché ou à meilleur marché que chez l'étranger. Mais quoiqu'il puisse ainsi arriver que l'on porte avec succès l'industrie nationale dans un canal particulier plus tôt qu'elle ne s'y serait portée d'elle-même, il ne s'ensuit nullement que la somme totale de l'industrie ou des revenus de la société puisse jamais recevoir aucune augmentation de ces sortes de règlements. L'industrie de la société ne peut augmenter qu'autant que son capital augmente, et ce capital ne peut augmenter qu'à proportion de ce qui peut être épargné peu à peu sur les revenus de la société. Or, l'effet qu'opèrent immédiatement les règlements de cette espèce, c'est de diminuer le revenu de la société, et, à coup sûr, ce qui diminue son revenu, n'augmentera pas son capital plus vite qu'il ne se serait augmenté de lui-même, si on eût laissé le capital et l'industrie chercher l'un et l'autre leurs emplois naturels. Encore que la société ne pût, faute de quelque règlement de cette espèce, acquérir jamais le genre de manufacture en question, il ne s'ensuivrait pas pour cela qu'elle en dût être un seul moment plus pauvre, dans tout le cours de son histoire : il pourrait toujours se faire qu'à tout moment la totalité de son capital et de son industrie eût été employée, quoiqu'à d'autres objets, de la manière qui était la plus avantageuse. Ses revenus, dans tous ces instants, pourraient avoir été les plus grands que son capital eût été en état de rapporter, et il se pourrait faire que son capital et son revenu eussent toujours été l'un et l'autre en augmentant avec la plus grande rapidité possible.

Les avantages naturels qu'un pays a sur un autre pour la production de certaines marchandises sont quelquefois si grands, qu'au sentiment unanime de tout le monde, il y aurait de la folie à vouloir lutter contre eux. Au moyen de serres chaudes, de couches, de châssis de verre, on peut faire croître en Écosse de fort bons raisins, dont on peut aussi faire de fort bon vin avec trente fois peut-être autant de dépense qu'il en coûterait pour s'en procurer de tout aussi bon de l'étranger. Or, trouverait-on bien raisonnable un règlement qui prohiberait l'importation de tous les vins étrangers, uniquement pour encourager à faire du vin de Bordeaux et du vin de Bourgogne en Écosse ? Mais s'il y a absurdité évidente à tourner vers un emploi trente fois plus du capital et de l'industrie du pays qu'il ne faudrait en mettre pour acheter à l'étranger la même quantité de la marchandise qu'on veut avoir, nécessairement la même absurdité existe (et quoique pas tout à fait aussi choquante, néanmoins nécessairement la même) à vouloir tourner vers un emploi de la même sorte un trentième, ou, si l'on veut, un trois-centième de l'un et de l'autre, de plus qu'il n'en faut. Il n'importe nullement, à cet égard, que les avantages qu'un pays a sur l'autre soient naturels ou acquis. Tant que l'un des pays aura ces avantages et qu'ils manqueront à l'autre, il sera toujours plus avantageux pour celui-ci d'acheter du premier que de fabriquer lui-même. L'avantage qu'a un artisan sur son voisin qui exerce un autre métier n'est qu'un avantage acquis, et cependant tous les deux trouvent plus de bénéfice à acheter l'un de l'autre que de faire eux-mêmes ce qui ne concerne pas leur aptitude particulière.

Adam Smith,
RECHERCHES SUR LA NATURE ET LES CAUSES DE LA RICHESSE DES NATIONS (1776),
trad. française Éditions Gallimard, Paris, 1976, livre IV, chap. 2, pp. 257-260.

COMMENTAIRE

À l'image du jeu à somme nulle qui correspondait à la conception mercantiliste du commerce extérieur (la « guerre d'argent » – *cf.* texte E 49), Adam Smith (1723-1790) substitue celle d'un jeu à somme positive, dans laquelle tous les joueurs peuvent gagner ensemble sous réserve que le commerce entre les nations soit, comme le disait Quesnay, « fort libre » [texte E 51].

Il en va ainsi parce que, selon Smith, le libre-échange donne naissance à une division du travail entre les nations, où chacune d'entre elles se spécialise dans les activités pour lesquelles elle possède « quelque avantage » sur les autres : de cette spécialisation résulte un gain d'efficacité de la production à l'échelle internationale, dont chacun des participants tire profit. La doctrine smithienne du libre-échange est essentiellement le prolongement, au domaine des relations internationales, de sa théorie de la « main invisible » établie à l'échelle des relations entre les individus. À la vision belliqueuse qui dominait chez les mercantilistes, elle tend à substituer une vision « pacifique » du commerce international que divers commentateurs, mettant en doute la réalité des bienfaits du libre-échange pour tous, jugeront exagérément optimiste.

Par avance Smith s'efforce de répondre à une critique majeure qui, au XIXe siècle, sera adressée à sa doctrine sous le nom de « théorie des industries naissantes ». Développée par l'économiste allemand List dans un ouvrage intitulé *Système national d'économie politique* (1840), cette critique consiste à affirmer qu'un pays soucieux de développement économique doit protéger ses « industries naissantes » de la concurrence des pays plus développés, faute de quoi celles-ci seront laminées par la concurrence étrangère et ne pourront jamais prendre leur essor. Comme le montre le texte ci-dessus, Smith ne méconnaît pas le problème ; mais il considère que les avantages qu'un pays peut tirer de la protection de certaines industries sont, même à long terme, nécessairement plus que compensés par les coûts que supporte le pays du fait de cette protection. On peut se demander si Adam Smith n'accorde pas ici aux prix du marché une confiance excessive comme indicateurs pour le développement à long terme : l'Angleterre au XVIIIe siècle, puis les États-Unis et l'Allemagne au XIXe siècle ont initialement développé leur industrie à l'appui de solides barrières douanières. Il est vrai aussi que, si la « myopie » du marché a souvent été dénoncée, rien ne prouve que l'intervention de l'État soit nécessairement un moyen efficace de corriger ce défaut.

mots-clés

LIBRE-ÉCHANGE – DIVISION DU TRAVAIL – AVANTAGE ABSOLU – CONCURRENCE

E 53

David Ricardo

L'avantage comparatif

Le principe qui règle la valeur relative des choses dans un pays ne règle pas celle des articles échangés entre deux ou plusieurs pays.

Dans un système d'entière liberté du commerce, chaque pays consacre son capital et son industrie à tel emploi qui lui paraît le plus utile. Les vues de l'intérêt individuel s'accordent parfaitement avec le bien universel de toute la société. C'est ainsi qu'en encourageant l'industrie, en récompensant le talent, et en tirant tout le parti possible des bienfaits de la nature, on parvient à une meilleure distribution et à plus d'économie dans le travail. En même temps l'accroissement de la masse générale des produits répand partout le bien-être ; l'échange lie entre elles toutes les nations du monde civilisé par les nœuds communs de l'intérêt, par des relations amicales, et en fait une seule et grande société. C'est ce principe qui veut qu'on fasse du vin en France et au Portugal, qu'on cultive du blé en Pologne et aux États-Unis, et qu'on fasse de la quincaillerie et d'autres articles en Angleterre.

Dans un même pays, les profits sont en général toujours au même niveau, ou ne diffèrent qu'en raison de ce que le capital peut être consacré à un emploi plus ou moins sûr et agréable. Il n'en est pas de même d'un pays à l'autre. Si les profits des capitaux employés dans le Yorkshire surpassaient ceux des capitaux employés à Londres, les fonds passeraient bien vite de Londres dans le Yorkshire, et les profits se nivelleraient. Mais si le sol de l'Angleterre devenait moins productif, ou si l'accroissement des capitaux et de la population venait à faire monter les salaires et à faire baisser les profits, il ne s'ensuivrait pas pour cela que le capital et la population dussent nécessairement abandonner l'Angleterre, et se porter en Hollande, en Espagne ou en Russie, ou les profits pourraient être plus élevés.

Si le Portugal n'avait aucune relation commerciale avec d'autres pays, au lieu d'employer son capital et son industrie à faire du vin, avec lequel il achète aux autres nations le drap et la quincaillerie nécessaires pour son propre usage, ce pays se trouverait forcé de consacrer une partie de ce capital à la fabrication de ces articles, qu'il n'obtiendrait plus probablement qu'en qualité inférieure et en quantité moindre.

La masse de vin que le Portugal doit donner en échange pour le drap anglais n'est pas déterminée par la quantité respective de travail que la production de chacun de ces deux articles a coûté – ce qui arriverait s'ils étaient tous deux fabriqués en Angleterre ou au Portugal.

L'Angleterre peut se trouver dans des circonstances telles qu'il lui faille, pour fabriquer le drap, le travail de cent hommes par an, tandis que, si elle voulait faire du vin, il lui faudrait peut-être le travail de cent vingt hommes par an ; il serait alors de l'intérêt de l'Angleterre d'importer le vin, et d'exporter en échange du drap.

Au Portugal, la fabrication du vin pourrait ne demander que le travail de quatre-vingts hommes pendant une année, tandis que la fabrication du drap exigerait le travail de quatre-vingt-dix hommes. Le Portugal gagnerait alors à exporter du vin en échange pour du drap. Cet échange pourrait même avoir lieu dans le cas où l'on fabriquerait au Portugal l'article importé à moins de frais qu'en Angleterre. Quoique le Portugal pût faire son drap en n'employant que quatre-vingt-dix hommes, il préférerait le tirer d'un autre pays où il faudrait cent ouvriers pour le fabriquer, parce qu'il trouverait plus de profit à employer son capital à la production du vin, en échange duquel il obtiendrait de l'Angleterre une quantité de drap plus forte que celle qu'il pourrait produire en détournant une portion de son capital employé à la culture des vignes, et en l'employant à la fabrication des draps.

Dans ce cas, l'Angleterre donnerait le produit du travail de cent hommes en échange du produit de travail de quatre-vingts. Un pareil échange ne saurait avoir lieu entre les individus du même pays. On ne peut échanger le travail de cent Anglais pour celui de quatre-vingts autres Anglais ; mais le produit du travail de cent Anglais peut être échangé contre le produit du travail de quatre-vingts Portugais, de soixante Russes ou de cent vingt Indiens. Il est aisé d'expliquer la cause de la différence qui existe à cet égard entre un pays et plusieurs : cela tient à l'activité avec laquelle un capital passe constamment, dans le même pays d'une province à l'autre pour trouver un emploi plus profitable, et aux obstacles qui en pareil cas s'opposent au déplacement des capitaux d'un pays à l'autre[1].

David Ricardo,
DES PRINCIPES DE L'ÉCONOMIE POLITIQUE ET DE L'IMPÔT (1817),
trad. française Flammarion, Paris, 1977, chap. 7, pp. 116-118.

COMMENTAIRE

Chaque pays, écrit Adam Smith, a intérêt à se spécialiser dans les productions pour lesquelles il possède « quelque avantage » sur ses concurrents [texte E 52]. Cette notion, qui n'est pas définie très précisément par Smith, est généralement interprétée comme un avantage « absolu » : schématiquement, un pays possédant un tel avantage pour la production d'un bien déterminé est capable de produire ce bien avec une dépense de travail plus faible que ses concurrents. Cette approche du commerce international en termes d'avantages « absolus » pose bien entendu problème pour les pays qui ne posséderaient aucun avantage de ce type : seraient-ils pour autant exclus des bienfaits supposés de la division internationale du travail, aucun autre pays n'ayant intérêt à commercer avec eux ? En sens inverse, un pays qui se révélerait meilleur que les autres pour toutes les productions aurait-il intérêt à produire par lui-même tout ce dont il a besoin ?
La réponse que Ricardo (1772-1823) apporte à ces questions est connue sous le nom de « théorie des avantages comparatifs » (ou relatifs). Reformulée au XXe siècle par les économistes néo-classiques [texte E 54], elle constitue aujourd'hui encore la base de la doctrine libérale en matière de commerce international.
Pour Ricardo, le critère de la spécialisation n'est pas l'avantage absolu, mais l'avantage relatif qu'un pays peut avoir sur ses concurrents dans la production d'une marchandise : dans son exemple à deux pays et deux biens (dans lequel les unités physiques utilisées pour les biens sont les quantités échangées par les deux pays), l'Angleterre est en position de désavantage absolu par rapport au

1. Il apparaît, dès lors, qu'un pays possédant des avantages très considérables en termes d'équipements et de qualification, et pouvant par conséquent fabriquer des produits manufacturés avec beaucoup moins de travail que ses voisins, peut, en échange de ces produits, importer une partie du blé dont il a besoin pour sa consommation, même si ses terres sont plus fertiles et si l'on peut y cultiver du blé avec moins de travail que dans le pays d'où il est importé. Deux hommes peuvent fabriquer l'un et l'autre des chaussures et des chapeaux, et l'un être meilleur que l'autre dans ces deux activités ; mais dans la fabrication des chapeaux il ne peut dépasser son concurrent que d'un cinquième ou 20%, tandis que dans la fabrication des chaussures il peut le surpasser d'un tiers ou 33% – ne sera-t-il pas de l'intérêt des deux que le meilleur s'emploie exclusivement à la fabrication des chaussures, et le moins bon à la fabrication des chapeaux ?

Portugal pour la production des deux biens, puisqu'il lui faut davantage de travail pour produire le vin (120 hommes au lieu de 80 hommes au Portugal), mais aussi le drap (100 hommes au lieu de 90 au Portugal) ; cependant les deux pays ont intérêt à se spécialiser, l'Angleterre dans le drap et le Portugal dans le vin, car l'Angleterre possède sur le Portugal un avantage dans la production du drap relativement au vin, et le Portugal possède un avantage comparatif inverse : le coût du drap en termes de vin (c'est-à-dire la quantité de vin à laquelle il faut renoncer pour obtenir une unité de drap) est de 90/80 au Portugal, alors qu'il n'est que de 100/120 en Angleterre. Dans ces conditions, si les termes de l'échange (c'est-à-dire le prix relatif des deux marchandises dans le commerce international) sont d'une unité de drap pour une unité de vin, le Portugal peut obtenir plus de drap en l'important d'Angleterre qu'en le fabriquant lui-même, et de même l'Angleterre peut obtenir plus de vin en l'important du Portugal qu'en le fabriquant elle-même : le libre-échange sur la base de l'avantage comparatif est mutuellement avantageux.

Les termes de l'échange retenus par Ricardo dans son exemple sont arbitraires, mais on peut facilement vérifier que le commerce entre les deux pays est mutuellement avantageux dès lors que les termes de l'échange s'établissent à l'intérieur de la fourchette des coûts relatifs propres à chaque pays (100/120 en Angleterre, 90/80 au Portugal). Stuart Mill complétera l'analyse de Ricardo en montrant qu'à l'intérieur de cette fourchette, les termes de l'échange se déterminent en fonction des comportements de demande propres à chaque pays pour les deux marchandises (John Stuart Mill, *Principes d'économie politique,* Londres 1848, chapitre 18). L'analyse de Ricardo-Mill n'est pas sans analogie avec la théorie de la « valeur appréciative » élaborée par Turgot dès 1769 [*cf.* texte E 24].

mots-clés

LIBRE-ÉCHANGE – DIVISION DU TRAVAIL – AVANTAGE RELATIF – AVANTAGE COMPARATIF – SPÉCIALISATION – TERMES DE L'ÉCHANGE

E 54

Bertil Ohlin

Les dotations en facteurs

La première condition du commerce est que certains biens puissent être produits à meilleur compte dans une région que dans une autre. Dans chacune d'elles, les produits à bon marché sont ceux qui contiennent une quantité relativement importante de facteurs qui y sont moins chers que dans l'autre. Ces produits à bon marché constituent les exportations, alors que les marchandises qui peuvent être produites à un prix plus faible en d'autres régions seront importées. Nous pouvons dire, par conséquent, que les exportations sont, dans chaque région, composées d'articles dans la production desquels entrent de grandes quantités de facteurs à bon marché. En bref, les produits contenant une grande proportion de facteurs chers seront importés, tandis que ceux qui contiennent une majorité de facteurs à bas prix seront exportés. […]

Il ne fait aucun doute que les différences d'équipement en facteurs de production constituent la cause essentielle des inégalités dans les coûts de production et les prix des marchandises destinées au commerce. Une région possède une grande quantité de certains facteurs et une bien moindre quantité de certains autres comparativement à une autre région. S'il ne se trouve rien dans les conditions de la demande pour contrebalancer les effets de cette inégalité de l'offre, il en résultera une inégalité dans les prix relatifs des facteurs et des produits à l'intérieur de l'État isolé, et après l'établissement d'un taux de change, une situation telle que les facteurs abondants en A se trouvent moins chers qu'en B, tandis que les facteurs rares y seront plus chers qu'en B. En gardant ces définitions à l'esprit, on pourra donc dans ces cas utiliser les termes « abondants » et « rares » là où les termes « chers » et « bon marché » seraient plus exacts.

L'Australie échangera de la laine et du blé contre des produits manufacturés car les premiers requièrent de grandes quantités de terre d'une certaine qualité, tandis que les produits manufacturés exigent de grandes quantités de travail et certains dons de la nature, tels que des mines de charbon et de fer, qui sont très rares en Australie. Ainsi, certaines qualités de terres seront échangées contre du travail et d'autres qualités de terres. Plus précisément, l'Australie exportera des produits dans lesquels le facteur terre entrera pour une large part, non parce que la terre y est abondante, mais parce qu'elle y aura été meilleur marché que dans d'autres régions, au moment où les échanges ont commencé. Mais cela revient bien évidemment au même. Ce n'est qu'au cas où les conditions de la demande seraient si particulières qu'en dépit de son abondance, la terre ne serait pas moins chère que dans les régions où elle est rare, que les choses pourraient être différentes. À défaut de circonstances aussi exceptionnelles, nous pouvons dire que le commerce implique un échange entre facteurs rares et facteurs abondants. [...]

L'effet le plus immédiat du commerce entre un certain nombre de régions et sous les conditions que l'on a supposées est qu'en tous lieux, les prix des marchandises tendent à s'égaliser. Tant que l'on ne prend pas en considération les coûts de transport ou d'autres entraves au commerce, tous les produits doivent commander les mêmes prix en tous lieux. Le commerce a toutefois une influence considérable sur les prix, l'utilisation et les combinaisons des facteurs de production, en un mot, sur tout le système des prix. [...]

Prenons tout d'abord un cas abstrait très simple où nous n'envisageons que deux régions et deux facteurs que nous pouvons appeler terre et travail. La région où la terre est abondante et le travail rare trouve avantageux d'importer des marchandises exigeant beaucoup de travail et d'exporter des biens exigeant beaucoup de terre puisque les premiers peuvent être produits à meilleur compte à l'étranger. Au lieu de produire des marchandises de ce premier type, les agents industriels sont dirigés vers les industries produisant celles du second. Les industries qui utilisent d'importantes quantités de travail sont réduites ou disparaissent ; il s'ensuit que la demande de travail diminue. Les activités exigeant beaucoup de terre se développent ; c'est pourquoi la demande de terre augmente. Ainsi, la rareté du travail décroît, tandis que celle de la terre croît. Dans l'autre région, qui a du travail en abondance mais peu de terre, la concentration des industries utilisant beaucoup de travail entraîne une rareté relative plus grande de ce facteur et une plus faible rareté relative de la terre. Donc, dans deux régions, le facteur relativement abondant sera plus demandé et son prix augmentera tandis que le facteur rare verra sa demande décroître et parviendra à un prix moins élevé qu'auparavant. L'écart entre la rareté relative des facteurs de production dans les deux régions diminue.

Bertil Ohlin,
COMMERCE INTERRÉGIONAL ET INTERNATIONAL (1933),
trad. française in J. M. Jeannerey et alii, Documents économiques,
PUF, Paris, 1959, pp. 477-479.

COMMENTAIRE

Les avantages comparatifs déterminant la spécialisation internationale des producteurs étaient exprimés par Ricardo à partir des dépenses de travail nécessaires à la production des différentes marchandises dans chaque pays [texte E 53]. Délaissant la théorie de la valeur-travail, les économistes suédois Eli Hecksher et Bertil Ohlin (1899-1979) reformulent, au XXe siècle, la théorie des avantages comparatifs dans des termes plus conformes à l'analyse néo-classique.
Pour Ricardo, les entraves à la mobilité internationale de la main-d'œuvre et des capitaux expliquent que les prix dans le commerce international ne se déterminent pas de la même façon que dans le commerce intérieur. Ohlin transpose ce raisonnement dans une analyse de type néo-classique où la production est le résultat d'une combinaison de divers facteurs de production (terre et travail dans son exemple simplifié de l'Australie et de l'Europe) : les unités géographiques sur lesquelles il raisonne (« États » ou « régions ») sont définis par le fait que les facteurs de production ne peuvent pas franchir leurs frontières (c'est évident pour la terre, mais beaucoup moins pour le travail).
Dans ces conditions, compte tenu du fait que les dotations en facteurs diffèrent d'un pays à l'autre, chaque pays possède un avantage comparatif pour les productions exigeant une grande quantité du facteur (ou des facteurs) dont il est relativement le mieux doté : la terre en Australie, le travail en Europe. Mais la spécialisation internationale des producteurs qui s'établit sur cette base tend à égaliser les rémunérations relatives des facteurs d'un pays à l'autre, car elle rapproche leurs raretés relatives : dans chaque pays, la demande des facteurs les plus abondants s'accroît sous l'effet de la spécialisation entraînée par le commerce international (et inversement pour les acteurs les moins abondants). Celui-ci constitue en quelque sorte un substitut à la mobilité des facteurs. Pour Ohlin, l'égalisation des rémunérations des facteurs entre pays par l'intermédiaire du commerce international ne constitue qu'une tendance, de multiples circonstances s'opposant en pratique à la réalisation d'une égalité complète. Samuelson démontrera dans quelles conditions (restrictives) une telle égalité peut être obtenue (« Commerce international et égalisation des prix des facteurs », *The Economic Journal,* 1948).
La théorie d'Hecksher-Ohlin a fait l'objet de diverses critiques. Certaines portent sur l'hypothèse d'absence de mobilité internationale des facteurs [texte E 59] ; d'autres s'appuient sur les difficultés qu'ont fait apparaître les tentatives de vérification empirique [texte E 57]. En dépit de ces critiques, cette théorie reste aujourd'hui encore la base de l'approche « orthodoxe » du commerce international.

mots-clés

COMMERCE INTERNATIONAL – DOTATIONS EN FACTEURS – SPÉCIALISATION – AVANTAGE COMPARATIF

E 55

John Maynard Keynes

Le mercantilisme revisité

Exprimons tout d'abord dans notre propre langage ce qui nous paraît aujourd'hui constituer l'élément de vérité scientifique dans la doctrine mercantiliste. [...] Il doit être entendu que les avantages invoqués sont de l'aveu général des avantages nationaux, et qu'ils ont peu de chances de profiter au monde tout entier.

Lorsque la richesse d'un pays croît avec quelque rapidité, il arrive qu'en régime de laisser-faire une telle évolution favorable soit interrompue par l'insuffisance des forces qui incitent à l'investissement. Les circonstances sociales et politiques ainsi que les caractéristiques nationales qui déterminent la propension à consommer étant données, la prospérité d'une économie qui progresse exige, pour les raisons déjà exposées, que ces incitations à investir soient suffisantes. Les motifs à investir peuvent être trouvés soit dans le domaine des investissements intérieurs, soit dans le domaine des investissements extérieurs (qui comprennent l'accumulation des métaux précieux), ces deux catégories d'investissement composant l'investissement global. Lorsque le flux global d'investissement n'obéit à aucun autre motif que le profit, c'est le taux d'intérêt national qui gouverne à la longue les possibilités d'investissement intérieur, et c'est nécessairement le solde créditeur de la balance commerciale qui détermine l'investissement extérieur. Dans une société où les investissements directs sous l'égide des pouvoirs publics sont hors de question, les deux problèmes économiques qui doivent légitimement préoccuper ces pouvoirs sont donc le taux de l'intérêt intérieur et la balance du commerce extérieur.

Or, si l'unité de salaire est assez stable et exempte de variations spontanées de grande amplitude (condition qui est presque toujours réalisée), si le degré moyen de la préférence pour la liquidité au cours de ses fluctuations de courte période témoigne d'une certaine stabilité, et si enfin les pratiques bancaires sont elles aussi stables, le taux de l'intérêt dépend du montant, mesuré en unités de salaire, des métaux précieux dont la communauté dispose pour satisfaire ses besoins d'argent liquide. D'autre part, à une époque où les prêts substantiels à l'étranger et la propriété inconditionnelle des biens sis au-dehors se heurtent à de sérieuses difficultés pratiques, l'augmentation ou la diminution du stock de métaux précieux dépend en grande partie du caractère favorable ou défavorable de la balance du commerce.

En s'efforçant de maintenir une balance commerciale favorable, les autorités se sont donc trouvées servir à la fois ces deux fins ; et, qui plus est, elles n'avaient aucun autre moyen de les servir. En un temps où elles ne pouvaient agir directement sur le taux de l'intérêt intérieur ou sur les autres motifs qui incitent à l'investissement domestique, les mesures propres à améliorer la balance commerciale étaient les seuls moyens directs d'augmenter l'investissement extérieur ; et l'effet d'une balance commerciale favorable sur les entrées de métaux précieux était en même temps leur seul moyen indirect de réduire le taux de l'intérêt intérieur, c'est-à-dire d'accroître l'incitation à investir domestique.

Le succès d'une telle politique comporte toutefois une double limite qu'on ne doit pas méconnaître. Si la baisse du taux d'intérêt intérieur stimule assez l'investissement pour porter l'emploi au-delà du point critique où l'unité de salaire croît, la hausse du niveau intérieur des coûts tend à exercer une action défavorable sur la balance du commerce extérieur, de telle sorte que l'effort pour améliorer cette balance dépasse son but et se neutralise lui-même. D'autre part, si le taux de l'intérêt intérieur baisse suffisamment au-dessous des taux d'intérêt externes pour provoquer un volume de prêts à l'étranger hors de proportion avec le solde créditeur de la balance commerciale, il peut en résulter un exode de métaux précieux suffisant pour contrebalancer les avantages précédemment obtenus. [...]

Néanmoins si l'on considère une société où l'unité de salaire est assez stable, où il existe des caractéristiques nationales propres à déterminer la propension à consommer et la préférence pour la liquidité, et où le système monétaire établit un lien rigide entre la quantité de monnaie et les stocks de métaux précieux, le maintien de la prospérité exige que les autorités surveillent de près l'état de la balance commerciale. Car une balance du commerce favorable, pourvu qu'elle ne le soit pas à l'excès, peut être un stimulant extrêmement énergique, tandis qu'une balance défavorable peut amener rapidement un état de dépression durable.

Il ne s'ensuit pas que ce soit par une restriction maximum des importations que l'on obtienne un excédent maximum de la balance commerciale. Les premiers mercantilistes ont vivement insisté sur ce point, et on les a souvent vus combattre des restrictions commerciales parce qu'à la longue ces restrictions auraient été un obstacle à une balance commerciale favorable. On peut certainement soutenir que dans les circonstances particulières où se trouvait la Grande-Bretagne au milieu du XIXe siècle, une liberté commerciale presque absolue était la politique la plus propre à améliorer la balance du commerce. Les expériences contemporaines de restrictions commerciales dans l'Europe d'après-guerre offrent des exemples nombreux d'atteintes mal conçues à la liberté, qui, étant destinées à améliorer la balance du commerce, ont abouti en fait au résultat inverse.

Pour cette raison et pour d'autres encore, le lecteur ne doit pas s'empresser de conclure à la portée *pratique* à laquelle conduit notre thèse. Il existe de fortes présomptions d'un caractère général qui militent à l'encontre des restrictions commerciales quand elles ne sont pas justifiées par des raisons spéciales. Les avantages de la division internationale du travail sont réels et importants, quoique l'école classique les ait fortement exagérés. Le fait que l'avantage procuré à un pays par une balance commerciale favorable se trouve compensé par un préjudice égal causé à un autre pays (fait dont les mercantilistes avaient pleinement conscience) ne signifie pas seulement qu'une grande modération est nécessaire afin qu'aucun pays ne se réserve un stock de métaux précieux supérieur à sa part légitime et raisonnable, mais encore qu'une insuffisante modération dans la poursuite d'une balance favorable peut déclencher une absurde compétition internationale, également préjudiciable à tous. Enfin une politique de restrictions commerciales, même au service de son but officiel, est une arme insidieuse, car les intérêts privés, l'incompétence des fonctionnaires et la difficulté intrinsèque de la tâche peuvent la détourner de son objet et lui faire produire des effets directement opposés à ceux qu'on en attend.

Ainsi l'objet principal de notre critique, c'est l'insuffisance des bases *théoriques* de la doctrine de laisser-faire qui nous a été apprise et que nous avons enseignée durant de nombreuses années, c'est l'idée que le taux de l'intérêt et le montant de l'investissement se fixent d'eux-mêmes aux chiffres optima, de telle sorte qu'il faut avoir du temps à perdre pour se préoccuper de la balance commerciale. Car on peut légitimement nous reprocher, à nous autres professeurs d'économie politique, d'avoir fait preuve d'une présomption aveugle en considérant comme une obsession puérile ce qui avait été pendant des siècles le but principal de l'action gouvernementale. Sous l'influence de cette théorie erronée, la Cité de Londres inventa peu à peu, pour maintenir l'équilibre, la technique la plus dangereuse qui se puisse imaginer, consistant à faire varier le taux de l'escompte tout en imposant des parités de change rigides. Le sens de cette politique était qu'on renonçait complètement à faire régner à l'intérieur du pays le taux d'intérêt compatible avec le plein emploi.

John Maynard Keynes,
THÉORIE GÉNÉRALE DE L'EMPLOI, DE L'INTÉRÊT ET DE LA MONNAIE (1936),
trad. française Éditions Payot, Paris, 1969, chap. 23, pp. 329-348.

COMMENTAIRE

Adversaire de la loi des débouchés [texte E 75] et adepte d'une théorie monétaire de l'intérêt [texte E 47], Keynes (1883-1946) ne pouvait que rendre justice aux anciennes analyses mercantilistes, décriées par plus d'un siècle de tradition « classique » : la préoccupation pour le solde de la balance commerciale ne résulte pas d'un supposé fétichisme de l'or, mais d'une appréhension correcte, quoique partielle, du problème de la demande effective. L'excédent de la balance commerciale (que Keynes, dans le texte ci-dessus, assimile à un « investissement extérieur ») se traduit, de façon directe, par un débouché net qui vient s'ajouter à la demande intérieure, que par ailleurs il stimule de façon indirecte en faisant baisser le taux d'intérêt.
Opposé à la théorie quantitative de la monnaie (car, selon son analyse, les variations de la masse monétaire affectent le niveau d'activité), Keynes rejette la théorie du rééquilibrage automatique de la balance commerciale qui en constitue le corollaire [texte E 50]. Pour autant, il ne méconnaît nullement les limites des politiques mercantilistes : un dérapage salarial peut être source de perte de compétitivité des productions nationales, un écart trop important entre les taux d'intérêt intérieurs et extérieurs peut provoquer la fuite des capitaux. Mais surtout, Keynes souligne que les avantages de ces politiques sont « des avantages nationaux, et qu'ils ont peu de chances de profiter au monde entier ». Bien plus, du fait de leur caractère intrinsèquement agressif (les excédents des uns ont nécessairement pour contrepartie les déficits des autres), le recours généralisé à ces politiques pour tenter d'enrayer les effets de la crise constitue à ses yeux un péril majeur pour la paix du monde [texte E 56].
Reconnaître ces limites et ces dangers ne doit pas conduire à négliger « l'élément de vérité scientifique dans la doctrine mercantiliste ». Une telle négligence n'est pas seulement dommageable sur le plan théorique : elle est, selon Keynes, source de politiques inadéquates, comme celle qui consiste à assurer l'équilibre extérieur, dans le cadre de parités fixes, par une fixation des taux d'intérêt à un niveau incompatible avec le plein emploi. De tels propos, rappelons-le, ont été écrits en 1936.

mots-clés

COMMERCE EXTÉRIEUR – MERCANTILISME – LOI DES DÉBOUCHÉS – MASSE MONÉTAIRE – EMPLOI – TAUX D'INTÉRÊT

E 56

John Maynard Keynes

Le commerce international et la paix

Nous avons dit en passant que le nouveau système pourrait être plus que l'ancien favorable à la paix. Il convient de revenir et d'insister sur ce sujet.

Les causes de la guerre sont multiples. Les dictateurs et leurs semblables, à qui la guerre procure, au moins en perspective, un stimulant délectable, n'ont pas de peine à exciter le sens belliqueux de leurs peuples. Mais il existe en outre des causes économiques de la guerre, qui leur facilitent l'entretien de la flamme populaire, à savoir : la poussée de la population et la compétition autour des débouchés. Cette dernière cause, qui a joué au XIXe siècle et jouera peut-être encore un rôle prédominant, a un rapport étroit avec notre sujet.

Nous avons signalé dans le chapitre précédent que sous un régime de laisser-faire intérieur et d'étalon-or international, comme celui qui était orthodoxe pendant la seconde moitié du XIXe siècle, le seul moyen pour les gouvernements de soulager la détresse économique de leur pays était de lutter pour la conquête des marchés extérieurs. Les remèdes au chômage chronique et intermittent se trouvaient tous exclus à l'exception des mesures destinées à améliorer la balance extérieure des revenus.

Les économistes avaient coutume de célébrer le système international existant parce qu'il procurait les fruits de la division internationale du travail tout en conciliant les intérêts des différentes nations ; mais ils laissaient dans l'ombre une conséquence moins bienfaisante de ce système. Et certains hommes d'État faisaient preuve de bon sens et d'une juste compréhension de l'ordre réel des choses lorsqu'ils soutenaient qu'un riche et vieux pays qui néglige la lutte pour les débouchés voit sa prospérité décliner et s'évanouir. Or, si les nations pouvaient apprendre à maintenir le plein emploi au moyen de leur seule politique intérieure (et aussi, faut-il ajouter, si elles pouvaient atteindre un équilibre démographique), il ne devrait pas y avoir de force économique importante propre à dresser les intérêts des divers pays les uns contre les autres. Il y aurait encore place pour la division internationale du travail et pour l'octroi de prêts à l'étranger dans des conditions appropriées. Mais aucun pays n'aurait plus un motif puissant d'imposer ses produits aux autres pays et de refuser les leurs, comme ils le font aujourd'hui, non parce que cette politique est nécessaire pour leur permettre de payer ce qu'ils désirent acheter à l'étranger, mais parce qu'ils cherchent ouvertement à rompre l'équilibre des paiements de manière à rendre leurs balances commerciales créditrices. Le commerce international cesserait d'être ce qu'il est, c'est-à-dire un expédient désespéré pour préserver l'emploi intérieur des pays en stimulant les ventes et les achats au-dehors ; moyen qui, lorsqu'il réussit, ne fait que transférer le problème du chômage au pays le moins bien placé dans la lutte. Il deviendrait un échange de marchandises et de services, réalisé librement et sans obstacle, en des conditions comportant des avantages réciproques.

John Maynard Keynes,
THÉORIE GÉNÉRALE DE L'EMPLOI, DE L'INTÉRÊT ET DE LA MONNAIE (1936),
trad. française Éditions Payot, Paris, 1969, chap. 24, pp. 374-375.

COMMENTAIRE

S'il réhabilite le mercantilisme dans l'histoire de la pensée économique [texte E 55], Keynes (1883-1946) n'en est pas moins favorable au libre-échange prôné par les économistes « classiques » : d'une part il ne méconnaît pas les avantages de la division internationale du travail [textes E 52, E 53 et E 54], d'autre part il souligne les dangers du protectionnisme, à l'échelle nationale et à l'échelle internationale.
Mais le libre-échange ne lui paraît viable que si le commerce extérieur cesse d'être vu, par chaque pays, comme un moyen de reporter ses problèmes d'emploi sur les autres. Loin de constituer un vœu pieux, cet objectif est à ses yeux très réalisable, pour peu que les gouvernements comprennent qu'ils ont la possibilité d'obtenir le plein emploi en agissant sur la demande intérieure [texte E 16 et E 81]. Dans le cadre de ce « nouveau système », le commerce extérieur cesse d'être vu comme un expédient pour lutter contre le chômage, ce qui doit avoir pour effet, selon Keynes, de supprimer une bonne partie – sinon la totalité – des mobiles de la « guerre d'argent ».
Ainsi, loin d'être le corollaire à l'échelle internationale du « laisser-faire » au plan intérieur, le libre-échange apparaît incompatible avec celui-ci : il suppose au contraire, dans chaque pays, une intervention publique visant à porter la demande intérieure à un niveau compatible avec le plein emploi. L'absence d'une telle politique ne peut conduire qu'au marasme et à la guerre commerciale, qui est un moyen assez efficace de précipiter la guerre véritable. Keynes complétera son message, à la fin de sa vie, par l'affirmation de la nécessité d'une étroite coopération internationale des États (le « plan Keynes » présenté, en 1944, à la conférence internationale de Bretton Woods prévoyait la création d'une véritable banque centrale internationale).

mots-clés

COMMERCE INTERNATIONAL – LIBRE-ÉCHANGE – LOI DES DÉBOUCHÉS – RÉGULATION MACROÉCONOMIQUE – EMPLOI

E 57

Wassily Leontief

Le paradoxe de Leontief

Une vue largement répandue sur la nature du commerce entre les États-Unis et le reste du monde découle de ce qui paraît être une hypothèse de bon sens : ce pays possède un avantage comparatif dans la fabrication des biens dont la production utilise de grandes quantités de capital et des quantités relativement faibles de travail. On suppose que nos relations économiques avec d'autres pays reposent principalement sur des exportations de biens à forte intensité de capital en échange de produits étrangers qui – s'ils devaient être produits localement – nécessiteraient moins de capital mais une plus grande quantité de travail américain. Puisque les États-Unis possèdent une quantité relativement importante de capital – du moins cet argument est-il fréquemment invoqué – et une quantité relativement faible de travail, la production locale directe de produits contenant beaucoup de travail serait anti-économique ; nous pourrions les obtenir de l'étranger de façon beaucoup plus avantageuse en échange de produits contenant relativement plus de capital.

Des progrès récents dans la collecte et l'organisation systématique d'une information quantitative détaillée sur la structure de toutes les branches, accompagnés d'un développement parallèle de la technique des calculs numériques à grande échelle, nous permettent aujourd'hui de diminuer la marge décourageante entre la théorie et l'observation. Nous présentons ici un rapport préliminaire sur une étude qui se propose d'analyser les fondements structurels des relations commerciales entre les États-Unis et le reste du monde. [...]

Les données empiriques, auxquelles nous nous sommes référés ci-dessus, comprennent plusieurs séries d'estimations dont la plus vaste et, en un sens, la plus importante, se présente en termes de tableaux dits d'*input-output.* Ce tableau décrit les flux réels de biens et services entre les différentes parties de l'économie américaine. Il montre avec précision en quoi chacune de nos industries, chaque branche de l'agriculture, du transport et de la distribution – en bref, chaque secteur de l'économie – dépend de tous les autres secteurs. Une colonne de notre tableau d'*input-output* montre par exemple les quantités achetées à l'industrie métallurgique de fers laminés, de fer en lingots et d'autres produits sidérurgiques, par les fabricants chaque fois qu'ils produisent un million de dollars d'automobiles. Elle montre aussi combien il leur faut acheter de mètres (ou de dollars) de garnitures intérieures, de peinture, à l'industrie chimique, etc. De même, la colonne industrie métallurgique du tableau montre les différentes sortes d'*input,* charbon, minerai, etc. que l'industrie métallurgique doit acheter aux autres secteurs de l'économie pour accroître d'un million de dollars sa production, qui consiste naturellement en produits métallurgiques. Le tableau contient autant de colonnes qu'il y a d'industries différentes, si bien qu'il présente toutes les liaisons bilatérales entre les secteurs de l'économie. Sur la base de l'information statistique contenue dans le tableau *input-output,* on peut déterminer l'effet de tout accroissement ou diminution du niveau de production d'un secteur quelconque de l'économie nationale sur le niveau de production de tous les autres secteurs. En utilisant, pour base de ces calculs, la structure *input-output* de l'économie américaine en 1947, on trouve que pour produire une valeur supplémentaire de un million de dollars d'automobiles, la production d'acier devrait augmenter de 235 000 dollars, celle des produits chimiques de 58 000, celle des métaux non ferreux de 79 000, celle des textiles de 39 000 dollars, etc. Même les services de communication – téléphone et télégraphe – devraient contribuer indirectement à la production supplémentaire d'automobiles. [...]

La seconde et la troisième série de nos données statistiques indiquent les quantités de travail et de capital directement nécessaires à chaque industrie. Ces chiffres reposent sur une information détaillée qui nous dit, par exemple, que pour augmenter d'un million de dollars sa production de voitures, l'industrie automobile devrait investir 175 000 dollars dans la construction de nouveaux bâtiments, 266 000 en nouvelles machines et ainsi de suite. Elle devrait aussi accroître de 124 000 dollars son stock de matières premières et de produits en cours de fabrication. Au total ce sont 565 000 dollars de capital supplémentaire (aux prix de 1947) qui devraient être investis dans l'industrie automobile américaine, afin de lui permettre d'augmenter sa capacité de production d'un million de dollars d'automobile par an. Mais cela ne représente qu'une partie du capital total additionnel qui devrait être investi dans l'économie américaine pour lui permettre de produire la quantité supplémentaire d'automobiles destinées à l'exportation par exemple. Comme nous l'avons vu auparavant, la quantité d'acier utilisée dans l'industrie automobile aura augmenté de 235 000 dollars et celle des produits textiles de 39 000. Cela signifie naturellement un investissement additionnel à la fois dans l'industrie textile et dans l'industrie métallurgique. On peut calculer l'importance de ces quantités de capital. Il faut simplement multiplier la quantité de capital que chacune de ces deux industries utilise par million de dollars, par la demande additionnelle de produits qu'elle fournit, indirectement entraînée par l'accroissement d'un million de dollars de la production d'automobiles. [...] C'est finalement un total de 2 105 000 dollars que l'économie américaine de 1947 devrait investir pour chaque million de dollars d'automobiles supplémentaires, produites à des fins d'exportation ou de consommation locale. Comme le sommet d'un iceberg, visible à la surface de l'eau, la part investie dans l'industrie automobile elle-même ne constitue qu'une faible portion du total – 26% pour être exact ; le reste est réparti entre les 42 secteurs productifs de l'économie. Des calculs similaires ont été effectués pour chaque catégorie de biens et services que nous exportons ou importons (en concurrence avec le produit local).

Le travail est l'autre facteur primaire, sa disponibilité aura un rôle décisif dans l'établissement du modèle de spécialisation qui déterminera la composition de notre commerce international. Tout comme le capital, les hommes-années utilisés dans la production d'un million de dollars d'automobiles sont en partie absorbés par l'industrie automobile elle-même et, en partie également, employés par d'autres secteurs de l'économie. Le calcul de ces quantités de travail direct et indirect nécessaires est identique au calcul de la demande de capital directe et indirecte. [...]

Nous pouvons à présent rechercher s'il est exact que les États-Unis exportent des biens dont la production locale absorbe des quantités relativement importantes de capital et relativement faibles de travail, et s'ils importent des biens et services étrangers qui, s'ils étaient produits sur place, nécessiteraient une grande quantité de travail mais une faible quantité de capital domestique. Imaginons une situation où les États-Unis, pour une raison quelconque, veulent réduire leur dépendance à l'égard des pays étrangers et décident de diminuer leurs exportations et leurs importations d'un million de dollars chacune. Examinons, en particulier, le cas plausible où la diminution des exportations se traduit par une réduction proportionnelle de chaque bien, si bien qu'après cette réduction, la composition des exportations en pourcentage reste inchangée. La même procédure peut être appliquée aux importations dites concurrentielles, c'est-à-dire aux importations de biens qui sont au moins partiellement produites par des industries locales. [...] Pour remplacer un million de dollars d'importations, nous devrions augmenter la production des industries correspondantes aux États-Unis. Si, comme nous l'avons supposé, les importations concurrentielles étaient diminuées proportionnellement, la production locale des biens spécifiques concernés devrait augmenter d'une quantité égale à la réduction des importations, c'est-à-dire d'une quantité proportionnellement identique. Par exemple, si le papier-journal représentait 20% de toutes les importations concurrentielles, et les lainages 10%, la production locale de papier-journal devrait augmenter de 200 000 dollars et celle des lainages de 100 000 dollars pour compenser une réduction d'importation totale d'un million de dollars. Un tel accroissement de la production locale pour la substitution d'importations nécessiterait une quantité supplémentaire de capital et de travail direct et indirect. [...]

Les principaux résultats de l'analyse empirique quantitative décrite ci-dessus sont résumés dans les chiffres du tableau [suivant] :

Quantités de capital et de travail nécessaires par million de dollars d'exportations américaines et de substituts d'importations concurrentielles (composition moyenne 1947)

	Exportations	Substituts d'importation
Capital (en dollars, aux prix de 1947)	2 550 780	3 091 339
Travail (hommes-années)	182 313	170 004

Ces chiffres montrent qu'une valeur moyenne d'un million de dollars de nos exportations comprend une quantité de capital considérablement inférieure et une quantité de travail sensiblement supérieure à celles qui auraient été nécessaires pour remplacer, par une production domestique, un montant équivalent de nos importations. La participation américaine à la division internationale du travail repose sur une spécialisation caractérisée par des types de production comprenant relativement plus de travail que de capital. En d'autres termes, ce pays participe à l'échange international en vue d'économiser son capital et d'utiliser son surplus de main-d'œuvre, plutôt que l'inverse. L'opinion largement répandue selon laquelle – comparée au reste du monde – l'économie des États-Unis est caractérisée par un surplus relatif de capital et une insuffisance relative de travail apparaît fausse. En fait, c'est l'inverse qui est vrai.

Wassily Leontief,
PRODUCTION DOMESTIQUE ET COMMERCE INTERNATIONAL :
RÉEXAMEN DE LA POSITION CAPITALISTIQUE DES ÉTATS-UNIS (1954),
trad. française in B. Lassudrie-Duchêne, Échange international et croissance,
Éditions Economica, Paris, 1972, pp. 95-129.

COMMENTAIRE

Wassily Leontief (1906-) est le père de la méthode *« input-output »,* fondée sur la représentation des échanges entre les différentes branches du système productif d'un pays sous la forme d'une matrice carrée. Cette méthode permet, notamment, de calculer les consommations intermédiaires directement et indirectement nécessaires à la production d'un certain volume d'un bien ou service déterminé. Moyennant certaines informations supplémentaires sur les équipements, les stocks et l'emploi dans chaque branche, elle permet aussi de calculer les contenus en capital et en travail (direct et indirect) de chaque production.

Cette méthode, extrêmement féconde, a reçu de nombreuses applications. L'une d'elles, proposée par Leontief lui-même, consiste à analyser la structure du commerce extérieur d'un pays, en l'occurrence les États-Unis (plus précisément, Leontief analyse la structure des exportations et des substituts d'importations

concurrentielles des États-Unis, sur la base du tableau *input-output* de l'année 1947). Compte tenu de l'avance considérable de l'économie américaine en matière d'équipements productifs au lendemain de la Seconde Guerre mondiale, la théorie d'Hecksher-Ohlin [texte E 54] laisse supposer, *a priori,* que cette structure est caractérisée par des exportations à fort contenu en capital, et des importations (ou des substituts d'importations) à fort contenu en travail. Or, l'analyse de Leontief montre que c'est l'inverse qui est vrai.
Ce résultat, apparemment paradoxal au vu de la théorie des dotations en facteurs, est expliqué par Leontief à partir de l'efficience plus élevée de la main-d'œuvre aux États-Unis que dans le reste du monde : le travail ne constitue pas un facteur de production homogène. Semblable remarque pourrait être faite à propos du capital : à la manière de John Bates Clark [texte E 35], Leontief mesure le « facteur capital » en dollars, en agrégeant des quantités d'équipements hétérogènes multipliées par les prix de ces équipements. Mais nous savons, à la suite des travaux de la « nouvelle école de Cambridge », qu'il est hasardeux de considérer un tel agrégat comme représentatif d'un facteur technique de la production [texte E 36].

mots-clés

COMMERCE INTERNATIONAL – DOTATIONS EN FACTEURS – PARADOXE DE LEONTIEF

E 58

Milton Friedman

« La queue du chien »

Les économistes n'ont pas besoin d'en savoir long. Mais nous savons très bien une chose : comment provoquer des pénuries et des excédents. Voulez-vous provoquer une pénurie de n'importe quel produit ? Il suffit que le gouvernement fixe et soutienne un prix *maximum* légal, qui soit inférieur à celui qui serait imposé autrement par le marché. […] Voulez-vous provoquer un excédent de n'importe quel produit ? Il suffit que le gouvernement fixe et soutienne un prix *minimum* légal, supérieur au prix du marché, soit en décidant qu'il est illégal de payer un prix inférieur, soit en offrant d'acheter tout ce qui est offert au prix en question. […] Le même prix peut provoquer un excédent à un moment donné, et à un autre une pénurie. […]

Tout cela peut sembler bien loin du thème annoncé, mais ce n'est qu'une apparence. Le problème de la balance des paiements n'est qu'un autre exemple des répercussions lointaines de la fixation des prix par le gouvernement […].

Le fait que plus d'un gouvernement soit concerné complique la situation. Considérons, pour plus de précision, le cas de la Grande-Bretagne et des États-Unis. Le cours officiel de la livre sterling, converti en dollars, se monte à 2,82 dollars mais, en vertu de l'accord passé ave le Fonds monétaire international, il peut varier un peu en-deçà et au-delà, approximativement entre 2,82 et 2,78 dollars. […] Les États-Unis ne peuvent maintenir le cours de la livre au-dessous de 2,82 dollars qu'en offrant de vendre toutes les livres offertes à ce prix-là – c'est-à-dire d'acheter tous les dollars offerts.

La Grande-Bretagne ne peut maintenir de son côté le cours de la livre au-dessus de 2,78 dollars qu'en offrant d'acheter toutes les livres offertes à ce prix-là – c'est-à-dire de vendre tous les dollars demandés. Comment les deux pays peuvent-ils y parvenir ?

Supposons qu'au cours de 2,82 dollars la livre, la quantité de dollars que les particuliers ou les gouvernements sont disposés à utiliser pour acheter des livres, qu'ils utiliseront à des fins diverses, soit supérieure à celle que d'autres particuliers ou d'autres gouvernements veulent acquérir avec des livres. Supposons maintenant que les États-Unis aient un déficit virtuel de leur balance des paiements (comme c'est d'ailleurs le cas actuellement). Comment pourront-ils maintenir le cours de la livre en dessous de 2,82 dollars ? [...] Si l'on rejette la solution qui consiste à ce que la Grande-Bretagne accorde des conditions de crédit illimité à un taux d'intérêt nul, il reste encore une possibilité : les États-Unis n'ont qu'à accumuler à l'avance des réserves qui, le cas échéant, leur permettront de faire face à une demande de livres excessives (ce qui représente en fait le rôle principal de nos stocks d'or), ou s'arranger pour emprunter. Il est bien évident qu'il est impossible de couvrir indéfiniment les déficits possibles en puisant dans les réserves. Les réserves ont nécessairement une limite. Il est également indiscutable qu'il serait coûteux et inopportun de faire appel à l'emprunt d'État sans discernement. D'autre part, aucun pays ne souhaite accumuler indéfiniment des devises étrangères. Les réserves ne peuvent pas faire tout le travail. Un mécanisme d'ajustement quelconque doit participer à l'opération.

De quels mécanismes d'ajustement disposons-nous ? Le système d'étalon-or en constitue un, dans lequel les variations de la masse monétaire, du revenu et des prix s'effectuent de manière interne. [...] Une banque centrale peut faire de manière délibérée ce qu'un étalon-or véritable fait automatiquement. Pour corriger le déficit de la balance des paiements des États-Unis, elle pourrait réduire la quantité de monnaie (ou son taux d'accroissement) et faire baisser les revenus et les prix (ou les laisser augmenter moins vite que dans les autres pays), ce qui permettrait de faire diminuer la demande et de faire augmenter l'offre vis-à-vis de l'extérieur. [...] Les partisans des taux de change fixes considèrent ce mécanisme d'ajustement comme la « discipline » imposée par le système qu'ils préconisent. Mais il s'agit là d'une discipline bien étrange. C'est elle qui, lors des dix dernières années, a provoqué l'inflation en Allemagne, au moins aussi sûrement qu'elle a entraîné la déflation chez nous. Elle consiste uniquement à marcher du même pas que le reste du monde, même si ce n'est pas dans la bonne direction. En tout cas, il est clair que c'est une discipline à laquelle nous ne sommes pas disposés à nous soumettre. [...]

Il reste un autre mécanisme d'ajustement, qui consiste à exercer un contrôle direct ou indirect sur le montant des devises que les gens souhaitent voir entrer en leur possession. [...] Nous avons jusqu'ici évité le contrôle des changes *stricto sensu,* mais nous avons multiplié les interventions dans le domaine du commerce privé de façon à la fois grave, mesquine et avilissante. [...] Malgré toutes ces interventions, nous ne sommes pas parvenus au résultat souhaité. Le schéma connu de la fixation des prix s'est répété d'innombrables fois. Laissez le prix fixé s'écarter un tant soit peu du prix qui se serait imposé sur le marché, et il faudra des efforts surhumains pour s'y maintenir. [...]

Il existe une solution satisfaisante, et c'est la seule : il faut abolir la fixation des prix par le gouvernement, laisser les taux devenir des prix de marché libre et, d'une manière générale, maintenir tout simplement le gouvernement à l'écart de la scène. Supposons que, dans un tel système, à un cours de 2,80 dollars la livre, la quantité de dollars que les gens veulent utiliser pour acheter des livres (afin de les dépenser, de les prêter ou de les distribuer) soit plus importante que celle que les détenteurs de livres souhaitent s'approprier. Les acheteurs les plus empressés offriront de payer davantage, et le prix de la livre enchérira. À mesure que son cours s'élèvera, les acheteurs de livres seront découragés – l'élévation du cours de cette devise signifiant une augmentation des prix des biens achetés à l'étranger, traduits en termes de dollars – et les vendeurs de livres seront encouragés – cette hausse signifiant pour eux qu'ils peuvent acheter davantage de biens et services américains avec un montant donné de livres. À un cours quelconque, disons 3,08 dollars, le nombre de dollars offerts correspondra au nombre de dollars demandés. Cette hausse de 10% du prix de la livre infléchira le coût des produits américains et anglais pour les deux nations respectives, exactement comme l'aurait fait une baisse des prix de 10% aux États-Unis sans changement de prix en Grande-Bretagne, ou encore une hausse de prix de 10% en Grande-Bretagne sans changement de prix aux États-Unis. Mais il serait beaucoup moins gênant de modifier les taux de change de 10% que de subir une baisse *générale* des prix aux États-Unis. Pourquoi ne pas laisser à un prix unique – très flexible celui-là – le soin d'opérer l'ajustement, au lieu de multiplier les modifications de prix internes, avec tout ce que cela implique comme contraintes et comme effets marginaux ? Pourquoi ne pas laisser le chien remuer la queue, au lieu de laisser la queue remuer le chien ?

Milton Friedman,
THE BALANCE OF PAYMENTS : FREE VS FIXED EXCHANGE RATES (1967),
trad. française in M. Friedman, Inflations et systèmes monétaires,
Calmann-Lévy, Paris, 1976, pp. 323-353.

COMMENTAIRE

Depuis le XVIIIe siècle, les partisans de la théorie quantitative de la monnaie voient dans le régime de l'étalon-or un mécanisme assurant le rééquilibrage automatique des balances commerciales [texte E 50] et, plus généralement, des balances des paiements (outre les transactions commerciales, celles-ci comptabilisent les flux de services, les transferts de revenus et les opérations financières avec le reste du monde). Promoteur d'une version rénovée de la théorie quantitative [texte E 48], Milton Friedman (1912-) pense qu'il existe un moyen plus simple et plus efficace d'obtenir le même résultat : le système des changes flottants (ou flexibles, ou fluctuants), dans lequel, sans intervention des autorités monétaires, les cours des monnaies se déterminent sur les marchés des changes au gré des mouvements de l'offre et de la demande. Dans ce système en effet, le rééquilibrage passe par des mouvements du seul taux de change (la queue du chien), et non de l'ensemble des prix intérieurs (le chien). Un des avantages du mécanisme, aux yeux de Friedman, est de permettre à chaque pays de poursuivre de façon autonome la politique monétaire qui lui paraît appropriée, sans subir les interférences dues aux politiques monétaires des autres pays, qui se produisent inévitablement en régime de change fixe.

À l'époque où le texte ci-dessus a été écrit, le système monétaire international en vigueur (dit « de Bretton Woods », du nom de la conférence qui lui a donné naissance en 1944) reposait sur le principe de taux de change fixes et, dans les faits, sur le rôle de monnaie de réserve internationale du dollar des États-Unis, lui-même théoriquement convertible en or au taux fixe de 35 dollars l'once. Mais, du fait de l'accumulation progressive de balances-dollars par des créanciers extérieurs, cette couverture-or est apparue de moins en moins crédible au fil du temps, et en 1971 les États-Unis la supprimèrent unilatéralement, faisant du même coup voler en éclat le système de Bretton Woods : les partenaires des États-Unis cessèrent d'intervenir systématiquement sur les marchés des changes pour assurer la stabilité du lien entre le dollar et leur monnaie, faisant ainsi entrer le monde dans l'ère des changes flottants préconisés par Friedman. Pour beaucoup d'observateurs, l'optimisme naguère manifesté par celui-ci s'est trouvé démenti par l'instabilité chronique des marchés des changes depuis le début des années 70. Mais la réponse de Friedman est que l'on s'est borné à pratiquer un système « impur » de changes flottants, dans lequel les banques centrales n'ont pas complètement renoncé à leur ancienne habitude d'intervenir sur les marchés des changes, alimentant par ce biais la spéculation au lieu de la calmer comme elles prétendent le faire.

mots-clés

TAUX DE CHANGE – MONÉTARISME – POLITIQUE MONÉTAIRE

E 59

Arghiri Emmanuel

L'échange inégal

Si la première hypothèse – concurrence des capitaux et péréquation des profits – peut être retenue comme suffisamment réaliste dans les conditions du monde moderne, la seconde, celle de l'égalité des salaires, qu'elle soit l'effet de l'une ou de l'autre des causes énoncées ci-dessus, est absolument irréaliste et vaine. Dans le monde d'aujourd'hui, la notion du minimum vital est suffisamment élastique pour qu'aucune tendance à l'égalisation automatique par le bas ne puisse se manifester, et les frontières nationales sont suffisamment étanches pour qu'une égalisation par la concurrence internationale des travailleurs soit absolument exclue. Nous ne pensons pas non plus qu'une preuve théorique de la disparité des salaires de par le monde soit nécessaire. Il s'agit d'un fait indiscutable d'observation et d'expérience.

Si nous supposons que les salaires en A soient 10 fois supérieurs aux salaires en B, mais que, compte tenu d'une intensité du travail[1] en A double de celle de B, le coût

1. ***Intensité du travail :*** *rendement de l'unité de travail à outil égal. Il convient de ne pas confondre cette notion avec la productivité, qui, elle, est fonction croissante de l'importance de l'équipement. Un travail plus intense produit plus de valeurs d'usage et plus de valeur ; un travail plus productif produit plus de valeurs d'usage mais la même valeur. « Cependant les degrés de l'intensité moyenne du travail resteraient différents chez diverses nations et modifieraient ainsi la loi de la valeur dans son application internationale, la journée de travail plus intense d'une nation créant plus de valeur et s'exprimant en plus d'argent que la journée moins intense d'une autre ». (Marx,* Le Capital, *Éditions Sociales, II, p. 197).*

de la main-d'œuvre en A soit cinq fois supérieur au coût de la main-d'œuvre en B, ce qui représente un paramètre très modéré, notre schéma se modifiera comme suit :

Pays	K	c	v	m	V	R	T	p	L
	Capit. total engagé	Capit. const. cons.	Capit. variable	Plus-value	Valeur	Coût de production	Taux de profit	Profit	Prix de production
					c+v +m	c+v	$\frac{\Sigma m}{\Sigma K}$	TK	c+v +p
A	240	50	100	20	170	150	$33\frac{1}{3}$ %	80	230
B	120	50	20	100	170	70		40	110
	360	100	120	120	340	220		120	340

Au lieu de A = B selon les valeurs, ou 150 A = 190 B selon le schéma précédent*, nous avons maintenant 110 A = 230 B. L'inégalité de l'échange au passage de l'une de ces conditions s'exprime par les inégalités :

$$\frac{1}{1} > \frac{150}{190} > \frac{110}{230}$$

[...] La distinction entre travail passé et travail vivant est ici inutile, pour autant que les deux entrent dans la production de A et de B en sommes égales (170).

Mais ici on peut aller plus loin. On peut égaliser les capitaux engagés eux-mêmes, le transfert de valeur d'un pays à l'autre n'en subsistera pas moins :

Pays	K	c	v	m	V	R	T	p	L
	Capit. total engagé	Capit. const. cons.	Capit. variable	Plus-value	Valeur	Coût de production	Taux de profit	Profit	Prix de production
					c+v +m	c+v	$\frac{\Sigma m}{\Sigma K}$	TK	c+v +p
A	240	50	100	20	170	150	25%	60	210
B	240	50	20	100	170	70		60	130
	480	100	120	120	340	220		120	340

Ici des produits matérialisant 170 heures de travail chacun s'échangent dans la proportion 210 B = 130 A alors que rien, en dehors des salaires, ne diffère d'un pays à l'autre. Il devient ainsi clair que l'inégalité des salaires en tant que telle, et toutes

* *Dans ce schéma, l'auteur supposait des taux de plus-value égaux en A et B, mais des compositions organiques différentes des capitaux engagés.*

autres choses étant égales, provoque à elle seule l'inégalité de l'échange. Par conséquent le parti que nous avons pris de négliger l'objection de Bortkiewicz, soit la transformation préalable des valeurs des *inputs* (en travail passé) en prix de production, était justifié pour ce qui concerne notre démonstration. Car quel que puisse être l'effet de cette transformation, il ne pourra rien changer dans le rapport des deux produits puisque tous les *inputs* en travail passé, aussi bien les équipements que la consommation intermédiaire, sont égaux dans les deux pays.

Cependant, afin de situer exactement l'influence des salaires par rapport à celle des compositions organiques, nous devons revenir aux inégalités précédentes :

$$\frac{1}{1} > \frac{150}{190} > \frac{110}{230}.$$

Nous disons alors que c'est la deuxième de ces inégalités, notamment $\frac{150}{190} > \frac{110}{230}$, qui correspond à notre définition de l'échange inégal :

En dehors de toute altération des prix résultant d'une concurrence imparfaite sur le marché des marchandises, l'échange inégal est le rapport des prix d'équilibre qui s'établit en vertu de la péréquation des profits, entre régions à taux de plus-value « institutionnellement » différents – le terme « institutionnellement » signifiant que ces taux sont, pour quelque raison que ce soit, soustraits à la péréquation concurrentielle sur le marché des facteurs et indépendants des prix relatifs.

Arghiri Emmanuel,
L'ÉCHANGE INÉGAL. ESSAI SUR LES ANTAGONISMES DANS LES RAPPORTS ÉCONOMIQUES INTERNATIONAUX (1969),
Éditions Maspero, Paris, 1969, pp. 109-111.

COMMENTAIRE

La théorie néo-classique du commerce international [texte E 54] suppose l'absence de mobilité des facteurs de production d'un pays à l'autre. En ce qui concerne le capital, cette hypothèse est rejetée par Arghiri Emmanuel, qui considère que l'évolution du capitalisme entraîne mobilité et concurrence des capitaux à l'échelle mondiale. Il en résulte selon lui une tendance à la péréquation des taux de profits entre les pays, comparable à celle qui, selon Marx, se réalise entre les différentes branches d'un même système productif dans le cadre de la « transformation des valeurs en prix de production » [texte E 30].

Toutefois, alors que Marx supposait un taux de plus-value (rapport du travail non payé au travail payé) identique dans toutes les branches du système productif qu'il étudiait, Emmanuel fait une hypothèse différente pour les pays de son modèle. Compte tenu des limitations qui pèsent sur la mobilité géographique de la main-d'œuvre, mais aussi des différences dans les caractéristiques institutionnelles et les rapports de forces sociales propres à chaque pays, il n'y a pour lui aucun mouvement poussant à l'égalisation des taux de salaires à l'échelle internationale. Plus précisément, l'écart entre les salaires dans les pays du « Nord » et ceux du « Sud » est tel que, même si l'on tient compte d'éventuelles différences dans l'« intensité » du travail, les taux de plus-value doivent être considérés comme structurellement plus élevés dans les pays du « Sud » que dans ceux du « Nord ».

Reprenant l'algorithme marxien de transformation des valeurs en prix de production, Emmanuel montre alors que ces écarts de taux de plus-value jouent un rôle similaire à celui que jouent les différences de composition organique du capital dans le raisonnement de Marx : lors de la transformation, il se produit un transfert de plus-value des pays du « Sud » vers ceux du « Nord », qui se réalise par le biais de prix de production inférieurs aux valeurs pour les premiers, supérieurs aux valeurs pour les seconds. Emmanuel montre également que les prix de production qu'il obtient présentent le même type de déviation par rapport à ceux qui seraient constatés si les taux de plus-value ne différaient pas d'un groupe de pays à l'autre. C'est ce résultat qu'il appelle « échange inégal ».

Si le raisonnement d'Emmanuel ressemble fort à celui qu'on trouve au livre III du *Capital,* les conclusions auxquelles il conduit s'éloignent de l'orthodoxie marxiste : à l'image traditionnelle de la solidarité internationale du prolétariat qui doit déboucher sur la révolution mondiale, Emmanuel substitue celle d'une opposition d'intérêts entre « Nord » et « Sud », les salariés des pays capitalistes avancés bénéficiant indirectement de la surexploitation de ceux des pays du Tiers-Monde.

Mais, sauf à confondre économie et théologie, la thèse d'Emmanuel mérite d'être évaluée indépendamment de la question de sa fidélité à une quelconque orthodoxie. Elle repose sur des hypothèses de fait qui sont difficilement contestables (la mondialisation du capitalisme, les écarts de salaire Nord-Sud), et sur une méthode d'analyse qui l'est davantage : l'algorithme marxien de transformation des valeurs en prix est logiquement incohérent, comme le sait bien Emmanuel (ce qu'il appelle « l'objection de Bortkiewicz »). Les conséquences nullement anodines de cette incohérence ayant été clairement mises à jour, sa thèse ne peut que sortir affaiblie de reposer sur une démonstration aussi peu convaincante. Pour accroître sa crédibilité, il serait peut-être plus efficace de reprendre le raisonnement sur la base d'une méthodologie correcte que d'affirmer simplement (à l'instar de Marx) le caractère bénin du problème.

mots-clés

COMMERCE INTERNATIONAL – TERMES DE L'ÉCHANGE – RAPPORTS NORD-SUD – PRIX DE PRODUCTION – EXPLOITATION – ÉCHANGE INÉGAL – PLUS-VALUE

5e PARTIE

LA CROISSANCE ÉCONOMIQUE

L'économie classique qui se développe en Angleterre lors de la révolution industrielle est avant tout une théorie de la croissance : quels sont les facteurs gouvernant, à long terme, l'augmentation de la « richesse des nations », et comment évolue, au cours de ce processus, le partage du revenu national ? Telles sont les questions centrales auxquelles s'efforcent de répondre Adam Smith et David Ricardo [textes E 62, E 63 et E 65]. À cette fin, ils recourent à des instruments d'analyse qui, pour partie, sont empruntés à des économistes français du XVIIIe siècle : la théorie physiocratique des avances productives [texte E 60], et la théorie des rendements décroissants, énoncée par Turgot [texte E 59]. Combinant cette dernière à une analyse démographique synthétisée par Malthus [texte E 64], Ricardo est conduit à penser que le processus de croissance économique ne peut se poursuivre indéfiniment : il ne constitue qu'une phase transitoire de l'histoire de l'humanité, appelée inéluctablement à déboucher sur un « état stationnaire ».
Cette marche vers l'état stationnaire se manifeste par une tendance à la baisse du taux de profit. Marx reprend cette notion aux économistes classiques, mais il lui attribue des causes et des conséquences très différentes : pour lui, la tendance ne résulte pas des limitations qui pèsent sur les ressources naturelles, mais des transformations qui se déroulent au sein de la production capitaliste au fur et à mesure que celle-ci se développe [texte E 68] ; et son effet n'est pas de ralentir progressivement la croissance de l'économie, mais de provoquer des crises de plus en plus violentes (en lesquelles il voit l'occasion propice à une transformation révolutionnaire de la société). Aux yeux de Marx, la notion d'état stationnaire est incompatible avec la nature même du mode de production capitaliste, qui ne peut exister qu'en avançant et en bouleversant en permanence les forces productives, ce qui le conduit à évoluer dans le sens de l'internationalisation et de la concentration [textes E 66 et E 67].
Cette vision du capitalisme comme un système en perpétuel mouvement apparaît fondamentalement juste à Schumpeter, qui pourtant ne partage ni les objectifs politiques ni l'appareil analytique de Marx : théoricien de l'entrepreneur, il voit dans l'innovation la source essentielle des profits, et par suite le moteur de l'économie capitaliste, ce qui l'amène à se sentir plus proche de l'analyse du « rôle révolutionnaire de la bourgeoisie dans l'histoire » développée par les auteurs du *Manifeste du parti communiste* que de la théorie de l'équilibre général

contenue dans les *Éléments d'économie politique pure* de Walras, dont pourtant il salue la puissance théorique.

Il est vrai que la théorie néo-classique, qui se développe à partir de la fin du XIXe siècle, ne place pas, dans un premier temps, le problème de la croissance économique au centre de ses préoccupations. La théorie néo-classique de la croissance économique connaîtra un développement important dans la seconde moitié du XXe siècle avec le modèle de croissance équilibrée de Solow [texte E 71], proposé en réponse aux analyses de Harrod et Domar [texte E 70], qui visaient elles-mêmes à mettre en évidence l'instabilité de la croissance économique. Les modèles néo-cambridgiens de Kaldor et Robinson [texte E 73] constituent une réponse alternative, axée sur la question du partage du revenu national entre salaires et profits.

Si le modèle de Solow reste très abstrait, d'autres auteurs se rattachant au « courant dominant » s'efforcent à la même époque d'insérer l'analyse de la croissance dans l'histoire des sociétés. C'est notamment le cas de Rostow, qui tente d'expliquer à la fois le processus de la croissance économique des pays industrialisés et les écarts de développement entre ceux-ci et les pays du Tiers-Monde en termes d'« étapes » que doit franchir chaque pays [texte E 72]. Critiquée par un certain nombre d'historiens de l'économie, cette analyse sera également la cible des auteurs d'inspiration marxiste pour lesquels le phénomène du sous-développement ne peut s'analyser qu'en termes de domination d'une « périphérie » par un « centre » [*cf.* texte E 59].

E 60

Anne-Robert-Jacques Turgot

Les rendements décroissants

Les dépenses de la culture consistent à donner aux terres les préparations les plus propres à les rendre fécondes. Or, il s'en faut beaucoup que le succès de ces préparations, dont dépend la production, soit proportionné à la dépense : l'intelligence du cultivateur rend la même dépense plus ou moins productive, suivant qu'il l'applique d'une manière plus ou moins appropriée à la nature du sol et à toutes les circonstances de la saison. Si l'on donnait à une terre légère autant de labours qu'à une terre forte, on dépenserait davantage, et peut-être recueillerait-on moins. Si le système de Tull a quelque vérité, on peut gagner sur la production en économisant beaucoup sur la semence ; alors les avances annuelles diminueront, et la production augmentera. La production suppose des avances ; mais des avances égales dans des terres d'une inégale fécondité donnent des productions très différentes, et c'en est assez pour faire sentir que les productions ne peuvent être proportionnelles aux avances ; elles ne le sont même pas, placées dans le même terrain, et l'on ne peut jamais supposer que des avances doubles donnent un produit double. La terre a certainement une fécondité bornée, et en la supposant labourée, fumée, marnée, fossoyée, arrosée, sarclée autant qu'elle peut l'être, il est évident que toute dépense ultérieure serait nuisible. Dans ce cas, les avances seraient augmentées sans que le produit le fût. Il y a donc un *maximum* de production qu'il est impossible de passer, et lorsqu'on y est arrivé, les avances non seulement ne produisent pas 250 p. 100, mais ne produisent absolument rien.

En accordant à l'auteur du Mémoire que, dans l'état de la bonne culture ordinaire, les avances rapportent 250 p. 100, il est plus que probable qu'en augmentant par degrés les avances, depuis ce point où elles rapportent 250 p. 100 jusqu'à celui où elles ne rapporteraient rien, chaque augmentation serait de moins en moins fructueuse. Il en sera, dans ce cas, de la fertilité de la terre comme d'un ressort qu'on s'efforce de bander en le chargeant successivement de poids égaux. Si ce poids est léger et si le ressort n'est pas très flexible, l'action des premières charges pourra être presque nulle. Quand le poids sera assez fort pour vaincre la première résistance, on verra le ressort céder d'une manière sensible et se plier ; mais, quand il aura plié jusqu'à un certain point, il résistera davantage à la force qui le comprime, et tel poids qui l'aurait fait plier d'un pouce ne le fera plus plier que d'une demi-ligne. L'effet diminuera ainsi de plus en plus. Cette comparaison n'est pas d'une exactitude entière ; mais elle suffit pour faire entendre mon idée et comment, lorsque la terre approche beaucoup de rapporter tout ce qu'elle peut produire, une très forte dépense peut n'augmenter que très peu la production.

Anne-Robert-Jacques Turgot,
Observations sur le mémoire de M. de Saint-Peravy
en faveur de l'impôt indirect (1768),
in Turgot, Écrits économiques, *Calmann-Lévy, Paris, 1970, pp. 209-220.*

COMMENTAIRE

La théorie des « rendements décroissants » exposée par Turgot (1727-1781) a un contenu très simple : au-delà d'un certain seuil, toute augmentation des avances productives sur une terre donnée se traduit par des suppléments de produits de plus en plus faibles par unité d'avances supplémentaires [sur la notion d'avances productives, empruntée par Turgot aux Physiocrates, *cf.* texte E 61]. En termes plus modernes, on peut parler de productivité marginale décroissante des intrants humains appliqués à la terre.

Turgot, pour qui ce phénomène est inscrit dans la nature des choses, considère également que, jusqu'à un certain seuil, les avances ont une productivité marginale croissante. Mais, comme le montrera Sraffa, ce phénomène ne peut se manifester que s'il y a des indivisibilités dans la production (P. Sraffa, « Sur les relations entre coût et quantité produite », *Annali di Economia,* 1925, tome II, n° 1) : si, au niveau d'avances mises en œuvre, la productivité marginale des avances sur une pièce de terre est croissante, le cultivateur a intérêt à diviser cette pièce (sous réserve que cela soit techniquement réalisable) jusqu'au point où la productivité marginale des avances sur chaque parcelle devient décroissante ; pour des raisons économiques, on ne peut donc rencontrer de phase de productivité marginale croissante qu'en présence d'indivisibilités techniques (impossibilité d'utiliser une machine agricole sur une parcelle trop exiguë par exemple).

Nonobstant sa simplicité, la thèse de Turgot s'avèrera particulièrement féconde pour l'analyse économique : on la retrouve aussi bien dans la théorie ricardienne de la rente différentielle intensive [texte E 29] que dans la théorie néo-classique de la répartition, où elle sera généralisée à l'ensemble des facteurs de production [texte E 35]. Peut-être n'est-il pas inutile de souligner que l'hypothèse de décroissance de la productivité marginale d'un facteur, directement issue de l'analyse de Turgot, n'a rien à voir avec l'hypothèse de décroissance des « rendements d'échelle » de la production : dans le premier cas un seul facteur varie (par exemple le travail sur une terre donnée), alors que dans le second cas tous les facteurs varient dans la même proportion.

L'analyse de Turgot fournit également l'explication fondamentale de la vision classique (mais aussi physiocratique) de la croissance économique comme un processus nécessairement borné : dans la mesure où elle repose sur l'exploitation de ressources naturelles qui ne sont pas illimitées, la croissance doit tôt ou tard rencontrer le phénomène des rendements décroissants, qui pour les auteurs de la fin du XVIIIe et du début du XIXe siècle finira inéluctablement par bloquer le processus. Le progrès technique est certes susceptible de faire reculer cette échéance mais, même pour un auteur comme Ricardo, déjà familier avec les bouleversements techniques de la révolution industrielle, il ne fait pas de doute que la course entre progrès technique et rendements décroissants finira par être gagnée par ces derniers. Quelque peu perdue de vue par la suite, cette analyse a ressurgi avec force au début des années 70, avec la publication du rapport du Club de Rome significativement intitulé *Les Limites de la croissance* (*Limits to Growth,* Rapport Meadows, 1972).

mots-clés

TERRE – RENDEMENTS DÉCROISSANTS – FACTEUR FIXE – PRODUCTIVITÉ MARGINALE

E 61

Antoine Nicolas de Condorcet

Les avances productives

Pour avoir du blé, il faut labourer la terre, acheter par conséquent des chevaux ou des bœufs, les nourrir, se procurer des bâtiments pour les loger eux et leurs provisions, payer les valets qui leur servent et qui les conduisent, acheter enfin tous les outils du labourage. Ensuite il faut que la terre soit préparée par quelques engrais ; les chevaux, les bestiaux, les moutons en fournissent ; mais quoique notre délicatesse repousse ces engrais loin de nous, il ne faut pas croire qu'ils ne coûtent rien au laboureur. Cette manière de se les procurer exige même de grosses avances, dont on n'est dédommagé qu'en partie par le produit des bestiaux et des moutons. Enfin, il faut acheter la semence, et payer les journaliers employés à couper les blés, à battre les gerbes ; il faut des granges et des greniers.

On voit par là qu'il y a eu de premières avances, qu'il y en a d'annuelles, que d'autres enfin sont destinées à réparer le dépérissement des avances premières, et on peut aussi les évaluer en avances annuelles.

Ainsi, pour que la reproduction puisse ne pas diminuer, il est nécessaire que le laboureur récolte de quoi payer le propriétaire, le décimateur, les impôts, de quoi se rembourser de ses avances annuelles, et de quoi subsister. Mais la reproduction ne peut augmenter, à moins que le cultivateur ne retire de plus une somme qu'il veuille employer en entreprises de culture. [...]

Il faut donc, pour que la reproduction augmente, 1) que les capitaux qu'on destine à la culture produisent un intérêt supérieur au taux ordinaire de l'argent ; 2) que le risque de perdre ses avances soit très petit ; 3) que l'état du cultivateur ne soit exposé ni à l'humiliation, ni à l'oppression.

La reproduction peut augmenter par les défrichements, ou par une meilleure culture des terrains déjà mis en valeur ; mais les effets d'une culture plus perfectionnée sont d'une importance bien plus considérable que les défrichements. Il résulte de là que l'amélioration de la culture ne peut être que la suite de l'augmentation des capitaux que le cultivateur y emploie, et par conséquent de l'accroissement des richesses du cultivateur. [...]

Après avoir expliqué d'où dépend l'augmentation de la reproduction, les effets de cette reproduction augmentée, et les avantages que les propriétaires en retirent, il reste à voir si elle est également avantageuse au reste de la société, et surtout aux salariés.

Le propriétaire prend d'abord sa subsistance sur la production de la terre ; car si elle ne produisait que de quoi nourrir le propriétaire, lui-même cultiverait son champ, et le cultivateur périrait. Il faut ensuite que le cultivateur se nourrisse ; et s'il ne recueillait que pour se nourrir, il se passerait de toute autre espèce de consommation, et il vivrait. Les consommateurs n'ont donc que ce qui reste de subsistances après que le propriétaire et le cultivateur ont prélevé la leur.

Lorsqu'il y a diminution dans la masse des subsistances, c'est donc la classe des salariés qui en manque ; et jusqu'à ce que le nombre des hommes soit diminué proportionnellement à celui des subsistances, il y a dans cette classe des individus qui souffrent. Ainsi, quand il ne s'agit encore pour le propriétaire ou le cultivateur que d'une diminution d'aisance, il s'agit de la vie pour le consommateur : il est donc le premier intéressé à ce que la masse des subsistances ne diminue pas.

L'augmentation des subsistances, au contraire, augmente la masse des salaires [...]. Cette aisance répandue parmi le peuple augmentera ensuite la population, qui tend ainsi toujours à se proportionner à la masse des subsistances.

Il n'est pas indifférent pour une nation d'augmenter la masse des subsistances produites par son sol, ou d'augmenter les produits de son industrie assez pour en acheter de l'étranger une quantité égale de subsistance :
1) parce que c'est une cause de troubles et de faiblesse d'une nation, que de dépendre habituellement des étrangers pour une partie de sa subsistance ;
2) parce que les propriétaires et les cultivateurs sont plus intéressés que les autres citoyens à ce que le pays qu'ils ne peuvent quitter soit gouverné par de bonnes lois ;
3) parce que l'agriculture forme des hommes plus forts, parce que ses travaux et ceux des métiers pénibles dont elle a besoin éloignent davantage les hommes et la débauche, et que, les dispersant plus également sur les terres, ils les empêchent de se corrompre.

Antoine Nicolas de Condorcet,
RÉFLEXIONS SUR LE COMMERCE DES BLÉS (1776),
1re partie, chap. 1.

COMMENTAIRE

Pour le lecteur d'aujourd'hui, la portée de la théorie économique des Physiocrates est très affaiblie par leur croyance au dogme de la productivité exclusive de la terre. Cette théorie est pourtant à l'origine d'une conception particulièrement féconde du processus productif qui, libérée du dogme précité, sera reprise par les économistes classiques (Smith, Ricardo, Stuart Mill), par Marx et, au XXe siècle, par von Neumann, Sraffa et quelques autres.

Selon cette conception, élaborée par Quesnay et exposée avec grande clarté dans le texte ci-dessus par Condorcet (1743-1794), la production est un phénomène dynamique qui détruit des marchandises préalablement produites (appelées « avances productives » par les Physiocrates) pour en fournir de nouvelles : dans des conditions normales, celles-ci permettent de remplacer les marchandises consommées dans le processus, et une fois ces « reprises » effectuées, il reste un surplus appelé « produit net » par les Physiocrates (aux yeux desquels seule l'agriculture pouvait générer un tel surplus). Si le surplus est consommé improductivement l'économie stagne, mais si une partie est affectée à l'augmentation des avances productives, un processus de croissance économique peut s'instaurer (en sens inverse, si la consommation improductive dépasse le surplus et entame les reprises, la régression du système économique est inéluctable).

Les avances productives sont de plusieurs sortes : outre des « avances foncières » qui ont servi à un conditionnement initial du sol (défrichement, drainage...), les Physiocrates distinguent des « avances primitives » et des « avances annuelles ». Les premières consistent en biens durables (bâtiments d'exploitation, matériel agricole, cheptel), les seconds en biens non durables (semences, nourriture des hommes et des animaux). Les « reprises » sont donc constituées par le renouvellement des stocks d'avances annuelles et par l'amortissement des avances primitives (que malheureusement les Physiocrates choisissent d'appeler « intérêts des avances primitives », ce qui introduit une certaine confusion dans le sujet).

Dans une économie marchande, une large part de la production est convertie en monnaie, qui à son tour est utilisée pour payer les impôts et le revenu des propriétaires, et pour reconstituer une partie des avances (réparation du matériel agricole par exemple). La question des prix est donc essentielle pour le bon fonctionnement du processus qui vient d'être décrit : le « bon prix du grain », cher aux Physiocrates, est un prix suffisamment élevé pour permettre aux producteurs de reconstituer leurs avances, et même de les augmenter tant qu'il existe des possibilités d'améliorer les techniques de culture (cette notion reste bien floue : il n'y a pas de véritable théorie de la valeur d'échange chez les Physiocrates). La question de la fiscalité est tout aussi importante : l'impôt ne doit frapper que le produit net, en aucun cas les reprises. Ces considérations débouchent sur un programme économique très simple, qui doit selon les Physiocrates assurer la croissance économique tant que celle-ci est physiquement possible : liberté des échanges considérée comme la condition nécessaire et suffisante à l'établissement du « bon prix », réforme fiscale visant à l'instauration d'un impôt unique sur les revenus fonciers.

La notion classique de « capital » correspond très exactement aux « avances productives » des Physiocrates : les « avances primitives » deviendront le capital fixe, et les « avances annuelles » le capital circulant (lequel inclut, chez les classiques, le fonds de salaires). La « reproduction élargie du capital » de Marx, qui a étudié en détail le *Tableau économique* de Quesnay, est directement dérivée de l'analyse physiocratique du processus de reconstitution des avances. On peut également remarquer que le texte de Condorcet comporte l'exposé d'une thèse appelée à jouer un rôle central dans la théorie classique de la croissance : à travers les oscillations du salaire autour du minimum de subsistance, la population tend « toujours à se proportionner à la masse des subsistances ».

mots-clés

PHYSIOCRATIE - CAPITAL - AVANCES PRODUCTIVES - REPRODUCTION - SURPLUS

E 62

Adam Smith

Division du travail et croissance

Les plus grandes améliorations dans la puissance productive du travail, et la plus grande partie de l'habileté, de l'adresse et de l'intelligence avec laquelle il est dirigé ou appliqué, sont dues, à ce qu'il semble, à la *division du travail.* [...]

Dans chaque art, la *division du travail,* aussi loin qu'elle peut y être portée, donne lieu a un accroissement proportionnel dans la puissance productive du travail. C'est cet avantage qui paraît avoir donné naissance à la séparation des divers emplois et métiers.

Aussi cette séparation est en général poussée plus loin dans les pays qui jouissent du plus haut degré de perfectionnement : ce qui, dans une société encore un peu grossière, est l'ouvrage d'un seul homme, devient, dans une société plus avancée, la besogne de plusieurs. [...]

Cette grande augmentation dans la quantité d'ouvrage qu'un même nombre de bras est en état de fournir, en conséquence de la *division du travail,* est due à trois circonstances différentes : premièrement, à un accroissement d'habileté dans chaque ouvrier individuellement ; deuxièmement, à l'épargne du temps, qui se perd ordinairement quand on passe d'une espèce d'ouvrage à une autre ; et troisièmement enfin, à l'invention d'un grand nombre de machines qui facilitent et abrègent le travail, et qui permettent à un homme de remplir la tâche de plusieurs. [...]

Il s'en faut de beaucoup que toutes les découvertes tendant à perfectionner les machines et les outils, aient été faites par les hommes destinés à s'en servir personnellement. Un grand nombre est dû à l'industrie des constructeurs de machines, depuis que cette industrie est devenue l'objet d'une profession particulière, et quelques-unes à l'habileté de ceux qu'on nomme *savants* ou *théoriciens,* dont la profession est de ne rien faire, mais de tout observer, et qui, par cette raison, se trouvent souvent en état de combiner les forces des choses les plus éloignées et les plus dissemblables. Dans une société avancée, les fonctions philosophiques ou spéculatives deviennent, comme tout autre emploi, la principale ou la seule occupation d'une classe particulière de citoyens. Cette occupation, comme toute autre, est aussi subdivisée en un grand nombre de branches différentes, chacune desquelles occupe une classe particulière de savants, et cette *subdivision du travail,* dans les sciences comme en toute autre chose, tend à accroître l'habileté et à épargner du temps. Chaque individu acquiert beaucoup plus d'expérience et d'aptitude dans la branche particulière qu'il a adoptée : il y a au total plus de travail accompli, et la somme des connaissances en est considérablement augmentée.

Cette grande multiplication dans les produits de tous les différents arts et métiers, résultant de la *division du travail,* est ce qui, dans une société bien gouvernée, donne lieu à cette opulence générale qui se répand jusque dans les dernières classes du peuple. Chaque ouvrier se trouve avoir une grande quantité de son travail dont il peut disposer, outre ce qu'il en applique à ses propres besoins ; et comme les autres ouvriers sont aussi dans le même cas, il est à même d'échanger une grande quantité des marchandises fabriquées par lui, contre une grande quantité des leurs, ou, ce qui est la même chose, contre le prix de ces marchandises. Il peut fournir abondamment ces autres ouvriers de ce dont ils ont besoin, et il trouve également à s'accommoder auprès d'eux, en sorte qu'il se répand, parmi les différentes classes de la société, une abondance universelle.

Adam Smith,

RECHERCHES SUR LA NATURE ET LES CAUSES DE LA RICHESSE DES NATIONS (1776), *trad. française Éditions Gallimard, Paris, 1976, livre I, chap. 1, pp. 37-46.*

COMMENTAIRE

Selon Adam Smith (1723-1790), la richesse d'une nation est fonction de ce que l'on appellerait aujourd'hui le revenu par habitant, et son augmentation à long terme repose essentiellement sur l'accroissement de la productivité du travail. Le premier chapitre de son ouvrage est consacré à l'exposé de la thèse selon

laquelle cet accroissement provient, lui-même, des progrès dans la division du travail. Si la description qu'en donne Adam Smith dans le cadre de la manufacture d'épingles est restée célèbre, le processus ne se limite pas pour lui aux tâches d'exécution à l'intérieur de l'industrie manufacturière : à des degrés et à des rythmes divers, il atteint toutes les sphères de la vie sociale, y compris la recherche scientifique où il est source de progrès rapides – vision particulièrement intéressante au regard de l'évolution ultérieure dans ce domaine.
On a parfois soutenu qu'Adam Smith, contemporain des débuts de la révolution industrielle en Angleterre, n'avait pas conscience des transformations en cours, et puisait son inspiration essentiellement dans l'univers traditionnel de la société pré-industrielle. Cette affirmation paraît très excessive à bien des égards. Ainsi la légende diffusée par Say, selon laquelle Smith aurait sous-estimé le rôle des « capitaux » dans la croissance économique, se heurte – notamment – au fait que, d'après ce dernier, une des trois circonstances (et sans doute pas la moindre) permettant à la division du travail d'accroître sa productivité est « l'invention d'un grand nombre de machines qui facilitent et abrègent le travail, et qui permettent à un homme d'accomplir la tâche de plusieurs ». On peut toujours discuter pour savoir si la vraie « cause » du phénomène réside dans la division du travail ou dans l'usage des machines (il n'est pas évident que cette discussion ait beaucoup d'intérêt, compte tenu de la forte colinéarité des deux phénomènes à l'époque de la révolution industrielle), mais on ne peut affirmer sérieusement que Smith ait négligé l'importance du machinisme.

mots-clés

DIVISION DU TRAVAIL - PRODUCTIVITÉ DU TRAVAIL - MACHINES - CROISSANCE

E 63

Adam Smith

Épargne et accumulation du capital

Les capitaux augmentent par l'économie ; ils diminuent par la prodigalité et la mauvaise conduite.

Tout ce qu'une personne épargne sur son revenu, elle l'ajoute à son capital ; alors, ou elle l'emploie elle-même à entretenir un nombre additionnel de gens productifs, ou elle met quelque autre personne en état de le faire, en lui prêtant ce capital moyennant un *intérêt*, c'est-à-dire une part dans les profits. De même que le capital d'un individu ne peut s'augmenter que par le fonds que cet individu épargne sur son revenu annuel ou sur ses gains annuels, de même le capital d'une société, lequel n'est autre chose que celui de tous les individus qui la composent, ne peut s'augmenter que par la même voie.

La cause immédiate de l'augmentation du capital, c'est l'économie, et non l'industrie. À la vérité, l'industrie fournit la matière des épargnes que fait l'économie ; mais, quelques gains que fasse l'industrie, sans l'économie qui les épargne et les amasse, le capital ne serait jamais plus grand.

L'économie, en augmentant le fonds destiné à l'entretien des salariés productifs, tend à augmenter le nombre de ces salariés, dont le travail ajoute à la valeur du sujet auquel il est appliqué ; elle tend donc à augmenter la valeur échangeable du produit annuel de la terre et du travail du pays ; elle met en activité une quantité additionnelle d'industries, qui donne un accroissement de valeur au produit annuel.

Ce qui est annuellement épargné est aussi régulièrement consommé que ce qui est annuellement dépensé, et il l'est aussi presque dans le même temps, mais il est consommé par une autre classe de gens. Cette portion de son revenu qu'un homme riche dépense annuellement, est le plus souvent consommée par des bouches inutiles et par des domestiques, qui ne laissent rien après eux en retour de leur consommation. La portion qu'il épargne annuellement, quand il l'emploie immédiatement en capital pour en tirer un profit, est consommée de même et presque en même temps que l'autre, mais elle l'est par une classe de gens différente, par des ouvriers, des fabricants et artisans qui reproduisent avec profit la valeur de leur consommation annuelle. Supposons que le revenu de cet homme riche lui soit payé en argent. S'il l'eût dépensé en entier, tout ce que ce revenu aurait pu acheter en vivres, vêtements et logements, aurait été distribué parmi la première de ces deux classes de gens. S'il en épargne une partie, et que cette partie soit immédiatement employée comme capital, soit par lui-même, soit par quelque autre, alors ce qu'on achètera avec en vivres, vêtements et logement, sera nécessairement réservé pour l'autre classe. La consommation est la même, mais les consommateurs sont différents. [...]

Pour augmenter la valeur du produit annuel de la terre et du travail dans une nation, il n'y a pas d'autres moyens que d'augmenter, quant au nombre, les ouvriers productifs ou d'augmenter, quant à la puissance, la faculté productive des ouvriers précédemment employés. À l'égard du nombre des ouvriers productifs, il est évident qu'il ne peut jamais beaucoup s'accroître que par suite d'une augmentation des capitaux ou des fonds destinés à les faire vivre. Quant à la puissance de produire, elle ne peut s'augmenter dans un même nombre d'ouvriers, qu'autant que l'on multiplie ou que l'on perfectionne les machines et instruments qui facilitent et abrègent le travail, ou bien qu'autant que l'on établit une meilleure distribution ou une division mieux entendue dans le travail. Dans l'un et dans l'autre cas, il faut presque toujours un surcroît de capital. Ce n'est qu'à l'aide d'un surcroît de capital, que l'entrepreneur d'un genre d'ouvrage quelconque pourra pourvoir ses ouvriers de meilleures machines ou établir entre eux une division de travail plus avantageuse. Quand l'ouvrage à faire est composé de plusieurs parties, pour tenir chaque ouvrier constamment occupé à sa tâche particulière, il faut un capital beaucoup plus étendu que lorsque chaque ouvrier est employé indifféremment à toutes les parties de l'ouvrage, à mesure qu'elles sont à faire.

Adam Smith,
RECHERCHES SUR LA NATURE ET LES CAUSES DE LA RICHESSE DES NATIONS (1776),
trad. française Éditions Gallimard, Paris, 1976, livre II, chap. 3, pp. 167-176.

COMMENTAIRE

Si Adam Smith (1723-1790) dresse un tableau sans complaisance du comportement des « maîtres » vis-à-vis des ouvriers [texte E 26], il considère cependant qu'ils jouent un rôle social essentiel. Par l'épargne qu'ils réalisent sur leurs pro-

fits, ils sont en effet les agents de l'accumulation du capital, qui elle-même conditionne la croissance économique : celle-ci suppose en effet, explique l'auteur, une augmentation du nombre d'ouvriers embauchés et du stock de machines en service, qui n'est réalisable que moyennant un accroissement des capitaux permettant de payer ces ouvriers et d'acquérir ces machines. Il ne fait aucun doute, pour Smith, que l'épargne est à la fois la condition nécessaire et suffisante de la croissance, car l'investissement n'est pour lui que la suite logique et évidente de la décision d'épargne : si l'épargnant n'investit pas lui-même son épargne, il met une autre personne en état de le faire en lui prêtant son épargne moyennant un intérêt.
Espérant sans doute neutraliser des objections qui s'étaient fait jour concernant les dangers d'une épargne excessive [texte E 74], Smith affirme que « ce qui est épargné est aussi régulièrement consommé que ce qui est annuellement dépensé, et il l'est aussi presque dans le même temps, mais il est consommé par une autre classe de gens ». Il est cependant évident que l'épargne d'une période ne peut, par définition, donner lieu à une consommation au cours de la même période ; mais Smith s'en tire adroitement en affirmant que cette consommation a lieu « presque » simultanément. Son raisonnement concerne en fait le cas où l'accumulation se réalise sous forme d'augmentation du capital circulant, venant alimenter le fonds de salaires (Smith suppose que les salaires sont « avancés » par les maîtres à leurs ouvriers) : la contrepartie matérielle de l'épargne dégagée à la fin d'une période est alors une augmentation des stocks de subsistances, qui seront en principe consommés au cours de la période suivante par les salariés supplémentaires embauchés grâce à l'augmentation du fonds de salaires (ce que traduit l'expression « presque dans le même temps »). Si l'on ne peut donc reprocher à Smith une erreur comptable, on peut lui objecter que, puisque l'accumulation ne se réalise pas uniquement sous forme d'augmentation du fonds de salaires, il doit exister, au-delà de celle-ci, une demande de biens d'équipement suffisante pour équilibrer l'épargne. De façon plus générale, que l'investissement se réalise sous forme d'accumulation de capital fixe ou circulant, la faiblesse essentielle de l'analyse de Smith est d'éluder la question cruciale du mécanisme permettant d'équilibrer la volonté d'épargner des uns et la volonté d'investir des autres, dès lors qu'épargnants et investisseurs sont des personnes distinctes. Cette question avait pourtant été résolue avec élégance dix ans plus tôt, par Turgot, dans la logique de ce qu'on appellera plus tard le « modèle classique » [texte E 41].

mots-clés

ÉPARGNE – ACCUMULATION DU CAPITAL – DÉPENSE

E 64

Thomas Robert Malthus

Le principe de population

Le Dr Franklin a déjà fait observer qu'il n'y a aucune limite à la faculté de reproduction des plantes et des animaux, si ce n'est qu'en augmentant leur nombre ils se volent mutuellement leur subsistance. Si la surface de la Terre, dit-il, était dépouillée de toutes ses plantes, une seule espèce (par exemple le fenouil) suffirait pour la couvrir de végétation. De même, s'il n'y avait pas d'autres habitants, une seule nation (par exemple la nation anglaise) peuplerait naturellement la Terre en peu de siècles.

Voilà une affirmation incontestable ! La nature a répandu d'une main libérale les germes de vie dans les deux règnes : mais elle a été avare de place et d'aliments. S'ils pouvaient se développer librement, les embryons d'existences contenus dans le sol pourraient couvrir des millions de Terres dans l'espace de quelques millions d'années. Mais une nécessité impérieuse réprime cette population luxuriante : et l'homme est soumis à sa loi, comme tous les autres êtres vivants.

Les plantes et les animaux suivent leur instinct sans s'occuper de prévoir les besoins futurs de leur progéniture. Le manque de place et de nourriture détruit, dans les deux règnes, ce qui naît au-delà des limites assignées à chaque espèce : en outre, les animaux se mangent les uns les autres.

Chez l'homme, ces obstacles sont encore plus complexes. L'homme est sollicité par le même instinct que les autres êtres vivants ; mais il se sent arrêté par la voix de la raison, qui lui inspire la crainte d'avoir des enfants aux besoins desquels il devra subvenir. Ainsi, de deux choses l'une : ou il cède à cette juste crainte, et c'est souvent aux dépens de la vertu ; ou au contraire l'instinct l'emporte et la population s'accroît au-delà des moyens de subsistance… Mais dès qu'elle a atteint un tel niveau, il faut bien qu'elle diminue ! Ainsi, la difficulté de se nourrir est un obstacle constant à l'accroissement de la population humaine : cet obstacle se fait sentir partout où les hommes sont rassemblés, et s'y présente sans cesse sous la forme de la misère et du juste effroi qu'elle inspire.

Pour se convaincre que la population tend constamment à s'accroître au-delà des moyens de subsistance et qu'elle est arrêtée par cet obstacle, il suffit de considérer – en ayant ce phénomène présent à l'esprit – les différentes périodes de l'existence sociale. Mais avant d'entreprendre ce travail, essayons de déterminer clairement, d'une part quel serait l'accroissement naturel de la population si elle était abandonnée à elle-même sans aucune gêne, et d'autre part quelle pourrait être l'augmentation des produits de la terre dans les circonstances les plus favorables à la production.

Selon la table d'Euler, si l'on se base sur une mortalité de 1 sur 36 et si naissances et morts sont dans le rapport de 3 à 1, le chiffre de la population doublera en 12 années et 4/5. Ce n'est point là une simple supposition : c'est une réalité qui s'est produite plusieurs fois, et à de courts intervalles. Cependant, pour ne pas être taxé d'exagération, nous nous baserons sur l'accroissement le moins rapide, qui est garanti par la concordance de tous les témoignages. Nous pouvons être certains que lorsque la population n'est arrêtée par aucun obstacle, elle double tous les vingt-cinq ans, et croît ainsi de période en période selon une progression géométrique.

Il est moins facile de mesurer l'accroissement des produits de la terre. Cependant, nous sommes sûrs que leur accroissement se fait à un rythme tout à fait différent de celui qui gouverne l'accroissement de la population. Ainsi, mille millions d'hommes doubleront en vingt ans en vertu du seul principe de population, tout comme mille hommes. Mais on n'obtiendra pas avec la même facilité la nourriture nécessaire pour faire face au doublement de mille millions d'hommes ! Une place limitée est accordée à l'être humain. Lorsque tous les arpents ont été ajoutés les uns aux autres jusqu'à ce que toute la terre fertile soit utilisée, l'accroissement de nourriture ne dépendra plus que de l'amélioration des terres déjà mises en valeur. Or cette amélioration ne peut faire des progrès toujours croissants, bien au contraire. À l'opposé, partout où elle trouve de quoi subsister, la population ne connaît pas de limites, et ses accroissements sont eux-mêmes les causes de nouveaux accroissements ! [...]

Examinons dans quelle mesure la production de notre île (l'Angleterre) pourrait être accrue, dans des circonstances idéales. Supposons que grâce à une excellente administration, sachant donner de puissants encouragements aux cultivateurs, la production des terres double dans les vingt-cinq premières années (il est d'ailleurs probable que cette supposition excède la vraisemblance !). Dans les vingt-cinq années suivantes, il est impossible d'espérer que la production puisse continuer à s'accroître au même rythme, et qu'au bout de cette seconde période la production de départ aura quadruplé : ce serait heurter toutes les notions acquises sur la fécondité du sol. L'amélioration des terres stériles ne peut résulter que du travail et du temps ; à mesure que la culture s'étend, les accroissements annuels diminuent régulièrement.

Comparons maintenant l'accroissement de la population à celui de la nourriture. Supposons d'abord (ce qui est inexact) que le coefficient d'accroissement annuel ne diminue pas, mais reste constant. Que se passe-t-il ? Chaque période de vingt-cinq ans ajoute à la production annuelle de la Grande-Bretagne une quantité égale à sa production actuelle. Appliquons cette supposition à toute la terre : ainsi, à la fin de chaque période de vingt-cinq ans, une quantité de nourriture égale à celle que fournit actuellement à l'homme la surface du globe viendra s'ajouter à celle qu'elle fournissait au commencement de la même période.

Nous sommes donc en état d'affirmer, en partant de l'état actuel de la terre habitable, que les moyens de subsistance, dans les circonstances les plus favorables à la production, ne peuvent jamais augmenter à un rythme plus rapide que celui qui résulte d'une progression arithmétique.

Comparons ces deux lois d'accroissement : le résultat est frappant. Comptons pour onze millions la population de la Grande-Bretagne, et supposons que le produit actuel de son sol suffit pour la maintenir. Au bout de vingt-cinq ans, la population sera de vingt-deux millions ; et la nourriture ayant également doublé, elle suffira encore à l'entretenir. Après une seconde période de vingt-cinq ans, la population sera portée à quarante-quatre millions : mais les moyens de subsistance ne pourront plus nourrir que trente-trois millions d'habitants. Dans la période suivante, la population – arrivée à quatre-vingt-huit millions – ne trouvera des moyens de subsistance que pour la moitié de ce nombre. À la fin du premier siècle, la population sera de cent soixante-seize millions, tandis que les moyens de subsistance ne pourront suffire qu'à cinquante-cinq millions seulement.

Cent vingt et un millions d'hommes seront ainsi condamnés à mourir de faim !

Considérons maintenant la surface de la terre, en posant comme condition qu'il ne sera plus possible d'avoir recours à l'émigration pour éviter la famine. Comptons pour mille millions le nombre des habitants actuels de la Terre. La race humaine croîtra selon la progression 1, 2, 4, 8, 16, 32, 64, 128, 256... tandis que les moyens de subsistance croîtront selon la progression 1, 2, 3, 4, 5, 6, 7, 8, 9. Au bout de deux siècles, population et moyens de subsistance seront dans le rapport de 256 à 9 ; au bout de trois siècles, 4096 à 13 ; après deux mille ans, la différence sera immense et incalculable.

Le rythme d'accroissement de la population, de période en période, l'emporte donc tellement sur celui de l'augmentation des subsistances, que pour maintenir le niveau et pour que la population existante trouve toujours des aliments en quantité suffisante, il faut qu'à chaque instant une loi supérieure fasse obstacle à son extension. Il faut que la dure nécessité la soumette à son empire, et que celui de ces deux principes opposés dont l'action est tellement prépondérante soit contenu dans d'étroites limites.

Thomas Robert Malthus,
ESSAI SUR LE PRINCIPE DE POPULATION (1978),
trad. française Éditions Denoël, Paris, 1979, livre I, chap. I, pp. 18-23.

COMMENTAIRE

Publié pour la première fois en 1798 de façon anonyme, l'*Essai sur le principe de population* de Malthus (1766-1834) a connu un grand retentissement par les perspectives dramatiques qu'il faisait apparaître pour l'espèce humaine : le spectre de la famine n'est pas derrière nous, mais devant nous, affirmait Malthus. Secondairement, une partie du rapide succès de l'ouvrage peut provenir du fait qu'il présentait l'intérêt, pour l'ordre en place, d'expliquer de façon « politiquement correcte » aux pauvres pourquoi ils sont pauvres (« il n'y a pas de place pour tous au grand banquet de la nature », écrivait sous le couvert de l'anonymat le pasteur Malthus dans la première édition de son *Essai),* et leur procurait quelques conseils socialement inoffensifs pour améliorer leur condition (le mariage tardif et l'abstinence avant le mariage).

Cette coloration idéologique pas franchement progressiste de l'œuvre de Malthus aide sans doute à comprendre la haine tenace dont le poursuit Marx à travers ses écrits, et qui l'amène à commettre quelques injustices flagrantes à l'égard d'un auteur dont il lui arrive pourtant parfois d'être assez proche (par exemple dans le rejet de la « loi de Say »). En ce qui concerne l'*Essai sur le principe de population,* Marx n'hésite pas à le qualifier dans le livre I du *Capital* de « monstrueux plagiat », et de « dissertation d'écolier sur des thèmes empruntés à De Foe, Franklin, Wallace, Sir James Stuart, Townsend, etc. » (en d'autres endroits Malthus est aimablement qualifié de « pilleur impudent » et de « bousilleur »).

Abstraction faite de l'allergie de Marx à la personne de Malthus, il est certain que ce dernier n'a pas inventé la thèse selon laquelle il y a une « tendance constante de tous les êtres vivants à accroître leur espèce au-delà des ressources de nourriture dont ils peuvent disposer » (il n'en revendique d'ailleurs pas la paternité). Pas davantage ne peut-on lui attribuer l'application de cette proposition à l'espèce humaine, et son corollaire selon lequel, sur le long terme, l'accroissement de la population est gouverné par celui des subsistances : on en trouve, par exemple, un exposé très clair dans les *Réflexions sur le commerce des blés* publiées par Condorcet en 1776 [texte E 61]. Enfin, derrière la thèse selon laquelle la production agricole peut, au mieux, croître en progression arithmétique alors que la population croît en progression géométrique, se trouve évidemment la théorie des rendements décroissants des avances productives appliquées à la terre, dont la paternité revient à Turgot [texte E 60]. Mais tout cela ne suffit pas à disqualifier l'*Essai* de Malthus, dans la mesure où il constitue une synthèse de ces divers éléments, permettant de poser clairement un problème dont l'importance ne peut être sérieusement niée (semblable remarque peut être faite à propos de la *Richesse des nations :* comme il a souvent été constaté, on trouve peu de passages de l'œuvre de Smith qui, pris un à un, ne constituent l'écho plus ou moins direct de quelque texte antérieur).

Selon les historiens actuels, le « principe de population » de Malthus constitue un bon modèle explicatif de l'évolution à long terme de la démographie dans la société d'Ancien Régime (voir par exemple la thèse d'Emmanuel Le Roy Ladurie sur *Les Paysans du Languedoc,* SEVPEN 1966). Mais, comme l'écrit Le Roy Ladurie, « Malthus viendra trop tard » : le monde qu'il décrit est en train de disparaître et il ne s'en aperçoit pas (mais comment le lui reprocher ?). Les raisons de cette disparition sont d'ordre économique (les bouleversements de l'agriculture et de l'industrie, amorcés en Angleterre au XVIIIe siècle), mais aussi social et culturel (le changement d'attitude vis-à-vis de la natalité, qui se traduit concrètement par le contrôle des naissances, est déjà bien amorcé en France à l'époque où Malthus écrit son *Essai).*

Illustrant l'adage selon lequel nul n'est prophète en son pays, le couple révolution industrielle/transition démographique a donc rendu obsolète le modèle de Malthus peu après son élaboration, pour ce qui concerne les pays que l'on qualifie aujourd'hui de « développés » (schématiquement : l'Europe, l'Amérique du Nord, le Japon). En revanche, même si le phénomène du sous-développement ne se réduit manifestement pas à sa seule dimension démographique, les débats aujourd'hui en cours dans les instances internationales, de même que les politiques démographiques adoptées par un nombre croissant de pays en voie de développement, indiquent que ce modèle est – malheureusement – loin d'avoir perdu toute pertinence à l'échelle de la planète.

mots-clés

DÉMOGRAPHIE - CROISSANCE - RENDEMENTS DÉCROISSANTS - FAMINE

E 65

David Ricardo

La marche vers l'état stationnaire

Ayant déjà montré que les profits des capitaux dans les différentes branches de la production gardent toujours entre eux une même proportion, et tendent tous à éprouver des variations dans le même degré et dans un même sens, il nous reste à rechercher la cause des variations permanentes dans le taux des profits et les modifications qui en résultent toujours dans le taux de l'intérêt.

Nous avons vu que le prix du blé [1] se règle par la quantité de travail nécessaire pour le produire, au moyen de cette portion du capital qui ne paie pas de rente. Nous avons vu aussi que tous les articles manufacturés haussent et baissent le prix à mesure qu'il faut, pour les produire, plus ou moins de travail. Ni le fermier qui cultive cette espèce de terres dont la qualité règle les prix courants, ni le manufacturier qui fabrique des

1. Le lecteur est prié de se rappeler que dans le but d'être plus clair, j'ai considéré l'argent, ou la monnaie comme invariable dans sa valeur ; et par conséquent, toute variation de prix comme l'effet d'un changement dans la valeur de la marchandise seulement.

marchandises, ne réservent aucune portion du produit pour la rente. La valeur entière de leurs articles se partage en deux seules portions, dont l'une constitue les profits du capital, et l'autre est consacrée au salaire des ouvriers.

En supposant que le blé et les objets manufacturés se vendent toujours au même prix, les profits seront toujours élevés ou réduits, selon la hausse ou la baisse des salaires. Mais si le prix du blé hausse, parce que sa production exige plus de travail, cette cause ne fera point hausser le prix des objets manufacturés dont la fabrication n'exige point de travail additionnel. Dans ce cas, si les salaires restent les mêmes, les profits ne changeront pas ; mais comme il est indubitable que les salaires montent par la hausse du blé, les profits alors doivent nécessairement baisser.

Si un fabricant donnait toujours ses marchandises pour la même somme d'argent, pour 1 000 liv. st., par exemple, ses profits dépendraient du prix du travail nécessaire pour leur fabrication. Ils seraient moindres avec des salaires de 800 livres qu'avec d'autres de 600 livres. À mesure donc que les salaires hausseraient, les profits diminueraient. Mais si le prix des produits agricoles augmente, l'on pourrait demander si du moins le fermier n'aura pas les mêmes profits, quoiqu'il paie de plus forts salaires. Certainement non ; car non seulement il aura, ainsi que le manufacturier, à payer plus de gages à chacun des ouvriers qu'il emploie, mais il sera obligé de payer une rente, ou d'employer un plus grand nombre d'ouvriers, pour obtenir le même produit. La hausse des produits agricoles ne sera que proportionnée à cette mesure ou au nombre additionnel des ouvriers employés, et elle ne saurait le dédommager de la hausse des salaires. [...]

Les marchandises haussent toujours parce qu'il faut plus de travail pour leur production, et jamais en raison de la cherté du travail qu'elles exigent. Les ouvrages de bijouterie, de fer, d'argenterie et de cuivre, n'éprouveront pas de hausse, attendu qu'il n'entre dans leur composition aucun produit brut provenant de la culture de la terre. [...]

Les profits tendent naturellement à baisser, parce que, dans le progrès de la société et de la richesse, le surcroît de subsistances nécessaires exige un travail toujours croissant. Cette tendance, ou, pour ainsi dire, cette gravitation des profits, est souvent et heureusement arrêtée par le perfectionnement des machines qui aident à la production des choses nécessaires, ainsi que par l'effet des découvertes agronomiques, qui nous donnent le moyen d'épargner une portion de travail, et de diminuer ainsi le prix des articles de première nécessité pour la consommation de l'ouvrier. Le renchérissement des articles de première nécessité et des salaires a cependant des bornes ; car aussitôt que les salaires auront monté (comme dans le cas que nous avons déjà posé) à 720 l., total de la recette du fermier, il ne pourra plus y avoir d'accumulation, puisque aucun capital ne saurait plus donner de bénéfices ; on n'aura pas besoin alors d'une augmentation de travail, et la population aura atteint son maximum. Bien avant ce terme même, la réduction des profits aura arrêté toute accumulation ; et la presque totalité des produits du pays, les ouvriers une fois payés, appartiendra aux propriétaires fonciers et aux collecteurs des dîmes et des autres impôts.

David Ricardo,
DES PRINCIPES DE L'ÉCONOMIE POLITIQUE ET DE L'IMPÔT (1817),
trad. française Flammarion, Paris, 1977, chap. 6, pp. 95-106.

COMMENTAIRE

Adam Smith avance l'idée que l'accumulation du capital s'accompagne inéluctablement, sur le long terme, d'un mouvement de baisse du taux général des profits, qui doit faire tendre l'économie vers un état stationnaire (*Richesse des nations,* livre I, chapitre 9). Ricardo (1772-1823) reprend à son compte cette idée, mais en l'appuyant sur un raisonnement différent de celui de Smith. Pour ce dernier, qui ne s'attarde pas longtemps sur le sujet, il est évident que l'abondance accrue des capitaux tend « naturellement » à faire baisser leur rémunération. Cette explication n'est pas nécessairement fausse, mais en l'état elle reste un peu courte. Fondée sur un principe entièrement différent, la thèse de Ricardo a un contenu analytique beaucoup plus précis. Celui-ci peut être sommairement présenté en décomposant le raisonnement de Ricardo en quatre temps.

• Le point de départ de ce raisonnement est la liaison, généralement admise à l'époque de Ricardo, entre l'accumulation du capital et la croissance démographique. La première implique, croit-on, une augmentation de l'embauche ou demande de travail – point que contestera Marx et sur lequel Ricardo lui-même, dans l'édition définitive de ses *Principes,* finira par se montrer circonspect. Cette augmentation fait dans un premier temps monter le niveau courant des salaires, ce qui, dans un modèle démographique de type malthusien [texte E 64], a pour effet de stimuler la croissance de la population : la hausse du salaire au-dessus de son niveau « naturel » de subsistance [texte E 26] se traduit en effet par une amélioration des conditions de vie matérielle de la population, d'où résulte une baisse de la mortalité infantile (alors extrêmement élevée) permettant à des effectifs plus nombreux de passer le cap difficile des premières années de l'existence (dans une société où les enfants travaillent dès l'âge de 5 ou 6 ans, ce phénomène induit à échéance assez rapprochée une hausse de l'offre de travail, qui tend à ramener le salaire vers son niveau « naturel »).

• Le deuxième point du raisonnement de Ricardo est le lien qu'il établit entre croissance démographique et évolution du prix « naturel » du blé (terme générique utilisé pour désigner les subsistances, qui étaient alors largement à base de céréales). L'augmentation de la population résultant de l'accumulation du capital induit à son tour une augmentation de la demande de produits alimentaires (entre autres), qui fait monter le prix de marché du blé et incite à la mise en culture de nouvelles terres ainsi qu'à l'intensification de la production sur les terres déjà cultivées. Les terres nouvellement mises en culture sont en général moins fertiles ou moins bien situées que celles qui étaient déjà cultivées, et l'intensification de la production sur les terres déjà cultivées met en mouvement le phénomène des rendements décroissants analysé au XVIIIe siècle par Turgot [texte E 60]. Il en résulte une hausse de la dépense marginale de travail nécessaire à la production du blé, c'est-à-dire, selon l'analyse de Ricardo, de son prix naturel [texte E 29].

• Le troisième temps du raisonnement consiste à mettre en évidence la répercussion de la hausse du prix naturel du blé sur le taux naturel des profits. Par suite de la hausse du prix naturel du blé, le salaire naturel, exprimé en monnaie, monte nécessairement (il en coûte plus cher d'acquérir le même « panier » de subsistance). Pour les marchandises dont le prix naturel n'a pas varié, cette hausse du salaire naturel comprime la part disponible pour les profits, ce qui diminue le taux des profits (rapport du profit au capital avancé) issus de leur production. Mais le taux naturel des profits est, par définition, le même dans toutes les branches de l'économie, de sorte que cette baisse du taux de profit affecte aussi le blé, en dépit de la hausse de son prix : pour le blé cultivé dans les conditions « marginales », cette hausse de prix est intégralement compensée par la hausse du coût de production, et pour le blé cultivé dans de meilleures conditions, elle est compensée par l'augmentation des rentes différentielles perçues par les propriétaires fonciers [*cf.* texte E 29].

• Dans un dernier temps, Ricardo affirme que cette baisse progressive du taux naturel des profits, issue du mouvement même de l'accumulation du capital, doit finir par éteindre ce mouvement : lorsque le taux des profits est devenu trop bas pour offrir encore une quelconque incitation à l'accumulation, celle-ci s'arrête, faisant entrer l'économie dans un état stationnaire qui constitue, en quelque sorte, la « fin de l'histoire » (avec l'accumulation s'arrête aussi la croissance démographique). Cette perspective, inéluctable aux yeux de Ricardo, peut seulement être retardée par deux phénomènes : le progrès technique qui permet de faire baisser le coût de production du blé (mais pas indéfiniment selon lui), et l'instauration du libre-échange qui permet de faire venir du blé étranger à meilleur marché que celui qui est produit sur place (d'où la participation de Ricardo au combat pour l'abolition des *corn laws*.

Les conclusions de cette remarquable analyse peuvent certes laisser dubitatif le lecteur actuel : celui-ci est en droit de considérer, d'une part que Ricardo a probablement sous-estimé les effets du progrès technique, et d'autre part que, pas plus que Malthus dont il partageait les idées en matière démographique [texte E 64], il n'a perçu le phénomène de transition démographique qui commençait à se manifester (plus précocement en France qu'en Angleterre il est vrai). Ces réserves, qu'il est aisé de formuler aujourd'hui, n'enlèvent sans doute rien à la fécondité du modèle de Ricardo, en tant que point de départ pour penser le problème de la croissance économique dans un environnement de ressources naturelles limitées. Comme le montrent les débats actuels sur la préservation de la biosphère, cet environnement est toujours le nôtre.

mots-clés

ACCUMULATION DU CAPITAL – DÉMOGRAPHIE – SALAIRE NATUREL – TAUX DE PROFIT – RENDEMENTS DÉCROISSANTS – ÉTAT STATIONNAIRE

E 66

Karl Marx et Friedrich Engels

Le rôle révolutionnaire de la bourgeoisie dans l'histoire

La bourgeoisie ne peut exister sans révolutionner constamment les instruments de production, ce qui veut dire les conditions de la production, c'est-à-dire tous les rapports sociaux. Le maintien sans changement de l'ancien mode de production était, au contraire, pour toutes les classes industrielles antérieures, la condition première de leur existence. Ce bouleversement continuel de la production, ce constant ébranlement de tout le système social, cette agitation et cette insécurité perpétuelles distinguent l'époque bourgeoise de toutes les précédentes. Tous les rapports sociaux, traditionnels et figés, avec leur cortège de conceptions et d'idées antiques et vénérables, se dissolvent ; ceux qui les remplacent vieillissent avant d'avoir pu s'ossifier. Tout ce qui avait solidité et permanence s'en va en fumée, tout ce qui était sacré est profané, et les hommes sont forcés enfin d'envisager leurs conditions d'existence et leurs rapports réciproques avec des yeux désabusés.

Poussée par le besoin de débouchés toujours nouveaux, la bourgeoisie envahit le globe entier. Il lui faut s'implanter partout, exploiter partout, établir partout des relations.

Par l'exploitation du marché mondial, la bourgeoisie donne un caractère cosmopolite à la production et à la consommation de tous les pays. Au désespoir des réactionnaires, elle a enlevé à l'industrie sa base nationale. Les vieilles industries nationales ont été détruites et le sont encore chaque jour. Elles sont supplantées par de nouvelles industries, dont l'adoption devient une question de vie ou de mort pour toutes les nations civilisées, industries qui n'emploient plus des matières premières indigènes, mais des matières premières venues des régions les plus lointaines, et dont les produits se consomment non seulement dans le pays même, mais dans toutes les parties du globe. À la place des anciens besoins, satisfaits par les produits nationaux, naissent des besoins nouveaux, réclamant pour leur satisfaction les produits des contrées et des climats les plus lointains. À la place de l'ancien isolement des provinces et des nations se suffisant à elles-mêmes se développent des relations universelles, une interdépendance universelle des nations. Et ce qui est vrai de la production matérielle ne l'est pas moins des productions de l'esprit. Les œuvres intellectuelles d'une nation deviennent la propriété commune de toutes. L'étroitesse et l'exclusivisme nationaux deviennent de jour en jour plus impossibles ; et de la multiplicité des littératures nationales et locales naît une littérature universelle.

Par le rapide perfectionnement des instruments de production et l'amélioration infinie des moyens de communication, la bourgeoisie entraîne dans le courant de la civilisation jusqu'aux nations les plus barbares. Le bon marché de ses produits est la grosse artillerie qui bat en brèche toutes les murailles de Chine et contraint à la capitulation les barbares les plus opiniâtrement hostiles aux étrangers. Sous peine de mort, elle force toutes les nations à adopter le mode bourgeois de production ; elle les force à introduire chez elle la prétendue civilisation, c'est-à-dire à devenir bourgeoises. En un mot, elle se façonne un monde à son image.

La bourgeoisie a soumis la campagne à la ville. Elle a créé d'énormes cités ; elle a prodigieusement augmenté la population des villes par rapport à celle des campagnes, et par là, elle a arraché une grande partie de la population à l'abrutissement de la vie des champs. De même qu'elle a soumis la campagne à la ville, les pays barbares ou demi-barbares aux pays civilisés, elle a subordonné les peuples de paysans aux peuples de bourgeois, l'Orient à l'Occident.

La bourgeoisie supprime de plus en plus l'émiettement des moyens de production, de la propriété et de la population. Elle a aggloméré la population, centralisé les moyens de production et concentré la propriété dans un petit nombre de mains. La conséquence fatale de ces changements a été la centralisation politique. Des provinces indépendantes, tout juste fédérées entre elles, ayant des intérêts, des lois, des gouvernements, des tarifs douaniers différents, ont été réunies en une seule nation, avec un seul gouvernement, une seule loi, un seul intérêt national de classe, derrière un seul cordon douanier.

La bourgeoisie, au cours de sa domination de classe à peine séculaire, a créé des forces productives plus nombreuses et plus colossales que l'avaient fait toutes les générations passées prises ensemble. La mise sous le joug des forces de la nature, les machines, l'application de la chimie à l'industrie et à l'agriculture, la navigation à vapeur, les chemins de fer, les télégraphes électriques, le défrichement de continents entiers, la régularisation des fleuves, des populations entières jaillies du sol, – quel siècle antérieur aurait soupçonné que de pareilles forces productives dorment au sein du travail social ?

Karl Marx et Friedrich Engels,
MANIFESTE DU PARTI COMMUNISTE (1848),
trad. française Éditions sociales, Paris, 1966, chap. I, pp. 33-38.

COMMENTAIRE

Écrit par Marx (1818-1883) et Engels (1820-1895) dans le cadre de la tourmente révolutionnaire qui secoue l'Europe en 1848, le *Manifeste du parti communiste* n'est pas exactement une apologie de l'ordre en place. Le passage de cet opuscule saluant le « rôle révolutionnaire de la bourgeoisie dans l'histoire » en est d'autant plus remarquable, même si l'objectif poursuivi est bien de montrer que la bourgeoisie est en passe d'avoir fait son temps, et que l'heure du prolétariat approche. Nonobstant son caractère de pamphlet, ce texte permet de comprendre, si on le rapproche des écrits de Schumpeter sur l'innovation [texte E 69], l'intérêt manifesté par cet auteur pour la vision marxienne du capitalisme.

Celle-ci est fondée sur l'idée que le capitalisme ne peut exister que dans le mouvement, dans le bouleversement permanent des conditions de la production, et par suite de la vie sociale tout entière. Cette caractéristique résulte de la logique même de la concurrence qui se joue entre les membres de la classe capitaliste. Pour Marx, l'accumulation du capital ne résulte pas d'une quelconque « prédisposition à l'épargne » qui serait l'apanage d'une fraction de la société, mais tout simplement de la nécessité, pour chaque détenteur de capitaux, de survivre face à la concurrence : toute entreprise se contentant de reconduire, de façon routinière, son activité selon des techniques et à une échelle inchangées, est condamnée à être balayée par la concurrence d'entreprises plus performantes utilisant comme arme de guerre des coûts de production plus faibles. Cette menace permanente que fait peser sur chacun d'entre eux la pression exercée par les autres constitue, pour les membres de la classe capitaliste, une très puissante motivation à accumuler et à innover (ces deux mouvements étant fortement corrélés, comme l'avait remarqué Adam Smith – *cf.* textes E 62 et E 63).

Ainsi le passage du féodalisme au capitalisme, en transférant le pouvoir d'une classe dont le critère de succès était la puissance militaire à une classe pour laquelle ce critère réside dans l'efficacité économique, est-il à l'origine d'un essor sans précédent des « forces productives » de la société. Une fois lancé, ce mouvement écrase tout sur son passage, aucune société traditionnelle ne pouvant résister à la formidable puissance matérielle développée par le capitalisme. La vocation de celui-ci est de devenir un système mondial, écrivent Marx et Engels en 1848, et c'est bien pourquoi ils concluent leur manifeste par le célèbre appel : « Prolétaires de tous pays, unissez-vous ! ».

mots-clés

HISTOIRE – CAPITALISME – CONCURRENCE – ACCUMULATION DU CAPITAL – INNOVATION – FORCES PRODUCTIVES

E 67

Karl Marx

Accumulation et concentration du capital

[Le] régime industriel de petits producteurs indépendants, travaillant à leur compte, présuppose le morcellement du sol et l'éparpillement des autres moyens de production. Comme il en exclut la concentration, il exclut aussi la coopération sur une grande échelle, la subdivision de la besogne dans l'atelier et aux champs, le machinisme, la domination savante de l'homme sur la nature, le libre développement des puissances sociales du travail, le concert et l'unité dans les fins, les moyens et les efforts de l'activité collective. Il n'est compatible qu'avec un état de la production et de la société étroitement borné. L'éterniser, ce serait, comme le dit pertinemment Pecqueur, « décréter la médiocrité en tout ». Mais, arrivé à un certain degré, il engendre de lui-même les agents matériels de sa dissolution. À partir de ce moment, des forces et des passions qu'il comprime, commencent à s'agiter au sein de la société. Il doit être, il est anéanti. Son mouvement d'élimination transformant les moyens de production individuels et épars en moyens de production socialement concentrés, faisant de la proprieté naine du grand nombre la propriété colossale de quelques-uns, cette douloureuse, cette épouvantable expropriation du peuple travailleur, voilà les origines, voilà la genèse du capital. Elle embrasse toute une série de procédés violents, dont nous n'avons passé en revue que les plus marquants sous le titre de méthodes d'accumulation primitive.

L'expropriation des producteurs immédiats s'exécute avec un vandalisme impitoyable qu'aiguillonnent les mobiles les plus infâmes, les passions les plus sordides et les plus haïssables dans leur petitesse. La propriété privée, fondée sur le travail personnel, cette propriété qui soude pour ainsi dire le travailleur isolé et autonome aux conditions extérieures du travail, va être supplantée par la propriété privée capitaliste, fondée sur l'exploitation du travail d'autrui, sur le salariat.

Dès que ce procès de transformation a décomposé suffisamment et de fond en comble la vieille société, que les producteurs sont changés en prolétaires, et leurs conditions de travail en capital, qu'enfin le régime capitaliste se soutient par la seule force économique des choses, alors la socialisation ultérieure du travail, ainsi que la métamorphose progressive du sol et des autres moyens de production en instruments socialement exploités, communs, en un mot, l'élimination ultérieure des propriétés privées, va revêtir une nouvelle forme. Ce qui est maintenant à exproprier, ce n'est plus le travailleur indépendant, mais le capitaliste, le chef d'une armée ou d'une escouade de salariés.

Cette expropriation s'accomplit par le jeu des lois immanentes de la production capitaliste, lesquelles aboutissent à la concentration des capitaux. Corrélativement à cette centralisation, à l'expropriation du grand nombre des capitalistes par le petit, se développent sur une échelle toujours croissante l'application de la science à la technique, l'exploitation de la terre avec méthode et ensemble, la transformation de l'outil en instruments puissants seulement par l'usage commun, partant l'économie des moyens de production, l'entrelacement de tous les peuples dans le réseau du marché universel, d'où le caractère international imprimé au régime capitaliste.

À mesure que diminue le nombre des potentats du capital qui usurpent et monopolisent tous les avantages de cette période d'évolution sociale, s'accroissent la misère, l'oppression, l'esclavage, la dégradation, l'exploitation, mais aussi la résistance de la classe ouvrière sans cesse grossissante et de plus en plus disciplinée, unie et organisée par le mécanisme même de la production capitaliste. Le monopole du capital devient une entrave pour le mode de production qui a grandi et prospéré avec lui et sous ses auspices. La socialisation du travail et la centralisation de ses ressorts matériels arrivent à un point où elles ne peuvent plus tenir dans leur enveloppe capitaliste. Cette enveloppe se brise en éclats. L'heure de la propriété capitaliste a sonné. Les expropriateurs sont à leur tour expropriés.

Karl Marx,
LE CAPITAL, livre I (1867),
trad. française Éditions sociales, Paris, 1971, tome 3, chap. 32, pp. 203-205.

COMMENTAIRE

La concurrence entre les capitaux est la règle de base du système capitaliste, mais le développement même de ce système sous l'aiguillon de la concurrence [texte E 66] tend à vider le principe fondateur de sa substance : telle est, schématiquement, la thèse défendue par Marx (1818-1883) sous le nom de « tendance historique de l'accumulation capitaliste ».

En effet, cette accumulation s'accompagne selon lui d'un processus de concentration, à la fois technique et financière, des capitaux : l'introduction de nouveaux procédés de fabrication, généralement plus mécanisés que les précédents, nécessite que soient rassemblés des financements importants, et leur rentabilisation exige que soient construites des unités de production de grande taille permettant d'étaler les coûts fixes sur des séries suffisamment longues. Il en résulte que le « type idéal » de la concurrence parfaite cher aux économistes libéraux, caractérisé notamment par un grand nombre de producteurs de taille insignifiante par rapport à celle du marché (hypothèse d'atomicité), correspond de moins en moins à la réalité du capitalisme au fur et à mesure que celui-ci se développe : la pente naturelle de ce développement va dans le sens du monopole ou de l'oligopole. Marx insiste moins sur les méfaits économiques (réels ou supposés) de cette nouvelle configuration des marchés, que sur les conséquences sociales et politiques : il y voit un puissant facteur de polarisation sociale (d'un côté un pouvoir concentré en un nombre restreint de mains, de l'autre un prolétariat nombreux, homogène et conscient à la fois de son exploitation et de sa force) qui facilitera la transformation révolutionnaire de la société le jour où la bourgeoisie ne parviendra plus à surmonter les contradictions nées de son développement [texte E 68].

Si le mouvement de concentration dépeint par Marx est une réalité historique qui s'affirmera avec force au XXe siècle, il n'a pas le caractère linéaire que lui prêteront souvent les marxistes. En termes coasiens [*cf.* commentaire du texte E 20], on pourrait dire que pour beaucoup d'entre eux il existe une tendance progressive au remplacement du « principe du marché » par le « principe de la firme », considéré comme intrinsèquement supérieur au précédent. Cette thèse, un peu simpliste au vu des développements contemporains du capitalisme, sera source de quelques déconvenues lorsqu'il s'agira d'organiser « rationnellement » la production dans les pays dotés d'un régime politique se réclamant des principes du « socialisme scientifique » : les coûts de transaction inhérents au marché ne sont pas nécessairement supérieurs aux coûts de coordination à l'intérieur de la firme, de sorte que « grand » n'est pas forcément synonyme d'« efficace » – surtout lorsque a été supprimée la sanction de l'inefficacité par le marché.

mots-clés

CAPITALISME – ACCUMULATION DU CAPITAL – CONCENTRATION DU CAPITAL – CONCURRENCE

E 68

Karl Marx

La « loi de la baisse tendancielle du taux de profit »

Pour un salaire et une journée de travail donnés, un capital variable de 100, par exemple, représente la mise au travail d'un certain nombre d'ouvriers : c'est l'indice de ce nombre. Mettons par exemple que 100 livres sterling soient le salaire de 100 ouvriers, disons pour une semaine. Si ces 100 ouvriers accomplissent autant de travail nécessaire que de surtravail, s'ils travaillent chaque jour autant de temps pour eux, c'est-à-dire pour reproduire leur salaire, que pour le capitaliste, c'est-à-dire pour produire de la plus-value, la valeur totale qu'ils produiront sera de 200 l. st. et la plus-value s'élèvera à 100 l. st. Le taux de la plus-value $\frac{pl}{v}$ serait de 100%. Mais, comme nous l'avons vu, ce taux de plus-value se traduirait par des taux de profit très différents suivant le volume du capital constant c et partant du capital total C, le taux de profit étant égal à $\frac{pl}{C}$. Pour un taux de plus-value de 100%,

$$\text{si } c = 50, \quad v = 100 \;;\; p' = \frac{100}{150} = 66\ 2/3\,\%$$

$$\text{si } c = 100, \quad v = 100 \;;\; p' = \frac{100}{200} = 50\,\%$$

$$\text{si } c = 200, \quad v = 100 \;;\; p' = \frac{100}{300} = 33\ 1/3\,\%$$

$$\text{si } c = 300, \quad v = 100 \;;\; p' = \frac{100}{400} = 25\,\%$$

$$\text{si } c = 400, \quad v = 100 \;;\; p' = \frac{100}{500} = 20\,\%$$

Le degré d'exploitation restant le même, un même taux de plus-value se traduirait donc par un taux de profit en baisse, parce que le volume de valeur du capital constant et partant de l'ensemble du capital croît avec son volume matériel, même si l'augmentation n'est pas proportionnelle.

Si l'on admet en outre que cette modification graduelle dans la composition du capital ne se produit pas seulement dans des sphères de production isolées, mais qu'on la retrouve plus ou moins dans toutes, ou du moins dans les sphères-clés de la production, qu'elle implique donc des modifications dans la composition organique moyenne de l'ensemble du capital d'une société déterminée, il faut bien que cet accroissement progressif du capital constant par rapport au capital variable ait nécessairement pour résultat *une baisse graduelle du taux de profit général,* le taux de la plus-value ou encore le degré d'exploitation du travail par le capital restant les mêmes. Or nous avons montré que c'est une loi du mode de production capitaliste : à mesure que celle-ci se développe, il se produit une diminution relative du capital variable par rapport au capital constant et donc au capital total mis en mouvement. Ce qui signifie tout simplement ceci : le même nombre d'ouvriers, la même quantité de force de travail, que faisait travailler un capital variable d'un volume de valeur donné, mettra en mouvement, dans le même laps de temps, par suite du développement des méthodes de production propres à la production capitaliste, une masse toujours plus grande de moyens de travail, de machines et de capital fixe de toute sorte, traitera et consommera productivement une quantité toujours plus grande de matières premières et auxiliaires – par conséquent il fera fonctionner un capital constant d'un volume de valeur en perpétuelle augmentation. Cette diminution progressive, relative, du capital variable par rapport au capital constant – et par suite au capital total – est identique à l'élévation progressive de la composition organique du capital social moyen. Ce n'est encore qu'une autre façon d'exprimer le progrès de la force productive sociale du travail qui se traduit précisément par ce fait : en utilisant plus de machines et en général en employant davantage de capital fixe, le même nombre d'ouvriers peut transformer en produits une plus grande quantité de matières premières et auxiliaires dans un même laps de temps – c'est-à-dire avec moins de travail. À cet accroissement du volume de valeur du capital constant – même s'il ne traduit que très approximativement l'accroissement de la masse réelle des valeurs d'usage qui, matériellement, constituent ce capital – correspond une diminution croissante du coût du produit. En effet, chaque produit individuel pris à part contient une somme de travail moindre qu'il n'en recelait à des stades inférieurs de la production, quand le capital déboursé en travail était bien plus grand, proportionnellement à celui investi en moyens de production. [...] Donc la tendance progressive à la baisse du taux de profit général est tout simplement *une façon, propre au mode de production capitaliste,* d'exprimer le progrès de la productivité sociale du travail.

Karl Marx

LE CAPITAL, livre III (1895),

trad. française Éditions sociales, Paris, 1971, tome 1, chap. 13, pp. 225-227.

COMMENTAIRE

Pour les économistes classiques, l'existence d'un mouvement de baisse à long terme du taux général des profits ne fait pas de doute [texte E 65]. Marx (1818-1883) reprend cette thèse sous l'appellation de « loi de la baisse tendancielle du taux de profit », mais il n'attribue à celle-ci ni la même cause ni les mêmes conséquences que ses prédécesseurs.

Selon Marx, l'origine du phénomène réside dans les transformations techniques qui accompagnent l'accumulation du capital. Dans le cadre de ce processus, la partie « constante » c (qui sert à payer les moyens de production matériels) augmente relativement à sa partie « variable » v (qui sert à payer les salaires), du fait de la mécanisation qu'implique généralement la course à la diminution des coûts [*cf.* texte E 66]. Il en résulte une hausse de la « composition organique du capital » *c*/*v* qui, toutes choses égales par ailleurs, réduit le taux de profit moyen. Celui-ci constitue en effet le rapport de la plus-value *pl* prélevée sur le travail des salariés à la masse totale (*c*+ *v*) du capital avancé dans la production, rapport qui peut s'écrire également :

$$\frac{(pl/v)}{(c/v) + 1}$$

Si le rapport *pl*/*v* (« taux d'exploitation » ou « taux de plus-value ») reste inchangé, la hausse de *c*/*v* réduit mécaniquement le taux de profit : les efforts dispersés des capitalistes pour accroître ou préserver leurs profits personnels ont alors pour conséquence indirecte (et involontaire) de faire baisser le taux moyen des profits.
Pour Marx la tendance ainsi mise en évidence ne se manifeste pas de façon linéaire, sous la forme d'un déclin graduel et régulier du taux de profit. En effet, il existe des facteurs qui peuvent (temporairement selon lui) « contrecarrer la loi ». D'une part la mécanisation de la production ne se traduit pas forcément par une hausse de *c*/*v*, dans la mesure où le progrès technique diminue la valeur unitaire des biens de production entrant dans l'agrégat *c*. D'autre part, la hausse de *c*/*v*, si elle se produit, peut voir ses effets contrariés par une hausse simultanée de *pl*/*v*, due à un allongement de la durée du travail sans hausse équivalente de salaire (phénomène de « plus-value absolue »), ou à une diminution de la valeur de la force de travail permise par un abaissement de la valeur des biens consommés par les salariés (phénomène de « plus-value relative »). Ces remarques sont pertinentes, mais elles permettent seulement de conclure qu'à côté de forces tirant le taux de profit vers le bas, il en existe d'autres ayant l'effet inverse. Marx pense avoir démontré que les premières doivent nécessairement l'emporter à la longue sur les secondes, mais rien dans ses propos ne permet de justifier cette affirmation. Il est dans ces conditions difficile de parler de « loi de la baisse tendancielle du taux de profit », sauf à donner à cette « loi » un contenu purement tautologique du type : le taux de profit a tendance à baisser, sauf lorsqu'il ne baisse pas. Mais n'étant, par définition, jamais susceptibles d'être mises en défaut, les tautologies ne peuvent constituer des lois scientifiques.
Les conséquences de la baisse du taux de profit, telle que l'analyse Marx, sont très différentes de celles que lui attribuaient les classiques : pour Marx l'économie capitaliste, intrinsèquement dynamique [texte E 66], ne saurait s'acheminer vers un état stationnaire, de sorte que, si elle ne peut plus progresser du fait d'un taux de profit devenu insuffisant, elle est vouée à disparaître. La manifestation concrète de cette contradiction est le déclenchement des crises, qui se produit selon Marx lorsque la baisse du taux de profit devient effective (c'est-à-dire lorsque la « tendance » l'emporte sur les « facteurs la contrecarrant »), et dont il prédit l'aggravation jusqu'à l'effondrement du système. Ainsi pense-t-il avoir démontré que la disparition du capitalisme est inscrite dans la logique même de son développement.
Si la perspective du « grand soir » n'a pas aujourd'hui la même évidence que celle que lui attribuait l'auteur du *Capital*, la pertinence du lien qu'il établissait entre les fluctuations du taux de profit et le déclenchement des crises secouant périodiquement l'économie est soulignée par divers travaux sur l'évolution des économies industrialisées occidentales depuis le début des années 70.

mots-clés

TAUX DE PROFIT – COMPOSITION ORGANIQUE DU CAPITAL – LOI TENDANCIELLE

E 69

Joseph Schumpeter

L'innovation

Dans le « circuit », les recettes totales d'une affaire – sauf si c'est un monopole – suffisent juste à couvrir ses dépenses. Il n'y a alors que des producteurs ne faisant ni profit ni perte et dont le revenu peut être appelé « salaire de direction ». Et puisque les nouvelles combinaisons qui sont mises en pratique s'il y a « développement » sont nécessairement plus avantageuses que les anciennes, les recettes totales doivent dans ce cas être plus grandes que les coûts totaux. [...] Si quiconque, dans un système économique dont l'industrie textile ne connaît que le travail manuel, voit la possibilité de fonder une affaire utilisant le métier mécanique, se sent de taille à surmonter les innombrables difficultés, et a pris sa décision, alors il a besoin avant tout de pouvoir d'achat. Il l'emprunte à une banque et fonde son entreprise. Peu importe qu'il construise les métiers mécaniques lui-même ou qu'il les fasse construire par une autre entreprise selon ses directives, afin de se consacrer entièrement à leur utilisation. Si, avec un tel métier à tisser, un ouvrier peut produire six fois plus dans une journée qu'un ouvrier travaillant à la main, il est évident que, sous trois conditions, cette affaire doit rapporter un surplus par rapport au coût, une différence entre recettes et dépenses. Premièrement, le prix du produit ne doit pas chuter quand la nouvelle production apparaît, ou du moins pas jusqu'au point où la production par ouvrier ne rapporte pas davantage que dans les conditions antérieures. Deuxièmement, le coût journalier du métier mécanique doit rester inférieur au salaire journalier des cinq ouvriers dont il permet de se passer, ou à la somme restant disponible une fois qu'on a tenu compte d'une possible baisse du prix du produit et déduit le salaire de l'unique ouvrier nécessaire. La troisième condition complète les deux autres. [...] Jusqu'ici j'ai pris le cas où salaires et rentes sont simplement ceux qui prévalaient avant que l'entrepreneur réalise son plan. Si sa demande est relativement faible nous pouvons nous en contenter. Sinon, les prix des services du travail et de la terre doivent s'élever par suite de sa nouvelle demande. [...] Et donc l'homme d'affaires, qui doit anticiper et estimer la hausse des prix des biens de production résultant de son arrivée sur le marché, ne peut se contenter d'inclure les salaires et rentes antérieurs dans ses calculs, mais doit ajouter un montant approprié, et par suite un troisième élément doit être déduit. Il n'y a de surplus par rapport au coût que si les recettes excèdent les dépenses compte tenu des trois types de modification ci-dessus. [...] Si les conditions sont satisfaites, le surplus réalisé est *ipso facto* un profit net. Mais voici maintenant le second acte de la pièce. Le charme est rompu et de nouvelles affaires se créent continuellement, appâtées par le profit. Il se produit une réorganisation complète de l'industrie, avec hausse de la production, concurrence acharnée, disparition des entreprises obsolètes, licenciements éventuels, etc. Une seule chose nous intéresse ici : le résultat final doit être une nouvelle position d'équilibre, dans laquelle, avec les nouvelles données, la loi du coût règne de nouveau [...]. L'incitation à produire davantage ne cessera pas avant que cette condition soit réalisée, et que le prix tombe du fait de l'offre croissante.

Par suite, le profit de l'entrepreneur considéré et de ceux qui le suivent immédiatement disparaît. Pas d'un seul coup, il est vrai, mais en règle générale après une période plus ou moins longue de diminution progressive. Cependant, le surplus est réalisé, il constitue dans des conditions données un montant déterminé de revenu net, même s'il n'est que temporaire. Mais à qui échoit-il ? Evidemment aux individus qui ont introduit les métiers à tisser dans le circuit, donc pas nécessairement à leurs inventeurs, ni à leurs producteurs ou utilisateurs. Ceux qui les produisent sur commande recevront seulement un prix égal au coût de production, ceux qui les utilisent conformément aux instructions les paieront si cher au début qu'ils recevront à peine le moindre profit. [...] En quoi a consisté la contribution des individus considérés ? Seulement en volonté et en action : pas en biens concrets, car ils les ont achetés – soit à d'autres soit à eux-mêmes ; pas en pouvoir d'achat, car ils l'ont emprunté – à d'autres ou, si nous tenons également compte des acquisitions des périodes antérieures, à eux-mêmes. Et qu'ont-ils fait ? Ils n'ont pas accumulé de marchandises, ils n'ont créé aucun moyen de production original, mais ont employé les moyens de production existants différemment, de façon plus appropriée, plus avantageuse. Ils ont « mis en pratique de nouvelles combinaisons ». Ils sont des entrepreneurs. Et leur profit, le surplus que ne contrebalance aucun passif, est un profit d'entrepreneur.

De même que l'introduction de métiers à tisser est un cas particulier de l'introduction de machines en général, l'introduction de machines est un cas particulier de changement dans le processus de production au sens large, dont le but est d'obtenir une unité de produit avec une dépense plus faible et ainsi de créer un écart entre le prix existant et le nouveau coût.

Joseph Schumpeter,
THÉORIE DE L'ÉVOLUTION ÉCONOMIQUE (1912),
Oxford University Press, New York, pp. 128-133.

COMMENTAIRE

Pour Schumpeter (1883-1950), les économistes libéraux n'utilisent pas toujours les meilleurs arguments pour défendre le capitalisme [texte E 17]. En effet, la figure de l'« équilibre économique » qui domine la pensée économique depuis la révolution marginaliste des années 1870 occulte selon lui la nature essentiellement dynamique du système capitaliste, qu'en revanche Marx avait bien perçue [texte E 66]. Il en résulte, au XXe siècle, des analyses de la « concurrence imparfaite » qui ont surtout pour effet de fournir des arguments à la dénonciation des tares supposées du système, mais passent à côté de l'essentiel.

C'est précisément à cerner l'essence du système capitaliste que s'attache Schumpeter dans sa *Théorie de l'évolution économique* (1912). Cet ouvrage repose sur l'opposition des figures du « circuit » et de l'« évolution » : alors que le « circuit » représente un modèle d'économie routinière à fonctions de production invariantes, il y a « évolution » lorsque l'économie est tirée de sa routine – et donc déstabilisée – par une réorganisation des facteurs de production existants qui améliore leur efficacité, et que Schumpeter appelle « innovation » (« nous définirons simplement l'innovation comme la mise en place de nouvelles fonctions de production», écrira-t-il ultérieurement). L'innovation peut consister dans l'introduction de nouvelles techniques, mais aussi de nouveaux produits, de nouvelles formes d'organisation, voire de nouveaux marchés. Elle requiert fréquemment des moyens financiers importants, d'où le rôle du crédit. L'innovation, qui ne se confond pas avec l'invention, est pour Schumpeter la fonction spécifique d'une catégorie d'individus qu'il appelle « entrepreneurs ». Ces individus sont mus par la recherche du profit, que Schumpeter distingue, comme les néo-classiques, de l'intérêt du capital [*cf.* texte E 35]. Dans le circuit schumpéterien comme dans l'équilibre walrasien, le profit est nul, les produits étant vendus à un prix qui permet juste de rémunérer les services productifs des facteurs. Pour dégager un profit positif, les entrepreneurs doivent innover, et du même coup faire sortir l'économie du circuit : ils sont essentiellement des perturbateurs d'équilibre, des agents de « déséquilibre créateur » (alors que chez les néo-classiques les entrepreneurs sont vus essentiellement comme des agents de la réalisation de l'équilibre). Le profit ainsi obtenu ne peut être que provisoire : la généralisation de l'innovation et le jeu de la concurrence tendent à ramener les prix vers les coûts des services producteurs, donc à laminer les profits au fur et à mesure que l'économie s'achemine vers une nouvelle position d'équilibre. Le maintien des profits exige donc que de nouvelles innovations soient introduites avant que les anciennes n'aient épuisé leurs effets : la lutte des entrepreneurs pour leurs profits est donc aussi une lutte contre la tendance permanente de l'économie à retomber dans le circuit. De là résulte le caractère de bouleversement perpétuel de l'économie capitaliste, souligné à juste titre par Marx. En outre les innovations s'effectuent fréquemment par « grappes » (une innovation en suscitant d'autres dans des domaines proches), et donc le flux d'innovations, s'il est permanent, n'est pas uniformément réparti dans le temps. Schumpeter partira de ce constat pour interpréter les cycles de longue durée mis en évidence en 1926 par Kondratieff (*Business Cycles,* 1939).

Dans son ouvrage de 1942 *(Capitalisme, socialisme et démocratie),* Schumpeter pousse le parallèle avec Marx jusqu'à prédire lui aussi la mort du capitalisme, victime de son propre développement, et son remplacement par le socialisme. La cause de cette transformation – que Schumpeter, à la différence de Marx, n'appelle nullement de ses vœux – serait la disparition de la catégorie des entrepreneurs, remplacée progressivement par la bureaucratie des grandes entreprises et des administrations. Une telle prophétie peut paraître étrange au lecteur d'aujourd'hui. Il convient, pour l'interpréter, de la rapprocher de quelques prophéties du même genre, effectuées à la même époque par d'autres esprits distingués, ayant des options très différentes mais partageant avec Schumpeter la même expérience historique de l'effondrement d'un monde dans l'Europe centrale de l'entre-deux-guerres : en 1944 Polanyi considérait que l'arrivée au pouvoir de Hitler en Allemagne, 11 ans plus tôt, signait l'acte de décès du marché autorégulateur (c'est le sens qu'il donne à l'expression « grande transformation », qui constitue le titre de son ouvrage), et la même année Hayek voyait dans le développement de la sécurité sociale un pas de plus sur « la route de l'esclavage ».

mots-clés

INNOVATION – ENTREPRENEUR – PROFIT – CIRCUIT– CAPITALISME – SOCIALISME

E 70

Evsey Domar

Effet de capacité et effet de revenu

La construction d'une nouvelle usine a un *effet double : elle accroît la capacité de production et crée du revenu.*

L'accent mis sur cette double caractéristique du processus d'investissement est l'essence de cet exposé sur le problème de l'emploi. Si l'investissement augmente la capacité de production et crée du revenu, quelle doit être l'étendue de la somme à investir ou quel doit être son taux de croissance de manière à rendre l'augmentation du revenu égale à celle de la capacité de production ? Une équation ne pourrait-elle être établie, dont le premier terme serait l'accroissement (ou le taux d'accroissement) de la capacité de production et le second, celui du revenu et dont la solution donnerait le taux de croissance requis ?

Nous essayerons d'établir une telle équation. Elle sera d'abord exprimée sous forme symbolique puis illustrée plus tard par un exemple numérique.

Supposons que l'investissement s'établisse à un montant annuel de I, que la capacité de production annuelle (la valeur nette ajoutée) par dollar du nouveau capital créé soit égale en moyenne à s. Ainsi s'il faut, disons, 3 dollars de capital pour produire (en termcs de valeur nette ajoutée par an) un dollar de production, s sera égal à un tiers ou 33,3 % par an. Cela ne veut pas dire que s soit le même dans toutes les entreprises ou industries. Cela dépend évidemment de la nature du capital construit et de bien d'autres facteurs. Sa discussion ici comme valeur donnée est une simplification dont on peut facilement se passer.

La capacité productive d'un investissement de I dollars sera donc de Is dollars par an. Mais il est possible, jusqu'à un certain point, que la mise en service des nouveaux équipements se fasse aux dépens d'usines préalablement construites, avec lesquelles le capital nouveau va entrer en concurrence pour les marchés et pour les facteurs de production (surtout le travail). Si en fin de compte, la production d'usines existantes doit être réduite, il serait inutile de dire que la capacité de production de toute l'économie a augmenté de Is dollars par an.

Elle s'est effectivement accrue d'un montant plus faible que l'on peut noter I σ. σ peut être appelé moyenne de la productivité potentielle sociale de l'investissement. Une telle dénomination appelle des explications.

Pour notre propos, la propriété de σ la plus importante est son *caractère potentiel.* σ ne se rapporte pas à une augmentation du revenu national, mais à la croissance du *potentiel productif* de l'économie. Un σ élevé indique que l'économie *est capable* d'accroître sa production relativement vite. Mais la question de savoir si cette capacité accrue mènera effectivement à une plus grande production ou à un chômage accru dépendra du comportement du revenu monétaire.

L'expression I σ représente le côté de l'offre de notre système ; c'est l'accroissement de production *possible* pour l'économie. Du côté de la demande, nous avons la théorie du multiplicateur, trop connue pour nécessiter un développement, sauf pour mettre l'accent sur un fait évident, mais souvent oublié, à savoir que pour une propension marginale à épargner α donnée, une augmentation du revenu national n'est pas fonction de l'investissement, mais de *l'augmentation* de l'investissement. Si l'investissement d'aujourd'hui, aussi important qu'il soit, est égal à celui d'hier, le revenu national d'aujourd'hui sera juste égal et rien de plus à celui d'hier. Tout ceci est évident et n'est précisé ici que pour souligner l'absence de symétrie entre les effets de l'investissement sur la capacité de production et sur le revenu national.

Supposons que l'investissement augmente annuellement d'un montant Δ I (par exemple de 2 milliards par an) et supposons que l'augmentation annuelle absolue du revenu correspondante est Δ Y ; nous avons alors $\Delta Y = \Delta I \frac{1}{\alpha}$ (1)
où $\frac{1}{\alpha}$ bien entendu, est le multiplicateur.

Supposons maintenant que l'économie est en situation d'équilibre de plein emploi, de façon à ce que son revenu national égale sa capacité de production. Pour maintenir cette situation, le revenu et la capacité devraient augmenter d'un même montant. L'accroissement annuel de la capacité potentielle est I σ. L'accroissement annuel du revenu réel est $\Delta I \frac{1}{\alpha}$. Notre but est de faire en sorte qu'ils soient égaux.
Ceci nous donne l'équation fondamentale :

$$\Delta I \frac{1}{\alpha} = I \sigma \quad (2)$$

Pour résoudre cette équation, nous multiplions chaque terme par α et divisons par I :

$$\frac{\Delta I}{I} = \alpha\sigma \quad (3)$$

Le terme à gauche de (3) est l'accroissement absolu annuel de l'investissement (Δ I) divisé par le volume de l'investissement lui-même ; ou en d'autres termes, c'est l'accroissement relatif de l'investissement ou le taux de croissance annuel de l'investissement. Ainsi, le maintien au niveau de plein emploi nécessite que l'investissement augmente au taux annuel de $\alpha\,\sigma$.

Voilà pour l'investissement. Puisque l'on suppose constante la propension marginale à épargner α, une augmentation du revenu est un multiple, constant, de l'investissement – voir l'expression (1). Mais afin de rester ce multiple constant de l'investissement, le revenu doit aussi croître au même taux annuel en pourcentage, soit $\alpha\,\sigma$.

En résumé, le maintien d'une situation continue de plein emploi nécessite qu'investissement et revenu croissent à un taux annuel constant (ou un taux d'intérêt composé) égal au produit de la propension marginale à épargner et de la productivité moyenne de l'investissement (pour employer une expression abrégée).

Evsey Domar,
« Expansion et emploi »,
The American Economic Review (1947),
trad. française G. Abraham-Frois, Problématiques de la croissance,
Éditions Economica, Paris, 1974, tome I, pp. 8-11.

COMMENTAIRE

En 1939 et 1947 respectivement, le Britannique Harrod et l'Américain Domar présentent deux modèles de croissance économique assez voisins, qu'il est devenu usuel d'amalgamer sous le nom de « modèle Harrod-Domar » (le texte ci-dessus présente la version de Domar).

Ce modèle repose sur deux hypothèses centrales : dans l'économie étudiée, la propension marginale à épargner (rapport de la variation de l'épargne à la variation du revenu) peut être considérée comme fixe, et il en va de même pour la productivité marginale du capital (rapport du supplément de production potentielle au supplément de capital qui l'engendre). Ces deux rapports sont appelés par Domar respectivement α (*s* chez Harrod) et σ (1/*v* chez Harrod, qui raisonne en termes de « coefficient marginal de capital », représentant l'inverse de la productivité marginale du capital).
L'investissement produit un double effet : il agit sur les revenus distribués, et donc sur la demande (phénomène du multiplicateur keynesien), et par ailleurs il affecte les capacités de production, donc l'offre ; Domar appelle ces deux effets respectivement « effet-revenu » et « effet-capacité », et montre que leur équilibre – c'est-à-dire le maintien de l'égalité entre l'offre et la demande – exige que l'accumulation du capital s'effectue au taux $\alpha\sigma$ (ou *s*/*v*, taux que Harrod qualifie de « nécessaire »). Si l'investissement augmente à un taux différent, il se produit des déséquilibres cumulatifs : par exemple, au cas où le taux de croissance effectif *g* de l'investissement est inférieur au taux nécessaire *s*/*v*, l'effet-revenu est inférieur à l'effet-capacité, ce qui signifie que la demande suscitée par l'investissement est inférieure à l'offre qu'il génère ; l'apparition de surcapacités aura probablement pour effet de ralentir la croissance effective *g* de l'investissement, ce qui ne fera qu'accroître le déséquilibre. La croissance équilibrée apparaît donc comme un processus hautement instable, ce que traduit l'image de « fil du rasoir ».
Le problème se complique encore un peu plus si l'on introduit la croissance de la population active. En appelant *n* ce taux (éventuellement corrigé des gains de productivité du travail), on voit qu'une croissance équilibrée de plein emploi n'est possible que dans la mesure où l'égalité du taux « naturel » *n* et du taux « nécessaire » *s*/*v* est réalisée, ce qui, *a priori,* ne peut résulter que d'un heureux hasard, dans la mesure où les trois paramètres de cette égalité sont définis de façon indépendante.
Ces conclusions plutôt pessimistes doivent être interprétées en référence au contexte où elles ont été formulées : la période qui précède ou suit immédiatement la Deuxième Guerre mondiale est encore très marquée par l'expérience de la grande crise des années trente, et l'idée d'une croissance durable et auto-entretenue ne rencontre alors guère d'adeptes. Le modèle Harrod-Domar, qui emprunte à l'analyse de Keynes certains de ses instruments (le multiplicateur d'investissement), débouche sur des conclusions de politique économique allant dans le sens de l'interventionnisme keynésien : l'État doit intervenir pour favoriser l'égalisation des taux de croissance effective, nécessaire et naturelle, dans la mesure où la réalisation de cette double égalité ne peut être considérée comme le produit spontané du fonctionnement du marché.

mots-clés

EFFET DE CAPACITÉ – EFFET DE REVENU – INSTABILITÉ DE LA CROISSANCE – INVESTISSEMENT – MULTIPLICATEUR – ACCÉLÉRATEUR

E 71

Robert Solow

La croissance équilibrée

Toute théorie repose sur des hypothèses qui ne sont pas tout à fait vérifiées, c'est ce qui fait d'elle une théorie. L'art du bon théoricien consiste à choisir les inévitables hypothèses simplificatrices d'une manière telle que le résultat final de son analyse n'en dépende pas trop étroitement. Une hypothèse est « cruciale » lorsque les conclusions de l'analyse en dépendent d'une manière étroite. Il est important que les hypothèses cruciales présentent un degré raisonnable de réalisme. Quand les résultats d'une théorie semblent découler spécifiquement d'une hypothèse cruciale particulière, alors, si l'hypothèse est douteuse, les résultats seront suspects.

Je souhaite montrer qu'il y a quelque chose de cela dans le modèle Harrod-Domar de croissance économique. La conclusion caractéristique et puissante de la ligne de pensée Harrod-Domar est que, même dans le long terme, le système économique se trouve au mieux sur un sentier de croissance équilibrée semblable au fil du rasoir. Toute variation des paramètres – le taux d'épargne, le rapport capital/production, le taux d'accroissement de la force de travail – aussi minime soit-elle, à partir de la valeur d'équilibre, entraînerait soit un chômage croissant, soit une inflation prolongée. Pour reprendre les termes de Harrod, la question critique de l'équilibre se résume à une comparaison entre le taux naturel de croissance qui dépend, en l'absence de changement technologique, de l'accroissement de la force de travail, et le taux nécessaire de croissance qui dépend des comportement d'épargne et d'investissement des ménages et des firmes.

Cependant, il s'avère en fin de compte que cette opposition fondamentale entre les taux nécessaire et naturel découle de l'hypothèse cruciale selon laquelle la production se fait dans des conditions de *proportions fixes*. Il n'y a pas de possibilité de substituer le travail au capital dans la production. Si l'on abandonne cette hypothèse, la notion d'un équilibre instable semblable à un fil de rasoir semble s'évanouir du même coup.

De ce fait, il n'est guère surprenant qu'une rigidité considérable dans une partie du système entraîne un manque de flexibilité dans une autre. Une caractéristique remarquable du modèle Harrod-Domar est qu'il étudie de façon cohérente les problèmes du long terme avec les instruments habituels du court terme. On pense habituellement que le long terme est le domaine de l'analyse néo-classique, la terre d'élection du raisonnement à la marge. Mais Harrod et Domar parlent du long terme en termes de multiplicateur, d'accélérateur, de coefficient de capital. L'essentiel de cet article est consacré à un modèle de croissance à long terme qui accepte toutes les hypothèses d'Harrod-Domar, hormis celles des proportions fixes. À la place de celle-ci, je suppose que le bien composite unique est produit par du travail et du capital dans les conditions néo-classiques ordinaires. On étudiera en détail l'adaptation du système à un taux de croissance de la force de travail donné de façon exogène afin de voir si l'instabilité d'Harrod apparaît. Les réactions entre les prix, les salaires et l'intérêt jouent un rôle important dans ce processus d'ajustement néo-classique.

Robert Solow,
« Une contribution à la théorie de la croissance économique »,
The Quarterly Journal of Economics (1956),
trad. française G. Abraham-Frois, Problématiques de la croissance,
Éditions Economica, Paris, 1974, tome I, pp. 39-40.

COMMENTAIRE

Dès les années cinquante, le retour à la croissance fait apparaître excessif, aux yeux de plusieurs économistes, le pessimisme dont témoigne le modèle Harrod-Domar [texte E 70]. On assiste alors à diverses tentatives visant à modifier ce modèle dans le sens d'une plus grande flexibilité. L'une d'entre elles, celle de l'Américain Robert Solow (1924-), donne naissance à ce qu'il est devenu usuel d'appeler le modèle néo-classique de croissance équilibrée.

L'égalisation du taux de croissance « naturel » *n* et du taux de croissance « nécessaire » *s*/*v* du modèle Harrod-Domar ne peut être que le fruit du hasard ou le résultat d'une intervention étatique tant que les trois paramètres *n* (croissance de la population active), *s* (taux d'épargne) et *v* (coefficient de capital) sont définis de façon indépendante. Il en va autrement si l'un des trois paramètres est endogénéisé, c'est-à-dire rendu dépendant des deux autres. C'est la voie dans laquelle s'engage Solow, en vue de montrer qu'un processus de croissance équilibrée de plein emploi n'a rien d'irréaliste dans une économie de libre concurrence : dans son modèle le coefficient de capital *v* est rendu endogène, et peut s'adapter aux valeurs des deux autres paramètres.

Le modèle repose sur une fonction de production agrégée [texte E 35] où le produit national Y résulte de la combinaison de deux facteurs substituables, le travail L et le capital K (les rendements d'échelle sont supposés constants, et les productivités marginales de chaque facteur décroissantes). La recherche de la maximisation du profit amène les entreprises à choisir la combinaison capital/travail (et, par voie de conséquence, le coefficient de capital) égalisant le rapport des productivités marginales des facteurs à celui de leurs rémunérations (le taux de salaire pour le travail, le taux d'intérêt pour le capital). La flexibilité des prix sous l'effet de la concurrence permet alors d'obtenir le plein emploi des facteurs au cours du processus de croissance : un excès d'offre de travail, par exemple, ferait baisser le salaire ce qui aurait pour effet d'amener les entreprises à choisir une technique de production moins capitalistique. Ainsi disparaît le problème du « fil du rasoir » : l'activité productive s'adapte à la fois au taux d'épargne et à la croissance de la population active, et le sentier de croissance équilibrée est stable si les prix des facteurs sont flexibles (tout déséquilibre résultant d'un choc exogène ayant spontanément tendance à se résorber, et non à s'aggraver comme dans le modèle Harrod-Domar).

mots-clés

CROISSANCE ÉQUILIBRÉE – FONCTION DE PRODUCTION AGRÉGÉE – SUBSTITUABILITÉ DES FACTEURS – FLEXIBILITÉ DES PRIX – PROFIT – EMPLOI – CONCURRENCE

E 72

Walt Whitman Rostow

Les cinq étapes du développement

À considérer le degré de développement de l'économie, on peut dire de toutes les sociétés qu'elles passent par l'une des cinq phases suivantes : la société traditionnelle, les conditions préalables du démarrage, le démarrage, le progrès vers la maturité, et l'ère de la consommation de masse.

Société traditionnelle

Examinons d'abord la société traditionnelle : c'est celle dont la structure est déterminée par des fonctions de production limitées, fondées sur la science et la technologie prénewtoniennes et sur des attitudes prénewtoniennes à l'égard du monde physique. Nous prenons ici Newton comme le symbole de cette ligne de faîte que l'histoire a atteinte au moment où les hommes ont été de plus en plus nombreux à croire que le monde extérieur était assujetti à quelques lois connaissables et pouvait être organisé systématiquement en vue de la production.

Toutefois, la conception de la société traditionnelle n'est nullement immuable ; elle n'exclut pas non plus, *a priori,* la possibilité d'accroissement de la production. L'homme a toujours pu étendre les superficies cultivables ; il a pu apporter au commerce, à l'industrie et à l'agriculture certaines innovations techniques spéciales, qui furent souvent hautement productives ; la productivité a pu augmenter grâce, par exemple, aux progrès réalisés dans les ouvrages d'irrigation, ou à la découverte et à la diffusion de nouveaux produits agricoles. Mais la caractéristique profonde de la société traditionnelle était que le rendement potentiel par individu ne pouvait dépasser un niveau maximum, parce que la société traditionnelle ne disposait pas des vastes possibilités qu'offrent la science et la technologie modernes ou ne savait pas les exploiter régulièrement et systématiquement. [...]

D'une façon générale, et étant donné les limites imposée à la productivité, ces sociétés ont dû consacrer une proportion très élevée de leurs ressources à l'agriculture, et leur civilisation agricole à son tour leur a imposé une structure sociale hiérarchisée, dans laquelle les individus pouvaient parfois – encore qu'assez difficilement – accéder aux échelons supérieurs. Les liens de famille et de clan jouent un rôle important dans l'organisation sociale. En règle générale, l'échelle des valeurs de ces sociétés s'inspirait de ce que l'on pourrait appeler un fatalisme à long terme ; autrement dit, il était admis que la gamme des possibilités offertes aux petits-enfants serait à peu près la même que celle qui s'était offerte aux grands-parents.

Du point de vue historique, nous groupons donc sous le terme de société traditionnelle tout le monde prénewtonien : les dynasties chinoises, la civilisation du Moyen-Orient et du bassin méditerranéen, le monde de l'Europe médiévale. Et nous y ajoutons les sociétés postnewtoniennes qui, pendant un certain temps, demeurèrent étrangères ou indifférentes à la capacité nouvelle qu'avait l'homme d'utiliser systématiquement son milieu physique pour améliorer sa condition économique. [...]

Les conditions préalables du démarrage

La seconde étape de la croissance est celle où se trouvent les sociétés en voie de transition, lorsqu'elles créent les conditions préalables au démarrage ; il faut du temps en effet pour que la société dite traditionnelle subisse la transformation qui lui permettra d'utiliser les ressources de la science moderne, d'empêcher une diminution des revenus, et ainsi de jouir des bienfaits et des options que lui offre l'accumulation des intérêts composés.

C'est en Europe occidentale, à la fin du XVIIe siècle et au début du XVIIIe, que les conditions préalables au démarrage ont commencé à se créer de façon indiscutable, à mesure que les conquêtes de la science moderne donnaient naissance à de nouvelles fonctions de production tant dans l'agriculture que dans l'industrie, et pendant que l'expansion latérale des marchés mondiaux et la concurrence internationale dont ils étaient l'enjeu imprimaient un dynamisme nouveau à l'économie. Mais les éléments qui ont préparé la fin du Moyen Âge ont aussi concouru à créer les conditions préalables au démarrage en Europe occidentale. Parmi les États d'Europe occidentale, la Grande-Bretagne, favorisée par sa situation géographique, ses ressources naturelles, ses possibilités de négoce, sa structure sociale et politique, a été le premier pays à réunir toutes les conditions nécessaires au démarrage de l'économie.

Toutefois, dans l'histoire moderne, on constate que les conditions préalables au démarrage ne se sont pas trouvées réunies sous l'impulsion d'une cause interne, mais à la suite de la pression exercée de l'extérieur par des sociétés plus développées. [...]

Le démarrage

Nous atteignons maintenant la ligne de faîte, par-delà laquelle s'ouvre une ère nouvelle dans la vie des sociétés modernes : la troisième étape de l'évolution que nous étudions, celle du démarrage. Le démarrage est la période pendant laquelle la société finit par renverser les obstacles et les barrages qui s'opposaient à sa croissance régulière. Les facteurs de progrès économique, qui jusqu'ici n'ont agi que sporadiquement et avec une efficacité restreinte, élargissent leur action et en viennent à dominer la société. La croissance devient la fonction normale de l'économie. Les intérêts composés s'intègrent dans les coutumes et dans la structure même des institutions.

En Grande-Bretagne et dans les régions du monde bien dotées par la nature et peuplées surtout de Britanniques (les États-Unis, le Canada, etc.), la cause prochaine du démarrage a été essentiellement (mais non exclusivement) d'ordre technologique. Dans le cas le plus général, l'économie n'a démarré que lorsqu'un capital social s'est constitué et que le progrès technique s'est introduit dans l'industrie et l'agriculture. Encore fallait-il qu'arrive au pouvoir politique un groupe d'hommes disposés à considérer la modernisation de l'économie comme une affaire politique sérieuse de la plus haute importance.

Pendant la période de démarrage, le taux de l'investissement et de l'épargne réels peut passer de 5% du revenu national à 10% ou plus, par exemple.

De nouvelles techniques se répandent dans l'agriculture aussi bien que dans l'industrie, à mesure que l'agriculture se commercialise et que les exploitants sont plus nombreux à accepter les nouvelles méthodes et les modifications profondes qu'elles apportent à leur mode de vie. Pour que le démarrage réussisse, il faut absolument que la productivité de l'agriculture se modifie de façon radicale, car la société qui se modernise devient de plus en plus tributaire de la production agricole. En l'espace d'une ou deux décennies, la structure fondamentale de l'économie et la structure sociale et politique de la société se transforment de telle façon que le taux de croissance de l'économie pourra par la suite rester constant.

[...] On peut situer approximativement le démarrage de l'économie britannique aux vingt dernières années du XVIIIe siècle ; celui de la France et des États-Unis, à la période de 1830 à 1860 ; celui de l'Allemagne, au troisième quart du XIXe siècle ; celui du Japon, aux vingt-cinq dernières années du XIXe siècle ; celui de la Russie et du Canada, à la période de 1890 à 1914 ; quant à l'Inde et à la Chine, c'est depuis 1950 qu'elles ont, par des méthodes tout à fait différentes, fait démarrer leur économie.

La marche vers la maturité

[…]

Une soixantaine d'années après le démarrage (soit une quarantaine d'années après qu'il s'est accompli), l'économie atteint généralement ce que l'on peut appeler sa maturité. L'économie qui, pendant le démarrage, s'organisait essentiellement autour d'un ensemble d'industries et de techniques relativement peu nombreuses, s'annexe des processus un peu plus complexes et souvent une technicité plus poussée. C'est ainsi que les charbonnages, la sidérurgie et les industries mécaniques lourdes, qui avaient joué un rôle prépondérant lors de la phase d'expansion du réseau ferroviaire, céderont peut-être la place aux machines, aux produits chimiques et à l'équipement électrique. Telles sont, par exemple, les étapes qu'ont suivies l'Allemagne, la Grande-Bretagne et les États-Unis vers la fin du XIXe siècle ou peu après.

Du point de vue formel, on peut définir la maturité comme l'étape au cours de laquelle l'économie prouve qu'elle est en mesure d'aller au-delà des industries qui l'ont fait démarrer à l'origine et d'assimiler et d'appliquer efficacement à toute une gamme de ressources – sinon à la totalité d'entre elles – les découvertes qui étaient à la pointe de la technologie de l'époque.

L'ère de la consommation de masse

Nous en venons maintenant à l'ère de la consommation de masse, où la production de biens de consommation durables et les services deviennent progressivement les principaux secteurs de l'économie : c'est la période dont les États-Unis commencent à sortir, dont l'Europe occidentale et le Japon commencent à goûter les bienfaits incontestables, et à laquelle la société soviétique aspire, non sans remords.

Au moment où les sociétés atteignent la maturité au cours du XXe siècle, deux phénomènes se sont produits : le revenu réel par habitant s'est élevé à un niveau tel que de nombreux individus ont pu régulièrement disposer de biens et de services dépassant les besoins alimentaires, de logement et de vêtements indispensables. Quant à la composition de la main-d'œuvre, elle s'est modifiée de façon telle que non seulement la proportion de la population urbaine dans la population totale s'est accrue, mais aussi la proportion de la population des employés de bureau et des ouvriers qualifiés – celle qui apprécie les biens de consommation que leur offre l'économie parvenue à la maturité, et qui est impatiente de les acquérir.

Abstraction faite de ces modifications économiques, le société a cessé de considérer le progrès constant de la technique moderne comme l'objectif primordial. C'est au cours de la période qui a suivi la maturité, par exemple, que les sociétés occidentales ont décidé, en utilisant des moyens politiques, d'affecter une plus grande part de leurs ressources à la prévoyance et à la Sécurité sociale. C'est dans une société qui franchit l'étape de la maturité technique qu'apparaît l'État-providence, mais c'est au cours de la même phase que l'économie manifeste une tendance toujours plus nette à consacrer les ressources à la production de biens de consommation durables et à la diffusion massive de services, si la souveraineté du consommateur n'est pas contestée.

Walt Whitman Rostow,
LES ÉTAPES DE LA CROISSANCE ÉCONOMIQUE (1960),
trad. française Éditions du Seuil, Paris, 1963, chap. 2, pp. 12-24.

COMMENTAIRE

Avec le modèle de Solow, le « courant dominant » de la pensée économique contemporaine se dote d'une théorie de la croissance simple et élégante [texte E 71]. Mais celle-ci reste très abstraite. Il restait à proposer une analyse des multiples transformations structurelles qui sont inséparables du processus de croissance, et qu'on regroupe généralement sous le nom de développement. C'est à quoi s'attache l'Américain Rostow (1916-), dans un ouvrage publié en 1960 et intitulé *Les Étapes de la croissance économique* (le sous-titre de l'édition originale, non repris dans la traduction française – « Un manifeste non communiste » – résume bien l'intention de l'auteur, qui est d'offrir « une explication qui pourrait remplacer la théorie marxiste de l'histoire moderne »).

Cet ouvrage propose une vue générale du développement, partagé en cinq étapes que doivent, selon Rostow, parcourir tous les pays, depuis la « société traditionnelle » jusqu'à « l'ère de la consommation de masse ». Si les étapes sont les mêmes, le rythme de développement diffère en revanche d'un pays à l'autre : alors que certains pays en sont encore à la première étape, d'autres ont déjà atteint la cinquième (les États-Unis dès l'entre-deux-guerres, suivis par l'Europe occidentale après la Seconde Guerre mondiale). Parmi les étapes du développement, il en est une particulièrement cruciale, à laquelle Rostow donne le nom de « décollage » (*« take-off »,* terme traduit de façon malheureuse par « démarrage » dans l'édition française, dans la mesure où l'image d'un avion s'arrachant à la force de la pesanteur est tout à fait intentionnelle chez l'auteur). Il s'agit d'un épisode relativement bref (deux ou trois décennies), dont le prototype est constitué par la révolution industrielle anglaise de la fin du XVIIIe siècle, et au cours duquel « la société finit par renverser les obstacles et les barrages qui s'opposaient à sa croissance régulière ». Le trait le plus caractéristique de cette phase de « décollage » serait constitué par l'élévation du taux d'investissement (part de la production nationale consacrée à l'investissement), qui franchirait la barre des 10%.

La thèse de Rostow comporte des implications idéologiques évidentes, qui lui ont valu quelques sévères critiques : occultation du rôle de la lutte des classes dans le changement social, présentation des États-Unis comme modèle et point d'aboutissement de l'histoire, interprétation du sous-développement comme un simple retard de développement [contre cette thèse, *cf.* texte E 59]. Par ailleurs, elle pose quelques problèmes aux historiens de l'économie. Ainsi, la notion de « décollage » semble plus ou moins pertinente selon les pays considérés (le schéma rostowien s'applique moins facilement au cas français qu'au cas anglais, par exemple). Plus généralement, l'idée d'une succession linéaire d'étapes que franchiraient tous les pays semble difficile à concilier avec nombre d'observations. Ainsi Paul Bairoch met-il en évidence les différences importantes existant entre la situation des pays du Tiers-Monde au XXe siècle et celle que connaissait l'Europe occidentale à la veille et au début de la révolution industrielle (P. Bairoch, *Le Tiers-Monde dans l'impasse,* Gallimard 1971). La croissance n'est pas une autoroute, et la fin de l'histoire n'est pas pour demain.

mots-clés

DÉVELOPPEMENT – DÉCOLLAGE – ÉTAPES

E 73

Joan Robinson

« L'investissement crée les profits dont il a besoin »

De toute évidence, le fil du rasoir est une chimère. Le problème n'existe que parce que l'on suppose de façon arbitraire que *s*, le rapport de l'épargne nette sur le revenu net, est déterminé par la psychologie des ménages plutôt que par les besoins des firmes.

Le problème de la lame de rasoir disparaît dès que l'on se rend compte que les profits sont la principale source de l'épargne et que l'investissement crée les profits dont il a besoin. La principale source de financement pour l'investissement brut est la rétention des profits bruts par les firmes. (Les dépenses d'investissement précèdent les profits qu'elles créent ; dans une économie de croissance les firmes doivent emprunter auprès des banques la différence entre les dépenses courantes et les recettes obtenues, il y a, disons, six mois.) Quand l'investissement est supérieur aux rétentions de profits, c'est qu'il y a une certaine épargne des ménages. (Dans notre modèle simplifié il n'y a pas d'excédent de l'épargne sur l'investissement effectué par les firmes – il n'y a ni construction immobilière privée, ni déficit budgétaire, ni balance commerciale – de sorte que les revenus des ménages dépassent la consommation de la seule différence entre l'investissement et la rétention des profits par les firmes.) L'épargne des ménages est empruntée par les firmes pour financer l'excédent de l'investissement sur leurs propres rétentions, soit directement par la vente de titres soit indirectement grâce au système bancaire, qui fournit des dépôts pour satisfaire la préférence pour la liquidité des rentiers, en dehors de ses prêts à court terme aux firmes. […]

Dans le cas très simple où aucune partie des salaires n'est épargnée, le taux de profit sur un sentier de croissance équilibrée est donné par la formule $\pi = g/s_p$; le niveau des profits nets est tel qu'il permet l'égalisation de l'épargne nette annuelle et de l'investissement net. Alors, quel que soit g/v, s lui est égal, car la part des profits s'ajuste pour qu'il en soit ainsi. À condition que les firmes soient prêtes à investir à un niveau tel que $g = n$, c'est-à-dire à réaliser le taux naturel de la croissance ; et à supposer que cela soit physiquement possible – c'est-à-dire que les conditions de départ ainsi que la situation politique le permettent – et que le taux de salaire réel gouverné par les conditions techniques et le taux de profit donné par $\pi = g/s_p$ restent dans des limites raisonnables, alors la croissance s'effectue au taux naturel. Mais même si toutes les autres conditions étaient remplies, la croissance au taux naturel ne serait pas réalisée si les firmes n'avaient pas la volonté de l'atteindre. La réalisation du taux naturel ne dépend d'aucune loi « naturelle ». Ceci constitue la différence entre un modèle de croissance keynésien et un modèle de croissance néo-néo-classique.

Joan Robinson,
HÉRÉSIES ÉCONOMIQUES (1971),
trad. française Calmann-Lévy, Paris, 1972, chap. 8, pp. 177-180.

COMMENTAIRE

À la même époque que Solow [texte E 71], les économistes « néo-cambridgiens » Kaldor et Robinson (1903-1983) apportent leur réponse au problème du « fil du rasoir » [texte E 70] soulevé par le modèle Harrod-Domar (N. Kaldor, « Théories alternatives de la répartition », *Review of Economic Studies,* 1955-56 ; Robinson, *L'Accumulation du capital,* 1956). Comme Solow, ils considèrent que le fonctionnement de l'économie est plus flexible, et donc que la croissance équilibrée est moins improbable que ne le suggère ce modèle. Mais il rejettent la notion de fonction de production agrégée utilisée par l'économiste américain, dans la mesure où elle génère selon eux une théorie erronée de la répartition : si le capital n'est pas un facteur de production mesurable indépendamment de la répartition, il n'est pas possible de définir la rémunération du capital (appelée taux d'intérêt par Solow, et taux de profit par Robinson et Kaldor) à partir de sa productivité marginale [texte E 36].

Dans le modèle Harrod-Domar, pour des niveaux donnés s (ou α) de la propension à épargner et v (ou $1/\sigma$) du coefficient de capital, le taux de croissance s/v (ou $\alpha\sigma$) est celui qui égalise l'effet-capacité et l'effet-revenu de l'investissement : si l'accumulation du capital s'effectue à ce taux « nécessaire », le supplément d'offre généré par l'investissement est contrebalancé par le supplément de demande qu'il suscite. Le problème du « fil du rasoir » tient d'abord au fait que la croissance effective de l'investissement g peut ne pas être égale à sa croissance « nécessaire » s/v ; en outre, même si c'était le cas, ce taux n'assurerait pas forcément le plein emploi dans la mesure où il peut s'écarter du taux de croissance « naturelle » n résultant de l'augmentation de la population active (éventuellement corrigée des gains de productivité du travail, si l'on tient compte du progrès technique). La solution retenue par Solow est d'endogénéiser le coefficient de capital v, à l'aide d'une fonction de production agrégée à facteurs substituables : sous réserve que les taux de rémunération des facteurs capital et travail soient suffisamment flexibles, la croissance effective g s'adapte spontanément à la croissance « nécessaire » s/v, qui se cale elle-même sur la croissance « naturelle » n ; la croissance équilibrée de plein emploi apparaît alors comme un sentier stable pour l'économie.

Robinson et Kaldor adoptent une autre solution, qui consiste à endogénéiser le taux d'épargne globale s (rapport de l'épargne globale S au revenu global Y). Ce taux peut être considéré comme une moyenne pondérée du taux d'épargne sur les salaires s_w et du taux d'épargne sur les profits s_p, les coefficients de pondération étant les parts dans le revenu global des salaires (W/Y) et des profits (P/Y) respectivement. Dans la mesure où s_p est généralement supérieur à s_w, le taux d'épargne globale s est d'autant plus élevé que la part des profits dans le revenu global est élevé (dans la deuxième partie du texte ci-dessus, Robinson fait l'hypothèse simplificatrice que s_w est nul ; l'épargne se résume alors à s_p multiplié par le montant P des profits). Par conséquent, le coefficient de capital v étant donné, si le taux de croissance effective g de l'investissement suscite un partage salaires/profits tel que le taux d'épargne globale s soit égal à $g.v$, le problème de la correspondance entre croissance effective et croissance nécessaire (s/v) est résolu.

C'est précisément l'hypothèse que fait Joan Robinson lorsqu'elle écrit que « l'investissement crée les profits dont il a besoin ». Constatant que la principale source de l'investissement des entreprises est l'autofinancement, c'est-à-dire une épargne sur les profits non distribués, elle considère que les entreprises tendent à dégager un taux de marge (part des profits P dans la valeur ajoutée Y) conforme aux besoins de financement de leurs investissements (ce que traduit, dans le cas simplifié où s_w est nul, la formule $\pi = g/s_p$; en effet, l'épargne nécessaire au financement de l'investissement I s'écrit alors s_p P, de sorte que le niveau des profits P doit s'établir à I/s_p ; le taux des profits π, ou P/K peut alors s'écrire $I/s_p K$, ou encore g/s_p, g représentant le taux de croissance I/K du stock de capital). Lorsque les salaires nominaux sont donnés, c'est le niveau des prix des produits qui permet de réaliser l'ajustement des profits aux besoins de financement de l'accumulation du capital. Ainsi, dans le cas où le taux d'accumulation g serait supérieur à s/v – ce qui implique, dans la terminologie de Domar, un « effet-revenu » supérieur à l'« effet-capacité » de l'investissement – les entreprises tendent à relever leurs prix pour accroître leurs marges de profit, ce qui a pour effet d'élever s, et par suite de faire tendre s/v vers le taux d'accumulation g (ce phénomène peut être à l'origine d'une spirale inflationniste, dans la mesure où les salariés ne restent pas forcément passifs face à la dégradation de leur pouvoir d'achat).

Mettant l'accent sur les liens existant entre niveau d'activité et partage du revenu entre salaires et profits, l'analyse néo-cambridgienne de la croissance tire une partie de son inspiration des idées de l'économiste polonais Kalecki (*Essais sur la théorie des fluctuations économiques,* 1938). Par ailleurs, elle se situe dans la filiation des idées de Keynes à un double titre : d'une part c'est la plus ou moins grande volonté d'investir des entreprises (les « esprits animaux ») qui commande le fonctionnement d'ensemble de l'économie ; d'autre part ce fonctionnement ne garantit nullement le plein emploi (Joan Robinson souligne que dans son modèle, contrairement à celui de Solow qu'elle qualifie de « néo-néo-classique », il n'y a pas de mécanisme faisant tendre la croissance effective vers le taux de croissance « naturel » n). L'évolution des économies industrialisées depuis la fin des « Trente Glorieuses » fournit quelques arguments à la thèse selon laquelle cette approche de la croissance a davantage de rapports avec la réalité que celle que propose le modèle de Solow.

mots-clés

ACCUMULATION DU CAPITAL – RÉPARTITION – INVESTISSEMENT – PROFIT – ÉPARGNE – CROISSANCE

6e PARTIE

FLUCTUATIONS ET CRISES

Loin de constituer un processus régulier, la croissance des économies industrialisées est jalonnée de crises, marquées notamment par d'importantes poussées de chômage.

Dès le XVIIIe siècle, certains auteurs avaient attiré l'attention sur les dangers qu'une disproportion entre la propension à l'épargne et la volonté d'investir faisait courir à l'économie [texte E 74]. Mais en adoptant la « loi des débouchés » formulée par Say en 1803 [texte E 75], la doctrine libérale allait disqualifier pour longtemps ce genre d'analyses. Selon cette doctrine, les crises sont le résultat, difficilement évitable dans une économie dynamique, de désajustements entre la structure de l'offre et celle de la demande, et se résorbent d'elles-mêmes par le jeu de la flexibilité des prix. Dans cette optique, le chômage ne peut durer que s'il existe des entraves à la libre concurrence sur le marché du travail [texte E 79]. Renouant avec les anciennes thèses sur les dangers d'une tendance excessive à l'épargne, Keynes conteste cette analyse « classique » du chômage, et voit dans celui-ci le résultat d'un effondrement de la demande effective, et non de prétentions salariales excessives [texte E 81].

Pour Marx, si le chômage se développe surtout en période de crise, il constitue une donnée permanente de l'économie capitaliste, et non un phénomène accidentel. Reprenant une analyse du chômage technologique due à Ricardo, il en systématise les conclusions et voit dans le développement de « l'armée de réserve » des chômeurs, à la fois une conséquence inévitable de la mécanisation qui accompagne l'accumulation du capital, et un moyen pour les employeurs de peser sur les salaires [texte E 76]. Voisine de la thèse marxiste de la tendance à l'élévation de la composition organique du capital, la thèse de l'allongement des « détours de production » est utilisée, au début du XXe siècle, par Aftalion pour expliquer les fluctuations et les crises en termes de « surcapitalisation » [texte E 78]. Empruntant eux aussi à Böhm-Bawerk la notion de « détour de production », Wicksell et Hayek cherchent, de leur côté, l'explication des mêmes phénomènes dans des facteurs monétaires [textes E 77 et E 80].

Largement – mais peut-être superficiellement – acquise aux idées de Keynes, la période qui suit la Seconde Guerre mondiale voit s'estomper le risque des crises et du retour d'un chômage massif. L'idée se répand que, si le plein emploi est possible, il a cependant un coût en termes d'inflation, et que dans ces conditions la politique économique a pour fonction de trouver le meilleur compromis possible entre inflation et chômage. À la fin des années 60, Milton Friedman critique cette analyse, et soutient qu'il est impossible de faire baisser durablement le chômage en dessous d'un certain taux, qu'il qualifie de « naturel », sans entraîner l'économie dans une spirale d'inflation accélérée [texte E 82]. La crise qui se développe à partir du premier choc pétrolier contribue largement à populariser les idées de Milton Friedman, et plus généralement de tous ceux qui rejettent les idées de Keynes et prônent le retour à un libéralisme sans concession. Pour autant, tous les économistes ne sont pas prêts à souscrire à ce programme. Le réexamen de la théorie macroéconomique du chômage auquel nous invite Edmond Malinvaud constitue une tentative intéressante de synthèse de différentes approches du chômage [texte E 83], en même temps qu'une salutaire réaffirmation, un demi-siècle après la *Théorie générale,* du fait que le chômage ne constitue pas une fatalité.

E 74

Pierre Samuel Dupont de Nemours

Les dangers de l'épargne

Il faut écarter la simple idée d'épargne dans les éléments de la formation des capitaux. Dès le premier état de l'homme qui vit de productions spontanées, ce n'est pas l'épargne de ces productions qui le conduit à améliorer sa situation et à se former un capital plus ou moins grand. Lorsqu'il a trouvé de quoi dîner, ce serait en vain qu'il jeûnerait par épargne ; si, d'ailleurs, il demeurait oisif, il risquerait fort de jeûner toujours par nécessité. Le moyen naturel d'acquérir, de profiter, d'amasser, de s'enrichir est le travail : premièrement de la recherche, puis de la conservation, et enfin de la culture.

Mais pour travailler, il faut d'abord que le travailleur subsiste. Il ne peut subsister que par la consommation des productions de la terre ou des eaux ; cette consommation est *une dépense.* Il faut aussi, pour travailler avec succès, qu'il ait des instruments, soit qu'il emploie son temps à fabriquer lui-même ces instruments, soit qu'il les acquière par le moyen de l'échange, de ceux qui les auraient fabriqués, et qui ont consommé en fabriquant. Les choses qu'il donne en échange, ou les consommations qu'il est obligé de faire sont encore *une dépense.* Ce n'est donc que par *des dépenses,* faites avec intelligence et à profit, et non pas par *des épargnes,* que l'on peut augmenter sa fortune dans le commencement des sociétés et avant que les arts multipliés et perfectionnés et l'introduction de l'argent dans le commerce aient étendu et compliqué la circulation des richesses et des travaux.

Mais, dans la société toute formée, *l'épargne* a des effets plus dangereux encore.

Dès que les travaux se sont partagés au point que chacun se trouve naturellement fixé à un seul genre d'entreprise, qu'un cultivateur ne fait que du blé, tandis que l'autre ne fait que du vin, qu'un manufacturier ne fabrique que des étoffes de laine, lorsque son voisin ne se livre qu'à la préparation des cuirs, etc. ; que tout entrepreneur en chef, soit de culture, soit de purs ouvrages de main, se charge de fournir la société d'un seul article dans la masse des consommations et se soumet à acheter lui-même tout le reste de ce qui pourra être utile ou nécessaire à sa consommation personnelle ou à celle de ses agents, il faut, pour compléter la distribution des richesses, des subsistances et des jouissances entre tous les membres de la société, que tout ce qui se cultive ou se fabrique soit vendu et acheté, excepté dans chaque espèce, la quantité que chaque entrepreneur a pu se réserver directement. [...]

Mais pour que tout ce qui se cultive et se fabrique puisse être vendu, il faut que tous ceux qui reçoivent de la nature et de leur travail, des revenus et des reprises, ou des salaires, qui sont les uniques moyens d'acheter, mettent ces moyens d'acheter en circulation. Car, en vain, la moitié de la société mettrait-elle tous les fruits de son travail d'une année en vente, si l'autre moitié refuse d'acheter et s'obstine à garder, *par épargne,* tout ou forte partie de ses moyens de payer, la première ne pourra pas tout vendre ou vendra à perte : ce qui dérangera et ruinera la culture, et les travaux de tous ceux qui n'en retiraient précisément que leurs frais et qui ne pourraient continuer à les retirer qu'autant qu'ils vendraient toute leur récolte ou qu'ils débiteraient tout leur magasin *à un tel prix.* Et il y a toujours un très grand nombre de gens dans ce cas-là.

Dans les pays où les revenus se payent en argent, si ces revenus, qui représentent la partie disponible des récoltes, ne sont pas dépensés par les propriétaires, il y aura justement une partie correspondante de la récolte qui ne sera pas débitée et dont le cultivateur aura cependant payé le prix aux propriétaires, sans l'avoir retiré de ses ventes, par lesquelles seulement il avait combiné pouvoir payer annuellement à ce propriétaire la somme dont ils sont convenus. Cette partie de récolte invendue et dont le fermier voudra cependant se défaire tombera nécessairement à vil prix. Ce vil prix influera tout aussi nécessairement sur les autres prix qui se mettent naturellement de niveau comme l'auteur l'a très bien démontré [...]. Mais la diminution des prix nécessitera pareillement celle des reproductions, ainsi que nous venons de le voir, en parlant de celles qui ne rendent que les frais ; et celles des revenus qui sont toujours en raison de la quantité de productions à vendre, combinée avec le prix auquel elles sont vendues, et comparée avec les frais d'exploitation. Mais encore la diminution des revenus sera en perte pour les propriétaires parcimonieux, qui auront peine à concevoir comment ils ont fait pour se ruiner en épargnant, et qui n'y verront de ressource que celle d'augmenter leurs épargnes, ce qui précipitera la marche de leur ruine, jusqu'à ce qu'ils soient venus au point où la misère absolue leur rendra *l'épargne* impossible et les forcera de se jeter, *trop tard,* dans les classes laborieuses.

Pierre Samuel Dupont de Nemours,
note en marge des RÉFLEXIONS SUR LA FORMATION ET LA DISTRIBUTION DES RICHESSES de Turgot,
in Turgot, Écrits économiques, *Calmann-Lévy, Paris, 1970, pp. 170-172.*

COMMENTAIRE

Membre de l'école physiocratique et rédacteur en chef des *Éphémérides du citoyen,* Dupont de Nemours (1739-1817) publie dans ce journal, en 1769-70, les *Réflexions sur la formation et la distribution des richesses* écrites trois ans plus tôt par Turgot. À cette occasion, il ne se fait pas faute d'« interpréter », à travers un abondant appareil de notes – quand ce n'est pas une réécriture pure et simple du texte original – la pensée de Turgot dans le sens de ses propres convictions. La note de Dupont sur l'épargne (quatre pages !) constitue un exemple saisissant de cette envahissante présence de l'éditeur dans le texte de l'auteur. Si sa conformité avec la pensée de Turgot qu'elle prétend « éclairer » semble bien douteuse, en revanche elle constitue par elle-même un texte original posant en termes extrêmement nets le problème de la demande effective, dans des termes que ne renierait probablement pas Keynes.

Posant clairement le principe de la primauté de l'investissement sur l'épargne, le texte de Dupont constitue, avec quelques années d'avance, une réponse à la thèse de Smith faisant de l'épargne la condition nécessaire et suffisante de la croissance [texte E 63]. En l'absence de volonté d'investir, la tendance à l'épargne ne peut que provoquer la régression de l'activité économique par le défaut de débouchés qu'elle entraîne, explique Dupont. Mais celui-ci ne voit pas – ou feint de ne pas voir – que dans le texte de Turgot se trouve, tout aussi clairement exprimé, ce qui constituera la base de la réponse « classique » au thème des « dangers de l'épargne » : pour Turgot il revient à l'intérêt d'équilibrer la volonté d'épargner des uns et la volonté d'investir des autres [texte E 41], et cette conception du taux d'intérêt sera un outil particulièrement efficace au service de la loi des débouchés, qui constitue la négation même du problème posé par Dupont [texte E 75].

mots-clés

ÉPARGNE – DÉPENSE – INVESTISSEMENT – TAUX D'INTÉRÊT – LOI DES DÉBOUCHÉS

E 75

Jean-Baptiste Say

La loi des débouchés

L'homme dont l'industrie s'applique à donner de la valeur aux choses, en leur créant un usage quelconque, ne peut espérer que cette valeur sera appréciée et payée, que là où d'autres hommes auront les moyens d'en faire l'acquisition. Ces moyens, en quoi consistent-ils ? en d'autres valeurs, d'autres produits, fruits de leur industrie, de leurs capitaux, de leurs terres : d'où il résulte, quoiqu'au premier aperçu cela semble un paradoxe, que c'est la production qui ouvre des débouchés aux produits.

Que si un marchand s'avisait de dire : *Ce ne sont pas d'autres produits que je demande en échange des miens, c'est de l'argent,* on lui prouverait aisément que son acheteur n'a pu se procurer de l'argent qu'au moyen des produits qu'il a créés de son côté. Lorsqu'il a troqué son blé contre de l'argent, et cet argent contre vos étoffes, il a dans la réalité échangé du blé contre des étoffes.

Vous-même, vous dites que c'est de l'argent que vous demandiez : cependant, avec l'argent que vous a payé le cultivateur, vous avez acheté des matières premières pour alimenter votre industrie, ou des comestibles pour votre bouche. Vous voyez bien que ce n'était pas l'argent qui vous était définitivement nécessaire, et que dans le fait vous avez acheté des produits avec vos produits.

Dans tout cela ce n'est pas l'argent qui est produit ; il ne l'a été qu'une première fois par l'entrepreneur des mines qui l'a versé dans la circulation. Les mille échanges qu'il a subis depuis ce premier instant, n'ont point accru sa valeur ; il n'a pu acheter une denrée qu'après avoir été acheté lui-même ; et il n'a pu être acheté qu'en s'échangeant avec une autre valeur, laquelle était un produit.

Lors donc qu'on dit : *La vente ne va pas, parce que l'argent est rare,* on prend le moyen pour la cause ; on commet une erreur qui provient de ce que presque tous les produits se résolvent en argent avant de s'échanger contre d'autres marchandises, et de ce qu'une marchandise qui se montre si souvent paraît au vulgaire être la marchandise par excellence, le terme de toutes les transactions dont elle n'est que l'intermédiaire. On ne devrait pas dire : *La vente ne va pas, parce que l'argent est rare, mais parce que les autres produits le sont.* Il y a toujours assez d'argent pour servir à la circulation et à l'échange réciproque des autres valeurs, lorsque ces valeurs existent réellement. Quand l'argent vient à manquer à la masse des affaires, on y supplée aisément, et la nécessité d'y suppléer est l'indication d'une circonstance bien favorable : elle est une preuve qu'il y a une grande quantité de valeurs produites, avec lesquelles on désire se procurer une grande quantité d'autres valeurs. La marchandise intermédiaire, qui facilite tous les échanges (la monnaie), se remplace dans ces cas-là avec les plus grandes facilités par des moyens connus des négociants, et bientôt la monnaie afflue, par la raison que toute espèce de marchandise se rend aux lieux où l'on en a besoin. C'est un bon signe quand l'argent manque aux transactions, de même que c'est un bon signe quand les magasins manquent aux marchandises.

Lorsqu'une marchandise surabondante ne trouve point d'acheteurs, c'est si peu le défaut d'argent qui en arrête la vente, que les vendeurs de cette marchandise s'estimeraient heureux d'en recevoir la valeur en ces denrées qui servent à leur consommation, évaluées au cours du jour; ils ne chercheraient point de numéraire, et n'en auraient nul besoin, puisqu'ils ne le souhaitaient que pour le transformer en denrées de leur consommation.

Ce que je viens de dire peut s'appliquer à tous les cas où il y a des marchandises ou des services offerts. Ils trouveront toujours plus de débit dans tous les lieux où il y aura plus de valeurs produites, parce que dans ces lieux-là se crée la substance avec laquelle seule on achète: je veux dire *la valeur.* L'argent ne remplit qu'un office passager dans ce double échange; et les échanges terminés, il se trouve toujours qu'on a payé des produits avec des produits.

Il est bon de remarquer qu'un produit créé offre, *dès cet instant,* un débouché à d'autres produits pour tout le montant de sa valeur. En effet, lorsque le dernier producteur a terminé un produit, son plus grand désir est de le vendre, pour que la valeur de ce produit ne chôme pas entre ses mains. Mais il n'est pas moins empressé de se défaire de l'argent que lui procure sa vente, pour que la valeur de l'argent ne chôme pas non plus. Or, on ne peut se défaire de son argent qu'en demandant à acheter un produit quelconque. On voit donc que le fait seul de la formation d'un produit ouvre, dès l'instant même, un débouché à d'autres produits.

Cela étant ainsi, d'où vient, dira-t-on, cette prodigieuse difficulté qu'on éprouve, surtout quand la situation des affaires générales est peu prospère, pour l'écoulement des produits de l'industrie, d'où il résulte qu'on en tire alors un parti si peu avantageux?

Cette question est naturelle, mais la réponse qu'on peut y faire ne saurait être unique; elle est multiple, et se trouve répandue dans tout cet ouvrage, qui développe ce qui est favorable ou contraire à la production. Je me bornerai à faire remarquer ici qu'un défaut d'écoulement d'un produit, ou même d'un grand nombre de produits, n'est que le résultat d'un engorgement dans un ou plusieurs canaux de l'industrie; qu'il se trouve alors dans ce canaux une plus grande quantité de ces produits que n'en réclament les besoins généraux, et que c'est toujours parce que d'autres canaux, loin d'être engorgés, sont au contraire dépourvus de plusieurs produits qui, en raison de leur rareté, sont aussi recherchés que les premiers le sont peu. C'est parce que la production des *produits manquants* a souffert, que les *produits surabondants* ne trouvent point de débit, et que leur valeur s'est altérée. En termes vulgaires, beaucoup de gens ont moins acheté, parce qu'ils ont moins gagné; et ils ont moins gagné, parce qu'ils ont trouvé des difficultés dans l'emploi de leurs moyens de production, ou bien parce que ces moyens leur ont manqué.

Aussi l'on peut remarquer que les temps où certaines denrées ne se vendent pas bien, sont précisément ceux où d'autres denrées montent à des prix excessifs; et comme ces prix élevés seraient des motifs pour en favoriser la production, il faut que des causes majeures ou des moyens violents, comme des désastres naturels ou politiques, l'avidité ou l'impéritie des gouvernements, maintiennent forcément cette pénurie d'un côté, qui cause un engorgement de l'autre. Cette cause de maladie politique vient-elle à cesser, les moyens de production se portent vers les canaux vacants, et le produit de ceux-ci absorbe le trop-plein des autres ; l'équilibre se rétablit, et cesserait rarement d'exister, si les moyens de production étaient toujours laissés à leur entière liberté.

Jean-Baptiste Say,
TRAITÉ D'ÉCONOMIE POLITIQUE (1803),
Calmann-Lévy, Paris, 1972, livre I, chap. 15.

COMMENTAIRE

Formulée en 1803 par Jean-Baptiste Say (1767-1832), la loi des débouchés connaîtra un succès remarquable. Beaucoup plus cohérente que les explications de Smith sur la question [texte E 63], elle constituera pendant plus d'un siècle l'arme absolue contre tous ceux qui, à l'instar de Dupont de Nemours au XVIIIe siècle, chercheront à dénoncer les « dangers de l'épargne » [texte E 74]. C'est la loi des débouchés, dite également « loi de Say », qui constitue aux yeux Keynes la pierre de touche de l'économie « classique ».

Cette loi s'appuie sur la conception de la monnaie développée par Adam Smith [texte E 43]. Selon celle-ci, la monnaie, simple intermédiaire des échanges, n'est pas recherchée pour elle-même, mais uniquement pour les transactions qu'elle permet de réaliser. Par suite, affirme Say, les revenus issus de la production engendrent nécessairement une demande équivalente de marchandises, car ceux qui ont perçu des revenus sont « empressés de se défaire de l'argent » qu'ils ont gagné, « pour que la valeur de l'argent ne chôme pas » entre leurs mains.

À cette thèse il sera objecté – notamment par Malthus – qu'une partie des revenus est épargnée, et que l'épargne ne constitue pas un débouché pour la production. Certes l'épargne permet de financer des investissements, qui sont bien, eux, des achats de marchandises, mais il n'y a aucune raison pour que la volonté d'investir des uns corresponde à la volonté d'épargner des autres, de sorte qu'un excès d'épargne peut créer un problème de débouchés. En l'état, cette objection n'est pas décisive, car les partisans de la loi de Say utiliseront une parade efficace, qui n'est autre que la théorie de l'intérêt développée au XVIIIe siècle par Turgot [texte E 41] : selon cette théorie, le taux d'intérêt a pour fonction d'équilibrer l'épargne et l'investissement, de sorte qu'un supplément d'épargne, en faisant baisser le taux de l'intérêt, suscite une augmentation équivalente de l'investissement ; il n'y a donc pas à redouter qu'une forte tendance à l'épargne crée un problème de débouchés.

Si, dans un système clos, la valeur globale de la demande ne peut s'écarter de celle de l'offre qui la détermine, il ne s'ensuit pas que l'équilibre soit à tout moment réalisé sur chaque marché : certains biens peuvent temporairement être produits en excédent par rapport à la demande, alors que d'autres biens connaissent la situation inverse. Ces déséquilibres temporaires, inévitables dans une économie dynamique, sont censés se corriger d'eux-mêmes par le jeu de la flexibilité des prix relatifs [*cf.* texte E 28]. Cette analyse est à la base de l'approche « classique » des crises : celles-ci ne sauraient résulter, selon les adeptes de la loi de Say, d'une insuffisance de la demande globale ; en revanche, lorsque des désajustements sectoriels importants entre la structure de l'offre et celle de la demande se produisent, le processus d'ajustement de l'appareil productif n'est pas immédiat, et la phase intermédiaire peut se traduire par un nombre important de faillites et une poussée de chômage. Il résulte de cette approche, à la fois que les crises sont difficilement évitables, et qu'il n'y a pas de mesures particulières à prendre pour les résorber : plus l'économie est concurrentielle, plus le « redéploiement » s'effectuera rapidement, tandis que des mesures visant à aider les secteurs en difficulté ne pourront que retarder celui-ci, et par conséquent prolonger la crise.

La grande cohérence de la loi de Say en rend la critique malaisée, tant que ses prémisses n'ont pas clairement été identifiées. Il revient à Keynes d'avoir vu où gît le lièvre : on ne peut critiquer efficacement la loi de Say que si l'on s'attaque à la conception de la monnaie sur laquelle elle repose. L'introduction de la préférence pour la liquidité dans le raisonnement [texte E 47] bouscule la conception du taux d'intérêt développée par Turgot, et avec elle la loi des débouchés et une bonne partie de l'édifice théorique « classique ».

mots-clés

LOI DES DÉBOUCHÉS – MONNAIE – ÉPARGNE – TAUX D'INTÉRÊT – INVESTISSEMENT

E 76

Karl Marx

L'armée de réserve

La demande de travail absolue qu'occasionne un capital est en raison non de sa grandeur absolue, mais de celle de sa part variable, qui seule s'échange contre la force ouvrière. La demande de travail relative qu'occasionne un capital, c'est-à-dire la proportion entre sa propre grandeur et la quantité de travail qu'il absorbe, est déterminée par la grandeur proportionnelle de sa fraction variable. Nous venons de démontrer que l'accumulation qui fait grossir le capital social réduit simultanément la grandeur proportionnelle de sa partie variable et diminue ainsi la demande de travail relative. Maintenant, quel est l'effet de ce mouvement sur le sort de la classe salariée ?

Pour résoudre ce problème, il est clair qu'il faut d'abord examiner de quelle manière l'amoindrissement subi par la partie variable d'un capital en voie d'accumulation affecte la grandeur absolue de cette partie, et par conséquent de quelle manière une diminution survenue dans la demande de travail relative réagit sur la demande de travail absolue ou effective.

Tant qu'un capital ne change pas de grandeur, tout décroissement proportionnel de sa partie variable en est du même coup un décroissement absolu. Pour qu'il en soit autrement, il faut que le décroissement proportionnel soit contrebalancé par une augmentation survenue dans la somme totale de la valeur-capital avancée. La partie variable qui fonctionne comme fonds de salaire diminue donc en raison directe du décroissement de sa grandeur proportionnelle et en raison inverse de l'accroissement simultané du capital tout entier. Partant de cette prémisse, nous obtenons les combinaisons suivantes :

Premièrement : Si la grandeur proportionnelle du capital variable décroît en raison inverse de l'accroissement du capital tout entier, le fonds de salaire ne change pas de grandeur absolue. Il s'élèvera, par exemple, toujours à 400 francs, qu'il forme deux cinquièmes d'un capital de 1 000 francs ou un cinquième d'un capital de 2 000 francs.

Deuxièmement : Si la grandeur proportionnelle du capital variable décroît en raison supérieure à celle de l'accroissement du capital tout entier, le fonds de salaire subit une diminution absolue, malgré l'augmentation absolue de la valeur-capital avancée.

Troisièmement : Si la grandeur proportionnelle du capital variable décroît en raison inférieure à celle de l'accroissement du capital tout entier, le fonds de salaire subit une augmentation absolue, malgré la diminution survenue dans sa grandeur proportionnelle. [...]

En examinant une période de plusieurs années, par exemple, une période décennale, nous trouverons en général qu'avec le progrès de l'accumulation sociale le nombre des ouvriers exploités s'est aussi augmenté, bien que les différentes années prises à part contribuent à des degrés très divers à ce résultat, ou que certaines même n'y contribuent pas du tout. Il faut donc bien que l'état stationnaire, ou le décroissement du chiffre absolu de la population ouvrière occupée, qu'on trouve au bout du compte dans quelques industries à côté d'un considérable accroissement du capital y engagé, aient été *plus que compensés* par d'autres industries où l'augmentation de la force ouvrière employée l'a définitivement emporté sur les mouvements en sens contraire. Mais ce résultat ne s'obtient qu'au milieu de secousses et dans des conditions de plus en plus difficiles à remplir. [...]

Le même développement des pouvoirs productifs du travail qui occasionne une diminution, non seulement relative, mais souvent absolue, du nombre des ouvriers employés dans certaines grandes branches d'industrie, permet à celles-ci de livrer une masse toujours croissante de produits à bon marché. Elles stimulent ainsi d'autres industries, celles à qui elles fournissent des moyens de production, ou bien celles dont elles tirent leurs matières, instruments, etc. ; elles en provoquent l'extension. L'effet produit sur le marché de travail de ces industries sera très considérable, si le travail à la main y prédomine.

L'augmentation du nombre des ouvriers, dit le rédacteur officiel du Recensement du peuple anglais en 1861, atteint en général son maximum, depuis 1851, dans les branches d'industrie où les machines n'ont pas encore été introduites avec succès.

Mais nous avons vu ailleurs que toutes ces industries passent à leur tour par la métamorphose technique qui les adapte au mode de production moderne.

Les nouvelles branches de la production auxquelles le progrès économique donne lieu forment autant de débouchés additionnels pour le travail. À leur origine ils revêtent la forme du métier, de la manufacture ou enfin celle de la grande industrie. Dans les deux premiers cas, il leur faudra passer par la transformation mécanique ; dans le dernier la centralisation du capital leur permet de mettre sur pied d'immenses armées industrielles qui étonnent la vue et semblent sortir de terre. Mais, si vaste que paraisse la force ouvrière ainsi embauchée, son chiffre proportionnel, tout d'abord faible comparé à la masse du capital engagé, décroît aussitôt que ces industries ont pris racine.

Enfin, il y a des intervalles où les bouleversements techniques se font moins sentir, où l'accumulation se présente davantage comme un mouvement d'extension quantitative sur la nouvelle base technique une fois acquise. Alors, quelle que soit la composition actuelle du capital, la loi selon laquelle la demande de travail augmente dans la même proportion que le capital recommence plus ou moins à opérer. Mais, en même temps que le nombre des ouvriers attirés par le capital atteint son maximum, les produits deviennent si surabondants qu'au moindre obstacle dans leur écoulement le mécanisme social semble s'arrêter; la répulsion du travail par le capital opère tout d'un coup sur la plus vaste échelle et de la manière la plus violente; le désarroi même impose aux capitalistes des efforts suprêmes pour économiser le travail. Des perfectionnements de détail graduellement accumulés se concentrent alors pour ainsi dire sous cette haute pression; ils s'incarnent dans des changements techniques qui révolutionnent la composition du capital sur toute la périphérie de grandes sphères de production. C'est ainsi que la guerre civile américaine poussa les filateurs anglais à peupler leurs ateliers de machines plus puissantes et à les dépeupler de travailleurs. Enfin la durée de ces intervalles où l'accumulation favorise le plus la demande de travail se raccourcit progressivement.

Ainsi donc, dès que l'industrie mécanique prend le dessus, le progrès de l'accumulation redouble l'énergie des forces qui tendent à diminuer la grandeur proportionnelle du capital variable et affaiblit celles qui tendent à en augmenter la grandeur absolue. Il augmente avec le capital social dont il fait partie, mais il augmente en proportion décroissante[1].

La demande de travail effective étant réglée non seulement par la grandeur du capital variable déjà mis en œuvre, mais encore par la moyenne de son accroissement continu, l'offre de travail reste normale tant qu'elle suit ce mouvement. Mais, quand le capital variable descend à une moyenne d'accroissement inférieure, la même offre de travail qui était jusque-là normale devient désormais anormale, surabondante, de sorte qu'une fraction plus ou moins considérable de la classe salariée, ayant cessé d'être nécessaire pour la mise en valeur du capital, et perdu sa raison d'être, est maintenant devenue superflue, surnuméraire. Comme ce jeu continue à se répéter avec la marche ascendante de l'accumulation, celle-ci traîne à sa suite une surpopulation croissante.

La loi de la décroissance proportionnelle du capital variable et de la diminution correspondante dans la demande de travail relative a donc pour corollaires l'accroissement absolu du capital variable et l'augmentation absolue de la demande de travail suivant une proportion décroissante, et enfin, pour complément, la production d'une surpopulation relative. Nous l'appelons *« relative »*, parce qu'elle provient non d'un accroissement positif de la population ouvrière qui dépasserait les limites de la richesse en voie d'accumulation, mais, au contraire, d'un accroissement accéléré du capital social qui lui permet de se passer d'une partie plus ou moins considérable de

1. Un exemple frappant de cette augmentation en raison décroissante est fourni par le mouvement de la fabrique de toiles de coton peintes. Que l'on compare ces chiffres : en Angleterre, cette industrie exporta en 1851 : 577 867 229 yards (le yard égale 0,914 mètre) d'une valeur de 10 295 621 l. st., mais en 1861 : 828 873 922 yards d'une valeur de 14 211 572 l. st. Le nombre des salariés employés, qui était en 1851 de 12 098, ne s'était élevé en 1861 qu'à 12 556, ce qui fait un surcroît de 458 individus, ou, pour toute la période décennale, une augmentation de 4 pour 100 à peu près.

ses manouvriers. Comme cette surpopulation n'existe que par rapport aux besoins momentanés de l'exploitation capitaliste, elle peut s'enfler et se resserrer d'une manière subite.

En produisant l'accumulation du capital, et à mesure qu'elle y réussit, la classe salariée produit donc elle-même les instruments de sa mise en retraite ou de sa métamorphose en surpopulation relative. Voilà la *loi de population* qui distingue l'époque capitaliste et correspond à son mode de production particulier. En effet, chacun des modes historiques de la production sociale a aussi sa loi de population propre, loi qui ne s'applique qu'à lui, qui passe avec lui et n'a par conséquent qu'une valeur historique. Une loi de population abstraite et immuable n'existe que pour la plante et l'animal, et encore seulement tant qu'ils ne subissent pas l'influence de l'homme.

Karl Marx,
LE CAPITAL, livre I (1867),
trad. française Éditions sociales, Paris, 1971, tome 3, chap. 25, pp. 70-74.

COMMENTAIRE

Dans la dernière édition de ses *Principes* (1823), Ricardo admettait, la mort dans l'âme mais avec la totale honnêteté qui le caractérise, que « l'opinion entretenue dans la classe ouvrière, selon laquelle l'emploi des machines est fréquemment contraire à leurs intérêts, n'est pas fondé sur un préjugé et une erreur, mais est conforme aux principes corrects de l'économie politique » (chapitre 31 : « Des machines »). Il reconnaissait en effet que, contrairement à son opinion antérieure, la substitution de machines au travail humain pouvait avoir pour conséquence de diminuer l'embauche, et par suite de créer du chômage (ce qui ne l'amenait nullement à prôner l'arrêt, ou même le ralentissement de la mécanisation, car les inconvénients d'une telle solution lui paraissaient encore plus grands que ceux auxquels elle permettrait de remédier).

Ce qui n'était qu'éventualité chez Ricardo devient tendance systématique chez Marx (1818-1883). Pour celui-ci, le capitalisme sécrète sa propre « loi de population » (l'allusion au « principe de population» de Malthus est ici transparente), qui consiste à produire une « surpopulation relative » croissante au fur et à mesure qu'il se développe. Cette surpopulation relative est composée des personnes condamnées au chômage par la mécanisation de la production, qui constitue pour Marx une tendance intrinsèque au mode de production capitaliste [texte E 68]. Les chômeurs exclus du système productif par la mécanisation constituent ce qu'il appelle « l'armée industrielle de réserve », dans laquelle les employeurs peuvent puiser en cas de besoin, et qui leur sert à peser sur les salaires (Marx aurait sans doute été intéressé par la courbe de Phillips).

Comme souvent chez Marx, deux niveaux de discours se côtoient et s'entremêlent sans toujours former un ensemble parfaitement cohérent : d'un côté, l'observateur vigilant de la conjoncture capitaliste met en évidence une succession de phases de croissance et de décroissance du chômage, en liaison avec la dynamique de l'accumulation, de la mécanisation et de la population active ; de l'autre côté, le théoricien du « socialisme scientifique » croit pouvoir affirmer l'existence de « tendances » inéluctables, quoique temporairement « contrariées » par des « contre-tendances » (*cf.* texte E 68 pour une autre illustration de ce phénomène). En l'occurrence, la « loi de surpopulation relative » de Marx se ramène à l'affirmation d'un *trend* inéluctable de croissance du chômage (« l'armée industrielle de

réserve est d'autant plus nombreuse que la richesse sociale, le capital en fonction, l'étendue et l'énergie de son accroissement, donc aussi la masse absolue du prolétariat et la force productive de son travail sont plus considérables », écrit-il un peu plus loin). Théoriquement non démontrée, cette affirmation apparaît bien fragile d'un point de vue factuel. Mais la thèse de l'armée de réserve joue un rôle important, non seulement sur le plan idéologique (le thème de l'accumulation simultanée de la misère et de la richesse), mais aussi sur celui de la cohérence interne du discours de Marx : adhérant à la théorie classique du salaire de subsistance tout en rejetant le régulateur démographique qui justifiait cette théorie (le « principe de population » de Malthus), Marx a besoin de lui trouver un remplaçant, et croit pouvoir faire jouer ce rôle à sa « loi de surpopulation relative ».
Une fois mis de côté ce qui relève de la propension à décrire en termes apocalyptiques l'évolution future du capitalisme, on constate qu'il reste, dans la thèse de l'armée de réserve, une analyse du chômage technologique et de l'utilisation du « volant de chômage » comme antidote aux revendications salariales qui est loin d'avoir perdu tout caractère d'actualité.

mots-clés

CHÔMAGE – CRISES – SALAIRE – ARMÉE DE RÉSERVE – DÉMOGRAPHIE

E 77

Knut Wicksell

Taux d'intérêt et fluctuations économiques

Il est un certain taux d'intérêt qui est neutre par rapport aux prix des marchandises et ne tend ni à les augmenter ni à les diminuer. C'est nécessairement le même taux que celui qui devrait résulter de l'offre et de la demande si l'on n'utilisait pas la monnaie et si tout prêt était effectué sous forme de biens réels. Cela revient à le décrire comme la valeur courante du taux naturel d'intérêt du capital.

Si l'argent est prêté à ce même taux d'intérêt, il ne sera rien de plus qu'un manteau recouvrant une procédure qui, du point de vue purement formel, aurait aussi bien pu être accomplie sans lui. Les conditions d'un équilibre économique sont remplies de la même manière, et, dans ce cas, il n'y a aucune chance d'altération du niveau des prix.

Supposons maintenant que les banques et autres prêteurs de monnaie prêtent à un taux d'intérêt différent, plus bas ou plus élevé, de celui qui correspond à la valeur courante du taux naturel du capital. L'équilibre économique du système est *ipso facto* troublé. Si les prix ne varient pas, les entrepreneurs obtiendront dans le premier cas, outre leur profit réel, ou rémunération d'entrepreneur, un surplus de bénéfice (au détriment des capitalistes). Ce dernier continuera à augmenter aussi longtemps que le taux d'intérêt restera dans la même position relative. Ils seront inévitablement conduits à étendre leur affaire pour exploiter au maximum la tournure favorable des événements. Et le nombre de personnes devenant entrepreneurs sera anormalement accru. En conséquence, la demande de services, de matières premières et de biens en général augmentera et le prix des marchandises s'élèvera.

Si le taux d'intérêt s'élève, une situation inverse se crée. Tant que les prix ne varient pas, les entrepreneurs souffrent d'une baisse de leur revenu au-dessous de la normale et ont tendance à se limiter aux affaires les plus avantageuses. La demande de biens et de services s'affaisse, ou du moins est en retard sur l'offre ; et les prix baissent.

Jusqu'ici, nous avons raisonné en supposant que les conditions du marché étaient stationnaires.

Le taux naturel n'est ni fixe ni invariable en grandeur. Les causes qui le déterminent seront étudiées par la suite. En général, nous pouvons dire qu'il dépend de l'efficacité de la production, du montant disponible de capital fixe ou circulant, de l'offre de travail et de terre, en bref, des mille et une choses qui déterminent la position économique donnée d'une société ; il varie constamment avec elles.

Une coïncidence exacte des deux taux d'intérêt est par conséquent peu probable. Car on peut supposer que les variations du taux naturel (moyen) sont continues, alors que le taux monétaire de l'intérêt s'élève ou diminue par sauts discontinus de 1/2 ou 1%, dans la mesure tout au moins où il est réglé par les grandes institutions monétaires. Mais le taux d'intérêt monétaire peut se situer parfois au-dessus, parfois au-dessous du taux naturel et il n'y a pas de raison pour ne pas s'attendre à un degré de coïncidence suffisant pour prévenir les fluctuations importantes des prix. Notre problème, par conséquent, consiste à montrer que dans les périodes où l'on a observé des mouvements ascendants de prix, le taux d'intérêt contractuel – le taux monétaire – était bas par rapport au taux naturel, et qu'au moment des baisses de prix il était relativement élevé. Ce n'est que dans ce sens relatif que le taux d'intérêt monétaire a une signification par rapport au mouvement des prix.

Knut Wicksell,
INTÉRÊT ET PRIX (1898),
trad. française in J. M. Jeannerey et alii, Documents économiques,
PUF, Paris, 1959, pp. 321-324.

COMMENTAIRE

Il existe traditionnellement deux approches du taux d'intérêt. L'une, dite « monétaire », fait dépendre le niveau du taux d'intérêt de la quantité de monnaie en circulation dans l'économie [texte E 40]. L'autre, dite « réelle », présente le taux d'intérêt comme le facteur équilibrant la volonté d'épargner et la volonté d'investir [textes E 32 et E 41].

À la fin du XIXe siècle, l'économiste suédois Knut Wicksell (1859-1926) combine ces deux approches en vue de fournir une explication des mouvements conjoncturels qui affectent l'activité économique. Distinguant le taux « monétaire » de l'intérêt qui résulte de l'activité de crédit bancaire (donc de la création monétaire) du taux « naturel » qui serait constaté si tous les prêts étaient effectués « en nature », Wicksell explique qu'en cas de coïncidence entre ces deux taux l'économie se trouve en équilibre, et qu'il n'existe pas de mouvement poussant à la hausse ou à la baisse du niveau des prix. Mais cette coïncidence ne peut être qu'accidentelle, car les deux taux d'intérêt sont déterminés par des facteurs distincts, et évoluent au cours du temps selon des logiques différentes. L'apparition d'un écart entre le niveau « monétaire » du taux d'intérêt et son niveau « naturel » est pour Wicksell à l'origine des fluctuations conjoncturelles.

Par exemple, si une augmentation du volume de crédit offert par les banques fait baisser le taux monétaire en dessous du taux naturel de l'intérêt, il en résultera une incitation pour les entreprises à accroître leurs investissements. Cette hausse de la demande de biens d'équipement fera monter le prix de ces biens, et par contagion l'ensemble des prix (Wicksell s'écarte de la théorie quantitative de la monnaie, dans la mesure où selon lui l'effet inflationniste de la création monétaire n'est pas direct, mais passe par l'influence de cette création sur le taux d'intérêt monétaire). La hausse des prix suscite alors un processus cumulatif d'expansion car elle incite les entreprises à accroître encore leurs investissements. Mais le processus ne peut se poursuivre que tant que le taux monétaire de l'intérêt reste inférieur au taux naturel, ce qui suppose une création monétaire soutenue. Tôt ou tard celle-ci doit être freinée, soit à l'initiative des banques elles-mêmes, soit sous l'effet d'un durcissement de la politique monétaire de la banque centrale face au dérapage inflationniste. Il en résulte alors une montée du taux monétaire de l'intérêt qui a de bonnes chances de faire basculer l'économie dans la récession.

mots-clés

FLUCTUATIONS – MONNAIE – TAUX D'INTÉRÊT – INFLATION – INVESTISSEMENT

E 78

Albert Aftalion

Le mécanisme du surinvestissement

Si à cause de la baisse de la température constatée dans une pièce on ravive et alimente le feu du foyer, un temps s'écoulera avant que s'obtienne la tiédeur considérée. Comme le froid persiste et que le thermomètre continue à le signaler, on serait conduit par là, si on n'était instruit par l'expérience, à jeter plus de combustible dans l'appareil de chauffage. On en jetterait alors même que la quantité de combustible entassée dans l'appareil est déjà telle qu'elle dégagera, lorsque tout aura pris feu, une chaleur intenable. En se laissant guider par la sensation de froid présente, par les indications présentes du thermomètre, on surchauffera fatalement la pièce à cause même du temps nécessaire jusqu'à ce que rougisse tout le combustible et que se répande la chaleur dans la chambre […].

Il en est exactement de même dans l'ordre économique. Comme la production s'effectue en deux étapes, production de capitaux d'abord, d'objets de consommation ensuite, tant qu'on n'est pas parvenu à la seconde étape, rien ne témoigne de l'excès des biens à la première. L'insatisfaction du besoin social résulte seulement de ce que la période de la création du capital n'est pas achevée. Mais l'entrepreneur est induit à croire que les conditions suffisantes pour la satisfaction de ce besoin ne sont pas encore réunies. La pénurie de biens de consommation, le maintien des prix et des profits élevés lui font supposer la persistance de la pénurie de capitaux. Il ne peut que constater que l'insatisfaction *actuelle* du besoin. Il ignore que sa satisfaction *virtuelle* est déjà excessive. Comment ne commanderait-il pas toujours plus de capitaux puisqu'on n'a pas encore assez d'objets de consommation ? Dans cette simultanéité de la *sous-production* d'objets de consommation et de la *surcapitalisation,* la première même déterminant la seconde, réside la cause d'erreur due à l'allongement capitaliste du procès de production .

[...] À la différence de ce qu'écrivent parfois les théoriciens des crises, c'est donc bien la *longueur,* la lenteur de la production capitaliste, c'est son inaptitude à satisfaire immédiatement et rapidement le besoin qui constitue la cause supérieure du phénomène moderne des crises périodiques de surproduction. À côté de ses incontestables avantages économiques, la longueur de la production capitaliste présente cet inconvénient de rendre très difficile l'exacte adaptation de la production aux besoins, de déterminer les crises périodiques.

Albert Aftalion,

« La réalité des surproductions générales.
Essai d'une théorie des crises générales et périodiques »,
Revue d'économie politique, n° 2, 1909, Éditions Dalloz Sirey.

COMMENTAIRE

On peut, dans une certaine mesure, établir un parallèle entre l'analyse des crises développée par Aftalion (1874-1956) et celle de Marx. Pour les deux auteurs, les crises périodiques que traversent les économies capitalistes industrialisées sont le produit de contradictions engendrées par une tendance inhérente à leur développement. Cette tendance est le recours à des techniques de plus en plus capitalistiques, qui certes permet de dégager des gains de productivité, mais a aussi l'inconvénient de favoriser périodiquement des phénomènes de « surcapitalisation » précipitant des crises.

Par rapport à celle de Marx, l'analyse d'Aftalion présente l'avantage d'envisager explicitement la dimension dynamique du problème, ce qui lui est facilité par le recours à une vision du processus productif directement empruntée à Böhm-Bawerk [texte E 32]. Le recours à des techniques de plus en plus capitalistiques, qui se traduit chez Marx par une élévation de la composition organique du capital [texte E 68], implique chez Aftalion un allongement des « détours de production ». Du fait de cette évolution, le délai qui sépare les mouvements de la demande de produits finals de la réponse en termes d'offre (lorsque ces mouvements sont suffisamment importants pour ne pas pouvoir être satisfaits dans le cadre de l'appareil productif existant) a tendance à s'allonger. Ainsi, une augmentation de la demande finale va exiger la mise en œuvre de toute une série d'investissements qui ne pourront être immédiatement opérationnels ; tant que ces investissements ne sont pas arrivés à « maturité », la pénurie se prolonge, et la tension sur les prix qui en résulte pousse les entreprises à accroître encore leurs investissements, sans s'apercevoir que les capacités de production déjà en cours de réalisation sont, à terme, largement suffisantes pour satisfaire le surcroît de demande (*cf.* l'image du poêle à charbon, que l'on continue à alimenter tant que la température reste basse au risque de provoquer peu après une surchauffe). La surcapitalisation apparaît au grand jour lorsque les investissements sont mis en service : la pénurie de biens de consommation se transforme en surproduction, les prix s'effondrent et la crise éclate.

La thèse d'Aftalion a souvent été confondue avec la théorie de l'accélérateur, formulée par John Maurice Clark en 1917. Comme le souligne H. Denis, ces deux analyses sont en réalité distinctes, car la source de l'instabilité économique chez Aftalion réside dans les délais de fabrication des équipements, alors que chez Clark c'est leur durée de vie qui joue ce rôle (H. Denis, *La Formation de la pensée économique,* PUF, 1973, p. 275).

mots-clés

FLUCTUATIONS – INVESTISSEMENT – DÉTOUR DE PRODUCTION – SURPRODUCTION – SURINVESTISSEMENT

E 79

Jacques Rueff

La théorie « classique » du chômage

L'observation des faits permet d'affirmer que pendant toute la période 1919-1925, il a existé en Angleterre, entre le nombre des chômeurs et le rapport du niveau des salaires au niveau général des prix, une relation permanente, toute variation de la valeur de ce rapport entraînant sans délai une variation concomitante de l'indice du chômage. On est, par là, fondé à penser que la cause immédiate du chômage généralisé – non la cause profonde dont nous parlerons tout à l'heure – consiste dans le défaut d'adaptation des salaires au niveau général des prix. S'il a sévi en Angleterre une crise sans précédent dans l'histoire, c'est que la baisse des prix n'y a été suivie que tardivement par la baisse des salaires – et qu'après stabilisation, à la fin de 1921, le pourcentage d'augmentation des salaires par rapport à l'avant-guerre est resté trop élevé par rapport au pourcentage d'augmentation des prix. [...]

Il est très curieux, et en apparence contraire à toutes les lois économiques, que le niveau des salaires ait pu rester stable, alors que l'offre de travail dépassait aussi sensiblement la demande de main-d'œuvre. L'anomalie, toutefois, n'est là qu'apparente, et l'explication s'en trouve immédiatement dans les conditions mêmes dans lesquelles elle a pris naissance. La discipline des trade-unions en premier lieu est, en Angleterre, exceptionnellement puissante et le régime du contrat de travail collectif plus généralisé que partout ailleurs. La tradition, toutefois, eût été insuffisante à maintenir la résistance des ouvriers sans travail aux inévitables mouvements de salaires si une politique de subsides aux chômeurs, aussi généreuse que coûteuse pour le pays, n'avait permis à ceux-ci de rester indéfiniment inoccupés plutôt que de transgresser les instructions syndicales.

On est conduit à cette conclusion, qu'à partir du moment où les prix ont été stabilisés en Angleterre, c'est d'une part la puissance traditionnelle des syndicats anglais, obstacle à l'adaptation des salaires aux conditions nouvelles nées de l'appréciation monétaire, d'autre part la politique de secours aux chômeurs, condition nécessaire du maintien de la discipline syndicale, qui ont été la cause profonde de la subsistance en Angleterre d'une crise qui ne paraît pas en voie d'atténuation.

On peut affirmer, en outre, que deux remèdes sont possibles : ou une hausse des prix sans hausse des salaires, éventualité que le retour de l'Angleterre au régime de la circulation métallique ne rend vraisemblable qu'en cas de hausse des prix mondiaux, ou une baisse des salaires sans baisse nouvelle des prix.

Jacques Rueff,
« LES VARIATIONS DU CHÔMAGE EN ANGLETERRE » *(décembre 1925), in J. Rueff,* Œuvres complètes, *Plon, Paris, 1979, pp. 219-230.*

COMMENTAIRE

L'article de Jacques Rueff (1896-1978) sur le chômage britannique des années vingt fournit une illustration très claire de ce que Keynes appelle la théorie « classique » en matière de chômage.

Selon cette théorie, l'emploi se détermine sur le marché du travail par confrontation d'une offre (émanant des salariés) et d'une demande (émanant des employeurs), l'une et l'autre fonctions du « salaire réel », défini comme le rapport du salaire nominal au niveau des prix : ce rapport représente un pouvoir d'achat pour les salariés, et sous certaines hypothèses on arrive à la conclusion que leur offre de travail est une fonction croissante du salaire réel ; en revanche le même rapport représente pour les entreprises le coût de la main-d'œuvre embauchée en termes de produits vendus, ce qui conduit généralement à représenter la demande de travail comme une fonction décroissante du salaire réel. Dans un régime de libre concurrence absolue, la confrontation de ces deux types de comportements permet de dégager un point d'équilibre du marché, c'est-à-dire un niveau de salaire réel qui égalise l'offre et la demande de travail. Cette situation est qualifiée de plein emploi, au sens où tous ceux qui souhaitent trouver de l'embauche au salaire (réel) en vigueur obtiennent satisfaction (absence de chômage « involontaire »). L'équilibre du marché est considéré comme stable, c'est-à-dire que le marché tend spontanément à revenir vers sa position d'équilibre si un facteur quelconque l'en a écarté : si le salaire réel se trouve momentanément porté en dessous de son niveau d'équilibre, il en résulte une pénurie de main-d'œuvre, et par suite la concurrence entre les employeurs tend à faire remonter le salaire réel vers son niveau d'équilibre ; inversement, le chômage « involontaire » qui se développe lorsque le salaire réel est porté au-dessus de ce même niveau exacerbe la concurrence entre les salariés, ce qui fait baisser le salaire réel et tend à le ramener vers le niveau d'équilibre. En d'autres termes, il existe une tendance spontanée au plein emploi tant que le marché est pleinement concurrentiel.

A contrario, toute entrave à la flexibilité du salaire réel est susceptible de créer du chômage. C'est précisément le scénario que Jacques Rueff croit voir à l'œuvre dans la Grande-Bretagne des années vingt. Ce pays se distinguait alors par un taux de chômage élevé, et pour Rueff cette particularité était le résultat conjugué de la puissance des syndicats britanniques et d'un système d'indemnisation du chômage alors unique au monde, qui se combinaient pour maintenir durablement le salaire réel au-dessus de sa position d'équilibre (concrètement, les deux facteurs qui viennent d'être évoqués étaient considérés comme un facteur de rigidité des salaires nominaux, ce qui, dans un contexte de baisse des prix comme celui que connaissait alors la Grande-Bretagne, impliquait hausse du salaire réel).

L'analyse développée dès 1925 par Rueff à propos du cas britannique sera reprise par divers économistes libéraux pour expliquer le caractère massif et durable du chômage qui suivra la crise de 1929. C'est contre cette théorie « classique » du chômage, qui voit dans la rigidité des salaires la cause du phénomène, que Keynes construira sa propre analyse [texte E 81].

mots-clés

CHÔMAGE - CHÔMAGE VOLONTAIRE - CHÔMAGE INVOLONTAIRE - SALAIRE RÉEL - MARCHÉ DU TRAVAIL - ASSURANCE CHÔMAGE - SYNDICATS

E 80

Friedrich von Hayek

« L'effet d'accordéon »

Je commence par supposer que la création de monnaie supplémentaire se fait par des crédits consentis aux producteurs. Pour que l'on soit sûr qu'existent des emprunteurs pour cette monnaie additionnelle, le taux d'intérêt doit être suffisamment abaissé au-dessous du taux d'équilibre de façon que l'emploi de cette somme précise soit avantageux. Les emprunteurs ne peuvent maintenant utiliser les sommes empruntées que pour acheter des biens de production, et ils ne pourront obtenir ces biens (en supposant un état d'équilibre dans lequel aucune ressource n'est inemployée) qu'en offrant des prix plus élevés que les entrepreneurs qui les utilisaient auparavant. À première vue, il peut sembler improbable que ces emprunteurs, qui n'étaient amenés à mettre en œuvre des détours de production plus larges qu'en raison du taux d'intérêt plus faible, puissent faire des surenchères par rapport aux entrepreneurs pour lesquels l'emploi des moyens de production était déjà avantageux lorsque le taux d'intérêt était plus élevé. Mais si l'on se rappelle que la baisse de ce taux modifie la rentabilité relative des différents biens de production utilisés dans les méthodes productives déjà en place, il apparaît qu'elle donne un avantage relatif à celles dont l'intensité en capital est la plus forte. Contrairement à ce que nous avons trouvé lorsque des processus analogues sont dus à l'investissement d'une épargne nouvelle, cet emploi des moyens originels de production et des produits intermédiaires non spécifiques dans des processus productifs plus longs s'effectuera sans réduction préalable de la consommation. D'ailleurs, pour un temps, la consommation peut se maintenir à son niveau antérieur, après que les processus plus détournés ont été mis en œuvre. En effet, les biens utilisés dans les derniers stades de la production étant hautement spécifiques, ils sont en nombre suffisant durant un certain temps. Mais cela ne peut durer car la production issue des stades dont les biens de production ont été retirés pour être affectés aux stades antérieurs doit se réduire ; lorsqu'elle est transformée en biens de consommation, ces derniers deviennent plus rares et leurs prix augmentent. Si l'épargne avait précédé la mise en place des méthodes de production plus longues, une réserve des biens de consommation aurait été accumulée sous forme d'augmentation de stocks ; elle pourrait maintenant être vendue à des prix non réduits et servirait à faire le pont entre le moment où les derniers biens issus des processus nouveaux plus longs sont disponibles. Mais, les choses étant ce qu'elles sont, pour un temps la société dans son ensemble devra s'accommoder d'une réduction involontaire de la consommation.

Cette nécessité sera toutefois évitée. Il est hautement improbable que les individus s'accommodent d'une réduction imprévue de leur revenu réel sans essayer de la surmonter en élevant leur dépense nominale de consommation. Cette tentative a lieu au moment même où un grand nombre d'entrepreneurs savent qu'ils vont disposer – au moins nominalement – de plus larges ressources et prévoient des profits plus élevés. Au même instant, les revenus des salariés augmentent en raison de la croissance de la quantité de monnaie à la disposition des entrepreneurs pour l'investissement. Il ne fait aucun doute qu'avec la hausse des prix des biens de consommation les hausses de revenus sont dépensées sur ces biens, contribuant ainsi à accélérer leur hausse. Tous ces achats ne modifieront pas la quantité de biens de consommation immédiatement disponible, bien qu'une redistribution entre les agents puisse intervenir. Mais – et c'est le point fondamental – *ils représentent une variation nouvelle et de sens inverse du rapport entre la demande de biens de consommation et la demande de biens de production, favorable aux premiers.* Les prix des biens de consommation augmentent donc par rapport à ceux des biens de production [...].

Tout cela doit se traduire par un retour à des méthodes de production plus courtes ou moins détournées si l'accroissement de la demande de biens de consommation n'est pas compensé par une injection supplémentaire et proportionnelle de monnaie à l'aide de nouveaux prêts bancaires accordés aux producteurs. Dans un premier temps, il est probable que cela se fera.

Mais pour des raisons évidentes, les banques ne peuvent continuer indéfiniment à accroître les crédits, et même si elles le pouvaient, les autres effets, liés à une hausse rapide et continue des prix, rendraient au bout d'un certain temps nécessaire l'arrêt de ce processus d'inflation [...].

La situation serait semblable à celle de la population d'une île qui, après avoir construit une énorme machine capable de répondre à tous ses besoins, s'apercevrait qu'elle a épuisé toute son épargne et tout le capital libre disponible avant que la nouvelle machine puisse fournir son produit. Elle n'aurait alors pas d'autre solution que de cesser provisoirement d'utiliser la nouvelle machine et de consacrer tout son travail à la production de la nourriture quotidienne sans le moindre capital. Ce n'est qu'après être parvenue à une situation où de nouvelles offres de nourriture seront disponibles qu'elle pourra enfin essayer de mettre en œuvre la nouvelle machine. [...]

À cet égard, comme à tant d'autres, nous sommes obligés d'admettre la vérité fondamentale, si souvent négligée aujourd'hui, que le mécanisme de production capitalistique ne fonctionnera régulièrement qu'aussi longtemps que nous accepterons de ne consommer que la partie de notre richesse totale qui, en fonction de l'organisation existante de la production, est destinée à la consommation courante. [...]

L'existence de capacités oisives n'est donc en aucune façon une preuve de l'existence d'un excès de capital et d'une insuffisance de la consommation ; au contraire, c'est un symptôme de notre incapacité à utiliser pleinement les équipements existants parce que la demande courante de biens de consommation est trop pressante pour nous permettre d'investir des services productifs courants dans des processus longs pour lesquels (en raison des « mauvaises affectations du capital ») nous disposons de l'équipement durable nécessaire.

Friedrich von Hayek,
PRIX ET PRODUCTION (1931),
trad. française Calmann-Lévy, Paris, 1975, pp. 146-157.

COMMENTAIRE

L'ouvrage de Hayek (1899-1992) intitulé *Prix et production* regroupe quatre conférences prononcées à la London School of Economics en 1931, dans un contexte marqué par une crise économique d'une ampleur sans précédent (la crise de 1929). Si ces conférences ont un caractère essentiellement théorique et ne comportent pas de référence explicite à la situation du moment, elles n'en proposent pas moins une grille d'analyse permettant d'interpréter la crise qui sévit alors, et débouchent directement sur des considérations de politique économique. Cette grille d'analyse sera combattue par Keynes, et le succès remporté – surtout après la Seconde Guerre mondiale – par les idées de celui-ci rejettera pour longtemps dans la pénombre l'analyse développée par Hayek dans *Prix et production*. Celle-ci connaîtra un regain d'intérêt dans les années 70, précisément au moment où beaucoup se mettront à douter des enseignements de Keynes (ou de ce qu'ils avaient bien voulu en retenir).

Comme Wicksell, Hayek est un disciple de Böhm-Bawerk, et comme lui il voit dans l'écart entre taux « monétaire » et taux « naturel » de l'intérêt la source principale des fluctuations économiques [texte E 77]. Mais, alors que Wicksell peut être considéré comme un des pionniers de la macroéconomie moderne, Hayek est un anti-macroéconomiste résolu : pour lui les relations entre agrégats, qui sont la caractéristique de cette discipline, sont sans intérêt pour l'analyse économique [texte E 46]. Cette position épistémologique amène Hayek à juger trop « globale » l'analyse que fait Wicksell des conséquences de la divergence entre les deux taux d'intérêt : à ses yeux, l'évolution du niveau général des prix n'a aucun pouvoir explicatif, car seuls comptent les mouvements des prix individuels. C'est donc une analyse en termes de prix relatifs que privilégie Hayek.

Si l'allongement des « détours de production » est une tendance des économies modernes [*cf.* texte E 78], on doit selon lui distinguer deux types d'allongement : ceux qui, acceptés par les consommateurs, sont rendus possibles par un accroissement de l'épargne « volontaire », et ceux qui, en l'absence d'un tel accroissement, résultent d'une création de monnaie et ne peuvent se réaliser que moyennant une épargne « forcée ». Les premiers sont durables car compatibles avec le comportement de la population, les seconds ne peuvent être que provisoires, et dégénèrent fatalement en un « coup d'accordéon » ramenant les « détours de production » à leur longueur initiale. L'explication du phénomène repose sur le mouvement des prix relatifs : l'économie ayant, selon Hayek, naturellement tendance au plein emploi, l'allongement des détours de production que suscite la baisse du taux monétaire de l'intérêt nécessite que certaines ressources soient déplacées de la production des biens de consommation finale vers des biens « intermédiaires », ce qui suppose une hausse du prix relatif de ces derniers. Mais, en l'absence d'un développement de l'épargne « volontaire », la demande de biens de consommation ne faiblit pas, et la raréfaction temporaire de l'offre provoquée par le déplacement de ressources vers l'amont du processus productif se traduit bientôt par une hausse du prix de ces biens (par là se réalise l'« épargne forcée »). Du même coup disparaît la déformation de prix relatifs qui avait permis l'allongement des détours de production, ce qui a pour conséquence d'anéantir tout espoir de rentabiliser les investissements en cours. La crise éclate alors, et l'accordéon, qui avait été artificiellement ouvert par la baisse du taux d'intérêt monétaire en dessous de son niveau « naturel », se referme avec le retour à des méthodes de production moins détournées.

À l'opposé de Keynes, Hayek relie la crise à l'insuffisance, et non à l'excès de la propension à épargner de la population. C'est pourquoi il se prononce contre toute mesure visant à relancer la consommation, qui ne ferait selon lui qu'aggraver le mal. Si, en bon libéral, il ne propose pas de remèdes pour lutter contre les crises une fois qu'elles ont éclaté car elles doivent selon lui se résorber d'elles-mêmes, il suggère du moins qu'on s'abstienne de les provoquer par une politique monétaire laxiste. En avant-propos à une réédition de son ouvrage de 1931, Hayek écrit en 1975: « Comme je l'ai proclamé depuis plus de quarante ans, le moment de prévenir les dépressions doit se situer pendant les phases d'expansion et cela exige que l'on n'utilise pas la croissance du crédit pour créer des emplois qui, par nature, doivent être temporaires. Il se peut que l'effondrement de l'illusion keynésienne auquel on est en train d'assister donne à l'autre explication des causes du chômage présentée dans ce livre davantage de chances d'être écoutée qu'il y a quarante ans. »

mots-clés

FLUCTUATIONS - MONNAIE - DÉTOUR DE PRODUCTION - PRIX RELATIFS - ÉPARGNE

E 81

John Maynard Keynes

Demande effective et emploi

Les grandes lignes de notre théorie peuvent être décrites comme suit. Lorsque l'emploi croît, le revenu réel global augmente. Or l'état d'esprit de la communauté est tel que, lorsque le revenu réel global croît, la consommation globale augmente, mais non du même montant que le revenu. Par suite les employeurs réaliseraient une perte, si l'emploi supplémentaire était consacré en totalité à produire des biens de consommation immédiate. Pour qu'un certain volume d'emploi soit justifié il faut donc qu'il existe un montant d'investissement courant suffisant pour absorber l'excès de la production totale sur le volume que la communauté désire consommer lorsque l'emploi se trouve à ce niveau. Car, faute d'un tel montant d'investissement, les recettes des entrepreneurs seraient inférieures au chiffre nécessaire pour les décider à offrir ce volume d'emploi. Il s'ensuit que, pour une valeur donnée de ce que nous appellerons la propension de la communauté à consommer, c'est le montant de l'investissement courant qui détermine le niveau d'équilibre de l'emploi, *i.e.* le niveau où rien n'incite plus les entrepreneurs pris dans leur ensemble à développer ni à contracter l'emploi. Le montant de l'investissement courant dépend lui-même de ce que nous appellerons l'incitation à investir et nous verrons que l'incitation à investir dépend de la relation entre la courbe de l'efficacité marginale du capital et la gamme des taux d'intérêt afférents aux prêts d'échéance et de sécurités diverses.

Ainsi, la propension à consommer et le montant de l'investissement nouveau étant donnés, il n'y aura qu'un seul volume de l'emploi compatible avec l'équilibre ; tout autre volume conduirait à une inégalité entre le prix de l'offre globale et le prix de la demande globale de la production considérée dans son ensemble. Ce volume ne peut être plus grand que le plein emploi, en d'autres termes le salaire réel ne peut être moindre que la désutilité marginale du travail. Mais en général il n'y a pas de raison de penser qu'il doive être égal au plein emploi. C'est seulement dans un cas spécial que la demande effective se trouve associée au plein emploi ; et pour que ce cas se réalise il faut qu'il y ait entre la propension à consommer et l'incitation à investir une relation particulière. Cette relation particulière, qui correspond aux hypothèses de la théorie classique est, en un certain sens, une relation optimum. Mais elle ne peut exister que si, pour des raisons fortuites ou voulues, l'investissement courant assure un montant de demande exactement égal à l'excès du prix de l'offre globale de la production résultant du plein emploi, sur le montant que la communauté désire dépenser pour la consommation lorsqu'elle est employée à plein. [...]

Cette analyse nous explique le paradoxe de la pauvreté au sein de l'abondance. Le seul fait qu'il existe une insuffisance de la demande effective peut arrêter et arrête souvent l'augmentation de l'emploi avant qu'il ait atteint son maximum. L'insuffisance de la demande effective met un frein au progrès de la production alors que la productivité marginale du travail est encore supérieure à sa désutilité.

John Maynard Keynes,
THÉORIE GÉNÉRALE DE L'EMPLOI, DE L'INTÉRÊT ET DE LA MONNAIE (1936),
trad. française Éditions Payot, Paris, 1969, chap. 3, pp. 51-55.

COMMENTAIRE

Selon la théorie « classique », le niveau d'emploi résulte, dans une économie concurrentielle, de l'équilibre entre offre et demande sur le marché du travail [texte E 79]. En courte période, ce niveau d'emploi commande le volume de production offert par les entreprises, qui suscite lui-même, selon la loi de Say [texte E 75], une demande globale équivalente. Il revient au taux d'intérêt d'équilibrer l'épargne et l'investissement, tandis que la quantité de monnaie en circulation dans l'économie détermine le niveau général des prix [texte E 41].

L'analyse de la préférence pour la liquidité développée par Keynes (1883-1946) [*cf.* texte E 47] l'amène à remettre en cause l'ensemble de cet édifice : pour lui, le taux d'intérêt équilibre l'offre et la demande de monnaie, et non l'épargne et l'investissement (cette fonction est assurée par les variations du revenu, à travers le phénomène du multiplicateur – voir ci-dessous) ; il n'y a dès lors pas de raison de croire qu'une augmentation de la propension à épargner suscitera une augmentation de la demande d'investissement (ou qu'une baisse de la volonté d'investir sera compensée par une hausse de la demande de consommation), et c'est du même coup la loi des débouchés qui est prise en défaut. Keynes inverse alors le lien de causalité entre offre et demande globale : pour lui les entreprises adaptent leur activité à la « demande effective », c'est-à-dire aux débouchés. L'emploi qui résulte de ce niveau d'activité n'est pas nécessairement le plein emploi. Le chômage qui sévit dans les années trente n'est pas dû à la rigidité des salaires, mais à l'effondrement de la demande effective. Il n'y a pas de raison de croire que celle-ci redémarrera spontanément, ce qui justifie l'intervention de l'État [texte E 16].

Comprendre les déterminants de l'emploi revient alors à étudier les déterminants de la demande effective. En première approximation, celle-ci se compose de la demande de consommation des ménages et de la demande d'investissement, qui émane principalement des entreprises (il convient d'ajouter à ces éléments la demande publique et la demande extérieure nette, constituée par le solde des échanges extérieurs – *cf.* texte E 55). Mais la demande de consommation des ménages dépend elle-même de leur revenu, qui résulte du niveau de la production. Il s'établit ainsi une « boucle » entre le revenu et la consommation, qui est à l'origine du mécanisme du multiplicateur d'investissement : une variation de l'investissement affecte dans le même sens la demande, donc la production, donc le revenu, donc la consommation des ménages, et cette dernière variation vient amplifier (et non contrebalancer, comme dans la théorie « classique ») la variation initiale due à l'investissement. La variation globale du revenu résultant de ce mécanisme est telle que la variation de l'épargne des ménages vient équilibrer la variation de l'investissement : le multiplicateur joue ainsi, dans la théorie keynésienne, le rôle que la théorie classique attribuait aux variations du taux d'intérêt. Déterminant les fluctuations du revenu et de l'emploi à travers le mécanisme du multiplicateur, l'investissement dépend lui-même des prévisions de rentabilité des chefs d'entreprise (ce que Keynes appelle « efficacité marginale du capital »), et du niveau du taux d'intérêt, tel qu'il résulte de la confrontation entre offre et demande de monnaie. Celle-ci est influencée par le comportement de préférence pour la liquidité, c'est-à-dire par l'incertitude que les agents entretiennent vis-à-vis de leurs propres prévisions. Ainsi l'investissement se trouve, à un double titre, sous la dépendance de prévisions marquées par une grande fragilité, ce qui explique pour Keynes son caractère hautement instable. « Une économie monétaire est essentiellement [...] une économie où la variation des vues sur l'avenir peut influer sur le volume actuel de l'emploi et non sur sa seule orientation », écrit-il dans la préface de sa *Théorie générale.*

mots-clés

LOI DES DÉBOUCHÉS – MONNAIE – TAUX D'INTÉRÊT – DEMANDE EFFECTIVE – CHÔMAGE INVOLONTAIRE – CHÔMAGE – CHÔMAGE KEYNÉSIEN – ÉPARGNE – INVESTISSEMENT

E 82

Milton Friedman

Inflation et chômage

À tout moment, il existe un niveau de chômage ayant la propriété d'être compatible avec l'équilibre dans la structure des taux de salaires *réels.* À ce niveau de chômage, les salaires réels tendent en moyenne à croître à leur taux séculaire « normal », c'est-à-dire à un taux pouvant être maintenu indéfiniment, tant que la formation du capital, le progrès technique, etc., restent sur leur tendance de long terme. Un niveau de chômage plus faible indique qu'il y a une demande de travail excédentaire, qui produira une pression à la hausse sur les taux de salaires réels. Un niveau de chômage plus élevé indique qu'il y a un excès d'offre de travail qui produira une pression à la baisse sur les taux de salaires réels. Le « taux de chômage naturel », en d'autres termes, est le niveau qui serait produit par le système walrasien des équations d'équilibre général, à condition d'y inclure les caractéristiques structurelles effectives des marchés du travail et des produits, y compris les imperfections des marchés, la variabilité aléatoire des demandes et des offres, le coût d'acquisition de l'information sur les emplois et la main-d'œuvre disponible, les coûts de la mobilité, et ainsi de suite.

Vous reconnaîtrez la grande similitude entre cette thèse et la célèbre courbe de Phillips. Cette similitude n'est pas une coïncidence. L'analyse de Phillips concernant la relation entre le chômage et la variation des salaires est à juste titre considérée comme une contribution importante et originale. Mais, malheureusement, elle comporte un défaut fondamental – l'absence de distinction entre les salaires *nominaux* et les salaires *réels* – tout comme Wicksell avait omis de distinguer les taux d'intérêt *nominaux* et les taux d'intérêt *réels*. Implicitement, Phillips a écrit son article pour un monde où chacun anticiperait des prix nominaux stables, et où cette anticipation resterait inébranlable et immuable quoi qu'il arrive aux prix et salaires effectifs. Supposons, à l'opposé, que chacun anticipe une hausse des prix annuelle supérieure à 75% – comme, par exemple, les Brésiliens le faisaient il y a quelques années. Alors les salaires doivent augmenter à ce taux, simplement pour maintenir inchangés les salaires réels. Un excès d'offre de travail se traduira par une croissance des salaires nominaux moins rapide que celle des prix anticipés, pas par une baisse absolue des salaires. [...]

Pour éviter un malentendu, laissez-moi souligner qu'en utilisant le terme taux de chômage «naturel», je ne veux nullement suggérer qu'il est immuable et inchangeable. Au contraire, bien des caractéristiques du marché qui déterminent ce niveau sont le résultat de l'action humaine, et des politiques adoptées. Aux États-Unis, par exemple, la réglementation sur les salaires minimaux [...] et la puissance des syndicats rendent le taux de chômage naturel plus élevé que ce qu'il pourrait être dans d'autres circonstances. Des progrès concernant la mobilité de la main-d'œuvre, la disponibilité de l'information concernant les emplois vacants et l'offre de travail, etc., tendraient à abaisser le taux «naturel» de chômage. J'utilise le terme «naturel» pour la même raison que Wicksell – pour essayer de séparer les forces réelles des forces monétaires.

Supposons que les autorités monétaires essaient de fixer le taux de chômage «de marché» à un niveau inférieur au taux «naturel». Pour fixer les idées, supposons que l'objectif soit d'atteindre le taux de 3%, et que le taux «naturel» soit supérieur à 3%. Supposons aussi qu'au départ les prix sont stables et que le chômage est supérieur à 3%. En conséquence, les autorités augmentent le taux de croissance de la masse monétaire. Cela aura un effet expansionniste. En rendant les encaisses monétaires nominales plus élevées que ce que souhaite détenir le public, cela tendra initialement à abaisser les taux d'intérêt et, par là et par d'autres canaux, à stimuler la dépense. Le revenu et la dépense vont commencer à s'élever.

Au début, une bonne part ou l'essentiel de la hausse du revenu prendra la forme d'une augmentation de la production et de l'emploi, plutôt que des prix. Les gens ont anticipé des prix stables, et les prix et salaires ont été fixés pour un certain temps sur cette base. Cela prend du temps pour que les gens s'ajustent au nouvel état de la demande. Les producteurs tendront à réagir à l'expansion initiale de la demande agrégée en augmentant la production, les salariés en faisant davantage d'heures, et les chômeurs en prenant les nouveaux emplois offerts aux salaires nominaux antérieurs. Tout cela est assez conforme à la doctrine standard.

Mais il ne s'agit là que d'une description des effets initiaux. Du fait que les prix de vente des produits réagissent généralement plus vite que les prix des facteurs de production à une hausse non anticipée de la demande nominale, les salaires réels effectifs ont baissé – bien que les salaires réels anticipés par les salariés aient augmenté, car les salariés ont implicitement évalué les salaires offerts en fonction du niveau des prix antérieur. À vrai dire, la baisse simultanée des salaires réels *ex post* pour les employeurs et des salaires réels *ex ante* pour les salariés est ce qui a permis à l'emploi d'augmenter.

Mais le déclin des salaires réels *ex post* en viendra bientôt à affecter les anticipations. Les salariés vont commencer à faire le compte de la hausse des prix des choses qu'ils achètent, et à demander pour l'avenir des salaires nominaux plus élevés. Le chômage « de marché » est inférieur au chômage « naturel ». Il y a un excès de demande de travail, de sorte que les salaires réels vont tendre à s'élever vers leur niveau initial.

Même si le taux de croissance plus élevé de la masse monétaire persiste, la hausse des salaires réels renversera le mouvement de déclin du chômage, et conduira à une augmentation, ce qui tendra à ramener le chômage à son niveau initial. Pour maintenir le taux de chômage à son niveau de 3% fixé comme objectif, les autorités monétaires devraient augmenter encore davantage le taux de croissance de la masse monétaire. Comme pour le taux d'intérêt, le taux « de marché » ne peut être maintenu en dessous du taux « naturel » que par l'inflation. Et, comme dans le cas du taux d'intérêt également, seulement par une accélération de l'inflation. [...]

Pour le dire autrement, il y a toujours un compromis temporaire entre l'inflation et le chômage ; il n'y a pas de compromis permanent. Le compromis temporaire ne vient pas de l'inflation en soi, mais seulement de l'inflation non anticipée. La croyance très répandue qu'il y a un compromis permanent est une version sophistiquée de la confusion entre « élevé » et « croissant », que nous savons tous reconnaître sous des formes plus simples. Un taux de d'inflation croissant peut réduire le chômage, un taux élevé ne le peut pas.

Milton Friedman,
« Le rôle de la politique monétaire »,
The American Economic Review, mars 1968, pp. 1-17.

COMMENTAIRE

Dans la *Théorie générale* de Keynes (1936), le niveau des prix en courte période est expliqué à partir du niveau d'activité (donc de la demande effective) et des salaires nominaux, eux-mêmes traités comme des variables exogènes. En 1958, l'économiste néo-zélandais A.W. Phillips publie les résultats d'une étude économétrique menée sur le cas de la Grande-Bretagne et faisant apparaître une corrélation négative entre le taux de chômage et le taux de croissance moyen des salaires nominaux. La « courbe de Phillips » connaît un rapide succès, dans la mesure où elle semble fournir une explication du mouvement des salaires nominaux à partir de la situation du marché du travail et, indirectement, une explication des difficultés rencontrées par les politiques économiques pour assurer un niveau élevé d'emploi sans tensions inflationnistes trop fortes : la baisse du chômage accroît les tensions sur le marché du travail, ce qui stimule la hausse des salaires nominaux qui elle-même se répercute sur les prix lorsqu'elle devient trop forte par rapport aux gains de productivité. Sur la base de cette analyse, développée par Samuelson et Solow en 1960, la conduite de la politique économique se présente comme la recherche d'un compromis entre inflation et chômage : on peut faire baisser le chômage à condition d'accepter un taux d'inflation plus élevé (la mise en place d'une « politique des revenus », visant à amener les « partenaires sociaux » à modérer leurs revendications de hausse des revenus nominaux, est fréquemment présentée comme un moyen d'améliorer les termes du compromis). Cette vision des rapports entre inflation et chômage est contredite par l'analyse présentée par Milton Friedman en 1968. Pour cet auteur (1912-), l'emploi se détermine sur le marché du travail conformément à l'analyse « classique » [texte E 79], à ceci près que l'offre de travail dépend du salaire réel anticipé par les salariés, qui est le rapport du salaire nominal qu'on leur propose au niveau moyen des prix qu'ils s'attendent à payer lors de leurs achats (comme l'avait remarqué Keynes, il n'y a pas de véritable symétrie avec le comportement de demande de travail des entreprises, car chacune de ces dernières détermine son embauche sur la base du rapport entre les salaires qu'elle verse et les prix des produits qu'elles vend, et non un indice plus ou moins bien défini de l'ensemble des prix à la consommation).

Si les anticipations des salariés concernant les prix sont correctes, l'économie fonctionne conformément aux enseignements de la théorie « classique » et le chômage est au niveau que Friedman qualifie de « naturel » : celui-ci correspond au chômage « volontaire » admis par la théorie classique, augmenté du chômage « frictionnel » dû aux imperfections du marché du travail. Mais les salariés peuvent se tromper quant à l'évolution des prix, et donc quant au pouvoir d'achat effectif de leur salaire. Friedman suppose en effet que les agents économiques forment leurs anticipations sur la base de leur expérience du passé (théorie des anticipations adaptatives), laquelle peut conduire à des conclusions erronées lorsque des nouveautés surviennent. Par exemple, si un épisode inflationniste survient après une longue période de stabilité des prix, celui-ci ne sera pas correctement anticipé par les salariés, qui de ce fait seront dans un premier temps portés à surestimer le pouvoir d'achat effectif de leur rémunération, et accepteront de travailler pour des salaires nominaux plus faibles qu'ils ne le feraient s'ils avaient une vue correcte du processus inflationniste en cours. Dans ces conditions, le chômage peut tomber en dessous de son niveau « naturel ».

Mais cette situation, selon Friedman, ne peut être que temporaire, car les salariés vont finir par intégrer l'inflation dans leurs anticipations, et vont réclamer des hausses de salaires destinées à compenser la perte de pouvoir d'achat qu'ils ont subie, ce qui ramènera l'économie dans sa situation initiale, et le taux de chômage à son niveau « naturel ». Ce phénomène ne peut être évité qu'au prix d'une inflation sans cesse accélérée, dans la mesure où un taux d'inflation donné perd toute efficacité une fois qu'il a été rejoint par les anticipations des salariés : un taux d'inflation de 75% dans un pays n'est pas plus efficace pour faire baisser le chômage qu'un taux de 5% dans un autre pays, si dans le premier les salariés anticipent 75% d'inflation alors que dans le second ils n'anticipent que 5%.

Il résulte de cette analyse que, contrairement à ce que suggère la courbe de Phillips, il n'y a pas, aux yeux de Friedman, de compromis durable entre l'inflation et le chômage. Pour qu'il en soit ainsi, il faudrait que les salariés soient durablement victimes de « l'illusion monétaire », c'est-à-dire ne s'aperçoivent jamais des effets de l'inflation sur le pouvoir d'achat de leur salaire. En fait, selon Friedman, il n'y a pas une, mais une infinité de relations inflation-chômage, chacune d'entre elles correspondant à un taux d'inflation anticipé par les salariés ; sur chaque courbe, on peut faire baisser le chômage en dessous de son taux « naturel » en élevant l'inflation au-dessus de l'inflation anticipée ; mais, par le jeu des anticipations adaptatives, ce processus finit par élever les anticipations inflationnistes des salariés, d'où le passage à une courbe supérieure ; le taux d'inflation précédemment atteint devient alors inefficace pour maintenir le chômage au-dessous de son niveau naturel, et le seul moyen pour obtenir ce résultat consiste à accélérer l'inflation (c'est-à-dire, dans l'optique « monétariste » de Friedman, la création monétaire – *cf.* texte E 48). Dans ces conditions, la poursuite du processus conduit inévitablement à l'hyperinflation. À l'issue de cette analyse, le taux de chômage

« naturel » apparaît comme le seul taux de chômage compatible avec une inflation stable – quel que soit le taux de cette inflation – ce que les Anglo-Saxons désignent par le sigle NAIRU *(non-accelerating inflation rate of unemployment)*. Les efforts déployés pour faire baisser le chômage en dessous de ce taux apparaissent donc vains, et même néfastes dans la mesure où ils se traduisent par une inflation croissante qu'il est toujours difficile, et coûteux en termes d'emploi, de combattre une fois qu'elle est entrée dans les mœurs.
La thèse friedmanienne a été radicalisée, dans les années 70, par le courant de la « nouvelle économie classique » (Lucas, Sargent, Wallace), qui substitue à l'hypothèse des anticipations adaptatives celle des anticipations dites « rationnelles » (formulée initialement par Muth en 1961) : selon cette hypothèse, les agents forment leurs prévisions en utilisant au mieux toute l'information disponible. Par rapport au raisonnement de Friedman, il en résulte une disparition de la période transitoire pendant laquelle le taux de chômage baisse en dessous de son niveau « naturel », car les salariés modifient leurs anticipations en fonction des conséquences prévisibles de la politique mise en œuvre dès qu'ils ont connaissance de celle-ci.
Les idées de Milton Friedman ont dans une large mesure inspiré les politiques pratiquées dans les années 80. Apparemment couronnées de succès en ce qui concerne la lutte contre l'inflation, ces politiques n'en ont pas moins laissé, surtout en Europe, le chômage à des niveaux jamais atteints depuis la crise de 1929. La thèse selon laquelle le « taux de chômage naturel » aurait augmenté considérablement depuis le début des années 70 cadre mal avec toutes les mesures de dérégulation du marché du travail prises un peu partout entre-temps. Mais le « taux de chômage naturel » existe-t-il en dehors du cerveau de ses promoteurs ? Dans un récent ouvrage consacré aux « malentendus » en économie, le professeur Robert Eisner met en évidence le caractère statistiquement évanescent de cette notion, qu'il qualifie de « plus grand malentendu de tous » : « ni Dieu ni la nature n'ont décrété que le chômage involontaire doit toujours nous accompagner, et ils n'ont pas décrété davantage qu'il y a un taux de chômage [...] en dessous duquel l'inflation s'accélère nécessairement » (R. Eisner, *The Misunderstood Economy: What counts and how to count it,* Harvard Business School Press, Boston 1994, chap. 8).

mots-clés

MONÉTARISME – COURBE DE PHILLIPS – ANTICIPATIONS – ILLUSION MONÉTAIRE – TAUX DE CHÔMAGE NATUREL – CHÔMAGE – INFLATION

E 83

Edmond Malinvaud

Chômage « keynésien » et chômage « classique »

Le chômage qui existe depuis plusieurs années dans les pays occidentaux a certes des aspects structurels et sectoriels importants, peut-être même dominants. Mais il a aussi un caractère global : un excès généralisé de la demande d'emplois sur l'offre d'emplois. Or les analyses macroéconomiques qui, de 1950 à 1970, servirent à l'examen des politiques de régulation conjoncturelle paraissent aujourd'hui en partie insuffisantes. La théorie keynésienne qui les inspirait n'est pas inexacte, comme le prétendent les esprits en mal d'originalité; mais elle est incomplète et ne traite pas certains phénomènes devenus essentiels. [...] Il est bien établi que, dans le court terme, les évolutions des prix et des salaires sont assez peu sensibles à la pression de la demande de biens et de travail. [...] C'est pourquoi un rationnement peut exister sur le marché des biens comme sur celui du travail : certaines entreprises peuvent avoir à limiter leur production par manque de débouchés; certains individus peuvent ne pas trouver de travail. Pour justifier la théorie keynésienne élémentaire du chômage, celle du multiplicateur, il suffit d'expliquer comment, du fait de la rigidité des prix et des salaires, le rationnement des individus sur le marché du travail résulte du rationnement des entreprises sur le marché des biens. [...]

L'habitude avait été prise de penser uniquement au chômage keynésien dû à une insuffisance de la demande de biens et services. Une place doit-elle être reconnue aujourd'hui au chômage classique dû à une insuffisance des capacités de production? [...] Aucun doute n'existe sur la nature du chômage supplémentaire qui apparaît au moment des ralentissements conjoncturels. La première manifestation d'une dépression est effectivement une baisse des commandes. En 1975, un chômage keynésien a indiscutablement existé; il est également indiscutable qu'il n'a pas été totalement résorbé aujourd'hui. Mais dans la réalité [...] les deux types de chômage peuvent coexister. La présence visible d'un chômage keynésien ne disqualifie donc pas la thèse selon laquelle le chômage classique aurait pris de l'importance dans les pays occidentaux depuis la fin des années soixante et en prendrait davantage encore actuellement.

[...] L'apparition d'un chômage macroéconomique de type classique est souvent rattachée à la baisse des taux de profit [...]. Des taux de profit plus bas amèneraient les entreprises à moins prendre le risque de construire des capacités de production qui pourraient rester inemployées (jouerait dans le même sens l'alourdissement du coût du travail qui amènerait les entreprises à privilégier les investissements de productivité par rapport aux investissements de capacité). Comme les profits se sont beaucoup détériorés depuis 1973, beaucoup d'économistes s'attendent à ce que la mise en place de capacités de production reste très insuffisante pour permettre que le plein emploi se rétablisse quand la demande globale de biens et services deviendra vive. [...] C'est pourquoi la thèse selon laquelle la priorité devrait revenir à la restauration des profits est prise très au sérieux aujourd'hui.

Edmond Malinvaud,

« Nouveaux développements de la théorie macroéconomique du chômage »,

Revue économique, janvier 1978.

COMMENTAIRE

« À mon âge, et jusqu'à ma mort, je resterai fidèle à l'idée que les économistes peuvent influencer l'emploi », déclarait le professeur Malinvaud (1923-) dans un entretien accordé au journal *Le Monde* le 16 novembre 1993. Ces propos ont d'autant plus de poids qu'ils viennent d'un économiste peu porté aux déclarations fracassantes, et qui s'est entre autres choses attaché à mettre en évidence la complexité du phénomène du chômage : s'il constitue, à ses yeux, indubitablement un « dysfonctionnement du système économique » et non une fatalité (en cela Edmond Malinvaud se montre proche de Robert Eisner – *cf.* commentaire du texte E 82), ce dysfonctionnement peut avoir des causes diverses, et par suite les méthodes adaptées pour combattre certaines formes de chômage peuvent s'avérer inopérantes, voire contre-productives, si on les applique à des formes de chômage pour lesquelles elles n'ont pas été conçues. La question du diagnostic est donc cruciale, et c'est une question difficile car elle n'admet pas de réponse générale et univoque.

L'idée centrale développée par Edmond Malinvaud, dans son *Réexamen de la théorie du chômage* (Oxford, 1977) et dans un certain nombre de publications subséquentes, est qu'il n'y a pas nécessairement incompatibilité entre les approches « classique » et « keynésienne » du chômage : utilisant le cadre analytique de la théorie du déséquilibre (*cf.* commentaire du texte E 11), il montre que le chômage peut être dû à une insuffisance de la demande globale de biens et services (chômage « keynésien »), mais aussi à une insuffisance de l'offre des entreprises, due elle-même à une insuffisance de capacités de production ou/et à des salaires réels trop élevés (chômage « classique »). Les remèdes keynésiens habituels, adaptés au premier cas (sous réserve d'un minimum de coordination internationale dans le cas d'économies « ouvertes » et fortement interdépendantes), sont évidemment inefficaces dans le second cas, qui appelle des politiques moins faciles à mettre en œuvre et aux résultats moins immédiats (combinaison d'une politique de rigueur salariale et de stimulation de l'investissement productif). Le problème se complique du fait que des politiques mal ajustées peuvent facilement faire passer l'économie d'une forme de chômage à l'autre, qui par ailleurs peuvent coexister au sein d'une même économie. Ainsi, au moment de la publication de l'article dont est extrait le texte ci-dessus (1978), un certain nombre d'indicateurs, dont la dégradation du taux de marge (part de l'excédent brut d'exploitation dans la valeur ajoutée), rendaient plausible l'hypothèse du développement d'un chômage de type « classique ». En revanche la récession du début des années 90 porte toutes les marques d'un chômage de type « keynésien », même si celui-ci se double, pour certaines catégories de main-d'œuvre, d'un chômage plus « classique » appelant des mesures spécifiques (dans l'entretien mentionné ci-dessus, Edmond Malinvaud se prononce à la fois pour une politique keynésienne coordonnée au niveau européen et pour une diminution des charges sociales pesant sur l'emploi de la main-d'œuvre non qualifiée).

mots-clés

DÉSÉQUILIBRE – RATIONNEMENTS – CHÔMAGE – CHÔMAGE CLASSIQUE – CHÔMAGE KEYNÉSIEN – CHÔMAGE VOLONTAIRE – INFLATION – RÉGULATION MACROÉCONOMIQUE

1re PARTIE

LA CONSTRUCTION DE LA CONNAISSANCE SOCIOLOGIQUE

En Occident, depuis l'Antiquité, les hommes n'ont cessé de s'interroger sur la vie sociale et politique, cherchant à chaque époque à interpréter leur société. Pendant des siècles cependant cette tendance a été motivée par des préoccupations de nature mythologique, religieuse, philosophique ou politique.

Le développement du raisonnement analytique chez un penseur comme René Descartes ou celui d'un raisonnement plus pragmatique comme chez Machiavel amorcent une rupture, qui se confirme au siècle des Lumières par l'avènement de la raison et de la responsabilité individuelle[1]. La Révolution française érige ces nouvelles conceptions en principes, les inscrivant dans les institutions et les mentalités[2].

Au XIXe siècle, dans un contexte historique, économique et culturel favorable, la connaissance sociologique se construit comme domaine autonome. Elle cherche à se définir un objet propre et à faire reconnaître le caractère scientifique de sa démarche. Les bouleversements que connaît l'Europe à cette époque – essor intense des manufactures et des industries, croissance rapide des villes, transformation des modes de vie – mettent en question la pérennité de la société rurale traditionnelle, issue de la féodalité. Les sciences de la nature font une percée spectaculaire. Non seulement elles permettent le développement technologique, mais elles servent aussi de référence à une nouvelle conception du monde. La recherche de lois universelles, la mesure, l'observation et l'expérimentation se substituent aux interprétations de type religieux ou spéculatif. Dans le monde anglo-saxon les thèses évolutionnistes se développent, avec en particulier les travaux de Charles Darwin. Elles s'affrontent aux positions de nature religieuse des créationnistes, et trouvent leur correspondance en France dans l'affirmation du positivisme, sorte de « foi laïque ». L'Allemagne post-kantienne et post-hégélienne s'investit, quant à elle, dans les débats sur l'historicité et dans les questions épistémologiques soulevées par la confrontation des méthodes historiques. L'industrie, la science, la culture urbaine, la citoyenneté politique et nationale inscrivent le XIXe siècle dans une temporalité ouverte, mais plus abstraite et aléatoire, en rupture avec la répétitivité circulaire des sociétés rurales traditionnelles. La croyance en la science, en l'histoire et aux finalités de l'évolution produit une véritable adhésion aux bienfaits du progrès. Des intellectuels, venus d'horizons différents, vont penser, chacun dans une démarche propre et dans le cadre de leur culture nationale ou européenne, le type de société qui prend forme sous leurs yeux.

L'économique et le social sont au centre de cette réalité mouvante ; l'étudier à la lumière de la science devient une évidence. Certains vont y voir une continuité des lois de la nature, d'autres au contraire vont affirmer la spécificité du social. De nombreux auteurs s'appuient sur la biologie comme référence fondamentale. C'est particulièrement le cas d'Herbert Spencer en Angleterre, dont l'œuvre est une application des conceptions évolutionnistes à l'analyse des sociétés. En France dans la filiation de Saint-Simon et d'Auguste Comte, créateur du terme « sociologie », Émile Durkheim s'affirme en fondateur d'une science à part entière, traitant la réalité sociale à partir d'objets propres et selon une méthodologie adaptée. De son côté, Gabriel Tarde trouve dans les sciences physiques les analogies lui permettant de penser la réalité micro-sociale. Alexis de Tocqueville associe, quant à lui, la comparaison historique à une interprétation de nature anthropologique. Cependant c'est dans la pensée allemande de l'époque, alimentée par la controverse Karl Marx/Max Weber, que la sociologie puise les racines de ses réflexions épistémologiques sur la spécificité de sa démarche, en tant que science humaine, sociale et historique.

Mais il faut attendre le XXe siècle pour que la sociologie soit réellement reconnue comme discipline, enseignée à l'Université puis donnant lieu à une formation et une identité professionnelles. Cette reconnaissance passe par le développement des sciences sociales aux États-Unis et la marque culturelle qu'ils lui impriment. Dans les années 1920, à l'Université de Chicago, la sociologie américaine précise ses orientations : primauté du travail d'enquête et de terrain, sans référence à une conception globale de la société. L'enseignement de G. H. Mead va jeter les bases d'un nouveau courant de pensée : l'interactionnisme symbolique. Après s'être nourrie de la confrontation avec l'anthropologie culturelle, cette démarche sera remise en question par la théorie de Talcott Parsons et de l'école fonctionnaliste. Mais cette sociologie américaine, ouverte au réformisme et au pragmatisme, gardera le goût du terrain, de l'explication et de la vérification empiriques. Dans les années cinquante, elle fait une percée en France, dans le contexte de reconstruction et de modernisation de l'après-guerre et du gaullisme. Une synthèse « à la française » s'opère entre les apports théoriques des fondateurs européens du XIXe siècle et les conceptions américaines. Certains auteurs, dont Raymond Boudon, Pierre Bourdieu, Alain Touraine, vont donner une marque spécifique à cette sociologie de la fin du siècle.

---

1. E. Kant, « Réponse à la question : qu'est-ce que les Lumières ? » in La Philosophie de l'Histoire, *Gonthier-Médiations, Paris, 1965, pp. 46-55.*
2. A. de Tocqueville, L'Ancien Régime et la Révolution, *Gallimard, Paris, 1952. R. A. Nisbet,* La Tradition sociologique, *PUF, Paris, 1984.*

La sociologie comme science au XIXe siècle : la référence aux sciences de la nature et aux sciences historiques

S 1

Saint-Simon

Physiologie et évolution sociale

La société n'est point une simple agglomération d'êtres vivants dont les actions, indépendantes de tout but final, n'ont d'autre cause que l'arbitraire des volontés individuelles ni d'autre résultat que des accidents éphémères ou sans importance ; la société, au contraire, est surtout une véritable machine organisée dont toutes les parties contribuent d'une manière différente à la marche de l'ensemble.

La réunion des hommes constitue un véritable *être*, dont l'existence est plus ou moins vigoureuse ou chancelante, suivant que ses organes s'acquittent plus ou moins régulièrement des fonctions qui leur sont confiées.

Si on le considère comme un être animé, et qu'on l'étudie, le corps social, à sa naissance et aux différentes époques de son accroissement, présente un mode de vitalité dont le caractère varie pour chacune d'elle, de même que nous voyons la physiologie de l'enfance ne pas être celle de l'adulte, et celle du vieillard n'être plus celle des premiers temps de la vie.

L'histoire de la civilisation n'est donc que l'histoire de la vie de l'espèce humaine, c'est-à-dire la physiologie de ses différents âges, comme celle de ses institutions n'est que l'exposé des connaissances hygiéniques dont elle a fait usage pour la conservation et l'amélioration de sa santé générale.

L'économie politique, la législation, la morale publique et tout ce qui constitue l'administration des intérêts généraux de la société, ne sont qu'une collection de règles hygiéniques dont la nature doit varier suivant l'état de la civilisation ; et la physiologie générale est la science qui a le plus de données pour constater cet état, et pour le décrire, puisqu'il n'est pour toute société que l'expression des lois de son existence.

La politique elle-même, envisagée non pas comme système hostile conçu par chaque nation pour tromper ses voisins, mais comme science dont le but est de procurer la plus grande somme de bonheur à l'espèce humaine, n'est qu'une physiologie générale pour laquelle les peuples ne sont que des organes distincts : la réunion de ces organes forme *un seul être* (*l'Espèce humaine*) à l'accroissement duquel ils sont chargés de contribuer, en fournissant la part d'action qui dépend de leur nature particulière. [...]

L'organisation humaine, comme celle des animaux et des plantes, ne se développe pas également et en même temps dans toutes les parties, de manière à ce qu'à chaque période de l'existence tous les organes présentent entre eux le même degré de développement.

L'expérience et le raisonnement s'accordent pour nous démontrer qu'au contraire nos organes ne se perfectionnent que les uns après les autres.

Aussitôt après la naissance, la vie se porte spécialement sur quelques organes seulement, les autres restent à peu près stationnaires. Au bout d'un temps déterminé, les parties qui ont commencé à croître s'arrêtent et la force de développement se porte successivement sur les autres, jusqu'à ce que toutes aient ainsi acquis le volume et la force qu'elles doivent avoir. [...]

Des maladies particulières correspondent à chacune de ces époques et indiquent bien clairement le défaut d'ensemble dans une organisation tyrannisée tour à tour par quelques parties dont l'activité n'est point en rapport avec l'inertie des autres : les passions les plus désordonnées résultent de cet état général de souffrance et de tourments ; et les individus, de même que les sociétés, dont le développement n'est pas complet, ne sont susceptibles que de produire des actions le plus souvent en opposition avec leur bien particulier, pour les individus, et avec le bien général, pour les sociétés. [...]

Mais lorsque chacun des organes a acquis tout le développement dont il est susceptible ; lorsque aucune partie ne prédomine sur les autres, lorsque l'égalité d'action de chacune d'elles amène l'harmonie et l'unité dans toute l'économie ; lorsque enfin toutes les facultés physiques et morales sont telles qu'elles peuvent être appliquées avec instruction et avec calme à l'étude des objets extérieurs dont elles doivent tirer parti ; lorsqu'on est en état d'avoir une conscience raisonnée de la position qu'on occupe dans ce monde, c'est alors que l'individu est capable de coordonner toutes les idées qu'il a acquises pendant la tutelle pour l'heureuse influence de laquelle il a été élevé. [...]

La *société européenne* a successivement présenté ces périodes distinctes de développement et de prédominance organique exclusive : tour à tour elle a été agitée par des activités vicieuses ; chaque temps de son accroissement a été caractérisé par des maladies et des mouvements critiques particuliers ; comme les individus elle a eu son âge des illusions et des superstitions ; des convulsions terribles ont menacé son existence ; des révolutions affreuses ont été le résultat d'une foule de réactions vitales qui ont bouleversé momentanément l'organisation sociale.

Enfin la plus importante de toutes les révolutions a été produite : l'esclavage a été aboli, l'égalité des droits a été proclamée, la nation a été déclarée majeure, et la cessation des institutions des premiers âges, amenée par le cours naturel des choses, nous a prouvé que les Européens avaient subi tous les accroissements partiels qui devaient les amener à cette époque de maturité que tout être organisé doit acquérir, et à laquelle seulement il lui est permis de développer toute l'action, toute l'énergie suffisante pour se créer un plan de conduite favorable à la santé générale, et pour tirer de ses facultés industrielles tout le parti qui lui est accordé d'en attendre.

Saint-Simon,
DE LA PHYSIOLOGIE SOCIALE (1813)
in Œuvres complètes, *vol. 39, Paris, 1875.*

COMMENTAIRE

Claude Henry de Rouvroy, comte de Saint-Simon (1760-1825), est un penseur à la jonction de deux siècles. Ce grand aristocrate devenu bourgeois est un écrivain encyclopédiste à l'esprit polémique. C'est aussi un théoricien visionnaire de l'ère industrielle ; il compte également parmi les précurseurs du socialisme français. Partisan convaincu du positivisme, il a contribué à la promotion de la

« science de l'homme ». Son statut de sociologue dans l'histoire de la discipline n'est cependant pas très reconnu. Mystique de la science et de ses effets, il fait pourtant un usage peu rigoureux des concepts, en particulier dans son analyse des classes sociales, où il mêle jugements de valeurs et faits. La postérité lui attribue surtout une influence sur la pensée sociale du XIXe siècle, notamment des auteurs comme Auguste Comte, Herbert Spencer et plus tard Émile Durkheim. Incluant les phénomènes sociaux dans le développement naturel de la vie, Saint-Simon définit une « physiologie sociale » dont la démarche est « constituée par les faits matériels qui dérivent de l'observation directe de la société, et une hygiène renfermant les préceptes applicables à ces faits ». Il jette ainsi les bases rationnelles de l'organicisme évolutionniste. Telle un être vivant, la société suit un cycle vital dont les étapes sont marquées par le décalage de maturation entre les différentes parties qui la composent. Elle est appelée à se transformer lorsqu'elle a atteint son plus haut degré de développement social et lorsque son organisation devient obsolète. L'accroissement des connaissances morales, scientifiques et techniques est le facteur essentiel de ce progrès. « La société européenne » passe successivement, par trois systèmes organiques : l'Antiquité classique polythéiste, la féodalité catholique puis l'ère industrielle scientifique. L'organisme social trouve son unité et son équilibre dans un système coordonné d'institutions et dans un corps de doctrines spirituelles, lesquelles commandent autant l'élite intellectuelle que la grande masse. Ces nouvelles conceptions du monde sont introduites par les élites qui les répercutent ensuite sur les masses et les institutions populaires. Toutes les classes sociales et tous les individus ont intérêt à s'unir de manière productive pour concourir à la réussite du système.

mots-clés

PHYSIOLOGIE SOCIALE – ÉVOLUTION SOCIALE – ORGANISME SOCIAL – ÉLITE – CLASSE SOCIALE – SOCIÉTÉ INDUSTRIELLE – SOCIALISME

S 2

Auguste Comte

Physique sociale et société

Je me borne ici à dire, pour prévenir toute confusion, que j'entends par *physique sociale* la science qui a pour objet propre l'étude des phénomènes sociaux[1], considérés dans le même esprit que les phénomènes astronomiques, physiques, chimiques et physiologiques, c'est-à-dire comme assujettis à des lois naturelles invariables, dont la découverte est le but spécial de ses recherches. Ainsi, elle se propose directement d'*expliquer,* avec le plus de précision possible, le grand phénomène du développement de l'espèce humaine, envisagé dans toutes ses parties essentielles ; c'est-à-dire de découvrir par quel enchaînement nécessaire de transformations successives le genre humain, en partant d'un état à peine supérieur à celui des sociétés de grands singes, a été conduit graduellement au point où il se trouve aujourd'hui dans l'Europe civilisée. L'esprit de cette science consiste surtout à voir, dans l'étude approfondie du passé, la véritable explication du présent et la manifestation générale de l'avenir. Envisageant toujours les faits sociaux, non comme des sujets d'admiration ou de critique, mais comme des sujets d'observation, elle s'occupe uniquement d'établir leurs relations mutuelles, et de saisir l'influence exercée par chacun d'eux sur l'ensemble du développement humain. Dans ses rapports avec la pratique, écartant des diverses institutions toute idée absolue de bien ou de mal, elle les regarde comme constamment relatives à l'état déterminé de la société, et variables avec lui ; en même temps elle les conçoit comme pouvant toujours s'établir, spontanément par la seule force des antécédents, indépendamment de toute intervention politique directe. Ses recherches d'application se réduisent donc à mettre en évidence, d'après les lois naturelles de la civilisation combinées avec l'observation immédiate, les diverses tendances propres à chaque époque. Ces résultats généraux deviennent, à leur tour, le point de départ positif des travaux de l'homme d'État, qui n'ont plus ainsi d'autre objet réel que de découvrir et d'instituer les formes pratiques correspondantes à ces données fondamentales, afin d'éviter, ou du moins d'adoucir autant que possible, les crises plus ou moins graves que détermine un développement spontané, quand il n'a pas été prévu. En un mot, dans cet ordre de phénomènes comme dans tout autre, la science conduit à la prévoyance, et la prévoyance permet de régulariser l'action.

À cette description, nécessairement très imparfaite, du caractère de la physique sociale, il faut ajouter, pour que cet aperçu puisse avoir quelque utilité, l'indication sommaire du principe fondamental qui distingue la méthode positive particulière à cette science. Il consiste en ce que, dans la recherche des lois sociales, l'esprit doit indispensablement procéder du général au particulier, c'est-à-dire commencer par concevoir, dans son ensemble, le développement total de l'espèce humaine, en n'y distinguant d'abord qu'un très petit nombre d'états successifs, et descendre ensuite graduellement, en multipliant les intermédiaires, à une précision toujours croissante, dont la limite naturelle consisterait à ne mettre qu'une seule génération d'intervalle dans la coordination des termes de cette grande série. Cette marche est essentiellement commune à toutes les parties de la physique des corps organisés, mais elle est particulièrement obligée dans la physique sociale[2].

Auguste Comte,

CONSIDÉRATIONS PHILOSOPHIQUES SUR LES SCIENCES ET LES SAVANTS (1825).

---

1. Les phénomènes sociaux, en tant qu'humains, sont sans doute compris parmi les phénomènes physiologiques. Mais quoique, par cette raison, la physique sociale doive nécessairement prendre son point de départ dans la physiologie individuelle, et se maintenir avec elle en relation individuelle, elle n'en doit pas moins être conçue et cultivée comme science entièrement distincte, à cause de l'influence progressive des générations humaines les unes sur les autres. Cette influence qui est, en physique sociale, la considération prépondérante, ne saurait être convenablement étudiée du point de vue purement physiologique.

2. Au reste, il serait aisé de sentir très nettement, par le fait même, en quoi consiste la physique sociale, si l'on regardait comme irrévocablement établie la loi fondamentale exposée ci-dessus. Car, dans cette supposition, la science aurait déjà réellement commencé. La découverte de cette loi, si l'on admet son exactitude, serait un premier pas direct en physique sociale, puisqu'elle présente un premier enchaînement naturel, le plus général possible, des phénomènes sociaux.

COMMENTAIRE

Fortement influencé par la pensée de Saint-Simon, dont il a été le secrétaire, Auguste Comte (1798-1857) se situe dans la lignée des intellectuels témoins à la fois des répercussions idéologiques et politiques de la Révolution française et des transformations sociales et économiques engendrées par l'essor industriel.
Face à une société divisée entre les partisans d'un retour à l'ordre social antérieur et les tenants d'un changement radical, Auguste Comte propose de s'appuyer sur la science pour s'avancer sur une voie de consensus. Le caractère rationnel de la démarche scientifique, basée sur l'observation et l'expérimentation, permet de s'élever au-dessus des passions et de sortir des spéculations polémiques. Selon la « loi des trois états », l'avènement de cette forme de pensée, dite « positive », inaugure une nouvelle ère dans l'évolution de l'humanité. Elle fait suite aux deux premières étapes de constitution de la conscience humaine : l'« âge théologique », règne du surnaturel, et l'« âge métaphysique » où domine la réflexion abstraite. À l'intérieur de chacun de ces stades, avant de passer à l'état supérieur, chaque domaine de connaissance suit le même processus de maturation, tout en obéissant à un développement inégal. Moins une science est générale, plus elle est complexe et autonome vis-à-vis des autres disciplines, plus elle occupe le sommet de la hiérarchie. C'est le cas de la « physique sociale », qu'Auguste Comte appellera plus tard « sociologie » et qui vient dans un ordre croissant après l'astronomie, la physique, la chimie et la physiologie. Cette science traite les faits sociaux selon les mêmes principes d'observation et de recherche des lois naturelles qui les régissent. Auguste Comte lui attribue en outre une valeur prédictive, l'analyse des phénomènes sociaux passés permettant de comprendre la société actuelle, et d'intervenir dans son fonctionnement pour le contrôler et le corriger. Dans cette perspective, la réalité sociale est conçue comme un ensemble organisé dont les parties sont interdépendantes et dont l'approche relève de la « statique sociale ». L'étude des lois d'évolution du système social appartient quant à elle au domaine de la « dynamique sociale ». Cette conception organiciste, positiviste et évolutionniste de la société est assortie chez cet auteur d'une véritable foi en la science et le progrès qu'elle représente pour l'avenir de l'humanité.

mots-clés

PHYSIQUE SOCIALE – ÉVOLUTION SOCIALE – POSITIVISME – STATIQUE SOCIALE – DYNAMIQUE SOCIALE – SYSTÈME – PRÉVISION – SCIENCE – CONSENSUS

S 3

Herbert Spencer

Évolutionnisme et fonctions sociales

Ainsi que nous le montrent les tribus barbares, la société dans sa forme primitive et inférieure est une agrégation homogène d'individus qui ont des facultés semblables et des fonctions semblables ; la seule différence tranchée de fonctions est celle qui accompagne la différence de sexe. Tout homme est guerrier, chasseur, pêcheur, fabricant d'outils, maçon ; toutes les femmes sont soumises aux mêmes labeurs ; chaque famille se suffit à elle-même et pourrait vivre isolée des autres, si elle n'avait à attaquer ou à se défendre. Cependant nous trouvons de très bonne heure, dans l'évolution sociale, un commencement de différenciation entre les gouvernants et les gouvernés. Il semble que le premier progrès qui a groupé des familles errantes en tribus nomades soit marqué par l'apparition d'une sorte de fonction de commandement. L'autorité du plus fort s'impose à un corps de sauvages, comme dans une troupe d'animaux ou une bande d'écoliers. D'abord elle est vague, incertaine ; elle est partagée par d'autres individus qui jouissent d'une force peu inférieure, et elle n'entraîne pas de différences dans les occupations ou la manière de vivre : le premier chef tue lui-même son gibier, fabrique des armes, bâtit sa hutte, et ne diffère en rien, au point de vue économique, des autres membres de la tribu. Peu à peu, à mesure que la tribu marche dans la voie du progrès, le contraste entre les gouvernants et les gouvernés paraît plus tranché. Ce pouvoir suprême devient héréditaire dans une famille ; le chef de cette famille cesse de pourvoir à ses propres besoins ; il est servi par d'autres membres de la tribu, et il commence à ne s'occuper que de gouvernement. En même temps, il se forme une autre espèce de gouvernement, coordonnée avec la première, le gouvernement de la religion. Tous les anciens témoignages, toutes les traditions prouvent que les premiers chefs étaient regardés comme des personnages divins. Les lois et les ordres qu'ils avaient ordonnés pendant leur vie étaient regardés comme sacrés après leur mort, et leurs successeurs, désormais considérés comme issus d'une origine divine, prêtaient à ces lois l'appui de leur puissance nouvelle ; ceux-ci, à leur tour, étaient promus au panthéon de la race, pour y recevoir les adorations et les prières à côté de leurs prédécesseurs. [...]

En même temps, il s'est fait une seconde différenciation d'une espèce particulière : à savoir celle qui a séparé la masse de la société en classes ou ordres de travailleurs. [...]

L'économie politique a déjà depuis longtemps montré que le point de départ de l'évolution est une tribu dont les membres accomplissent tous les mêmes actions, chacun pour soi, et le point d'arrivée une communauté dont les membres accomplissent chacun des actions différentes, les uns pour les autres ; elle a en outre indiqué les changements par lesquels le producteur solitaire d'une marchandise se transforme en un système de producteurs qui, unis sous un maître, jouent chacun un rôle différent dans la production de cette marchandise. Mais ce progrès de l'homogène à l'hétérogène dans l'organisation industrielle de la société nous offre d'autres phases d'un plus haut intérêt. Longtemps après que le progrès qui a divisé le travail entre diverses classes d'ouvriers s'est opéré, il n'y a point encore de division du travail entre les parties profondément séparées de la société, ou il ne s'en établit qu'une très faible. La nation reste relativement homogène, en ce que dans chaque région on se livre aux mêmes travaux. Mais quand les routes et les autres moyens de transport se multiplient et deviennent excellents, les diverses régions commencent à prendre des fonctions différentes et à se lier par une dépendance réciproque. Les manufactures de calicot se localisent dans une région, celles des laines dans une autre ; la soie se produit ici, la dentelle là, les bas en un lieu, les chaussures en un autre ; la poterie, la quincaillerie, la coutellerie se concentrent dans des villes spéciales : et en définitive chaque localité se développe plus ou moins en se distinguant des autres par l'occupation principale à laquelle se livre sa population. Ce n'est pas seulement au sein d'une même nation que l'on voit se faire cette division du travail, c'est entre des nations différentes. L'échange de marchandises que la liberté du commerce promet d'accroître dans de si grandes proportions aura en définitive l'effet de spécialiser plus ou moins l'industrie de chaque peuple. En sorte que le progrès commençant à une tribu barbare, presque, sinon tout à fait, homogène dans les fonctions de ses membres, marche vers une agrégation économique de toute la race, devenant toujours plus hétérogène au point de vue des fonctions distinctes adoptées par les diverses nations, des fonctions distinctes adoptées par les divisions locales de chaque nation, des fonctions distinctes adoptées par diverses espèces de fabricants et de commerçants dans chaque ville, et des fonctions distinctes adoptées par les ouvriers unis pour la production de chaque marchandise. [...]

L'évolution est donc un changement partant d'une forme moins cohérente pour aller à une forme plus cohérente, par suite de la dissipation du mouvement et de l'intégration de la matière, c'est la marche universelle que suivent les existences sensibles, individuellement et dans leur ensemble, durant la période ascendante de leur histoire. Tels sont les caractères des premiers changements que l'univers a dû traverser, comme aussi des derniers changements opérés dans la société et les produits de la vie sociale. Partout, l'unification marche simultanément dans diverses voies.

Herbert Spencer
LES PREMIERS PRINCIPES (1862),
trad. française Éditions Alcan, Paris, 1902, 2e partie, chap. XIV.

COMMENTAIRE

Figure marquante de la révolution intellectuelle du XIXe siècle, Herbert Spencer (1820-1903) marque la transition avec la pensée libérale du XVIIIe, représentée, en Angleterre, par des auteurs tels que Adam Smith et Adam Ferguson. Ce penseur a fortement influencé la sociologie américaine dès sa naissance et reste, outre-atlantique, une référence essentielle. Son œuvre est originale à plus d'un titre : variété des domaines de réflexion, caractère particulièrement documenté des études, précision des observations. Ses nombreux écrits traitent de questions philosophiques, de morale et de religion, mais aussi de biologie et de sciences physiques, des mécanismes intellectuels à l'œuvre dans toute pensée, comme des analyses du fonctionnement et de l'organisation des société. Refusant de voir dans les faits humains le produit d'une volonté individuelle ou divine, H. Spencer leur attribue le même principe de déterminisme que celui qui règle les phénomènes naturels et leur changement. Il prend parti pour la thèse lamarckienne de transmission héréditaire des caractères acquis, énonce l'idée d'évolution avant la publication, en 1859, par Charles Darwin de *L'Origine des espèces.* Il construit un modèle évolutionniste qui englobe sous une même loi le cosmos, la nature, le développement social, la société et les individus. Cette loi universelle présente l'évolution comme un passage de l'homogène à l'hétérogène par différenciations successives. La société, pour Herbert Spencer, est à la fois un système et un agrégat d'individus. En tant que système, et par analogie avec l'organisme humain, la société est une organisation dont les parties différentes sont solidaires ; elle sert néanmoins l'intérêt de chacun de ses membres. Pour rendre compte de ce fonctionnement Herbert Spencer compare deux grands modèles de formations sociales : « les sociétés militaires » et « les sociétés industrielles ». Les premières sont peu différenciées. Elles ont donc besoin de produire leur stabilité par une hiérarchie, dominée par un État central. Les « sociétés industrielles » au contraire, sont individualistes et complexes. Elles sont caractérisées par une multiplicité de croyances et d'institutions. Pour H. Spencer ces formations décentralisées se rencontrent aussi bien dans les sociétés modernes que chez les Indiens Pueblo du Nouveau-Mexique.

Si la pensée de H. Spencer, nourrie du libéralisme anglo-saxon, ne semble pas faire école dans la sociologie européenne, son influence indirecte se remarque néanmoins chez un auteur tel qu'Émile Durkheim, qui en critique fortement le finalisme et les aspects utilitaristes.

mots-clés

AGRÉGATS – AGRÉGATION – FONCTION SOCIALE – ÉVOLUTION SOCIALE – DIFFÉRENCIATION SOCIALE – HOMOGÉNÉITÉ SOCIALE – HÉTÉROGÉNÉITÉ SOCIALE – DIVISION DU TRAVAIL – CLASSES – ORDRES – INDIVIDUALISME – INDIVIDUALISATION – PROGRÈS – LIBÉRALISME

S 4

Gabriel Tarde

Théorie physique, imitation et suggestion

Connaître les causes, cela permet de prévoir parfois ; mais connaître les ressemblances, cela permet de nombrer et de mesurer toujours, et la science, avant tout, vit de nombre et de mesure. [...]

Quand les choses *semblables* sont les parties d'un même tout ou jugées telles, comme les molécules d'un même volume d'hydrogène, ou les cellules ligneuses d'un même arbre, ou les soldats d'un même régiment, la similitude prend le nom de quantité et non simplement de groupe. Quand, autrement dit, les choses *qui se répètent* demeurent annexées les unes aux autres en se multipliant, comme les vibrations calorifiques ou électriques, qui, en s'accumulant dans l'intérieur d'un corps, l'échauffent ou l'électrisent de plus en plus, ou comme les formations de cellules similaires qui se multiplient dans le corps d'un enfant en train de grandir, ou comme les adhésions à une même religion par la conversion des infidèles, la répétition alors s'appelle accroissement et non simplement série. En tout ceci, je ne vois rien qui singularise l'objet de la science sociale. [...] Aussi bien, on reconnaîtra peut-être, en lisant ce travail, que l'être social, en tant que social, est imitateur par essence, et que l'imitation joue dans les sociétés un rôle analogue à celui de l'hérédité dans les organismes ou de l'ondulation dans les corps bruts. S'il en est ainsi, on devra admettre, par suite, qu'une invention humaine, par laquelle un nouveau genre d'imitation est inauguré, une nouvelle série ouverte, par exemple, l'invention des moulins à vent, ou du télégraphe Morse, est à la science sociale ce que la formation d'une nouvelle espèce végétale ou minérale (ou bien, dans l'hypothèse de l'évolution lente, chacune des modifications lentes qui l'ont amenée) est à la biologie, et ce que serait à la physique l'apparition d'un nouveau mode de mouvement venant prendre rang à côté de l'électricité, de la lumière, etc., ou ce qu'est à la chimie la formation d'un nouveau corps. [...]

De ce qui précède, il ressort qu'autre chose est la science, autre chose la philosophie sociale ; que la science sociale doit porter exclusivement, comme toute autre, sur des faits similaires multiples, soigneusement cachés par les historiens, et que les faits nouveaux et dissemblables, les faits historiques proprement dits, sont le domaine réservé à la philosophie sociale ; qu'à ce point de vue la science sociale pourrait bien être aussi avancée que les autres sciences, et que la philosophie sociale l'est beaucoup plus que toutes les autres philosophies. [...]

Il n'y a de science, ai-je dit, que des quantités et des accroissements, ou, en termes plus généraux, des similitudes et des répétitions phénoménales.

Mais, à dire vrai, cette distinction est superflue et superficielle. Chaque progrès du savoir, en effet, tend à nous fortifier dans la conviction que *toutes les similitudes sont dues à des répétitions.* Il y aurait, je crois, à développer cette proposition dans les trois voies suivantes :

1° Toutes les similitudes qui s'observent dans le monde chimique, physique, astronomique (atomes d'un même corps, ondes d'un même rayon lumineux, couches concentriques d'attraction dont chaque globe céleste est le foyer, etc.) ont pour unique explication et cause possible des mouvements périodiques et principalement vibratoires.

2° Toutes les similitudes, d'origine vivante, du monde vivant, résultent de la transmission héréditaire, de la génération soit intra, soit extra-organique. C'est par la parenté des cellules et par la parenté des espèces qu'on explique aujourd'hui les analogies ou homologies de toutes sortes relevées par l'anatomie comparée entre les espèces et par l'histologie entre les éléments corporels.

3° Toutes les similitudes d'*origine sociale,* qui se remarquent dans le monde social, sont le fruit direct ou indirect de l'imitation sous toutes ses formes, imitation-coutume ou imitation-mode, imitation-sympathie ou imitation-obéissance, imitation-instruction ou imitation-éducation, imitation naïve ou imitation réfléchie, etc. De là l'excellence de la méthode contemporaine qui explique les doctrines ou les institutions par leur histoire. Cette tendance ne peut que se généraliser. On dit que les grands génies, les grands inventeurs se rencontrent ; mais, d'abord, ces coïncidences sont fort rares. Puis, quand elles sont avérées, elles ont toujours leur source dans un fonds d'instruction commune où ont puisé indépendamment l'un de l'autre les deux auteurs de la même invention ; et ce fonds consiste en un amas de traditions du passé, d'expériences brutes ou plus ou moins organisées, et transmises imitativement par le grand véhicule de toutes les imitations, le langage.

Gabriel Tarde,
LES LOIS DE L'IMITATION (1890),
Éditions Kimé, Paris, 1993.

COMMENTAIRE

Gabriel Tarde (1843-1904) rejoint les penseurs de la première moitié du XIXe siècle par son adhésion aux valeurs de la science et aux règles de la démarche scientifique. Toutefois, cet auteur se distingue de Herbert Spencer ou d'Auguste Comte en choisissant comme référence essentielle non pas le modèle de la biologie ou de la physiologie, mais celui de la mécanique ondulatoire. Alors que les deux premiers domaines de connaissance parlent d'organismes, d'organisations intégrées, de groupes et d'évolution, le second s'appuie sur les notions de quantification, de corpuscules et d'énergie. Gabriel Tarde définit la société, non comme une totalité *sui generis* qui exercerait une contrainte sur les individus, mais comme le produit des interactions individuelles. De sa place de magistrat au tribunal de Sarlat, il a pu, en observant les comportements des criminels, forger les principes de base de son approche théorique, qu'il applique, par la suite, à de nombreux autres sujets, tels que la foule, la communication, l'opinion, la mode, la consommation... Les mécanismes sociaux trouvent leur explication dans les « lois de l'imitation », titre d'un de ses ouvrages (1890). Mus par leurs croyances et leurs désirs, les individus novateurs diffusent dans le corps social des représentations et des conduites originales, qui sont reprises et copiées par un grand nombre de personnes, fascinées par la supériorité de leur modèle. Ces changements dans les habitudes entrent en conflit avec les attitudes traditionnelles ; le conflit résolu, ils se répandent dans la société. L'innovation puis son imitation, l'opposition et l'adaptation, sont les éléments clés et standards de l'analyse tardienne des phénomènes collectifs. Ces derniers obéissent toujours à des processus « intermentaux » et interindividuels où la suggestion joue un rôle important. Partant de réalités individuelles et de logiques microsociales, l'orientation des travaux de Gabriel Tarde est plus en affinité avec le mode de pensée des Anglo-Saxons qu'avec celui des Français. Les thèses de cet auteur, bien que populaires à son époque, sont violemment combattues par son contemporain Émile Durkheim et son école. Leur influence sur la sociologie française sera très faible ; aux États-Unis, par contre, elles serviront de référence aux interactionnistes de l'École de Chicago.

mots-clés

VARIATIONS CONCOMITANTES – QUANTITÉS – ACCROISSEMENTS – SIMILITUDES – RÉPÉTITIONS – IMITATION-MODE – IMITATION-SYMPATHIE – IMITATION-OBÉISSANCE – IMITATION – LANGAGE – INTERACTION SOCIALE – INTERACTION PSYCHIQUE

S 5

Émile Durkheim

Biologie et fonctionnalisme

Le mot de *fonction* est employé de deux manières assez différentes. Tantôt il désigne un système de mouvements vitaux, abstraction faite de leurs conséquences, tantôt il exprime le rapport de correspondance qui existe entre ces mouvements et quelques besoins de l'organisme. C'est ainsi qu'on parle de la fonction de digestion, de respiration, etc. ; mais on dit aussi que la digestion a pour fonction de présider à l'incorporation dans l'organisme des substances liquides ou solides destinées à réparer ses pertes ; que la respiration a pour fonction d'introduire dans les tissus de l'animal les gaz nécessaires à l'entretien de la vie, etc. C'est dans cette seconde acception

que nous entendons le mot. Se demander quelle est la fonction de la division du travail, c'est donc chercher à quel besoin elle correspond. [...]
Si nous avons choisi ce terme, c'est que tout autre serait inexact ou équivoque. Nous ne pouvons employer celui de but ou d'objet et parler de la fin de la division du travail, parce que ce serait supposer que la division du travail existe *en vue des résultats* que nous allons déterminer. Celui de résultats ou d'effets ne saurait davantage nous satisfaire, parce qu'il n'éveille aucune idée de correspondance. Au contraire, le mot de *rôle* ou de *fonction* a le grand avantage d'impliquer cette idée, mais sans rien préjuger sur la question de savoir comment cette correspondance s'est établie, si elle résulte d'une adaptation intentionnelle et préconçue ou d'un ajustement après coup. Or, ce qui nous importe, c'est de savoir si elle existe et en quoi elle consiste, non si elle a été pressentie par avance ni même si elle a été sentie ultérieurement. [...]

Tout le monde sait que nous aimons qui nous ressemble, quiconque pense et sent comme nous. Mais le phénomène contraire ne se rencontre pas moins fréquemment. Il arrive très souvent que nous nous sentons portés vers des personnes qui ne nous ressemblent pas, précisément parce qu'elles ne nous ressemblent pas. Ces faits sont en apparence si contradictoires que, de tout temps, les moralistes ont hésité sur la vraie nature de l'amitié et l'ont dérivée tantôt de l'une et tantôt de l'autre cause. [...]

Ce que prouve cette opposition des doctrines, c'est que l'une et l'autre amitié existent dans la nature. La dissemblance, comme la ressemblance, peut être une cause d'attrait mutuel. Toutefois, des dissemblances quelconques ne suffisent pas à produire cet effet. Nous ne trouvons aucun plaisir à rencontrer chez autrui une nature simplement différente de la nôtre. [...] Il n'y a donc que les différences d'un certain genre qui tendent ainsi l'une vers l'autre ; ce sont celles qui, au lieu de s'opposer et de s'exclure, se complètent mutuellement. [...]

C'est pourquoi nous cherchons chez nos amis les qualités qui nous font défaut, parce qu'en nous unissant à eux nous participons en quelque manière à leur nature, et que nous nous sentons alors moins incomplets. Il se forme ainsi de petites associations d'amis où chacun a son rôle conforme à son caractère, où il y a un véritable échange de services. L'un protège, l'autre console ; celui-ci conseille, celui-là exécute, et c'est ce partage des fonctions, ou, pour employer l'expression consacrée, cette division du travail qui détermine ces relations d'amitié.

Nous sommes ainsi conduits à considérer la division du travail sous un nouvel aspect. Dans ce cas, en effet, les services économiques qu'elle peut rendre sont peu de choses à côté de l'effet moral qu'elle produit, et sa véritable fonction est de créer entre deux ou plusieurs personnes un sentiment de solidarité. De quelque manière que ce résultat soit obtenu, c'est elle qui suscite ces sociétés d'amis, et elle les marque de son empreinte. [...]

Le plus remarquable effet de la division du travail n'est pas qu'elle augmente le rendement des fonctions divisées, mais qu'elle les rend solidaires. Son rôle dans tous ces cas n'est pas simplement d'embellir ou d'améliorer des sociétés existantes, mais de rendre possibles des sociétés qui, sans elles, n'existeraient pas.

Émile Durkheim,
DE LA DIVISION DU TRAVAIL SOCIAL (1893),
PUF, Paris, 1967, 3e éd. 1994.

COMMENTAIRE

Titulaire de la première chaire de sociologie à l'Université, Émile Durkheim (1858-1917) s'impose comme le fondateur de cette discipline en France, par son enseignement, l'importance de ses publications, la création d'une revue: *L'Année sociologique,* et le regroupement de ses disciples en École. Ce maître à penser définit un objet et une méthode propres à la sociologie et la fait reconnaître comme science rigoureuse et spécifique. Prenant exclusivement appui sur la biologie et notamment les travaux de Claude Bernard, Émile Durkheim reprend à son compte la notion de fonction. Toutes les institutions, les représentations, les «manières de faire» sont étudiées à la lumière du rôle qu'elles remplissent: croyances et pratiques religieuses, éducation, travail, lien familial, règles morales... En accordant, dans son analyse, la primauté à la société globale sur les éléments qui la composent et en privilégiant le fonctionnement d'ensemble du système, Émile Durkheim s'inscrit dans la filiation de l'organicisme évolutionniste. Il rejette la conception linéaire et homogène du progrès défendue par Auguste Comte, tout comme sa définition ontologique de la société. Il critique également le finalisme libéral et utilitariste de Herbert Spencer, tout en lui reconnaissant le mérite d'étudier les institutions à la lumière de leurs fonctions comme de classer les sociétés en genres et espèces. La pensée d'Émile Durkheim repose sur une théorie du lien social, qui distingue les sociétés à solidarité mécanique – où les individus sont fusionnés dans le groupe avec une conscience collective forte et répressive – des sociétés, telles que les nôtres, qui sont régies par la solidarité organique, où l'individu se sent partie prenante du collectif tout en ayant conscience de son individualité. L'équilibre des individus comme le bon fonctionnement de la société sont conditionnés par la qualité de l'intégration sociale. Émile Durkheim est considéré comme le fondateur du fonctionnalisme en sociologie.

mots-clés

FONCTION SOCIALE - SOLIDARITÉ SOCIALE - DIFFÉRENCE ET COMPLÉMENTARITÉ - SOLIDARITÉ ORGANIQUE - SOLIDARITÉ MÉCANIQUE - CONSCIENCE COLLECTIVE

S 6

Alexis de Tocqueville

Anthropologie historique et comparative

Parmi les objets nouveaux qui, pendant mon séjour aux États-Unis, ont attiré mon attention, aucun n'a plus vivement frappé mes regards que l'égalité des conditions. Je découvrais sans peine l'influence prodigieuse qu'exerce ce premier fait sur la marche de la société; il donne à l'esprit public une certaine direction, un certain tour aux lois; aux gouvernants des maximes nouvelles, et des habitudes particulières aux gouvernés.

Bientôt je reconnus que ce même fait étend son influence fort au-delà des mœurs politiques et des lois, et qu'il n'obtient pas moins d'empire sur la société civile que sur le gouvernement: il crée des opinions, fait naître des sentiments, suggère des usages et modifie tout ce qu'il ne produit pas.

Ainsi donc, à mesure que j'étudiais la société américaine, je voyais de plus en plus, dans l'égalité des conditions, le fait générateur dont chaque fait particulier semblait descendre, et je le retrouvais sans cesse devant moi comme un point central où toutes mes observations venaient aboutir.

Alors je reportai ma pensée vers notre hémisphère, et il me sembla que j'y distinguais quelque chose d'analogue au spectacle que m'offrait le nouveau monde. [...]

Lorsqu'on parcourt les pages de notre histoire, on ne rencontre pour ainsi dire pas de grands événements qui depuis sept cents ans n'aient tourné au profit de l'égalité. Les croisades et les guerres des Anglais déciment les nobles et divisent leurs terres; l'institution des communes introduit la liberté démocratique au sein de la monarchie féodale; la découverte des armes à feu égalise le vilain et le noble sur le champ de bataille; l'imprimerie offre d'égales ressources à leur intelligence; la poste vient déposer la lumière sur le seuil de la cabane du pauvre comme à la porte des palais; le protestantisme soutient que tous les hommes sont également en état de trouver le chemin du ciel. L'Amérique, qui se découvre, présente à la fortune mille routes nouvelles, et livre à l'obscur aventurier les richesses et le pouvoir.

Si, à partir du XIe siècle, vous examinez ce qui se passe en France de cinquante en cinquante années, au bout de chacune de ces périodes, vous ne manquerez point d'apercevoir qu'une double révolution s'est opérée dans l'état de la société. Le noble aura baissé dans l'échelle sociale, le roturier s'y sera élevé; l'un descend, l'autre monte. Chaque demi-siècle les rapproche, et bientôt ils vont se toucher.

Et ceci n'est pas seulement particulier à la France. De quelque côté que nous jetions nos regards, nous apercevons la même révolution qui se continue dans tout l'univers chrétien. Partout on a vu les divers incidents de la vie des peuples tourner au profit de la démocratie; tous les hommes l'ont aidée de leurs efforts: ceux qui avaient en vue de concourir à ses succès et ceux qui ne songeaient point à la servir; ceux qui ont combattu pour elle, et ceux mêmes qui se sont déclarés ses ennemis; tous ont été poussés pêle-mêle dans la même voie, et tous ont travaillé en commun, les uns malgré eux, les autres à leur insu, aveugles instruments dans les mains de Dieu.

Le développement graduel de l'égalité des conditions est donc un fait providentiel, il en a les principaux caractères; il est universel, il est durable, il échappe chaque jour à la puissance humaine; tous les événements, comme tous les hommes, servent à son développement. Serait-il sage de croire qu'un mouvement social qui vient de si loin, pourra être suspendu par les efforts d'une génération? Pense-t-on qu'après avoir détruit la féodalité et vaincu les rois, la démocratie reculera devant les bourgeois et les riches? S'arrêtera-t-elle maintenant qu'elle est devenue si forte et ses adversaires si faibles? Où allons-nous donc? [...]

Il faut une science politique nouvelle à un monde tout nouveau. [...]

J'avoue que dans l'Amérique j'ai voulu plus que l'Amérique; j'y ai cherché une image de la démocratie elle-même, de ses penchants, de son caractère, de ses préjugés, de ses passions; j'ai voulu la connaître, ne fût-ce que pour savoir du moins ce que nous devions espérer ou craindre d'elle.

Alexis de Tocqueville,
DE LA DÉMOCRATIE EN AMÉRIQUE (1835),
Introduction, coll. 10/18, Christian Bourgois éditeur.

COMMENTAIRE

Aristocrate de haute extraction, Alexis de Tocqueville (1805-1859) est un témoin, à la fois inquiet et fasciné, du mouvement inéluctable de la société vers la démocratie et la constitution d'un État centralisé. Il s'interroge sur la disparition des valeurs traditionnelles liées à l'aristocratie, à la vie locale, à la religion... Pour rendre compte de ce changement, Alexis de Tocqueville compare, de manière détaillée, les institutions politiques, le mode de vie social et culturel, la structure de pouvoir et d'autorité de la société d'Ancien Régime avec ceux du monde moderne. Les États-Unis offrent l'exemple d'un modèle pur de société accédant à la démocratie sans les résistances et les marques du passé, qui caractérisent les nations européennes. À travers son étude de la démocratie américaine et son analyse des causes et des conséquences de la Révolution française, Alexis de Tocqueville développe une philosophie de l'histoire fondée sur le principe de « l'égalité des conditions ». Ce mouvement s'accompagne d'un développement de la bureaucratie et d'une emprise progressive de la culture de masse sur les comportements individuels. Tout en acceptant avec réalisme l'avènement d'une société égalitaire, Alexis de Tocqueville se montre pessimiste face aux conséquences de cet égalitarisme ; perte de la complexité sociale et culturelle, disparition d'espaces intermédiaires, rituels familiaux, religieux et communautaires, mise en question des libertés individuelles. Cet auteur porte une attention particulière à la stratification sociale dans les États démocratiques et anticipe la montée des classes moyennes à partir de l'observation de la *middle class* américaine. Il remarque à ce propos que les groupes sociaux comme les individus sont pris dans une mobilité qui les contraint à se polariser de manière obsédante sur l'acquisition et le maintien de leur statut, au détriment de choix orientés par les valeurs. Attaché aux idéaux de la tradition, Alexis de Tocqueville exprime une nostalgie à l'égard de la mission que remplissait la noblesse dans la société d'Ancien Régime. Il lui attribue la responsabilité de sa défaite dans le processus révolutionnaire, par l'abandon de l'exercice du pouvoir local au profit de la vie de cour et de ses privilèges.

mots-clés

ÉGALITÉ DES CONDITIONS – ARISTOCRATIE – NOBLESSE – DÉMOCRATIE – VIE CULTURELLE – POUVOIR – AUTORITÉ – RITUELS – ESPACES INTERMÉDIAIRES – BUREAUCRATIE – STRATIFICATION SOCIALE – CULTURE DE MASSE

S 7

Karl Marx et Friedrich Engels

Le matérialisme historique

L'histoire n'est pas autre chose que la succession des différentes générations dont chacune exploite les matériaux, les capitaux, les forces productives qui lui sont transmis par toutes les générations précédentes ; de ce fait, chaque génération continue donc, d'une part, le mode d'activité qui lui est transmis, mais dans des circonstances radicalement transformées, et, d'autre part, elle modifie les anciennes circonstances en se livrant à une activité radicalement différente ; ces faits, on arrive à les dénaturer par la spéculation en faisant de l'histoire récente le but de l'histoire antérieure ; c'est ainsi par exemple qu'on prête à la découverte de l'Amérique cette fin : aider la Révolution française à éclater ; de la sorte on fixe alors à l'histoire ses buts particuliers et on en fait une « personne à côté d'autres personnes » (à savoir « Conscience de soi, Critique, Unique », etc.), tandis que ce que l'on désigne par les termes de « Détermination », « But », « Germe », « Idée » de l'histoire passée n'est rien d'autre qu'une abstraction de l'histoire antérieure, une abstraction de l'influence active que l'histoire antérieure excerce sur l'histoire récente[1].

Or, plus les sphères individuelles, qui agissent l'une sur l'autre, s'agrandissent dans le cours de ce développement, et plus l'isolement primitif des diverses nations est détruit par le mode de production perfectionné, par la circulation et la division du travail entre les nations qui en résulte spontanément, plus l'histoire se transforme en histoire mondiale ; de sorte que, si l'on invente par exemple en Angleterre une machine qui, dans l'Inde et en Chine, enlève leur pain à des milliers de travailleurs et bouleverse toute la forme d'existence de ces empires, cette invention devient un fait de l'histoire universelle. C'est de la même façon que le sucre et le café ont prouvé leur importance pour l'histoire universelle au XIXe siècle du fait que la carence de ces produits, résultat du blocus continental de Napoléon, provoqua le soulèvement des Allemands contre Napoléon et devint ainsi la base concrète des glorieuses guerres de libération de 1813. Il s'ensuit que cette transformation de l'histoire en histoire universelle n'est pas, disons, un simple fait abstrait de la « Conscience de soi », de l'Esprit du monde ou de quelque autre fantôme métaphysique, mais une action purement matérielle, que l'on peut vérifier de manière empirique.

À vrai dire, dans l'histoire passée, c'est aussi un fait parfaitement empirique qu'avec l'extension de l'activité au plan de l'histoire universelle, les individus ont été de plus en plus asservis à une puissance qui leur est étrangère – oppression qu'ils prenaient pour une tracasserie de ce qu'on appelle l'Esprit du monde –, une puissance qui est devenue de plus en plus massive et se révèle en dernière instance être le *marché mondial.*

Cette conception de l'histoire a donc pour base le développement du procès réel de la production, et cela en partant de la production matérielle de la vie immédiate ; elle conçoit la forme des relations humaines liée à ce mode de production et engendrée par elle, je veux dire la société civile à ses différents stades, comme étant le fondement de toute l'histoire, ce qui consiste à la représenter dans son action en tant qu'État aussi bien qu'à expliquer par elle l'ensemble des diverses productions théoriques et des formes de la conscience, religion, philosophie, morale, etc.[2], et à suivre sa genèse à partir de ces productions, ce qui permet alors naturellement de représenter la chose dans sa totalité (et d'examiner aussi l'action réciproque de ses différents aspects)[3]. Elle n'est pas obligée, comme la conception idéaliste de l'histoire, de chercher une catégorie dans chaque période, mais elle demeure constamment sur le sol réel de l'histoire ; elle n'explique pas la pratique d'après l'idée, elle explique la formation des idées d'après la pratique matérielle ; elle arrive par conséquent à ce résultat, que toutes les formes et produits de la conscience peuvent être résolus non pas grâce à la critique intellectuelle, par la réduction à la « Conscience de soi » ou la métamorphose en « revenants », en « fantômes », en « obsessions », etc., mais uniquement par le renversement pratique des rapports sociaux concrets d'où sont nées ces sornettes idéalistes. Ce n'est pas la Critique, mais la révolution qui est la force motrice de l'histoire, de la religion, de la philosophie et de toute autre théorie. Cette conception montre que la fin de l'histoire n'est pas de se résoudre en « Conscience de soi » comme « Esprit de l'esprit », mais qu'à chaque stade se trouvent donnés un résultat matériel, une somme de forces productives, un rapport avec la nature et entre les individus, créés historiquement et transmis à chaque génération par celle qui la précède, une masse de forces de production, de capitaux et de circonstances, qui, d'une part, sont bien modifiés par la nouvelle génération, mais qui, d'autre part, lui dictent ses propres conditions d'existence et lui impriment un développement déterminé, un caractère spécifique ; par conséquent les circonstances font tout autant les hommes que les hommes font les circonstances.

1. [Variante dans le manuscrit :] rien d'autre qu'une abstraction tirée de l'histoire ultérieure, tirée du résultat et du produit des événements dans lesquels on cherche précisément ces mystères.
2. [Variante dans le manuscrit :] à expliquer la société civile à ses différents stades et dans son reflet pratique-idéaliste, l'État, de même que tous les produits différents et les formes de la conscience, religion, philosophie, morale, etc.
3. [À ce niveau, Marx a écrit dans la colonne de droite :] Feuerbach.

Karl Marx et Friedrich Engels,
L'IDÉOLOGIE ALLEMANDE (1845),
trad. française Scandéditions - Éditions sociales, Paris, 1982.

COMMENTAIRE

De tous les auteurs du XIXe siècle, Karl Marx (1818-1883) est probablement celui qui nous confronte le plus, par son style et le contenu de sa pensée, à l'analyse critique. Cette dernière s'exerce autant dans le domaine de la philosophie que dans ceux de la politique et de l'économie. L'examen précis et documenté des faits du passé comme des événements de son époque s'associe, chez Marx, à la volonté d'expliquer, voire de maîtriser, par l'élaboration théorique, le mouvement historique. Très étendue, l'œuvre de ce penseur a connu des évolutions et des ruptures, dont il est possible d'avoir plusieurs lectures. Ainsi Karl Marx, philosophe et humaniste, se distingue de Karl Marx scientifique, économiste ou encore sociologue. Parti de la philosophie de Hegel et de la contestation de cette pensée dans les milieux intellectuels allemands, Karl Marx va se démarquer à la fois du système théorique hégélien et du seul recours à la philosophie comme démarche critique. *L'Idéologie allemande* est à ce titre un ouvrage charnière. « Nous résolûmes de travailler en commun à dégager l'antagonisme existant entre notre manière de voir et la conception idéologique de la philosophie allemande ; en fait, de régler nos comptes avec notre conscience philosophique d'autrefois. » Avec Friedrich Engels, son ami et collaborateur de toujours, Karl Marx jette les bases d'une nouvelle démarche d'analyse de l'histoire, s'appuyant à la fois sur la dialectique et le matérialisme. Contrairement à l'idéalisme hégélien, pour qui les faits historiques ne servent que de support au mouvement de « l'Esprit » vers la réalisation de la « Conscience de soi », Karl Marx affirme le primat de la réalité empirique. Pris dans la double nécessité de sa propre reproduction et de la fabrication des biens nécessaires à son existence, l'« homme réel » est à la fois un être social et un produit de l'histoire. Les individus comme les idées n'ont pas d'existence autonome. Leur nature et leur conscience, enracinées dans la production matérielle, dépendent de conditions historiques déterminées. La production elle-même varie en fonction du stade de développement économique auquel elle se situe, lequel articule un certain niveau de division du travail, une forme spécifique de propriété et un type particulier d'antagonisme social. Les modes de production et les formations sociales se succèdent dans le temps en obéissant à un seul et même procès : leur disparition implique l'accomplissement de toutes leurs potentialités. À l'instar des autres penseurs du XIXe siècle, la notion de progrès est présente dans la conception sociologique de l'histoire produite par Karl Marx.

mots-clés

MODE DE PRODUCTION – DIVISION DU TRAVAIL – IDÉOLOGIE – PROCÈS DE PRODUCTION – CRITIQUE – RÉVOLUTION – RAPPORTS DE PRODUCTION – FORCES PRODUCTIVES – MATÉRIALISME HISTORIQUE – MATÉRIALISME DIALECTIQUE

S 8

Max Weber

Relativisme historique et méthode compréhensive

Le point de départ de l'intérêt que nous portons aux sciences sociales est indubitablement la configuration *réelle,* donc singulière de la vie culturelle et sociale qui nous environne, quand nous voulons la saisir dans sa contexture universelle, qui n'en est pas moins façonnée singulièrement, et dans son développement à partir d'autres conditions sociales de la civilisation qui, bien entendu, sont également de nature singulière. [...]

Si pour l'astronomie, les corps célestes n'entrent en ligne de compte pour notre curiosité que par leurs seules relations *quantitatives* susceptibles d'être mesurées exactement, dans la science sociale au contraire, c'est l'aspect *qualitatif* des événements qui nous importe. À cela s'ajoute que, dans les sciences sociales, nous avons affaire à l'intervention de phénomènes d'ordre *mental* qu'il faut « comprendre » par reviviscence [*nacherlebend*]. Et cette dernière tâche est spécifiquement différente de celle que les formules de la connaissance exacte de la nature peuvent ou veulent en général résoudre. [...]

La *signification* culturelle d'un phénomène, par exemple celle de l'échange monétaire, peut consister dans le fait qu'il se présente comme un phénomène de masse, ce qui constitue d'ailleurs un des éléments fondamentaux de la civilisation moderne. Mais alors le fait historique qu'il joue ce rôle devient justement ce qu'il faut comprendre du point de vue de sa *signification* culturelle et expliquer causalement du point de vue de sa formation historique. La recherche qui porte sur l'essence *générale* de l'échange et de la *technique* du trafic commercial est un travail *préliminaire* – extrêmement important et indispensable. Cependant, tout cela ne nous donne pas encore une réponse à la question : comment l'échange est-il parvenu historiquement à la signification fondamentale qu'il a de nos jours ? – ni surtout à cette autre qui nous importe en dernière analyse : quelle est la *signification* de l'économie financière pour la culture ? Car c'est uniquement à cause d'elle que nous nous intéressons à la description de la technique de l'échange, de même que c'est à cause d'elle qu'il existe aujourd'hui une science qui s'occupe de cette technique. En tout cas, elle ne dérive d'aucune de ces sortes de « lois ». [...]

Lorsque nous voulons comprendre ce qui différencie par exemple notre civilisation économique et sociale de celle de l'Antiquité, où l'échange présentait exactement les mêmes caractères génériques qu'aujourd'hui, bref, lorsque nous voulons savoir en quoi consiste la signification de l'« économie financière », alors s'introduisent dans la recherche un nombre de principes logiques d'origine radicalement hétérogène. Nous emploierons les concepts que la recherche des éléments génériques des phénomènes économiques de masse nous apporte comme des *moyens* de la description, pour autant qu'ils comportent des éléments significatifs pour notre civilisation.

Ce que nous cherchons à atteindre, c'est précisément la connaissance d'un phénomène historique, c'est-à-dire *significatif dans sa singularité.* Le point décisif en tout cela est que l'idée d'une connaissance des phénomènes *singuliers* n'a en général de sens logique que si nous admettons la présupposition que *seule une partie finie* de la multitude infinie des phénomènes *possède une signification.* Même si nous possédions la connaissance la plus complète possible de la *totalité* des « lois » du devenir, nous resterions désemparés devant la question : comment une *explication causale* d'un fait *singulier* est-elle possible en général ? – étant donné que même la *description* du plus petit fragment de la réalité ne peut jamais être pensée de manière exhaustive. Le nombre et la nature des causes qui ont déterminé un événement singulier quelconque sont toujours *infinis* et il n'y a dans les choses mêmes aucune espèce de critère qui permettrait de sélectionner une fraction d'entre elles comme devant seule entrer en ligne de compte. [...]

Partout où il s'agit de l'explication causale d'un « phénomène culturel » – ou encore d'une « individualité historique », suivant l'expression déjà employée à l'occasion dans la méthodologie de notre discipline et qui devient actuellement courante en logique avec une formulation plus précise – la connaissance des *lois* de la causalité ne saurait être le *but,* mais seulement le *moyen* de la recherche.

Max Weber,

ESSAIS SUR LA THÉORIE DE LA SCIENCE (1906-1913),

trad. française Librairie Plon, Paris, 1965.

COMMENTAIRE

Tout en partageant avec Karl Marx une conception rationnelle et scientifique de l'histoire, Max Weber (1864-1920) s'en distingue radicalement par le fait qu'il rejette le seul déterminisme économique et qu'il attribue un caractère relatif à la causalité historique. Son intérêt se porte, avant tout, sur la recherche et l'analyse de la signification singulière d'un phénomène, en le considérant comme une « individualité historique » et en procédant par « imputation causale ». Ainsi, dans son interrogation sur le capitalisme, Max Weber remarque que la spécificité de celui-ci ne réside pas dans l'existence de la monnaie ou la recherche effrénée du profit, caractères communs à d'autres systèmes économiques, mais dans le caractère massif de la production et de la circulation monétaires. Pour cet auteur, seule une religion, le protestantisme, a permis la diffusion de nouvelles règles de conduites dans l'activité économique en édifiant une éthique, basée sur l'élection religieuse et la prédestination et des valeurs telles que l'ascétisme, l'épargne, la réalisation

de soi à travers le travail. Refusant les approches en termes de système, cet érudit du droit, de l'histoire et de l'économie devient sociologue et centre son analyse sur l'acteur social, sa subjectivité, ses valeurs, et ses manières d'agir. Confronté à la multiplicité des « évidences » comme à la complexité des déterminants de l'action humaine, le chercheur ne peut expliquer objectivement cette dernière et lui trouver un sens qu'en associant à l'« imputation causale », la démarche compréhensive. Max Weber considère que le recours au raisonnement et au calcul rationnel, pour ajuster de la manière la plus adéquate possible les moyens aux fins poursuivies par l'action humaine, participe d'un mouvement inéluctable des sociétés modernes. Cette légitimité fondée sur la raison instaure une nouvelle temporalité, qui, par la prévision, tente de maîtriser l'avenir. Cette rationalité s'oppose à la tradition dont la légitimité confère autorité au passé et génère une perception cyclique du temps. La rationalité s'oppose également à l'émotion dont l'instantanéité et l'irrationalité, comme dans les phénomènes charismatiques, provoquent des changements brusques et imprévisibles.
Max Weber développe ainsi une vision pessimiste de l'avenir des sociétés modernes. Il les décrit comme prises dans un mouvement de « rationalisation » et de « désenchantement » où le monde laïcisé de la bureaucratie et des classes moyennes fonctionnarisées se substitue progressivement au monde du religieux et du sacré.

mots-clés

SIGNIFICATION CULTURELLE – SINGULARITÉ HISTORIQUE – COMPRÉHENSION – EXPLICATION – CAUSALITÉ HISTORIQUE – INDIVIDUALITÉ HISTORIQUE – IDÉAL-TYPE – ÉTHIQUE – ÉTHOS

La sociologie au XXᵉ siècle : les racines américaines, l'exemple français

S 9

George Herbert Mead

Pragmatisme et interactionnisme

Les activités du jeu libre ou réglementé représentent un autre ensemble de facteurs dans l'infrastructure du soi. [...]

Un enfant joue à la mère, au professeur, au policier ; c'est-à-dire qu'il assume, comme nous l'avons dit, différents rôles. [...]

Quand un enfant assume un rôle, il possède en lui-même les stimuli qui provoqueront cette réaction particulière ou ce groupe de réactions. Il peut, naturellement, s'enfuir quand on le poursuit, ou il peut se retourner et se battre, exactement comme le chien dans son jeu. Mais ce n'est pas le même phénomène que lorsqu'il joue à quelque chose. Les enfants se réunissent pour « jouer à l'Indien ». Cela signifie que l'enfant possède un certain ensemble de stimuli qui provoquent en lui les mêmes réactions que chez les autres, et qui correspondent aux réactions d'un Indien. Dans la phase ludique, l'enfant utilise ses propres réactions à ces stimuli qu'il emploie à construire un soi. La réaction qu'il tend à faire à ces stimuli les organise. Il joue, par exemple, à se présenter quelque chose et à l'acheter; il se donne une lettre, et il la reçoit; il se parle comme parent, comme instituteur; et, comme policier, il s'arrête lui-même. Il possède un ensemble de stimuli qui provoquent en lui la même réaction que chez les autres. Il prend ce groupe de réactions et les organise en un certain tout. Telle est la façon la plus simple d'être un autre pour soi-même; elle comporte une organisation temporelle. L'enfant dit une chose dans une personnalité et y réagit dans une autre, puis sa réaction à la deuxième est un stimulus pour lui dans la première; et ainsi continue la conversation. Il se développe une certaine attitude organisée en lui et dans «l'autre» qui lui réagit, et ils réalisent entre eux une conversation par gestes.

Si nous opposons le jeu libre à la situation du jeu réglementé, nous notons cette différence essentielle: l'enfant qui participe à ce jeu réglementé doit être capable de prendre l'attitude de tout individu qui participe à la partie; et ces différents rôles doivent avoir une relation définie les uns avec les autres. Prenons un jeu très simple comme le cache-cache: chacun chasse à l'exception de celui qui se cache. L'enfant n'a besoin que d'un chassé et d'un chasseur. Si un enfant joue au premier sens du mot, il se contente de jouer, mais il n'y acquiert aucune organisation de base. À ce stade initial, il passe d'un rôle à un autre lorsqu'un caprice le prend. Mais dans le jeu réglementé, où il y a beaucoup d'individus, l'enfant qui prend un rôle doit être prêt à prendre le rôle de tous les autres. S'il appartient à une équipe de base-ball, il doit posséder dans sa propre nature les réactions de chacune des neuf positions. Il doit savoir, pour pouvoir réaliser son propre jeu, ce que chaque équipier doit faire. Il doit prendre tous ces rôles. Il n'est pas nécessaire qu'ils soient tous présents à sa conscience en même temps; mais il doit avoir, à certains moments, trois ou quatre individus présents dans sa propre attitude, celui qui jette la balle, celui qui l'attrape, etc. Ces réactions doivent être, à quelques degrés, présentes dans la composition de son propre personnage. Il existe donc, dans le jeu réglementé, un ensemble de réactions des autres, organisées de telle sorte que l'attitude de l'un appelle l'attitude appropriée de l'autre. Cette organisation est établie sous forme de règles du jeu. [...]

La différence fondamentale entre le jeu libre et le jeu réglementé est que dans celui-ci l'enfant doit avoir les attitudes de tous ceux qui y participent. Les attitudes des autres que le joueur assume s'organisent en une unité; et c'est ce qui contrôle sa réaction. Nous avions pris l'exemple du joueur de base-ball. En adoptant les rôles des autres équipiers, il détermine chacun de ses propres actes. Son action est contrôlée par le fait d'être chaque autre équipier, au moins dans le mesure où leurs attitudes affectent sa réaction particulière. Nous trouvons, alors, un «autre» qui est l'organisation des attitudes de ceux qui sont engagés dans le même processus.

On peut appeler la communauté organisée ou le groupe social qui donnent à l'individu l'unité du soi «l'autrui-généralisé». [...] Ainsi, dans le cas d'un groupe social tel que l'équipe, c'est l'équipe qui est l'autre-généralisé, dans la mesure où elle entre (comme processus organisé ou activité sociale) dans l'expérience de l'un quelconque de ses membres.

Si l'individu humain donné doit acquérir un soi dans le sens le plus large, il ne suffit pas qu'il prenne simplement les attitudes des autres envers lui et envers eux-mêmes, ou qu'il introduise ce processus social dans son expérience particulière : il lui faut aussi prendre, de la même manière qu'il adopte leurs attitudes envers lui et envers eux-mêmes, leurs attitudes concernant les diverses phases ou aspects de l'activité sociale commune ou ensembles d'entreprises sociales, où ils sont tous engagés comme membres d'une société organisée. Il lui faut alors agir envers les divers projets sociaux réalisés à un moment donné, ou envers les diverses phases plus grandes du processus social général qui constitue la vie de cette société, et dont ces projets sont des manifestations spécifiques. En d'autres termes, cette importation des activités plus générales d'une totalité sociale donnée (ou société organisée comme telle) dans le champ d'expérience de n'importe quel individu engagé ou compris dans ce tout constitue la base essentielle, la condition nécessaire du développement le plus large du soi. C'est seulement dans la mesure où il assume les attitudes de son groupe social organisé envers l'activité sociale coopérative, ou envers l'ensemble de telles activités dont le groupe s'occupe, qu'il développe un soi complet ou qu'il possède le soi qu'il a en fait réalisé. À leur tour, les processus coopératifs complexes, les activités et fonctionnements institutionnels de la société humaine organisée ne sont possibles que dans la mesure où tout individu qui y est compris peut prendre les attitudes générales de tous les autres individus à l'égard de ces activités, processus et fonctionnements institutionnels, et à l'égard du tout social organisé des relations et interactions d'expériences ainsi constituées, et dans la mesure aussi où il peut diriger sa propre conduite en conséquence.

C'est sous la forme de l'autrui-généralisé que le processus social affecte le comportement des individus qui y sont engagés ou qui le réalisent, c'est-à-dire que la communauté exerce un contrôle sur la conduite de ses membres. En effet, c'est de cette manière que le processus social ou la communauté deviennent un facteur déterminant de la pensée de l'individu. Dans la pensée abstraite, l'individu adopte l'attitude qu'a envers lui l'autrui-généralisé[1], sans se référer à cette attitude en tant qu'exprimée chez un individu particulier ; dans la pensée concrète, il adopte cette attitude dans la mesure où elle est exprimée dans les attitudes qu'ont envers son comportement les autres individus avec qui il est engagé dans la situation ou l'acte social donné. Mais il ne peut penser qu'en prenant, de l'une de ces deux manières, l'attitude de l'autrui-généralisé ; car la pensée ou la conversation par gestes intériorisée qui la constitue ne peuvent pas se produire autrement. Un univers de discours, système des significations communes ou sociales que la pensée présuppose comme contexte, devient possible uniquement parce que les individus prennent l'attitude ou les attitudes de l'autrui-généralisé envers eux-mêmes.
L'homme conscient de soi adopte donc les attitudes sociales organisées, celles du groupe social ou de la communauté donnés (ou d'une de leurs parties) auxquels il appartient, attitudes qui concernent les différents problèmes sociaux qui se posent à ce groupe ou à cette communauté à un moment donné.

---

1. Nous avons dit que la conversation intérieure de l'individu avec lui-même par mots ou gestes significatifs – la conversation qui constitue le processus ou l'activité de la pensée – est exécutée par l'individu du point de vue de l'autrui-généralisé. Plus cette conversation est abstraite, plus abstraite devient la pensée : l'autrui-généralisé s'éloigne encore davantage des individus particuliers. Dans ce cas, la conversation est exécutée par l'individu avec l'autrui-généralisé, plutôt qu'avec des individus particuliers. C'est ainsi, par exemple, que les concepts abstraits sont formulés en termes d'attitudes de tout le groupe social. Ils sont formulés sur la base de la conscience qu'a l'individu des attitudes de l'autrui-généralisé envers eux : cela résulte du fait que l'individu prend les attitudes de l'autrui-généralisé et ensuite y réagit. De la même manière, les propositions abstraites sont formulées sous une forme acceptable par tous – par tout individu intelligent.

George Herbert Mead,
L'ESPRIT, LE MOI ET LA SOCIÉTÉ (1934),
trad. française PUF, Paris, 1963.

COMMENTAIRE

L'interactionnisme symbolique est probablement le courant sociologique le plus marqué par la culture américaine. Il prend naissance à la charnière du XIXe siècle et du XXe siècle dans la philosophie pragmatiste et dans l'approche ethnographique de la ville de Chicago, dont le développement exceptionnel entre 1860 et 1930 offre aux enquêtes de terrain et aux études monographiques un matériel particulièrement riche et complexe. Les sociologues interactionnistes considèrent que la réalité sociale est construite à partir des actions et interactions que les individus actualisent dans des situations particulières. Ces contextes spécifiques et ces comportements sont des ensembles signifiants associés à des représentations et toujours soumis à des interprétations. Cette théorie de l'interaction sociale suppose une rupture avec les philosophies idéalistes européennes et l'élaboration d'une nouvelle conception de l'homme, de la pensée et de l'action. George Herbert Mead (1863-1931), figure marquante du mouvement pragmatiste à l'université de Chicago, apporte une contribution originale à l'analyse de l'interaction sociale. Selon cet auteur, la nature humaine et la personnalité ne se construisent pas indépendamment de l'action et des échanges verbaux et gestuels que les individus entretiennent entre eux et avec l'environnement. Behavioriste, adepte des sciences exactes, George Herbert Mead compte parmi les créateurs de la psychologie sociale. Il appréhende la personne, son fonctionnement mental et son comportement, à travers leurs manifestations objectives mais toujours en interrelation avec le système social. Dès l'enfance, par le jeu, « libre » et « réglementé », l'individu se socialise. Il intériorise ses futurs rôles sociaux, le principe de la règle et la possibilité d'une permutation des rôles, (domaine du « Moi »). Apte à se prendre pour objet de réflexion et d'évaluation – (domaine du « Soi »), il prend conscience de l'existence en lui-même d'un « autrui généralisé » avec lequel il peut, par introspection, communiquer. Mais l'individu est aussi un être singulier, avec sa propre histoire et sa créativité (domaine du « Je »). Il existe, par ailleurs, une organisation sociale des activités collectives, des communautés, des institutions (domaine de la « Société »). L'enseignement de George Herbert Mead va exercer une très forte influence sur les sociologues de l'École de Chicago dont William Thomas, Robert Park, Ernest Burgess... et Herbert Blumer, à qui l'on doit ce terme d'interactionnisme symbolique.

mots-clés

RÔLE SOCIAL – STIMULUS-RÉPONSE – LE SOI – JEU LIBRE – JEU RÉGLEMENTÉ – SOCIALISATION – RÈGLE SOCIALE – COMMUNAUTÉ ORGANISÉE – GROUPE SOCIAL – AUTRUI GÉNÉRALISÉ – COMMUNICATION VERBALE – COMMUNICATION GESTUELLE

S 10

Margaret Mead

L'anthropologie culturelle

La matière propre à l'anthropologie est le comportement de peuples vivants dont l'existence sociale se conforme à des mœurs héritées d'ancêtres qui suivaient des coutumes collectives semblables. Son laboratoire, ce sont au premier chef les sociétés primitives, petits groupes qui, en raison de leur isolement géographique ou historique, sont demeurés en dehors du grand courant de l'histoire et ont conservé des habitudes contrastant fortement avec le comportement de sociétés plus vastes. L'anthropologie qui étudie les peuples primitifs n'a pas pour premier objectif d'en savoir davantage sur les origines de notre comportement actuel. L'Esquimau, le Samoan, l'Ashanti et l'Indien Cheyenne ont une histoire aussi longue que la nôtre, mais différente. L'étude de ces peuples peut jeter quelque lumière sur des rapports entre une technologie rudimentaire, des ressources alimentaires incertaines, une faible population et d'autres aspects de la vie sociale ; mais si tout cela peut alimenter nos méditations sur les origines de la société, rien ne nous permet d'affirmer que les formes originaires de notre société étaient semblables. Ce que l'étude des peuples primitifs nous apporte cependant, ce sont des faits qui permettent de fonder une réflexion sur le comportement humain et des indices sur le quand et comment de l'apprentissage de certaines manières d'être. En d'autres termes, nous demandons à l'étude des primitifs des indications sur les limites que la société ne peut franchir sans renier l'héritage biologique de l'homme ; nous y cherchons également des variantes de comportement humain qu'autrement nous ne saurions même imaginer. [...]

L'anthropologie est, en second lieu, une science comparative. La comparaison de ce qui se fait dans une culture à ce qui se fait dans une autre nous fournit nos indices. [...] Jeté parmi des gens dont les faits et gestes lui sont totalement étrangers, l'anthropologue est obligé à de multiples adaptations. Il apprend à parler, ou du moins à écouter et à penser en diverses langues totalement nouvelles pour lui, des langues comportant plusieurs genres ou aucun, dans lesquelles les mots s'agencent suivant des modalités défiant tout effort pour les inclure dans nos catégories, des langues enfin obéissant à une phonétique certes virtuellement conforme à notre appareil vocal, mais dont nous n'avons jamais appris à produire les sons. Nos habitudes musculaires elles-mêmes peuvent être marquées par ces autres manières de vivre. À Samoa, j'ai appris à me plier quasiment en deux en passant devant une personne de haut rang, assise ; et maintenant encore, s'il me faut passer devant quelqu'un pour qui j'éprouve un grand respect, je sens une curieuse incitation à me courber. Nous apprenons à poser à un enfant qui pleure des questions bien différentes de l'habituel « mais voyons, qu'est-ce qu'il y a ? ». [...] Quand une fois il s'est donné à l'étude d'une autre civilisation, l'anthropologue en revient à jamais changé.

C'est pourquoi on ne peut confondre son destin avec l'expérience de ceux que les circonstances ont amenés à passer d'une culture à l'autre, à épouser un étranger, à travailler en contact étroit avec des représentants d'une autre culture, ou même à parler tout simplement plusieurs langues. La science de l'anthropologue ne se réduit pas à savoir que l'animal à quatre pattes qui s'appelle chien en français est désigné tout aussi bien par les termes *dog, hund, nubat, maile* et autres. [...] L'anthropologue, lui, apprend à réfléchir sur cette diversité ; il tient compte de la différence entre une poignée de main chez tel peuple et chez tel autre, de même qu'il acquiert une aptitude spéciale à conformer sa poignée de main à la nationalité de son interlocuteur. À la connaissance d'autres modes de vie, à la faculté de les adopter ou de s'en défaire, l'anthropologue joint une perception sans cesse en éveil des nuances – nuances de ton aussi bien que de vocabulaire, nuances de comportement, nuances dans la façon dont une querelle s'éteint d'elle-même dans un pays tandis que dans un autre les mêmes préliminaires aboutiraient à une bagarre ou encore à une muraille de silence.

Margaret Mead,
L'UN ET L'AUTRE SEXES :
LES RÔLES DE L'HOMME ET DE LA FEMME DANS LA SOCIÉTÉ (1948),
trad. française Éditions Denoël, Paris, 1966.

COMMENTAIRE

Dans la continuité de l'enseignement de Franz Boas (de 1896 à 1936), à l'université de Columbia (New York), violemment critique à l'égard d'une ethnologie théorique et livresque, des anthropologues de terrain, tels que Ruth Benedict, Edward Sapir, Alfred Kroeber, Margaret Mead, Ralph Linton..., participent à la naissance et au développement de l'anthropologie culturelle. Ce courant de pensée enrichit l'approche sociologique en introduisant dans le cadre d'analyse des sociétés occidentales la référence à d'autres types de culture et de société. Le culturalisme se fonde sur le postulat du « relativisme culturel », qui rejette le principe d'une hiérarchie entre les sociétés. Chaque culture constitue, telle une personnalité, une totalité signifiante, qui a sa propre spécificité et qui donne une forme (*pattern*) commune à l'ensemble des comportements individuels : ce qui permet à Ralph Linton et Kardiner d'avancer le concept de « personnalité de base ». Cette orientation anthropologique reprend le débat « nature/culture » en cherchant à apporter la preuve que ces comportements ne sont pas soumis seulement au libre arbitre individuel ou à des déterminants biologiques. Ainsi Margaret Mead (1901-1978) tient à démontrer que les caractéristiques de la féminité dans la civilisation américaine ne sont pas le produit d'une nature universelle de la femme mais sont bien régies par l'éducation et les valeurs qui sous-tendent cette civilisation. De même les conduites déviantes doivent être comprises et relativisées en étant mises en rapport avec ce que chaque culture valorise et rejette, opérant ainsi une sélection dans l'éventail des possibilités offertes par la nature humaine. Dans cette perspective l'intérêt pour les sociétés primitives se justifie non seulement parce que ces dernières constituent des « laboratoires » mais encore parce que leur analyse « nous aide à faire une discrimination entre les conclusions qui sont spécifiques à certains types de civilisations particulières et ceux *(sic)* qui sont communs à l'humanité tout entière », comme le souligne Ruth Benedict. À cette démarche comparative l'anthropologie culturelle associe l'approche pluridisciplinaire. L'ethnologue Ralph Linton et le psychanalyste Abram Kardiner, par exemple, tentent ensemble de déterminer l'articulation des processus psychiques et culturels à l'œuvre dans chaque personnalité et dans les institutions produites par chaque culture.

mots-clés

NATURE – CULTURE – CIVILISATION – DIVERSITÉ DES CULTURES – RELATIVISME CULTUREL – MODÈLE CULTUREL – PERSONNALITÉ DE BASE – COMPARATISME – DÉVIANCE – RÔLES SEXUÉS

S 11

Talcott Parsons

Système social et théorie sociologique systématique

Le premier élément essentiel d'un système théorique général est « le cadre de références ». Pour le système social, il est bien évident que ce « cadre de références » est celui d'« action » ou plutôt de la « situation d'un agent », dans un sens analogue au « cadre de références » du milieu entourant l'organisme dans les sciences biologiques.

Le cadre de références consistant dans la « situation de l'agent » est le même en sociologie et en psychologie, mais en sociologie ce cadre participe à la complication accrue, introduite par l'étude d'une pluralité d'agents *inter*-agissant dans des situations qui sont en partie hétérogènes, en partie interpénétrées.

L'unité à l'intérieur de tous les systèmes sociaux est l'individu humain *en tant qu'agent,* en tant qu'être présentant les caractéristiques fondamentales d'aspirer à la réalisation de « buts », de « réagir » émotionnellement ou affectivement, en présence d'objets et d'événements et, à un plus ou moins grand degré, de prendre conscience ou de comprendre sa situation, ses buts et lui-même. L'action, dans ce système de références, s'intègre dans un système « normatif », téléologique, ou, plutôt, un système « volontariste » de « coordonnées » ou axes. Un but est, par définition, « un état de choses désirable », le défaut de l'atteindre est une « frustration ». La réaction affective comprend des composants de portée agréable ou pénible pour l'agent, et d'approbation ou de désapprobation de l'objet ou de la circonstance qui occasionne la réaction. Enfin, l'orientation intellectuelle est soumise aux critères d'« exactitude » et de « précision » du savoir et de la compréhension.

Cette « orientation normative » essentielle de l'action fait ressortir le rôle crucial des « modèles » qui indiquent la direction désirable de l'action, sous la forme de buts et standards de comportement. Ce système de modèles normatifs paraît se prêter le mieux à l'étude en tant qu'*un* des éléments importants de l'« ensemble culturel », qui comprend également des modèles intellectuels tels que les « idées », les symboles, etc. [...]

Dans toutes ces considérations, l'interprétation de l'action implique une dualité spécifique. Le premier de ses composants essentiels est sa « signification » pour l'agent, sur un plan consciemment explicite ou non. L'autre est son appartenance à un enchaînement « objectif » d'objets et d'événements en tant qu'ils sont analysés et interprétés par un observateur.

Dans un sens, ce cadre de références fondamental consiste dans un schème de catégories structurelles constitutives de la personnalité humaine dans l'acceptation psychologique, dont chaque trait particulier de caractère, ainsi que les fréquences de l'action, doivent être décrits et analysés en terme de valeurs appropriées. Mais on ne peut dériver directement la structure des systèmes sociaux de la position de l'agent dans un cadre de références. En effet, l'analyse fonctionnelle des complications provoquées par l'interaction d'une pluralité d'agents s'impose ici.

Même abstraction faite des relations sociales, la position parmi elles de l'action, les besoins de nature biologique, enfin les capacités d'un individu, présentent certains points de repère pour la détermination du système de l'action. Les besoins fonctionnels de l'intégration sociale, les condition nécessaires pour le fonctionnement d'une pluralité d'agents en tant qu'« unité », ou système suffisamment bien intégré pour exister comme tel, en offrent d'autres.

Les besoins fonctionnels, que leurs sources dernières soient biologiques, socioculturelles ou individuelles, sont satisfaits (pour autant qu'ils relèvent dynamiquement du schème conceptuel mentionné) par les *processus de l'action.* Le besoin de manger est biologiquement déterminé, mais le processus de la production de la nourriture et les variations dans les coutumes sociales concernant le goût de la nourriture et la consommation, ne sont pas plus déterminés biologiquement que n'importe quel autre phénomène social, tel, par exemple, l'émission d'un concert symphonique. Par conséquent, la « source » dernière de besoins ne joue pas, si ce n'est dans la mesure où elle affecte la structure et l'orientation des systèmes sociaux d'action, spécialement en produisant des « foyers » autour desquels se concentrent les attitudes, les symboles et les modèles d'action.

Une structure est un ensemble de relations cristallisées dans des modèles relativement stables. Étant donné que l'élément dont est constitué le système social est l'agent, une structure sociale représente un système standardisé des relations sociales entre les agents. Notons toutefois comme trait distinctif de la structure des systèmes d'action sociale, que l'agent ne participe pas à la plupart des relations en son entier[1], mais seulement sous un aspect limité et différencié, formant un « secteur » de son action totale. [...]
Il convient par conséquent de réviser la définition précédente pour dire que la structure sociale est un système des relations modèles entre des agents capables de jouer des rôles les uns à l'égard des autres.
Le rôle est un concept qui relie l'agent en tant qu'unité psychologique de comportement à la structure proprement *sociale.* [...]

Envisagés du point de vue fonctionnel, les rôles institutionnalisés constituent le mécanisme par lequel les virtualités si variées de la « nature humaine » s'intègrent dans un système unifié et global capable d'affronter les exigences d'une situation devant laquelle se trouvent placés la société et ses membres.

1. Au sens où telle brique, en tant que tout, fait ou ne fait pas « partie » de tel mur.

Talcott Parsons,
« La théorie sociologique systématique et ses perspectives »,
in G. Garvitch, Sociologie au XXe siècle, *PUF, Paris, 1950.*

COMMENTAIRE

L'œuvre de Talcott Parsons (1902-1979) est une contribution incontestable à la construction de la sociologie américaine, dont il cherche à fonder l'identité intellectuelle sur la base d'exigences théoriques. Dès sa première publication en 1937, Talcott Parsons se dresse avec virulence contre l'empirisme militant des chercheurs de terrain de l'École de Chicago, représentant alors la sociologie dominante aux États-Unis. Réhabiliter la théorie comme cadre d'interprétation et d'explication des enquêtes empiriques, conditionne, aux yeux de Talcott Parsons, l'accès de la sociologie au statut de science et la possibilité d'établir des relations avec d'autres disciplines, telles que la biologie, la psychologie... et surtout l'économie. Réalisant une synthèse des traditions classiques de la sociologie européenne : Max Weber, Vilfred

Pareto, Émile Durkheim, ainsi que des travaux de l'économiste anglais Alfred Marshall, Talcott Parsons centre sa réflexion sur l'étude de l'« action », du « système » et des « valeurs ». Dans la continuité de ces penseurs européens, il critique le rationalisme utilitariste anglo-saxon, qui accorde, selon lui, une foi naïve dans les possibilités intégratrices des lois du marché comme dans les caractéristiques rationnelles de l'action individuelle. Dans sa théorie de l'action sociale, Talcott Parsons s'attache au contraire à montrer que l'acteur, tout en cherchant à réaliser ses objectifs de la manière la mieux adaptée, se conforme néanmoins à des normes et à des déterminants émotionnels. Dans la suite de son œuvre, la « personnalité », la « société » et la « culture » vont constituer les trois systèmes qui composent sa théorie générale de l'action humaine. Ils concernent la socialisation et l'identité pour le premier, les interactions et les rôles sociaux pour le second, les structures symboliques et les valeurs pour le dernier. Les travaux ultérieurs de Talcott Parsons, plus abstraits, s'orientent vers une théorie de la société où se combinent les sous-systèmes économique, politique, culturel, social. Fondateur du « structuro-fonctionnalisme » et de l'analyse systémique en sociologie, ce maître à penser de l'Université de Harvard va marquer de nombreux disciples dont R.K. Merton et dominer la sociologie, au-delà des États-Unis, durant plusieurs décades.

mots-clés

SYSTÈME SOCIAL - ACTION SOCIALE - INTERACTION SOCIALE - ORIENTATION NORMATIVE - RÔLE SOCIAL - STRUCTURE SOCIALE - INSTITUTION — STRUCTURO-FONCTIONNALISME - ANALYSE SYSTÉMIQUE

S 12

Pierre Bourdieu

Science sociologique et « socioanalyse »

[P. B. :] *Homo academicus* est le point culminant, au moins au sens biographique, d'une sorte d'« expérimentation épistémologique » que j'ai commencée, de manière tout à fait consciente, au début des années soixante, quand j'ai appliqué à un univers familier les méthodes d'investigation que j'avais utilisées auparavant pour découvrir la logique des relations de parenté dans un univers étranger, celui des paysans et des ouvriers algériens. Derrière cette recherche, il y avait l'intention de renverser le rapport « naturel » de l'observateur à l'univers qu'il étudie, de rendre l'exotique familier et le familier exotique ; cela afin d'expliciter ce qui, dans les deux cas, est admis comme allant de soi *(taken for granted)* et de manifester en pratique la possibilité d'une objectivation sociologique complète et de l'objet et de la relation du sujet à son objet – ce que j'appelle *l'objectivation participante.* Mais je m'étais mis en quelque sorte dans une situation impossible : il m'était en effet particulièrement difficile d'objectiver complètement sans objectiver les intérêts que je pouvais avoir à objectiver ; sans me mettre moi-même en demeure (et en mesure) de résister à la tentation, qui est sans aucun doute inhérente à la position du sociologue, d'adopter un point de vue absolu sur son objet d'étude, d'exercer une sorte de pouvoir intellectuel sur le monde intellectuel. C'est dire que, pour mener à bien cette étude et la publier, il me fallait découvrir la vérité profonde de ce monde, à savoir que chacun y lutte pour faire ce que le sociologue est tenté de faire. J'ai dû objectiver cette tentation, et plus précisément objectiver la forme qu'elle pouvait prendre, à un certain moment, chez le sociologue Pierre Bourdieu.

[L. W. :] *Tout au long de votre œuvre, vous avez insisté sur la nécessité d'un retour réflexif sur le sociologue et sur son univers de production ; et sur le fait que, loin d'être une forme de narcissisme intellectuel, un tel examen a des conséquences scientifiques réelles.*

[P. B. :] Je crois que la sociologie de la sociologie est une dimension fondamentale de l'épistémologie de la sociologie. Loin d'être une spécialité parmi d'autres, elle est le préalable nécessaire de toute pratique sociologique rigoureuse. À mon avis, une des principales sources d'erreur dans les sciences sociales réside dans une relation incontrôlée à l'objet qui conduit à projeter cette relation non analysée dans l'objet de l'analyse. Ce qui me désole lorsque je lis certains travaux de sociologie, c'est que ceux qui font profession d'objectiver le monde social se montrent si rarement capables de s'objectiver eux-mêmes et ignorent si souvent que leur discours apparemment scientifique parle moins de leur objet que de leur relation à l'objet.

L'objectivation du regard sociologique se pratique beaucoup aujourd'hui, mais d'une manière incroyablement superficielle, sous des apparences radicales. Une véritable objectivation exige qu'on ne se contente pas d'attirer l'attention – pour les déplorer ou les condamner – sur les origines sociale, ethnique ou sexuelle du producteur culturel. Il s'agit aussi et surtout d'objectiver sa position dans l'univers de la production culturelle, ici dans le champ scientifique ou universitaire. [...]

Ce microcosme est aussi un monde social, ayant sa propre logique, à l'intérieur duquel des agents luttent pour des enjeux d'une espèce tout à fait particulière et obéissent à des intérêts qui peuvent être tout à fait désintéressés sous un autre rapport, du point de vue monétaire par exemple.

Toutefois, s'arrêter à ce stade, ce serait laisser échapper le « biais » *(bias)* le plus essentiel, dont le principe même ne réside ni dans la position sociale (la classe), ni même dans la position spécifique du sociologue dans le champ de production culturelle (et, du même coup, dans un espace de positions théoriques et méthodologiques possibles), mais dans les déterminations invisibles qui sont incrites dans la position de savant. Dès que nous observons le monde social, notre perception de ce monde est affectée d'un « biais » lié au fait que, pour l'étudier, pour le décrire et pour en parler, nous devons nous en abstraire plus ou moins complètement. Le *« biais » théoriciste ou intellectualiste* consiste à oublier d'inscrire, dans la théorie du monde social que nous construisons, le fait qu'elle est le produit d'un regard théorique, d'un « œil contemplatif » *(théôrein)*. Une sociologie véritablement réflexive doit être sans cesse en garde contre cet épistémocentrisme, cet « ethnocentrisme de savant », qui consiste à ignorer tout ce que l'analyste projette dans sa perception de l'objet du fait qu'il est extérieur à l'objet, qu'il observe de loin et de haut. De même que l'anthropologue qui construit une généalogie a un rapport à la « parenté » qui n'a rien de commun avec celui d'un père kabyle qui doit résoudre un problème pratique et urgent – trouver une épouse convenable pour son fils –, de même le sociologue qui étudie le système scolaire a un « usage » de l'école qui n'a rien à voir avec ceux d'un père cherchant une bonne école pour sa fille.

Cela conduit à conclure non que la connaissance théorique ne vaut rien, mais qu'il faut en connaître les limites et associer à tout compte rendu scientifique un compte rendu des limites des comptes rendus scientifiques : la connaissance théorique doit nombre de ses propriétés les plus essentielles au fait que les conditions de sa production ne sont pas celles de la pratique.

Pierre Bourdieu,
RÉPONSES. POUR UNE ANTHROPOLOGIE RÉFLEXIVE,
coll. Libre examen, Éditions du Seuil, Paris, 1992.

COMMENTAIRE

Dans cet ouvrage, Pierre Bourdieu répond aux questions de Loïc J.D. Wacquant, sociologue américain.
Dans la période qui suit la Deuxième Guerre mondiale, la sociologie française acquiert son identité scientifique et professionnelle. Pierre Bourdieu (1930-) contribue à cette construction en associant de manière concomitante une réflexion théorique et épistémologique sur la sociologie et sa pratique à de nombreuses recherches empiriques dans le domaine de la culture. Les premiers travaux de ce philosophe d'origine portent sur la société algérienne et les communautés kabyles prises dans le contexte colonial français. Pierre Bourdieu en dégage une problématique de la domination sociale où la culture joue un rôle plus déterminant que les facteurs économiques ou le seul exercice de la force physique ou politique. En introduisant une culture étrangère, produit historique de la civilisation occidentale, la société française a imposé la légitimité de ses référents culturel au système traditionnel de la société algérienne. Victime d'une « violence symbolique », ce système traditionnel ne pouvait pas préserver sa cohérence interne face à la domination coloniale française. Pierre Bourdieu développe cette problématique de la violence symbolique et de la domination sociale dans ses travaux ultérieurs sur l'école et le champ culturel, en montrant comment se reproduisent les inégalités entre les classes et les groupes sociaux dans les sociétés capitalistes occidentales. Marqué par les pensées de Karl Marx, de Max Weber et d'Émile Durkheim, mais aussi de Lévi-Strauss et du structuralisme, Pierre Bourdieu élabore une théorie des pratiques et des structures sociales, qui associe un déterminisme de classe à des itinéraires individuels, des représentations et des conduites subjectives. À travers, notamment, les concepts d'« ethos » et d'« habitus », il articule histoire personnelle et rapport de classe. Empruntant, par ailleurs, à l'économie, les notions d'« intérêt » et de « capital », Pierre Bourdieu étudie les stratégies et les potentialités que les agents sociaux mobilisent en fonction des biens économiques, culturels, symboliques et relationnels dont ils sont dotés. La notion de « champ », quant à elle, est utilisée pour analyser les luttes de pouvoir, de concurrence et les enjeux de légitimité, à l'œuvre dans chaque lieu de la production sociale.
Pierre Bourdieu préconise une réflexion épistémologique et sociologique permanente sur le travail de recherche en sociologie. À l'instar de la psychanalyse, il propose au sociologue de recourir à la « socioanalyse », afin de se rendre conscient et maître des déterminants personnels et sociaux à l'œuvre dans sa pratique professionnelle.

mots-clés

HABITUS – VIOLENCE SYMBOLIQUE – CHAMP SOCIAL – CAPITAL ÉCONOMIQUE – CAPITAL SOCIAL – CAPITAL CULTUREL – SOCIOANALYSE – RUPTURE ÉPISTÉMOLOGIQUE – ETHOS – ETHNOCENTRISME

S 13

Alain Touraine

Sociologie de l'action et historicité

La sociologie est en crise de manière permanente. Ce sentiment est si courant qu'il finit par ne plus inquiéter. Beaucoup sont même tentés de dire que ce jugement ne fait que traduire les problèmes personnels des sociologues, qui seraient par nature des individus mal intégrés ou plus sensibles que d'autres aux crises de la société. Je maintiens pourtant que cette crise est réelle et qu'elle commande l'activité de tous les sociologues, car elle porte sur la définition même de la sociologie. Elle provient de la difficulté croissante à placer au centre des études sur la vie sociale l'idée de société. Il est vrai que nous employons souvent ce mot en un sens neutre. Parler de la société française revient le plus souvent à parler de la France. Cependant la sociologie, telle qu'elle s'est formée et développée, s'est bien organisée autour de cette idée centrale, c'est-à-dire autour de la croyance qu'un ensemble social s'organise autour d'un centre ou d'une logique centrale, de telle sorte que les divers domaines de la vie collective apparaissent remplir des fonctions institutionnalisées, maintenues par des mécanismes de contrôle social et de socialisation. Ces ensembles ont une permanence, qui n'exclut ni les tensions ni les crises internes, mais qui transforme les mécanismes institutionnels en un ensemble concret dont la forme habituelle est l'État national. L'idée de société n'est en effet pas séparable de la réalité prédominante des États nationaux et le centre ou la logique centrale de la société ne sont presque jamais compris autrement que comme l'État de droit, dans la tradition anglaise et française. [...]

Placer au centre de la sociologie le concept de mouvement social. Ce terme ne doit désigner ni des forces de changement ni n'importe quel type d'action collective. Je m'efforce de le réserver aux conflits sociaux centraux, à ceux qui mettent en cause le contrôle social de l'historicité, des modèles de construction des relations entre un ensemble social concret, qu'on peut continuer à appeler société pour des raisons de commodité, et son environnement. Cette notion est neuve. Ce qu'on a appelé les forces sociales a été analysé soit en termes d'évolution, comme étant les forces de progrès ou les forces de résistance au progrès, soit en termes de fonctionnement d'un système. Les uns ont parlé de déviance ou de tendance à la reconstitution de l'élément social détruit ; d'autres ont parlé des contradictions internes d'un système de domination sociale. Dans tous les cas les conduites collectives ont été considérées comme les manifestations de mécanismes qui trouvaient leur sens en dehors des acteurs et de leurs rapports. Il est remarquable que dans nos sociétés industrielles, dans lesquelles le mouvement ouvrier a joué un rôle constamment si important, presque aucune étude approfondie n'ait été consacrée à ce mouvement jusqu'à une date assez récente.

L'idée de mouvement social est donc nouvelle. Elle oblige à considérer que les acteurs ne répondent pas seulement à des situations mais qu'ils produisent celles-ci à travers leurs orientations culturelles, leurs rapports sociaux, leurs relations politiques et organisationnelles. Ces acteurs doivent être définis à la fois par leurs orientations culturelles et par leurs conflits sociaux. Ces orientations ne sont pas leurs objectifs ou leurs valeurs personnels ; elle sont les mêmes pour les adversaires en présence car elles sont l'enjeu de leurs conflits. Les conflits sociaux de leur côté ne sont pas des jeux à somme nulle car ils visent à la transformation des formes organisationnelles et institutionnelles de la vie collective.

Cette transformation du champ de la sociologie et cette interprétation de la disparition de l'idée de société ont une conséquence plus importante peut-être que les autres. J'ai dit que l'idée de société n'était pas séparable de la formation et du développement des États nationaux. Le passage de la sociologie classique à la sociologie de l'action s'accompagne de la séparation de ce qui concerne la vie sociale et de ce qui concerne l'État. Si la vie sociale perd son unité, son centre et ses mécanismes d'institutionnalisation, de contrôle et de socialisation, l'État ne cesse de se renforcer. Le domaine de l'Un, qui n'est plus celui de la vie sociale, se retourne contre elle. L'Un pouvait être identifié aux garants métasociaux de l'ordre social, qu'il s'agisse de Dieu, de la Raison ou de l'Histoire. Aujourd'hui l'Un n'est plus métasocial, il tend à se substituer à la vie sociale, à écraser les rapports sociaux, la diversité des conduites et l'autonomie des activités sociales. Sur les ruines de l'idée de société se développent simultanément et concurremment l'historicité, c'est-à-dire la capacité des sociétés de se produire elles-mêmes, et les États totalitaires qui imposent des principes d'unité qui sont destructeurs de toutes les relations sociales. Le retour de l'acteur n'est pas seulement la naissance de l'homme-dieu, dont les facultés de production et de transformation sont quasi illimitées; il est tout autant, et de nos jours on est tenté de dire davantage encore, le développement d'États, qui ne sont plus les États despotiques d'autrefois ou de super-acteurs sociaux cherchant à accroître leur puissance mais des États totalitaires, c'est-à-dire dont la fonction principale est de détruire la vie sociale pour le plus grand intérêt de ceux qui accumulent le pouvoir et veulent commander le temps et l'espace, l'avenir et l'ensemble de la planète. [...]
L'autre tâche prioritaire de la sociologie est de découvrir et d'analyser, là où les mécanismes de fonctionnement et de changement social ont gardé une grande autonomie par rapport au pouvoir étatique, les nouveaux acteurs, les nouveaux conflits et surtout les nouveaux enjeux. Ceci oblige à une rupture souvent difficile avec les modes de pensée antérieurs.

Alain Touraine,
LE RETOUR DE L'ACTEUR : ESSAI DE SOCIOLOGIE (1984),
Librairie Arthène Fayard, Paris, 1984.

COMMENTAIRE

Venu à la discipline sociologique par l'histoire, Alain Touraine (1925-) se consacre d'abord à la sociologie du travail. Par la suite, il va surtout marquer la sociologie française par sa conception de la société et de son historicité et par sa réflexion sur le rôle critique de la sociologie.
Analyste privilégié de la crise universitaire et des mouvements contestataires de 1968, Alain Touraine anticipe le passage historique de la société industrielle à la société postindustrielle. La première, issue de l'industrialisation au XIXe siècle, dominée par les luttes ouvrières, est centrée sur la problématique économique de l'accumulation et sur la question politique de l'intervention ou non de l'État. La seconde, au contraire, se construit essentiellement autour des lieux de la création culturelle : université, recherche, information... où s'élaborent de nouvelles

orientations collectives, de nouvelles identités avec des exigences d'émancipation individuelle et relationnelle ainsi qu'un rejet de tout contrôle social et politique de nature centralisé et technocratique.
L'historicité selon Alain Touraine traduit le rapport conflictuel entre deux exigences contradictoires des sociétés modernes. D'une part il s'agit de gérer la reproduction d'un équilibre et d'un « ordre interne » (fonctionnement institutionnel et organisationnel, transmission des normes culturelles, système de stratification sociale, forme de division du travail...), d'autre part il faut répondre à la nécessité pour toute société à se produire elle-même, dans un rapport actif à l'environnement qui ne peut être que transformation de son ordre interne. La préoccupation essentielle d'Alain Touraine est de rendre compte de la manière dont les sociétés, tels des sujets, à travers leur « système d'action » font leur histoire. Cependant ce sociologue ne reprend pas le modèle idéaliste de la philosophie hégélienne, mais produit une nouvelle philosophie de l'Histoire qui prend appui sur l'analyse sociologique des « mouvements sociaux », expression collective de la créativité et de la contestation dans une société donnée.
Alain Touraine prône une sociologie en rupture avec les idéologies naturalistes du XIXe siècle, telles que le marxisme ou celles conservatrices de l'intégration sociale. Tout en affirmant sa place dans le champ des connaissances scientifiques, il confère aussi à la sociologie le but « d'activer la société, de faire voir ses mouvements, de contribuer à leur formation, de détruire tout ce qui impose une unité substantive ».

mots-clés

SOCIÉTÉ INDUSTRIELLE – SOCIÉTÉ POST-INDUSTRIELLE – ACTION SOCIALE – ACTEUR – CONDUITE SOCIALE – MOUVEMENT SOCIAL – SYSTÈME HISTORIQUE – SYSTÈME D'ACTION – PROJET HISTORIQUE – INSTITUTION – ORGANISATION

S 14

Raymond Boudon

« La logique du social »

Plus généralement, il paraissait y avoir une corrélation négative entre la qualité des universités, fort variable aux États-Unis comme on sait, et les critiques formulées à l'endroit du système universitaire : plus les universités étaient réputées, plus elles étaient en butte à la vindicte des étudiants. Il est, bien entendu, facile de donner des interprétations *ad hoc* de ce phénomène. Les étudiants sont d'autant meilleurs dans leurs performances scolaires et proviennent de milieux sociaux d'autant plus élevés que les universités sont plus prestigieuses ; les étudiants sont d'autant plus « conscients » qu'ils sont meilleurs. La difficulté de cette interprétation est que, si le premier point paraît assuré, le second est plus contestable et exige en tout cas une confirrnation empirique. Une analyse en termes de classes sociales ne serait pas plus satisfaisante : à supposer que les étudiants provenant des couches favorisées soient les plus conscients des insuffisances et injustices du système universitaire, comment expliquer qu'ils aient été les plus prompts à s'opposer à un système dont ils tiraient profit ?

L'inversion surprenante de la corrélation entre la qualité du service universitaire et le degré de protestation qu'il suscita ne peut donc être expliqué facilement à l'aide de l'hypothèse selon laquelle les utilisateurs auraient été d'autant moins exigeants que le service était moins bon. En réalité elle s'explique, au moins en partie, comme une conséquence indirecte des choix de rôle effectués par les acteurs et de la liaison entre choix de rôle et structure du système.

Le rôle d'enseignant d'université comporte au moins deux sous-rôles : rôle d'enseignant et rôle de chercheur. C'est pourquoi on parle en France d'enseignants-chercheurs. Oublions pour le moment qu'il comporte aussi éventuellement d'autres sous-rôles facultatifs : ceux d'*intellectuel* ou d'*expert* par exemple. L'existence de ces deux sous-rôles est une conséquence de la fonction de l'université telle qu'elle est plus ou moins confusément définie : *produire* (chercheur) et *transmettre* (enseignant) des connaissances. Bien entendu, il faut ajouter à cette « définition » de l'université le postulat selon lequel les fonctions de production et de transmission du savoir ne peuvent sans inconvénient être trop brutalement dissociées au niveau des individus. Ce postulat est considéré comme une évidence aux États-Unis et dans tous les pays ayant, au XIXe siècle, adopté le modèle universitaire allemand.

Cette *dualité* du rôle d'enseignant-chercheur crédite les individus qui occupent un tel rôle de ce qu'on peut appeler un *degré de liberté :* ils ont, dans certaines limites, *la liberté* de réaliser le dosage qui leur convient le mieux entre les deux sous-rôles qu'ils sont censés jouer. [...]

[...] Le système universitaire américain se caractérise, si on le compare par exemple au système français, par une forte mobilité de ses acteurs. Les établissements universitaires étant très inégalement prestigieux sont inégalement recherchés. Il en résulte qu'un individu dont la notoriété est en hausse cherchera « normalement » à passer dans une institution plus prestigieuse. De leur côté, les institutions prestigieuses cherchent à conserver et si possible à augmenter leur prestige en s'attachant le concours des candidats dont la notoriété est la plus grande. Mais, de par la « nature » des sous-rôles, la notoriété s'établit sur la base bien plus de la qualité des travaux de recherche (dont la valorisation est le fait d'instances générales) que de la qualité de l'enseignement (dont la valorisation est par essence locale). Il en résulte que les meilleures universités sont aussi celles où les enseignants, étant plus souvent des chercheurs notoires, ont plus souvent tendance à interpréter leur rôle d'*enseignant* de la façon la plus restrictive possible, cherchant à minimiser le temps consacré à ce sous-rôle et à dépenser leur énergie exclusivement dans le cadre d'enseignements directement liés à la recherche. On aboutit ainsi à une première contradiction qui explique en partie l'inversion de la corrélation entre qualité et protestation : les « meilleures » universités sont celles qui ont les « meilleurs » professeurs et les « meilleurs » étudiants. Mais ce sont aussi celles où les professeurs s'occupent le moins des étudiants, ou, plus exactement, s'occupent le moins de la catégorie des étudiants la plus nombreuse, à savoir les étudiants en début de *cursus.* Nombreux, conscients de leur qualité, puisque recrutés sur la base d'un processus de sélection sévère, ces étudiants avaient aussi plus fréquemment que ceux des institutions de moindre prestige le sentiment d'être délaissés par le corps enseignant.

Mais une autre conséquence de la structure du système des rôles vient renforcer cette « contradiction ». Les individus ayant « choisi » de privilégier leur sous-rôle d'« enseignant » ont tendance à être plus fortement engagés dans la vie de l'établissement auquel ils appartiennent. Le système de rémunération dont ils dépendent coïncide avec les limites de l'établissement. En conséquence, ils ont un intérêt évident à maximiser leur contrôle sur les décisions prises dans l'établissement. C'est pourquoi ils ont tendance à apparaître comme fortement impliqués dans la vie de l'établissement. À l'inverse, les enseignants qui ont réussi à se donner une image de chercheur dépendent par là même d'un système de rémunération dont les frontières sont beaucoup plus larges que celles de l'établissement. En conséquence, ils n'ont guère intérêt à dépenser beaucoup d'énergie pour développer le niveau de leur contrôle sur le système local.

[...] Cet exemple est intéressant à plus d'un titre. Bien que simple, il est très illustratif de l'analyse sociologique des systèmes fonctionnels. Il montre en particulier l'importance de la stratégie de l'individualisme méthodologique. Pour démêler la signification de l'inversion de la corrélation entre protestation et qualité, il a été nécessaire de décrire la structure du champ stratégique dans lequel sont situés les acteurs individuels. Le phénomène global, émergeant au niveau du système dans son ensemble (la révolte des privilégiés), n'est explicable que si l'unité de l'analyse est représentée par des acteurs individuels cherchant à servir au mieux leur intérêt en fonction de contraintes (situées au niveau de l'individu lui-même en même temps que du système) définissant un champ stratégique.

Raymond Boudon,
La Logique du social : introduction à l'analyse sociologique (1979),
Hachette, Paris, 1979.

COMMENTAIRE

Les écrits de Raymond Boudon (1934-) occupent une place singulière dans la sociologie française contemporaine. Très critique à l'égard des analyses holistiques et du déterminisme social comme principe explicatif, ce professeur, philosophe de formation, réhabilite en France, contre Émile Durkheim et son École, les pensées de Herbert Spencer et de Gabriel Tarde. Il est influencé par le sociologue américain Paul Lazarsfeld, dont il partage la « conviction selon laquelle le progrès scientifique passe par la clarification du langage ». Raymond Boudon se reconnaît aussi dans les présupposés épistémologiques de Karl Popper. Il refuse les grandes théories et fixe plutôt comme but à la sociologie l'analyse formelle et méticuleuse d'une réalité sociale bien circonscrite. Il appuie ses réflexions sur la mise en évidence de corrélations paradoxales : par exemple, les universités américaines réputées sont aussi celles qui génèrent le plus grand mécontentement étudiant, de même dans la France d'après-guerre le développement du système scolaire s'accompagne d'une certaine stagnation de la mobilité.

Il prône une démarche en sociologie basée sur « l'individualisme méthodologique » et fonde une théorie de l'action individuelle. L'agent social individuel, toujours autonome dans ses choix et ses décisions, se confronte cependant aux contraintes des systèmes d'interactions dans lesquels il est pris. L'« agrégation » et la « composition » des conduites d'individus non organisés produisent des

conséquences non recherchées, qui échappent à toute volonté et à toute anticipation : ce sont les effets pervers.
Se détournant des théories du sujet historique, Raymond Boudon prend en considération un acteur qui se comporte comme un agent intentionnel, autonome et à « rationalité limitée », qui agit toujours avec des informations réduites dans des situations d'incertitude. En sociologue, cet auteur insiste sur l'importance des systèmes d'interdépendance qui articulent les actions individuelles et en font des phénomènes sociaux.

mots-clés

HOLISME – INDIVIDUALISME MÉTHODOLOGIQUE – SYSTÈME DE RÔLES – SYSTÈME FONCTIONNEL – CHAMP STRATÉGIQUE – ACTEUR – AGENT – SYSTÈME – CONDUITE SOCIALE – EFFET PERVERS – AGRÉGATION – COMPOSITION

2e PARTIE

SOCIÉTÉ, CULTURE, CIVILISATION

Qu'est ce que la culture ? En quoi diffère-t-elle de la nature ainsi que de l'ensemble de la société dans laquelle vivent les hommes ? Cette interrogation, qui traverse l'histoire de la pensée sociale, connaît dès le XVIIIe siècle une formulation nouvelle. Ainsi Montesquieu[1], dans sa recherche des lois de la polygamie à Malabar, sait déjà qu'il n'y a pas des lois « barbares » et des lois « civilisées », mais seulement des lois explicables. L'esprit que les hommes prêtent à leurs lois et qu'ils refusent à d'autres n'est qu'un phénomène parmi d'autres dans l'étude de la variété des institutions humaines. Le raisonnement sociologique, exige en effet pour apparaître, que les termes de « loi », d'« esprit » et surtout de « civilisation » changent de sens.

Dès sa naissance, à la fin du XVIIIe siècle, le mot de civilisation est soumis à la pensée d'une époque où, sous l'égide de l'observation et de la statistique débutante, se développent enquêtes et mémoires. Partie d'un sens absolu et idéal, cette notion sera par la suite relativisée. S'appuyant sur des bases historiques, ethniques ou culturelles, elle prendra en compte, dans une perspective comparatiste, des faits particularisés et individualisés. La critique radicale du concept de civilisation et de ses connotations évolutionnistes ou ethnocentriques devient une condition préalable à la constitution de la sociologie et de l'ethnologie comme disciplines. Il n'y a pas une société « civilisée » opposée à des sociétés « barbares », mais seulement des sociétés différentes qu'il s'agit de comprendre et d'expliquer. Leur dynamique se confronte à des phénomènes d'acculturation qu'on retrouve aussi chez les individus confrontés à la socialisation et à l'insertion dans une culture étrangère.

Au relativisme des culturalistes s'opposent le fonctionnalisme comparatif de l'anthropologie sociale britannique ainsi que la recherche, par l'ethnologie structuraliste, des combinatoires, des modèles et des lois à l'œuvre dans la culture et dans l'esprit humain.

Parce qu'il est un être de langage à la recherche du sens au-delà des faits, l'homme produit des symboles. Le symbolisme, et l'interprétation sémiologique qu'il requierre, participe ainsi de tous les aspects agis et parlés de la culture.

De toutes les institutions humaines, la famille est celle qui articule le mieux le biologique au symbolique, le culturel au social et à l'économique. La dimension universelle de l'institution familiale se confronte aux transformations historiques de son organisation sociale. Au centre de la problématique anthropologique, les études sur la famille illustrent le dialogue nécessaire entre historiens, sociologues et ethnologues.

La confrontation à d'autres ensembles culturels fournit aux culturalistes américains les éléments d'une distance nécessaire qui leur fait relativiser, les valeurs et les modèles de leur propre société. De même le recours à la théorie, loin de tout empirisme, établit les conditions d'élaboration d'un discours critique, de nature dialectique, empreint d'humanisme marxiste. À travers la remise en question de l'idée de progrès, les fondements aliénants et oppressifs des sociétés industrielles occidentales sont révélés et contestés.

Si, grâce à leur capacité symbolique, les hommes se représentent le monde matériel et social et les relations qu'ils entretiennent avec cet environnement, le modèle culturel, lui, contribue à définir et mettre en forme la capacité des sociétés à se transformer et à gérer leurs activités. S'il n'y a pas de société sans culture, la culture n'existe que dans et à travers la vie sociale concrète.

Mais la société n'est jamais une réalité homogène, elle est formée de groupes sociaux différenciés ayant des intérêts partiellement communs et partiellement distincts. Les groupes sociaux ont des modèles culturels qui leur sont propres. Les groupes dominants ont tendance à identifier leur vision du monde et leurs intérêts spécifiques, à « l'intérêt général » et plus généralement au modèle culturel de la société. Quelle que soit l'efficacité de la domination sociale et la puissance des instances de légitimation de l'ordre existant, la culture d'une société n'est pas monolithique, elle est traversée de mouvements de transformation, de réinterprétation, d'ajustement et de contestation. Il existe des sous-cultures et des contre-cultures qui ne sont ni des cultures de la pénurie régies par la contrainte financière ni de simples formes dévaluées ou dévalorisées de la culture dominante.

Les sociologues se sont interrogés sur la dynamique des modèles culturels dans les sociétés modernes. Les productions sociologiques consacrées aux relations entre l'idéologie et la culture ont été orientées par quelques interrogations récurrentes. La dynamique de la modernité débouche-t-elle sur une homogénéisation ou sur une différenciation des manières de penser, de sentir et d'agir ? Quelle est, dans les sociétés traditionnelles et dans les sociétés modernes, la fonction des systèmes de représentations sociales ? Quelles sont les conséquences du développement de la connaissance scientifique et des processus de rationalisation et d'intellectualisation du monde ? Comment les intellectuels participent-ils au changement social ? Est-on en droit de considérer que les superstructures sont le reflet de l'activité économique, des structures et des mécanismes d'accumulation ou de répartition du surplus ? Dans quelle mesure le décloisonnement des groupes sociaux et l'ouverture sur le monde provoqués par la diffusion des moyens de communication de masse donnent-ils naissance à une culture de masse relativement homogène ? Quel est l'avenir des sous-cultures ? Peut-on dépasser l'opposition entre le monde des idées et le monde matériel, que les sciences de l'homme et de la société ont hérité du XIXe siècle ? Quel est le rôle de l'idéologie dans les sociétés contemporaines ?

---

1. *Montesquieu,* De l'esprit des lois, *Classiques Garnier, T. 1, livre XVI.*

Approches anthropologiques et critiques

S 15

Claude Lévi-Strauss

Ethnocentrisme

[...] Il semble que la diversité des cultures soit rarement apparue aux hommes pour ce qu'elle est : un phénomène naturel, résultant des rapports directs ou indirects entre les sociétés ; ils y ont plutôt vu une sorte de monstruosité ou de scandale ; dans ces matières, le progrès de la connaissance n'a pas tellement consisté à dissiper cette illusion au profit d'une vue plus exacte qu'à l'accepter ou à trouver le moyen de s'y résigner.

L'attitude la plus ancienne, et qui repose sans doute sur des fondements psychologiques solides puisqu'elle tend à réapparaitre chez chacun de nous quand nous sommes placés dans une situation inattendue, consiste à répudier purement et simplement les formes culturelles : morales, religieuses, sociales, esthétiques, qui sont les plus éloignées de celles auxquelles nous nous identifions. « Habitudes de sauvages », « cela n'est pas de chez nous », « on ne devrait pas permettre cela », etc., autant de réactions grossières qui traduisent ce même frisson, cette même répulsion, en présence de manières de vivre, de croire ou de penser qui nous sont étrangères. Ainsi l'Antiquité confondait-elle tout ce qui ne participait pas de la culture grecque (puis gréco-romaine) sous le même nom de barbare ; la civilisation occidentale a ensuite utilisé le terme de sauvage dans le même sens. Or derrière ces épithètes se dissimule un même jugement : il est probable que le mot barbare se réfère étymologiquement à la confusion et à l'inarticulation du chant des oiseaux, opposés à la valeur signifiante du langage humain ; et sauvage, qui veut dire « de la forêt », évoque aussi un genre de vie animale, par opposition à la culture humaine. Dans les deux cas, on refuse d'admettre le fait même de la diversité culturelle ; on préfère rejeter hors de la culture, dans la nature, tout ce qui ne se conforme pas à la norme sous laquelle on vit.

Cette attitude de pensée, au nom de laquelle on rejette les « sauvages »(ou tous ceux qu'on choisit de considérer comme tels) hors de l'hunanité, est justement l'attitude la plus marquante et la plus distinctive de ces sauvages mêmes. On sait, en effet, que la notion d'humanité, englobant, sans distinction de race ou de civilisation, toutes les formes de l'espèce humaine, est d'apparition fort tardive et d'expansion limitée.

[...] Mais pour de vastes fractions de l'espèce humaine et pendant des dizaines de millénaires, cette notion paraît être totalement absente. L'humanité cesse aux frontières de la tribu, du groupe linguistique, parfois même du village ; à tel point qu'un grand nombre de populations dites primitives se désignent d'un nom qui signifie les « hommes » (ou parfois – dirons-nous avec plus de discrétion – les « bons », les « excellents » les « complets »), impliquant ainsi que les autres tribus, groupes ou villages ne participent pas des vertus – ou même de la nature – humaines, mais sont tout au plus composés de « mauvais », de « méchants », de « singes de terre » ou d'« œufs de pou ».

On va souvent jusqu'à priver l'étranger de ce dernier degré de réalité en en faisant un « fantôme » ou une « apparition ». Ainsi se réalisent de curieuses situations où deux interlocuteurs se donnent cruellement la réplique. Dans les Grandes Antilles, quelques années après la découverte de l'Amérique, pendant que les Espagnols envoyaient des commissions d'enquête pour rechercher si les indigènes possédaient ou non une âme, ces derniers s'employaient à immerger des blancs prisonniers afin de vérifier par une surveillance prolongée si leur cadavre était, ou non, sujet à la putréfaction.

Cette anecdote, à la fois baroque et tragique, illustre bien le paradoxe du relativisme culturel (que nous retrouverons ailleurs sous d'autres formes) : c'est dans la mesure même où l'on prétend établir une discrimination entre les cultures et les coutumes que l'on s'identifie le plus complètement avec celles qu'on essaye de nier. En refusant l'humanité à ceux qui apparaissent comme les plus « sauvages » ou « barbares » de ses représentants, on ne fait que leur emprunter une de leurs attitudes typiques. Le barbare, c'est d'abord l'homme qui croit a la barbarie.

Claude Lévi-Strauss,
« Race et Histoire »,
in Anthropologie structurale II (1973),
Librairie Plon, Paris, 1973, pp. 382-384.

COMMENTAIRE

Toute recherche et toute théorisation actuelles en sociologie et en ethnologie, supposent la critique radicale des conceptions évolutionniste et ethnocentrique de la culture au profit d'un relativisme culturel. Accepter la complexité de chaque culture, aussi exotique soit-elle, est la condition première à l'étude de sa spécificité, et ceci afin de mieux la comprendre et la comparer à d'autres cultures.

Cette attitude, à la fois historique, éthique et méthodologique, face aux faits de civilisations, ne va pas de soi.

D'une part, elle oblige le chercheur de terrain à effectuer un travail permanent sur lui-même, afin de résister au mouvement spontané de rejet de tout ce qui heurte les préceptes, les valeurs et les habitudes, qui lui viennent de sa propre culture et qui le constituent en être social.

D'autre part, cette attitude a exigé une transformation dans les mentalités et les conceptions de l'Autre, comme étranger. Le paradigme qui définit le « civilisé » par opposition au « barbare » devait être renversé.

La première étape de cette transformation historique voit le jour au XVIIIe siècle, dans un contexte intellectuel et scientifique qui manifeste un intérêt pour l'observation des faits. Un long procès de spécialisation et de mise au point relativiste des idées universelles s'opère alors, non seulement dans les sciences naturelles, mais aussi dans les domaines de l'histoire, de l'ethnographie, de la linguistique... L'Homme est désacralisé et devient un objet d'étude parmi d'autres. La première société savante de nature ethnographique est créée en l'An VIII : la « Société des Observateurs de l'Homme ». On y trouve des personnalités telles que Cabanis, de Gerando, Jauffret, Broca ou encore le docteur Itard... L'idée que « le premier moyen de connaître les sauvages est de devenir en quelque sorte l'un d'entre eux » est au cœur-même de l'orientation de ces ethnologues ou médecins devenus ethnographes. La diversité des cultures n'est plus pour eux la conséquence de dispositions congénitales mais plutôt celle de situations diverses prises dans une échelle

temporelle d'évolution, série d'étapes identiques, par lesquelles passent les groupes humains. Dans cette conception, les peuples primitifs témoignent de phases par lesquelles les peuples civilisés sont passés.
Le paradigme évolutionniste servira de premier cadre à l'étude des sociétés dites primitives. Il se développera au XIXe siècle avec la théorie darwinienne et les travaux ethnologiques d'américains tels que Lewis Morgan et Edward Tylor. Ce dernier, évolutionniste éclairé, commence à privilégier le terrain et à prendre en compte les problèmes de diffusion culturelle et de méthodes comparatistes.
La question de l'ethnocentrisme ne sera vraiment abordée qu'au début du XXe siècle, avec la naissance de l'ethnologie moderne, dont Bronislaw Malinovski est un des fondateurs avec son étude sur les Trobriandais du Pacifique Occidental. Le terrain d'observation, centré sur des ethnies ou des communautés particulières, sert de support a la théorisation de faits sociaux, économiques, culturels ou symboliques. Mais la prise en compte radicale des aspects théoriques et pratiques de l'ethnocentrisme reviendra à Claude Lévi-Strauss, à travers la critique radicale qu'il portera à l'évolutionnisme. Par ailleurs, en reliant cette question de démarche ethnologique à celle du racisme, cet auteur lui confère une dimension qui témoigne du rapport universel et paradoxal de l'homme à sa culture.

mots-clés

RACISME – ÉVOLUTIONNISME – RELATIVISME CULTUREL – ETHNOCENTRISME

S 16

Ruth Benedict

« Pattern » culturel

Un chef de « pionniers indiens », ainsi que les dénomment les Californiens, m'entretint longuement un jour des coutumes de son peuple aux temps anciens.

[...] « Au commencement, me dit-il, Dieu a donné à chaque homme un bol d'argile et ce fut dans ce bol que les gens burent leur vie. [...] Ils l'ont tous plongé dans l'eau, poursuivit-il, mais leurs bols étaient différents. Notre bol à nous est cassé maintenant. Il n'existe plus. »

Notre bol est cassé. Les choses qui avaient donné un sens à la vie de son peuple, les rites alimentaires de la famille, les obligations de son système économique, la succession des cérémonies au village, la possession de la danse de l'ours, leurs notions du bien et du mal, toutes ces choses avaient disparu et, avec elles la forme et le sens de leur vie. [...] Ce vieil homme [...] avait dans l'esprit la perte de quelque chose possédant une valeur égale à celle de la vie elle-même.

[...] Il n' était pas question de raccommoder le bol en ajoutant ici ou en retranchant là. C'était le modelage qui était d'importance fondamentale, en quelque sorte d'une seule pièce.

[...] Ramon avait éprouvé personnellement l'expérience de ce dont il parlait. Il était à cheval sur deux civilisations dont les manières de voir et les modes de penser n'avaient rien de commun entre elles.

[...] Le cours de la vie et l'influence du milieu, sans parler de la fertilité de l'imagination humaine, fournissent un nombre incroyable de manières d'agir possibles; toutes, semble-t-il, pourraient servir à l'existence d'une société. Il y a les divers types de propriété avec la hiérarchie sociale qui peut s'associer à ces possessions; il y a les biens matériels avec leur minutieuse technologie; il y a tous les aspects de la vie sexuelle de la parenté et de la progéniture; il y a les corporations ou les cultes qui peuvent servir de structure à une société; il y a les échanges économiques. Il y a les dieux et les sanctions surnaturelles. Chacune de ces choses et beaucoup d'autres encore ont pu être inséparables d'intentions culturelles et de cérémonies qui monopolisent l'énergie culturelle et ne laissent pas grand-place à la création d'autres particularités caractéristiques.

[...] Il en est de la vie culturelle comme du langage; la sélection y est de première nécessité. [...] Les civilisations sont quelque chose de plus que la somme de leurs caractéristiques principales. Nous pouvons tout connaître des diverses formes du mariage dans une tribu, ses danses rituelles et ses cérémonies d'initiation pour la puberté, et ne rien comprendre à cette culture qui, dans l'ensemble, s'est servie de ces éléments, pour réaliser ses propres desseins. Pour ce but qu'elle s'est assignée, elle a sélectionné tous les traits caractéristiques possibles dans des régions environnantes et elle a pris ceux dont elle pourra se servir, en rejetant ceux qui lui seront inutiles. Certaines caractéristiques, elle les ajuste en conformité avec ce qu'elle désire obtenir. Ce processus, bien entendu, n'est pas constamment conscient, mais ne pas en tenir compte dans une étude de la formation d'un type de civilisation humaine, ce serait renoncer à toute possibilité d'une interprétation intelligente.

[...] J'ai choisi trois civilisations primitives pour faire ressortir certains détails. [...] Les trois civilisations de Zuni, de Dobu et de Kwakiult ne sont pas seulement des conglomérats hétérogènes d'actes et de croyances. Chacune d'elles vise certains buts vers lesquels tendent leur manière de se comporter, et que leurs institutions favorisent. Elles diffèrent l'une de l'autre non seulement parce que certain trait se trouve présent ici et absent là, et parce que tel autre trait peut se trouver en deux régions sous deux formes différentes. Elles diffèrent encore bien davantage parce qu'elles sont orientées dans leur ensemble vers des directions différentes. Elles voyagent sur des routes différentes à la poursuite de fins différentes, et ces fins et ces moyens dans une société ne peuvent être jugés sous l'angle de ceux d'une autre société, parce que par essence, elles sont incommensurables.

[...] Le modèle culturel de toute civilisation fait usage d'un certain segment du grand arc de cercle des buts et des motifs humains en puissance. [...] Le choix s'impose en premier lieu. Sans le choix, aucune culture ne pourra mener à bien sa tâche de façon intelligible; et les intentions qu'elle choisit et qu'elle s'approprie sont une manière beaucoup plus importante que les détails particuliers de technologie ou les formalités du mariage, qu'elle choisit aussi d'une manière semblable.

Ruth Benedict,
ÉCHANTILLONS DE CIVILISATIONS (1934),
trad. Raphaël Weil, Éditions Gallimard, Paris, 1950, pp. 33-36, 68, 80, 295.

COMMENTAIRE

Ruth Benedict (1887-1948), pionnière du Culturalisme, a marqué de sa sensibilité de poète et de sa formation de psychologue, la conception et le mode d'analyse de la réalité culturelle développés par ce mouvement anthropologique.

Chaque Culture a une âme. Comme une personne, elle est définie par un style, plus ou moins consistant et intériorisé, de pensée et d'action. Cet « ethos » socialise les individus et affecte les comportements, les croyances, les rites, les institutions... à l'œuvre dans chaque société.

Influencée par la Gestalttheorie, cet auteur développe une conception configurationnelle de la culture. Cette dernière est appréhendée comme une totalité signifiante, qui, non observable directement doit être reconstruite par l'ethnologue. Celui-ci ne cherche pas, comme dans l'approche diffusionniste, à identifier et à isoler un item culturel, puis à le suivre dans différentes cultures, afin d'y repérer ses conditions d'assimilation, de transformation ou de disparition. Il se propose au contraire, d'analyser la configuration, le « pattern », d'une culture, son unité, ses orientations et son système de valeurs. La comparaison des différents modèles culturels permet de relativiser l'évaluation normative appliquée habituellement aux conduites individuelles et aux formes institutionnelles.

Dans son ouvrage, « *Patterns of culture* », publié en 1934, Ruth Benedict illustre sa problématique en s'inspirant des conceptions et de la terminologie de Friedrich Nietzsche sur la tragédie grecque[1] et d'Oswald Spengler[2] sur les cycles d'évolution du monde occidental pour caractériser les sociétés Zuni et Pueblos du Nouveau-Mexique, les Kwakiult du Nord-Ouest américain et les Dobuans des îles mélanésiennes. Elle les regroupe en deux grands modèles culturels très différenciés : l'un, « dyonisien » ou « faustien » valorise la compétition et l'agressivité individuelle, tandis que l'autre, « apollonien », de sensibilité collective, favorise l'effacement personnel, l'équilibre et l'intégration harmonieuse des individus dans le groupe.

Ces deux styles et formes de civilisation façonnent l'ensemble du lien social et des comportements. Alors que les Kwakiult, par le potlatch, et les Dobuans, par la magie, manifestent leurs rivalités individuelles et leurs comportements extatiques, les Zuni, au contraire, se tournent vers le collectif et rejettent conflits personnels et comportements agressifs.

Ces analyses se proposent de démontrer que le normal et le pathologique ne peuvent être définis en dehors de l'ensemble culturel qui oriente les comportements.

Cette définition culturaliste du concept de culture et la position relativiste qu'elle implique a fait porter, à une génération entière d'anthropologues américains, un regard, à la fois distant et critique, sur leur propre civilisation.

mots-clés

CULTURALISME – ETHOS – « PATTERN » CULTUREL – MODÈLES DE COMPORTEMENTS – GESTALTTHEORIE – RELATIVISME – NORMALITÉ

1. *Friedrich Nietzsche,* La Naissance de la tragédie *(1869-1872).*
2. *Oswald Spengler,* Le Déclin de l'Occident *(1916-1920).*

S 17

Alfred Reginald Radcliff-Brown

Culture et structure sociale

Je définis l'anthropologie sociale comme l'étude de la societé humaine ; d'autres, comme l'étude de la culture. On pensera peut-être que cette différence de définition n'a qu'une importance mineure. Elle mène en fait à deux types de recherches qui formulent les mêmes problèmes de façon entièrement différente. [...]

Quels sont les faits concrets que peut observer l'anthropologue social ? Si, par exemple, on étudie les habitants aborigènes d'une partie de l'Australie, on a affaire à des individus dans un environnement naturel déterminé. On observera leurs actes de comportement qui comprennent évidemment leurs actes linguistiques et les produits matériels de leurs actions passées. On n'observera pas une « culture », puisque ce mot désigne, non pas une réalité concrète, mais une abstraction en général assez vague. Mais l'observation directe révèlera que ces êtres humains sont unis par un réseau complexe de relations sociales. L'expression « structure sociale » désigne ce réseau de relations existant réellement. C'est cette structure qui constitue l'objet d'une recherche, non d'ethnologie ou de psychologie, mais d'anthropologie sociale. Cela ne signifie pas que l'étude de la structure sociale constitue *toute* l'anthropologie sociale, mais seulement qu'elle est la partie la plus fondamentale de cette science. [...]

En premier lieu, sont parties de la structure sociale toutes les relations liant une personne à une autre personne. Exemple : la structure de parenté d'une société quelconque consiste en de nombreuses relations deux à deux, comme entre père et fils, ou frère de la mère et fils de la sœur. Dans une tribu australienne, la structure sociale globale est fondée sur un réseau de relations semblables, de personne à personne, établies grâce aux liens généalogiques.

En second lieu, la « structure sociale » implique la différenciation des individus et des classes par leur rôle social. Les positions sociales différentielles des hommes et des femmes, des seigneurs et des roturiers, des employeurs et des employés, déterminent les relations sociales, tout autant que l'appartenance à divers clans ou nations.

Dans l'étude de la structure sociale, l'ensemble des relations existant réellement, à un moment déterminé, et liant certains êtres humains entre eux, constitue la réalité concrète que nous étudions. C'est elle qui est observable directement, mais ce n'est pas dans sa particularité que l'on s'efforce de l'analyser. La science (distinguée ainsi de l'histoire et de la géographie) ne s'intéresse pas au particulier, à l'unique, mais seulement au général, aux types, aux événements qui se reproduisent. Les relations réelles de Pierre, Jean et Henri ou le comportement de Jacques et de Paul peuvent être consignés dans des carnets d'observations et fournir les illustrations d'une description générale. Mais, seule est nécessaire à des fins scientifiques, l'étude de la forme de la structure. Par exemple, si, dans une tribu australienne, j'observe, dans de nombreuses occasions, le comportement mutuel de deux personnes liées entre elles par une relation d'oncle maternel à neveu, c'est afin d'être capable d'enregistrer aussi précisément que possible la forme générale ou normale de cette relation de parenté, en faisant abstraction des variations présentées par les cas particuliers, mais en tenant compte de ces variations.

On clarifiera peut-être cette importante distinction entre la structure comme réalité concrète existant réellement et observable directement et la forme structurale que décrit l'observateur sur le terrain, en considérant la permanence de la structure sociale à travers le temps, permanence non pas statique comme celle d'un bâtiment, mais dynamique comme celle de la structure organique d'un corps vivant. Pendant toute sa vie, un organisme renouvelle constamment sa structure ; il en est de même dans la vie sociale. Ainsi, les relations réelles de personnes et de groupes de personnes changent d'année en année, ou même de jour en jour. De nouveaux membres entrent dans une communauté par la naissance ou l'immigration ; d'autres en sortent par la mort ou l'émigration. Il y a des mariages et des divorces. Des amis deviennent ennemis, ou des ennemis peuvent faire la paix. Mais, tandis que la structure réelle change, la forme structurale générale peut rester relativement constante sur une période de temps plus ou moins longue. Ainsi, si on examine une communauté relativement stable, à dix ans d'intervalle, on constatera de nombreuses morts et naissances ; les membres qui survivent encore ont maintenant dix ans de plus et leurs relations réciproques peuvent avoir changé de bien des façons. On constatera toutefois que les types de relations observables aujourd'hui diffèrent peu de celles observées il y a dix ans. La forme structurale n'a guère changé.

D'autre part, la forme structurale peut changer, parfois progressivement, parfois avec une relative soudaineté, comme dans les révolutions et les conquêtes militaires. Mais même dans les changements les plus révolutionnaires, une certaine permanence de la structure est maintenue. [...]

À cette conception de la structure sociale est étroitement reliée celle de la « personnalité sociale », définie comme la position occupée par un être humain dans une structure sociale, ou encore comme le complexe formé par toutes les relations sociales qu'il entretient avec les autres membres. [...]

La notion d'organisation est évidemment étroitement liée à celle de structure sociale, mais il est préférable de ne pas la considérer comme son synonyme. On pourrait définir la structure sociale comme un arrangement de personnes dans un système institutionnel de relations déterminées, telles que celles de roi-sujet ou de mari-femme, et réserver le terme d'organisation pour définir un arrangement d'activités. L'organisation d'une usine consiste en l'arrangement des diverses activités de directeur, de contremaître, d'ouvrier à l'intérieur de l'activité totale de l'usine.

Alfred Reginald Radcliff-Brown,
STRUCTURE ET FONCTION DANS LA SOCIÉTÉ PRIMITIVE (1952),
trad. française Les Éditions de Minuit, Paris, 1968.

COMMENTAIRE

Durant la première moitié du XXᵉ siècle, le concept de culture est l'objet d'une controverse, qui divise la pensée sociale anglo-saxonne.
L'ethnologue anglais, Alfred Reginald Radcliff-Brown (1881-1955), adepte de Durkheim et de sa définition du fait social, comme du fonctionnalisme qu'il implique, se dresse contre les culturalistes et oppose à leur conception configurationnelle de la culture, une théorie de la structure sociale.

Il leur reproche d'être restés en trop étroite filiation avec Tylor (1832-1917), Boas (1858-1942) et Kroeber (1876-1960) et de reprendre, en le développant, l'usage que ces pères fondateurs font du terme « culture ». L'acception qu'ils lui donnent est, en effet, tellement totalisante, qu'elle englobe tout le social, productions matérielles ou symboliques, coutumes, institutions, rapports de parenté, représentations, comportements acquis... dans un même ensemble signifiant. Rien ne permet, alors, de distinguer la culture, des relations sociales, du système de la société, de son organisation comme de ses structures. En outre, ces culturalistes, centrés sur la diversité culturelle ne prennent pratiquement pas en compte l'évolution de la société et le changement social.

Radcliff-Brown cherche, alors, à élaborer, plus par l'abstraction et la généralisation, que par des observations de terrain, une théorie de la structure sociale, qui serve de fondement à l'Anthropologie Sociale Comparative. Rejetant toute référence à la psychologie, éloigné des questions d'art, de sémantique ou de littérature, cet auteur trouve dans les analogies biologiques et organiques, les bases qui lui permettent de fonder un fonctionnalisme absolu, bien plus radical, au regard de la culture, que celui de Bronislaw Malinowski.

La structure sociale devient ainsi un système de relations incluant des groupes persistants et des classes différenciées. Elle constitue une matrice de positions sociales, où s'actualisent des rôles sociaux, sous le contrôle des normes institutionnelles, des valeurs et des sanctions sociales.

Chaque système structurel est une unité fonctionnelle dans laquelle toutes les parties qui la composent œuvrent à garantir, de la manière la plus harmonieuse possible, sa continuité.

Radcliff-Brown applique cette problématique à toutes sortes de phénomènes sociaux, parenté, religion, droit, système politique, économie, éducation, langage, rites protocolaires..., qu'il étudie toujours dans leur relation directe ou indirecte à la structure sociale.

Cette anthropologie sociale est plus centrée, à travers l'étude de la structure sociale, sur les relations entre les personnes, leurs positions et leurs fonctions, que sur le contenu des activités, ce qui est du registre de l'organisation sociale.

mots-clés

STRUCTURE SOCIALE – ANTHROPOLOGIE SOCIALE – POSITION SOCIALE – RÔLE SOCIAL – CONTRÔLE SOCIAL – NORMES – INSTITUTION – ORGANISATION SOCIALE – FONCTION

S 18

Claude Lévi-Strauss

Nature et culture

[...] Partout où la règle se manifeste, nous savons avec certitude être à l'étage de la culture. Symétriquement, il est aisé de reconnaître dans l'universel le critère de la nature. Car ce qui est constant chez tous les hommes échappe nécessairement au domaine des coutumes, des techniques et des institutions par lesquelles leurs groupes se différencient et s'opposent. À défaut d'analyse réelle, le double critère de la norme et de l'universalité apporte le principe d'une analyse idéale, qui peut permettre – au moins dans certains cas et dans certaines limites – d'isoler les éléments naturels des éléments culturels qui interviennent dans les synthèses de l'ordre plus complexe. Posons donc que tout ce qui est universel, chez l'homme, relève de l'ordre de la nature et se caractérise par la spontanéité, que tout ce qui est astreint a une norme appartient à la culture et présente les attributs du relatif et du particulier. Nous nous trouvons alors confrontés avec un fait, ou plutôt un ensemble de faits, qui n'est pas loin, à la lumière des définitions précédentes, d'apparaître comme un scandale : nous voulons dire cet ensemble complexe de croyances, de coutumes, de stipulations et d'institutions que l'on désigne sommairement sous le nom de prohibition de l'inceste. Car la prohibition de l'inceste présente, sans la moindre équivoque, et indissolublement réunis, les deux caractères où nous avons reconnu les attributs contradictoires de deux ordres exclusifs : elle constitue une règle, mais une règle qui, seule entre toutes les règles sociales, possède en même temps un caractère d'universalité. Que la prohibition de l'inceste constitue une règle n'a guère besoin d'être démontré ; il suffira de rappeler que l'interdiction du mariage entre proches parents peut avoir un champ d'application variable selon la façon dont chaque groupe définit ce qu'il entend par proche parent ; mais que cette interdiction, sanctionnée par des pénalités sans doute variables, et pouvant aller de l'exécution immédiate des coupables à la réprobation diffuse, parfois seulement à la moquerie, est toujours présente dans n'importe quel groupe social. [...]

Si la racine de la prohibition de l'inceste est dans la nature, ce n'est jamais, cependant, que par son terme, c'est-à-dire comme règle sociale, que nous pouvons l'appréhender. D'un groupe à l'autre, elle témoigne d'une extrême diversité, tant en ce qui concerne sa forme que son champ d'application. Très restreinte dans notre société, elle raffine sur les degrés de parenté les plus éloignés dans certaines tribus nord-américaines. Inutile d'ajouter que, dans ce dernier cas, elle frappe moins la consanguinité réelle, souvent impossible à établir, quand même elle n'existe pas, que le phénomène purement social par lequel deux individus sans parenté véritable se trouvent rangés dans la classe des « frères » ou des « sœurs », des « parents » ou des « enfants ». [...]

Le *fait de la règle*, envisagé de façon entièrement indépendante de ses modalités, constitue, en effet, l'essence même de la prohibition de l'inceste. Car si la nature abandonne l'alliance au hasard et à l'arbitraire, il est impossible à la culture de ne pas introduire un ordre, de quelque nature qu'il soit, là où il n'en existe pas. Le rôle primordial de la culture est d'assurer l'existence du groupe comme groupe ; et donc de substituer, dans ce domaine comme dans tous les autres, l'organisation au hasard. La prohibition de l'inceste constitue une certaine forme – et même des formes très diverses – d'intervention. Mais avant toute autre chose elle est intervention ; plus exactement encore, elle est : l'Intervention.

Ce problème d'intervention n'est pas seulement posé dans le cas particulier qui nous occupe. Il est soulevé, et résolu par l'affirmative, chaque fois que le groupe est confronté avec l'insuffisance ou la distribution hasardeuse d'une valeur dont l'usage présente une importance fondamentale. Ce ne sont pas seulement les femmes dont le groupe contrôle la répartition, mais tout un ensemble de valeurs, dont la nourriture est la plus aisément observable ; or, la nourriture n'est pas seulement une autre commodité, et sans doute la plus essentielle ; entre les femmes et la nourriture, il existe tout un système de relations, réelles et symboliques, dont la nature ne peut être dégagée que progressivement, mais dont l'appréhension, même superficielle, suffit à fonder ce rapprochement : « La femme nourrit les porcs, les parents se les prêtent et les villages les échangent contre des femmes. »

Claude Lévi-Strauss,
LES STRUCTURES ÉLÉMENTAIRES DE LA PARENTÉ,
Mouton de Gryter, Berlin, 1949-1967.

COMMENTAIRE

Quels rapports les cultures humaines établissent-elles avec la nature ?
« État de nature » et « état de culture » appartiennent-ils à deux ordres distincts, hiérarchiquement situés dans le temps, avec une phase d'origine où l'humanité n'aurait pas connu d'activités culturelles et aurait obéi à un mouvement d'évolution linéaire allant du monde « primitif » au monde « civilisé » ?
L'Anthropologie moderne rejette cette thèse évolutionniste, dominante au XIXe siècle, et se propose d'étudier « l'unité de l'Homme dans la diversité des cultures ».
Par analogie avec l'organisme biologique, le fonctionnalisme britannique cherche, dans le fonctionnement des sociétés, le principe structurant les institutions et les relations sociales. Les culturalistes américains, eux, plus centrés sur le terrain et la pluridisciplinarité, associent observations comparatives et interprétations sociologiques, ethnologiques, linguistiques et psychanalytiques dans l'étude des relations entre l'individu et le social, la nature et la culture. Ces derniers ne considèrent pas la nature humaine comme un donné, mais comme un éventail de possibilités qui s'actualisent, de manière spécifique, dans un ensemble culturel, lui donnant sa physionomie propre. L'unité de la nature humaine ne peut être saisie qu'à travers différentes formes d'expression sociale, qui réalisent concrètement cette nature.
Tout en affirmant, lui aussi, le caractère non dissociable, chez l'homme, de la nature et de la culture, Claude Lévi-Strauss s'écarte de l'anthropologie sociale britannique et du culturalisme américain.
Il réfute, à son tour, les conceptions évolutionnistes, non applicables aux faits de culture, mais à l'encontre des courants précédents, il rejette l'explication par l'empirisme comparatif ou par l'histoire et fonde celle qu'il propose, sur un plan logique.
Dans la filiation de Rousseau, de Durkheim et de Mauss, il affirme le pouvoir libérateur de la règle, condition de l'échange. Règle et échange sont les éléments constitutifs d'une nouvelle pensée sociale, qui y trouve le fondement d'une définition moderne de la spécificité humaine. Ainsi, de toutes les espèces animales, l'homme est le seul à réaliser sa nature dans et par la culture.
En 1949, dans *Les Structures élémentaires de la parenté*, Lévi-Strauss systématise la théorie de la réciprocité élaborée par Mauss et l'applique aux systèmes de parenté. Il découvre la signification sociologique d'une interdiction fondamentale des sociétés archaïques et modernes : la prohibition de l'inceste. Face à la variété des modèles matrimoniaux, expression par excellence de la diversité du social, cet interdit est une règle constante, arbitraire par le contenu mais universelle par son existence ; elle régit l'alliance et la filiation. Pour se reproduire biologiquement, l'homme est amené à communiquer et à échanger. À travers les femmes circulent des signes et des biens, matériels ou symboliques.

Dans ses autres ouvrages, Lévi-Strauss radicalise sa théorie et l'applique à différents niveaux de la vie sociale, pratiques culinaires, création artistique, pensée mythique, magique ou religieuse, comme les activités rituelles qui leur sont associées. S'appuyant sur la linguistique structurale, il développe une conception intellectualiste de l'esprit humain et une démarche d'analyse qu'il qualifie d'anthropologie structurale. Il est habituellement considéré comme un des principaux fondateurs du structuralisme français de l'après-guerre.

mots-clés

ÉTAT DE NATURE – ÉTAT DE SOCIÉTÉ – PROHIBITION DE L'INCESTE – ÉCHANGE – RÈGLE – ALLIANCE – FILIATION – STRUCTURALISME – ÉVOLUTIONNISME

S 19

Melville Jean Herskovits

L'acculturation

[...] L'acculturation comprend les phénomènes qui résultent du contact direct et continu entre des groupes d'individus de culture différente, avec des changements subséquents dans les types culturels originaux de l'un ou des deux groupes. [...]

Selon cette définition, il faut distinguer l'acculturation du *changement culturel*, dont elle n'est qu'un aspect, et de l'*assimilation*, qui est parfois un aspect de l'acculturation. Il faut aussi la différencier de la *diffusion*, qui a lieu dans tous les cas d'acculturation, mais qui n'est pas seulement un phénomène survenant sans la présence des types de contact spécifiés dans la définition précitée, mais ne constitue aussi qu'un aspect du processus d'acculturation. [...]

Psychologues et éducateurs ont utilisé le mot *acculturation* pour décrire le processus de conditionnement de l'enfant aux modes de vie de son groupe. Il équivaut donc dans ce sens au terme *enculturation* que nous avons employé pour décrire le même processus. [...] Dans les travaux sur l'enfance, *acculturation* a souvent diverses significations. Il n'est pas rare de trouver des articles où *acculturation, socialisation, éducation et conditionnement* sont employés comme synonymes. [...]

Outre les questions de terminologie, le terme *acculturation* n'implique pas du tout que les cultures en contact doivent être distinguées l'une de l'autre comme « supérieures », « plus avancées », ayant un plus grand « contenu de civilisation » ou toute différence qualitative de cet ordre. Dans la limite des preuves que nous possédons, la transmission de culture, processus de changement culturel dont l'acculturation n'est qu'une expression, se produit quand deux peuples ont entre eux un contact historique. Lorsqu'un groupe, parce qu'il est plus nombreux ou mieux équipé technologiquement, impose des changements dans le mode de vie d'un peuple conquis, on peut l'appeler un groupe « dominant ». Les situations de ce genre ne sont pas nouvelles et n'appartiennent pas uniquement au XXe siècle. La domination musulmane était de ce type ; de même celle des Incas du Pérou après leur conquête des groupes locaux. [...] Plus que par le passé, des contacts s'établissent entre les Européens et les peuples indigènes non lettrés et non industriels. [...] Quelle que soit la nature du contact, il semble en résulter un emprunt mutuel et la révision subséquente d'éléments culturels. [...]

L'échange culturel n'est pas empêché par le contact hostile entre peuples. Les emprunts mutuels qui ont marqué les contacts entre les Euroaméricains et les indigènes se sont souvent produits malgré l'absence de relations amicales entre les parties en présence. L'emprunt culturel résulte de tout genre de contact ; le facteur d'amitié ou d'hostilité n'est pas décisif en soi.

C'est surtout des contacts dus à la domination d'un peuple sur un autre que naissent les réactions culturelles – mouvements qui poussent un peuple à accentuer les valeurs de sa culture originale et à entreprendre d'une façon agressive, en fait ou en imagination, la restauration de ce genre de vie, même en dépit des preuves évidentes de leur impuissance à secouer leurs chaînes. La danse des esprits, qui passa rapidement sur les tribus indiennes de l'ouest des États-Unis dans la seconde moitié du XIXe siècle et se termina par les guerres indiennes de l'époque, est un exemple d'une telle réaction culturelle. [...]

Un peuple passant dans l'habitat d'un autre reçoit-il plus de la culture qu'il rencontre, ou un groupe en migration donne-t-il plus de sa culture à ceux chez qui il s'installe ? [...] Les Africains importés au Brésil influencèrent la culture des Portugais dominants, eux-mêmes immigrants et sujets à l'influence indienne. Ces diverses influences se manifestent dans des aspects variés de la vie brésilienne moderne, comme la cuisine, la structure sociale, les croyances de toutes sortes, les formes musicales courantes et les usages linguistiques, sans parler des croyances et habitudes africaines gardées par les Africains eux-mêmes. [...]

Une des raisons les plus importantes de la difficulté de l'étude de l'acculturation en fonction de la totalité des cultures est que l'emprunt, même dans les contacts les plus étroits, est sélectif. Ce principe de sélectivité est très important. [...] Tandis que tous les peuples sont exposés à des éléments de cultures étrangères, ce qu'ils accepteront dans un cas donné et ce qu'ils rejetteront est déterminé par leur culture préexistante et les circonstances du contact. [...] L'enculturation de l'âge adulte est le mécanisme d'accomplissement du changement. Le membre adulte d'un groupe doit décider s'il accepte ou non quelque chose de nouveau ; ou, si quelque chose lui est imposé, il doit trouver les moyens de conserver ce qu'on lui a appris comme étant la croyance ou le comportement juste. Comme Hallowell l'a dit : « Le réajustement d'individus peut influencer la pensée, le sentiment ou le comportement d'autres individus et provoquer peut-être la réadaptation du mode de vie du groupe. »

Melville Jean Herskovits,
LES BASES DE L'ANTHROPOLOGIE CULTURELLE (1952),
trad. française Éditions Payot, Petite Bibliothèque Payot, Paris, 1965.

COMMENTAIRE

Comment les individus deviennent-ils des êtres sociaux ?
Comment acquièrent-ils les comportements qu'exigent, dans toute culture, les modifications statutaires, dues à la mobilité géographique ou économique, à l'activité professionnelle ou de travail, comme aux obligations quotidiennes ?

Comment l'enfant devient-il adulte ? Par quels processus, ce dernier traverse-t-il, ensuite, les âges de la vie, les situations de maladie, de handicap ou de misère et s'adapte-t-il aux différents modes de prise en charge ? Cette évolution de situations et d'activités suppose, pour les individus, la rencontre de groupes divers. Se posent alors pour eux des problèmes d'adaptation et de résistance, avec intégration ou rejet.

Les sociétés humaines ne sont jamais isolées et sont toujours confrontées à la diversité culturelle. Les guerres comme les conquêtes, les missions religieuses ou sanitaires, les transferts de technologies et de savoirs, la recherche du développement, les migrations volontaires ou forcées confrontent les cultures.

Une réalité s'ouvre à l'observation et à la compréhension de phénomènes culturels, tels que, syncrétisme, fusion et mixité des cultures, mouvements collectifs ou individuels de résistance identitaire, effets de désorganisation de la personnalité, perte des référents culturels de certains groupes ethniques ou religieux. Le changement social, culturel, économique, religieux, politique, technique trouve ici un champ d'observation à grande échelle.

Toujours commentés par les voyageurs ou les missionnaires, au cœur des contacts entre les peuples, les phénomènes d'acculturation ne sont devenus un réel objet d'étude qu'avec la naissance de l'ethnographie d'observation nord-américaine à la fin du XIXe siècle (Boas, Mc. Gee, Lowie). Dans les années 1930, les culturalistes en feront un domaine de recherche spécifique, suivis par les anthropologues britanniques et allemands.

Dès 1935, mandatés par le « *Social Science Research Council* » qui veut coordonner les recherches en acculturation, trois anthropologues culturalistes, Herskovits, Linton, Redfield, définissent le terrain d'étude, déjà appelé acculturation, en formulent une approche systématique et en précisent le concept. Ils publient, en 1936, *Le mémorandum sur l'acculturation*, qui a un effet très important sur l'intérêt porté à la diffusion des cultures et à leur changement. Les phénomènes de transfert d'éléments culturels, leur sélection, leur acceptation comme leur rejet ou leur combinaison dans de nouveaux ensembles (« pattern ») seront conceptualisés et systématiquement analysés. Ce courant culturaliste fonde les futures études sur l'acculturation.

L'acculturation est aussi abordée en psychologie sociale. Utilisant le terme de *socialisation*, cette discipline étudie les processus de constitution de la personne, abordée à la fois comme sujet individuel et comme « personnalité de base ».

Les phénomènes de socialisation sont aussi au centre des analyses sociologiques, dans les domaines de l'éducation, de la famille, du travail, de l'habitat...

La problématique de l'acculturation, ou de la socialisation, est au cœur du paradigme interactionniste, comme en témoigne, de manière particulièrement pertinente, l'étude d'Erving Goffman sur les institutions totales[1].

mots-clés

SOCIALISATION – CHANGEMENT SOCIAL – ADAPTATION – IDENTITÉ – ÉMIGRATION – ACCULTURATION

1. *Erving Goffman,* Asiles, études sur la condition sociale des malades mentaux, *Les Éditions de Minuit, Paris, 1968.*

S 20

Edward Sapir

Culture et symbolisme

Il apparaît qu'on peut dégager deux facteurs communs à tous les sens du mot symbole. D'abord, le symbole se substitue à un type de comportement intermédiaire ; d'où il s'ensuit que tout symbolisme implique des significations qu'on ne peut pas déduire de l'expérience. Ensuite, il représente une concentration d'énergie ; sa signification réelle n'a aucune commune mesure avec l'apparente banalité du sens immanent à sa forme. Comparez l'innocente fonction décorative de quelques traits de plume disposés au hasard d'une feuille avec l'importance terrifiante de certains autres traits de plume, apparemment non moins fantaisistes, mais où certaine société lit « assassinat » ou bien « Dieu ». Cette bouleversante transcendance de la forme jaillit aussi du contraste entre le clin d'œil involontaire et le clin d'œil complice. Il convient de distinguer deux types de symbolisme. Le premier, appelons-le symbolisme de référence (*referential symbolism*), comprend entre autres la langue parlée, l'écriture, le code télégraphique, les emblèmes nationaux, le sémaphore ; ce sont des procédés de référence, qui sont économiques. Le second est également économique, et nous l'appellerons symbolisme de condensation (*condensation symbolism*) ; c'est en effet une forme très ramassée de conduite substitutive qui permet de libérer instantanément une tension affective sous forme consciente ou inconsciente. [...]

Pratiquement, les deux types vont de pair. [...]

Si l'écriture n'était qu'un symbolisme de référence, les réformes de l'orthographe seraient moins difficiles. [...]

La société, dit-on, est particulièrement sujette à l'influence des symboles dans les domaines riches en affectivité que sont la politique et la religion. Drapeaux et slogans en politique, croix et chasubles en religion. Mais toute culture est lourdement chargée de symbolisme, comme tout comportement, même le plus simple ; le comportement est moins fonctionnel qu'il n'y paraît ; il obéit à des impulsions inconscientes et même inavouées ; le comportement est symbole. Les raisons données rationalisent *a posteriori* un comportement qui se trouve à la merci de l'inconscient. Même une théorie scientifique complexe et documentée n'est parfois qu'un symbole des besoins inconnus du moi. Si le savant milite en faveur de ses théories, ce n'est pas qu'il les croie vraies, c'est qu'il les voudrait telles. [...]

Donnons quelques exemples de symbolismes voilés de conduite sociale. L'étiquette en possède au moins deux. Tout d'abord, elle offre aux membres de la société un code très ramassé et très conventionnel, qui exprime le souci que la société témoigne envers ses membres et envers les relations qu'ils entretiennent. Au second niveau, on ignore ces significations, et on interprète l'ensemble de l'étiquette comme un puissant symbolisme de position sociale. Alors il devient important de connaître le code, non plus parce qu'on observe comme il faut les sentiments des amis et des inconnus, mais parce que l'utilisateur prouve son appartenance à un groupe fermé. [...]

L'éducation est aussi un champ de comportement symbolique. Nul ne sait la quantité exacte de latin ou d'histoire que telle ou telle personne devrait assimiler. « Avoir la licence», c'est peut-être savoir, ou avoir su, quelques rudiments d'histoire romaine ou de trigonométrie. Peu importe. Ce qui importe, c'est que le titre permet d'obtenir une situation plus avantageuse qu'une autre pour laquelle ce diplôme n'est pas exigé. [...]

Les sens symboliques se reconnaissent aisément lorsque cette valeur, inconsciente ou située dans les franges de la conscience, abandonne un modèle de comportement social; la prétendue fonction qui, pensait-on jusqu'alors, était largement suffisante pour l'expliquer et le faire agir, perd toute signification et apparaît comme une vulgaire rationalisation. Présider une commission n'a de valeur symbolique qu'à condition de reconnaître deux choses: qu'une fonction administrative place une personne au-dessus de ceux qu'il dirige; que la société démocratique est idéale, et que les meilleurs y obtiennent automatiquement des postes de responsabilité. Si l'on se mettait à considérer les fonctions administratives comme des automatismes symboliques, la présidence tomberait au rang de symbole pétrifié et perdrait toute valeur. [...]

C'est ainsi que l'individu et la société, dans un ballet ininterrompu de gestes symboliques, bâtissent la pyramide qu'on appelle la civilisation.

Edward Sapir,
ANTHROPOLOGIE,
trad. française Les Éditions de Minuit, Paris, 1964, tome 1.

COMMENTAIRE

Linguiste de formation, mais aussi élève de Boas, Edward Sapir (1884-1939), contribue, avec son collègue Benjamin Lee Whorf (1897-1941), à introduire la démarche et les apports de la linguistique dans le mouvement culturaliste américain des années 1930-1940.

En effet, spécialiste de phonologie et de phonétique, Sapir se détourne de l'étude de la langue comme objet autonome pour l'associer aux phénomènes culturels. En anthropologue, il considère que la langue peut rendre compte du contenu de la culture dont elle fait partie intégrante. Elle donne aussi à cette dernière, sa forme et son fonctionnement symboliques. Le phonologue s'ouvre ainsi à la sémantique et à la sémiologie, et multiplie articles d'anthropologie, d'ethnolinguistique ou de sociolinguistique.

À travers l'étude des langues indiennes, il analyse le « parler » des sujets sociaux, dont il décrit les formes verbales, par exemple « mâles » ou « femelles », comme les différents modes de désignation d'autrui. Il montre aussi le lien entre l'« acte de parole», les attitudes corporelles et la contrainte qu'impose le langage à l'expression des idées ou des idéologies, dans une culture.

Il reconnaît l'importance de l'histoire dans la compréhension des cultures. Mais, il se sert surtout du raisonnement que lui a apporté la linguistique, pour définir, en les illustrant, des notions telles que, la mode, la coutume, le groupe, la religion. Il met en avant la dimension symbolique de ces faits de culture où les comportements individuels articulent des déterminations sociales et historiques à des formations de l'inconscient.

Sapir cherche aussi à donner à ses travaux une portée générale et à théoriser non seulement les rapports entre la langue, la culture, l'inconscient et la personnalité, mais aussi entre l'anthropologie, la linguistique, la psychanalyse et la sociologie.

La prise en compte de la parole et du langage, ouvre l'analyse des faits culturels à leur dimension symbolique. Parler est la forme première de toute symbolisation.

La langue permet d'octroyer, librement et arbitrairement, signification aux choses et aux événements, aux objets et aux actes. Toute culture est, comme l'inconscient, marquée par le langage. On y repère des symboles et des signes, des signifiants et des signifiés, des métaphores et des métonymies. À ce titre les faits culturels, comme en sémiologie ou en psychanalyse, relèvent de l'interprétation, tout en prenant en compte leur contexte singulier.
Dans cette perspective, l'analyse de la culture et des comportements s'éloigne de toute détermination qui ne soit pas spécifiquement culturelle. Elle se dresse contre les conceptions behavioristes ou biologisantes et rejette le déterminisme économique dans l'explication des faits sociaux ou culturels.

mots-clés

LANGAGE – LANGUE – PAROLE – LINGUISTIQUE – SÉMIOLOGIE – SÉMANTIQUE – SOCIOLINGUISTIQUE – PERSONNALITÉ – PSYCHANALYSE – SYMBOLISME – SIGNE – SIGNIFIANT – BEHAVIORISME – INTERPRÉTATION – EXPLICATION – CULTURE

S 21

Émile Durkheim

La famille conjugale

J'appelle de ce nom la famille telle qu'elle s'est constituée chez les sociétés issues des sociétés germaniques, c'est-à-dire chez les peuples les plus civilisés de l'Europe moderne. Je vais en décrire les caractères les plus essentiels, tels qu'ils se sont dégagés d'une longue évolution pour se fixer dans notre Code civil.

La famille conjugale résulte d'une contraction de la famille paternelle. Celle-ci comprenait le père, la mère et toutes les générations issues d'eux, sauf les filles et leurs descendants. La famille conjugale ne comprend plus que le mari, la femme, les enfants mineurs et célibataires. [...] Nous sommes donc en présence d'un type familial nouveau. Puisque les seuls éléments permanents en sont le mari et la femme, puisque tous les enfants quittent tôt ou tard la maison paternelle je propose de l'appeler la *famille conjugale*.

Pour ce qui est de l'organisation intérieure de cette famille, ce qu'elle présente de nouveau, c'est un ébranlement du vieux communisme familial comme nous n'en avons pas encore rencontré un seul exemple. Jusqu'à présent, en effet, le communisme est resté la base de toutes les sociétés domestiques, sauf peut-être de la famille patriarcale. Dans cette dernière, en effet, la situation prépondérante acquise par le père, avait entamé le caractère communautaire de l'association familiale. Mais il s'en faut que ce caractère y ait complètement disparu. En définitive, la puissance paternelle y résulte d'une transformation de l'ancien communisme ; c'est le communisme ayant pour substrat non plus la famille elle-même vivant d'une manière indivise, mais la personne du père. Aussi la société domestique y forme-t-elle un tout où les parties n'ont plus d'individualité distincte. Il n'en est plus de même dans la société conjugale. Chacun des membres qui la composent a son individualité, sa sphère d'action propre. Même l'enfant mineur a la sienne, quoiqu'elle soit subordonnée à celle du père, par suite de son moindre développement. [...] Enfin, pour ce qui est des relations personnelles, les droits disciplinaires du père sur la personne du mineur sont étroitement limités. [...]

Mais ce qui est plus nouveau encore et plus distinctif de ce type familial, c'est l'intervention toujours croissante de l'État dans la vie intérieure de la famille. On peut dire que l'État est devenu un facteur de la vie domestique. C'est par son intermédiaire que s'exerce le droit de correction du père quand il dépasse certaines limites. C'est l'État qui, dans la personne du magistrat, préside aux conseils de famille ; qui prend sous sa protection le mineur orphelin tant que le tuteur n'est pas nommé ; qui prononce et parfois requiert l'interdiction de l'adulte. [...] Avec la famille conjugale les liens de parenté sont devenus tout à fait indissolubles[1]. L'État, en les prenant sous sa garantie, a retiré aux particuliers le droit de les briser.

Telle est la zone centrale de la famille moderne. Mais cette zone centrale est entourée d'autres zones secondaires qui la complètent. Celles-ci ne sont autre chose – ici comme ailleurs – que des types familiaux antérieurs qui sont pour ainsi dire descendus d'un degré. Il y a d'abord le groupe formé par les ascendants et les descendants : grand-père, grand-mère, père, mère, frères et sœurs, et les ascendants, c'est-à-dire l'ancienne famille paternelle, déchue du premier rang et passée au second. [...]

Maintenant que nous connaissons le dernier type familial qui se soit constitué, nous pouvons jeter un coup d'œil sur le chemin parcouru et prendre conscience des résultats qui se dégagent de cette longue évolution.

La loi de contraction ou d'émergence progressive a pu être vérifiée jusqu'au bout. De la manière très régulière, nous avons vu des groupes primitifs émerger des groupes de plus en plus restreints qui tendent à absorber la vie familiale tout entière. Non seulement la régularité de ce mouvement résulte de ce qui précède, mais il est facile de voir qu'il est lié aux conditions les plus fondamentales du développement historique. En effet l'étude de la famille patriarcale nous a montré que la famille doit nécessairement se contracter à mesure que le milieu social avec lequel chaque individu est en relations immédiates, s'étend davantage. Car plus il est restreint, mieux il est en état de s'opposer à ce que des divergences particulières se fassent jour ; par suite, celles-là seules peuvent se manifester qui sont communes à un assez grand nombre d'individus pour faire effet de masse et triompher de la résistance collective. Dans ces conditions il n'y a que de grandes sociétés domestiques qui puissent se dégager de la société politique. Au contraire, à mesure que le milieu devient plus vaste, il laisse un plus libre jeu aux divergences privées et, par conséquent, celles qui sont communes à un petit nombre d'individus cessent d'être contenues, peuvent se produire et s'affirmer. [...] Or, s'il est un fait qui domine l'histoire, c'est l'extension progressive du milieu social dont chacun de nous est solidaire. Au régime du village succède celui de la cité ; au milieu formé par la cité avec les villages placés sous sa dépendance, succèdent les nations qui comprennent des cités différentes ; aux nations peu volumineuses encore comme étaient les peuples germaniques, succèdent les vastes sociétés actuelles. En même temps, les différentes parties de ces sociétés se sont mises de plus en plus étroitement en contact par suite de la multiplication et de la rapidité croissante des communications, etc.

En même temps que le volume se contracte, la constitution de la famille se modifie. [...]

1. N.B. À l'époque le divorce par consentement mutuel n'est pas encore légalisé.

Les mêmes raisons qui ont pour effet de restreindre progressivement le cercle familial, font aussi que la personnalité des membres de la famille s'en dégage de plus en plus. Plus le milieu social s'étend, moins – disions-nous – le développement des divergences privées est contenu. Mais, parmi ces divergences, il en est qui sont spéciales à chaque individu, à chaque membre de la famille ; et même elles deviennent toujours plus nombreuses et plus importantes à mesure que le champ des relations sociales devient plus vaste. Là donc où elles rencontrent une faible résistance, il est inévitable qu'elles se produisent au dehors, s'accentuent, se consolident, et comme elles sont le bien de la personnalité individuelle, celle-ci va nécessairement en se développant. Chacun prend davantage sa physionomie propre, sa manière personnelle de sentir et de penser ; or dans ces conditions, le communisme devient de plus en plus impossible, car il suppose au contraire l'identité, la fusion de toutes les consciences au sein d'une même conscience commune qui les embrasse. On peut donc être certain que cet effacement du communisme qui caractérise notre droit domestique non seulement n'est pas un accident passager, mais au contraire s'accentuera toujours davantage, à moins que, par une sorte de miracle imprévisible et presque inintelligible, les conditions fondamentales qui dominent l'évolution sociale depuis l'origine ne restent pas les mêmes.

De ces changements la solidarité domestique sort-elle affaiblie ou renforcée ? Il est bien difficile de répondre à cette question. [...] Ce qui est certain c'est qu'elle s'est transformée ; elle dépend de deux facteurs : les personnes et les choses. Nous tenons à notre famille parce que nous tenons aux personnes qui la composent ; mais nous y tenons aussi parce que nous ne pouvons pas nous passer des choses, et que, sous le régime du communisme familial, c'est elle qui les possède. De l'ébranlement du communisme il résulte que les choses cessent de plus en plus d'être un ciment de la société domestique. La solidarité domestique devient toute personnelle. Nous ne sommes attachés à notre famille que parce que nous sommes attachés à la personne de notre père, de notre mère, de notre femme, de nos enfants. Il en était tout autrement autrefois où les liens qui dérivaient des choses primaient au contraire ceux qui venaient des personnes, où toute l'organisation familiale avait avant tout pour objet de maintenir dans la famille les biens domestiques, et où les considérations personnelles paraissaient secondaires à côté de celles-là.

Émile Durkheim,
LA FAMILLE CONJUGALE (1892),
in Textes III, *Les Éditions de Minuit, Paris, 1975.*

COMMENTAIRE

Les récits des voyageurs, les travaux des historiens et les descriptions des anthropologues ont fourni un ensemble de données très riches sur la diversité des formes des regroupements familiaux. Les théories évolutionnistes ont tenté de concilier l'universalité de cette forme d'organisation avec la diversité culturelle des formes concrètes de ces regroupements.

Lewis Henri Morgan, spécialiste des sociétés indiennes, voit dans l'organisation familiale la matrice de tous les groupements humains. Il propose, en 1877, dans *La Société archaïque*, un schéma d'évolution de l'humanité allant de la sauvagerie à la civilisation en passant par la barbarie. Il y affirme que les groupements

humains passent systématiquement par différentes phases. La famille n'échappe pas à cette évolution et passe du stade de la famille consanguine avec promiscuité sexuelle, à des formes de mariage collectif, auxquelles succèdent la famille appariée puis patriarcale et enfin monogamique. Si les thèses de Morgan sont aujourd'hui largement invalidées par les scientifiques, il faut rappeler qu'elles exercèrent une attraction certaine au XIXe siècle. Par exemple, Friedrich Engels s'en inspire pour écrire, en 1884, *L'Origine de la famille, de la propriété privée et de l'État*. Durkheim (1858-1917) non plus n'a pas échappé à l'influence de ces travaux évolutionnistes.
Ainsi dans ce texte tiré de la transcription d'un cours prononcé en 1892, cet auteur pense montrer que la famille nucléaire est le résultat d'une lente évolution et ne se rencontre que dans les sociétés modernes. Cette inexactitude, révélée depuis par les travaux des anthropologues et des démographes, ne doit pas néanmoins masquer les remarques essentielles que nous pouvons y trouver. La famille nucléaire moderne dépend de moins en moins de la parenté et des relations de voisinage ; elle autorise également une plus grande autonomie des personnes qui la composent. Mais en même temps que l'individualisme se développe, « le milieu social avec lequel chaque individu est en relations immédiates s'étend davantage ». Par ailleurs, Durkheim note que l'État exerce une tutelle de plus en plus étendue sur la famille et que le patrimoine joue un rôle de moins en moins important dans le maintien de l'unité familiale, au profit de l'investissement affectif et social des individus qui la composent.

mots-clés

ÉTAT – ÉVOLUTIONNISME – FAMILLE NUCLÉAIRE – FAMILLE PATRIARCALE – INDIVIDUALISME – INSTITUTION – PARENTÉ – PRIVÉ – RÉSEAU SOCIAL – FAMILLE CONJUGALE

Cultures et idéologies

S 22

Karl Marx

Base économique et superstructure

Dans la production sociale de leur existence, les hommes nouent des rapports déterminés, nécessaires, indépendants de leur volonté ; ces rapports de production correspondent à un degré du développement de leurs forces productives matérielles. L'ensemble de ces rapports forme la structure économique de la société, la fondation réelle sur laquelle s'élève un édifice juridique et politique, et à quoi répondent des formes déterminées de conscience sociale. Le mode de production de la vie matérielle domine en général le développement de la vie sociale, politique et intellectuelle. Ce n'est pas la conscience des hommes qui détermine leur existence, c'est au contraire leur existence sociale qui détermine leur conscience. À un certain degré de leur développement, les forces productives matérielles de la société entrent en collision avec les rapports de production existants, ou avec les rapports de propriété au sein desquelles elles s'étaient mues jusqu'alors, et qui n'en sont que l'expression juridique. Hier encore formes de développement des forces productives, ces conditions se changent en lourdes entraves. Alors commence une ère de révolution sociale. Le changement dans les fondations économiques s'accompagne d'un bouleversement plus ou moins rapide dans tout cet énorme édifice. Quand on considère ces bouleversements, il faut toujours distinguer deux ordres de choses. Il y a le bouleversement matériel des conditions de production économique. On doit le constater dans l'esprit de rigueur des sciences naturelles. Mais il y a aussi les formes juridiques, politiques, religieuses, artistiques, philosophiques, bref les formes idéologiques, dans lesquelles les hommes prennent conscience de ce conflit et le poussent jusqu'au bout. On ne juge pas un individu sur l'idée qu'il a de lui-même. On ne juge pas une époque de révolution d'après la conscience qu'elle a d'elle-même. Cette conscience s'expliquera plutôt par les contrariétés de la vie matérielle, par le conflit qui oppose les forces productives sociales et les rapports de production.

Karl Marx,
CRITIQUE DE L'ÉCONOMIE POLITIQUE (1859),
in Œuvres, *coll. « La Pléiade », Éditions Gallimard, Paris, 1965, tome 1.*

COMMENTAIRE

Karl Marx (1818-1883) cherche à combattre les théories idéalistes qui font de la volonté humaine et des mouvements intellectuels la cause des phénomènes sociaux. La raison, les idées philosophiques, politiques ou religieuses ne sont pas pour lui les forces motrices et déterminantes du développement de la société. Il ne nie pour autant, ni leur existence, ni leur influence.

Karl Marx se sert des notions de base économique et de superstructure pour décrire et expliquer les relations qui unissent les aspects économiques de la réalité aux formes de conscience sociale et aux appareils de régulation de la société (l'État et le droit). La notion de base économique de la société renvoie à la fois la fondation et la structure de l'édifice sur lequel s'élève la superstructure. Mais à y regarder de plus près, la métaphore utilisée par Karl Marx est source d'ambiguïté. Elle favorise des interprétations mécaniques des relations complexes qui articulent ces deux niveaux de la réalité. Il est vrai qu'en écrivant dans *L'antiDühring*[1], que : « la structure économique de la société constitue chaque fois la base réelle de la société qui permet, en dernière analyse, d'expliquer toute la superstructure des institutions juridiques et politiques, aussi bien que des idées religieuses, philosophiques et autres de chaque époque historique ». Friedrich Engels n'a pas contribué à clarifier la situation.

Par ailleurs, la notion de superstructure pose un problème théorique difficile qui a nourri de nombreuses polémiques parmi les commentateurs de l'œuvre de Karl Marx. En effet la superstructure renvoie, elle aussi, à deux aspects de la réalité

1. La notion de base économique a été assimilée par les successeurs de Marx à celle d'infrastructure, mais ce faisant ils ont favorisé une interprétation mécanique des relations existant entre la base économique et la superstructure.

sociale : d'un côté aux structures juridiques et politiques, de l'autre aux formes de la « conscience sociale » qui se cristallisent dans l'idéologie. Si tous les phénomènes économiques appartiennent incontestablement pour Karl Marx à la base économique, on ne peut pas en déduire qu'à contrario, tous les autres phénomènes relèvent automatiquement de la superstructure. Par exemple, pour le philosophe Louis Althusser, la science ne peut être assimilée à une idéologie et n'appartient ni à la catégorie de la base économique ni à celle de la superstructure. De même les phénomènes superstructurels, notamment les idées et les théories ne sont pas de simples reflets de la réalité économique.

mots-clés

BASE ÉCONOMIQUE – CHANGEMENT SOCIAL – CULTURE – FAUSSE CONSCIENCE – FORCES PRODUCTIVES – IDÉOLOGIE – MATÉRIALISME HISTORIQUE – MODE DE PRODUCTION – RAPPORTS SOCIAUX – REFLET – SUPERSTRUCTURE

S 23

Émile Durkheim

Effervescence religieuse et création des valeurs

Quand les consciences individuelles, au lieu de rester séparées les unes des autres, entrent étroitement en rapports, agissent activement les unes sur les autres, il se dégage de leur synthèse une vie psychique d'un genre nouveau. Elle se distingue de celle que mène l'individu solitaire par sa particulière intensité. Les sentiments qui naissent et se développent au sein des groupes ont une énergie à laquelle n'atteignent pas les sentiments purement individuels. L'homme qui les éprouve a l'impression qu'il est dominé par des forces qu'il ne reconnaît pas comme siennes, qui le mènent, dont il n'est pas le maître, et tout le milieu dans lequel il est plongé lui semble sillonné par des forces du même genre. Il se sent transporté dans un monde différent de celui où s'écoule son existence privée. La vie n'y est pas seulement plus intense ; elle est qualitativement différente. Entraîné par la collectivité, l'individu se désintéresse de lui-même, s'oublie, se donne tout entier aux fins communes. Le pôle de sa conduite est déplacé et reporté hors de lui. En même temps, les forces qui sont ainsi soulevées, précisément parce qu'elles sont pléthoriques, ne se laissent pas facilement canaliser, compasser, ajuster à des fins étroitement déterminées ; elles éprouvent le besoin de se répandre, par jeu, sans but, sous forme, ici, de violences stupidement destructrices, là, de folies héroïques. C'est une activité de luxe, en un sens, parce que c'est une activité très riche. Pour toutes ces raisons, elle s'oppose à la vie que nous traînons quotidiennement, comme le supérieur s'oppose à l'inférieur, l'idéal à la réalité.

C'est en effet dans des moments d'effervescence de ce genre que se sont constitués les grands idéaux sur lesquels reposent les civilisations. Les périodes créatrices ou novatrices sont précisément celles où, sous l'influence de circonstances diverses, les hommes sont amenés à se rapprocher plus intimement, où les réunions, les assemblées sont plus fréquentes, les relations plus suivies, les échanges d'idées plus actifs : c'est la grande crise chrétienne, c'est le mouvement d'enthousiasme collectif qui, aux

XIIe et XIIIe siècles, entraîne vers Paris la population studieuse de l'Europe et donne naissance à la Scolastique, c'est la Réforme et la renaissance, c'est l'époque révolutionnaire, ce sont les grandes agitations socialistes du XIXe siècle. À ces moments, il est vrai, cette vie plus haute est vécue avec une telle intensité et d'une manière tellement exclusive qu'elle tient presque toute la place dans les consciences, qu'elle en chasse plus ou moins complètement les préoccupations égoïstes et vulgaires. L'idéal tend alors à ne faire plus qu'un avec le réel ; c'est pourquoi les hommes ont l'impression que les temps sont proches où il deviendra la réalité elle-même et où le royaume de Dieu se réalisera sur cette terre. Mais l'illusion n'est jamais durable parce que cette exaltation elle-même ne peut pas durer ; elle est trop épuisante. Une fois le moment critique passé, la trame sociale se relâche, le commerce intellectuel et sentimental se ralentit, les individus retombent à leur niveau ordinaire. Alors tout ce qui a été dit, fait, pensé, senti pendant la période de tourmente féconde ne survit plus que sous la forme de souvenir, prestigieux, sans doute, tout comme la réalité qu'il appelle, mais avec laquelle il a cessé de se confondre. Ce n'est plus qu'une idée, un ensemble d'idées. Cette fois, l'opposition est tranchée, il y a d'un côté ce qui est donné dans les sensations et les perceptions et, de l'autre, ce qui est pensé sous forme d'idéaux. Certes, ces idéaux s'étioleraient vite s'ils n'étaient périodiquement revivifiés. C'est à quoi servent les fêtes, les cérémonies publiques et religieuses, ou laïques, les prédications de toute sorte, celles de l'Église ou celles de l'école, les représentations dramatiques, les manifestations artistiques, en un mot tout ce qui peut rapprocher les hommes et les faire communier dans une même vie intellectuelle et morale. Ce sont comme des renaissances partielles et affaiblies de l'effervescence des époques créatrices. Mais tous ces moyens n'ont eux-mêmes qu'une action temporaire. Pendant un temps, l'idéal reprend la fraîcheur et la vie de l'actualité ; il se rapproche à nouveau du réel, mais il ne tarde pas à s'en différencier de nouveau.

Si donc l'homme conçoit des idéaux, si même il ne peut se passer d'en concevoir et de s'y attacher, c'est qu'il est un être social. C'est la société qui le pousse ou l'oblige à se hausser ainsi au-dessus de lui-même et c'est elle aussi qui lui en fournit les moyens. Par cela seul qu'elle prend conscience de soi, elle enlève l'individu à lui-même et elle l'entraîne dans un cercle de vie supérieure. Elle ne peut pas se constituer sans créer de l'idéal. Ces idéaux, ce sont simplement les idées dans lesquelles vient se peindre et se résumer la vie sociale telle qu'elle est au point culminant de son développement. On diminue la société quand on ne voit en elle qu'un corps organisé en vue de certaines fonctions vitales. Dans ce corps vit une âme, c'est l'ensemble des idéaux collectifs.

Émile Durkheim,
JUGEMENTS DE VALEURS ET JUGEMENTS DE RÉALITÉ (1911),
Librairie Armand Colin, Paris.

COMMENTAIRE

Les croyances, quelle qu'en soit la nature, occupent une place centrale dans le fonctionnement de toutes les sociétés, qu'elles soient traditionnelles et de type communautaire ou modernes et de type industriel. Les idées, les croyances collectives, les valeurs sont par essence un phénomène social qui trouve son origine dans les relations sociales que nouent les individus. La thèse principale de ce texte sera reprise, sous une forme à peine modifiée, dans *Les Formes élémentaires de la vie religieuse*. Émile Durkheim (1858-1917) y étudie la religion de tribus aborigènes australiennes qui pratiquent le totémisme. Il constate que, périodiquement, les segments de ces tribus, habituellement dispersés sur de vastes territoires, se rassemblent à l'occasion de cultes totémiques. Les cérémonies et les rites qui sont pratiqués à cette occasion permettent de revivifier et de restaurer les liens de sang qui unissent les membres de la communauté. L'effervescence sociale à laquelle donnent lieu ces cultes totémiques restaure le lien social qui unit les membres de ces sociétés de petite dimension. C'est pour lui l'enjeu principal et universel des pratiques religieuses.

À travers la religion, les fidèles adorent la société, ils consolident leur identité et réaffirment leur adhésion aux valeurs essentielles de la collectivité. Les croyances collectives, dont les croyances religieuses ne sont qu'une des manifestations, jouent un rôle fondamental dans la cohésion et dans la régulation sociale. Ainsi dans toute religion, les cérémonies, les cultes et les rites qui y sont pratiqués, ont pour fonction de restaurer et de consolider l'ordre social. Émile Durkheim voit dans la religion, un facteur éminent de création d'un idéal commun et de valeurs morales indispensables à la gestion des rapports interindividuels et à la cohésion sociale. Aucune société ne peut, selon lui, se passer de cette fonction régulatrice. Là où, sous la menace des forces centrifuges de la modernité, les Églises instituées ne peuvent plus y contribuer aussi efficacement que par le passé, il convient que l'État s'y substitue et favorise la création puis l'inculcation de nouvelles valeurs morales. Pour Émile Durkheim, dans les sociétés modernes guettées par l'égoïsme, le repli sur le privé et la perte des points de repère, les groupes intermédiaires et l'école doivent concourir activement à la gestion des valeurs et des représentations collectives.

mots-clés

COHÉSION SOCIALE - CONSCIENCE SOCIALE - CROYANCES - EFFERVESCENCE SOCIALE - FÊTES - RELIGION - REPRÉSENTATIONS SOCIALES - RITES - TOTÉMISME - VALEURS - ÉCOLE - EFFERVESCENCE RELIGIEUSE - ÉGOÏSME

S 24

Alexis de Tocqueville

Les intellectuels et la Révolution

Tandis qu'en Angleterre ceux qui écrivaient sur le gouvernement et ceux qui gouvernaient étaient mêlés, les uns introduisant les idées nouvelles dans la pratique, les autres redressant et circonscrivant les théories à l'aide des faits, en France, le monde politique resta comme divisé en deux provinces séparées et sans commerce entre elles. Dans la première on administrait les principes abstraits sur lesquels toute administration eût dû se fonder. Ici on prenait des mesures particulières que la routine indiquait; là on proclamait des lois générales, sans jamais songer aux moyens de les appliquer: aux uns, la conduite des affaires; aux autres, la direction des intelligences.

Au-dessus de la société réelle, dont la constitution était encore traditionnelle, confuse et irrégulière, où les lois demeuraient diverses et contradictoires, les rangs tranchés, les conditions fixes et les charges inégales, il se bâtissait ainsi peu à peu une société imaginaire, dans laquelle tout paraissait simple et coordonné, uniforme, équitable et conforme à la raison.

Graduellement l'imagination de la foule déserta la première pour se retirer dans la seconde. On se désintéressa de ce qui était, pour songer à ce qui pouvait être, et l'on vécût enfin par l'esprit, dans cette cite idéale qu'avaient construite les écrivains. [...]

Cette circonstance, si nouvelle dans l'histoire, de toute l'éducation politique d'un grand peuple entièrement faite par des gens de lettres, fut ce qui contribua le plus peut-être à donner à la Révolution française son génie propre et à faire sortir d'elle ce que nous voyons.

Les écrivains ne fournirent pas seulement leurs idées au peuple qui la fit ; ils lui donnèrent leur tempérament et leur humeur. Sous leur longue discipline, en l'absence de tous autres conducteurs, au milieu de l'ignorance profonde où l'on vivait de la pratique, toute la nation, en les lisant, finit par contracter les instincts, le tour d'esprit, les goûts et jusqu'aux travers naturels à ceux qui écrivent ; de telle sorte que, quand elle eût enfin à agir, elle transporta dans la politique toutes les habitudes de la littérature.

Quand on étudie l'histoire de notre Révolution, on voit qu'elle a été menée précisément dans le même esprit qui a fait écrire tant de livres abstraits sur le gouvernement. Même attrait pour les théories générales, les systèmes complets de législation et l'exacte symétrie dans les lois ; même mépris des faits existants ; même confiance dans la théorie ; même goût de l'original, de l'ingénieux et du nouveau dans les institutions ; même envie de refaire à la fois la constitution tout entière suivant les règles de la logique et d'après un plan unique, au lieu de chercher à l'amender dans les parties. Effrayant spectacle ! car ce qui est qualité chez l'écrivain est parfois vice chez l'homme d'État, et les mêmes choses qui souvent ont fait faire de beaux livres peuvent mener à de grandes révolutions.

Alexis de Tocqueville,
L'ANCIEN RÉGIME ET LA RÉVOLUTION (1856),
Éditions Gallimard, Paris, 1967.

COMMENTAIRE

Si les intellectuels n'apparaissent sur la scène politique, en qualité de groupe constitué, qu'à la fin du XIXe siècle, lors de l'affaire Dreyfus, les hommes de lettre n'en ont pas moins joué antérieurement un rôle important notamment au cours de l'agonie de l'Ancien Régime en France. Pour Alexis de Tocqueville (1805-1859), au XVIIIe siècle, les gens de lettres prennent une place considérable dans la société française. Mais à l'inverse de leurs homologues britanniques ou allemands, ils se détournent de la politique et de la gestion concrète des affaires de la cité. Leur éloignement des affaires, dans un régime despotique déjà centralisé, explique qu'ils aient placé au cœur de leurs préoccupations les problèmes des droits des individus, de la souveraineté et des fondements de l'ordre social.
L'état de la société française a facilité la diffusion, hors des cercles littéraires, de l'idée selon laquelle « il convient de substituer des règles simples et élémentaires, puisées dans la raison et dans la loi universelle, aux coutumes compliquées et

traditionnelles qui régissent la société». En effet, la réalité des privilèges et le spectacle des mœurs de la cour incite à prôner l'égalité des droits et des devoirs. Par ailleurs, l'opacité et la complexité des institutions justifient l'audace de ceux qui veulent rebâtir la société afin de la rendre plus conforme à la raison.
Alexis de Tocqueville pense que la situation sociale et politique des hommes (ici les écrivains français) exerce une influence directe sur la nature et le contenu de leurs productions intellectuelles. Étant éloignés de la pratique, les écrivains du XVIIIe siècle sont prédisposés aux théories générales et abstraites. Il en va de même de leur public qui, n'ayant pas accès à la direction des affaires, est d'autant plus réceptif à leurs discours. L'absence de groupes intermédiaires et de partis pour disputer aux écrivains le rôle de directeur des consciences renforce ces tendances structurelles. L'aristocratie s'avère également incapable de retrouver ce rôle traditionnel qu'elle avait su remplir antérieurement ; d'ailleurs, elle ne voit dans ces nouvelles théories, qui enflamment les salons littéraires, que de simples joutes intellectuelles sans conséquences sociales ou politiques.
Le cours de la Révolution française de 1789 sera marqué par cette absence de socialisation politique et d'expérience du gouvernement de la cité chez les intellectuels. En France, les faits et les théories politiques ne s'étaient pas encore rencontrés et les nouvelles élites n'avaient pas encore appris à gouverner. Rien d'étonnant alors à ce que l'esprit de système, le mépris des faits, la fascination de la nouveauté, l'intérêt pour la logique abstraite et l'intolérance soient devenus des traits caractéristiques de la culture de nouveaux dirigeants.

mots-clés

CHANGEMENT SOCIAL – CLASSE DIRIGEANTE – ÉLITE – ESPRIT DE SYSTÈME – GOUVERNEMENT – GROUPES INTERMÉDIAIRES – INTELLECTUEL – RÉVOLUTION FRANÇAISE

S 25

Max Weber

Intellectualisation, rationalisation et désenchantement du monde

Le progrès scientifique est un fragment, le plus important il est vrai, de ce processus d'intellectualisation auquel nous sommes soumis depuis des millénaires et à l'égard duquel certaines personnes adoptent de nos jours une position étrangement négative.

Essayons d'abord de voir clairement ce que signifie en pratique cette rationalisation intellectualiste que nous devons à la science et à la technique scientifique. Signifierait-elle par hasard que tous ceux qui sont assis dans cette salle possèdent sur leurs conditions de vie une connaissance supérieure à celle d'un Indien ou d'un Hottentot peut avoir des siennes ? Cela est peu probable. Celui d'entre nous qui prend le tramway n'a aucune notion du mécanisme qui permet à la voiture de se mettre en marche – à moins d'être un physicien de métier. Nous n'avons d'ailleurs pas besoin de le savoir. Il nous suffit de pouvoir « compter » sur le tramway et d'orienter en conséquence notre comportement ; mais nous ne savons pas comment on construit une telle machine en état de rouler. Le sauvage au contraire connaît incomparablement mieux ses outils. Lorsqu'aujourd'hui nous dépensons une somme d'argent, je parierais que chacun ou presque de mes collègues économistes, s'ils sont présents dans cette salle, donneraient une réponse différente à la question ; comment se fait-il qu'avec la même somme d'argent on peut acheter une quantité de choses tantôt considérable tantôt minime ? Mais le sauvage sait parfaitement comment s'y prendre pour se procurer sa nourriture quotidienne et il sait quelles sont les institutions qui l'y aident. L'intellectualisation et la rationalisation croissantes ne signifient donc nullement une connaissance générale croissante des conditions dans lesquelles nous vivons. Elles signifient bien plutôt que nous savons ou que nous croyons qu'à chaque instant nous *pourrions*, pourvu *seulement que nous le voulions*, nous prouver qu'il n'existe en principe aucune puissance mystérieuse et imprévisible qui interfère dans le cours de la vie ; bref que nous pourrions *maîtriser* toute chose par la *prévision*. Mais cela revient à désenchanter le monde. Il ne s'agit plus pour nous, comme pour le sauvage de faire appel à des moyens magiques en vue de maîtriser les esprits ou de les implorer mais de recourir à la technique et à la prévision. Telle est la signification essentielle de l'intellectualisation.

Max Weber,
« Le métier et la vocation de savant » (1919),
in Le Savant et le politique, *Librairie Plon, Paris, 1959.*

COMMENTAIRE

Max Weber (1864-1920) montre dans son œuvre l'imbrication des facteurs économiques et matériels régissant l'évolution du capitalisme avec les dimensions idéelles des sociétés contemporaines. C'est à ce titre qu'il aborde la question des comportements magiques et qu'il précise en même temps le statut de l'intellectualisation et du désenchantement du monde, qui sont pour lui inséparables de la dynamique de la rationalisation. Dans ses travaux de sociologie religieuse, Max Weber rappelle que le christianisme a toujours désavoué les pratiques magiques. La Réforme a accentué cette orientation en interdisant certaines pratiques religieuses catholiques que les protestants assimilent à des pratiques magiques.

Max Weber considère que la magie est un mode particulier de gestion du devenir et du salut qui repose sur la mise en œuvre rigide de techniques précises et très codifiées. Pour ceux qui ont recours à la magie, les forces qui gouvernent le monde physique et le monde social sont au-delà du réel ; elles échappent à sa connaissance raisonnée. L'homme ne peut maîtriser ces forces, au mieux il peut s'y soumettre. La magie favorise des comportements de soumission à des forces qui échappent au domaine d'action des hommes, et fait ainsi obstacle au développement de la rationalité et de la science.

Selon Max Weber, l'avènement de la modernité en Occident s'est accompagné « d'une intellectualisation du monde » et d'une accélération du rejet des pratiques magiques. Progressivement les hommes s'en remettent à la science pour comprendre et maîtriser leur existence terrestre ainsi que leur environnement matériel et par la suite leur environnement social. Tout doit pouvoir s'expliquer par des lois et être prévu. Dans le monde moderne, le surnaturel a été banni d'abord de l'ordre des phénomènes naturels, puis des phénomènes humains et sociaux.

Avec le développement de la science et de la technique, c'est-à-dire sous l'effet de la dynamique de la rationalisation, les réalités ont perdu leur caractère transcendant et leur signification magico-religieuse. Il y a dès lors un déficit du sens dans la culture occidentale moderne : le monde moderne s'est progressivement désenchanté !
Les philosophes des Lumières avaient fait de la Raison l'horizon indépassable de la modernité, et l'idéologie positiviste, qui s'est répandue au XIXe siècle, a renforcé ce parti pris en assimilant le progrès au développement de la connaissance scientifique. Mais au tournant du siècle, les sociétés occidentales connaissent un retour de certaines formes de croyances et de comportements irrationnels ; le désenchantement du monde et la rationalisation ne sont donc pas absolus.

mots-clés

CROYANCE – DÉSENCHANTEMENT DU MONDE – INTELLECTUALISATION – MAGIE – MODÈLE CULTUREL – MODERNITÉ – PRÉVISION – RATIONALISATION – RELIGION DE SALUT – REPRÉSENTATIONS SOCIALES – SURNATUREL – VALEUR

S 26

Maurice Godelier

La pensée est un rapport social

[...] Tout rapport social, nous venons de le voir, existe à la fois dans la pensée et hors d'elle, et la part de lui-même qui est dans la pensée est donc de la pensée, une réalité idéelle. De la pensée, mais sous quelle forme ? de l'idéel, mais de quel type ?

La part d'idéel d'un rapport social, c'est d'abord l'ensemble des représentations, des principes, des règles qu'il faut « mettre en action » pour engendrer ce rapport *entre* les individus et les groupes qui composent une société, en faire un mode concret d'organisation de leur vie sociale. Prenons un exemple : on ne peut imaginer que des individus se marient sans savoir ce qu'est le mariage, ou en ignorant les règles du type de mariage pratiqué dans leur société, ou sans connaître les conséquences que leur alliance aura sur leur descendance, autrement dit, les règles de la filiation. On voit donc que la part idéelle de tout rapport de parenté, c'est d'abord l'ensemble des règles d'alliance et de filiation que les individus et les groupes doivent mettre en pratique pour produire ce type de rapport entre eux. Bien entendu l'alliance et la filiation ne sont pas les seules composantes des rapport de parenté. Il faut y ajouter les règles de résidence, d'héritage des terres, des statuts, etc. Mais ce n'est pas ici le lieu d'en débattre.

Ce qui vient d'être montré à propos de la parenté pourrait l'être de n'importe quel type de rapport social, et l'on peut avancer que la part idéelle de tout rapport social, c'est d'abord l'ensemble des représentations, des principes et des règles qu'il faut mettre en actions *consciemment* pour engendrer cette relation dans la pratique sociale, individuelle et collective.

Mais ce rapport social est toujours appréhendé, vécu, pensé comme plus ou moins légitime, ou même illégitime, par les individus et les groupes qui composent la société dont il est un des modes d'organisation. De ce fait la part idéelle d'un rapport social se compose également des valeurs, positives ou négatives, qui sont attachées à ce rapport, et donc aux règles et principes idéels qui permettent de l'engendrer. « Valeurs » signifie ici tout autant des principes que des jugements, et des représentations chargées d'une force d'attraction ou de répulsion.

Ces deux composantes idéelles des rapports sociaux sont donc liées au fait que ces derniers ne sont produits et reproduits que par la combinaison et l'articulation de deux types de pratiques, individuelles *et* collectives : l'une au sein de laquelle un rapport social existe comme un moyen pour atteindre certaines fins, tels les rituels d'initiation qui sont conçus comme un moyen nécessaire pour permettre à de nouvelles générations d'accéder aux savoirs secrets de leurs aînés et de partager avec eux des pouvoirs cachés ; l'autre qui pose (ou refuse de poser) ce rapport social comme une réalité-bonne-à-reproduire, comme la manière obligatoire d'organiser une partie des relations des hommes entre eux et avec la nature, donc comme un rapport exclusif d'autres rapports, comme une Norme, comme une Fin.

Tout cela n'implique pas que la part idéelle de la réalité sociale se réduise à sa part consciente. Nous avons employé le terme de pensée, et il va de soi que, pour nous, la pensée déborde largement la conscience (et le langage). La pensée est un ensemble de mécanismes qui fonctionnent le plus souvent sans qu'on en ait conscience .

Maurice Godelier,
L'IDÉEL ET LE MATÉRIEL (1984),
Librairie Arthème Fayard, Paris, 1984.

COMMENTAIRE

Lorsque, dans les sciences de l'homme et de la société, l'on veut analyser le rôle de la pensée dans les transformations des structures sociales et des contextes historiques, deux thèses inconciliables s'affrontent. Faut-il accorder le primat aux réalités matérielles et sociales et considérer que les idées et les idéologies n'en sont que le reflet ? Faut-il au contraire postuler que les superstructures (la religion, la parenté, les structures politiques...) et les idées mènent le monde et façonnent dès l'origine les réalités sociales ? Par exemple, pour les marxistes l'économie domine l'organisation et le fonctionnement de la société. La base économique est censée déterminer, si ce n'est à chaque moment concret, du moins en dernière instance, les superstructures.

L'anthropologue Maurice Godelier (1934-) propose un traitement original des rapports existant entre les idées et les réalités sociales. Il affirme que toute pensée remplit des fonctions de représentation, d'interprétation, d'organisation et de légitimation. Les représentations d'un rapport social ne sont pas le reflet plus ou moins déformé par la conscience, de la réalité de ce rapport social. Les représentations sont, au contraire, inséparables du contenu des rapports sociaux auxquels elles s'appliquent. Elles sont même l'une des conditions de leur formation. Ce faisant, Maurice Godelier généralise les conclusions de Claude Lévi-Strauss pour qui la prohibition universelle de l'inceste permet la production et la reproduction des rapports de parenté. En interdisant l'union avec certaines femmes, la société rend ces dernières disponibles pour une union avec d'autres individus extérieurs au groupe. Cet interdit contribue donc à la création de rapports de parenté entre deux groupes.

Maurice Godelier déclare que la stabilité sociale, c'est-à-dire la reproduction des rapports sociaux, implique la neutralisation et le refoulement individuel et collectif des rapports sociaux alternatifs à ceux qui prédominent. Ces rapports sociaux alternatifs sont présents dans la conscience sociale et menacent la reproduction de la société. Les individus et les groupes doivent donc agir sur eux-mêmes et sur leurs rapports avec autrui pour s'interdire de recourir à d'autres façons de procéder ou à d'autres modes d'organisation de la société que ceux existant à un moment donné. « En fait il ne peut y avoir de transformation des conditions d'existence en de nouveaux rapports sociaux ou en des formes nouvelles de rapports anciens sans un travail d'interprétation par la pensée de ces conditions nouvelles, interprétation qui leur donne un sens et s'accompagne d'un travail d'organisation de la société qui leur confère une forme et une structure institutionnelles ». En affirmant que les hommes ne se contentent pas de vivre en société mais produisent également leur société, Maurice Godelier rappelle que les hommes inventent des modes d'organisation sociale et des représentations. Il reconnaît aux représentations une puissance productive importante et non plus secondaire comme chez certains marxistes. Il ouvre ainsi la voie à une reformulation du concept d'idéologie.

mots-clés

ANTHROPOLOGIE – CROYANCES – CULTURE – IDÉES – IDÉEL – IDÉOLOGIE – MATÉRIEL – RAPPORT SOCIAL – REPRÉSENTATIONS SOCIALES – SUPERSTRUCTURE – PROHIBITION DE L'INCESTE

S 27

Richard Hoggart

Société de masse et culture populaire

Il existe toute une littérature qui traite de l'influence extraordinaire qu'auraient les « moyens de communication de masse » sur les classes populaires. Pourtant, il suffit d'écouter parler des gens du peuple, à leur travail ou chez eux, pour douter que l'influence de la grande presse ou du cinéma ait été aussi profonde qu'on le dit : la langue couramment parlée dans les classes populaires ainsi que le fond des idées reçues qu'elle véhicule doivent encore beaucoup à la tradition orale du groupe local. [...] À n'écouter que le ton distrait sur lequel les gens du peuple les formulent aujourd'hui, on pourrait être tenté de croire que les métaphores qu'elles véhiculent sont complètement mortes et qu'il n'y a plus là qu'habitudes de langue totalement coupées de l'expérience et des réalités de la vie quotidienne. Inversement, si ne on prête attention qu'au sens de ces locutions – qui expriment, par exemple, la résignation devant la mort, une attitude narquoise et sérieuse à l'égard du mariage ou l'acceptation sereine du destin – on risque de prendre pour argent comptant de simples stéréotypes et de conclure un peu hâtivement à la persistance envers et contre tout de la sagesse populaire d'antan. La vérité se trouve évidemment à mi-chemin entre ces deux extrêmes. La survivance des tournures traditionnelles ne prouve pas que la vision du monde traditionnelle parle à l'imagination populaire comme elle le faisait autrefois, mais elle atteste au moins qu'il n'y a pas eu de coupure radicale avec la culture traditionnelle. Ce qui reste vrai c'est qu'en cas de doute ou de difficultés on en revient toujours aux valeurs sûres de la tradition et qu'on s'y raccroche comme aux seuls principes fixes dans un monde changeant et difficile à maîtriser. [...] On pourrait proposer la même analyse en ce qui concerne le rapport des gens du peuple aux croyances superstitieuses. Le monde de l'expérience populaire se présente comme une carte géographique où les points répertoriés – particulièrement denses aux passages les plus fréquentés – seraient représentés en deux couleurs, l'une correspondant aux « choses qui portent bonheur » et l'autre aux « choses qui portent malheur ». Cette bipartition des actes est invoquée constamment et comme machinalement à tout instant de la vie quotidienne. Mettre des chaussures sur la table, passer sous une échelle, répandre du sel, introduire certaines fleurs dans la maison, brûler du bois vert, apporter du houx au foyer avant le jour de Noël, casser un miroir, donner un couteau sans recevoir une pièce de monnaie en échange ou croiser les couteaux sur une table, apportent la « poisse ». En revanche, si vous voyez un chat noir traverser votre chemin, si vous vous trompez en enfilant vos bas, si un homme brun est le premier à franchir le seuil de votre maison le jour de Noël ou le jour de l'An, si vous touchez du bois après avoir tenté le sort, tout cela vous annonce la chance ou vous réconcilie avec elle. [...]

Il est certain que le *corpus* superstitieux dont je viens de donner quelques exemples n'appartient pas en propre aux classes populaires. Mais les gens du peuple ont en tout cas une manière bien à eux – d'ailleurs difficile à définir – d'adhérer à ces croyances. S'ils répètent avec complaisance les dictons superstitieux les plus étranges, ils manquent rarement de les faire précéder d'une locution prudente comme « on dit que ». En réalité, ils s'abstiennent systématiquement de se poser en toute clarté la question de leur vérité ou de leur fausseté. [...] En réalité, les gens du peuple ne se préoccupent guère des contradictions de leurs attitudes ou de leurs systèmes de pensée. On répète, sans y accorder une importance démesurée, les bons vieux clichés de toujours. On agit ou on s'abstient d'agir conformément aux prescriptions qu'on a toujours entendu répéter : « si ça ne fait pas de bien, ça ne peut pas faire de mal ». Pareille attitude suppose un type de pensée où on peut à la fois croire et ne pas croire.

On trouverait le même mélange ambigu d'ancien et de nouveau dans la plupart des domaines d'activité des classes populaires. [...]

Vivre au sein d'un milieu populaire c'est aujourd'hui encore, appartenir à une culture diffuse qui n'est pas moins contraignante et élaborée que celle qui caractérise les classes supérieures. Un ouvrier accumulerait assurément les pataquès et les gaffes s'il devait figurer à un souper collet-monté, mais s'il devait vivre au milieu de gens du peuple, un grand bourgeois trahirait aussi sûrement sa gaucherie par ses manières de parler – c'est-à-dire aussi bien par son débit que par ses sujets de conversation ou ses tournures de phrases –, par sa façon de se servir de ses mains, par sa démarche ou son maintien et jusque dans sa manière de commander les boissons ou de proposer une tournée. Pour se persuader de la spécificité de la culture populaire, il suffit de songer à ces milliers de détails qui typent un style de vie, par exemple aux modèles de comportement qui régissent les modes vestimentaires. [...]

On voit que la plupart des messages que diffusent les moyens modernes de communication n'affectent pas aussi profondément les comportements et les attitudes des classes populaires qu'on pourrait être tenté de le croire étant donné la multiplicité et l'insistance des nouveaux organes de diffusion culturelle. On peut, au bénéfice de la sociologie-fiction, prêter une valeur d'hypothèse ou d'anticipation aux analyses qui nous présentent les classes populaires comme « une gigantesque masse anonyme dotée de réponses conditionnées », mais cette image tient plus de la fantaisie littéraire ou apocalyptique que le la description réaliste : si la plupart des membres des classes populaires ne sont pas réduits à l'état de consommateurs passifs de la culture de masse, c'est tout simplement parce qu'ils sont « absents », parce qu'ils vivent dans un autre univers où ils peuvent rester fidèles à leurs certitudes concrètes, à leurs habitudes et à leur rituel quotidien ainsi qu'à leur langage coutumier fait de locutions proverbiales et de dictons traditionnels. Si cette défense archaïque les protège assez bien des sollicitations les plus agressives de la culture moderne, la naïveté même de leur attitude en fait, il est vrai, des proies faciles pour certaines entreprises de publicité. En tout cas, si les classes populaires ont changé sous l'influence des moyens modernes de communication, c'est dans des directions et sous des formes dont les valeurs de la culture traditionnelle fournissaient déjà le principe.

Richard Hoggart,
LA CULTURE DU PAUVRE (1957),
trad. française Les Éditions de Minuit, Paris, 1970.

COMMENTAIRE

Richard Hoggart (1918-) a étudié, dans le Royaume-Uni de la fin des années cinquante, les effets sur la culture populaire, de la croissance économique et de la diffusion des moyens de communication de masse. Il constate que si les nouveaux moyens de communication de masse ont bel et bien fait leur entrée dans la vie quotidienne des classes populaires et y jouent un rôle non négligeable, l'industrie culturelle n'a pas produit un « homme moyen ».

Une vision pessimiste laissait entendre que la société de masse et le développement de l'individualisme déboucherait inéluctablement sur une société atomisée et que les particularismes culturels seraient amenés à disparaître. Pour Richard Hoggart, l'homogénéisation et la dégradation des valeurs traditionnelles promises ne se sont manifestement pas réalisées. Au contact des productions des moyens de communication de masse, la culture populaire n'a pas été détruite, elle a connu un processus d'acculturation qui en a assuré la survie.

Les valeurs et les idées nouvelles véhiculées par les moyens de communication de masse ne se diffusent dans les classes populaires qu'après avoir été réinterprétées à la lumière des valeurs traditionnelles. Elles ne sont adoptées que si elles deviennent des variantes de ces valeurs et de ces représentations traditionnelles des classes populaires. Cette acculturation ne se limite pas à une simple réinterprétation des valeurs de la culture dominante, elle prend également la forme d'une résistance.

L'ethos populaire reste fondamentalement lié aux conditions matérielles d'existence des gens du peuple (conditions de logement, problèmes financiers, relations à l'intérieur de la famille). Les éléments principaux de cette culture populaire sont pour Richard Hoggart : l'attachement au progrès, le sentiment d'appartenance à une communauté, l'importance de la sphère privée et des relations de voisinage, la tolérance envers les conduites d'autrui, l'indulgence envers les enfants, le conformisme, la solidarité, le goût du concret, la séparation du « eux » et du « nous », « l'attention oblique » à l'égard des messages provenant de l'exté-

rieur de l'univers populaire. Les moyens de communication de masse n'ont pas détruit l'identité populaire et les usages des produits des industries culturelles restent culturellement différenciés.
Richard Hoggart note néanmoins une certaine atomisation et une personnalisation de l'univers populaire. Il voit dans la tendance des classes populaires à être, désormais, capable d'avoir une opinion sur tout, une légère dérive de l'éthos populaire vers l'éthos des classes moyennes.

mots-clés

ACCULTURATION – CLASSE SOCIALE – CULTURE POPULAIRE – DIFFUSION – DOMINATION – ÉTHOS – MASS MEDIA – MODÈLE CULTUREL – NORME – SOCIABILITÉ – VALEUR – COMMUNICATION DE MASSE – SOCIÉTÉ DE MASSE – SOLIDARITÉ – VALEURS TRADITIONNELLES

3e PARTIE

L'INDIVIDUEL ET LE COLLECTIF

Dès sa naissance, la sociologie s'est attachée à l'étude des relations complexes qui unissent l'individu et la société. Les contributions nombreuses consacrées à cette question témoignent de la diversité des conceptions que les sociologues ont pu se faire de leur objet et des méthodes appropriées à son étude.

Les controverses entre Émile Durkheim et Gabriel Tarde ou Herbert Spencer sont exemplaires d'une pensée de l'avènement des sociétés industrielles et démocratiques. Il est tout à fait symptomatique qu'Herbert Spencer appréhende la société comme une agrégation d'individus passant contrat entre eux. Les pensées, s'attachant à comprendre les mutations de l'ordre et leurs conséquences sur la dislocation des liens communautaires, mettent au cœur de l'analyse la question de l'agrégation et de la régulation d'individus devenus autonomes.

Aux pensées de l'opposition individu-société – héritée des philosophies de la liberté et amplifiée par les croyances politiques sur lesquelles se sont appuyées les révolutions démocratiques et l'idéologie du laisser-faire pendant les révolutions industrielles – succèdent aujourd'hui les pensées de l'interaction sociale et de l'enchevêtrement des niveaux individuels et collectifs. En effet, penser l'articulation des aspects individuels et collectifs des phénomènes sociaux permet de dépasser l'opposition rigide « individu-société » et de mieux rendre compte des dynamiques culturelles.

La crise des approches déterministes et la focalisation sur le sujet ont opéré une « révolution » dans la sociologie française contemporaine, et ont tendu à replacer l'individu au centre des analyses. Ainsi l'individualisme méthodologique cherche à expliquer le social par l'individuel et non plus par le social. De même les travaux des interactionnistes aux États-Unis, ceux de Norbert Elias, d'Anthony Giddens en Angleterre, et ceux de Michel Crozier et Erhart Friedberg en France, participent de ce mouvement de redéfinition des rapports de l'individuel et du collectif.

À travers leurs spécificités, les sociologues contemporains s'accordent à reconnaître, à des degrés divers, qu'il n'est pas d'individu qui ne soit en même temps un être social. Tout en étant façonnés par la société, ces mêmes individus la produisent et la transforment. Toutefois, cet accord de principe n'empêche pas l'existence de divergences d'approche, dès qu'il s'agit d'appréhender les rapports dialectiques entre les niveaux individuel et collectif, d'apprécier leur poids respectif dans l'analyse ou encore de choisir des terrains d'étude.

Individu et société

S 28

Adolphe Quételet

L'homme moyen

Nous devons, avant tout, perdre de vue l'homme pris isolément, et ne le considérer que comme une fraction de l'espèce. En le dépouillant de son individualité, nous éliminerons tout ce qui n'est qu'accidentel ; et les particularités individuelles qui n'ont que peu ou point d'action sur la masse s'effaceront d'elles-mêmes, et permettront de saisir les résultats généraux. [...]

L'homme que je considère ici est, dans la société, l'analogue du centre de gravité dans les corps ; il est la moyenne autour de laquelle oscillent les éléments sociaux : ce sera, si l'on veut, un être fictif pour qui toutes les choses se passeront conformément aux résultats moyens obtenus pour la société. Si l'on cherche à établir, en quelque sorte, les bases d'une *physique sociale,* c'est lui qu'on doit considérer, sans s'arrêter aux cas particuliers ni aux anomalies, et sans rechercher si tel individu peut prendre un développement plus ou moins grand dans l'une de ses facultés.

Supposons, par exemple, qu'on cherche à savoir quelle est l'influence perturbatrice de l'homme pour modifier sa force physique. Au moyen du dynamomètre, on pourra estimer d'abord la force des mains ou des reins d'un grand nombre d'individus de différents âges, depuis l'enfance jusqu'à la vieillesse, et les résultats obtenus de cette manière, pour un pays, donneront deux échelles de force qui mériteront d'autant plus de confiance que les observations seront plus nombreuses et auront été faites avec plus de soin. Et comparant plus tard les échelles obtenues par les mêmes moyens et sous les mêmes influences, mais à des époques différentes, on reconnaîtra si la quantité de la force a diminué ou augmenté par l'action perturbatrice de l'homme. C'est cette variation que subit tout le système qu'il importe de signaler dans une physique sociale. On pourrait encore déterminer de la même manière les variations qu'ont subies les différentes classes de la société, mais sans descendre jusqu'aux individus. Un homme, par une taille colossale ou par une force herculéenne, pourra fixer l'attention d'un naturaliste ou d'un physiologiste ; mais, dans une physique sociale, son importance disparaîtra devant celle d'un autre homme qui, après avoir reconnu d'une manière expérimentale les moyens de développer avantageusement la taille ou la force, parviendra à les faire mettre en pratique et produira ainsi des résultats qui deviendront sensibles dans tout le système ou dans une de ses parties.

Après avoir considéré l'homme à différentes époques et chez les différents peuples, après avoir déterminé successivement les divers éléments de son état physique et moral, et avoir reconnu en même temps les variations subies dans la quantité de choses qu'il produit et qu'il consomme, dans l'augmentation ou la diminution de ses richesses, dans ses relations avec les autres nations, on saura déterminer les lois auxquelles l'homme a été assujetti chez les différents peuples depuis sa naissance, c'est-à-dire, suivre la marche des centres de gravité de chaque partie du système, comme nous avons établi les lois relatives à l'homme chez chaque peuple par l'ensemble des observations faites sur des individus. Sous ce point de vue, les peuples seraient, par rapport au système social, ce que les individus sont par rapport au peuple : les uns comme les autres auraient une part plus ou moins grande dans les perturbations du système. Or, ce n'est que de l'ensemble des lois relatives aux différents peuples qu'on pourrait conclure ensuite ce qui appartient soit à l'équilibre, soit au mouvement du système, car nous ignorons lequel de ces deux états a effectivement lieu. Ce que nous voyons chaque jour nous prouve assez les actions d'effets internes et de forces qui réagissent les unes sur les autres ; mais nous n'avons que des conjectures plus ou moins probables de la marche du centre de gravité du système, et sur la direction du mouvement : il peut se faire que pendant que toutes les parties se meuvent d'une manière progressive ou rétrograde, le centre demeure invariablement en équilibre. [...]

Cette détermination de l'homme moyen n'est pas une spéculation de pure curiosité ; elle peut rendre les services les plus importants à la science de l'homme et du système social. Elle doit nécessairement précéder toute autre recherche relative à la physique sociale, puisqu'elle en forme pour ainsi dire la base. L'homme moyen, en effet, est dans une nation ce que le centre de gravité est dans un corps ; c'est à sa considération que se ramène l'appréciation de tous les phénomènes de l'équilibre et du mouvement ; il présente en outre, quand on l'envisage en lui-même, des propriétés remarquables...

Adolphe Quételet
SUR L'HOMME (1835),
Librairie Arthème Fayard, Paris, 1991, pp. 31-33, 44-46, 491-492.

COMMENTAIRE

En se fondant sur l'application aux phénomènes sociaux des acquis de la statistique sociale naissante, Adolphe Quételet (1796-1874), mathématicien belge, affirme l'identité de l'ordre social et de l'ordre de la nature. Il est convaincu que, par-delà la spécificité des objets propres à chaque domaine scientifique, il existe en fait une unité de la Science.

Adolphe Quételet propose de s'appuyer sur les propriétés de « la loi des grands nombres » pour distinguer la généralité des phénomènes de leurs manifestations particulières ou fortuites, et ainsi mettre à jour des régularités. Appliquant cette approche à l'étude des enregistrements statistiques de la criminalité, de la mortalité et du mariage, il constatera l'existence de régularités, de constances des fréquences d'apparition de ces phénomènes au sein de populations délimitées. Ces régularités sont pour lui la preuve tangible qu'il existe effectivement des rapports de nécessité entre certains faits.

Certes, les régularités constatées dans ce domaine ne sont pas définitives et universelles. On peut en effet constater que les fréquences d'apparition des phénomènes sociaux fluctuent légèrement dans des limites données, ce qui traduit les effets des évolutions de la société globale.

Adolphe Quételet a légué à la postérité une conception particulière des relations individu-société : la « théorie de l'homme moyen ». L'« homme moyen » est un personnage fictif, dont les conduites possibles sont établies à partir des valeurs centrales (« moyennes »), conduites réelles observées au sein d'une population de référence. Pour ce sociologue, cet « homme moyen » représente « l'homme normal » ; en pratique, il est quasiment improbable qu'une personne concrète présente, pour chacune des variables retenues, toutes ces valeurs moyennes.

mots-clés

INDIVIDU - HOMME MOYEN - LOI DES GRANDS NOMBRES - NORME - POSITIVISME - PRÉVISION - RÉGULARITÉ - SUICIDE - SOCIOGRAPHIE - FOYER DES VALEURS CENTRALES

S 29

Émile Durkheim

Qu'est-ce qu'un fait social ?

Voilà donc un ordre de faits qui présentent des caractères très spéciaux : ils consistent en des manières d'agir, de penser et de sentir, extérieures à l'individu, et qui s'imposent à lui. Par suite, ils ne sauraient se confondre avec les phénomènes organiques, puisqu'ils consistent en représentations et en actions ; ni avec les phénomènes psychiques, lesquels n'ont d'existence que dans la conscience individuelle et par elle. Ils constituent donc une espèce nouvelle et c'est à eux que doit être donnée et réservée la qualification de *sociaux*. Elle leur convient ; car il est clair que n'ayant pas l'individu pour substrat, ils ne peuvent en avoir d'autre que la société, soit la société politique dans son intégralité, soit quelqu'un des groupes partiels qu'elle renferme, confessions religieuses, écoles politiques, littéraires, corporations professionnelles, etc. D'autre part, c'est à eux seuls qu'elle convient ; car le mot *social* n'a de sens défini qu'à condition de désigner uniquement des phénomènes qui ne rentrent dans aucune des catégories de faits déjà constituées et dénommées. Ils sont donc le domaine propre de la sociologie. [...]

Ainsi ce n'est pas leur généralité qui peut servir à caractériser les phénomènes sociologiques. Une pensée qui se retrouve dans toutes les consciences particulières, un mouvement que répètent tous les individus ne sont pas pour cela des faits sociaux. Si l'on s'est contenté de ce caractère pour les définir, c'est qu'on les a confondus, à tort, avec ce qu'on pourrait appeler leurs incarnations individuelles. Ce qui les constitue, ce sont les croyances, les tendances, les pratiques du groupe pris collectivement ; quant aux formes que revêtent les états collectifs en se réfractant chez les individus, ce sont choses d'une autre espèce. Ce qui démontre catégoriquement cette dualité de nature, c'est que ces deux ordres de faits se présentent souvent à l'état dissociés. En effet, certaines de ces manières d'agir ou de penser acquièrent, par suite de la répétition, une sorte de consistance qui les précipite, pour ainsi dire, et les isole des événements particuliers qui les reflètent. Elles prennent ainsi corps, une forme sensible qui leur est propre, et constituent une réalité *sui generis,* très distincte des faits individuels qui la manifestent. Le fait social est distinct de ses répercussions individuelles. [...] Sans doute, cette dissociation ne se présente pas toujours avec la même netteté. Mais il suffit qu'elle existe d'une manière incontestable dans les cas importants et nombreux que nous venons de rappeler, pour prouver que le fait social est distinct de ses représentations individuelles. D'ailleurs, alors même qu'elle n'est pas immédiatement donnée à l'observation, on peut souvent la réaliser à l'aide de certains artifices de méthode ; il est même indispensable de procéder à cette opération, si l'on veut dégager le fait social de tout alliage pour l'observer à l'état de pureté. Ainsi il y a certains courants d'opinion qui nous poussent, avec une intensité inégale, suivant les temps et les pays, l'un au mariage, par exemple, un autre au suicide ou à une natalité plus ou moins forte, etc. Ce sont évidemment des faits sociaux. Au premier abord, ils semblent inséparables des formes qu'ils prennent dans les cas particuliers. Mais la statistique nous fournit le moyen de les isoler. Ils sont, en effet, figurés, non sans exactitude, par le taux de natalité, de la nuptialité, des suicides [...]. Car chacun de ces chiffres comprend tous les cas particuliers indistinctement, les circonstances individuelles qui peuvent avoir quelque part dans la production du phénomène s'y neutralisent mutuellement et, par suite, ne contribuent pas à le déterminer. Ce qu'il exprime, c'est un certain état de l'âme collective. [...]

Un fait social se reconnaît au pouvoir de coercition qu'il exerce ou est susceptible d'exercer sur les individus ; et la présence de ce pouvoir se reconnaît à son tour soit à l'existence de quelque sanction déterminée, soit à la résistance que le fait oppose à toute entreprise individuelle qui tend à lui faire violence. Cependant, on peut le définir aussi par la diffusion qu'il présente à l'intérieur du groupe, pourvu que, suivant les remarques précédentes, on ait soin d'ajouter comme seconde et essentielle caractéristique qu'il existe indépendamment des formes individuelles qu'il prend en se diffusant. [...]

Cependant, on pourrait se demander si cette définition est complète. En effet, les faits qui nous ont fourni la base sont tous des *manières de faire ;* ils sont d'ordre physiologique. Or il y a des *manières d'être* collectives, c'est-à-dire des faits sociaux d'ordre anatomique ou morphologique. La sociologie ne peut se désintéresser de ce qui constitue le substrat de la vie collective. [...]

Il y a ainsi toute une gamme de nuances qui, sans solution de continuité, rattache les faits de structure les plus caractérisés à ces libres courants de la vie sociale qui ne sont encore pris dans aucun moule défini. C'est donc qu'il n'y a entre eux que des différences dans le degré de consolidation qu'ils présentent. Les uns et les autres ne sont que de la vie plus ou moins cristallisée. Sans doute, il peut y avoir intérêt à réserver le nom morphologique aux faits sociaux qui concernent le substrat social, mais à condition de ne pas perdre de vue qu'ils sont de même nature que les autres. Notre définition comprendra donc tout le défini si nous disons : *Est fait social toute manière de faire, fixée ou non, susceptible d'exercer sur l'individu une contrainte extérieure ; ou bien encore, qui est générale dans l'étendue d'une société donnée tout en ayant une existence propre, indépendante de ses manifestations individuelles*[1].

1. Cette parenté étroite de la vie et de la structure, de l'organe et de la fonction peut être facilement établie en sociologie parce que, entre ces deux termes extrêmes, il existe toute une série d'intermédiaires immédiatement observables et qui montre le lien entre eux. La biologie n'a pas la même ressource. Mais il est permis de croire que les inductions de la première de ces sciences sur ce sujet sont applicables à l'autre et que, dans les organismes comme dans les sociétés, il n'y a entre ces deux ordres de fait que des différences de degré.

Émile Durkheim,
LES RÈGLES DE LA MÉTHODE SOCIOLOGIQUE (1895),
PUF, Paris, 1981, pp. 5-6, 8-10, 11-12, 14.

COMMENTAIRE

Émile Durkheim (1858-1917) veut faire reconnaître la sociologie comme une science à part entière. Cette prétention n'est légitime que si elle possède d'une part un objet qui lui est spécifique, d'autre part une méthodologie adaptée à ce dernier. À cette fin il construit une définition du fait social permettant au sociologue de revendiquer un territoire et des méthodes distincts de ceux des autres sciences, notamment de la psychologie. À l'inverse de son grand rival Gabriel Tarde, il refuse d'admettre le primat de l'individu, et déclare que les phénomènes sociaux constituent une réalité, irréductible à toute autre : le fait social est une réalité en soi *(sui generis),* et il faut lui appliquer les canons de la démarche positiviste.
La sociologie doit aborder les phénomènes sociaux comme si elle avait à faire à des « choses », c'est-à-dire des phénomènes réels, des réalités extérieures aux individus et présentant des caractéristiques indépendantes de l'observateur. Émile Durkheim prend soin de préciser que le fait social n'est pas pour autant une chose, au sens matériel du terme, même si le sociologue doit adopter à son égard une posture particulière et l'étudier en bannissant toute dimension subjective de son champ d'investigation.
Émile Durkheim rejette le recours à l'introspection et à la conscience ou à tout autre concept psychologique, pour rendre compte de la réalité sociale. Le sociologue doit donc définir méthodiquement son objet avant de l'observer objectivement par l'intermédiaire d'indicateurs. Un fait social se reconnaît à ses quatre dimensions constitutives : l'extériorité, la contrainte qu'il exerce réellement ou potentiellement, la généralité et l'indépendance à l'égard de ses manifestations individuelles.
Les adversaires d'Émile Durkheim lui reprocheront de réifier le fait social en le dotant d'un caractère naturel et de faire, indûment, de la société une réalité transcendant les êtres qui la constituent. En fait, les critiques du psychologisme de Gabriel Tarde et du contractualisme d'Herbert Spencer amènent Émile Durkheim à grossir le trait et à doter le fait social du statut de réalité indépendante et surtout irréductible à tout autre ordre de phénomène.

mots-clés

CONTRAINTE – EXPLICATION – FAIT SOCIAL – OBJECTIVATION – PRÉNOTION – POSITIVISME – SOCIOLOGISME – RÉALISME – CONTRACTUALISME – PSYCHOLOGISME

S 30

Max Weber

La compréhension

Nous appelons sociologie (au sens où nous entendons ici ce terme utilisé avec beaucoup d'équivoques) une science qui se propose de comprendre par interprétation [*Deutend Verstehen*] l'activité sociale et par là d'expliquer causalement [*Ursächlich Erklären*] son déroulement et ses effets. Nous entendons par « activité » [*Handeln*] un comportement humain (peu importe qu'il s'agisse d'un acte extérieur ou intime,

d'une omission ou d'une tolérance), quand et pour autant que l'agent ou les agents lui communiquent un sens subjectif. Et par activité « sociale », l'activité qui, d'après son sens visé [*Gemeinten Sinn*] par l'agent ou les agents, se rapporte au comportement d'*autrui*, par rapport auquel s'oriente son déroulement.
Fondements méthodologiques.

La notion de « sens » veut dire ici ou bien (a) le sens *visé* subjectivement en réalité : a) par un agent dans un cas historiquement donné, b) en moyenne ou approximativement par les agents dans une masse donnée de cas ; ou bien (b) ce même sens visé subjectivement dans un *pur* type construit conceptuellement par l'agent ou les agents *conçus* comme des types. Ce n'est donc pas un sens quelconque objectivement « juste » ni un sens « vrai » élaboré métaphysiquement. C'est en cela que consiste la différence entre les sciences empiriques de l'activité, comme la sociologie et l'histoire, et toutes les sciences dogmatiques, telles que la juristique, la logique, l'éthique et l'esthétique qui cherchent à explorer le sens « juste » et « valable » de leurs objets. […]

Max Weber,
Économie et société (1922),
trad. J. Chavy et É. de Dampierre, Librairie Plon, Paris, 1971, p. 4.

COMMENTAIRE

Pour Max Weber (1864-1920) il n'existe pas d'objet sociologique par essence et par nature ; ce sont le regard et la démarche du sociologue qui le créent, à l'aide d'une conceptualisation et d'une méthodologie adaptées à son point de vue. La dimension sociale de l'action apparaît dès que les individus entrent en relation les uns avec les autres. Une activité devient action sociale dès que la personne se situe et oriente ses comportements par rapport à une autre en tenant compte de ses réactions. Le comportement social est composé d'un ensemble d'éléments (comportements individuels) qui renvoient à des modèles culturels.

Il est, pour Max Weber, présomptueux de prétendre expliquer la vie sociale en partant d'une série de lois ou des seuls facteurs généraux et extérieurs aux individus. Les comportements humains ont une spécificité : l'homme peut les interpréter. Cette possibilité d'explication causale des comportements des hommes fonde la compréhension de l'activité sociale.

Souvent qualifiée de sociologie interprétative ou de démarche qualitative, la sociologie de Max Weber n'est pas pour autant un subjectivisme triomphant. Prenant en compte les aspects subjectifs des faits sociaux, le sociologue les interprète objectivement en distinguant jugements de faits et jugements de valeurs. Il doit respecter une « neutralité axiologique ».

La compréhension permet de réintégrer, dans la démarche scientifique, la dimension subjective des actions et donc de passer de l'étude des comportements d'agents à celle des conduites des acteurs. Max Weber se méfie du réductionnisme des analyses se limitant à l'investigation des seuls faits observables de l'extérieur et ne laissant aucune place à l'expérience intérieure et au vécu des individus.

En dépit de sa richesse et des relectures périodiques qui en sont faites, l'œuvre de Max Weber suscite aussi des critiques. La théorie wébérienne de la compréhension repose sur le postulat qu'il existe un accord intersubjectif entre les personnes. Le sens de l'action peut être construit par les acteurs au cours de l'interaction. L'ethnométhodologie actuelle s'est construite dans la filiation de cet auteur.

mots-clés

ACTION - COMPRÉHENSION - EXPLICATION - IDÉAL-TYPE - OBSERVATION - SENS - SOCIOLOGIE INTERPRÉTATIVE - SUBJECTIVITÉ - COMPORTEMENT - ETHNOMÉTHODOLOGIE

S 31

Raymond Boudon

L'individualisme méthodologique

Dans tous les cas, l'analyse sociologique obéit au principe qu'on qualifie quelquefois d'*individualisme méthodologique.* Ce principe (au sens large où je le prends ici) que le sociologue doit se faire une règle de méthode de considérer les *individus* ou acteurs individuels inclus dans un système d'interaction comme les atomes logiques de son analyse. Pour exprimer le même principe de manière négative, le sociologue ne peut se satisfaire d'une théorie qui considérerait des agrégats (classes, groupes, nations) comme les unités les plus élémentaires auxquelles il soit nécessaire de descendre. Plus précisément, l'assimilation d'un groupe à un individu n'est légitime que dans le cas où un groupe est organisé et explicitement muni d'institutions lui permettant d'émettre des décisions collectives. L'individualisme méthodologique admet fort bien qu'on puisse énoncer une proposition telle que « l'Allemagne préfère les coûts de la guerre à ceux de la soumission », car le sujet de la proposition désigne un acteur polycéphale muni d'un mécanisme de décision collective : le gouvernement allemand. En revanche, il serait contraire au principe de l'individualisme méthodologique d'affirmer par exemple sans autre précision que « la classe ouvrière allemande était favorable à la guerre ». Plus simplement encore, ce principe implique que toute analyse comporte obligatoirement un moment où le sociologue s'interroge sur les actions (ou réactions) des individus (c'est-à-dire des personnes ou groupes dotés d'institutions de décision collective) appartenant au système d'interaction qu'il s'est donné pour objet. [...]

Le fait que de nombreux exemples d'analyse sociologique recourent implicitement à une méthode de type introspectif pour décrire le comportement des acteurs comporte une importante conséquence. Il indique que le sociologue se donne le droit de recourir à une psychologie universaliste. L'applicabilité de la méthode introspective suppose en effet que l'observateur puisse légitimement se substituer à l'observé. Elle implique donc que la particularité de la situation et du contexte où est placé l'observé ne peuvent affecter la psychologie de ce dernier au point que son comportement devienne inintelligible à l'observateur. Si le comportement de l'observé apparaît à l'observateur comme difficilement compréhensible, ce n'est pas dû au fait que leurs « psychologies » soient différentes mais, par exemple, à ce que certains éléments du système d'interaction auquel appartient l'observé échappent à l'observateur.

Le postulat de l'individualisme méthodologique n'a, comme tout principe de méthode, d'autre fondement que son efficacité. Je crois qu'il ne serait pas difficile de montrer que les analyses sociologiques qui ont fait la preuve de leur aptitude à résister à l'usure du temps ont toutes, que ce soit explicitement comme dans le cas de Tocqueville, Merton ou Marx, ou implicitement comme dans le cas de Durkheim, souscrit à ce principe (si du moins on accepte de lui donner la formulation large que je lui donne ici)[1].

1. Au sens où je prend l'expression, elle signifie seulement que, dans l'idéal, l'explication d'un phénomène social quelconque, qu'il soit situé au niveau macroscopique ou au niveau microscopique, suppose l'analyse des comportements des acteurs individuels composant ce dont le phénomène est le siège. Le Marx du 18-Brumaire *lui-même ne me paraît pas contrevenir à ce principe dans la mesure où il analyse plus ou moins explicitement le degré de développement de la conscience de classe manifesté par telle ou telle catégorie sociale à partir d'une analyse de la situation typique des individus appartenant à cette catégorie.*

Raymond Boudon,
LA LOGIQUE DU SOCIAL (1979),
Hachette, Paris, 1979, pp. 61-63.

COMMENTAIRE

L'individualisme méthodologique s'oppose à ce que Louis Dumont appelle « holisme » et Jean Piaget « réalisme totalitaire ». En France, l'individualisme méthodologique s'est construit contre plusieurs théories concurrentes : le marxisme, le structuralisme, le fonctionnalisme et surtout le positivisme qui prétendait établir des lois de portée sinon universelle du moins générale. Nous retrouvons, dans cette querelle, les échos du débat philosophique sur le déterminisme et la liberté du sujet, mais aussi une volonté affichée de substituer, en sociologie, le concept d'acteur à celui d'agent soumis à des déterminismes.

Pour Raymond Boudon (1934-) la diversité des conditions sociales et la complexité des phénomènes auxquels sont confrontés les sociologues ne permettent pas de dégager des lois ayant une portée universelle ; tout au plus les régularités constatées peuvent-elles avoir une validité locale. Pour les partisans de l'individualisme méthodologique, l'individu devient l'atome logique du raisonnement. À la différence d'Émile Durkheim, les faits sociaux ne sont pas des « réalités *sui generis* », mais plutôt des effets d'agrégation des conduites individuelles. De même, la société, comme totalité sociale, ne peut être posée *a priori* comme supérieure à la somme des parties.

N'ayant qu'une information imparfaite, sa rationalité est limitée, et il est animé d'intentions, doté de préférences (il peut néanmoins avoir intériorisé des normes ou avoir des habitudes). La personne guidée par des motivations individuelles et contrainte par des structures d'interaction est influencée par la logique de la situation.

De nombreuses critiques sont adressées à l'individualisme méthodologique. Certains trouvent une parenté en ligne directe entre *l'homo sociologicus* et *l'homo œconomicus* des néo-classiques et d'autres n'y voient qu'une forme particulière d'utilitarisme. Il lui est également reproché de négliger l'histoire des individus et d'oublier que le sujet est toujours socialement situé dans un espace hiérarchisé.

Par-delà ces remarques, il nous semble que le statut des modèles *ad hoc*

construits par Raymond Boudon pour les besoins de ses démonstrations reste problématique. Il en va de même pour ses exemples dont la valeur est plus pédagogique que probante.
S'il est abusif de la réduire exclusivement à la vision du monde véhiculée par le libéralisme politique, la sociologie de Raymond Boudon reste néanmoins paradoxale en raison de l'absence permanente d'acteurs concrets pourtant censés être au fondement des phénomènes sociaux étudiés. En effet, pour mieux critiquer les théories qui accordent une place importante aux « ruses de la raison », telle la théorie du système scolaire chez Pierre Bourdieu, Raymond Boudon tend à réduire le réel au rationnel.

mots-clés

AGRÉGATION - FORMALISATION - « HOLISME » - INDIVIDUALISME MÉTHODOLOGIQUE - LOI - SOCIOLOGISME - UTILITARISME - ACTEUR - AGENT - DÉTERMINISME - STRUCTURALISME

S 32

Émile Durkheim

Conscience collective

L'ensemble des croyances et des sentiments communs à la moyenne des membres d'une même société forme un système déterminé qui a sa vie propre ; on peut l'appeler la conscience collective ou commune. Sans doute, elle n'a pas pour substrat un organe unique ; elle est, par définition, diffuse dans toute l'étendue de la société ; mais elle n'en a pas moins des caractères spécifiques qui en font une réalité distincte. En effet, elle est indépendante des conditions particulière où les individus se trouvent placés ; ils passent, elle reste. Elle est la même du Nord au Midi, dans les grandes villes et dans les petites, dans les différentes professions. De même, elle ne change pas à chaque génération, mais elle relie au contraire les unes aux autres les générations successives. Elle est donc autre chose que les consciences particulières, quoiqu'elle ne soit réalisée que chez les individus. Elle est le type psychique de la société, type qui a ses propriétés, ses conditions d'existence, son mode de développement, tout comme les types individuels, quoique d'une autre manière. À ce titre, elle a donc le droit d'être désignée par un nom spécial. Celui que nous avons employé plus haut n'est pas, il est vrai, sans ambiguïté. Comme les termes de collectif et de social sont souvent pris l'un pour l'autre, on est induit à croire que la conscience collective est toute la conscience sociale, c'est-à-dire s'étend aussi loin que la vie psychique de la société, alors que, surtout dans les sociétés supérieures, elle n'en est que la partie la plus restreinte. Les fonctions judiciaires, gouvernementales, scientifiques, industrielles, en un mot toutes les fonctions spéciales sont d'ordre psychique, puisqu'elles consistent en des systèmes de représentation et d'actions ; cependant elles sont évidemment en dehors de la conscience commune.

Émile Durkheim,
De la division du travail social (1893),
PUF, Paris, 1994, p. 46.

COMMENTAIRE

Émile Durkheim (1858-1917) a une conception dualiste de la nature humaine. En tout individu coexisterait deux consciences, l'une personnelle, l'autre sociale. C'est sur l'équilibre instable entre ces deux dimensions que réside, chez lui, la clef de la conciliation des intérêts individuels et de l'intérêt de la société.

Définie comme « l'ensemble des croyances et des sentiments communs à la moyenne des membres d'une même société », la conscience collective, encore appelée « conscience commune », est pour Émile Durkheim une réalité spécifique à chaque type de société, elle en est le « type psychique ». Diffuse dans l'ensemble de la société, elle reflète son état de développement. Dans son premier ouvrage *De la division du travail social*, Émile Durkheim essaye de comprendre comment, tout en étant de plus en plus autonomes, les individus sont, en même temps, de plus en plus interdépendants. Il utilise le concept de conscience collective pour expliquer la nature du ciment social et des forces de cohésion du tout social. Il oppose deux formes de conscience collective propres aux deux types extrêmes de cohésion sociale qu'il distingue : la solidarité mécanique fondée sur la ressemblance et l'interchangeabilité des personnes, et la solidarité organique fondée sur une division plus poussée du travail, sur la complémentarité des personnes.

Dans les sociétés où la tradition est puissante et où les structures sociales sont simples, prédomine une cohésion sociale soutenue par une solidarité de type mécanique ; l'individu y est tout entier immergé dans la société, l'espace privé n'existe pas, les différences sociales sont peu nombreuses, le conformisme est fort et la religion a un rôle crucial dans le contrôle social. Les croyances, les coutumes, les rites sont connus de tous et les conduites de chacun sont orientées par une même vision des valeurs et de la morale. Le droit y a un aspect essentiellement répressif et sanctionne ceux qui s'écartent des croyances et sentiments communs. *A contrario*, dans les sociétés où la division du travail est très développée, l'hétérogénéité et la différenciation l'emportent sur l'homogénéité sociale, l'individu y est reconnu comme une personne ayant des droits et le contrôle social y est plus diffus. Les agents du contrôle social ne sont plus tant la famille et la religion que la loi et l'État, qui sont des formes cristallisées de la conscience collective. Alors que les deux dimensions de la conscience des personnes fusionnent dans les sociétés où prédomine la solidarité mécanique, elles tendent à se dissocier dans les sociétés à forte solidarité organique. L'individualisme s'y développe et devient la nouvelle religion de l'humanité. Seule une morale adaptée à l'état de développement de la société et donc au degré d'autonomie individuelle permettrait de dépasser cette contradiction apparente et de résoudre l'épineuse question de l'ordre social dans les sociétés modernes.

mots-clés

CONSCIENCE COLLECTIVE – CONSENSUS – CONTRÔLE SOCIAL – INDIVIDUALISME – INDIVIDUATION – INTÉGRATION – MOYENNE – RELIGION – SOCIÉTÉ – SOLIDARITÉ MÉCANIQUE – SOLIDARITÉ ORGANIQUE – SOLIDARITÉ SOCIALE – AUTONOMIE – COHÉSION SOCIALE – LOI – ORDRE SOCIAL

S 33

Émile Durkheim

Représentations individuelles et sociales

La société a pour substrat l'ensemble des individus associés. Le système qu'ils forment en s'unissant et qui varie suivant leur disposition sur la surface du territoire, la nature et le nombre des voies de communication constituent la base de la vie sociale. Les représentations qui en sont la trame se dégagent des relations qui s'établissent entre les individus ainsi combinés ou entre les groupes secondaires qui s'intercalent entre l'individu et la société totale. Or si l'on ne voit rien d'extraordinaire à ce que les représentations individuelles, produites par les actions et les réactions échangées entre les éléments nerveux, ne soient pas inhérentes à ces éléments, qu'y a-t-il de surprenant à ce que les réactions échangées entre les consciences élémentaires dont est faite la société, ne dérivent pas directement de ces dernières et, par suite, les débordent ? Le rapport qui, dans la conception, unit le substrat social à la vie sociale est en tous points analogue à celui qu'on doit admettre entre le substrat physiologique et la vie psychique des individus, si l'on ne veut pas nier toute psychologie proprement dite. Les mêmes conséquences doivent donc se produire de part et d'autre. L'indépendance, l'extériorité relative des faits sociaux par rapport aux individus est même plus immédiatement apparente que celle des faits mentaux par rapport aux cellules cérébrales ; car les premiers ou, du moins, les plus importants d'entre eux, portent, d'une manière visible, la marque de leur origine. En effet, si l'on peut contester peut-être que tous les phénomènes sociaux, sans exception, s'imposent à l'individu du dehors, le doute ne paraît pas possible pour ce qui concerne les croyances et les pratiques religieuses, les règles de la morale, les innombrables préceptes du droit, c'est-à-dire pour les manifestations les plus caractéristiques de la vie collective. Toutes sont expressément obligatoires ; or l'obligation est la preuve que ces manières d'agir et de penser ne sont pas l'œuvre de l'individu, mais émanent d'une puissance morale qui les dépasse, qu'on l'imagine mystiquement sous la forme d'un Dieu ou qu'on s'en fasse une conception plus temporelle et plus scientifique[1]. La même loi se retrouve donc dans les deux règnes.

Elle s'explique, d'ailleurs, de la même manière dans les deux cas. Si l'on peut dire, à certains égards, que les représentations collectives sont extérieures aux consciences individuelles, c'est qu'elles ne dérivent pas des individus pris isolément, mais de leur concours ; ce qui est bien différent. Sans doute dans l'élaboration du résultat commun, chacun apporte sa quote-part ; mais les sentiments privés ne deviennent sociaux qu'en se combinant sous l'action des forces *sui generis* que développe l'association ; par suite de ces combinaisons et des altérations qui en résultent, *ils deviennent autre chose.* Une synthèse chimique se produit qui concentre, unifie les éléments synthétisés et par cela même les transforme. Puisque cette synthèse est l'œuvre du tout, c'est le tout qu'elle a pour théâtre. La résultante qui s'en dégage déborde donc chaque esprit individuel, comme le tout déborde la partie. Elle est dans l'ensemble, de même qu'elle est par l'ensemble. Voilà en quel sens elle est extérieure aux particuliers. Sans doute, chacun en contient quelque chose ; mais elle n'est entière chez aucun. Pour savoir ce qu'elle est vraiment, c'est l'agrégat dans sa totalité qu'il faut prendre en considération[2]. C'est lui qui pense, qui sent, qui veut, quoiqu'il ne puisse vouloir, sentir ou agir que par l'intermédiaire de consciences particulières. Voilà comment le phénomène social ne dépend pas de la nature personnelle des individus. C'est que, dans le fusion d'où il résulte, tous les caractères individuels, étant divergents par définition, se neutralisent et s'effacent mutuellement. Seules les propriétés les plus générales de la nature humaine surnagent; et, précisément à cause de leur extrême généralité, elles ne sauraient rendre compte des formes très spéciales et très complexes qui caractérisent les faits collectifs. Ce n'est pas qu'elles ne soient pour rien dans le résultat; mais elles n'en sont que les conditions immédiates et lointaines. Il ne se produirait pas si elles l'excluaient; mais ce n'est pas elles qui le déterminent.

---

1. Et si le caractère d'obligation et de contrainte est si essentiel à ces faits, si éminemment sociaux, combien il est vraisemblable, avant tout examen, qu'il se retrouve également, quoique moins visible, dans les autres phénomènes sociologiques ! Car il n'est pas possible que les phénomènes de même nature diffèrent à ce point que les uns pénètrent l'individu du dehors et que les autres résultent d'un processus opposé.
À ce sujet, rectifions une interprétation inexacte qui a été donnée de notre pensée. Quand nous avons dit de l'obligation ou de la contrainte qu'elle était la caractéristique des faits sociaux, nous n'avons aucunement songé à donner ainsi une explication sommaire de ces derniers ; nous avons seulement voulu indiquer un signe commode auquel le sociologue peut reconnaitre les faits qui ressortissent à sa science.
2. Cf. *notre livre sur* Le Suicide, *pp. 345-363.*

Émile Durkheim,
« Représentations individuelles et représentations collectives » (1898),
in Sociologie et philosophie (1951),
PUF, Paris, 1984, pp. 39-41.

COMMENTAIRE

Alors que le concept de conscience collective constitue la pierre angulaire de la thèse développée dans *De la division du travail social,* Émile Durkheim (1858-1917) abandonne par la suite cette notion. Après avoir, dans un premier temps, affirmé que le passage des sociétés où prédominait la solidarité mécanique à celles où la solidarité organique est plus développée, s'accompagnait d'un affaiblissement de la conscience collective et d'un détachement croissant des hommes à l'égard des « garants métasociaux » de l'ordre social et donc de la religion, Émile Durkheim révise son jugement et insiste de plus en plus fortement sur le rôle central des valeurs, des croyances et des représentations partagées, notamment de la morale et de la religion dans toutes les sociétés, y compris les sociétés modernes.
Cet infléchissement se reflète dans ses travaux sur l'éducation ou sur la morale, ainsi que dans ses études sur les religions qui ouvrent la voie à une sociologie de la connaissance. Ainsi il s'intéresse également à la manière dont les individus sont liés les uns aux autres dans les sociétés modernes et aux formes de contrôle que la société exerce sur eux. Il aborde la question de la socialisation, de l'inculcation des sentiments et croyances, puis celle de leur changement, et enfin celle des influences mutuelles des éléments constitutifs de la conscience collective et des autres dimensions de la vie sociale.

Dans *De la division du travail social,* la base matérielle de la vie sociale (la répartition des individus dans l'espace, la nature et les moyens de communication existant expliquant l'intensité des relations sociales : la « densité morale ») sert à expliquer la nature et l'état des représentations collectives. Par la suite, Émile Durkheim reconnaît qu'il n'est pas possible de nier l'existence de représentations individuelles plus ou moins autonomes et distinctes des représentations sociales. Sa découverte des travaux de l'anthropologie sociale anglo-saxonne, au milieu de la décennie 1890, renforce et renouvelle son intérêt pour les représentations collectives.

Vers la fin de sa carrière il reconnaît à ces représentations une existence relativement autonome. Il déclare qu'effectivement la nature et l'état de la conscience collective dépendent étroitement de la base matérielle de la société et de la manière dont les individus s'associent, communiquent. Mais, une fois créés, les éléments (croyances, sentiments, représentations) dont elle est composée, deviennent des faits sociaux. Ils ont par conséquent, comme tous les faits sociaux, des caractéristiques *sui generis.* Les éléments constitutifs de la conscience collective peuvent donc acquérir une autonomie partielle et avoir une existence propre. Ils vont pouvoir se combiner entre eux, être transformés, et créer de nouvelles réalités.

mots-clés

CROYANCE - DUALISME - FAIT SOCIAL - PSYCHOLOGIE - REPRÉSENTATIONS SOCIALES - SOCIOLOGIE DE LA CONNAISSANCE - CONSCIENCE COLLECTIVE - CONTRÔLE SOCIAL - SOLIDARITÉ MÉCANIQUE - SOLIDARITÉ ORGANIQUE

Les approches en termes d'articulation

S 34

Ralph Linton

Rôle et statut

La place qu'un individu donné occupe dans un système donné sera nommée *statut (status)* par rapport à ce système. Dans d'autres recherches sur la structure sociale, le terme de *position (position)* a été utilisé dans un sens très voisin, mais sans qu'on ait clairement identifié la condition de temps ni la simultanéité des différents systèmes d'organisation au sein de la même société. On s'est aussi servi pendant longtemps du terme de *statut* pour désigner la position de l'individu dans le système de prestige de sa société. Mais dans l'usage que nous en faisons, il s'applique aussi bien à la position de l'individu dans chacun des autres systèmes. Quant au second terme, le *rôle (role),* nous nous en servirons pour désigner l'ensemble des modèles culturels associés à un statut donné. Il englobe par conséquent les attitudes, les valeurs et les comportements que la société assigne à une personne et à toutes les personnes qui occupent ce statut ; on peut même y ajouter le droit d'escompter, venant des personnes qui occupent d'autres statuts dans le même système, certains comportements caractéristiques. Tout statut est ainsi associé à un rôle donné, mais du point de vue de l'individu, les deux faits ne sont absolument pas identiques. Ses statuts lui sont assignés sur la base de son âge et de son sexe, de sa naissance ou de son mariage dans une unité familiale donnée, etc. ; mais ses rôles sont appris sur la base de ses statuts actuels ou futurs. En tant qu'il représente un comportement explicite, le rôle est l'aspect dynamique du statut : ce que l'individu doit faire pour valider sa présence dans ce statut. [...]

Le statut selon lequel un individu agit est son statut actuel *(active status)* au moment considéré. Ses autres statuts sont au même moment des statuts latents *(latent statuses)*. Les rôles associés aux statuts latents sont provisoirement mis en vacances, mais ils demeurent parties intégrantes de l'équipement culturel de l'individu.

Ralph Linton,
LE FONDEMENT CULTUREL DE LA PERSONNALITÉ (1945),
trad. française Éditions Dunod, Paris, 1986, pp. 71-72.

COMMENTAIRE

En 1936, l'anthropologue Ralph Linton (1893-1953) , insiste sur l'étroite relation entre le status* et la position. Le status est alors défini comme étant la position occupée au sein d'une structure sociale, position à laquelle sont associés des droits, des devoirs, des attentes réciproques de comportement qui ne dépendent plus des caractéristiques personnelles de celui qui occupe ce status. Il existe des status transmis, le sexe, l'âge, la parenté, l'origine ethnique, et d'autres qui sont acquis. Tout en adhérant à une conception dualiste de la personnalité, cet auteur lui reconnaît cependant une capacité d'adaptation. En situation et dans des contextes culturels, les comportements individuels s'adaptent en fonction des attentes, des status et des rôles. Les concepts de rôle, de status et d'intégration normative occupent aussi une place centrale dans la sociologie fonctionnaliste.

Pour pouvoir analyser le comportement d'un individu comme l'accomplissement d'un rôle, elle doit postuler que le rôle constitue le lien entre la structure sociale et les comportements individuels. Les status transmis sont censés créer le cadre dans lequel va s'opérer la transmission de l'héritage culturel, et déterminer les objectifs généraux (les status adultes) vers lesquels tendraient l'éducation, l'instruction et la socialisation. Connaissant le sexe, l'âge, la classe, la religion, la nationalité, le lieu de résidence de l'enfant, le sociologue serait en mesure de se représenter le type et le contenu de sa socialisation.

Par la suite, le fonctionnaliste Robert Merton considérera que la position sociale occupée par un individu doit être appréhendée spatialement et qu'il faut donc s'intéresser à un ensemble de status *(status set)* et de rôles *(role set)*. D'autres, tel par exemple Lenski, s'attacheront à la possible dissociation du status et de la position de classe de l'individu ; il forgera la notion de « cristallisation du status » pour rendre compte de l'écart éventuel entre les gratifications attachées au status de la personne et celles liées à sa position de classe.

Outre Ralph Linton et le culturalisme, d'autres courants de pensée ont également utilisé ces notions de rôle et de status. Pour les fonctionnalistes, le rôle ne doit pas être confondu avec celui de l'acteur de théâtre auquel a recours Erving Goffman et les interactionnistes. Pour ces derniers, les individus acceptent ou refusent d'interpréter des rôles sur la scène sociale ou en coulisse ; ils les adaptent et font reconnaître leur individualité (le *soi*) dans l'interprétation qu'ils en donnent dans la vie quotidienne. À cet effet ils mobilisent des éléments de la culture environnante et mettent en œuvre des comportements qui correspondent aux représentations et aux attentes, associées à ces rôles, des autres membres de la collectivité.

---

* *Dans les sociétés d'Ancien Régime, le statut précisait les droits et les devoirs des personnes. Pour distinguer le sens juridique du « statut » de son sens sociologique, nombre de sociologues français utilisent le terme de « statut » dans la première acception et celui de « status » dans la seconde. Dans la traduction du texte de Linton, le traducteur n'a pas tenu compte de ces nuances propres à une partie seule de la communauté des sociologues de langue française.*

mots-clés

CONDUITE – CULTURE – CULTURALISME – FONCTIONNALISME – NORME – POSITION SOCIALE – RÔLE – SOCIALISATION – STATUS – VALEURS – SOI

S 35

Michel Crozier et Erhard Friedberg

Jeux et stratégies des acteurs

L'intérêt et l'avantage essentiels d'une analyse en termes de « stratégies » et de « jeux », c'est qu'elle permet d'ouvrir une perspective de recherche capable de rendre compte du caractère contraint et préstructuré de l'action collective, tout en traitant le comportement humain comme ce qu'il est : l'affirmation et l'actualisation d'un *choix* dans un ensemble de possibles. En partant des conduites des acteurs en situation considérées comme l'expression d'une *stratégie rationnelle dans les limites d'un jeu à découvrir,* elle force le chercheur à reconstruire ce jeu à partir des comportements observables et, ce faisant, à démontrer la nature et l'étendue des contraintes en même temps que les modalités à travers lesquelles ces contraintes peuvent devenir prégnantes. Bref, elle souligne le caractère socialement construit et maintenu de toute structure d'action collective, dont les règles du jeu commandent certes le choix des individus, mais dont le maintien est en retour conditionné par ces choix. Cela n'écarte pas la possibilité qu'il existe des « rôles » ou « ensembles de stratégies » relativement stables et contraignants. Un rapport de force stable entre deux ou plusieurs acteurs peut bien donner – et donne effectivement – naissance à des stratégies dominantes réciproques également stables. Mais cette stabilité dépend ici non pas des attentes de rôles réciproques et des valeurs communes ou impératifs fonctionnels du « système » qui les sous-tendraient, mais d'un rapport de force tel que le définissent et le vivent les acteurs en situation et tel qu'il est médiatisé et stabilisé par les caractéristiques et règles des jeux auxquels les acteurs ne peuvent pas ne pas participer.

Michel Crozier et Erhard Friedberg,
L'ACTEUR ET LE SYSTÈME. LES CONTRAINTES DE L'ACTION COLLECTIVE (1977),
coll. « Sociologie », Les Éditions du Seuil, Paris, 1977, pp. 104-105.

COMMENTAIRE

La méthode de l'analyse stratégique participe du mouvement d'ensemble qui réintroduit l'individu au centre de l'analyse sociologique ; elle met en avant un acteur (individuel ou collectif) qui effectue des choix, agit rationnellement, et développe des stratégies. Il n'est pas le jouet passif des déterminismes sociaux. Même en situation de domination apparente, l'individu possède une certaine zone de liberté et, confronté aux réglementations des organisations, il ré-interprète souvent les règles censées les régir.

L'hypothèse de base sur laquelle repose cette conception consiste à faire du niveau organisationnel un pallier intermédiaire entre le niveau macrosocial et individuel.

Il n'existe jamais de concordance totale entre les buts de l'organisation et ceux des individus, mais seulement des zones de recoupement. De plus, chacun ayant une vision incomplète de la réalité (une rationalité limitée qui amène chacun non pas à chercher la solution optimale mais à retenir la première solution acceptable), les comportements ne sont pas totalement prévisibles dans un univers parfaitement transparent.

S'il définit et poursuit des stratégies, l'individu n'échappe pas pour autant à l'influence de ses dispositions sociales et des ressources que sa position sociale lui permet de mobiliser. Le sociologue doit donc mettre à jour l'ordre social que les acteurs d'un champ construisent par leurs interactions : les rapports de pouvoir dans un atelier, un bureau…

Parler de jeu et de stratégie des acteurs dans l'organisation, c'est reconnaître la possibilité de choisir dans un ensemble précontraint tout en admettant que la participation contribue au maintien du jeu. Cette démarche accorde une grande attention aux relations qui forment le contexte dans lequel agissent les individus.

mots-clés

ACTION – AUTONOMIE – COOPÉRATION – INCERTITUDE – JEU – ORGANISATION – RATIONALITÉ – RÈGLE – STRATÉGIE – ACTEUR – DÉTERMINISME – INTERACTIONS SOCIALES

S 36

Anthony Giddens

Théorie de la structuration

Les concepts centraux de la théorie de la structuration sont le « structurel », la « dualité du structurel » et le « système ». Le concept de structure (ou de « structure sociale ») prédomine dans les écrits de la plupart des auteurs fonctionnalistes ; de plus, il est à l'origine du nom d'une autre tradition de pensée, le structuralisme. Toutefois, telle que conceptualisée dans ces deux courants de pensée, l'idée de structure ne peut rendre de grands services à la théorie du social. Les auteurs fonctionnalistes et leurs critiques ont accordé beaucoup plus d'attention au concept de « fonction » qu'à celui de « structure », au point d'utiliser ce dernier comme un concept tenu pour acquis et qui ne fait pas de problème. Pour les fonctionnalistes, et même pour la grande majorité des analystes sociaux, le concept de « structure » fait référence au développement ou à l'existence d'une sorte de « modèle régularisé » *[patterning]* de relations sociales ou de phénomènes sociaux. Bien souvent, l'idée de structure est naïvement associée et même assimilée à des images qui peuvent se visualiser sans difficulté, comme le squelette ou l'anatomie d'un organisme, ou la charpente d'un édifice. De telles conceptions sont étroitement liées au dualisme du sujet individuel et de l'objet sociétal : la « structure » semble alors « extérieure » à l'action humaine, elle semble contraindre la libre initiative du sujet constitué indépendamment d'elle. Par ailleurs, la « structure » telle que conçue dans la pensée structuraliste et post-structuraliste est nettement plus intéressante. Elle ne fait pas référence à un modèle régularisé de relations sociales, de présence, mais, plus subtilement, à une intersection de présence et d'absence, à un code profond qu'il faut inférer à partir de ses manifestations superficielles.

En apparence, ces deux idées de structure n'ont rien en commun ; pourtant chacune renvoie à des aspects importants du double caractère structurant et structuré des relations sociales. Dans la théorie de la structuration, j'ai tenu compte de ces aspects en établissant une distinction entre les concepts de « structure » et de « système ». Celui ou celle qui analyse des relations sociales doit pouvoir déceler deux dimensions, syntagmatique et paradigmatique : la première fait référence au développement de l'espace-temps, de modèles régularisés de relations sociales qui engagent la reproduction de pratiques spatio-temporellement situées ; la seconde concerne un ordre virtuel de « modes de structuration » engagés de façon récursive dans la reproduction de pratiques. Dans les traditions structuralistes, il est souvent difficile d'établir avec clarté si les structures font référence à une matrice de transformations admissibles dans un ensemble donné ou aux règles de transformation qui régissent la matrice. [...]

J'appelle *principes structurels* les propriétés structurelles les plus profondément ancrées, celles qui sont engagées dans la reproduction des totalités sociales. J'appelle *institutions* les pratiques qui ont la plus grande extension spatio-temporelle dans ces totalités sociétales. [...]

Selon l'une des propositions principales de la théorie de la structuration, les règles et les ressources utilisées par des acteurs dans la production et la reproduction de leurs actions sont en même temps les moyens de la reproduction du système social concerné : c'est là l'idée même de la dualité du structurel.

Anthony Giddens,
LA CONSTITUTION DE LA SOCIÉTÉ (1984),
trad. française PUF, Paris, 1987, pp. 65-66, 68.

COMMENTAIRE

Dans l'histoire des sciences sociales, les notions de structure et de système ont occupé une place très importante après la Seconde Guerre mondiale. Le concept de structure repose sur l'idée que les phénomènes sociaux sont des totalités dont il ne faut privilégier aucun aspect. Les partisans de la méthode structurale ne s'attardent pas sur le niveau individuel. Ils cherchent, au contraire, à dégager la structure des faits, l'organisation des rapports entre les parties, c'est-à-dire le substrat objectif, indépendant des manifestations individuelles. Pour eux, les individus n'ont pas une conscience claire des raisons objectives de leurs comportements.

Pour les structuralistes, la vie sociale doit être appréhendée comme un système de communication et d'échange ; par exemple, pour Claude Lévi-Strauss, il s'agit d'échanges qui concernent autant des objets matériels que symboliques : femmes, biens, formes de langages.

Les critiques adressées au fonctionnalisme et au structuralisme ont débouché sur une réhabilitation du sujet qui se traduit par un désintérêt pour les dimensions structurelles des phénomènes sociaux. Giddens essaye d'échapper à cette tendance en prenant en compte d'une part les déterminismes sociaux (qu'il identifie aux dimensions structurelles de l'action) des conduites individuelles, d'autre part l'autonomie partielle mais réelle de leurs pratiques. Certes les individus effectuent des choix, mais ils ne s'affranchissent jamais totalement des modèles de relations sociales cristallisées dans des normes et des institutions. Tout en agissant à l'intérieur d'un champ d'action qui témoigne de la sédimentation de pratiques antérieures et récurrentes, l'individu n'en participe pas moins à la production et à la transformation de ce cadre spatio-temporel. Le concept de structuration correspond à un mode particulier d'articulation des niveaux individuel et collectif des pratiques.

mots-clés

AUTONOMIE – DÉTERMINISME – DISPOSITION – INSTITUTION – NORME – PRATIQUE – POSITION – REPRÉSENTATION – STRUCTURALISME – SYSTÈME – FONCTIONNALISME

S 37

Pierre Bourdieu

L'« habitus », principe générateur des pratiques

Ainsi, l'objectivisme, qui constitue un moment nécessaire de toute recherche, au titre d'instrument de rupture avec l'expérience première et de la construction de relations objectives, exige son propre dépassement. Pour échapper au *réalisme de la struc-*

ture qui hypostasie les systèmes de relations objectives en les convertissant en totalités déjà construites en dehors de l'histoire de l'individu et de l'histoire du groupe, il faut et il suffit d'aller de l'*opus operatum* au *modus operandi*, de la régularité statistique ou de la structure algébrique au principe de production de cet ordre observé et de construire la théorie de la pratique ou, plus exactement, du mode de génération des pratiques, qui est la condition de la construction d'une science expérimentale *de la dialectique de l'intériorité et de l'extériorité, c'est-à-dire de l'intériorisation de l'extériorité* et *de l'extériorisation de l'intériorité :* les structures qui sont constitutives d'un type particulier d'environnement (e.g. les conditions matérielles d'existence caractéristiques d'une condition de classe) et qui peuvent être saisies empiriquement sous la forme des régularités associées à un environnement socialement structuré, produisent des *habitus*, systèmes de *dispositions* durables, structures structurées prédisposées à fonctionner comme structures structurantes, c'est-à-dire en tant que principe de génération et de structuration de pratiques et de représentations qui peuvent être objectivement « réglées » et « régulières » sans être en rien le produit de l'obéissance à des règles, objectivement adaptées à leur but sans s'opposer la visée consciente des fins et la maîtrise expresse des opérations nécessaires pour les atteindre et, étant tout cela, collectivement orchestrées sans être le produit de l'action organisatrice d'un chef d'orchestre.

Pierre Bourdieu,
ESQUISSE D'UNE THÉORIE DE LA PRATIQUE,
Librairie Droz, Genève, 1972, pp. 174-175.

COMMENTAIRE

Dans une société moderne à grande fluidité et différenciation sociales, paradoxalement, l'autonomie de l'individu se conjugue avec la permanence du déterminisme social des comportements. Le concept d'« habitus » utilisé par Pierre Bourdieu (1930-) permet d'en rendre compte par l'articulation des niveaux micro et macrosociaux. Ainsi, il explicite les mécanismes qui président à la détermination des « libres » choix des pratiques individuelles à partir des dispositions intériorisées par les individus. Pour Pierre Bourdieu, la situation présente des individus, et les conditions de réalisation de leurs actes ne conditionnent pas mécaniquement leurs pratiques sociales. Pour expliquer les conduites des individus occupant des positions sociales situées dans un espace hiérarchisé, Pierre Bourdieu érige l'« habitus » en principe qui régit l'autonomie effective de ces individus. L'« habitus », **système de schémes générateurs de pratiques et de schémes de perception de pratiques** est le fruit des expériences vécues, des apprentissages et des processus d'inculcation, et par conséquent d'une histoire. Il génère des dispositions à se comporter « naturellement », en toutes circonstances et en tous lieux, conformément, à la fois aux attentes d'autrui et à l'*éthos* du groupe social auquel appartient le sujet. Mode particulier d'incorporation des structures sociales, l'« habitus » transforme l'expérience du monde familier en réalité allant de soi ; il mobilise donc des valeurs, des croyances et des systèmes de représentation.

mots-clés

ACTEUR – CLASSE SOCIALE – CONDUITE – CULTURE DE CLASSE – DISPOSITION – HABITUS – INTÉRIORISATION – NORME – OBJECTIVATION – PRATIQUES – REPRODUCTION – RÔLE – SOCIALISATION – ÉTHOS – AUTONOMIE

S 38

Erving Goffman

La carrière

Le terme de carrière est généralement réservé à l'entreprise de celui qui entend profiter des possibilités de promotion qu'offre toute profession respectable. Mais il est aussi employé dans une acception plus large, pour qualifier le contexte social dans lequel se déroule la vie de tout individu. On se place alors dans la perspective de l'histoire naturelle, c'est-à-dire que l'on néglige les simples événements pour s'attacher aux modifications durables, assez importantes pour être considérées comme fondamentales et communes à tous les membres d'une catégorie sociale, même si elles affectent séparément chacun d'entre eux. [...] De ce point de vue, la carrière ne saurait être dite brillante ou décevante pas plus qu'elle ne saurait être considérée comme une réussite ou un échec. [...]

L'intérêt du concept de carrière réside en son ambiguïté. D'un côté, il s'applique à des significations intimes, que chacun entretient précieusement et secrètement, image de soi, et sentiment de sa propre identité ; de l'autre, il se réfère à la situation officielle de l'individu, à ses relations de droit, à son genre de vie et entre ainsi dans le cadre des relations sociales. Le concept de carrière autorise donc un mouvement de va-et-vient du privé au public, du moi à l'environnement social, qui dispense de recourir abusivement aux déclarations de l'individu sur lui-même ou sur l'idée qu'il se fait de son personnage. [...]

La catégorie de « malade mental » doit elle-même être prise dans un sens strictement sociologique. Le traitement psychiatrique de la personnalité ne revêt alors d'intérêt que dans l'exacte mesure où il modifie le destin social de l'individu, altération qui, dans notre société, ne devient semble-t-il vraiment significative que si l'individu se trouve pris dans le processus de l'hospitalisation. [...]

Il faut donc se garder de confondre le fait d'être traité comme un malade mental et le fait de présenter certains traits cliniquement qualifiés de psychopathologiques. Sans doute ceux qui entrent dans les hôpitaux psychiatriques diffèrent-ils les uns des autres par la nature et le degré d'intensité des maux qu'un psychiatre pourrait diagnostiquer et par les manifestations sur lesquelles pourrait s'appuyer un profane pour décrire ces maux ; mais, une fois engagés dans le processus, ils se trouvent confrontés à des conditions largement identiques et réagissent de façon non moins semblable. Puisque ces similitudes ne proviennent pas de la maladie mentale, il faut en conclure qu'elles se manifestent malgré elle. Constater que le statut uniforme de malade mental peut assurer à un ensemble d'individus une destinée commune, voire, par sa seule puissance, un caractère commun ; constater en outre que ce modelage social peut affecter les humains les plus irréductiblement hétéroclites qu'une société puisse présenter, c'est mesurer la puissance des forces sociales. Il ne manque à ce tableau que l'évocation des groupes de défense formés par les anciens patients pour circonscrire le cycle classique de réactions qui engendre par des processus psychodynamiques la formation de sous-groupes de réfractaires au sein de la société.

La légitimité de cette perspective sociologique est largement confirmée par la méthode qu'emploient les sociologues spécialisés dans l'étude des hôpitaux psychiatriques. Comme l'a montré, à maintes reprises, l'étude des sociétés sans écriture, les sentiments de crainte mystique, de répulsion, d'exotisme que l'on éprouve à l'égard d'une culture étrangère peuvent s'affaiblir, au point que l'on peut parvenir à la familiarité la plus parfaite avec la vision du monde des sujets que l'on étudie. Il en va de même pour l'étude des hôpitaux psychiatriques : on finit très souvent par découvrir que la folie ou le « comportement anormal » attribué au malade résulte pour une grande part, non de sa maladie mais de la distance sociale qui sépare ce malade de ceux qui le déclarent tel. Quelles que soient les subtilités des diagnostics psychiatriques qui différencient les malades, quelles que soient aussi les particularités de la vie sociale « à l'intérieur » de l'institution, le chercheur est souvent amené à découvrir que la communauté avec laquelle il est en rapport ne se différencie guère de toutes celles qu'il a étudiées auparavant.

Erving Goffman,
ASILES : ÉTUDES SUR LA CONDITION SOCIALE DES MALADES MENTAUX (1961),
trad. française Les Éditions de Minuit, Paris, 1968, pp. 179-182.

COMMENTAIRE

Erving Goffman (1922-1982) est une figure importante de la sociologie américaine récente. Ses travaux portent principalement sur l'étude des interactions entre les personnes, et les représentations qu'ils s'en font, dans l'espace public, au cours de la vie quotidienne. Le concept de rôle qu'il utilise pour expliquer les comportements humains doit être pris dans son acception théâtrale. Les hommes jouent des rôles qui sont souvent écrits avant et par d'autres, mais ils adaptent leurs interprétations au moment, à la situation, et aux autres personnes présentes. La vie sociale est donc, pour une part non négligeable, composée d'improvisations.

Le rôle n'est pas un modèle prédéterminé et rigide, mais l'expression de l'individualité et de la créativité de l'individu à l'intérieur, cependant, d'un contexte social particulier qui contribue à préciser l'interprétation que l'acteur fera de son rôle. La notion de « carrière » est utilisée plus généralement par les sociologues interactionnistes pour montrer que le destin social des individus n'est jamais prédéterminé.

mots-clés

ACTEUR – ATTENTE DE RÔLE – AUTONOMIE – CARRIÈRE – CONTRÔLE SOCIAL – INTERACTIONNISME – RÔLE – SCÈNE – SITUATION – ASILES – INTERACTIONS SOCIALES

S 39

Norbert Elias

Le concept de configuration

Le terme de « configuration » que nous avons introduit ici remplit une fonction tout à fait spécifique dans les discussions sociologiques actuelles. Grâce à ce terme, il est possible d'abolir le conditionnement social qui est responsable de l'éclatement et de la polarisation mentale de l'image de l'homme et qui nous force sans cesse d'en établir deux images parallèles : celle des hommes en tant qu'individus et celle des hommes en tant que sociétés. Cette polarisation conceptuelle reflète de toute évidence des systèmes de croyance et des idéaux sociaux différents. D'un côté on trouve un système de croyance social dont les adeptes prônent avant tout la « société », et de l'autre côté ceux qui prônent « l'individu » comme valeur absolue. Ainsi s'ancre dans la conscience contemporaine l'idée suivante : à ces valeurs différentes doivent correspondre deux objets différents, chacun d'eux existant séparément. Elle renforce l'image du moi comme étant celle d'un « moi enfermé dans une coquille », l'image de l'homme en tant que *« homo clausus »*.

Le terme de configuration sert à créer un outil conceptuel maniable, à l'aide duquel on peut desserrer la contrainte sociale qui nous oblige à penser et à parler comme si « l'individu » et « la société » étaient deux figures différentes et de surcroît antagonistes.

Ces modèles d'interpénétration nous ont déjà permis de montrer jusqu'à un certain point dans quel sens nous employons ici le terme de configuration. Quatre hommes assis autour d'une table pour jouer aux cartes forment une configuration. Leurs actes sont interdépendants. Dans ce cas également, c'est l'emploi du substantif « jeu » qui fait croire que le jeu possède une existence propre. On peut dire : « le jeu progresse lentement ». Mais, quelle que soit l'objectivité des termes utilisés, il est évident que le déroulement du jeu découle des interpénétrations des actes d'un groupe d'individus interdépendants. Comme nous l'avons montré ci-dessus, le déroulement de la partie offre une autonomie relative par rapport à chacun des joueurs, si ces derniers sont de force relativement égale. Mais il n'a pas de substance et d'existence propres, ce n'est pas un être indépendant des joueurs comme le fait croire la formation du mot « jeu ». Le jeu n'est pas non plus une idée, un « idéal type » à partir duquel un sociologue peut tirer des généralités, en étudiant en soi le comportement de chacun des joueurs, pour ensuite déduire, de certaines particularités communes à tous, les lois du comportement individuel. Ni le « jeu », ni les « joueurs » ne sont des abstractions. Il en va de même de la configuration que forment les quatre joueurs autour de la table. Si le terme de « concret » a un sens, on peut dire que la configuration que forment ces joueurs, et les joueurs eux-mêmes, sont également concrets. Ce qu'il faut entendre par configuration, c'est la figure globale toujours changeante que forment les joueurs ; elle inclut non seulement leur intellect, mais toute leur personne, les actions et les relations réciproques. Comme on peut le voir, cette configuration forme un ensemble de tensions. L'interdépendance des joueurs, condition nécessaire à l'existence d'une configuration spécifique, est une interdépendance en tant qu'alliés mais aussi en tant qu'adversaires.

Une configuration peut être structurée comme un jeu à l'intérieur duquel il existe une hiérarchie de plusieurs relations du type « moi et lui » ou « nous et eux », pensons par exemple au football. Cet exemple montre particulièrement bien comment deux groupes antagonistes mais interdépendants, s'affrontant dans une relation de « nous » à « eux », forment une seule et même configuration. Le groupe mobile des joueurs d'une équipe ne peut se comprendre que par rapport à celui de l'autre équipe. Si le spectateur veut comprendre le jeu et en tirer du plaisir, il doit être en mesure de suivre les positions changeantes des joueurs des deux équipes, ainsi que la configuration d'ensemble changeante que forment les deux camps. Il sera vraiment absurde de qualifier chacun des joueurs, pris en soi, de « concret », et de qualifier la configuration changeante d'« abstraite », ou d'employer des termes comme « réel » pour désigner chacun des joueurs et « irréel » pour désigner leur regroupement, leur configuration changeante sur le terrain. On peut mieux comprendre aussi pourquoi on a transformé le concept de pouvoir dont nous avons parlé plus haut, passant ainsi d'un concept de substance à un concept relationnel. Au centre des configurations mouvantes, autrement dit, au centre du processus de configuration, s'établit un équilibre des forces, qui incline tantôt d'un côté, tantôt de l'autre. Ces équilibres de forces fluctuants comptent parmi les particularités structurelles de toute configuration.

Ces exemples peuvent aider à comprendre peut-être dans quel sens nous utilisons ici le concept de configuration. Il s'applique aussi bien aux groupes relativement restreints qu'aux sociétés formées par des milliers ou des millions d'êtres interdépendants.

Norbert Elias,
QU'EST-CE QUE LA SOCIOLOGIE ? (1970),
trad. française Y. Hoffmann, Éditions Pandora, Paris, 1981, pp. 156-158.

COMMENTAIRE

Selon Norbert Elias (1897-1989), les membres d'une société sont interdépendants et forment ce qu'il appelle une « configuration » qui, à son tour, façonne également leurs façons de vivre qui sont, elles aussi, interdépendantes les unes des autres. Les configurations ne sont pas statiques ; elles sont animées de mouvements dont les rythmes de changement sont plus ou moins rapides, mais dont les évolutions à long terme sont souvent imprévisibles et non planifiées. Les modes de connaissance et le savoir des hommes font partie intégrante de ces configurations et de leur développement.

À l'inverse d'Auguste Comte, Norbert Elias ne pense pas que la complexité de la sociologie soit liée à son objet, mais s'explique bien au contraire par un usage, par les sociologues, de concepts inutilement complexes. En distinguant indûment l'acteur de ses pratiques, les structures des processus, les objets et les relations, les sociologues s'interdisent de comprendre les configurations de personnes en situation d'interdépendance. Bien des concepts de la sociologie (norme, valeur, rôle, classe sociale, structure sociale) sont, pour Norbert Elias, inadaptés à l'explication de ce qu'il érige en « objet » de la sociologie : les configurations. De même, les concepts d'« individu » et de « société » sont statiques ; les sociologues ont tort d'en faire des représentations d'« objets » censés être séparés et différents l'un de l'autre.

mots-clés

CLASSE SOCIALE – CIVILISATION – CONFIGURATION – CROYANCE – CULTURE – NORME – RÉGULATION – REPRODUCTION – SOCIALISATION – SYSTÈME DE MŒURS – STRUCTURE – VALEUR – VIOLENCE

S 40

Ralph Linton

La personnalité statutaire

De toute évidence, les sociétés ne considèrent pas que la formation de l'individu est un processus psychologique. Elles essaient seulement d'entraîner l'individu à occuper certains statuts attribués, c'est-à-dire les positions qu'on peut raisonnablement prévoir pour lui dans la structure sociale. Un statut exige de celui qui le détient non seulement certains devoirs mais aussi certaines attitudes affectives qui, l'incitant à accomplir ses rôles avec constance et conscience, permettent au système de fonctionner sans que la contrainte sociale ait à s'exercer directement. Ainsi, dans nos sociétés, l'affection d'un mari à l'égard de sa femme et de ses enfants garantit qu'il subviendra à leurs besoins. En fait, nous tenons pour assuré que cette affection a disparu si l'on doit en appeler à la loi pour qu'il y subvienne.

Ainsi, il est vital pour le fonctionnement d'une société que la personnalité de ses membres soit au moins superficiellement adaptée à leur statut. Chaque société approuve et récompense certaines combinaisons de qualités quand elles apparaissent chez les individus occupant des statuts particuliers. En outre, elle essaie de développer ces qualités chez tous les individus dont on peut prévoir qu'ils occuperont ces statuts particuliers. En d'autres termes, chaque société a une série de personnalités idéales qui correspondent aux différents statuts qu'elle reconnaît. Ces personnalités statutaires ne doivent pas être confondues avec les types psychologiques : elles ne sont définies que superficiellement. La personnalité statutaire ne correspond pas à la totalité de la personnalité mais simplement à certains aspects de son contenu et à ses orientations les plus superficielles, c'est-à-dire aux éléments qui concernent immédiatement l'accomplissement réussi des rôles de l'individu. La personnalité statutaire est un phénomène social, le type psychologique un phénomène individuel. Il n'est pas douteux que certains types psychologiques sont mieux adaptés aux personnalités statutaires que d'autres, mais des individus relevant de plusieurs types psychologiques peuvent en général assumer la même personnalité statutaire et accomplir, au moins passablement bien, les rôles associés au statut. Ainsi, il est, dans nos sociétés, une personnalité statutaire assez bien définie de l'homme d'affaires : elle implique entre autres choses l'énergie, la sagacité, l'esprit de concurrence et une certaine aptitude à établir des contacts sociaux et à manipuler les autres individus. Elle suppose aussi que l'individu ressente un profond intérêt à l'égard de l'accumulation de la richesse et oriente toutes ses activités pour gagner le plus d'argent possible. Cette personnalité statutaire particulière convient particulièrement bien aux individus du type extraverti et, toutes choses égales d'ailleurs, ces individus risquent d'être de meilleurs hommes d'affaires que les introvertis. Cependant un certain nombre d'individus appartenant en fait au type introverti occupent ce statut, par exemple parce qu'ils héritent de l'affaire de leur père ou qu'ils ont à la prendre en charge pour des raisons financières, et la plupart d'entre eux arrivent à assumer la personnalité statutaire nécessaire et à accomplir les rôles associés au statut au moins passablement bien. Cependant, le fait d'avoir assumé la personnalité statutaire laisse leur type psychologique relativement intact et ils continuent à se comporter en introvertis hors des heures de travail. Là où l'extraverti passe son temps de loisir à rencontrer encore plus de gens et à jouir de la foule et du bruit des boîtes de nuit, l'introverti préfère rentrer chez lui après le travail et passer son temps à lire ou à se livrer à quelque occupation favorite.

Ralph Linton,
De l'homme (1936),
trad. française Les Éditions de Minuit, Paris, 1968, pp. 502-504.

COMMENTAIRE

Alors qu'en Allemagne, au XIXe siècle, Wilhelm Wundt – l'un des fondateurs de la psychologie expérimentale – essaye de cerner les éléments constitutifs de la « personnalité collective », le rejet quasi doctrinal, par Émile Durkheim, de toute prise en considération de la subjectivité dans le champ de la sociologie, contribue à éloigner les sociologues français du début de ce siècle de l'étude de la personnalité dans ses dimensions sociales et subjectives. En Amérique, la question de la formation de l'identité des personnes au sein d'une collectivité n'est pas négligée, comme en témoignent par exemple les enseignements de George Herbert Mead. Sensiblement à la même époque, Ralph Linton (1893-1953), théoricien de l'anthropologie culturelle, s'attache, quant à lui, à conceptualiser les rapports entre l'individu et la culture.
Au même moment, Gabriel Tarde fonde l'articulation individu-société sur l'interaction des individus au cours des phénomènes d'invention, d'imitation et d'opposition, et définit corrélativement la société comme un mécanisme « interpsychique ». Émile Durkheim insistait quant à lui sur le rôle joué par la contrainte. Pour ce dernier, l'intégration à la société s'opère grâce à l'éducation, grâce à la transmission et à l'intériorisation des normes et des valeurs. Les divers éléments de l'environnement social sont ainsi intégrés à la structure de la personnalité de l'individu qui acquiert, de ce fait, et fait siennes, des façons de faire, de penser et de sentir. L'individu « intériorise la société » par l'intermédiaire de mécanismes de socialisation primaire et secondaire.
Seule une conception exagérément mécanique rabaisserait la socialisation à une influence unilatérale de la société sur l'individu recevant passivement normes, valeurs et modèles comportementaux. Elle ferait peu de cas de l'autonomie relative de chacun, face à un cadre de contraintes, et à son adaptation en fonction de ses expériences. La personnalité et le rôle ne sont pas gouvernés exclusivement par le status (* voir note page 321) ou la position sociale.

mots-clés

ATTENTE DE RÔLE – AUTONOMIE – CONTRÔLE SOCIAL – CULTURALISME – INDIVIDU – NORME – PERSONNALITÉ – RÔLE – SOCIALISATION – STATUS – VALEUR – CONTRAINTE – PERSONNALITÉ STATUTAIRE

4e PARTIE

RÉGULATION, CONTRÔLE SOCIAL, ACTION COLLECTIVE

Les conséquences de la Révolution française, de l'industrialisation naissante, de l'intensification de la division du travail, de l'urbanisation et des migrations des campagnes vers les villes et les problèmes démographiques du XIXe siècle forment la toile de fond des questions dont se saisissent les premiers sociologues de la deuxième moitié de ce XIXe siècle. L'isolement, l'uniformisation, l'aliénation, l'avènement d'une culture de masse et ses conséquences, sont parmi les thèmes les plus fréquemment abordés. La philosophie des Lumières et les réactions qu'elle suscite, l'évolutionnisme et le positivisme comtien, structurent des visions du monde et la perception du changement social. Les thématiques de l'ordre et du changement constituent l'un des axes essentiel de la sociologie, elles orientent la réflexion des sociologues qui recherchent, face à ces bouleversements économiques et sociaux, les bases d'un nouveau consensus. Dans ce contexte, les sociologues abordent la question du contrôle social et sont amenés à préciser leur conception du pouvoir. Les théories du contrôle social ont cherché à mettre en évidence les mécanismes permettant d'assurer une maîtrise des instincts de l'homme compatible, d'une part avec la vie en société, d'autre part avec une certaine représentation de l'homme, de ses droits et obligations. Dès lors, le contrôle social renvoie à l'ensemble des institutions qui sont chargées de veiller sur l'état de santé de l'organisme social. Ainsi, par exemple, Durkheim étudie les effets des excès et des insuffisances des formes d'intégration ou de régulation sociales. Dans cette perspective, la sociologie influencée par Durkheim fait de la socialisation une « boîte noire » servant de médiation entre d'un côté les valeurs et les normes, et de l'autre les rôles et les comportements. Elle aborde la déviance en termes de défaillance d'un système normatif. Ce n'est pas le cas des sociologues qui insistent sur le conflit et les luttes sociales comme moteur de l'évolution des sociétés, comme en témoignent notamment les travaux de Karl Marx.

Pouvoir, autorité

S 41

Max Weber

Types d'autorité

Toutes les dominations, profanes comme religieuses, politiques comme apolitiques, peuvent être considérées comme dérivant de quelques types purs, ou bien se rapprochant d'eux. Ces types purs sont constitués par la question : quelles bases de *légitimité* le pouvoir prétend-il avoir ? Nos « associations » actuelles, avant tout celles qui sont politiques, appartiennent au type de « pouvoir légal » : ce qui veut dire que la légitimité de celui qui détient le pouvoir de donner des ordres repose sur des règles rationnellement établies, soit comme résultat d'un accord, soit par décision unilatérale. La légitimation pour l'élaboration de ces règles repose à son tour sur une constitution rationnellement élaborée ou interprétée. L'on commande, non pas au nom d'une autorité personnelle mais au nom de la norme impersonnelle ; et le fait de commander lui-même obéit à une norme : ce n'est pas une liberté arbitraire, ni une grâce, ni un privilège. […]

Dans les discussions qui vont suivre, il faudra comprendre par *charisme* une qualité *extraordinaire* d'un homme, soit réelle, soit supposée, soit prétendue. Ainsi, l'*autorité charismatique* doit être comprise comme une autorité sur les hommes (soit surtout externe, soit surtout intérieure) à laquelle les sujets se soumettent en vertu de leur croyance en cette qualité extraordinaire de la *personne* considérée. Le sorcier magique, le prophète, le chef d'une expédition de chasse ou à la recherche d'un butin, le souverain que l'on appelle un « César », et dans certains cas, la personne dirigeant un Parti, sont, vis-à-vis des disciples et partisans, de la troupe, des membres du parti, etc. de tels types de gouvernants. La légitimité de leur pouvoir repose sur la croyance et l'attachement à l'égard de ce qui est extraordinaire, et est valorisé parce qu'il va au-delà des qualités humaines normales. La légitimité du pouvoir charismatique repose ainsi sur la croyance dans les pouvoirs magiques, la révélation, les héros ; la source en est la confirmation de la qualité charismatique par les miracles, les victoires et autres succès, tels que la prospérité des gouvernés. […]

Par *traditionalisme* nous nous référons à une disposition d'esprit à l'égard des problèmes quotidiens et à la croyance en la routine de tous les jours, en tant que norme d'action inviolable ; de même, l'*autorité traditionnelle* est un rapport de pouvoir qui repose sur cette base, c'est-à-dire sur le respect envers ce qui, réellement ou d'une manière supposée ou prétendue, a toujours existé. […]

Du point de vue de notre terminologie, il faut retenir que dans le cas du pouvoir légal, la soumission ne repose pas sur la croyance et le dévouement à l'égard de personnes munies de charisme, tels que les prophètes et héros, ni sur une tradition sacrée, ni sur le respect envers un seigneur et maître personnel défini par un ordre tradition-

légale rationnelle

nel, ni sur le respect envers ceux qui peuvent définir une charge ou recevoir des prébendes auxquels ils ont un droit légitime par privilège octroyé. La soumission, dans le pouvoir légal, est plutôt basée sur des relations impersonnelles avec les devoirs d'une charge, définie de façon générale et fonctionnelle. Les devoirs de la charge, de même que le droit correspondant d'exercer l'autorité, c'est-à-dire la « compétence » ou la « juridiction », sont déterminés par des normes *rationnellement établies* (lois, décrets, règlements). De telle sorte que la légitimité de l'autorité est transformée en la légalité de la règle générale, celle-ci étant élaborée consciemment et par rapport à des buts, et décrétée et publiée selon des règles formelles.

Les différences entre les types d'autorité esquissés ici se retrouvent jusque dans toutes les particularités de leur structure sociale et de leur signification économique.

Ce n'est que dans une présentation systématique que l'on pourrait démontrer combien les distinctions et la terminologie choisies ici sont opportunes. Nous voulons seulement insister sur le fait que nous ne prétendons nullement que notre approche soit la seule possible, ni que toutes les formes empiriques d'autorité doivent correspondre d'une manière ou d'une autre à l'un de ces types. Au contraire, la majorité des cas empiriques sont une combinaison ou bien une transition entre plusieurs de ces types purs.

Max Weber,
ÉCONOMIE ET SOCIÉTÉ (1922),
trad. française J. Chavy et É. Dampierre, Librairie Plon, Paris, 1971, pp. 267-273.

COMMENTAIRE

L'autorité est, pour Max Weber (1864-1920), une relation dissymétrique entre des individus qui l'exercent et d'autres qui la subissent. Elle permet d'obtenir, sans recours direct à la force, l'obéissance « volontaire » aux ordres donnés par ceux qui en sont investis. Ces derniers possèdent un ascendant social et symbolique sur ceux qui en sont dépourvus.

Cet auteur distingue des types purs de légitimité, qui ne se retrouvent pas tels quels dans la réalité. L'autorité traditionnelle fonde sa légitimité sur la croyance au caractère sacré des pouvoirs ou règles hérités du passé. La légitimité de l'autorité légale-rationnelle réside, quant à elle, dans les lois et règles impersonnelles fondées sur des contrats ou mises en œuvre par des normes juridiques. Le développement de ce type d'autorité serait lié au processus de « rationalisation » du monde moderne qui substitue le calcul rationnel aux pratiques magiques et traditionnelles.

Lorsque l'autorité devient rationnelle, le calcul devient un moyen de réalisation de la domination. Les lois et les règles juridiques permettent d'obtenir l'obéissance des membres de la société ou de l'organisation. Les individus obéissent alors non à des personnes mais à des règlements ou à des lois. Dans cette situation, le droit moderne joue alors un rôle essentiel dans la régulation des relations sociales.

L'autorité charismatique, elle, se fonde sur « l'aura » et les qualités (réelles ou présumées) possédées par des personnalités hors du commun. Peuvent en être investis aussi bien les prophètes religieux que les dirigeants politiques. Dans tous les cas de figure, les croyances relatives à la mission du détenteur de l'autorité, et à ses qualités exceptionnelles, légitiment ce type particulier d'autorité. Pour Max Weber, le charisme est une force potentiellement révolutionnaire susceptible d'être mobilisée au profit d'un changement social ou du renversement des autres formes de domination. Cependant, il ne sous-estime nullement la dimension *irrationnelle* de l'autorité charismatique qui reste irrémédiablement étrangère à tout calcul selon le schéma d'adaptation des moyens aux fins.

mots-clés

AUTORITÉ - CHARISME - DOMINATION - IDÉAL-TYPE - LÉGAL-RATIONNEL - LÉGITIMITÉ - ORDRE - POUVOIR - RATIONALITÉ - TRADITION

S 42

Michel Crozier et Erhard Friedberg

Le pouvoir de l'acteur dans l'organisation

Le pouvoir n'est pas le simple reflet et produit d'une structure d'autorité, qu'elle soit organisationnelle ou sociale, pas plus qu'il n'est un attribut, une propriété dont on pourrait s'approprier les moyens comme autrefois on croyait s'approprier les moyens de production par la nationalisation. Il n'est au fond rien d'autre que le résultat toujours contingent de la mobilisation par les acteurs des sources d'incertitudes pertinentes qu'ils contrôlent dans une structure de jeu donné, pour leurs relations et tractations avec les autres participants à ce jeu. C'est donc une *relation* qui, en tant que médiation spécifique et autonome des objectifs divergents des acteurs, est toujours liée à une structure de jeu: cette structure en effet définit la pertinence des sources d'incertitudes «naturelles» et «artificielles» que ceux-ci peuvent contrôler. [...]

Le pouvoir est donc une relation, et non pas un attribut des acteurs. Il ne peut se manifester – et donc devenir contraignant pour l'une des parties en présence – que par sa mise en œuvre dans une relation qui met aux prises deux ou plusieurs acteurs dépendants les uns des autres dans l'accomplissement d'un objectif commun qui conditionne leurs objectifs personnels. [...]

Le pouvoir peut ainsi se repréciser comme une relation d'échange, donc réciproque, mais où les termes de l'échange sont plus favorables à l'une des parties qu'à l'autre. *C'est un rapport de force, dont l'un peut retirer davantage que l'autre, mais où également, l'un n'est jamais totalement démuni face à l'autre.* Ou, paraphrasant la définition déjà citée de R. Dahl[1], on pourrait dire que le pouvoir de A sur B correspond à la capacité de A d'obtenir que dans sa négociation avec B les termes de l'échange lui soient favorables. [...] *Le pouvoir réside donc dans la marge de liberté dont dispose chacun des partenaires engagés dans une relation de pouvoir,* c'est-à-dire dans sa possibilité plus ou moins grande de refuser ce que l'autre lui demande. Et la force, la richesse, le prestige, l'autorité, bref, les ressources que possèdent les uns et les autres n'interviennent que dans la mesure où ils leur fournissent une liberté d'action plus grande. [...]

Le pouvoir d'un acteur social est bien ainsi fonction de l'ampleur de la *zone d'incertitude* que l'imprévisibilité de son propre comportement lui permet de contrôler face à ses partenaires. Mais pas n'importe quelle zone d'incertitude: encore faut-il que celle-ci soit *pertinente* par rapport au problème à traiter et par rapport aux intérêts des partis en présence, que ce soit en somme une zone d'incertitude dont l'existence et la maîtrise conditionne la capacité d'action des uns et des autres. Et la stratégie de chacun des partenaires/adversaires s'orientera donc tout naturellement vers la *manipulation de la prévisibilité* de son propre comportement et de celui d'autrui, soit directement, soit indirectement en modifiant en sa faveur les « règles » qui régissent ses interactions avec autrui. En d'autres termes, il s'agira pour lui d'élargir autant que possible sa propre marge de liberté et d'arbitraire pour garder aussi ouvert que possible l'éventail de ses comportements potentiels, tout en essayant de restreindre celui de son partenaire/adversaire, et de l'enfermer dans des contraintes telles que son comportement devienne au contraire parfaitement connu d'avance. [...]

Pouvoir et organisation sont ainsi indissolublement liés l'un à l'autre. Des acteurs sociaux ne peuvent atteindre leurs objectifs propres que grâce à l'exercice de relations de pouvoir ; mais en même temps, ils ne peuvent disposer de pouvoir les uns sur les autres qu'à travers la poursuite d'objectifs collectifs dont les contraintes propres conditionnent très directement leurs négociations. [...]

Une situation organisationnelle donnée ne contraint jamais totalement un acteur. Celui-ci garde toujours une marge de liberté et de négociation. Grâce à cette *marge de liberté* (qui signifie source d'incertitude pour ses partenaires comme pour l'organisation dans son ensemble), *chaque acteur dispose ainsi du pouvoir sur les autres acteurs,* pouvoir qui sera d'autant plus grand que la source d'incertitude qu'il contrôle sera pertinente pour ceux-ci, c'est-à-dire les affectera de façon plus substantielle dans leurs capacités propres de jouer et de poursuivre leurs stratégies. Et son comportement pourra et devra s'analyser comme l'expression d'une stratégie rationnelle visant à utiliser son pouvoir au mieux pour accroître ses « gains », à travers sa participation à l'organisation. En d'autres termes, il tentera à tout instant de mettre à profit sa marge de liberté pour *négocier sa « participation »,* en s'efforçant de « manipuler » ses partenaires et l'organisation dans son ensemble de telle sorte que cette « participation » soit payante pour lui.

---

1. R. Dahl a défini en 1957 le pouvoir comme étant « la capacité d'une personne A d'obtenir qu'une personne B fasse quelque chose qu'elle n'aurait pas fait sans l'intervention de A. » (« The concept of power », Behavioral sciences, *n° 2, 1957, pp. 201-215) (N. d. A.)*

Michel Crozier et Erhard Friedberg,

L'ACTEUR ET LE SYSTÈME. LES CONTRAINTES DE L'ACTION COLLECTIVE (1977), *coll. « Sociologie », Éditions du Seuil, Paris, 1977, pp. 25-26, 56, 59-60, 61-62, 67, 91.*

COMMENTAIRE

Pour Michel Crozier et Erhard Friedberg, le pouvoir n'est pas un attribut des personnes, mais une relation d'échange, non transitive, instrumentale et déséquilibrée. La relation de pouvoir est une négociation entre des personnes dont aucune n'est totalement désarmée face à l'autre. Cet échange est cependant inégal et fait du pouvoir un rapport de force permettant à l'un des protagonistes d'obtenir davantage que l'autre. La relation n'est pas transitive, car le pouvoir de A sur B et de B sur C n'implique pas l'existence d'un pouvoir de A sur C. La relation est instrumentale : elle est nécessaire au bon fonctionnement des organisations. Elle n'est pas pour autant mécanique. Elle est négociée et évolutive.

L'analyse stratégique est une approche qui se détourne du niveau macrosocial pour s'intéresser aux jeux de coopération, de négociation, de résistance dans les organisations. Elle rompt avec une tradition qui ne voyait dans le pouvoir qu'une relation verticale dirigée de haut en bas. Michel Crozier et Erhart Friedberg montrent que toute organisation est traversée de relations de pouvoirs multiples qui prennent des formes particulières en fonction des stratégies des acteurs dans un environnement donné qui fixe le cadre des jeux tout en étant lui même amendable.
En dépit de leur intérêt, ces analyses de « micro-stratégies » d'acteurs laissent entière la question de l'extension de leurs résultats à l'échelle macrosociale.

mots-clés

ACTEUR – ASYMÉTRIE – AUTORITÉ – CONTRAINTE – INFLUENCE – INCERTITUDE – JEU – MARGE DE MANŒUVRE – ORGANISATION – POUVOIR – RATIONALITÉ – RELATION – STRATÉGIE – UTILITARISME

Contrôle social

S 43

Émile Durkheim

Le suicide anomique

Si donc les crises industrielles ou financières augmentent les suicides, ce n'est pas parce qu'elles appauvrissent, puisque des crises de prospérité ont le même résultat ; c'est parce qu'elles sont des crises, c'est-à-dire des perturbations de l'ordre collectif. Toute rupture d'équilibre, alors même qu'il en résulte une grande puissance et un rehaussement de la vitalité générale, pousse à la mort volontaire. Toutes les fois que de graves dérangements se produisent dans le corps social, qu'ils soient dus à un soudain mouvement de croissance ou à un cataclysme inattendu, l'homme se tue plus facilement. […]

Dans la mesure où les appétits ne sont pas automatiquement contenus par des mécanismes physiologiques, ils ne peuvent s'arrêter que devant une limite qu'ils reconnaissent comme juste. Les hommes ne consentiraient pas à borner leurs désirs s'ils ne se croyaient fondés à dépasser la borne qui leur est assignée. Seulement, cette loi de justice, ils ne sauraient se la dicter eux-mêmes pour les raisons que nous avons dites. Ils doivent donc la recevoir d'une autorité qu'ils respectent et devant laquelle ils s'inclinent spontanément. Seule la société, soit directement, et dans son ensemble, soit par l'intermédiaire d'un de ses organes, est en état de jouer ce rôle modérateur ; car elle est le seul pouvoir moral supérieur à l'individu, et dont celui-ci accepte la supériorité. Seule, elle a l'autorité nécessaire pour dire le droit et marquer aux passions le point au-delà duquel elles ne doivent pas aller. […]

Normalement, l'ordre collectif est reconnu comme équitable par la grande généralité des sujets. Quand donc nous disons qu'une autorité est nécessaire pour l'imposer aux particuliers, nous n'entendons nullement que la violence soit le seul moyen de l'établir. Parce que cette réglementation est destinée à contenir les passions individuelles, il faut qu'elle émane d'un pouvoir qui domine les individus ; mais il faut également que ce pouvoir soit obéi par respect et non par crainte.

Ainsi, il n'est pas vrai que l'activité humaine puisse être affranchie de tout frein. Il n'est rien au monde qui puisse jouir d'un tel privilège ? Car tout être, étant partie de l'univers, est relatif au reste de l'univers ; sa nature et la manière dont il la manifeste ne dépendent donc pas seulement de lui-même, mais des autres êtres qui, par suite, le contiennent et le règlent. À cet égard, il n'y a que des différences de degrés et de formes entre le minéral et le sujet pensant. Ce que l'homme a de caractéristique, c'est que le frein auquel il est soumis n'est pas physique, mais moral, c'est-à-dire social. Il reçoit sa loi non d'un milieu matériel qui s'impose brutalement à lui, mais d'une conscience supérieure à la sienne et dont il sent la supériorité. Parce que la majeure et la meilleure partie de sa vie dépasse le corps, il échappe au corps, mais il subit celui de la société.

Seulement, quand la société est troublée, que ce soit par une crise douloureuse ou par d'heureuses mais trop soudaines transformations, elle est provisoirement incapable d'exercer cette action ; et voilà d'où viennent ces brusques ascensions de la courbe de suicides dont nous avons, plus haut, établi l'existence. […]

Parce que la prospérité s'est accrue, les désirs sont exaltés. La proie la plus riche qui leur est offerte les stimule, les rend plus exigeants, plus impatients de toute règle, alors justement que les règles traditionnelles ont perdu de leur autorité. L'état de dérèglement ou d'*anomie* est donc encore renforcé par ce fait que les passions sont moins disciplinées au moment même ou elles auraient besoin d'une plus forte discipline. […]

L'anomie est donc, dans nos sociétés modernes, un facteur régulier et spécifique de suicides ; elle est une des sources auxquelles s'alimente le contingent annuel. Nous sommes, par conséquent, en présence d'un nouveau type qui doit être distingué des autres. Il en diffère en ce qu'il dépend, non de la manière dont les individus sont attachés à la société, mais de la façon dont elle les réglemente. Le suicide égoïste vient de ce que les hommes n'aperçoivent plus de raison d'être à la vie ; le suicide altruiste de ce que cette raison leur paraît être en dehors de la vie elle-même ; la troisième sorte de suicide, dont nous venons de constater l'existence, de ce que leur activité est déréglée et de ce qu'ils en souffrent. En raison de son origine, nous donnerons à cette dernière espèce le nom de *suicide anomique*.

Assurément, ce suicide et le suicide égoïste ne sont pas sans rapport de parenté. L'un et l'autre viennent de ce que la société n'est pas suffisamment présente aux individus. Mais la sphère d'où elle est absente n'est pas la même dans les deux cas. Dans le suicide égoïste, c'est à l'activité proprement collective qu'elle fait défaut, la laissant ainsi dépourvue d'objet et de signification. Dans le suicide anomique, c'est aux passions proprement individuelles qu'elle manque, les laissant ainsi sans frein qui les règle. Il en résulte que, malgré leurs relations, ces deux types restent indépendants l'un de l'autre.

Émile Durkheim,
LE SUICIDE (1897),
PUF, Paris, pp. 271, 275, 279-280, 281, 288.

COMMENTAIRE

Dans les travaux d'Émile Durkheim (1858-1917), le concept d'anomie apparaît la première fois dans la troisième partie de *De la division du travail social.* Il sert à décrire les conséquences des fluctuations majeures de l'activité économique (crises ou expansion), ou bien d'une division du travail poussée à l'extrême, qui isole les hommes et transforme leur relation à la société. Dans *Le Suicide,* il reprend et développe sa théorie pour en donner une nouvelle explication.

Pour expliquer la nature du lien qui rattache l'individu à la société, Émile Durkheim oppose ici deux grands principes : l'intégration de l'individu dans la société et la régulation des désirs insatiables de la nature humaine.

S'appuyant sur l'étude minutieuse des taux de suicide dans différents pays et au sein de différents groupes sociaux, Émile Durkheim en montre la relative stabilité dans le temps et dans l'espace. Cette stabilité relative des taux permet d'en connaître à l'avance l'ampleur globale ; il a une dimension sociale incontestable, il faut donc l'expliquer par le social.

Le « suicide égoïste » est pour Durkheim un phénomène résolument « moderne ». Il s'explique par une intégration insuffisante de l'individu à la collectivité et non par l'imitation, comme l'affirme Gabriel Tarde. Le « suicide altruiste » est dû à une intégration trop forte, le « suicide anomique » à une défaillance de la régulation et le « suicide altruiste » à son excès. L'intégration et la régulation sont les deux forces principales qui assurent la cohésion sociale. Leur excès ou leur insuffisance provoquent une rupture de l'équilibre social.

Émile Durkheim a une conception pessimiste. L'homme livré à lui-même est l'esclave de ses passions. Il a besoin de règles et de contraintes sociales, c'est-à-dire de l'influence morale de la société. L'anomie est le fruit d'un manque de régulation qui laisse se développer chez les individus une soif de l'infini.

Les forces de désagrégation de la société favorisent le relâchement des liens sociaux et un sentiment croissant d'insatisfaction d'où naissent des faits sociaux particuliers : les « courants suicidogènes ». La disparition des cadres sociaux institutionnalisés, que rien ne viendrait remplacer, le détachement des normes, l'absence d'autorité de référence ou de principe transcendant laissent les individus livrés à eux-mêmes face aux circonstances, mélancoliques ou angoissés, minés par l'insatisfaction. Autant d'éléments qui apparentent la théorie d'Émile Durkheim à la thématique de la perte de la communauté, et de ses conséquences.

En dépit de la rigueur de son raisonnement, Émile Durkheim n'a pas résolu la question des médiations qui font passer des causes sociales aux suicides objectivés dans des taux. Le raisonnement repose sur l'existence « d'états psychiques » : la soif de l'infini ou la perte du sens.

mots-clés

ANOMIE – FAIT SOCIAL – INTÉGRATION – NORME – RÉGULATION – SUICIDE – VARIATIONS CONCOMITANTES – COHÉSION SOCIALE – CONTRAINTE – SUICIDE ALTRUISTE – SUICIDE ANOMIQUE – SUICIDE ÉGOÏSTE

S 44

R. M. Williams Jr.

Qu'est-ce qu'une norme ?

Une norme est une règle, un étalon, ou un modèle pour l'action (du latin *norma,* une équerre ou règle de charpentier). Les normes sociales sont des règles de conduite.

Les normes sont des étalons de référence en fonction desquels le comportement est jugé, approuvé ou désapprouvé. En ce sens une norme n'est pas une moyenne statistique d'un comportement actuel mais plutôt une définition culturelle (partagée) d'un comportement désirable.

Dans la mesure où une norme sociale particulière est véritablement effective, on pourra, bien entendu, observer une régularité réelle repérable d'actes sociaux dans des situations récurrentes d'un type particulier. Ainsi il y aura des manières plus ou moins standardisées de se comporter pour faire du commerce, entreprendre un cérémonial religieux ou s'adonner à des jeux organisés. Une uniformité partagée de comportement, cependant, ne signifie pas nécessairement qu'une norme soit à l'œuvre. Une uniformité peut simplement représenter des réactions individuelles séparées face à un même stimulus comme par exemple se sauver en cas d'incendie. Quoi qu'il en soit, la grande majorité des interactions sociales importantes sont en partie dirigées par des normes.

Concepts liés : L'histoire du concept de norme remonte aussi loin que les enregistrements par les hommes de leurs idées relatives aux conduites appropriées. Bien que le terme ait été relativement courant dans les analyses philosophiques de l'éthique, son utilisation en sciences sociales au sens spécifique de « norme » ne s'est développé que récemment (par exemple, le terme ne figure pas dans l'*Encyclopædia of Social Sciences* publiée dans les années 1930). Toutefois des concepts relativement proches sont depuis longtemps courants dans le discours des sciences sociales ; par exemple : convention, lois, étiquette, coutume, usages et mœurs.

Coutume : Le terme, très large, de « coutume » a été fréquemment utilisé pour parler de tout l'ensemble des modèles de conduite, partagés dans un groupe ou une société donnés, qui sont tenus pour être les façons de faire, traditionnelles et reconnues, de la population. Parler de manière d'agir « coutumière », c'est suggérer que la conduite en question vient du passé et n'est pas uniquement appréhendable comme une recherche de l'intérêt immédiat. Les coutumes sont quelque chose de plus que de simples agrégats d'habitudes individuelles : tacitement une coutume est toujours corroborée, soutenue par une approbation sociale. Des sanctions sociales négatives, s'échelonnant du ridicule au châtiment suprême, peuvent être appliquées lorsqu'il y a un écart par rapport à la coutume. Bien sûr, on se sanctionnera pas quand la déviation est aussi insignifiante que dans le cas de l'inobservation de la sieste sous les tropiques ; mais il y aura sûrement sanction lorsque la déviance est aussi importante que le fait de se marier avec une sœur du clan qui est taboue. Ainsi on peut appeler coutumes les régularités concrètes et persistantes du comportement social qui sont approuvées ou acceptées par la plupart des membres d'un groupe ou d'une société. Les normes du comportement coutumier sont les *étalons* utilisés pour juger de la conformité.

Usages (folkways) : Ce concept a été développé par le sociologue américain William Graham Sumner et ses successeurs. Sumner considérait que les usages étaient des coutumes ou des habitudes de groupe qui trouvaient leur origine dans la répétition d'actes d'adaptation faits par des individus qui répondent à un même besoin individuel ou social. Les usages sont donc des modèles concrets de conduites : on les a généralement interprétés comme le résultat d'ajustements par essai et erreur, ajustements qui sont pour la plupart non réfléchis.

Les mœurs : On appelle habituellement *mœurs* les coutumes qui, d'un commun accord, sont considérées comme étant très importantes et obligatoires, dont tout écart par rapport à elles suscite de forts sentiments et dont le viol s'accompagne de peines sévères. Lorsque certains usages deviennent bien établis et sont assortis de la croyance en leur pertinence, justesse et nécessité, ils deviennent des mœurs. D'une manière générale elles doivent reposer sur un accord commun diffus. Exemples de mœurs, le tabou de l'inceste, les règles interdisent le meurtre à l'intérieur du groupe, l'enlèvement, le cannibalisme et les autres pratiques généralement considérées comme particulièrement abominables. Certaines définitions des mœurs utilisent comme critère de définition l'existence d'une justification philosophique manifeste de ces coutumes considérées comme indispensables au bien-être social.

R. M. Williams Jr.,
« THE CONCEPT OF NORMS »,
in International Encyclopædia of the Social Sciences,
The Macmillan Company and the Free Press,
vol. 11, pp. 204-205, trad. française M. Bitard.

COMMENTAIRE

Le concept de norme a joué un très grand rôle dans l'affirmation de la scientificité de la démarche sociologique et, plus généralement, des sciences humaines. La sociologie naissante s'en est servi pour prouver l'extériorité de son objet et ainsi se démarquer de la psychologie.

Définies comme des manières d'être, de sentir et de faire socialement sanctionnées, les normes prescrivent ou proscrivent. Qu'elles soient ou non intégralement suivies, elles influencent les manières de penser, de sentir et d'agir. C'est grâce à elles que, d'un côté, les comportements des individus sont régulés et coordonnés avec ceux d'autrui, et que, de l'autre, la société possède une structure relativement cohérente. La norme aurait ainsi un pouvoir de structuration de la société. Présentes dans toutes les sociétés humaines, les normes sont un élément essentiel de l'ordre social. Dans cette tradition, la force coercitive de la norme s'impose aux individus et fonde ses pratiques. Les mécanismes de la socialisation primaire ou secondaire assurent l'intériorisation des normes.

Si le concept de norme occupe une place centrale dans les analyses sociologiques du contrôle social, il recouvre en fait une pluralité de notions. Les concepts de *configuration* chez Norbert Elias, d'*habitus* chez Pierre Bourdieu, de *structuration* chez Anthony Giddens, vont renouveler l'appréhension des questions relatives aux relations existant d'un côté entre normes et pratiques, et de l'autre côté entre normes et orientations culturelles générales de la société.

Aujourd'hui, la sociologie admet l'existence d'une pluralité de normes et appréhende la norme comme une médiation entre des valeurs et des pratiques. Si, pour certains, les normes exercent des pressions sur l'individu et sont indispensables à l'action sociale, elles ont pour d'autres une dimension positive. La contrainte peut avoir un aspect fondateur des relations sociales ou permettre, comme chez Mancur Olson, le passage à l'action collective.

mots-clés

COMPORTEMENT – CONTRÔLE SOCIAL – COUTUME – HABITUDES – MŒURS – MOYENNE – NORME – RÈGLE – SOCIALISATION – USAGES – ACTION COLLECTIVE – FORCE COERCITIVE – CONFIGURATION – ORDRE SOCIAL

S 45

Norbert Elias

Civilité et contrôle social

Depuis les origines de l'histoire de l'Occident jusqu'à nos jours, on assiste à une différenciation de plus en plus poussée des fonctions sociales sous la pression accrue de la compétition. Cette différenciation emporte une augmentation continuelle du nombre des fonctions et des hommes, dont chaque individu, qu'il accomplisse les travaux les plus simples et les plus ordinaires ou les plus compliqués ou les plus rares, dépend entièrement. Ainsi les comportements d'un nombre accru de personnes doivent être accordés, des actes interdépendants organisés avec plus de rigueur et de précision pour que chaque acte isolé remplisse sa fonction sociale. L'individu est obligé de différencier et de contrôler ses gestes, de leur donner plus de fermeté et de régularité. Nous avons déjà signalé qu'il ne s'agit pas seulement d'un contrôle *conscient*. C'est là un des traits caractéristiques de la modification de l'appareil psychique par la civilisation que la régulation plus différenciée et plus prévisible du comportement de l'individu lui est inculquée dès sa plus tendre enfance et qu'elle devient une sorte d'automatisme, d'« autocontrainte », dont il ne peut se défaire même s'il en formule dans sa conscience le vœu. Le tissu des actes s'étend et se complique à tel point, on demande de tels efforts à l'homme pour qu'il se comporte « correctement », que chaque individu développe à côté de l'autocontrôle conscient un mécanisme d'autocontrôle automatique et aveugle, qui dresse contre toute déviance une barrière de phobies, mais qui, parce que son mode d'action est automatique et aveugle, aboutit aussi à un certain nombre d'erreurs. Consciente ou inconsciente, l'orientation du comportement en fonction d'une régulation sans cesse plus différenciée de l'appareil psychique est déterminée par les progrès de la différenciation sociale, de la division des fonctions, par l'extension des chaînes d'interdépendance dans lesquelles s'insèrent, directement ou indirectement, chaque mouvement, chaque manifestation de l'homme isolé. [...]

D'une manière générale, on peut affirmer que les modifications du comportement et de l'économie émotionnelle qui accompagnent la transformation des interrelations sociales impriment à l'évolution une direction bien déterminée : les sociétés au sein desquelles la violence n'est pas monopolisée sont toujours des sociétés où la division des fonctions est peu développée, où les chaînes d'actions qui lient leurs membres les uns aux autres sont courtes. Inversement, les sociétés dotées de monopoles de la contrainte physique plus consolidés – monopoles incarnés d'abord par les grandes cours princières ou royales – sont des sociétés où la division des fonctions est développée, où les chaînes d'actions sont longues, les interdépendances fonctionnelles des différents individus marqués. Dans de telles sociétés, l'individu est à peu près à l'abri d'une attaque subite, d'une atteinte brutale à son intégrité physique ; mais il est aussi forcé de refouler ses propres passions, ses pulsions agressives qui le poussent à faire violence à ses semblables. Les autres formes de contrainte qui prédominent dans les espaces pacifiés modèlent le comportement et les manifestations pulsionnelles des individus dans le même sens. Dans la mesure où s'amplifie le réseau d'interdépendances dans lequel la division des fonctions engage les individus ; où il s'étend à de nouveaux espaces humains, qui se fondent, par les effets de l'interdépendance, en une unité fonctionnelle ou institutionnelle, l'homme incapable de réprimer ses impulsions et passions spontanées compromet son existence sociale ; l'homme qui sait dominer ses émotions bénéficie au contraire d'avantages sociaux évidents, et chacun est amené à réfléchir, avant d'agir, aux conséquences de ses actes. Le refoulement des impulsions spontanées, la maîtrise des émotions, l'élargissement de l'espace mental, c'est-à-dire l'habitude de songer aux causes passées et aux conséquences futures de ses actes, voilà quelques aspects de la transformation qui suit nécessairement la monopolisation de la violence et l'élargissement du réseau des interdépendances. Il s'agit donc bien d'une transformation du comportement dans le sens de la « civilisation ».

Norbert Elias,
LA DYNAMIQUE DE L'OCCIDENT (1939),
trad. française P. Kamnitzer, Éditions Calmann-Lévy, Paris, 1975-1991.

COMMENTAIRE

Norbert Elias (1897-1989) a cherché à comprendre comment, à un moment de l'histoire de l'Europe occidentale, se crée un « type psychique » spécifique à l'homme moderne à partir de l'articulation des structures sociales et des structures de personnalité.

À la fin du Moyen Âge, d'anciennes élites périclitent – les guerriers – et les liens sociaux se transforment. À la Renaissance, le « savoir-vivre », la politesse, les bonnes manières, l'humanité, l'urbanité, la maîtrise de soi et de ses sentiments, le détournement de la violence, quelles que soient les circonstances, se répandent dans les classes supérieures. Elles adoptent de nouveaux types de conduite qui imposent le contrôle des pulsions. Ces modèles de mœurs sont ensuite imités par la bourgeoisie qui contribue à les répandre. Ce modèle de civilité établit un nouvel équilibre entre les contraintes extérieures et l'autocontrôle individuel des comportements. Le « processus de civilisation » réduit l'agressivité et diminue la violence inhérente aux relations sociales. Il permet la prévisibilité des comportements d'autrui dans des situations sociales bien établies. À partir de telles conduites, on rejette dans la nature hors de la société ceux qui ne les adoptent pas.

Le processus de civilisation étudié par Norbert Elias constitue bien un changement, à long terme, des modes de contrôle des comportements individuels. Cette mutation a été facilitée depuis la fin du Moyen Âge par l'assouplissement de la hiérarchie sociale, par la centralisation du pouvoir, par la mobilité sociale et par l'extension des échanges : autant de facteurs qui rendent la société moins rigide et les individus plus interdépendants.

mots-clés

AUTOCONTRÔLE – CENTRALISATION – CHANGEMENT SOCIAL – CIVILISATION – CONFIGURATION – CONTRÔLE SOCIAL – DÉVIANCE – ÉTAT – INDIVIDU – NORME – ORDRE – SOCIALISATION – SYSTÈME DE MŒURS – RÉGULATION – VIOLENCE – CIVILITÉ

S 46

Robert Merton

Structure sociale et déviance

Deux éléments confondus dans la réalité doivent être distingués par l'analyse. Le premier est constitué par les buts, les intentions et les intérêts définis par la civilisation : ce sont les objectifs légitimes, proposés par la société à ses membres. Ces objectifs sont plus ou moins intégrés dans une hiérarchie des valeurs. Les objectifs les plus appréciés sont en rapport avec des sentiments et des aspirations. Ils concernent les choses « qui en valent la peine ». Ils constituent en partie ce que Linton a appelé *designs for group living* (modèles pour la vie en société). Certains de ces objectifs culturels sont en relation avec les tendances biologiques, mais ils sont déterminés par elles.

Le second élément de la structure sociale est une définition et un contrôle des moyens « légitimes » pour atteindre ces buts. Ces moyens réglés par la société ne sont pas nécessairement des règles techniques d'efficacité. Car, hors des conduites permises, on trouve de nombreux procédés, comme la violence, la fraude, la puissance, qui, d'un point de vue individuel, peuvent sembler plus efficaces que d'autres. Parfois, certaines de ces procédures défendues seraient d'une grande efficacité, même pour le groupe ; par exemple les tabous qui interdisent certaines expériences médicales (la vivisection) et l'analyse sociologique des « normes sacrées » sont dus à des sentiments liés à des valeurs. Les sociologues décrivent souvent ce genre de contrôles en expliquant qu'ils font partie des « mœurs » ou qu'ils opèrent par l'intermédiaire des institutions. Ces affirmations elliptiques sont assurément vraies mais trop générales. Il faut distinguer toute une gamme de contrôles : certains types de comportements sont nettement prescrits, d'autres préférés, d'autres tolérés et d'autres proscrits. On ne peut évidemment savoir comment les contrôles sociaux agissent si l'on ne tient pas compte de ces variations.

En outre, lorsque nous disons que les objectifs et les normes agissent de concert pour déterminer les pratiques les plus répandues, cela ne veut pas dire qu'il y ait entre eux un rapport constant. L'accent mis par une culture sur certains objectifs varie indépendamment de l'accent mis sur les moyens institutionnalisés. [...]

Il n'y a pas de société sans normes gouvernant les conduites. Mais les usages et les mœurs et les contrôles institutionnels peuvent être plus ou moins congruents avec les valeurs fondamentales. La société peut amener les individus à concentrer leur force de conviction et d'émotion sur les objectifs qu'elle approuve, sans les inciter à défendre avec la même force les méthodes prescrites pour parvenir à ces fins. Dans ce cas, beaucoup d'individus soumettront leur conduite aux exigences de l'efficacité technique : la procédure de conduite la plus efficace, qu'elle soit légitime ou non, sera en général préférée à la conduite prescrite par les institutions. Au fur et à mesure que cet état d'esprit s'aventure, la société devient de plus en plus instable et représente des phénomènes toujours plus nombreux de ce que Durkheim a appelé « anomie » (ou absence de normes). [...]

Considérons ici cinq genres d'adaptation que nous présenterons dans le tableau suivant où le signe + signifie « acceptation », le signe – « refus », et le signe ± « refus des valeurs principales et introduction de valeurs nouvelles » :

Typologie des modes d'adaptation individuelle

Modes d'adaptation	*Buts*	*Moyens*
I. Conformisme	+	+
II. Innovation	+	–
III. Ritualisme	–	+
IV. Évasion	–	–
V. Rébellion	±	±

[…]

I. Conformisme

Dans la mesure où une société est stable, ce premier type d'adaptation (conformité à la fois aux buts et aux moyens) est le plus répandu. S'il n'en était pas ainsi, la stabilité et la continuité de la société ne pourrait être maintenues. Le tissu d'attentes dont est constitué tout ordre social est maintenu grâce à un comportement modal conforme aux schémas culturels établis, qui cependant peuvent se modifier d'un siècle à l'autre. C'est bien parce que le comportement des individus est modelé sur les valeurs fondamentales de la société que l'on peut parler d'une masse d'hommes comme d'une « société ». Sans un fonds de valeurs communes à un groupe d'individus, il peut y avoir des relations sociales, des échanges désordonnés entre les hommes, mais pas de société. […]

II. Innovation

La grande importance que la civilisation accorde au succès invite les individus à utiliser des moyens interdits mais souvent efficaces pour arriver ne serait-ce qu'à un simulacre de réussite : richesse et pouvoir. Cette réaction a lieu lorsque l'individu a accepté le but prescrit mais pas fait sienne les normes sociales et les procédures coutumières. […]

III. Ritualisme

Le mode d'adaptation ritualiste suppose que l'on abandonne le sublime idéal de la réussite financière et de l'ascension rapide, et qu'on le rabaisse au point où les aspirations peuvent être satisfaites. Mais tout en refusant de « chercher à dominer le monde » on continue cependant à obéir sans le vouloir aux normes sociales. […]

IV. Évasion

Ce mode d'adaptation est probablement le plus rare. À proprement parler, les personnes qui l'emploient sont *dans* mais pas *de* la société : sociologiquement ce sont de véritables étrangers. Étant donné qu'elles ne partagent pas l'ensemble des valeurs communes, elles ne peuvent être comprises parmi les membres de la société, en tant que celle-ci se distingue de la population. […]

V. Rébellion

Ce type d'adaptation rejette les individus hors de la structure sociale et les pousse à tenter d'en faire une nouvelle. Cela suppose que les individus soient étrangers aux buts et aux moyens de la société où ils vivent, qui leur paraissent purement arbitraires, sans autorité ni légitimité. Dans notre société, des mouvements organisés pour la rébellion visent à introduire une structure sociale dans laquelle il y aurait une correspondance plus étroite entre le mérite, l'effort et la récompense sociale.

Robert Merton,

ÉLÉMENTS DE THÉORIE ET DE MÉTHODE SOCIOLOGIQUE (1949),
trad. H. Mendras, Librairie Plon, Paris, 1965, pp. 168-169, 170-71, 176-77, 184, 186, 188.

COMMENTAIRE

Pour le fonctionnaliste modéré qu'est Robert Merton (1910-), la société forme un système intégré de valeurs, de statuts, de rôles et de normes sociales. Dans sa théorie, les idées de norme, de rôle, de socialisation et d'intégration, de consensus normatif et d'anomie, de fonction ou de dysfonctionnement, sont centrales. Dans toute structure sociale, il existe des objectifs collectivement partagés qui participent à l'orientation des activités et des moyens institutionnalisés légitimes. Ces derniers permettent aux individus de les atteindre. Dans cette perspective, le consensus est plus important que le conflit social.

Pour Merton, certains comportements, notamment les comportements déviants, prouvent l'existence d'écarts par rapport aux normes et aux valeurs de la société. Les comportements déviants ne s'expliquent pas par l'inefficacité des sanctions ou des répressions sociales.

En fonctionnaliste averti, Robert Merton explique les conduites des individus par les positions sociales occupées dans la structure sociale. Il concède que le fonctionnement équilibré de la société n'est pas automatique et qu'il peut exister des tensions entre les valeurs socialement partagées et les moyens autorisés pour les réaliser.

Robert Merton construit une typologie des modes d'adaptation des conduites individuelles aux contraintes imposées par l'environnement ou la position sociale. Il combine l'acceptation ou le refus des valeurs à la légitimité ou l'illégitimité des moyens mis en œuvre pour les atteindre. Il distingue ainsi le conformisme, l'innovation, le ritualisme, le retrait, la rébellion.

Cette conception fait de la déviance le simple produit d'une décision individuelle isolée. Lorsque les objectifs socialement les plus valorisés deviennent inaccessibles aux individus ou à certains groupes sociaux, la frustration se développe, c'est ce que Robert Merton appelle l'anomie. Pour séduisante qu'elle puisse être, cette approche fonctionnaliste de la déviance et de l'anomie a suscité de nombreux débats et de nombreuses critiques. Il lui est reproché notamment de ne pas tenir compte des sous-cultures des groupes d'appartenance, de négliger les conflits portant sur les modèles culturels, ou encore d'ignorer les mécanismes de construction du statut de déviant.

mots-clés

ANOMIE – CONFORMISME – DÉVIANCE – ÉVASION – FONCTIONNALISME – INNOVATION – INTÉGRATION – MOYENS – RÉBELLION – RITUALISME – SOCIALISATION – VALEURS – CONFLIT – CONSENSUS – CONTRAINTE – NORME – POSITION SOCIALE – RÔLE – STATUTS

S 47

Howard Becker

L'étiquetage

Notre attention est dirigée vers le vaste domaine des conduites que l'on appelle, selon les cas, délits, vices, non-conformisme, singularité, excentricité ou folie, tant en raison d'un intérêt théorique porté à la nature de l'ordre social qu'en raison d'un intérêt pratique pour les actes considérés comme nuisibles. Que nous y voyions un échec de la socialisation et du système de sanction ou simplement des écarts de conduite ou des infractions, nous voulons savoir pourquoi des personnes accomplissent des actes réprouvés. [...]

Il serait absurde de suggérer que les voleurs à main armée attaquent les gens simplement parce que quelqu'un les a étiquetés comme voleurs à main armée, ou que tout ce que fait un homosexuel découle de ce que quelqu'un l'a étiqueté comme tel. Néanmoins, une des plus importantes contributions de cette approche a été d'attirer l'attention sur les conséquences qu'implique, pour un individu, le fait d'être étiqueté comme déviant : il lui devient plus difficile de poursuivre les activités ordinaires de sa vie quotidienne, et ces difficultés mêmes l'incitent à des actions « anormales » (il est ainsi plus difficile de gagner sa vie dans un métier ordinaire quand on a un casier judiciaire, et celui qui se trouve dans cette situation est poussé à prendre un métier illégal). [...]

Enfin, quand la théorie attire l'attention sur ce fait évident que constitue l'intervention de ceux qui sont officiellement chargés de définir la déviance, elle ne fournit pas une caractérisation empirique des effets imputables aux efforts de telle ou telle institution sociale. On peut suggérer que la définition d'un individu comme déviant peut, dans certaines circonstances, l'inciter à adopter certaines lignes de conduite sans affirmer pour autant que les hôpitaux psychiatriques rendent nécessairement fou ou que la prison transforme toujours ceux qui y passent en criminels invétérés.

C'est un raisonnement totalement différent qui confère toute son importance théorique à l'opération d'étiquetage. Des catégories d'actions et des exemples particuliers de celles-ci peuvent être – ou ne pas être – tenus pour déviants par n'importe lequel des groupes qui en ont connaissance. La différence dans la définition, dans l'étiquette appliquée à l'acte, influence les comportements de chacun, public ou acteur. Comme l'a remarqué Albert Cohen [...], la théorie de l'étiquetage créait un espace de propriétés à quatre cases en combinant deux variables dichotomiques : accomplissement ou non d'un acte donné et définition de cet acte comme déviant ou non déviant. La théorie ne porte pas sur une seule des quatre cases ainsi constituées, mais sur toutes les quatre, et sur leurs relations réciproques. Savoir dans quelle case nous situons la déviance proprement dite est une simple question de définition ; bien qu'en de telles manières le choix d'une définition ne soit pas dépourvu de signification, il importe moins de répondre à cette question que de comprendre ce que nous perdons en considérant une seule des cases sans la mettre en relation avec les autres.

Howard Becker,
OUTSIDERS : ÉTUDES DE SOCIOLOGIE DE LA DÉVIANCE (1963),
trad. française Éditions Métailié, Paris, 1985, pp. 201, 203-204.

COMMENTAIRE

Howard Becker (1899-1960) est en rupture avec les analyses de la criminalité et de la déviance par l'existence de criminels nés et celles qui font des comportements asociaux ou déviants le produit soit d'une déficience de la socialisation, de la pauvreté ou de l'environnement familial.

Howard Becker déplace le projecteur du déviant ou du criminel proprement dit vers les conditions de production sociale de la déviance. Ainsi, ce sont les entrepreneurs de morale et les agents du contrôle social (policiers, magistrats, journalistes, enseignants, etc.) qui créent le phénomène de déviance. Dans cette perspective, c'est la réaction de la société, notamment la désignation publique et symbolique d'actes comme étant qualifiés de déviants, qui contribue à créer le phénomène, à en amplifier la visibilité et à séparer les déviants du reste de la société. Pour Howard Becker, il y a « étiquetage ». Cet étiquetage modifie aussi la perception que les déviants auront d'eux-mêmes.

Pour Howard Becker, il n'existe donc pas de déviance en soi. La déviance n'est pas définie par l'acte commis, mais plutôt comme une conséquence de l'application de règles et de sanctions. Le déviant est celui à qui « l'étiquette » a été appliquée et dont la conduite est stigmatisée comme déviante.

L'étiquette de déviant appliquée à une personne tend à prendre le pas sur les autres statuts de la personne. Rejeté et stigmatisé, l'individu va de plus en plus s'identifier à son étiquette, avoir une « carrière » et un style de vie de déviant, adopter une sous-culture déviante et parcourir ainsi toutes les étapes de la prophétie autocréatrice définie par Robert Merton.

mots-clés

CONTRÔLE SOCIAL – CRIME – DÉVIANCE – ENTREPRENEURS DE MORALE – ÉTIQUETAGE – INSTITUTION – NORME – RÉPRESSION – STIGMATE

Action collective

S 48

Karl Marx et Friedrich Engels

Lutte des classes et changement social

L'histoire de toute société jusqu'à nos jours n'a été que l'histoire des luttes des classes.

Hommes libres et esclaves, patriciens et plébéiens, barons et serfs, maîtres de jurande et compagnons, en un mot, oppresseurs et opprimés, en opposition constante, ont mené une guerre ininterrompue, tantôt ouverte, tantôt dissimulée ; une guerre qui finissait toujours ou par une transformation révolutionnaire de la société tout entière, ou par la destruction des deux classes en lutte.

Dans les premières époques historiques, nous constatons presque partout une division hiérarchique de la société, une échelle graduée de positions sociales. Dans la Rome antique, nous trouvons des patriciens, des chevaliers, des plébéiens, et des esclaves ; au Moyen Âge, des seigneurs, des vassaux, des maîtres, des compagnons, des serfs ; et, dans chacune de ces classes, des gradations spéciales.

La société bourgeoise moderne, élevée sur les ruines de la société féodale, n'a pas aboli les antagonismes de classes. Elle n'a fait que substituer aux anciennes de nouvelles classes, de nouvelles conditions d'oppression, de nouvelles formes de lutte.

Cependant, le caractère distinctif de notre époque, de l'ère de la bourgeoisie, est d'avoir simplifié les antagonismes de classes. La société se divise de plus en plus en deux vastes camps opposés, en deux classes ennemies : la bourgeoisie et le prolétariat. [...]

À un certain degré de développement de ces moyens de production et d'échange, les conditions dans lesquelles la société féodale produisait et échangeait ses produits, l'organisation féodale de l'industrie et de la manufacture, en un mot, les rapports de la propriété féodale, cessèrent de correspondre aux nouvelles forces productives. Ils entravaient la production au lieu de la développer. Ils se transformèrent en autant de chaînes. Il fallait briser ces chaînes. On les brisa.

À la place s'éleva la libre concurrence, avec une constitution sociale et politique correspondante, avec la domination économique et politique de la classe bourgeoise.

Sous nos yeux, il se produit un phénomène analogue. La société bourgeoise moderne, qui a mis en mouvement de si puissants moyens de production et d'échange, ressemble de plus en plus au magicien qui ne sait plus dominer les puissances infernales qu'il a invoquées. Depuis trente ans au moins, l'histoire de l'industrie et du commerce n'est que l'histoire de la révolte des forces productives contre les rapports de propriété qui sont les conditions d'existence de la bourgeoisie et de son règne. Il suffit de mentionner les crises commerciales qui, par leur retour périodique, mettent de plus en plus en question l'existence de la société bourgeoise. [...]

Les armes dont la bourgeoisie s'est servie pour abattre la féodalité se retournent aujourd'hui contre la bourgeoisie elle-même.

Mais la bourgeoisie n'a pas seulement forgé les armes qui doivent lui donner la mort : elle a produit aussi les hommes qui manieront ces armes – les ouvriers modernes, les *prolétaires*.

Avec le développement de la bourgeoisie, c'est-à-dire du capital, se développe le prolétariat, la classe des ouvriers modernes qui ne vivent qu'à la condition de trouver du travail et qui n'en trouvent plus dès que leur travail cesse d'agrandir le capital. [...]

De plus en plus, ainsi que nous venons de le voir, des fractions entières de la classe dominante sont précipitées dans le prolétariat, ou sont menacées, tout au moins, dans leurs conditions d'existence. Elles aussi apportent au prolétariat de nombreux éléments de progrès.

Enfin, au moment où la lutte des classes approche de l'heure décisive, le processus de dissolution de la classe régnante, de la société tout entière, prend un caractère si violent et si âpre qu'une fraction de la classe régnante s'en détache et se rallie à la classe révolutionnaire, à la classe qui représente l'avenir. De même, jadis, une partie de la noblesse se rangea du côté de la bourgeoisie, de nos jours, une partie de la bourgeoisie fait cause commune avec le prolétariat, notamment cette partie des idéologues bourgeois parvenue à l'intelligence théorique du mouvement historique dans son ensemble.

De toutes les classes qui, à l'heure présente, se trouvent face à face avec la bourgeoisie, le prolétariat seul est une classe révolutionnaire. Les autres classes périclitent et périssent avec la grande industrie ; le prolétariat, au contraire, en est son produit tout spécial.

La classe moyenne, les petits fabriquants, les détaillants, les artisans, les paysans combattent la bourgeoisie parce qu'elle compromet leur existence en tant que classe moyenne. Ils ne sont donc pas révolutionnaires, mais conservateurs ; qui plus est, ils sont réactionnaires ; ils demandent que l'histoire fasse machine arrière. S'ils agissent révolutionnairement, c'est par crainte de tomber dans le prolétariat : ils défendent alors leurs intérêts futurs et non leurs intérêts actuels ; ils abandonnent leur propre point de vue pour se placer du point de vue du prolétariat.

Karl Marx et Friedrich Engels,
MANIFESTE DU PARTI COMMUNISTE (1848),
trad. française Scandéditions-Éditions sociales, Paris, 1984.

COMMENTAIRE

Dès la première phrase du *Manifeste du parti communiste,* Karl Marx (1818-1883) et Friedrich Engels (1820-1895) postulent que la réalité sociale est par essence conflictuelle. En concluant cette œuvre de commande de la Ligue communiste par leur célèbre exhortation : « Prolétaires de tous les pays unissez-vous ! », ils affirment que la lutte des classes est bien le moteur de la dynamique historique. Ses manifestations concrètes sont inséparables d'une prise de conscience, et des capacités d'organisation et de mobilisation, ainsi que des contingences historiques. D'ailleurs les analyses auxquelles se livre Karl Marx dans Le *18 Brumaire de Louis Bonaparte,* dans *Les Luttes de classes en France* (1848-1850) ou dans *La Guerre civile en France* (1871) sont là pour nous le confirmer.
L'analyse marxiste des formations sociales repose sur le matérialisme historique. Le devenir est régi par l'évolution des forces productives qui débouche sur l'affrontement des classes sociales. Latente ou violente, la lutte des classes aboutit toujours à une transformation révolutionnaire de la société ou à la destruction des deux classes en lutte. Les révolutions et les changements de régimes politiques parachèvent dans le domaine politique une évolution depuis longtemps commencée dans le domaine économique. On ne peut donc parvenir à une compréhension complète des phénomènes politiques si on néglige des phénomènes souterrains plus profonds : les rapports économiques, et l'évolution des forces productives, c'est-à-dire l'exploitation et la nature de la lutte des classes.
Dans le cadre de cette analyse, la dynamique interne du capitalisme rend inéluctable une polarisation croissante des classes qui prône la disparition des classes moyennes. L'accentuation des contradictions entre d'un côté l'état de développement atteint par les forces productives et, de l'autre, l'état des rapports de production, débouche sur le nécessaire dépassement de ces contradictions. Le prolétariat entre sur la scène de l'histoire pour aider à l'accouchement d'un nouveau mode de production.

Pour Karl Marx et Friedrich Engels, la classe ouvrière, si elle est révolutionnaire, incarne l'universel: « Le prolétariat est révolutionnaire ou n'est rien! » Séparée de la communauté humaine, exclue de la communauté politique, cette classe porte les chaînes et les souffrances de l'humanité. En s'émancipant, elle disparaît en tant que classe, et contribue à abolir les conditions matérielles de son exploitation.

mots-clés

ALIÉNATION - BOURGEOISIE - CAPITALISME - CHANGEMENT SOCIAL - CONSCIENCE DE CLASSE - CONFLIT - FORCES PRODUCTIVES - FORMATION SOCIALE - LOI DE L'HISTOIRE - LUTTE DE CLASSES - MATÉRIALISME HISTORIQUE - MODE DE PRODUCTION - MOUVEMENT SOCIAL - PROLÉTARIAT - PROLÉTARISATION - PROPRIÉTÉ PRIVÉE - RAPPORT SOCIAL - RÉVOLUTION - CLASSES MOYENNES

S 49

Alain Touraine

Mouvement social

Parler de conduites collectives, c'est considérer les conflits comme des réponses à une situation qui doit être saisie en elle-même, c'est-à-dire en termes d'intégration ou de désintégration d'un système social, défini par un principe d'unité. Parler de luttes, au contraire, implique une conception stratégique du changement social. C'est pourquoi l'idée de luttes est plus ou moins directement associée à la représentation de la société soit comme un marché, soit comme champ de bataille. Entre le concurrence et la guerre existent beaucoup d'autres stratégies conflictuelles, mais qui ne se réfèrent pas davantage à l'idée d'un système social défini par des valeurs, des normes et des institutions.

Le passage des luttes aux mouvements sociaux rétablit au contraire la relation entre action collective et système social, mais en l'inversant. Partons d'un exemple: dans une usine se forment des mouvements revendicatifs pour lutter contre des inégalités de salaire entre ouvriers de qualification comparable (exemple simple de conduite collective), ou pour accroître l'influence des salariés sur les décisions qui affectent leurs conditions de travail, ce qui constitue une lutte. Mais l'organisation de l'entreprise elle-même n'est pas l'expression de la rationalité technique; elle n'est pas non plus le résultat direct d'un rapport de forces constamment changeant. Le propre de l'industrie est que l'emprise des détenteurs du capital s'est étendue de la vente des produits aux conditions de travail des producteurs, réunis dans une fabrique et soumis autoritairement à une certaine organisation collective du travail. L'action ouvrière combat cette domination et cherche à donner aux travailleurs, ou à l'ensemble de la collectivité, le contrôle de l'organisation du travail et des ressources créées par l'activité industrielle.

Un mouvement social, selon cette définition, n'est d'aucune manière une réponse à une situation sociale. C'est au contraire celle-ci qui constitue le résultat du conflit entre des mouvements sociaux luttant pour le contrôle des modèles culturels, de l'historicité – conflit qui peut aboutir à une rupture du système politique, ou au contraire à des réformes institutionnelles, et qui se manifeste quotidiennement dans les formes d'organisation sociale et culturelle, dans les relations d'autorité. Un mouvement social est une action conflictuelle par laquelle des orientations culturelles, un champ d'historicité, sont transformés en des formes d'organisation sociale, définies à la fois par des normes culturelles et par des rapports de domination sociale.

L'affaiblissement de plus en plus rapide de la notion de société et de la sociologie classique nous force à choisir entre deux voies : d'un côté, une sociologie du pur changement, dans laquelle la notion de lutte occupe une place importante ; de l'autre, une sociologie de l'action, qui repose sur les notions de modèles culturels et de mouvements sociaux. Un grande partie des débats généraux de la sociologie peut être comprise comme concurrence, conflit ou compromis entre ces trois orientations.

Alain Touraine,
LE RETOUR DE L'ACTEUR : ESSAI DE SOCIOLOGIE (1984),
Librairie Arthème Fayard, Paris, 1984, pp. 147-149.

COMMENTAIRE

Pour Alain Touraine (1925-), la sociologie classique s'intéresse trop exclusivement à l'ordre social. Elle privilégie le fonctionnement des institutions et des organisations, la transmission des normes et l'adaptation au changement. Elle ferait peu de cas de la transformation des mœurs, des rapports de classe et des mouvements sociaux.

Une société ne coïncide jamais totalement avec ses règles, ses normes, c'est-à-dire avec son fonctionnement. Une sociologie qui privilégie l'étude du fonctionnement ne permet donc pas de saisir certains aspects des sociétés. Il lui semble donc nécessaire de fonder une sociologie de l'action et de comprendre comment les acteurs sociaux – individuels ou collectifs – constituent leur existence sociale par les débats, les revendications, les conflits auxquels ils participent. Sa sociologie actionnaliste s'intéresse au changement, à la diachronie. Partant des représentations et des actions collectives, elle élève le mouvement social au rang de sujet historique qui crée les valeurs collectives.

Alain Touraine postule en effet que la société est une production conflictuelle d'elle-même, que « les hommes font leur histoire » et qu'« il existe une unité de sens ». Les sociétés sont ainsi censées produire leur propre transformation. Les tensions culturelles et les conflits sociaux sont des manifestations de ce travail de la société sur elle-même. C'est donc dans la culture que vont se nouer les relations des hommes à leurs œuvres. L'action sociale repose sur un principe d'identité (saisie de soi-même), un principe d'opposition (représentations de l'adversaire et les façons dont on se pose face à lui) et enfin un principe de totalité (représentations que l'on a de la société dont on souhaite l'avènement).

Pour Alain Touraine, l'historicité résulte de l'action collective menée contre un adversaire dans le cadre d'une société donnée (cf. *La Voix et le regard,* p. 104). Le « mouvement social » est une réalité analytique que n'incarne aucun acteur particulier et concret. Le mouvement social se définit dans l'action, c'est une totalité en marche porteuse d'historicité et de transformation de la société.

Pour Alain Touraine, l'action collective se comprend mieux si l'on part des enjeux de celle-ci plutôt que de l'acteur concret. Les analyses des mouvements sociaux doivent donc accorder une importance toute particulière à l'historicité. Par historicité, il entend la combinaison d'un modèle d'investissement, d'un modèle culturel et d'un modèle de connaissance. C'est donc une forme particulière d'articulation des manières dont une collectivité utilise la fraction non consommée de son surplus, dont elle se représente sa propre créativité (images qu'elle se donne de la civilisation, du progrès, de l'égalité, du bien-être...) et dont elle raisonne et se pose des questions (paradigmes dominant la pensée). La maîtrise de l'historicité est toujours l'enjeu central des véritables mouvements sociaux.

mots-clés

ACTION – CHANGEMENT SOCIAL – CLASSES SOCIALES – CONFLIT – CRISE – HISTORICITÉ – MOBILISATION – MODÈLE CULTUREL – MOUVEMENT SOCIAL – PARTICIPATION POLITIQUE – DIACHRONIE – PRINCIPE D'IDENTITÉ – PRINCIPE D'OPPOSITION – PRINCIPE DE TOTALITÉ

S 50

Mancur Olson

Les paradoxes de l'action collective

En fait, il est illogique de conclure à l'absence de conflits de classes sous prétexte que Marx les avait surestimés. Au contraire, cette absence est due à un type de comportement utilitaire et rationnel. *Car les actions de classe n'auront pas lieu dès lors que les individus qui les composent agissent rationnellement.* Car un bourgeois a beau désirer un gouvernement qui serve sa classe, il n'est pas forcément de son intérêt d'agir pour promouvoir ce type de gouvernement ; que celui-ci arrive au pouvoir, il en profitera de toute manière puisque la théorie marxiste elle-même nous apprend que l'État œuvrera au bénéfice de la classe entière. Et de toute façon, un bourgeois isolé ne sera guère en mesure d'exercer une influence décisive sur le choix du gouvernement ; si bien que la raison exige d'un membre de la bourgeoisie qu'il ignore ses intérêts de classe et s'attache à son seul intérêt personnel. De même, le travailleur qui trouverait son bénéfice dans un gouvernement « prolétarien » jugera irrationnel de risquer sa vie et ses moyens de subsistance dans une entreprise révolutionnaire contre le pouvoir bourgeois ; l'hypothèse contraire serait aussi déraisonnable que celle d'une classe laborieuse acceptant volontairement de réduire ses heures de travail en vue d'améliorer sa rémunération. Car dans les deux cas, l'individu profitera du mouvement, qu'il y ait ou non participé. (On comprend ainsi que les révolutions « marxistes » aient été le fait d'une petite élite de conspirateurs venant à bout de gouvernements faibles à des périodes de désorganisation sociale. Les théoriciens de ce type de révolution sont Lénine et Trotsky, et non Marx. Le *Que faire ?* de Lénine se réfère à la nécessité pour les communistes de s'appuyer sur une minorité choisie, disciplinée et prête à tous les sacrifices, plutôt que sur les intérêts de masse du prolétariat.)

L'action de classe marxiste a tous les caractères de l'entreprise d'un groupe latent visant à satisfaire des buts collectifs, et comme tous les groupes de ce genre, l'individu trouvera son avantage à voir le poids et les sacrifices supportés par les autres. Par définition, une « législation de classe » avantage la classe comme un tout et non les individus et n'offre en aucun cas à ceux-ci une incitation à l'action. La relation de l'ouvrier au prolétaire est la même que celle de l'industriel à la bourgeoisie, du contribuable à l'État, de la firme en concurrence à son industrie.

Cette assimilation n'est pas gratuite ; Marx lui-même réserve parfois le terme de « classe » aux groupements organisés : « tant que l'identité des intérêts ne se concrétise pas dans une communauté, une association nationale ou une organisation politique, il n'y a pas de classe » ; et il insiste sur le rôle des syndicats et de la grève dans la lutte des classes.

Mancur Olson,
LOGIQUE DE L'ACTION COLLECTIVE (1966),
trad. française PUF, Paris, 1978, pp. 133-34.

COMMENTAIRE

Mancur Olson (1931-) applique à l'action politique les raisonnements utilitaristes de l'économie des biens collectifs. Traditionnellement, la mobilisation des acteurs sociaux était abordée dans une perspective globale. Mancur Olson raisonne en terme de maximisation de l'utilité de l'intérêt individuel et dans un schéma coût/avantage de l'action collective. Il montre que la participation à l'action collective peut être entravée par l'existence d'« effets externes ». On ne participe à une activité que si on en tire un avantage.

Selon Mancur Olson, il faut réintroduire dans l'analyse du comportement politique les conséquences de l'agrégation des comportements individuels. Un individu rationnel ne participera à l'action collective que s'il est en mesure d'en tirer un avantage. Prenant conscience des coûts de la mobilisation et de l'action collective, les individus rationnels peuvent avoir intérêt à laisser les autres agir à leur place et à bénéficier des « biens collectifs » produits par la lutte des autres. La coercition, l'ostracisme, l'individualisation des bénéfices de l'action collective peuvent entraver cette tendance.

Mancur Olson va expliquer l'abstention et le non-engagement dans l'action collective grâce à la théorie d'économie publique connue sous le nom de stratégie du « passager clandestin ». Un individu est incité à ne pas agir et donc à ne pas supporter les coûts de l'action s'il peut, indépendamment de son engagement, bénéficier des gains éventuels de l'action.

Une fois son cadre d'analyse établi, Mancur Olson réinterprète la théorie de la lutte des classes de Karl Marx. L'existence des classes ne suffit pas à déterminer leur passage à l'action sur la scène de l'histoire. Pour Mancur Olson, les membres d'une classe ne participent à des actions menées par leur classe d'appartenance que pour autant qu'il peuvent accéder aux biens collectifs que leur action va permettre d'obtenir.

Cette théorie se focalise sur le seul intérêt individuel et passe sous silence l'existence d'autres dimensions de l'action collective. En particulier, elle ne fait aucune place aux phénomènes idéologiques et à la dimension normative de l'action. Par ailleurs, les phénomènes de mobilisation temporels ont un contexte. Ils se déroulent toujours dans des structures sociales précises, ils ont toujours une épaisseur historique et une dimension culturelle.

mots-clés

ACTION COLLECTIVE – AGRÉGATION – INTÉRÊT INDIVIDUEL – INDIVIDUALISME MÉTHODOLOGIQUE – MOBILISATION – RATIONALITÉ – UTILITARISME – ACTION – COERCITION – OSTRACISME

5e PARTIE

TRAVAIL, ORGANISATION, VIE QUOTIDIENNE

Le travail et l'organisation de la production des biens et des services restent des aspects essentiels de la vie sociale.

Dans une société à dominante industrielle, le travail a été conçu comme l'activité qui structure les relations sociales. À ses débuts, la sociologie du travail concentre ses investigations sur les lieux de production et leur organisation. Dans la sociologie française, le travail est le principe d'intelligibilité de l'ordre et des dynamiques du changement.

Certains auteurs mettent même l'accent sur la société industrielle. À cette phase succède un élargissement des perspectives et l'on passe du travail dans l'entreprise aux relations industrielles, à la sociologie des organisations, à l'étude de la stratification et de la mobilité sociale, puis à l'étude des professions et des systèmes professionnels. Aujourd'hui, les sociologues orientent leurs travaux vers la construction sociale du marché du travail. Ils s'intéressent notamment aux processus et facteurs institutionnels qui contribuent à organiser le travail et l'emploi.

Si les premiers sociologues s'intéressent aux conséquences macrosociales des transformations provoquées par les révolutions industrielles et les mutations induites dans la division du travail, la création de champs disciplinaires à l'intérieur de la sociologie institutionnalisée est plus tardive.

L'histoire des domaines de recherches jugés pertinents à une époque donnée est révélatrice de la conception dominante que les professionnels se font de leur discipline. Pour nombre de sociologues, le travail étant l'une des activités essentielles de l'homme, cet intérêt semble une évidence, notamment pour le courant marxiste. Ainsi, en France, la sociologie du travail est un terrain de prédilection de la sociologie de l'après-Seconde Guerre mondiale. C'est de ce domaine que la sociologie des organisations émerge pour s'autonomiser en secteur spécifique avec pour matrice originelle le thème de la bureaucratie.

Inséparable de la rationalisation du monde, le développement de la bureaucratie suscite dans un premier temps de nombreuses craintes et des discours critiques sur la manipulation des différents aspects de la vie quotidienne qu'induit la généralisation de cette forme d'organisation et d'administration. Les travaux de Robert Merton, puis de Philip Selznick, de Alvin Goudlner et ceux de Michel Crozier en France sont représentatifs de ce que l'on peut qualifier de premières études critiques de la conception wébérienne de la bureaucratie.

Sociologie du travail

S 51

Karl Marx

De la manufacture à la grande industrie : une dynamique de l'aliénation

Le corps de travail fonctionnant dans la manufacture et dont les membres sont des ouvriers de détail appartient au capitaliste, il n'est qu'une forme d'existence du capital. La force productive, issue de la combinaison des travaux, semble donc naître du capital.

La manufacture proprement dite ne soumet pas seulement le travailleur aux ordres et à la discipline du capital, mais établit encore une gradation *hiérarchique* parmi les ouvriers eux-mêmes. Si, en général, la coopération simple n'affecte guère le mode de travail individuel, la manufacture le révolutionne de fond en comble et attaque à sa racine la force de travail. Elle estropie le travailleur, elle fait de lui quelque chose de monstrueux en activant le développement factice de sa dextérité de détail, en sacrifiant tout un monde de dispositions et d'instincts producteurs, de même que, dans les États de la Plata, on immole un taureau pour sa peau et son suif.

Ce n'est pas seulement le travail qui est divisé, subdivisé et réparti entre divers individus, c'est l'individu lui-même qui est morcelé et métamorphosé en ressort automatique d'une opération exclusive, de sorte que l'on trouve réalisée la fable absurde de Menenius Agrippa, représentant un homme comme fragment de son propre corps. [...]

Les connaissances, l'intelligence et la volonté que le paysan et l'artisan indépendant déploient, sur une petite échelle, à peu près comme le sauvage pratique tout l'art de la guerre sous forme de ruse personnelle, ne sont désormais requises que pour l'ensemble de l'atelier. Les puissances intellectuelles de la production se développent d'un seul côté parce qu'elles disparaissent sur tous les autres. Ce que les ouvriers parcellaires perdent se concentre en face d'eux dans le capital. La division manufacturière leur oppose les puissances intellectuelles de la production comme la propriété d'autrui et comme le pouvoir qui les domine. Cette scission commence à poindre dans la coopération simple où le capitaliste représente vis-à-vis du travailleur isolé l'unité et la volonté du travailleur collectif ; elle se développe dans la manufacture, qui mutile le travailleur au point de le réduire à une parcelle de lui-même ; elle s'achève enfin dans la grande industrie qui fait de la science une force productive indépendante du travail et l'enrôle au service du capital. [...]

Un certain rabougrissement de corps et d'esprit est inséparable de la division du travail dans la société. Mais comme la période manufacturière pousse beaucoup plus loin cette division sociale, en même temps que, par la division qui lui est propre, elle attaque l'individu à la racine même de sa vie, c'est elle qui la première fournit l'idée et la matière d'une *pathologie industrielle.*

« Subdiviser un homme, c'est l'exécuter, s'il a mérité la peine de mort ; c'est l'assassiner, s'il ne la mérite pas. La subdivision du travail est l'assassinat d'un peuple. » [...]

Dans la manufacture et le métier, l'ouvrier se sert de son outil ; dans la fabrique il sert la machine. Là le mouvement de l'instrument de travail part de lui ; ici il ne fait que le suivre. Dans la manufacture les ouvriers forment autant de membres d'un mécanisme vivant. Dans la fabrique, ils sont incorporés à un mécanisme mort qui existe indépendamment d'eux. « La fastidieuse uniformité d'un labeur occasionnée par un travail mécanique, toujours le même, ressemble au supplice de Sisyphe ; comme le rocher, le poids du travail retombe toujours et sans pitié sur le travailleur épuisé[1]. »

1. Friedrich Engels, La Situation de la classe laborieuse en Angleterre, *p. 217.*

Karl Marx,
LE CAPITAL, LIVRE I (1867),
in Œuvres, *tome 1, trad. française J. Roy revue par M. Rubel,*
Bibliothèque de la Pléiade, Éditions Gallimard, Paris, 1991.

COMMENTAIRE

Dans la *Contribution à la critique de l'économie politique,* Marx (1818-1883) déclare que « dans la production sociale de leur existence, les hommes entrent en des rapports de production qui correspondent à un degré de développement déterminé de leurs forces productives matérielles. [...] [et que] À un certain stade de leur développement, les forces productives matérielles de la société entrent en contradiction avec les rapports de production existant. » (p. 4). Reprenant l'étude du procès (processus) de travail dans le Livre I du *Capital,* il précise la place qu'y tient la division du travail et affirme l'unité des rapports de production techniques et sociaux dans les procès de la production concrète.

Le développement des formations sociales est indissolublement lié à l'évolution des rapports sociaux de production et des forces productives. Avec le début de la production industrielle, que Marx appelle phase de la fabrique, « l'homme aux écus », c'est-à-dire le capitaliste, réunit dans un même lieu un grand nombre de travailleurs libres et les fait travailler sous son autorité. Le passage de la production artisanale à la production manufacturière opère au contraire un véritable saut qualitatif, puisque chaque ouvrier continue de réaliser les mêmes tâches que ses compagnons de peine, mais il travaille dorénavant en commun avec eux et doit coopérer avec les autres.

La concurrence entre les capitalistes et la logique du profit oblige les capitalistes à mettre en place des formes plus complexes de coopération entre les travailleurs et à intensifier la division technique du travail dans l'entreprise. C'est à ce moment qu'apparaît ce que Marx appelle la phase de la manufacture dans laquelle les prolétaires exécutent des opérations plus spécialisées. Si d'un côté la productivité augmente, de l'autre, le travail de l'ouvrier est « fragmenté ».

« Le mode de production capitaliste se présente donc comme une *nécessité historique* pour transformer le travail isolé en travail social ; mais entre les mains du capital, cette socialisation du travail n'en augmente les forces productives que pour l'exploiter avec plus de profit. » (*Le Capital,* Livre I, section IV, chap. XIII). Le capital acquiert de nouvelles fonctions de coordination, de contrôle et de surveillance du procès de travail. La fonction sociale remplie par le capital va dès lors surdéterminer la dimension technique de la division du travail.

Pour Marx, avec le passage de la production artisanale à la production industrielle, le procès de travail cesse d'être une activité individuelle et le procès de production prend une nouvelle dimension résolument sociale.

mots-clés

ALIÉNATION – DIVISION DU TRAVAIL – FABRIQUE – FORCES PRODUCTIVES – MANUFACTURE – PROCÈS DE TRAVAIL – CONDITIONS DE TRAVAIL

S 52

Frederic Taylor

La face cachée du taylorisme : l'idéologie du consensus

Il est d'importance capitale que, outre les directeurs de la Compagnie, toutes les personnes touchant à la direction aient une idée générale et nette des principaux buts à atteindre et des moyens à employer ; avant de se mettre à la besogne, elles doivent comprendre parfaitement et ne jamais perdre de vue que l'objet essentiel de la nouvelle organisation est d'opérer deux modifications importantes dans le personnel :

291. 1) Une révolution complète dans la mentalité vis-à-vis des patrons et du travail ; et 2) comme résultat de ce changement d'idées, un accroissement de l'énergie et de l'activité physique et une telle amélioration des conditions dans lesquelles il travaille qu'il produise, en beaucoup de cas, deux à trois fois plus d'ouvrage qu'il en faisait auparavant.

292. 1) Les ouvriers doivent être amenés à constater que, par le nouveau système, leurs patrons, d'antagonistes qu'ils étaient, deviennent des alliés, travaillant à leurs côtés aussi activement que possible et dans la même direction qu'eux, de telle façon que tout le monde tende à un accroissement tel de la production et à une telle diminution de son prix de revient que les ouvriers qui gagnent régulièrement de 30 à 100% plus qu'ils ne gagnaient autrefois et qu'il reste néanmoins un beau bénéfice pour la Compagnie. De prime abord, les ouvriers ne comprennent pas bien pourquoi, s'ils font double travail, ils ne recevraient pas double salaire. Quand la chose leur a été convenablement expliquée et lorsqu'ils ont eu le temps d'y réfléchir, ils constatent que, dans la plupart des cas, l'accroissement de production est autant dû aux perfectionnements des dispositifs et méthodes, au maintien de types et de règles, à l'assistance qu'ils reçoivent de leurs supérieurs, qu'à leur supplément de travail. Ils comprennent alors que la Compagnie a dû dépenser pour l'introduction du système perfectionné qui coûte parfois des milliers de dollars, qu'elle doit, d'autre part, payer les salaires des agents et employés supplémentaires du Bureau de répartition comme de l'atelier, ainsi que d'autres dépenses ; qu'en outre, la Compagnie a droit autant qu'eux à une augmentation de bénéfice. À quelques rares exceptions près, tous comprendront de façon générale que, dans le nouvel ordre des choses, ils collaborent avec leurs patrons pour faire le maximum possible d'économie de main-d'œuvre et qu'ils recevront toujours leur part de profit.

293. 2) Une fois que les ouvriers adhèrent au nouvel ordre de choses et ont la volonté de contribuer à la réduction des prix de revient, il leur faut le temps de changer leur ancienne manière de faire, adaptée à leurs aises, d'adopter une plus grande vitesse de travail, d'apprendre à rester constamment à leur besogne, à prévoir et à tenir compte de tous les instants. Avec les meilleurs intentions, un certain nombre d'entre eux ne pourront y réussir ; ils sentiront qu'ils ne sont pas à leur place dans la nouvelle organisation ; d'autres, parmi lesquels se trouvent quelques-uns des meilleurs ouvriers, mais d'un esprit stupide ou borné, n'admettront jamais que le nouveau système soit aussi bon que l'ancien, et ceux-ci devront s'en aller.

Frederic Taylor,
DIRECTION DES ATELIERS (1907),
in Organisation du travail et économie des entreprises,
textes réunis par F. Vatin, Les Éditions d'Organisation, Paris, 1990, pp. 95-96.

COMMENTAIRE

Au début du XXe siècle, les États-Unis d'Amérique entrent, avec la production en grande série et l'émergence des grands groupes industriels, dans une nouvelle phase de l'industrialisation. *A contrario,* l'organisation de la production dans l'entreprise semblait à certains relativement archaïque. Selon Taylor (1856-1915), les ouvriers trop libres dans l'organisation de leur travail seraient de plus paresseux. À l'époque, les États-Unis disposaient d'une main-d'œuvre abondante d'immigrants souvent peu qualifiés ou d'origine paysanne.

C'est dans ce contexte que Frederic Taylor écrit en 1911 *Principles of Scientific Management.* Cette conception de la division des tâches s'est répandue dans son pays d'origine et dès la Première Guerre mondiale en Europe. Henry Ford la prolonge en mettant en place le travail à la chaîne dans ses usines d'automobiles. De même au début des années 20, Lénine, hanté par le productivisme, et oubliant ce que Karl Marx avait écrit sur la parcellisation du travail, s'en est fait aussi un ardent défenseur, car c'était pour lui le moyen d'accroître la production et de mobiliser dans l'industrie des travailleurs non qualifiés et issus de la campagne.

Tel Janus, le taylorisme a deux faces. La première est celle de la simplification des tâches décomposées en unités élémentaires, par l'étude minutieuse des mouvements et des temps nécessaires à chaque séquence de travail. Elle permet la maximisation de l'efficience et de la production globale. L'ouvrier doit alors se conformer strictement aux modes opératoires prescrits par un bureau des méthodes. Les phases de conception et d'exécution sont strictement dissociées et les savoir-faire des ouvriers de métier sont confisqués par le bureau des méthodes.

La seconde face est de nature plus idéologique. Taylor voulait renforcer la coopération entre les ouvriers et les patrons en montrant que leurs intérêts convergeaient. Leur antagonisme serait irrationnel et n'aurait pas de fondement objectif. En versant un « juste » salaire (rémunération au rendement), il serait possible de stimuler les travailleurs. Plus efficaces, les « bons » ouvriers seraient mieux payés. Taylor a ainsi mis en place les fondements d'une organisation dite « scientifique » du travail qui visait explicitement à priver le syndicalisme de toute raison d'être.

mots-clés

CONFLIT – CONSENSUS – EFFICIENCE – ORGANISATION SCIENTIFIQUE DU TRAVAIL – PARCELLISATION DES TÂCHES – RÉMUNÉRATION AU RENDEMENT – SÉPARATION – CONCEPTION-EXÉCUTION – SYNDICALISME – CONDITIONS DE TRAVAIL

S 53

Georges Friedmann

Aux sources des relations humaines : l'expérience Hawthorne

Dans une première étape de ces recherches, les enquêteurs étudièrent pendant plus de cinq ans, avec leur consentement et même leur coopération, un groupe de cinq ouvrières expérimentées, occupées à l'assemblage des relais de téléphone ; travail parcellaire et répété. Elles étaient installées dans une pièce spéciale appelée le « test room », et autorisées à s'entretenir entre elles. […] À l'origine, on leur expliqua que le but des observations était de déterminer l'effet sur le travail de certaines conditions, telles que pauses, collation au milieu de la matinée, diminution de la durée du travail. On leur conseilla expressément de travailler à un rythme modéré et sous aucun prétexte de ne faire entre elles la course. […]

Dans ce groupe d'ouvrières, des changements organiques furent observés, dont le détail n'a pas sa place ici : ils prouvaient en tout cas que l'augmentation de rendement constatée par ailleurs dans le test room n'était pas obtenue eu détriment de l'équilibre organique des travailleuses.

Or l'examen attentif des variations de rendement montre que celui-ci s'accroît lentement pendant une période de trois années puis se stabilise à un niveau élevé. Durant ce laps de temps, il y a des vagues d'irrégularité, des chutes dont certaines ne durent que quelques minutes et d'autres se prolongent durant des mois : aucune d'elles n'est liée à des modifications psychologiques de l'environnement physique, comme par exemple celles de la température. Par contre, elles correspondent nettement à des modifications psychologiques : sentiments des jeunes femmes à l'égard l'une de l'autre, ou à l'égard de leurs surveillants ou de l'équipe, prise globalement. D'autre part, lorsque les enquêteurs provoquent des changements expérimentaux dans l'environnement physique, l'augmentation de rendement n'en est pas affectée : elle demeure stable, quelle que soit la nature des modifications introduites dans les conditions de travail, y compris celle des stimulants financiers. En particulier, observation cruciale, en supprimant les avantages consentis à l'équipe du test room (pauses, collation, durée du travail) et en revenant aux conditions initiales, on ne modifie pas sensiblement les courbes de rendement ni les dispositions psychologiques améliorées. Par contre, une expérience du même genre dans l'atelier ordinaire de production conduisait à une chute de rendement et à du mécontentement. […]

L'expérience […] montre comment les calculs de la logique de l'efficience sont mis en échec par le comportement effectif des ouvriers. […] L'organisation formelle de l'usine s'est heurtée à une organisation latente, non formelle, pratiquée par les ouvriers, la logique de l'efficience – à une logique du sentiment. Les techniciens ignorent le fait qu'aucun individu appartenant au système social de l'usine ne se comporte exclusivement d'après des considérations strictement logiques ou économiques.

Georges Friedmann,
PROBLÈMES HUMAINS DU MACHINISME INDUSTRIEL (1947),
Éditions Gallimard, Paris, 1961, pp. 298, 301.

COMMENTAIRE

Cette grande enquête d'Elton Mayo à la Western Electric dans les années 30 aux États-Unis, décrite ici par Georges Friedmann (1902-1977) est le plus souvent présentée comme l'enquête fondatrice de la sociologie du travail. Elle a permis de révéler, dans une usine qui pratiquait les méthodes tayloriennes d'organisation du travail, l'importance des dimensions sociales et psychosociales des comportements des hommes au travail ; et les effets que ces comportements peuvent avoir sur la productivité globale des entreprises de production. La rationalisation de la production devra dès lors tenir compte des dimensions « morales » et « affectives » des individus et de leurs groupes d'appartenance (à l'intérieur ou encore à l'extérieur de l'entreprise).

Ce nouveau champ d'observations est développé (pour ce qui concerne le travail) dans deux directions différentes. D'un côté, avec une visée plus pratique, est constituée « l'École des relations humaines », qui tente de résoudre concrètement les relations de pouvoir, d'autorité et de hiérarchie. Ce courant d'idées et de pratiques se prolonge aujourd'hui dans le cadre de la « gestion des ressources humaines ».

D'un autre côté, plus proche peut-être de la théorie, du moins à ses débuts, sont mises en œuvre de multiples recherches de sociologie du travail. En France, le *Traité de sociologie du travail,* paru à Paris en deux tomes (1961-1962), sous la direction de Georges Friedmann et Pierre Naville, nous donne un état des lieux quasiment exhaustif de ces multiples recherches au tout début des années 60 en France ; époque que l'on peut considérer comme celle du véritable démarrage des recherches et des observations dans le domaine du travail dans les entreprises et les organisations.

mots-clés

MOTIVATION – ORGANISATION LATENTE – ORGANISATION SCIENTIFIQUE DU TRAVAIL – RELATIONS HUMAINES – RENDEMENT – GESTION DES RESSOURCES HUMAINES

S 54

Alain Touraine

L'émergence d'une nouvelle sociologie du travail ?

Pendant longtemps, la sociologie du travail et plus précisément la sociologie industrielle fut, dans les sociétés industrielles, l'étude de leur historicité, donc de la lutte des entrepreneurs et des managers avec les salariés pour donner forme sociale à la rationalisation, considérée comme le principe culturel central des sociétés industrielles. Ces thèmes principaux ont toujours été l'étude des politiques patronales, du taylorisme aux systèmes de salaires ou de relations humaines, et celle des conduites ouvrières, allant des attitudes au travail et de l'organisation informelle des ateliers à l'action syndicale et politique. [...] Cette *sociologie classique du travail* est née au XIXe siècle, mais elle s'est développée surtout pendant les phases d'intense industrialisation, d'abord avant et après la Première Guerre mondiale surtout en Allemagne et aux États-Unis, ensuite après la Seconde Guerre mondiale, surtout en France, en Belgique et en Italie, pays qui vivaient un développement ou une renaissance industrielle accélérés, mais aussi en Allemagne et en Grande-Bretagne. Aux États-Unis, ce point de vue ne prit jamais une grande importance, ce qui prouve que la sociologie du travail ne se définit pas par son objet mais plutôt par sa démarche, par un certain mode de représentation de la vie sociale. Aux États-Unis, c'est la sociologie des professions, d'un côté, celle des organisations, de l'autre qui ont connu de grands développements. Contrôle social et stratégie sont en effet des concepts qui s'inscrivent dans une sociologie des systèmes et non dans une sociologie de l'action, comme le montre l'influence de Parsons sur la sociologie des professions et aussi sur l'analyse des systèmes sociaux modernes, alors que le domaine des rapports de production et des mouvements sociaux restait en dehors de ses préoccupations.

Cette *sociologie du travail* s'est rapidement transformée et surtout différenciée, mais il serait faux d'en conclure qu'elle a éclaté et disparu. Au contraire, l'évolution de la sociologie du travail a fait d'elle de plus en plus une sociologie des acteurs, aussi bien quand elle devenait une sociologie des organisations que quand elle s'intéressait aux relations professionnelles ou quand elle se rapprochait d'une sociologie des mouvements sociaux. Ce qui a vite et heureusement dépéri, c'est une idéologie ouvriériste qui identifiait une catégorie sociale au « sens de l'histoire », donc à une sorte de théodicée sécularisée qui s'est déplacée ensuite vers le Tiers-Monde avec certains aspects de la Théorie de la Libération ou des mouvements intégristes qui se sont formés dans différents champs religieux. L'ancienne sociologie du travail a été tentée de définir entièrement les acteurs par le travail, c'est-à-dire par la place qu'ils occupent dans un système de production défini par la modernisation, par certaines formes de division du travail, de différenciation des sous-systèmes sociaux, d'application de la raison instrumentale et du calcul à la production. En d'autres termes, la sociologie du travail a d'abord été une des dernières formes de pensée hybride, combinant le système et les acteurs, puisqu'elle définissait les acteurs par le travail, c'est-à-dire par un état de la production. Au contraire, nous reconnaissons mieux aujourd'hui que les acteurs ne se définissent plus entièrement par leur travail, mais tout autant par leur carrière, leur consommation, voire par leur appartenance nationale, morale ou religieuse. Cette orientation est tellement nécessaire qu'on peut opposer une *nouvelle* sociologie du travail à une sociologie du travail classique. Pour cette dernière, le milieu et les relations de travail constituaient la définition principale des acteurs. De là l'importance de la notion de classe qui affirmait la possibilité de prévoir les comportements, les attitudes et les opinions à partir de la connaissance du statut socio-professionnel. Au contraire, la nouvelle sociologie du travail observe dans des situations de travail des acteurs qui sont définis autrement que par leur travail, par leurs préférences autant que par leur activité, ce qui écarte toute possibilité de recouvrement complet entre une sociologie des acteurs et une sociologie des systèmes de production. […] On pourrait souvent dire que les nouvelles études de sociologie du travail s'intéressent surtout à la rencontre d'acteurs définis non professionnellement avec une situation professionnelle. […]

La nouvelle sociologie du travail se situe historiquement au-delà de cette phase centrale, quand l'appartenance à des rapports sociaux de production cesse d'être le principe organisateur central de tous les comportements. C'est à ce moment que l'entreprise ou l'atelier cessent d'être des lieux privilégiés de l'observation. […]

Plus concrètement s'est répandue au cours des trente dernières années l'idée que nous serions passés d'une société de production à une société de consommation, et plus précisément d'une société de travail à une société de l'emploi. Ce qui est le plus court chemin pour revenir d'une sociologie des acteurs à une sociologie du système, puisque les préférences et les attitudes peuvent en général être expliquées par la position relative occupée dans un système plutôt que par les orientations de l'acteur. [...]

Ce que la sociologie du travail, dans sa forme classique comme dans ces formes nouvelles, nous apprend, c'est à retrouver des rapports sociaux derrière des situations, la présence du pouvoir derrière les techniques ou les marchés. Et par conséquent à chercher les manières par lesquelles les catégories dominantes ou dominées cherchent à utiliser les techniques à leur profit, c'est-à-dire pour accroître leur degré de contrôle sur leur propre vie et sur leur environnement.

Alain Touraine,
« PRÉFACE » AU TRAITÉ DE SOCIOLOGIE DU TRAVAIL DE DECOSTER ET PICHAULT,
De Boeck Université, Bruxelles, 1994, pp. 6-10.

COMMENTAIRE

Au XIXe siècle, l'industrialisation, conjuguant ses effets avec l'urbanisation, transforme les relations de la personne à la collectivité, et le thème de l'aliénation fédère les études sur la perte d'autonomie des travailleurs (Karl Marx), de la sécularisation (Max Weber), de l'isolement dans la communauté (Émile Durkheim) et de l'impersonnalité de la vie urbaine (Georg Simmel). Lors du passage au taylorisme et de l'apparition du travail à la chaîne, la sociologie du travail s'autonomise et s'intéresse plus particulièrement aux conditions de travail, aux conflits et aux interactions entre le travail, la stratification et le non-travail.

En France, Georges Friedmann et Pierre Naville ont exercé une influence déterminante dans l'émergence de la sociologie empirique du travail comme domaine spécifique ayant un objet et des méthodes spécifiques. Il suffit de relire le *Traité de sociologie du travail* paru sous leur direction dans les années 1960 pour s'en convaincre. C'est en France d'ailleurs, l'un des temps fort de l'affirmation de la puissance de ce qu'Alain Touraine appelle la sociologie classique du travail. L'approche originelle s'est ensuite élargie à des rythmes différents, selon les traditions nationales, à l'étude des professions, de la technique et des systèmes professionnels.

Aujourd'hui, la sociologie du travail donne l'impression de traverser une crise d'identité. Le domaine n'aurait plus ni objet, ni méthodes ni frontières clairement définis. Il est vrai que de nouvelles questions ont surgi dans les années 1970 sous les effets de la crise économique et des restructurations industrielles : transformation du salariat, disparition du plein emploi, développement des taux d'activité féminine, apparition de nouvelles formes d'emploi, de nouveaux systèmes productifs, mutations ou crise du syndicalisme, enjeux sociaux des nouvelles technologies, relation formation-emploi, conséquences de la gestion en flux tendu, recherche de la qualité totale...

Alain Touraine défend une thèse selon laquelle une nouvelle sociologie du travail émerge. Elle marque, pour lui, le triomphe d'une sociologie de l'action. Ce texte qui s'apparente parfois à un plaidoyer fait de l'évolution des conditions du discours sociologique l'une des clefs de l'interprétation de l'histoire de la sociologie.

mots-clés

ACTEUR – ANCIENNE SOCIOLOGIE DU TRAVAIL – HISTORICITÉ – MODERNISATION – NOUVELLE SOCIOLOGIE DU TRAVAIL – PRODUCTION DE LA SOCIÉTÉ – RATIONALISATION – SOCIOLOGIE DE L'ACTION

Bureaucratie

S 55

Max Weber

L'idéal-type de la bureaucratie

Le type le plus pur de domination légale est la domination par le moyen de la direction administrative bureaucratique. Seul le chef du groupement occupe la position de détenteur du pouvoir soit en vertu d'une appropriation, soit en vertu d'une élection ou d'un successeur désigné. Mais ses attributions de détenteur du pouvoir elles-mêmes constituent des « compétences » légales. La totalité de la direction administrative se compose, dans le type le plus pur, de *fonctionnaires individuels* [*Einzelbeamte*] (monocratie, le contraire de la « collégialité », dont nous traiterons plus tard), lesquels,

1) personnellement libres, n'obéissent qu'aux devoirs objectifs de leur fonction ;

2) dans une *hiérarchie* de la fonction solidement établie ;

3) avec des *compétences* de la fonction solidement établies ;

4) en vertu d'un contrat, donc (en principe) sur le fondement d'une sélection ouverte [*frei*] selon :

5) la *qualification professionnelle :* dans le cas le plus rationnel, ils sont nommés (non élus) selon une qualification professionnelle révélée par l'examen, attestée par le diplôme ;

6) sont payés par des appointements fixes en espèces, la plupart donnant droit à la retraite, le cas échéant (en particulier dans les entreprises privées) résiliables de la part des patrons, mais toujours résiliables de la part des fonctionnaires ; ces appointements sont avant tout gradués suivant le rang hiérarchique en même temps que suivant les responsabilités assumées, au demeurant suivant le principe de la « conformité au rang » [*Standesgemäßheit*] ;

7) traitent leur fonction comme unique ou principale profession ;

8) voient s'ouvrir à eux une carrière, un « avancement » selon l'ancienneté, ou selon les prestations de service, ou encore selon les deux, avancement dépendant du jugement de leurs supérieurs ;

9) travaillent totalement « séparés des moyens d'administration » et sans appropriation de leurs emplois ;

10) sont soumis à une discipline stricte et homogène de leur fonction et à un contrôle.

En principe, cette organisation est également applicable – et aussi démontrable historiquement (en s'approchant plus ou moins du type pur) – aux entreprises économiques de profit, aux entreprises charitables ou à n'importe quelle autre entreprise poursuivant des buts privés idéaux ou matériels. [...]

Dans tous les domaines (État, Église, armée, entreprise économique, groupement d'intérêts, association, fondation, etc.), le développement des formes « modernes » de groupement s'identifie tout simplement au développement et à la progression constante de l'administration bureaucratique : la naissance de celle-ci est, pour ainsi dire, la spore de l'État occidental moderne. Il n'est pas permis de se laisser abuser un instant par toutes les instances contraires apparentes, qu'il s'agisse de représentations collégiales d'intérêts, de commissions parlementaires, de « dictatures-conseils », de fonctionnaires honorifiques, de chevaliers séculiers ou de qui que ce soit d'autre (ni d'ailleurs par les invectives contre la « Sainte Bureaucratie »), sur ce fait que tout *travail continu [koninuierlich]* est effectué dans les *bureaux* par les *fonctionnaires.* Notre vie quotidienne tout entière est tendue dans ces cadres. Car si l'administration bureaucratique est sans restriction – *ceteris paribus !* – la plus rationnelle du point de vue formel et du point de vue technique, elle est aujourd'hui tout bonnement inévitable de par les besoins de l'administration de masse (des personnes ou des biens). On n'a que le choix entre la « bureaucratisation » et la « dilettantisation » de l'administration, et le grand instrument de supériorité de l'administration bureaucratique est le *savoir spécialisé* dont le besoin absolu est déterminé par la technique moderne et l'économie de la production des biens, que celle-ci soit organisée par le capitalisme ou – ce qui, si une prestation technique égale devait être obtenue, signifierait un accroissement formidable de la bureaucratie spécialisée – par le socialisme. De même que les gouvernés ne peuvent normalement se défendre d'une domination bureaucratique donnée que par la création d'une organisation contraire propre également exposée à la bureaucratisation, de même l'appareil bureaucratique est lié à son fonctionnement ultérieur par des intérêts contraignants, matériels ou purement objectifs, ceux-ci par conséquent d'ordre idéal : sans lui, dans une société qui sépare le fonctionnaire, l'employé, l'ouvrier des moyens d'administration et où sont indispensables la discipline et une certaine formation, l'existence moderne deviendrait impossible, sauf pour ceux qui se trouvent encore en possession des moyens de subsistance (les paysans). Cet appareil continue à fonctionner pour les révolutionnaires qui parviennent au pouvoir et pour l'occupant ennemi comme il fonctionnait auparavant pour le gouvernement légal. Et toujours se pose la question de savoir qui domine l'appareil bureaucratique existant. Et sa domination n'est possible que d'une manière limitée pour un non-spécialiste : le conseiller privé spécialisé finit le plus souvent par l'emporter sur le ministre non spécialiste dans l'exécution de sa volonté. Le besoin d'une administration permanente, rigide, intensive et prévisible [*kalkulierbar*] telle que le capitalisme – non seulement lui, mais indéniablement lui par-dessus tout – l'a historiquement créée (il ne peut exister sans elle) et que tout socialisme rationnel devrait prendre à son compte et intensifier, conditionne ce destin inéluctable de la bureaucratie en tant que noyau de toute administration de masse. Seule la petite entreprise (politique, hiérocratique, unioniste, économique) pourrait, dans une large mesure, s'en passer. De même que, à son stade de développement actuel, le capitalisme requiert la bureaucratie – bien que l'un et l'autre soient issus de racines historiques différentes –, de même celui-là représente le fondement économique le plus rationnel grâce auquel celle-ci peut exister sous sa forme la plus rationnelle parce qu'il lui permet, par la fiscalité, de disposer des moyens financiers nécessaires.

Max Weber,
ÉCONOMIE ET SOCIÉTÉ (1922),
trad. française J. Chavy et É. de Dampierre,
Librairie Plon, Paris, 1971, pp. 226, 229-230.

COMMENTAIRE

En Allemagne, après la défaite prussienne face à Napoléon Ier se répand l'idée qu'une administration ne saurait être pleinement efficace qu'à condition d'être rationnelle. Certains réclament la création d'une science de l'État. C'est dans ce contexte que sont promulguées les réformes qui ouvrent la voie à de nouvelles formes d'organisation et de gouvernement.

Pour Max Weber (1864-1920), l'expérience du monde moderne confirme que la rationalité selon les valeurs cède du terrain devant la rationalité par rapport aux moyens. La rationalité pénètre le droit qui devient cohérent et peut s'appliquer à tous les individus (il n'y a plus de droit spécifique aux privilégiés). L'apparition de l'État moderne s'accompagne de la naissance de la bureaucratie.

La destruction des rapports institutionnels antérieurs et la progression de l'autonomie individuelle qui s'accompagne du calcul rationnel rendent difficile tout retour en arrière. Mais après avoir favorisé l'individualisme, l'organisation rationnelle tend à le contraindre et à le brider.

La bureaucratisation des organisations privées ou publiques est pour lui l'équivalent, dans le domaine de l'organisation, de la maîtrise technique des méthodes de production dans le secteur industriel. Forme d'organisation la plus rationnelle car la plus méthodique et génératrice de prévisibilité, la bureaucratie favorise la pratique du calcul rationnel. Max Weber estime par ailleurs que c'est le marché capitaliste et non la bureaucratie qui est la source principale du recours à une attitude calculatrice et impersonnelle. Les entreprises capitalistes modernes sont elles-mêmes des modèles d'organisation bureaucratique. La bureaucratie est non seulement une forme d'organisation rationnelle mais également démocratique. En effet, le principe de recrutement de ses membres repose sur la compétence et non sur la cooptation, la naissance ou « l'achat de charge ».

S'il admire l'efficacité de la bureaucratie, Max Weber en redoute aussi les effets négatifs sur la liberté individuelle.

mots-clés

ACTION – BUREAUCRATIE – EFFICACITÉ – ÉTAT – IDÉAL-TYPE – IMPERSONNALITÉ – ORGANISATION – MODERNITÉ – RATIONALISATION – CALCUL – AUTONOMIE

S 56

Robert Merton

Dysfonctions de la bureaucratie

Une structure sociale organisée de façon rationnelle et formelle comprend des types d'activités clairement définis où toutes les séries d'actions sont idéalement fonctions des buts de l'organisation. Une telle organisation se compose de différents bureaux aux statuts hiérarchisés comprenant des obligations et des privilèges nettement définis par des règlements spécifiques. Chacun de ces services ou départements se voit attribuer une aire définie où exercer sa compétence et dont il est responsable. Le pouvoir de contrôle, l'autorité, découlant de la position hiérarchique, appartient au bureau et non à l'homme qui en détient la fonction officielle ; d'ailleurs cette fonction se meut à l'intérieur des cadres préexistants établis par l'organisation. Les relations entre les divers bureaux étant elles-mêmes prescrites, on atteint avec ce système un haut degré de formalisme dans les rapports sociaux entretenus par les différents fonctionnaires. Ce formalisme se traduit par des rituels sociaux plus ou moins complexes, symbolisant la hiérarchie émiettée de ces bureaux. Il a pour but de minimiser les frictions en astreignant les relations à se dérouler selon des modèles nettement fixés par l'organisation. Ainsi chacun sait ce que sera le comportement des autres ; en outre cela facilite les rapports mutuels entre fonctionnaires d'un même bureau, quels que soient leurs sentiments respectifs. Le subordonné n'a pas à craindre l'arbitraire d'un supérieur puisqu'ils sont soumis l'un et l'autre à un ensemble de règles. Ces procédures spécifiques développent l'objectivité et mettent un frein à l'impulsivité des individus. [...]

Le principal mérite de la bureaucratie réside dans son efficacité technique, l'accent étant mis sur la précision, la rapidité, le contrôle, la continuité, la discrétion et le rendement. De par sa structure elle tend à l'élimination complète des relations personnelles et des considérations irrationnelles (affectivité, hostilité, anxiété, etc.). [...]

Dans une véritable bureaucratie, on est donc en présence d'une grande régularité de comportement et d'un haut degré de conformité aux types d'action prescrits. Il s'ensuit qu'on donne une importance fondamentale à la discipline, aussi développée dans une bureaucratie religieuse ou économique que dans l'armée. La discipline, pour être effective, doit être étayée par un fort attachement sentimental aux modèles idéaux, ce qui rend l'individu assidu à son travail, conscient des limites de son autorité, compétent et méthodique dans ses activités routinières. L'efficacité de cette structure sociale dépend de la pénétration des attitudes et sentiments appropriés parmi les employés et nous verrons que la bureaucratie dispose de moyens précis pour inculquer ou renforcer ces sentiments. [...]

L'adhésion aux règles, conçue à l'origine comme un moyen, devient une fin en soi, « d'instrumentales les valeurs deviennent finales ».

Cette surestimation peut transformer le bureaucrate en un être rigide et incapable d'adaptation rapide. Il en découle un formalisme et même un ritualisme pointilleux. Un autre exemple presque caricatural nous est fourni par le virtuose bureaucratique qui n'oublie jamais aucune des règles qui lui lient les mains, ce qui le conduit à n'être d'aucun secours pour ses « clients ». [...]

Rappelons brièvement les sources structurelles de ces inadaptations : 1. Une bureaucratie réelle requiert que la réponse convenable vienne automatiquement d'une obéissance aux règlements. 2. Une telle dévotion aux règles entraîne leur transformation en absolus ; elles ne sont plus conçues par rapport à un ensemble de buts. 3. Cela met une entrave à la faculté d'adaptation qui n'a pas été prise en considération par ceux qui ont fait les règlements. 4. Ainsi, dans certains cas, ce sont les éléments mêmes de l'efficacité qui produisent l'inefficacité. Seuls les membres du groupe qui prennent du recul par rapport aux significations données aux règles peuvent avoir conscience de cette inadéquation. À la longue, ces règles deviennent plus symboliques que strictement utilitaires.

Jusqu'ici nous avons tenu pour donnée cette vénération de la discipline ; en fait certains traits de la structure bureaucratique ont pour fonction de favoriser ce sentiment. Tout au long de sa vie officielle, le bureaucrate doit gravir des échelons à travers le mécanisme de la promotion à l'ancienneté, des pensions, de l'augmentation du salaire, etc., bref tout ce qui en général sert d'aiguillon à la discipline et au conformisme. On s'attend à ce qu'il adapte ses pensées, ses actions, et ses sentiments en vue du succès de sa carrière. Mais ces aiguillons peuvent également engendrer la timidité, le conservatisme et le technicisme.

Un autre trait de la structure bureaucratique tend au même résultat. Les fonctionnaires qui travaillent ensemble ont une destinée commune : ils partagent les mêmes intérêts, et tant que leur promotion se fait à l'ancienneté, ils sont peu compétitifs. Il y a donc peu d'agressivité au sein du groupe ; par contre cette situation fait naître un esprit de corps et le personnel dépend plus de ses propres intérêts que ceux du client ou du supérieur hiérarchique. [...]

Il serait trop facile et en partie faux de confondre cette réaction avec la défense des droits acquis. Ces derniers s'opposent à toute innovation qui réduit ou élimine les avantages propres au groupe. Les bureaucrates, s'identifiant à leur mode de vie, acquièrent l'orgueil de leur profession et résistent aux modifications apportées à la routine dans la mesure où elles semblent leur être imposées par d'autres. [...]

L'accent mis sur la dépersonnalisation des relations humaines joue également un rôle dans ce manque d'adaptation du bureaucrate. On lui propose en effet de cristalliser sa personnalité à partir d'un modèle d'impersonnalité ; ainsi naissent des conflits dans les relations du bureaucrate avec sa clientèle. Les relations personnelles réduites à l'extrême, et la classification des cas laissent échapper les particularités individuelles ; mais le client, convaincu évidemment de la spécificité de son problème, refuse d'être classé dans une catégorie. Un comportement stéréotypé ne peut prendre en considération ses exigences et ses problèmes.

Robert Merton,
ÉLÉMENTS DE THÉORIE ET DE MÉTHODE SOCIOLOGIQUE (1949),
trad. française H. Mendras, Librairie Plon, Paris, 1965, pp. 192-199.

COMMENTAIRE

Pour l'École fonctionnaliste américaine, à laquelle appartient Robert Merton (1910-), les études empiriques de la bureaucratie permettent de révéler le fonctionnement de la structure sociale. Robert Merton se focalise sur l'interaction des règles structurelles de fonctionnement d'une bureaucratie avec la personnalité des individus qui y travaillent. Il met à jour la tendance au déplacement des objectifs officiels qui s'avère être une réaction de défense d'un groupe d'agents se sentant menacés par la pression de la hiérarchie. Cette dernière cherche à introduire davantage de rationalité, de calcul et de prévisibilité dans leurs démarches. Dimension sacrée de la bureaucratie, les « normes, introduites à l'origine pour des raisons techniques, ont tendance à devenir rigides et sacrées ».

Pour Robert Merton, en dépit de ses aspects positifs, la bureaucratie possède des dimensions négatives qui vont à l'encontre du fonctionnement optimal décrit par Max Weber. Bien des dysfonctionnements de la bureaucratie sont structurels ; qu'il s'agisse de la routinisation des comportements et des procédures, du formalisme et de la dévotion aux règlements. La prise en compte des comportements humains au sein de l'organisation permet d'expliquer les écarts constatés entre la réalité et le modèle optimiste de Max Weber. La supériorité

de la bureaucratie sur tout autre système d'organisation n'est pas définitivement établie.
En étudiant les sources de conflit à l'intérieur des organisations, Robert Merton montre comment les décisions prises dans une perspective purement rationnelle peuvent avoir des conséquences secondaires qui contredisent les intentions initiales.

mots-clés

DYSFONCTION – FONCTIONNALISME – RATIONALITÉ – RÈGLES – RITUALISME – VALEURS INSTRUMENTALES – CONFLIT – CALCUL – BUREAUCRATIE – NORME

S 57

Michel Crozier

Le cercle vicieux de la bureaucratie

Nous proposons d'appeler « système bureaucratique d'organisation » tout système d'organisation dans lequel le circuit erreurs-informations-corrections fonctionne mal et où il ne peut y avoir, de ce fait, correction et réadaptation rapide des programmes d'action, en fonction des erreurs commises. En d'autres termes, *une organisation bureaucratique serait une organisation qui n'arrive pas à se corriger en fonction de ses erreurs*. Les modèles d'action « bureaucratique », auxquels elle obéit, tels que l'impersonnalité des règles et la centralisation des décisions, se sont si bien stabilisés qu'ils sont devenus partie intégrante de son équilibre interne et que quand une règle ne permet pas d'effectuer les activités prescrites de façon adéquate, la pression qui naîtra de cette situation dysfonctionnelle n'aboutira pas à l'abandon de cette règle, mais au contraire à son extension et à son renforcement. [...]

Quatre traits essentiels permettent dans nos deux cas de rendre compte de la rigidité des routines que nous avons observée : l'étendue du développement des règles impersonnelles, la centralisation des décisions, l'isolement de chaque strate ou catégorie hiérarchique et l'accroissement concomitant de la pression du groupe sur l'individu, le développement des relations de pouvoir parallèle autour des zones d'incertitude qui subsistent. [...]

Quels que soient les efforts déployés, il est impossible d'éliminer toutes les sources d'incertitude à l'intérieur d'une organisation en multipliant les règles impersonnelles et en développant la centralisation. Autour des zones d'incertitude qui subsistent, des relations de pouvoir parallèles vont se développer et, avec elles, des phénomènes de dépendance et de conflits. Les individus ou les groupes qui contrôlent une source permanente d'incertitude, dans un système de relations ou d'activités dans lequel le comportement de chacun peut être prévu à l'avance, disposeront d'un certain pouvoir sur ceux dont la situation pourrait être affectée par cette incertitude. Bien plus, leur situation stratégique sera d'autant meilleure et le pouvoir qui en découle d'autant plus grand, que les sources d'incertitude seront moins nombreuses. C'est dans un système d'organisation très « bureaucratique » où la hiérarchie est claire et la définition des tâches précise que les pouvoirs parallèles ont le plus d'importance. [...]

La caractéristique essentielle du système d'organisation bureaucratique est que les difficultés, les mauvais résultats et les frustrations qui découlent de l'expérience des quatre traits fondamentaux que nous venons d'analyser, tendent finalement à développer de nouvelles pressions qui renforcent le climat d'impersonnalité et de centralisation qui leur a donné naissance. En d'autres termes un système d'organisation bureaucratique est un système dont l'équilibre repose sur l'existence d'une série de cercles vicieux relativement stables, qui se développent à partir du climat d'impersonnalité et de centralisation.

Michel Crozier,
LE PHÉNOMÈNE BUREAUCRATIQUE (1963),
coll. « Points Essais », Éditions du Seuil, Paris, 1971, pp. 247-248.

COMMENTAIRE

Dans son étude sur le fonctionnement de la Seita (le monopole industriel) et du centre des chèques postaux (l'agence comptable) Michel Crozier (1922-) identifie des cercles vicieux de la bureaucratie. Il montre que la rationalité technique formelle n'est pas nécessairement une source d'efficacité. À elles seules, les techniques de gestion rationnelle ne sauraient suffire à réaliser les objectifs d'une organisation. Michel Crozier montre que c'est précisément l'existence des dysfonctions qui est la raison d'être du modèle bureaucratique.

Les règles ne peuvent s'appliquer à la lettre. Elles protègent les membres de l'organisation contre les pressions des supérieurs et des subordonnés. Aussi précis que soient les règlements, il reste toujours un peu d'incertitude et les protagonistes ont la possibilité de jouer sur les marges de manœuvres qui existent, ou bien qu'ils créent, à l'intérieur des règles délimitées. Les rapports de dépendance et de négociation ne peuvent jamais être supprimés. Les membres d'une organisation ne sont jamais de simples rouages d'une machine. À l'intérieur d'une organisation, les individus ne sont jamais purement passifs, et totalement soumis au poids des réglementations.

Ni fondamentalement optimiste, ni totalement pessimiste à l'égard des conséquences des formes d'organisation bureaucratique qui se répandent dans les sociétés contemporaines, Michel Crozier montre néanmoins clairement les limites de la conception optimiste des premiers théoriciens de la bureaucratie. La notion de cercle vicieux de la bureaucratie permet à Michel Crozier d'introduire celle de zone d'incertitude qui lui servira ultérieurement à proposer une théorie du pouvoir.

Michel Crozier opère un renversement de la perspective traditionnelle : c'est précisément la dépendance et non plus les problèmes liés aux conflits organisationnels que la bureaucratie permet de régler le mieux.

Les modes d'organisation concrets s'enracinent dans les capacités culturelles des individus à vivre autrement les phénomènes de dépendance, de pouvoir, et de coopération. Il n'existe pas une solution organisationnelle unique, pas de *« one best way»* organisationnel, mais une infinité de variantes. La pérennité des organisations est assurée par des mécanismes qui combinent la contrainte et la liberté.

mots-clés

BUREAUCRATIE - CENTRALISATION - CERCLES VICIEUX - DYSFONCTION - HIÉRARCHIE - IMPERSONNALITÉ - INCERTITUDE - PROTECTION - RIGIDITÉ - ROUTINE - CONTRAINTE - EFFICACITÉ

Vie quotidienne

S 58

Henri Lefebvre

Comment définir la vie quotidienne ?

Définirons-nous la vie quotidienne par le petit côté de la vie, l'élément humble et sordide ? S'il en était ainsi, la critique de la vie quotidienne ne mettrait en évidence que les aspects les plus décevants de la praxis sociale. Elle insisterait sur le trivial et l'obscène. Elle donnerait un noir tableau de l'insatisfaction. Elle tendrait vers un misérabilisme, vers un dolorisme, vers un populisme un peu désuets. Elle transporterait dans la connaissance de l'homme social le pseudo-réalisme de Bernard Buffet ou le lyrisme balbutiant et désespéré de Samuel Beckett. Si elle s'engageait seulement dans ce sens, la critique de la vie quotidienne se distinguerait mal d'un certain existentialisme qui se chargea, non sans virtuosité, de souligner les bas côtés de l'existence. À cette philosophie, l'analyse de la vie quotidienne apporterait seulement un jargon scientifique, une lourdeur, une prétention sociologiques.

L'hypothèse de notre étude est assez différente. Selon cette hypothèse, qui commande le programme, c'est dans la vie quotidienne et à partir d'elle que s'accomplissent les véritables *créations,* celles qui produisent l'humain et que produisent les hommes au cours de leur humanisation : les œuvres.

Ces activités supérieures naissent de germes contenus dans la pratique quotidienne. La raison s'y forme, dès l'instant où le groupe et l'individu peuvent et doivent prévoir, organiser leur temps, utiliser leurs moyens. Dans la banalité des jours, l'œil apprend à voir, l'oreille à entendre, le corps à suivre des rythmes. Mais l'essentiel n'est pas là. Le plus important, c'est de noter que les sentiments, les idées, les styles de vie, les jouissances se confirment dans la quotidienneté. Même et surtout quand des activités exceptionnelles les ont créées, il faut revenir vers la vie quotidienne pour vérifier la validité de la création. Ce qui se produit ou se construit dans les sphères supérieures de la pratique sociale doit montrer sa vérité dans le quotidien, qu'il s'agisse de l'art, de la philosophie, de la politique. L'authentification ne se fait qu'à ce niveau. Qu'apporte telle idée, ou telle œuvre ? et quoi et jusqu'à quel point change-t-elle la vie ? C'est donc elle, la vie quotidienne, qui mesure et incarne les changements qui s'opèrent « ailleurs », dans les « hautes sphères ». Le monde humain ne se définit pas seulement par l'historique, par la culture, par la totalité ou la société globale, par les superstructures idéologiques et politiques. Il se définit par ce *niveau* intermédiaire et médiateur : la vie quotidienne. En elle, les plus concrets des mouvements dialectiques s'observent : besoin et désir, jouissance et non-jouissance, satisfaction et privation (ou frustration), accomplissement et lacunes, travail et hors-travail. La part répétitive au sens mécanique du terme, la part créatrice et la part créée de la quotidienneté s'entremêlent, dans un circuit perpétuellement reproduit, de sorte que seule l'analyse dialectique peut les discerner.

Bref, la quotidienneté ne coïncide pas avec la *praxis*. Celle-ci, conçue dans toute son ampleur, coïncide avec la totalité en acte ; elle englobe à la fois la base et les superstructures, et les interactions entre les deux. Si nous substituons à ce concept un peu trop large de la praxis une conception plus restreinte et plus déterminée, elle se disperse en pratiques partielles : la technique, la politique, etc. [...] La quotidienneté, pour nous, c'est un *niveau*.

Henri Lefebvre,
CRITIQUE DE LA VIE QUOTIDIENNE (1947-1981),
Éditions Bernard Grasset, Paris, 1958, tome 2, pp. 50-51.

COMMENTAIRE

C'est dans un contexte de croissance économique régulière et soutenue, et d'extension de la consommation, qu'ont été réalisés, en France, les premiers travaux de sociologie de la vie quotidienne. Se contenter de décrire le quotidien sans cadre théorique, c'est tomber dans les travers de l'empirisme naïf et se condamner à n'y voir que le trivial, le banal. À une époque où l'existentialisme et la phénoménologie occupent le devant de la scène, Henri Lefebvre (1901-1991) ancre la sociologie du quotidien dans une critique marxiste des rapports marchands et des formes d'aliénation à l'œuvre hors du monde de la production. Derrière l'empirie de la satisfaction ou de l'insatisfaction des besoins, la sociologie de la vie quotidienne permettrait de saisir la *praxis* sociale et la réalité de l'aliénation vécue au singulier.

Critiquant l'idéologie dominante de l'émancipation et du bien-être procurés par la société de consommation de masse et l'accroissement du temps libéré du travail, Henri Lefebvre met à jour les mécanismes qui débouchent sur une dégradation du vécu quotidien. Dans tous les domaines, l'aliénation impose sa marque au monde contemporain, elle disperse, elle dissocie. Le développement de l'État et le repli sur le privé ne sont que des manifestations de cette aliénation.

La critique de la vie quotidienne menée par Henri Lefebvre est l'un des moments du passage des études du quotidien dominées par l'approche économiciste des enquêtes et monographies sur la consommation aux travaux sociologiques contemporains qui cherchent à saisir, dans la quotidienneté, l'articulation des contraintes et des systèmes de valeurs des individus. Après avoir eu des difficultés à faire reconnaître la légitimité de son objet d'étude, la sociologie de la vie quotidienne doit éviter un autre écueil : n'être qu'une version particulière d'une sociologie de la consommation ou du temps libre. Sans avoir pour autant gagné ses lettres de noblesse, la quotidienneté n'est plus aujourd'hui aussi dévalorisée que dans les années cinquante.

mots-clés

ALIÉNATION – CULTURE DE CLASSE – FORCE DE TRAVAIL – MODE DE VIE – VIE QUOTIDIENNE – PRAXIS – REPLIS SUR LE PRIVÉ – SOCIÉTÉ DE CONSOMMATION – SOCIÉTÉ DE MASSE – CONTRAINTE – ÉTAT – TEMPS LIBRE

S 59

Georg Simmel

La ville

Les problèmes les plus profonds de la vie moderne prennent leur source dans la prétention de l'individu à affirmer l'autonomie et la spécificité de son existence face aux excès de pouvoir de la société, de l'héritage historique, de la culture et de la technique venue de l'extérieur de la vie – figure ultime du combat contre la nature que l'homme primitif doit mener pour son existence physique. [...]

Les grandes villes ont toujours été le siège de l'économie monétaire dans laquelle la multiplicité et la concentration des échanges économiques confèrent aux moyens d'échange eux-mêmes une importance que la limitation du commerce rural n'aurait pu permettre. Mais l'économie monétaire et la domination exercée par l'intellect sont en intime corrélation. Elles ont en commun la pure objectivité dans la façon de traiter les hommes et les choses, et, dans cette attitude, une justice formelle est souvent associée à une dureté impitoyable. L'homme purement rationnel est indifférent à tout ce qui est proprement individuel parce que les relations et les réactions qui en dérivent ne peuvent être épuisées par l'intellect logique – exactement de la même façon que l'individualité des phénomènes n'intervient pas dans le principe économique. L'argent n'implique de rapport qu'avec ce qui est universellement commun et requis pour la valeur d'échange, et réduit toute qualité et toute individualité à la question : combien ? Toutes les relations affectives entre les personnes se fondent sur leur individualité, tandis que les relations rationnelles traitent les êtres humains comme des nombres, des éléments indifférents par eux-mêmes, dont l'intérêt n'est que dans leur rendement objectif et mesurable – c'est ainsi que l'habitant de la grande ville traite ses fournisseurs, ses clients, ses domestiques et même les personnes envers qui il a des obligations sociales ; au contraire, dans un milieu plus restreint, l'inévitable connaissance des individualités engendre tout aussi inévitablement une tonalité plus affective du comportement, un dépassement de la simple évaluation objective de ce qu'on produit et de ce qu'on reçoit en contrepartie.

Du point de vue de la psychologie économique, l'essentiel est ici que, dans les rapports primitifs, on produit pour le client qui commande la marchandise, de sorte que production et client se connaissent mutuellement. Mais la grande ville moderne se nourrit presque complètement de ce qui est produit pour le marché, c'est-à-dire pour des clients tout à fait inconnus qui ne sont jamais vus par le producteur lui-même. C'est pourquoi une objectivité impitoyable affecte l'intérêt des deux parties ; leur égoïsme économique qui fait des calculs rationnels n'a nullement à craindre d'être dévié par les impondérables des relations personnelles. Et manifestement l'économie monétaire qui domine dans les grandes villes, qui en a chassé les derniers restes de la production personnelle et du troc et qui réduit de jour en jour le travail à la demande, est en corrélation si étroite avec cette objectivité rationnelle que personne ne saurait dire si ce fut d'abord cette conception issue de l'âme, de l'intellect, qui exerça son influence sur l'économie monétaire, ou si celle-ci fut le facteur déterminant pour la première. Il est seulement sûr que la forme de la vie des grandes villes est le sol le plus profond pour cette corrélation ; j'en veux encore pour preuve le plus important historien anglais des constitutions ; dans le cours de toute l'histoire anglaise, Londres ne s'est jamais comporté comme le cœur de l'Angleterre, mais souvent comme sa raison et toujours comme son porte-monnaie ! [...]

L'esprit moderne est devenu de plus en plus calculateur. À l'idéal des sciences de la nature, qui est de faire entrer le monde dans un modèle numérique, de réduire chacune de ses parties en formules mathématiques, correspond l'exactitude calculatrice de la vie pratique, que lui a donnée l'économie monétaire ; c'est elle qui a rempli la journée de tant d'hommes occupés à évaluer, calculer, déterminer en chiffres, réduire les valeurs qualitatives en valeurs quantitatives. L'essence calculable de l'argent a fait pénétrer dans le rapport des éléments de la vie une précision, une sécurité dans la détermination des égalités et des inégalités, une absence d'ambiguïté dans les accords et les rendez-vous, ce qui est manifesté par la diffusion des nouvelles montres. Or ce sont les conditions de la grande ville qui sont aussi bien cause qu'effet de ce trait. [...] La ponctualité, la fiabilité, l'exactitude que lui imposent les complications et les grandes distances de la vie dans la grande ville, ne sont pas seulement en étroite connexion avec son caractère financier et intellectuel, mais doivent aussi colorer les contenus de la vie et favoriser la disqualification de ces élans et traits irrationnels, instinctifs et souverains, qui veulent déterminer la forme de la vie à partir d'eux-mêmes, au lieu de l'accueillir de l'extérieur comme une forme universelle, d'une précision schématique. Quoique les personnes qui, dans l'existence, se suffisent à elles-mêmes, avec de telles caractéristiques, ne soient nullement impossibles dans la ville, elles sont pourtant opposées au citadin type. [...]

Comme à l'époque féodale l'homme « libre » était celui qui était soumis au droit commun, c'est-à-dire au droit du cercle social le plus grand, tandis que n'était pas libre celui qui ne tirait son droit que du cercle étroit d'une union féodale, à l'exclusion du droit commun – ainsi, aujourd'hui, en un sens spiritualisé et affiné, l'habitant de la grande ville est « libre » par opposition aux mesquineries et aux préjugés qui mettent à l'étroit l'habitant de la petite ville. Car la réserve et l'indifférence réciproques, conditions de la vie spirituelle dans les grands cercles, sont ressenties dans leur succès pour l'indépendance de l'individu avec plus de force dans la foule la plus dense de la grande ville, parce que la proximité corporelle et l'exiguïté rendent justement visible la distance spirituelle ; ce n'est manifestement que le revers de cette liberté, lorsqu'on ne se sent, dans ces conditions, nulle part aussi solitaire et abandonné que dans la foule des grandes villes ; car ici comme ailleurs, il n'est nullement nécessaire que la liberté se reflète dans sa vie affective en une image de bien-être.

Georg Simmel,
LES GRANDES VILLES ET LA VIE DE L'ESPRIT (1903),
in Philosophie de la modernité,
trad. française J.-L. Vieillard-Baron, Éditions Payot, Paris, 1989, pp. 233-247.

COMMENTAIRE

Georg Simmel (1858-1918) se sert de la ville pour analyser un aspect essentiel de la modernité : celui du développement de l'individualisme. Chaque citadin est persuadé être une expression de l'universel, si bien que ses conduites sont autant d'expressions de cet universel. L'étude des usages, coutumes, mœurs, pratiques en milieu urbain est donc pour Georg Simmel un détour permettant d'atteindre l'universel et les principes à l'œuvre dans la modernité.

La grande ville est un phénomène nouveau qui exerce une action en profondeur sur les comportements. Alors que la vie rurale est fondée sur des relations émotionnelles et des sentiments, la vie urbaine est rationnelle. C'est une forme sociale où se déploient les pratiques et se nouent les relations sociales, c'est également un espace dans lequel la culture s'accumule au fil du temps, et qui participe de son rayonnement.

Siège de l'économie monétaire, la ville accentue le traitement purement formel et superficiel des choses et des gens, et participe au développement de relations impersonnelles et standardisées. Elle est synonyme d'isolement, d'impersonnalité, d'aliénation, c'est un univers ou règne la massification. L'environnement immédiat du citadin est saturé de sollicitations diverses, il est vite blasé et devient incapable de discerner l'individualité des personnes et la singularité des choses. Toute son existence se réduit aux dimensions quantitatives des phénomènes.

Le marché mène à l'impersonnalité des échanges. L'esprit moderne, c'est-à-dire celui du citadin, est de plus en plus calculateur. L'égoïsme calculateur et rationnel qui prévaut là où le marché régit les rapports entre les personnes et avec les choses, ne s'embarrasse pas des spécificités personnelles et des dimensions non quantifiables des rapports sociaux. Il contribue à l'atrophie des cultures individuelles.

L'absence de contact et de face-à-face conduit les citadins à adopter une conduite plus formelle et plus abstraite. Les individus de la cité sont de plus en plus isolés les uns des autres. Ils deviennent étrangers aux autres membres de la société urbaine et aux autres groupes sociaux.

Pour combattre l'isolement, protéger leur sensibilité et leur identité, les citadins adoptent des conduites qui renforcent l'individualisme. Ils ont aussi tendance à rechercher des conduites excentriques qui sont des comportements de défense face au danger d'être traités comme une quantité négligeable. Pour sauvegarder une dimension toute personnelle, il faut extérioriser le plus de singularité et de différence possible ; pour se faire entendre, même de soi-même, il faut accentuer cette extériorisation. La ville contribue aussi à façonner un nouveau « mode de vie ».

mots-clés

ALIÉNATION – CONDUITES – INDIVIDUALISME – ISOLEMENT – MODERNITÉ – REPLIS SUR LE PRIVÉ – MODE DE VIE – URBANISATION – VILLE – ÉGOÏSME – IMPERSONNALITÉ

S 60

Joffre Dumazedier

Dynamique du développement du loisir

Ainsi l'analyse comparée des activités de loisir et des autres activités de la vie quotidienne dans différents types de sociétés industrielles avancées, nous conduit à cette conclusion : la tendance à l'accroissement du loisir est à long terme un fait général pour la majorité des travailleurs. Mais cette tendance n'existe pas pour tous et elle se heurte et se heurtera à beaucoup d'obstacles. D'importantes minorités ne bénéficient pas de cette évolution générale. La doctrine officielle du travail dans une société industrielle avancée ou la propriété des moyens de production est collective et peut orienter différemment les contenus du loisir, pour la majorité de la population active. Il est le même que dans les autres types de sociétés industrielles avancées. La société française, à partir des années 1955-1965, semble elle-même entrer dans une phase de mutation où les problèmes du loisir deviennent de plus en plus pressants en relation avec tous les autres secteurs de la vie sociale et culturelle. Il ne s'agit plus seulement d'une revendication ouvrière comme en 1936, aujourd'hui le loisir est devenu un problème qui s'est élargi à l'échelle de la société et de la culture globale.

Nous croyons avoir montré que la dynamique productrice de ce phénomène ne se réduit pas au facteur économique. Certes, c'est bien la diminution de la durée du travail professionnel qui permet l'accroissement majeur du temps de loisir ; mais nous ne devons pas omettre la réduction des travaux domestiques et familiaux, ainsi que celle des transports entre le lieu de travail et d'habitat comme condition de la production du loisir. D'autre part la confusion entre le temps de liberté et de loisir cache souvent l'action de deux autres facteurs importants : une régression des contrôles institutionnels des organismes de base de la société et une valorisation de l'expression de soi dans tous les sens possibles du terme, à tous les niveaux et malgré toutes les forces économiques, politiques et culturelles qui s'y opposent.

Joffre Dumazedier,
SOCIOLOGIE EMPIRIQUE DU LOISIR.
CRITIQUE ET CONTRE-CRITIQUE DE LA CIVILISATION DU LOISIR,
coll. « Sociologie », Éditions du Seuil, Paris, 1974, pp. 86-87.

COMMENTAIRE

Le temps n'est plus où la revendication du temps libre, par Paul Lafargue, dans *Le Droit à la paresse,* était révolutionnaire. La question du temps libre s'est banalisée dans les sociétés industrialisées. La réduction du temps de travail est une tendance lourde du monde contemporain, que ne parvient pas à annihiler le développement du temps contraint par le travail (transports, pauses, astreintes…).
La critique du progrès et de l'abrutissement du travail taylorisé a conduit Georges Friedmann à s'intéresser très tôt à l'impact des loisirs sur l'équilibre culturel et social de la vie quotidienne des travailleurs. Pour lui, ce temps libéré doit être pensé à partir du travail ; c'est une compensation d'un travail en miettes et aliénant. Il sert essentiellement à récupérer de la fatigue et de l'ennui. Le loisir serait

le temps de la résurrection de l'homme échappant aux contraintes de l'univers déshumanisant d'un travail parcellaire et mécanisé. Face aux forces objectives d'un monde froid et mécanique, le temps libre serait celui de la subjectivité retrouvée, de l'autonomie, de l'épanouissement individuel, celui de l'éducation et de la culture. Dans cette perspective, le temps libre assimilé au loisir a une fonction sociale, il redonne au travailleur une marge de liberté, des responsabilités, le sens du collectif. Pour Pierre Naville, le loisir était inséparable de la distribution du produit social et du surtravail. Dans une société capitaliste marquée par l'exploitation, il est illusoire d'y voir la libre manifestation de l'identité de la personne, de l'essence de l'homme.

Joffre Dumazedier (1915-) a partagé l'espoir de voir le temps libéré du travail se transformer en loisir et voir ainsi se fonder une nouvelle société redonnant sa place à l'homme. Il fait du loisir une réalité *sui generis* qui trouve en elle-même sa propre finalité. Il est dès lors légitime d'essayer d'affranchir la sociologie du temps libre de la sociologie du travail et d'en faire un domaine autonome de la sociologie qui étudiera notamment la place qu'occupent les pratiques du temps libre dans la vie quotidienne.

Joffre Dumazedier estime que les effets de la croissance du temps libre modifient en profondeur le système des valeurs dominantes. Le travail a cessé d'être la valeur dominante et le temps consacré aux activités hors travail ne se limiterait plus à la reproduction de la force de travail. Une nouvelle civilisation serait en train de naître sous nos yeux. Le loisir correspond à un ensemble de besoins culturels dont la satisfaction est rendue possible par l'enrichissement global et la dimi nution du temps de travail. Les budgets des familles confirment cette évolution : globalement, les dépenses consacrées aux loisirs croissent, en dépit de variations selon les groupes sociaux.

mots-clés

ALIÉNATION – BUDGET-TEMPS – CULTURE DE CLASSE – LOISIRS – MODE DE VIE – NIVEAU DE VIE – REPLIS SUR LE PRIVÉ – TEMPS LIBRE – TRAVAIL – AUTONOMIE – CULTURE

6e PARTIE

INÉGALITÉS ET STRATIFICATIONS SOCIALES

Les approches sociologiques des classes et des inégalités sociales ont longtemps oscillé entre deux visions antagonistes : d'un côté une sociologie du conflit et de la lutte des classes qui étudie des rapports sociaux, de l'autre une sociologie du consensus et de la stabilité qui analyse les relations sociales. Les études de Marx et de Tocqueville reflètent cette opposition. Alors que la première conception privilégie les classes sociales, la seconde ne conçoit que des systèmes de stratification sociale.

Marx est persuadé que la dynamique du capitalisme conduirait à une prolétarisation des couches intermédiaires et à une polarisation de plus en plus prononcée de la société. À l'inverse Tocqueville estime que l'égalisation des conditions ferait disparaître les grandes révolutions.

Dans l'après-guerre, la croissance économique généralisée a alimenté chez certains l'espoir d'apporter une solution structurelle aux conflits sociaux. La réduction des inégalités de revenu, l'élévation du niveau de vie des plus défavorisés, l'émergence d'une société de consommation, l'accès généralisé à l'éducation, étaient censés désamorcer la révolution prédite par Marx. De même les exigences de la technologie moderne et de la logique de rentabilité économique étaient supposées favoriser l'élévation du niveau moyen des qualifications et la réduction des emplois déqualifiés. Il devrait en résulter une transformation de la structure des classes dans les sociétés occidentales. On assisterait à une élévation du niveau de vie et ces dynamiques généreraient une homogénéisation culturelle autour des styles de vie, des valeurs et des normes des classes moyennes. Les sociétés postindustrielles seraient des sociétés fluides, méritocratiques et consensuelles.

Les tensions sociales s'apaiseraient grâce à l'institutionnalisation du conflit industriel, au développement des négociations collectives et aux mécanismes de gestion paritaire. L'État régulerait la compétition ; le conflit industriel opposant les classes décrites par Karl Marx n'aurait plus cours. Dans la mesure où les identités de sexe, de classe, d'ethnie s'atténueraient, où les classes moyennes se développeraient et formeraient la nébuleuse centrale de la société, il vaudrait mieux se consacrer désormais à l'étude des structures professionnelles, des modes de régulation, de formation et d'organisation.

En fait, dans nombre de sociétés, les inégalités de statuts perdurent. Ainsi, loin d'avoir disparu, elles ne sont pas de simples disparités ; elles sont une dimension structurelle des sociétés contemporaines qui traduisent une domination sociale. Si tous les sociologues ne s'accordent pas pour faire de la variable sexe un élément essentiel de la stra-

tification sociale, tous reconnaissent l'existence d'attentes différentielles attachées aux rôles masculins et féminins.
En plus des classes sociales, du sexe, de l'appartenance ethnique, les systèmes d'âge concourent à l'organisation et à la régulation des rapports sociaux. Ils concourent aussi, dans une certaine mesure, à la domination et à la différenciation sociales, notamment dans les rapports femmes/hommes. L'évolution de la définition des âges de la vie, des groupes sociaux et des rapports entre les sexes nous informe sur le social, sur la rigidité de la société ou sa fluidité. La distance plus ou moins grande entre les catégories, les formes d'activité, les représentations et les valeurs des groupes (classes d'âge, genres, catégories socioprofessionnelles ou classes sociales).
Les divisions et les catégories sociales, qu'il s'agisse de catégories administratives (CSP ou PCS) ou de catégories en apparence naturelles comme le sexe ou l'âge, sont le résultat de rapports de force entre des groupes sociaux pour l'imposition et la reconnaissance de la définition et de la légitimité de leurs classements sociaux. L'affectation d'individus dans une catégorie sociale est l'aboutissement d'un classement par des institutions et des groupes sociaux possédant le pouvoir de légitimer des différences instituées. Toutes les taxinomies contiennent toujours une part d'arbitraire même lorsqu'elles semblent n'être que des divisions « naturelles ».
La mobilité sociale a suscité de nombreux travaux depuis la Seconde Guerre mondiale. La contribution de la mobilité structurelle à la mobilité sociale observée expliquerait l'essentiel du phénomène et les sociétés industrielles ne semblent plus aussi fluides et ouvertes que le pronostiquaient les plus optimistes. La croissance économique ne les a pas rendues plus égalitaires. L'accroissement de la mobilité intergénérationnelle s'est combiné avec une mobilité intragénérationnelle (ou mobilité professionnelle) plus faible que celle qui était escomptée. Les chances de mobilité ascendantes sont en fait compensées par une réduction de la mobilité professionnelle au cours de l'existence.
En dépit de l'existence d'une grande nébuleuse centrale, la structure des inégalités sociales oppose une grande inertie à l'égalisation des conditions chères à Alexis de Tocqueville. Si les inégalités de classe ne débouchent pas sur une action politique radicale, il n'y a pas pour autant de convergence des groupes sociaux et des systèmes normatifs. La mobilité géographique et l'urbanisation ont provoqué des ruptures avec les structures locales qui définissaient le statut de nombre d'individus. Mais la mobilité et la différenciation plus fortes ont surtout rendu les différents statuts des individus moins cohérents les uns avec les autres.

Rapports d'âge et de sexe

S 61

Maurice Halbwachs

Différences d'âge et de sexe : nature ou culture ?

Dans son ensemble, la population humaine présente deux caractères qui permettent de la répartir en deux ou plusieurs catégories : d'une part le sexe, d'autre part l'âge. Parlons d'abord de la différence des sexes. [...]

La différence entre les sexes est-elle purement biologique ? Est-ce une condition biologique de la vie sociale, que la société reçoit du dehors, et sur laquelle elle n'a point prise ? Observons d'abord qu'un des traits les plus essentiels que nous venons d'indiquer, savoir que la différence entre les sexes est nette et tranchée, peut être renforcé ou diminué par des influences sociales.[...]

D'autre part, les hommes et les femmes forment-ils, non seulement des catégories différentes, mais des groupes sociaux distincts ? En fait le groupe élémentaire semble bien être ici la famille, qui comprend des représentants de l'un et l'autre sexe. Mais les barrières qui séparent les familles n'empêchent pas, cependant, qu'à bien des occasions les femmes et les hommes forment des groupes différents, et qu'il y ait ainsi, pour les deux sexes, au moins une ébauche de vies collectives séparées. [...] Si les hommes et les femmes échappaient aux influences collectives qu'exerce ainsi sur eux, de façon presque exclusive, le groupe de leur sexe, les différences entre eux seraient moins apparentes. [...]

À première vue, l'âge se distingue du sexe par des traits opposés. Tandis que le sexe apparaît dès la naissance, c'est après seulement que se succèdent les âges. Le sexe est fixé ; pendant tout le cours de la vie, au contraire, on change d'âge. La différence des sexes est nette et tranchée ; mais on passe d'un âge à l'autre par des transitions insensibles. On ne distingue que deux sexes ; il y a un nombre presque infini d'âges. Si le rapport numérique entre les sexes se rapproche de l'égalité, le nombre des personnes de tel âge est d'autant plus petit en général que l'âge est plus avancé (sauf quand, comme au lendemain d'une guerre, la mort a frappé surtout les adultes jeunes, ou quand la natalité s'arrête ou diminue). Les sexes sont exclusifs, et l'on ne peut passer de l'un à l'autre ; au contraire on atteint un âge donné qu'après avoir gravi tous les échelons inférieurs. Enfin, si les sexes sont complémentaires, on conçoit qu'une population soit composée presque exclusivement de gens âgés ou de jeunes.

Pourtant, à d'autres égards, l'âge se rapprocherait du sexe. Il y a d'abord ici quelque chose qui est arrêté dès la naissance, et qui ne changera pas : c'est la différence d'âge absolue entre une personne et une autre née plus tôt ou plus tard (bien que, d'ailleurs, la différence relative se réduise sans cesse dans le temps). Bien qu'on passe d'un âge à l'autre par des degrés insensibles, entre la jeunesse et la vieillesse la différence est aussi tranchée à certains égards qu'entre les deux sexes. Il n'existe un nombre infini d'âges qu'en théorie : en fait il y a une courbe ascendante et descendante, deux branches seulement, comme deux sexes. On trouve dans une population donnée, dont la natalité et la mortalité ne changent pas, un rapport numérique entre les diverses catégories d'âges qui est aussi déterminé que le rapport numérique entre les sexes. Si les âges ne sont pas exclusifs, comme les sexes, puisqu'on passe au contraire de l'un à l'autre, du moins la série des âges est irréversible : il est aussi impossible à un vieillard de redevenir un jeune homme qu'à un homme de devenir une femme. Enfin, et surtout, les âges sont bien complémentaires en ce sens qu'une population qui ne comprendrait que des vieillards ne se reproduirait pas.

Maurice Halbwachs,
MORPHOLOGIE SOCIALE (1938),
Éditions Armand Colin, Paris, 1970, chap. 1, pp. 96-98, 103-104.

COMMENTAIRE

Maurice Halbwachs (1877-1945) constate, dans ses études de morphologie sociale, que des éléments apparemment naturels de la vie des hommes ont une dimension sociale. Ainsi en va-t-il de la fécondité ou la durée moyenne de vie qui diffèrent d'un groupe social à l'autre. Non content d'étudier les rapports des hommes à leur environnement et au substrat matériel de la vie sociale, il va s'intéresser aux unités qui constituent les différents groupes sociaux et aux différentes formes d'association des éléments constitutifs du « milieu interne ».

La stratification selon le sexe serait l'une des formes permanentes de la division sociale. Le débat nature/culture trouve, avec les question d'âge et de sexe un terrain d'application privilégié. Maurice Halbwachs, durkheimien de la première génération, veut montrer que les catégories apparemment les plus naturelles ont une dimension sociale et doivent être appréhendées par le scientifique comme s'il s'agissait de choses. D'apparence naturelles, les différences entre les hommes et les femmes ne sont pas seulement physiques ou biologiques, elles sont aussi et avant tout sociales. Ce sont des faits sociaux qui reflètent l'état de la conscience collective et donc les valeurs dominantes de la société en question.

Si Maurice Halbwachs a effectivement conscience du fait que les catégories d'âge ou de sexe sont des construits sociaux qui reposent sur des systèmes de représentations et donc sur des hiérarchies de valeurs, il n'explique pas comment les inégalités entre les sexes ainsi instituées vont contribuer à hiérarchiser d'autres valeurs et des pratiques sociales. Il ne se penchera pas davantage sur les conditions sociales de la domination masculine. D'ailleurs, à l'inverse de leurs collègues étrangers, les sociologues français ne manifestent pas un intérêt très vif pour cette dernière question.

mots-clés

ÂGE – CONTRAINTE – FAIT SOCIAL – GENRE – MORPHOLOGIE SOCIALE – NORME – RÉGULARITÉ – RÔLE – SOCIALISATION – STRATIFICATION – VALEURS – SEXE

S 62

Pierre Bourdieu

Les rites d'institution

Parler de rite d'institution, c'est indiquer que tout rite tend à consacrer ou à légitimer, c'est-à-dire à faire méconnaître en tant qu'arbitraire et reconnaître en tant que légitime, naturelle, *une limite arbitraire ;* ou ce qui revient au même, à opérer solennellement, c'est-à-dire de manière licite et extraordinaire, une transgression des limites constitutives de l'ordre social et de l'ordre mental qu'il s'agit de sauvegarder à tout prix – comme la division entre les sexes s'agissant des rituels du mariage. En marquant solennellement le passage d'une ligne qui instaure une division fondamentale de l'ordre social, le rite attire l'attention de l'observateur vers le passage (d'où l'expression « rite de passage »), alors que l'important est la ligne. Cette ligne, en effet, que sépare-t-elle ? Un avant et un après, bien sûr : l'enfant non circoncis de l'enfant circoncis ; ou même l'ensemble des enfants non circoncis de l'ensemble des adultes circoncis. En réalité, le plus important, et qui passe inaperçu, c'est la division qu'elle opère entre l'ensemble de ceux qui sont justiciables de la circoncision, les garçons, les hommes, enfants ou adultes, de ceux qui ne le sont pas, c'est-à-dire les fillettes et les femmes. Il y a donc un ensemble caché par rapport auquel se définit le groupe institué. L'effet majeur du rite est celui qui passe le plus inaperçu : en traitant différemment les hommes et les femmes, le rite *consacre* la différence, il l'institue, instituant du même coup l'homme en tant qu'homme, c'est-à-dire circoncis, et la femme en tant que femme, c'est-à-dire non justiciable de cette opération rituelle. [...] Ainsi, des rites différenciés sexuellement consacrent la différence des sexes : ils constituent en distinction légitime, en institution, une simple différence de fait. La séparation accomplie dans le rituel (qui opère lui-même une séparation) exerce un effet de consécration. [...]

Est-ce que le fait d'instituer socialement, par un acte de *constitution,* une différence préexistante – comme celle qui sépare les sexes – n'a d'effets que symboliques, au sens que l'on donne à ce terme lorsqu'on parle de don symbolique, c'est-à-dire nuls ? Le Latin disait : tu enseignes la nage au poisson. C'est ce que fait le rituel d'institution. Il dit : cet homme est un homme – sous-entendu, ce qui ne va pas de soi, un vrai homme. Il tend à faire de l'homme le plus petit, le plus faible, bref le plus efféminé, un homme pleinement homme, séparé par une différence de nature, d'essence, de la femme la plus masculine, la plus grande, le plus forte, etc. Instituer, en ce cas, c'est consacrer, c'est-à-dire sanctionner et sanctifier un état de choses, un ordre établi, comme fait, précisément, une *constitution* au sens juridico-politique du terme. *L'investiture* (du chevalier, du député, du président de la République, etc.) consiste à sanctionner et à sanctifier, en la faisant *connaître et reconnaître,* une différence (préexistante ou non), à la faire exister en tant que différence sociale, connue et reconnue par l'agent investi et par les autres. Bref, sous peine de s'interdire de comprendre les phénomènes sociaux les plus fondamentaux, et aussi bien dans les sociétés précapitalistes que dans notre monde (le diplôme appartient tout autant à la magie que les amulettes), la science sociale doit prendre en compte le fait de l'efficacité symbolique des rites d'institution ; c'est-à-dire le pouvoir qui leur appartient d'agir sur le réel en agissant sur la représentation du réel. Par exemple, l'investiture exerce une efficacité symbolique tout à fait réelle en ce qu'elle transforme réellement la personne consacrée : d'abord parce qu'elle transforme la représentation que s'en font les autres agents et surtout peut-être les comportements qu'ils adoptent à son égard (le plus visible de ces changements étant le fait qu'on lui donne des titres de respect et le respect réellement associé à cette énonciation) ; et ensuite parce qu'elle transforme du même coup le représentation que la personne investie se fait d'elle-même et les comportements qu'elle se croit tenue d'adopter pour se conformer à cette représentation. [...]

L'institution est un acte de magie sociale qui peut créer la différence *ex nihilo,* et c'est le cas le plus fréquent, exploiter en quelque sorte des différences préexistantes, comme les différences biologiques entre les sexes ou, dans le cas de l'institution de l'héritier selon le droit d'aînesse, les différences entre les âges. En ce sens, comme la religion selon Émile Durkheim, elle est « un délire bien fondé », un coup de force symbolique mais *cum fundamento in re*. Les distinctions les plus efficaces socialement sont celles qui donnent l'apparence de se fonder sur des différences objectives (je pense par exemple à la notion de « frontière naturelle »). Il reste que, comme on le voit bien dans le cas des classes sociales, on a presque toujours affaire à des continuums, des distributions continues, du fait que les différents principes de différenciation produisent différentes divisions qui ne sont jamais complètement super-posables. Pourtant la magie sociale parvient toujours à produire du discontinu avec le continu. L'exemple par excellence est celui du concours, point de départ de ma réflexion : entre le dernier reçu et le premier collé, le concours crée des différences du tout au rien, et pour la vie.

Pierre Bourdieu,
CE QUE PARLER VEUT DIRE : L'ÉCONOMIE DES ÉCHANGES LINGUISTIQUES,
Librairie Arthème Fayard, Paris, 1982, pp. 122-125.

COMMENTAIRE

L'inégalité de rang, de statut, de pouvoir, ou de prestige sont une des constantes de la vie sociale, ce qui semble apporter un démenti au moins partiel à la thèse d'Alexis de Tocqueville sur l'égalisation des conditions. Si les catégories sociales varient selon les lieux ou les époques, toutes n'en sont pas moins des construits sociaux.

Dans ce texte, Pierre Bourdieu (1930-) fournit une illustration des mécanismes de légitimation des distinctions sociales. Les rites d'institution articulent la culture sur la nature. Ils créent, *ex nihilo,* des catégories naturelles qui sont aussitôt perçues légitimement comme s'il s'agissait effectivement des faits de nature. Pierre Bourdieu montre ainsi l'efficacité réelle des phénomènes symboliques présents dans toutes les sociétés, y compris celles qui s'affichent comme purement rationnelles et scientifiques.

Non seulement le rite d'institution crée de toute pièce des catégories et leur confère une dimension naturelle qui échapperait à l'arbitraire humain, mais il participe également à l'attribution d'une identité sociale assortie de rôles et d'attentes de rôles.

Notons cependant que si Pierre Bourdieu fait allusion à la théorie d'Arnold Van Gennep, qui voyait dans les rites de passage un mode de consécration des étapes du cycle de vie (grossesse, naissance, enfance, initiation, mariage, funérailles), il en élargit considérablement le champ d'application. Les rites d'institution sont universels, ils constituent un mécanisme majeur de structuration de l'espace social, d'intégration des individus et de reproduction de l'ordre social.

mots-clés

CLASSE D'ÂGE – CLASSEMENT – CONFLIT – CULTURE – DOMINATION – INSTITUTION – NATURE – ORDRE SOCIAL – RITE – STRATIFICATION – TAXINOMIE – RÔLE – ATTENTE DE RÔLE

S 63

Karl Mannheim

Qu'est-ce-qu'une génération ?

Une génération est située de façon semblable tout d'abord par le fait qu'elle participe en parallèle à la même période du devenir collectif. Mais il ne s'agit là que d'une détermination externe, purement mécanique, du phénomène de la situation. Comme précédemment pour la structure de la mémoire, il faut maintenant recourir au phénomène de la *stratification de l'expérience.* La contemporanéité de la naissance, du devenir jeune, adulte, vieux, n'est pas constitutive de la situation commune dans l'espace social ; c'est au contraire d'abord la possibilité qui en découle de participer aux mêmes événements, à la même vie, etc. et, plus encore, de le faire à partir d'une même forme de stratification de la conscience. Il est facile de démontrer que la contemporanéité chronologique ne suffit pas à constituer des situations analogues. Personne ne voudra soutenir que les jeunesses allemande et chinoise autour de 1880 se trouvaient dans une situation identique. On ne peut parler de situation de génération identique que dans la mesure où ceux qui entrent simultanément dans la vie participent potentiellement à des événements et à des expériences qui créent des liens. Seul un cadre de vie historico-social permet que la situation définie par la naissance dans le temps chronologique devienne une situation sociologiquement pertinente. En outre, il faut prendre en considération ici le phénomène de *la stratification de l'expérience* mentionné précédemment. D'autres générations, qu'elles soient plus âgées ou plus jeunes, vivent ensemble des étapes du devenir historique avec la jeunesse montante et pourtant on ne peut pas leur attribuer la même situation. Cette différenciation peut être expliquée essentiellement par le phénomène de la stratification différente de la vie.

Karl Mannheim,
LE PROBLÈME DES GÉNÉRATIONS (1900),
trad. française Nathan Université, Paris, 1990, pp. 52-53.

COMMENTAIRE

Qu'est-ce qui relie entre eux les membres d'une génération ? Une génération ne donne pas naissance à un groupe organisé, ses membres ne sont pas reliés par des cadres institutionnels, ils ne forment pas non plus une communauté dans la mesure où il n'y a pas de proximité physique entre tous ses membres. Pour Karl Mannheim (1893-1947), c'est l'équivalent d'une classe, c'est un fait objectif, une position dans l'espace social qui ne dépend pas de la conscience de ses membres. À l'inverse des positivistes, il considère que les facteurs biologiques ne permettent pas d'expliquer le phénomène social et historique de la génération, ils ne peuvent tout au plus qu'aider à tracer des frontières entre les générations.

Quelles sont les conséquences sociologiques de l'identité de position générationnelle ? La génération montante est porteuse d'une esprit nouveau et la mort élimine les générations les plus vieilles, redistribuant les places et positions sociales. Le phénomène générationnel permet l'innovation des jeunes, par contre pour les générations âgées, chaque expérience nouvelle est appréciée à travers le filtre des expériences anciennes. Les expériences passées, notamment de l'enfance et de l'adolescence, contribuent à former une conception de la vie, les expériences suivantes venant s'ajouter aux précédentes, les confirmer ou les contredire partiellement. Une génération aurait une vision homogène du monde et du passé.

La confrontation entre les aînés et les cadets n'est pas uniquement conflictuelle, elle est aussi transmission et apprentissage mutuel.

L'intuition de Mannheim laisse ouvertes plusieurs questions : si parler de génération, c'est accepter de réunir sous un même nom un ensemble d'individus ayant sensiblement le même âge, l'unité de ce groupe est-elle alors réelle ou potentielle ? Y a-t-il une homogénéité effective ou purement nominale à l'intérieur de ce groupe ? De plus, Karl Mannheim postule une unité subjective en dépit des distances de classes, des différences de sexe ; tout semble se passer comme si les mêmes événements produisaient les mêmes effets sur l'ensemble des individus d'un ensemble d'individus sensiblement nés à la même période. Enfin, quels événements déterminants faut-il retenir pour définir les contours d'une génération ?

mots-clés

CLASSES D'ÂGE – DOMINATION – GÉNÉRATION – IDENTITÉ – JEUNESSE – ORDRE SOCIAL – RÉGULATION – REPRÉSENTATIONS SOCIALES – TAXINOMIE

Inégalités socioculturelles et école

S 64

Pierre Bourdieu et Jean-Claude Passeron

L'idéologie du don et la reproduction des inégalités

Les classes privilégiées trouvent dans l'idéologie que l'on pourrait appeler charismatique (puisqu'elle valorise la « grâce » ou le « don ») une légitimation de leurs privilèges culturels qui sont ainsi transmués d'héritage social en grâce individuelle ou en mérite personnel. Ainsi masqué, le « racisme de classe » peut s'afficher sans jamais apparaître. Cette alchimie réussit d'autant mieux que, loin de lui opposer une autre image de la réussite scolaire, les classes populaires reprennent à leur compte l'essentialisme des hautes classes et vivent leur désavantage comme destin personnel. Ne s'accorde-t-on pas pour reconnaître dans la précocité un redoublement du don ? C'est un fait banal, mais chargé d'implications éthiques, que l'étonnement admiratif dont on gratifie le bachelier de quinze ans, « le plus jeune agrégé » ou « le plus jeune polytechnicien de France ». Les innombrables étapes du *cursus honorum* permettent d'ailleurs à certains le prodige d'une éternelle précocité, puisqu'on peut être encore le plus jeune académicien. C'est même dans les classes défavorisées où, traditionnellement, l'hérédité sociale des aptitudes est fortement perçue – qu'il s'agisse des tours de mains artisanaux ou de l'habileté en affaires – que l'on trouve parfois l'expression la plus paradoxale de l'idéologie charismatique : on voit souvent invoquer l'interruption des études pour sauver, en l'absence de toute réussite, la virtualité du don individuel, selon la logique même par laquelle les hautes classes peuvent s'attester le don actualisé de la réussite.

Les étudiants sont d'autant plus vulnérables à l'essentialisme que, adolescents et apprentis, ils sont toujours à la recherche de ce qu'ils sont, et par là, profondément concernés dans leur être par ce qu'ils font. Quant aux professeurs qui incarnent la réussite scolaire et qui sont tenus au jugement continu sur les aptitudes des autres, il y va de leur morale et de leur moral professionnels qu'ils tiennent pour dons personnels les aptitudes qu'ils ont plus ou moins laborieusement acquises et qu'ils imputent à l'être des autres, les aptitudes acquises et l'aptitude à acquérir les aptitudes ; et cela d'autant plus qu'ils trouvent dans le système scolaire tous les moyens de s'épargner le retour réflexif sur eux-mêmes qui les conduirait à se mettre en question aussi bien comme personnes que comme membres de la classe cultivée. Souvent originaires de la classe moyenne ou issus de familles d'enseignants, ils sont d'autant plus attachés à l'idéologie charismatique, bien faite pour justifier l'arbitraire du privilège culturel, que c'est seulement en tant que membres de la classe intellectuelle qu'ils participent, partiellement, des privilèges de la bourgeoisie. Si l'agrégation a suscité des défenseurs aussi pugnaces, c'est peut-être qu'elle est un de ces privilèges qui peuvent apparaître comme liés exclusivement au mérite personnel et garantis par une procédure aussi démocratique que possible (formellement).

Rien ne vient donc contredire l'idéologie implicite de l'Université et de la réussite universitaire, envers pur d'une éthique kantienne du mérite : toute la valeur s'incarne dans l'enfant prodige, la brièveté du parcours scolaire témoignant de l'étendue du don. Et lorsqu'il apparaît, le projet de relativiser la hiérarchie scolaire des réussite s'arme paradoxalement de la défavorisation de l'effort : les surnoms péjoratifs, « polar », « pohu », « chiadeur », se réfèrent à une idéologie charismatique qui n'oppose les œuvres à la grâce que pour les dévaloriser au nom de la grâce.

On comprend mieux pourquoi la simple description des différences sociales et des inégalités scolaires qu'elles fondent n'est pas de simple routine et constitue par soi une mise en question du principe sur lequel repose le système actuel. Le dévoilement du privilège culturel anéantit l'idéologie apologétique qui permet aux classes privilégiées, principales utilisatrices du système d'enseignement, de voir dans leur réussite la confirmation de dons naturels et personnels : l'idéologie du don reposant avant tout sur la cécité aux inégalités sociales devant l'École et la culture, la simple description de la relation entre le succès universitaire et l'origine sociale a une vertu critique. Parce que tout les incline à juger leurs propres résultats par référence à l'idéologie charismatique, les étudiants des basses classes tiennent ce qu'ils font pour un simple produit de ce qu'ils sont et le pressentiment obscur de leur destin social ne fait que renforcer les chances de l'échec, selon la logique de la prophétie qui contribue à son propre accomplissement. L'essentialisme implicitement enfermé dans l'idéologie charismatique vient donc redoubler l'action des déterminismes sociaux : du fait qu'il n'est pas perçu comme lié à une certaine situation sociale, par exemple à l'atmosphère intellectuelle du milieu familial, à la structure de la langue que l'on y parle, ou à l'attitude à l'égard de l'École et de la culture qu'il encourage, l'échec scolaire est naturellement imputé au défaut de dons. Ce sont en effet les enfants originaires des basses classes qui sont les victimes désignées et consentantes de ces définitions d'essence dans lesquelles les enseignants maladroits (et peu enclins, on l'a vu, à la relativisation sociologique de leurs jugements) enferment les individus. Quand une mère d'élève dit de son fils, et souvent devant lui, qu'« il n'est pas bon en français », elle se fait complice de trois ordres d'influences défavorables : en premier lieu, ignorant que les résultats de son fils sont directement fonction de l'atmosphère culturelle de la famille, elle transforme en destin individuel ce qui est le produit d'une éducation et qui peut encore être corrigé, au moins partiellement, par une action éducative ; en second lieu, faute d'information sur les choses de l'École, faute parfois d'avoir rien à opposer à l'autorité des maîtres, elle tire d'un simple résultat scolaire des conclusions prématurées et définitives ; enfin, en donnant sa sanction à ce type de jugement, elle renforce l'enfant dans le sentiment d'être tel ou tel par nature. Ainsi l'autorité légitimatrice de l'École peut redoubler les inégalités sociales parce que les classes les plus défavorisées, trop conscientes de leur destin et trop inconscientes des voies par lesquelles il se réalise, contribuent par là à sa réalisation.

Pierre Bourdieu et Jean-Claude Passeron,
LES HÉRITIERS : LES ÉTUDIANTS ET LA CULTURE,
Les Éditions de Minuit, Paris, 1964, pp. 106-109.

COMMENTAIRE

Utilisant abondamment les thèses de Basil Berstein sur la maîtrise différentielle et socialement déterminée des codes linguistiques, Pierre Bourdieu et Jean-Claude Passeron constatent que l'appareil éducatif exige des élèves et des étudiants des compétences linguistiques qui, dans le processus de sélection scolaire, défavorisent culturellement les classes dominées. Ce faisant, ils révèlent le lien qui existe entre la culture scolaire et la culture familiale.

La démocratisation de l'enseignement est entravée par les dispositions pédagogiques des enseignants et leur vision élitiste du « don ». En consacrant le « don », l'aisance, les aptitudes – considérées comme des dispositions naturelles relevant d'une appréciation purement subjective – l'école n'est pas seulement un appareil de transmission des connaissances et des savoir-faire, elle a aussi une fonction sociale d'inculcation et de reproduction d'un arbitraire culturel. Le travail pédagogique véhicule une violence symbolique et dévalorise les manières de faire et de se comporter jugées trop scolaires ou laborieuses. Le recours au « don » permet de masquer la réalité de l'arbitraire culturel et crée l'illusion que la

réussite scolaire n'est que le résultat des mérites individuels de chacun. Pierre Bourdieu montre que les rapports symboliques sont fondamentalement des rapports de force. Le système d'orientation et de sélection sédimente les petites différences d'aptitude et de capacité constatées au sein d'une promotion d'élèves, puis elle les décuple avant de les cristalliser en différences légitimes flagrantes. En France, le système des grandes écoles et des concours constitue le pivot de cette logique que vient consolider l'idéologie méritocratique des classes moyennes cultivées auxquelles appartiennent notammment les enseignants.
Le système éducatif établit une hiérarchie scolaire fondée sur des manifestations protéiformes du conformisme « naturel » des élèves « brillants » avec la culture dominante. Ce faisant, il légitime la hiérarchie sociale, dans la mesure où les compétences scolaires sont étroitement corrélées avec la position sociale et la culture de classe des intéressés. Le système éducatif est donc le lieu où s'opère la transmutation des positions sociales des parents en capital culturel des enfants. Il participe à la reproduction de la hiérarchie et des classes sociales.

mots-clés

CAPITAL CULTUREL – CAPITAL ÉCONOMIQUE – CAPITAL SOCIAL – CLASSES SOCIALES – CULTURE – DOMINATION – DON – ÉDUCATION – HABITUS – IDÉOLOGIE – INÉGALITÉS – REPRODUCTION – STRATIFICATION – VIOLENCE SYMBOLIQUE – ÉCOLE

S 65

Raymond Boudon

L'inégalité des chances

L'inégalité des chances devant l'enseignement résulte principalement de la stratification sociale elle-même. L'existence de positions sociales distinctes entraîne l'existence de systèmes d'attentes et de décision distincts dont les effets sur l'inégalité des chances devant l'enseignement sont multiplicatifs.

Les différences dans la qualité de l'héritage culturel en fonction de la classe sociale n'expliquent que dans une mesure très limitée l'inégalité des chances devant l'enseignement. Elles expliquent les différences dans la réussite scolaire en fonction de l'origine sociale au jeune âge. Par contre, elles n'expliquent guère les disparités du niveau scolaire en fonction de l'origine sociale.

Il résulte de ce qui précède que des réformes pédagogiques visant à compenser les disparités culturelles dues au milieu familial ne peuvent atténuer les inégalités devant l'enseignement que de manière modérée.

La plupart des sociétés industrielles sont caractérisées par une diminution lente mais incontestable de l'inégalité des chances devant l'enseignement. Toutefois, puisque ces inégalités résultent essentiellement de l'existence de strates hiérarchisées dans les sociétés, une égalité complète des chances devant l'enseignement n'est probablement pas réalisable et ne peut être réalisée que dans une société ayant réussi à abolir le phénomène de la stratification sociale.

Mais on peut attendre de l'atténuation de la rigidité du système de stratification (l'atténuation des *inégalités sociales* et particulièrement économiques) une atténuation de l'inégalité des *chances scolaires*. Sans doute même une « politique de l'inégalité des chances » (Miller) passe-t-elle principalement par la réduction des inégalités sociales.

La réduction de l'inégalité des chances devant l'enseignement qu'on observe dans les sociétés industrielles libérales n'est probablement pas due à une atténuation de la rigidité du système de stratification. En effet, les inégalités économiques sont une dimension majeure de la stratification. Or on ne peut dire qu'elles se soient affaiblies depuis la fin de la Seconde Guerre mondiale dans ces sociétés. La réduction de l'inégalité des chances devant l'enseignement est beaucoup plus vraisemblablement la résultante de l'augmentation générale de la demande d'éducation sous la contrainte de ce que nous avons appelé l'« effet de plafond ».

À partir du moment où il existe des strates sociales, il existe aussi des disparités devant l'enseignement qui apparaissent d'autant plus marquées qu'on s'adresse à des niveaux plus élevés du système scolaire.

L'effet multiplicatif (exponentiel) qui résulte de la combinaison du système des positions sociales et du système scolaire a une intensité variable selon les caractéristiques du système scolaire. Ainsi, un système scolaire caractérisé par une différenciation précoce tend à accentuer l'effet multiplicatif.

L'effet multiplicatif dont il vient d'être question ne pourrait disparaître que dans le cas d'un système scolaire complètement indifférencié, où les individus suivraient un curriculum unique. Plus généralement, quelle que soit l'organisation scolaire d'une société ou la forme institutionnelle donnée à la transmission des connaissances, l'existence de compétences diversement valorisées correspondant à des durées d'apprentissage différentes suffit à entraîner l'apparition d'un effet multiplicatif. [...]

L'importance de l'école dans la détermination des attentes est d'autant plus grande que la composition sociale du public des étudiants ou des élèves est en moyenne plus basse. Toutes les enquêtes montrent en effet que, plus l'origine est basse, plus la sensibilité des attentes de l'adolescent ou de sa famille par rapport au verdict scolaire est grande. L'augmentation des taux de scolarisation est donc associée à une emprise plus grande de l'école sur le destin des individus. À quoi il faut ajouter que, toutes choses égales d'ailleurs, la corrélation entre niveau scolaire et statut acquis croît dans le temps.

La modification de la composition sociale du public scolaire a sans doute joué un rôle essentiel dans la crise scolaire qu'on observe dans à peu près toutes les nations industrialisées. En effet, la modification dans la signification des scolaires due à l'augmentation des taux de scolarisation n'a pas toujours été accompagnée d'une modification adéquate des institutions scolaires. Cela a engendré des dysfonctions qu'il est facile d'analyser. Ainsi, la conception selon laquelle l'enseignement a pour principale fonction la transmission d'une culture désintéressée de niveau élevé est manifestement liée à un modèle où le niveau scolaire était essentiellement perçu comme le signe de l'origine sociale.

La théorie développée dans ce livre conçoit l'augmentation de la demande d'éducation dans les sociétés industrielles libérales comme la conséquence de facteurs principalement endogènes (lorsque la demande d'une catégorie sociale augmente, les autres doivent augmenter la leur sous peine de voir leurs espérances sociales réduites), bien que des facteurs exogènes (incidence des changements économiques, technologiques, etc.) interviennent également dans l'explication des changements dans la demande d'éducation. En conséquence, les changements dans la structure éducationnelle n'ont aucune raison d'être congruents avec les changements de la structure socioprofessionnelle. [...]

Toutes choses égales d'ailleurs, si la structure sociale (distribution des positions sociales disponibles) se déplace moins vite que la structure scolaire (distribution des individus en fonction du niveau scolaire), la structure des chances attachée à chaque niveau scolaire se modifie dans le temps. Or, lorsque la demande d'éducation est principalement déterminée par des facteurs endogènes on doit s'attendre à un déplacement plus rapide de la structure scolaire. Dans les situations que nous avons examinées, les niveaux scolaires adjacents aux niveaux supérieurs sont caractérisés par une modification particulièrement importante, dans un sens défavorable, de la structure des chances scolaires qui leur est associée.

Il en résulte que les bénéfices tirés par les individus des classes moyennes et inférieure de la lente démocratisation de l'enseignement sont, dans une certaine mesure, rendus illusoires par l'augmentation générale de la demande d'éducation.

De façon générale, l'augmentation considérable des taux de scolarisation et la démocratisation de l'enseignement n'implique ni que la mobilité doive augmenter, ni que sa structure soit modifiée dans le temps. Le modèle conduit à des variations faibles et oscillatoires plutôt qu'unidirectionnelles de la mobilité. Cette conséquence théorique est comme les précédentes conforme aux résultats de l'observation. [...]

En dépit de l'inégalité des chances devant l'enseignement et du caractère méritocratique des sociétés industrielles, on doit observer et on observe effectivement dans ces sociétés une mobilité ascendante et une mobilité descendante importantes.

Les probabilités de descendre sont dans l'ensemble plus importantes que les probabilités de monter, cela résultant simplement du caractère grossièrement pyramidal de la structure sociale.

De plus (paradoxe d'Anderson), la relation entre niveau scolaire et mobilité est généralement faible : les probabilités d'ascension, de descente ou de stabilité intergénérationnelles sont souvent très proches, que le niveau d'instruction soit élevé, moyen ou bas.

La probabilité de mobilité descendante est toujours non négligeable, même lorsque le niveau d'instruction est élevé. Elle apparaît toutefois, en général, légèrement décroissante à mesure que le niveau d'instruction est plus élevé. De même, la mobilité ascendante est en général légèrement plus fréquente à mesure que le niveau d'instruction est plus élevé. Mais il peut arriver que la mobilité descendante soit légèrement plus fréquente lorsque le niveau d'instruction est plus élevé. Bien que le niveau scolaire soit un déterminant puissant du statut social de destination, les discordances entre structures sociales et structures scolaires ont pour effet que le statut de destination *apparaît* comme le résultat d'un processus aléatoire. Ainsi, chacun a intérêt à acquérir un niveau d'instruction aussi élevé que possible, mais personne n'est assuré, ce faisant, d'en recueillir le bénéfice en terme de mobilité.

La mobilité à courte distance est plus fréquente que la mobilité à longue distance.

L'augmentation considérable des taux de scolarisation et la démocratisation des chances scolaires qui caractérisent les sociétés industrielles libérales apparaissent comme impuissantes à modifier la structure de la mobilité.

Raymond Boudon,
L'INÉGALITÉ DES CHANCES,
LA MOBILITÉ SOCIALE DANS LES SOCIÉTÉS INDUSTRIELLES (1973),
Éditions Armand Colin, Paris, 1973, pp. 301-307, 309-310.

COMMENTAIRE

Les études de mobilité sociale et du système scolaire montrent l'existence d'inégalités sociales durables en dépit de l'élévation des taux de scolarisation et des tentatives de démocratisation de l'enseignement.

Constatant la réalité des inégalités devant l'école et des mécanismes de sélection des publics, Raymond Boudon (1934-) affirme que la sélection n'est ni le fruit du hasard ni celle d'un déterminisme aveugle et absolu. Adversaire déclaré de la théorie de l'habitus, Raymond Boudon refuse de croire que les comportements individuels puissent résulter d'une quelconque forme de programmation de la personne. La sélection scolaire est le résultat final d'une succession de mécanismes de filtrage à plusieurs niveaux qui forment système et dont on ne peut impunément isoler les éléments constitutifs. Il est dès lors injustifié de se focaliser sur l'héritage culturel.

Pour Raymond Boudon, l'inégalité des chances est le produit de logiques de situation ainsi que la conséquence de l'agrégation de décisions individuelles. L'inégalité des chances est donc la conséquence au niveau macrosocial d'actes individuels et de la division de la société en classes et d'un système d'enseignement sélectif qui peut s'analyser comme une série de carrefours et de procédures d'orientation des populations scolarisées. Arguant des insuffisances méthodologiques des instruments de mesure de la mobilité sociale, Raymond Boudon choisit de se détacher momentanément du concret empirique et de construire deux modèles qui lui permettent de mener une comparaison entre une situation théorique de répartition inégalitaire avec une situation de parfaite fluidité sociale.

Pour Raymond Boudon, les efforts de démocratisation et de réduction des inégalités devant l'école sont voués à l'échec dans la mesure où ils s'avèrent incapable de supprimer la cause première du processus: l'existence de classes sociales. L'allongement de la durée de la scolarité aurait eu un effet assez réduit sur les flux de mobilité sociale, il a eu pour corollaire la dévalorisation des diplômes. L'égalité de chacun devant l'école ne permettrait plus à l'école de jouer son rôle d'instance de mobilité sociale.

mots-clés

EFFET PERVERS – ÉGALITÉ DES CHANCES – INDIVIDUALISME MÉTHODOLOGIQUE – INÉGALITÉS – MOBILITÉ SOCIALE – PARADOXE D'ANDERSON – STRATIFICATION – ÉCOLE – DÉMOCRATISATION – CLASSES SOCIALES – DÉTERMINISME – HABITUS

Classes sociales

S 66

Lénine

Une définition marxiste de la classe sociale

On appelle classes de vastes groupes d'hommes, qui se distinguent par la place qu'ils tiennent dans un système historiquement défini de la production sociale, par leur rapport (la plupart du temps fixé et consacré par la loi) aux moyens de production, par leur rôle dans l'organisation sociale du travail, et donc, par les moyens d'obtention et la grandeur de la part des richesses sociales dont ils disposent. Les classes sont des groupes d'hommes dont l'un peut s'approprier le travail de l'autre, par suite de la différence de la place qu'ils tiennent dans un régime déterminé de l'économie sociale.

Lénine,
La grande initiative,
in Œuvres choisies,
trad. française Scandéditions-Éditions sociales, Paris, 1953, tome II, p. 225.

COMMENTAIRE

Dans la lettre qu'il adresse à J. Weydemeyer en 1852, Karl Marx affirme : « En ce qui me concerne, ce n'est pas à moi que revient le mérite d'avoir découvert ni l'existence des classes dans la société moderne, ni leur lutte entre elles. Longtemps avant moi, des historiens bourgeois avaient décrit le développement historique de cette lutte des classes et des économistes bourgeois, en avaient exprimé l'anatomie économique. Ce que je fis de nouveau, ce fut : 1. De démontrer que *l'existence des classes* n'est liée qu'à des *phases de développement historique déterminé de la production.* 2. Que la lutte des classes conduit nécessairement à la *dictature du prolétariat.* 3. Que cette dictature elle-même ne constitue que la transition à l'*abolition de toutes les classes et à une société sans classes.* » Partant des travaux des économistes classiques, notamment ceux de Smith et Ricardo, ainsi que des historiens Thierry, Guizot et Niebuhr, il articule le concept de classe à celui de mode de production, c'est-à-dire qu'il les aborde à travers une réflexion sur les phases historiques du développement de la production matérielle et sociale.
Karl Marx meurt en 1883 avant d'avoir eu le temps de rédiger le chapitre du *Capital* qu'il souhaitait consacrer aux classes sociales. Bon nombre d'auteurs, marxistes ou non, ont essayé de reconstituer ce chapitre théorique. Pour ce faire ils se sont appuyés, d'une part sur les nombreux autres textes (très hétérogènes quant à leur contenu et leur statut théorique) dans lesquels Karl Marx avait parlé des classes sociales, et d'autre part sur sa démarche théorique globale. Lénine (1870-1924) a ainsi repris la vision d'une société conflictuelle où s'affrontent des groupes sociaux antagonistes. Il propose une définition abstraite du concept de classe sociale qui insiste sur la place différente qu'occupent les individus dans la

structure économique et sur leur rapport avec les moyens de production, qui est un rapport de propriété ou de possession. Les rapports de production sont pour lui l'élément le plus important de la définition des classes sociales car ils jouent un rôle essentiel dans la relation d'exploitation qui oppose la classe dominante et la classe dominée.

mots-clés

BOURGEOISIE - CAPITALISME - CHANGEMENT SOCIAL - CLASSES SOCIALES - CONSCIENCE DE CLASSE - EXPLOITATION - FORCE DE TRAVAIL - FORCES PRODUCTIVES - INTÉRÊTS DE CLASSE - LUTTE DE CLASSE - MODE DE PRODUCTION - PAYSANNERIE - PROCÈS DE PRODUCTION - PROLÉTARIAT - RAPPORTS DE PRODUCTION - RAPPORT SOCIAL - RÉALISME - RÉVOLUTION - CONFLIT - DICTATURE DU PROLÉTARIAT

S 67

Max Weber

Classes sociales et situation sur le marché

Dans notre terminologie, les « classes » ne sont pas des communautés ; elles constituent seulement le fondement possible et fréquent de l'action communautaire. On peut parler de « classe » lorsque :

1. un certain nombre d'individus ont en commun une composante causale spécifique quant à leurs chances de vie ;

2. composante se manifestant d'une part exclusivement par des intérêts économiques, concernant la possession de biens et les possibilités d'obtention de revenus ;

3. et se manifestant d'autre part sur le marché des biens ou sur le marché du travail.

(Ces éléments renvoient à la « situation de classe » que nous pouvons caractériser plus brièvement comme la chance typique d'accès aux biens, à certaines conditions matérielles et à un certain mode de vie personnel, chance déterminée par l'importance et le type de pouvoir, ou l'absence d'un tel pouvoir, permettant de disposer de biens ou d'un certain revenu, dans un ordre économique donné. Le terme de « classe » fait référence à tout ensemble d'individus qui se trouvent dans la même situation de classe.) [...]

Selon notre terminologie, le facteur qui crée la « classe », est, sans équivoque possible, l'intérêt économique, et en fait, le seul intérêt lié à l'existence du « marché ». Néanmoins, le concept d'intérêt de « classe » est ambigu ; même comme concept empirique il est ambigu, dès lors que l'on entend par lui quelque chose d'autre que l'orientation effective des intérêts résultant avec une certaine probabilité de la situation de classe pour une certaine moyenne de ces personnes assujetties à la situation de classe. La situation de classe et les autres circonstances demeurant les mêmes, l'orientation selon laquelle un ouvrier particulier, cherchera, par exemple, à réaliser ses intérêts peut varier beaucoup, selon qu'il est hautement, moyennement ou peu qualifié pour les tâches manuelles. De la même façon, l'orientation des intérêts peut varier, selon que, pour des individus se trouvant dans une même situation de classe – situation dont ils peuvent ou non attendre des satisfactions – il existe ou non une action communautaire ou même une association, par exemple un syndicat, issues de cette situation de classe et regroupant une faible ou une grande partie d'entre eux.

Une action communautaire est une action orientée vers le sentiment qu'ont les acteurs d'être liés les uns aux autres. L'action sociétaire est orientée vers un ajustement d'intérêts rationnellement motivé.

L'apparition d'une action sociétaire ou même communautaire à partir d'une situation de classe n'est en aucun cas un phénomène universel.

Max Weber,
« Class, Status, Party »,
in Gerth et Mills, From Max Weber : Essays in sociology
Oxford University Press, New York, 1958, pp. 181-186.

COMMENTAIRE

Bien que Max Weber (1864-1920) se soit intéressé à la question et ait donné une définition de ce concept, il n'a pas véritablement produit une théorie des classes. Pour cet auteur, la division sociale procède du marché et des intérêts économiques pour les classes sociales et des modes de vie en ce qui concerne le statut. Max Weber donne la définition idéale-typique des classes sociales à partir de trois grandes caractéristiques permettant d'appréhender la classe sociale : l'accès aux biens et services, le style de vie, l'éthique (système de valeurs intériorisées qui gouvernent les conduites nécessaires à l'existence sociale). La situation de classe permet de disposer de certains biens matériels, de bénéficier de prestations, d'obtenir des revenus ou d'accéder à des situations gratifiantes. Les trois niveaux de complexité du phénomène de la classe sociale sont : la distinction entre possédants et non possédants (classe de possession), les chances inégales de valorisation sur le marché des ressources dont on dispose (classe d'acquisition), les possibilités de franchir des barrières sociales dans une logique de mobilité sociale (classe sociale au sens fort du terme).

À l'inverse de Marx, la lutte des classes ne saurait être pour lui le seul principe de la dynamique sociale. Les classes ne sont pas pour lui des entités homogènes. Elles se transforment et les oppositions éventuelles peuvent parfois être transcendées ou sublimées par le nationalisme qui devient alors un facteur de cohésion sociale.

mots-clés

ACTION COLLECTIVE – CLASSES SOCIALES – CONFLIT – CONSCIENCE DE CLASSE – INTÉRÊT DE CLASSE – MARCHÉ – MOBILISATION – NOMINALISME – POSSESSION – SITUATION DE CLASSE – MODE DE VIE – COHÉSION SOCIALE – CLASSE D'ACQUISITION – CLASSE DE POSSESSION – ÉTHIQUE – STATUTS

S 68

Maurice Halbwachs

Classes et proximité du « foyer des valeurs centrales »

Or, vers quoi tend toute société, si ce n'est à intensifier de plus en plus en elle-même la vie collective ?

Lorsqu'on envisage de ce point de vue la hiérarchie des classes, on constate que les groupes sont de plus en plus intégrés, c'est-à-dire que leurs membres se trouvent de plus en plus pris dans un réseau de relations sociales, religieuses, politiques, d'affaires, etc., suivant le type de société. On peut interpréter cela de deux façons: ou bien on dira que la société dans son ensemble tend à se dépasser, que la vie sociale d'abord diffuse, éparpillée, soumise à l'action de beaucoup de forces de dispersion, petit à petit se concentre, se ramasse comme autour d'un foyer qu'elle a elle-même allumé et qu'elle alimente; ou bien on dira que la société fait un effort, un effort pénible et constant, pour se distendre, comme s'il lui fallait écarter d'elle beaucoup de forces d'oppression, qui l'enserrent et l'étouffent, et que les parties d'elle-même les plus voisines de sa périphérie se trouvent de plus en plus éloignées du foyer central, de plus en plus en contact avec le « dehors », qu'elles perdent en même temps de leur souplesse et de leur élasticité, qu'elles se durcissent et qu'elles se figent. Au fond, il ne faut pas croire que ces deux interprétations s'opposent entièrement, comme si l'on représentait la société tantôt comme une création artificielle des hommes, et tantôt comme leur nature même. Il demeure incontestable que, lorsque les hommes se sont élevés au prix d'un effort, ou se sont trouvés par chance le plus près du foyer, c'est-à-dire dans la partie de la société où la vie collective est la plus intense, il leur est très pénible de s'en éloigner, et ils gardent toujours le désir d'y rentrer. Cela suffit pour qu'on puisse poser que plus la vie est sociale, plus elle est conforme à la nature de l'homme. Il en résulte qu'une classe occupera un niveau d'autant plus élevé que ses membres participeront davantage à la vie collective, telle qu'elle est organisée par la société. [...]

Quels que soient les matériaux, l'ouvrier est celui qui, dans et par son travail, ne se trouve en rapport qu'avec la matière et non avec des hommes, reste isolé en face de la nature, se heurte aux seules forces inanimées; l'ouvrier est encore celui dont l'activité doit se plier et se conformer à ceux de ses compagnons de labeur, de façon à reproduire le jeu mécanique des machines, comme si on ne pouvait dompter la matière qu'en se soumettant à des lois aussi régulières et impersonnelles que les lois naturelles; l'ouvrier est enfin celui qui, manœuvre ou ouvrier de métier, doit s'abstenir de toute initiative, et viser seulement à devenir ou demeurer un outil sûr et bien adapté à une tâche simple ou complexe, mais toujours monotone.

En somme, tout se passe comme si la société, pour agir sur la matière, imposait aux groupes dont elle se sert alors l'obligation de renoncer, dans leur travail du moins et pendant qu'ils l'exercent, à la vie sociale même et aux liens sociaux qui les unissent, de s'isoler, de s'éparpiller et de se figer, de fixer à ce point leur pensée sur la matière à élaborer, sur la machine à surveiller, sur le moment où intervenir, sur le mouvement à exécuter, que tout ce qui est « humain » et surtout social leur devienne, pendant tout ce temps, étranger.

Maurice Halbwachs,

LA CLASSE OUVRIÈRE ET LES NIVEAUX DE VIE, RECHERCHE SUR LA HIÉRARCHIE DES BESOINS SANS LES SOCIÉTÉS INDUSTRIELLES CONTEMPORAINES,
Éditions Alcan, Paris, 1912, pp. 118-119.

COMMENTAIRE

Pour Maurice Halbwachs (1877-1945) le travail ouvrier est avant tout, au début du siècle, une activité physique qui met l'ouvrier en contact direct et permanent avec la matière. Ses conditions de travail isolent l'ouvrier des autres hommes, « l'usine est un milieu qui ne contient plus rien de social, où l'ouvrier se trouve isolé parmi des matériaux, des produits, des machines, et des corps en mouvement ou immobiles, mais toujours raidis, en des attitudes contraintes et peu humaines». Les ouvriers, éloignés du «foyer des valeurs centrales de la société», sont «tournés vers la matière, laissent ainsi fuir et se perdre toute la vie sociale qui s'écoulait en eux».
Cette spécificité de la classe ouvrière se reflète dans ses genres de vie et notamment dans son mode de consommation. Selon Maurice Halbwachs, dans les sociétés modernes, qui sont des sociétés complexes, ce n'est pas tant la place dans le processus de production que les manières de vivre qui permettent de comprendre le mieux les différences entre les groupes sociaux. « Les différences relevées entre la répartition des dépenses dans la classe ouvrière et dans la classe haute se ramènent donc (puisqu'elles l'expriment dans le domaine de la consommation) à ce caractère fondamental du travail, qu'il est nécessairement effectué "hors de la société". »
Maurice Halbwachs ne prend pas la consommation comme angle d'analyse des classes sociales fortuitement. Pour lui les biens consommés ne sont que des supports de pratiques sociales. L'analyse des budgets familiaux révèle le mode d'organisation des dépenses. Elle permet d'avoir une approche objective des relations subjectives que les individus établissent entre les différentes catégories de dépenses envisageables et donc la hiérarchie des besoins. En étudiant les budgets il est donc possible de remonter aux pratiques. Celles-ci s'expliquent à leur tour par la vision du monde et la spécificité de la classe sociale à laquelle appartiennent les individus.
Faisant suite aux travaux de Maurice Halbwachs, nombre de travaux sociologiques empiriques confirment que les modes de consommation sont socialement déterminés, et qu'il n'existe pas de besoins «naturels». La compréhension des pratiques des consommateurs exige d'intercaler des modèles culturels entre les revenus et les biens consommés.

mots-clés

BESOIN – CLASSE OUVRIÈRE – CONSOMMATION – INTÉGRATION – ISOLEMENT – MATIÈRE – POSITIVISME – RÉALISME – SOCIABILITÉ – TRAVAIL – FOYER DES VALEURS CENTRALES – MODE DE VIE – BUDGETS

Mobilité sociale

S 69

Edmond Goblot

La barrière et le niveau

Une caste est une institution, une classe n'a pas d'existence officielle et légale. Au lieu de reposer sur des lois et des constitutions, elle est tout entière dans l'opinion et dans les mœurs. Elle n'en est pas moins une réalité sociale, moins fixe, il est vrai, et moins définie, mais tout aussi positive qu'une caste. On reconnaît un bourgeois d'un homme du peuple rien qu'à les voir passer dans la rue. On ne confond point un « Monsieur » avec un « homme », encore moins une « Dame » avec une « femme ». [...]

Aux avantages qui constituent une classe ou une caste s'ajoutent toujours quelques signes sensibles qui *distinguent* ceux qui jouissent de ces avantages de ceux qui en sont privés. Les avantages d'une caste sont des *privilèges.* Ceux de la noblesse de l'Ancien Régime étaient d'abord des biens matériels et des droits réels, des exemptions de charges personnelles, fiscales et autres ; puis des droits honorifiques, titres, préséances, droit exclusif de porter certaines armes et certains costumes, cérémonial défini et prescrit ; c'était enfin le *prestige,* qui est tout entier dans des représentations collectives et des jugements de valeur. [...]

L'avantage du bourgeois est tout entier dans l'opinion et se réduit à des jugements de valeur : ce n'est pas à dire qu'il soit mince. C'est une grande supériorité que d'être jugé supérieur. Cet avantage, c'est la « considération ». Être « considéré », c'est beaucoup mieux que d'être considérable. Le sens moderne de ce mot date de l'avènement de la bourgeoisie. Il est volontairement vague : c'est un hommage que la personne peut toujours prendre pour elle et qui pourtant n'est rendu qu'à la classe ; c'est la reconnaissance d'une supériorité qui n'individualise pas, qui assimile, au contraire, et qui range. Dans les formules de politesse, il évite les expressions trop humbles de *serviteur,* d'obéissance et de *respect,* et signifie : je vous place sur le même rang que moi-même. [...]

La noblesse, étant d'un autre rang que le peuple, semblait être d'une autre essence : il fallait réfléchir pour découvrir qu'un noble est un homme comme tous les autres ; on ne s'en avisa guère qu'au XVIIIe siècle, et ce fut un scandale, un libertinage, que d'oser le dire. La bourgeoisie n'a pas de prestige : on sait qu'elle sort des rangs du peuple. La « considération », qui lui tient lieu de prestige, est un avantage toujours disputé et qu'il faut constamment maintenir et renouveler. En vain la bourgeoisie s'évertue à conserver la considération sans avoir la supériorité qui la justifierait. [...]

La démarcation d'une classe est aussi nette que celle d'une caste ; seulement elle est franchissable. *Elle ne s'efface point du fait qu'on la franchit.* [...] Une fortune rapidement acquise inspire-t-elle à un homme le désir de vivre bourgeoisement, son éducation s'y oppose, des manières « communes », des « vulgarités » le trahissent ; il fait des impairs, des gaffes, des pataquès. Ou bien s'il est adapté, sa femme ne l'a pas suivi. Car la principale difficulté de devenir bourgeois est qu'on ne le devient pas tout seul. Chacun appartient à une famille avant d'appartenir à une classe. C'est par sa famille que le bourgeois-né est bourgeois ; c'est avec sa famille qu'il s'agit de le devenir. Il faut élever avec soi sa femme, ses père et mère, ses frères et sœurs, secouer son entourage, rompre avec certains amis ou les tenir à distance. Passer d'une classe dans une autre, c'est se dégager de l'ancienne, sans qui on n'est pas accepté dans la nouvelle, qui n'admet pas une société « mêlée ». Pour cela une ou deux générations sont souvent nécessaires. Mais celui qui est réellement devenu bourgeois n'est pas un parvenu.

Edmond Goblot,
La Barrière et le niveau (1925),
PUF, Paris, 1967.

COMMENTAIRE

Ce texte d'Edmond Goblot (1858-1935) est, à plusieurs titres, important pour la sociologie des classes sociales. Sa postérité a été assurée par des sociologues de renom, qui s'en sont largement inspirés. Les stratégies des membres des classes supérieures cherchant à maintenir à distance, pour mieux s'en démarquer, ceux des autres classes, qui peuvent les imiter, sont un exemple d'analyse de la différenciation sociale.

Mais l'apport essentiel d'Edmond Goblot se situe ailleurs. Ce texte présente une théorie sociologique de la hiérarchie et de la classification. Toute hiérarchie sociale est une forme d'organisation qui répartit les personnes à l'intérieur de diverses catégories, de telle sorte que certaines soient supérieures à d'autres par leur pouvoir, leur statut, leur rang. À cet égard, la bourgeoisie montante qu'observe Goblot en province adopte des stratégies de démarcation sociale : elle dresse des « barrières », de langue, d'habillement, etc., pour mieux se forger une identité sociale. Elle interdit aussi à ceux des catégories inférieures toute possibilité de rapprochement. Les attitudes analysées par Edmond Goblot renvoient à un phénomène plus général, celui de la domination et du maintien à l'écart des catégories dominées.

mots-clés

CLASSES SOCIALES – CONSOMMATION – DISTINCTION – INÉGALITÉS – MOBILITÉ SOCIALE – MODE DE VIE – NIVEAU – STRATIFICATION SOCIALE – VALEURS – DIFFÉRENCIATION SOCIALE – DOMINATION – IDENTITÉ – STATUTS

S 70

Vilfredo Pareto

Circulation des élites

2026. Les élites et leur circulation. Commençons par donner du phénomène une définition théorique, aussi précise que possible ; ensuite, nous verrons quelles considérations pratiques nous pouvons y substituer, dans une première approximation. Négligeons tout à fait, pour le moment, la considération bonne ou mauvaise, utile ou nuisible, louable ou blâmable des différents caractères des hommes, et portons notre attention uniquement sur le degré de ces caractères. Autrement dit, sont-ils de peu d'importance, moyens ou grands ? et plus précisément, quel indice quantitatif peut-on assigner à chaque homme, eu égard au degré du caractère considéré.

2031. Formons donc une classe de ceux qui ont les indices les plus élevés dans la branche où ils déploient leur activité, et donnons à cette classe le nom d'*élite.* Tout autre nom et même une simple lettre de l'alphabet, serait également propre au but que nous nous proposons.

2032. Pour l'étude à laquelle nous nous livrons, celle de l'équilibre social, il est bon encore de diviser en deux cette classe. Nous mettrons à part ceux qui, directement ou indirectement, jouent un rôle notable dans le gouvernement ; ils constitueront l'*élite gouvernementale.* Le reste formera l'élite non gouvernementale.

2053. Les aristocraties ne durent pas. Quelles qu'en soient les causes, il est incontestable qu'après un certain temps elles disparaissent. L'histoire est un cimetière d'aristocraties. Le peuple athénien constituait une aristocratie par rapport au reste de la population, des métèques et des esclaves. Il disparut sans laisser de descendance. Les diverses aristocraties romaines disparurent. Les aristocraties barbares disparurent. Où sont, en France, les descendants des conquérants francs ? Les généalogies des lords anglais sont très exactes. Il subsiste fort peu de familles descendant des compagnons de Guillaume le Conquérant ; les autres ont disparu. En Allemagne, l'aristocratie actuelle est en grande partie constituée par les descendants des vassaux des anciens seigneurs. La population des États européens s'est accrue dans une mesure énorme depuis plusieurs siècles à aujourd'hui. Or, il est certain, très certain, que les aristocraties ne se sont pas accrues en proportion.

2054. Ce n'est pas seulement quant au nombre que certaines aristocraties sont en décadence ; c'est aussi quant à la qualité, en ce sens que l'énergie y diminue, et que se modifient les proportions des résidus qui leur servirent à s'emparer du pouvoir et à le conserver. [...] La classe gouvernante est entretenue, non seulement en nombre, mais, ce qui importe davantage, en qualité, par les familles qui viennent des classes inférieures, qui lui apportent l'énergie et les proportions de résidus nécessaires à son maintien au pouvoir. Elle est tenue en bon état par la perte de ses membres les plus déchus.

2055. Si l'un de ces mouvements cesse, et qui pis est, s'ils cessent tous les deux, la partie gouvernante s'achemine vers la ruine, qui souvent entraîne avec elle celle de la nation entière. L'accumulation d'éléments supérieurs dans les classes inférieures, et vice versa, d'éléments inférieurs dans les classes supérieures, est une cause puissante de perturbation de l'équilibre. Si les aristocraties humaines étaient semblables aux races de choix des animaux, qui se reproduisent longtemps, à peu près avec les mêmes caractères, l'histoire de la race humaine serait entièrement différente de celle que nous connaissons.

2056. Par l'effet de la circulation des élites, l'élite gouvernementale est dans un état de transformation lente et continue. Elle coule comme un fleuve ; celle d'aujourd'hui est autre que celle d'hier. De temps en temps, on observe de brusques et violentes perturbations, semblables aux inondations d'un fleuve. Ensuite la nouvelle élite gouvernementale recommence à se modifier lentement : le fleuve, rentré dans son lit, s'écoule de nouveau régulièrement.

2057. Les révolutions se produisent parce que, soit à cause du ralentissement de la circulation de l'élite, soit pour une autre cause, des éléments de qualité inférieure s'accumulent dans les couches supérieures. Ces éléments ne possèdent plus les résidus capables de les maintenir au pouvoir, et ils évitent de faire usage de la force ; tandis que dans les couches inférieures se développent les éléments de qualité supérieure, qui possèdent les résidus nécessaires pour gouverner, et qui sont disposés à faire usage de la force.

Vilfredo Pareto,
TRAITÉ DE SOCIOLOGIE GÉNÉRALE (1916),
trad. française P. Boven, Droz, Genève, 1968, pp. 1295-1298.

COMMENTAIRE

Vilfredo Pareto (1848-1923), ingénieur de formation, cherche à appliquer dans les sciences sociales le concept d'équilibre tant dans le domaine de l'économie que dans celui des sciences politiques. Il tente de construire une théorie systématique du système social et de relier des domaines aussi divers que l'économie, la psychologie et la sociologie. Il attire l'attention sur l'existence d'éléments non logiques, voire non rationnels, des comportements humains.

Face aux masses fragmentées, apathiques et désunies, les groupes ou les classes dirigeantes sont organisés et unis. Toute la théorie des élites de Vilfredo Pareto repose sur la distinction entre différents types de groupes dirigeants, sur les modalités dont ils gouvernent les masses et sur les modes de circulation dans la hiérarchie sociale.

Il distingue les « lions » (qui gouvernent par la force et qui rappellent les dictateurs militaires) des « renards » (qui gouvernent par ruse, manipulation et diplomatie). Ces deux catégories renvoyant respectivement à des aptitudes différentes et des modes de commandement politique opposés : la force ou la persuasion.

Les changements politiques majeurs résultent, selon lui, de la circulation des élites et de la substitution des « lions » par les « renards » et vice versa. Structurellement, toutes les élites sont guettées par la décadence, le déclin et la corruption. Quelles qu'elles soient, les élites ont du mal à assurer leur reproduction sociale. La transmission héréditaire ou l'appel à du « sang neuf » n'y changent rien à terme et l'Histoire peut être considérée comme un vaste cimetière des aristocraties.

La démocratie ne présente pour lui pas d'originalité fondamentale en matière de répartition du pouvoir, elle n'est pour lui qu'une nouvelle forme de gouvernement des élites et une idéologie défendue par les « renards » parvenant ainsi à camoufler habilement leur contrôle politique. Les masses sont, pour lui, incapables d'accéder au pouvoir en raison de leur apathie et de leur inorganisation.

mots-clés

CHANGEMENT SOCIAL – CLASSES SOCIALES – DOMINATION – ÉLITES – INÉGALITÉS – MOBILITÉ SOCIALE – DÉMOCRATIE

7e PARTIE

L'ARTICULATION ENTRE ÉCONOMIE ET SOCIOLOGIE

La question des relations entre la sociologie et l'économie est centrale dans les sciences sociales. La définition que chaque discipline donne de son objet, de ses méthodes et des problèmes pertinents est inséparable de la question des relations que chaque discipline choisit d'entretenir ou refuse de nouer avec les autres. Des sociologues et parmi les plus célèbres intègrent la dimension économique dans leurs analyses.

Déjà dans *De la division du travail social,* Émile Durkheim rejette l'idée d'un ordre social moderne fondé sur le marché. Le marché n'est pas un principe intégrateur. Plus encore pour Émile Durkheim, les activités économiques ne sont pas d'abstraites relations d'échange ; ce sont des relations sociales, elles sont donc toujours inséparables des représentations sociales de la collectivité.

S'intéressant à l'émergence du capitalisme, Max Weber a montré l'importance qu'il accordait aux phénomènes économiques. Notons que sa définition de la sociologie est construite de façon à permettre leur prise en compte. L'action économique est une action sociale – c'est-à-dire qu'elle tient compte des comportements des autres –, elle permet à un acteur de contrôler pacifiquement l'accès aux ressources et leur usage. C'est une relation régulée par le droit. Le marché est défini comme une institution permettant d'établir des compromis et donc de résoudre des conflits d'intérêts. Les prix qui s'y fixent font figure d'« armistices » sociaux temporaires. Mais les marchés dépendent de la répartition du pouvoir et de ses équilibres.

Les relations entre l'économie et la sociologie ont longtemps été des relations d'opposition fondées soit sur la définition d'objets différents soit sur l'affirmation de la spécificité de démarches et de méthodes considérées comme inconciliables. Les termes de l'opposition sont déjà présents dans le débat qui oppose, à la fin du XIXe siècle, les économistes de l'école historique allemande aux économistes marginalistes. Max Weber adopte, dans ce débat, une position originale. Pour lui, les lois de l'économie ne sauraient être universelles, elles sont toutes historiquement datées et socialement déterminées. Dans ses travaux d'histoire économique, il cherche à comprendre comment est apparu le marché capitaliste. Le marché est pour lui un idéal-type, il n'est pas l'image exacte d'une réalité concrète. Mais lorsque un lieu institutionnel sur lequel peuvent se rencontrer des acteurs économiques désirant procéder à des échanges a effectivement été créé, il devient possible d'expliquer leurs actions sociales par des lois d'offre et de demande. Pour Max Weber, les lois dégagées par les écono-

mistes sont donc contingentes et non générales, elles sont socialement déterminées et inséparables de leur contexte institutionnel.
Cela éclaire les enjeux réels qui sous-tendent l'intérêt que portent les économistes et les sociologues à l'échange, au don, et au marché. Les acquis de l'anthropologie confirment que le marché n'est pas une réalité universelle, que ce n'est pas un phénomène naturel mais une institution, le produit d'une culture et donc d'une certaine forme de coercition. Dans les sociétés qu'ils étudient, les activités économiques engagent la société tout entière, elles sont pluridimensionnelles, elles sont bien ce que Marcel Mauss qualifiait de fait social total. Bronislaw Malinowski a montré que la recherche du profit n'était pas le mobile universel de l'échange et que les notions de marché, d'offre, de demande, de prix n'étaient parfois d'aucun secours pour comprendre certaines activités typiquement économiques comme l'échange. Le marché n'est pas l'institution capitale et incontournable de toute société.
Les positions figées héritées de l'histoire des sciences sociales sont aujourd'hui en voie de recomposition. La nouvelle économie institutionnelle a recours aux principes de l'individualisme méthodologique pour rendre compte de l'émergence des cadres institutionnels de l'activité économique. Ces institutions permettraient de réaliser des coûts de transaction ou seraient le moyen le plus efficace pour résoudre les problèmes concrets auxquels sont confrontés les acteurs. Certains iront même jusqu'à affirmer qu'en cas de besoin les acteurs peuvent créer de toutes pièces des institutions qui répondent à leurs besoins. Parmi les figures les plus marquantes de ce courant hétérogène, citons Alchian, Arrow, Chandler, Coase, Williamson. D'autres travaux d'économistes sur les fonctionnements réels des marchés du travail, associés à l'évolution de la sociologie du travail, à l'émergence d'une sociologie des entreprises, au développement de la sociologie des réseaux – à laquelle Mark Granovetter a attaché son nom – participent à leur façon de cette recomposition de l'articulation de l'économie et de la sociologie.
Le refus de l'isolement de chaque discipline passe moins par la juxtaposition du regard du sociologue à celui de l'économiste que par le croisement permanent des deux points de vue dans une démarche intégrée – à laquelle nous invitait Max Weber –, c'est-à-dire par l'adoption du point de vue des sciences sociales venant se substituer au point de vue de l'économie et au point de vue de la sociologie. La revendication d'une reconnaissance institutionnelle actuelle de la socio-économie participe activement de ce mouvement de renouvellement.

La théorie du don

S 71

Bronislaw Malinowski

La Kula

Vaste organisation de rapports intertribaux qui, à l'intérieur d'un immense périmètre, lie un grand nombre d'individus par des obligations sociales réciproques bien déterminées, minutieusement réglementées selon un plan concerté, la Kula représente un système sociologique d'une complexité et d'une ampleur sans précédent, si l'on tient compte du niveau de culture des peuplades qui la pratiquent. Par ailleurs, cet important lacis de relations sociales ne saurait être regardé un seul instant comme quelque chose d'éphémère, de récent et de précaire. En effet, sa mythologie très développée et ses rites magiques prouvent à suffisance que la Kula est profondément ancrée dans la tradition de ces aborigènes et qu'elle remonte sans doute fort loin dans les temps.

La transaction, qui forme la partie essentielle de la Kula, constitue de par sa nature même une autre particularité très rare. Échange mi-cérémoniel, mi-commercial, on n'y procède que pour l'acte en soi, pour satisfaire à un désir profond de possession. Mais ici encore il s'agit d'une possession d'un genre spécial. L'homme qui pratique la Kula garde par-devers lui pendant un cours laps de temps un certain nombre d'objets distincts de deux sortes ; il s'en défait pour en recevoir d'autres, en alternant toujours les catégories. Le caractère incomplet de cette possession, dû à sa durée limitée, se trouve compensé par la faculté de disposer successivement de beaucoup d'objets, si bien qu'on peut parler de possession cumulative.

Un autre point capital – peut-être le plus important de tous parce qu'il montre très bien le caractère exceptionnel de la Kula – c'est l'attitude psychologique des indigènes vis-à-vis des objets, des symboles de richesse. Ces derniers ne sont jamais employés et ne servent pas non plus de monnaie ou de moyen d'échange. En fait, ils ont très peu de points communs avec des instruments économiques – si tant est qu'ils en aient – sauf toutefois que la monnaie et le *vaygu'a* représentent tous les deux de la richesse sous une forme condensée. [...] Chaque *vaygu'a* de type Kula est avant tout destiné à être possédé et échangé tout au long de son existence ; il n'a qu'une seule fonction et ne sert qu'à une seule fin – faire le tour du circuit Kula, passer de main en main, appartenir tantôt à l'un tantôt à l'autre, être exhibé d'une manière que nous verrons bientôt. Les échanges dont il est en permanence l'objet présentent un caractère tout à fait particulier ; du point de vue géographique, ils ne peuvent s'opérer que dans un sens bien précis ; du point de vue social, ils se limitent strictement à un groupe d'hommes dont c'est le privilège ; ils sont soumis à toutes sortes de règles et de prescriptions rigides ; ils ne s'apparentent en aucune façon au troc, ni au simple geste d'offrir et de recevoir des présents, ni à une espèce de jeu donnant donnant. En réalité, l'échange est Kula, c'est-à-dire d'un type entièrement nouveau. Et c'est précisément cet échange, du fait qu'il se poursuit sans trêve et qu'il suscite d'ardentes compétitions, qu'il éveille la jalousie et confère prestige social et renommée, qui donne tout leur prix aux *vaygu'a*. À la vérité, pour les indigènes, ceux-ci sont devenus un de leurs principaux centres d'intérêt et, partant, un élément essentiel de leur culture. On peut donc dire qu'une des particularités majeures de la Kula, d'un genre tout à fait exceptionnel, est l'existence de ces *vaygu'a,* objets précieux qui passent sans relâche de main en main, qui ne peuvent être qu'échangés et qui tirent leur valeur du caractère même de cette transaction constante.

Les échanges de ces articles doivent s'effectuer conformément à un code précis. Le principe essentiel en est que la transaction n'a rien de commun avec une opération commerciale. Il faut surtout que l'objet remis en contrepartie soit de valeur égale à celui reçu, mais l'estimation de l'équivalence est laissée au partenaire qui s'acquitte en retour ; pour ce faire, ce dernier s'en rapportera à l'usage et à sa propre conscience. Le cérémonial qui accompagne l'acte de donner, la manière de porter et de manipuler ces objets montrent clairement qu'on ne les tient pas pour de simples marchandises. En fait, le *vaygu'a,* c'est, pour l'indigène, quelque chose qui lui confère de l'importance, qui lui vaut de la considération, et voilà pourquoi il le regarde avec respect et affection. [...]

Ainsi par plusieurs de ses aspects, la Kula représente pour nous un phénomène d'un type nouveau qui participe du commerce et du rite et qui exprime une attitude mentale complexe et intéressante. Bien qu'on n'ait jamais relevé de cas similaires, elle ne saurait être unique en son genre. En effet, il serait inconcevable qu'un phénomène social de cette ampleur qui, de toute évidence, correspond à quelque chose d'essentiel en l'homme, ne soit qu'un jeu et une fantaisie propres à un seule région de la terre. [...]

Pour ceux qu'intéressent surtout les phénomènes d'évolution, la Kula peut fournir prétexte à des réflexions utiles sur les origines de la richesse, de la notion de valeur, des rapports commerciaux et économiques en général.

Bronislaw Malinowski,
Les Argonautes du Pacifique occidental (1922),
trad A. et S. Devyver, Éditions Gallimard, Paris, 1989, pp. 581-583, 585.

COMMENTAIRE

Bronislaw Malinowski (1884-1942) a mis à profit son séjour en Australie pendant la Première Guerre mondiale et sa situation personnelle pour aller, en Nouvelle-Guinée, étudier pendant deux ans les aborigènes des îles Trobiands. Il est considéré comme le père de l'anthropologie scientifique qui privilégie les études de terrain. Rompant avec la longue tradition des anthropologues de cabinet, tel Frazer, cet auteur est l'un des premiers à faire de l'observation de terrain. Il va étudier, pour elle-même, une société « primitive » et non plus pour y enregistrer les traces présumées des âges révolus des premières étapes de l'évolution humaine. Il prend pour objet d'étude la vie quotidienne des hommes dans les communautés, ce qui lui permet de rédiger des comptes rendus de recherche extraordinairement exhaustifs et stimulants.

Il découvre qu'aux îles Trobiands toutes les activités reflètent un ensemble homogène de croyances, et démontre que les différentes formes d'organisation sociale reposent sur la Kula. Ce système particulier de circulation et de redistribution des objets rares est fondé sur le principe de la réciprocité. Dans le système de la Kula, des boucliers et des colliers circulent en sens opposé au sein de réseaux circulaires établis entre plusieurs îles et communautés différentes. Si les individus participent à la Kula alors que les objets échangés ne sont pas utilisés, que l'acceptation d'un don fait de vous un débiteur obligé de rendre au moins l'équivalent, c'est parce qu'elle procure du prestige. L'institution de la Kula a une fonction sociale d'intégration de la communauté. *Les Argonautes du Pacifique occidental* sont une recherche pionnière de l'anthropologie économique, Bronislaw Malinowski y décrit le commerce et l'échange au sein de communautés mélanésiennes.

Bronislaw Malinowski adopte une démarche fonctionnaliste. Il affirme que les cultures forment des totalités intégrées que l'on ne peut faire éclater pour en extraire des éléments au gré des besoins d'une démarche comparative. Un trait culturel ne prend son sens que dans un contexte et par rapport à l'ensemble dont auquel il appartient. C'est dans ce cadre qu'il faut analyser le système d'échange de la Kula qui ne peut se comprendre que si l'on met à jour la fonction qu'elle remplit dans la communauté.

L'institution de la Kula a une fonction sociale d'intégration de la communauté. Dans les sociétés étudiées par les anthropologues, toute l'activité économique est régie par la redistribution des richesses ou par la réciprocité. L'activité économique y est une activité éminemment politique régie par la tradition.

mots-clés

CULTURE – CONSOMMATION – ÉCHANGE – FONCTIONNALISME – INTÉGRATION – KULA – PRESTIGE – TRADITION – COMPARATISME

S 72

Marcel Mauss

Le Potlach, un fait social total

Dans les économies et dans les droits qui ont précédé les nôtres, on ne constate pour ainsi dire jamais de simples échanges de biens, de richesses et de produits au cours d'un marché passé entre les individus. D'abord, ce ne sont pas des individus, ce sont des collectivités qui s'obligent mutuellement, échangent et contractent; les personnes présentes au contrat sont des personnes morales: clans, tribus, familles, qui s'affrontent et s'opposent soit en groupes se faisant face à face sur le terrain même, soit par l'intermédiaire de leurs chefs, soit de ces deux façons à la fois. De plus, ce qu'ils échangent ce n'est pas exclusivement des biens et des richesses, des meubles et des immeubles, des choses utiles économiquement. Ce sont avant tout des politesses, des festins, des rites, des services militaires, des femmes, des enfants, des danses, des fêtes, des foires dont le marché n'est qu'un des moments et où la circulation des richesses n'est qu'un des termes d'un contrat beaucoup plus général et beaucoup plus permanent. Enfin, des prestations et contre-prestations s'engagent sous une forme plutôt volontaire, par des présents, des cadeaux, bien qu'elles soient au fond rigoureusement obligatoires, à peine de guerre privée ou publique. Nous avons proposé d'appeler tout ceci le *système des prestations totales*. Le type le plus pur de ces institutions nous paraît être représenté par l'alliance des deux fratries dans les tribus australiennes ou nord-américaines en général, où les rites, les mariages, la succession aux biens, les liens de droit et d'intérêt, rangs militaires et sacerdotaux, tout est complémentaire et suppose la collaboration des deux moitiés de la tribu. [...]

Tous les faits précédents ont été recueillis dans ce domaine qu'on appelle celui de l'ethnographie. De plus ils sont localisés dans les sociétés qui peuplent les bords du Pacifique. On se sert d'ordinaire de ce genre de faits à titre de curiosités ou, à la rigueur, de comparaison, pour mesurer de combien nos sociétés s'écartent ou se rapprochent de ces genres d'institutions qu'on appelle «primitives».

Cependant, ils ont une valeur sociologique générale, puisqu'ils nous permettent de comprendre un moment de l'évolution sociale. Des institutions de ce type ont réellement fourni la transition vers nos formes à nous, de droit et d'économie. Elles peuvent servir à expliquer historiquement nos propres sociétés. La morale et la pratique des échanges usitées par les sociétés qui ont immédiatement précédé les nôtres gardent encore les traces plus ou moins importantes de tous les principes que nous venons d'analyser. Nous croyons pouvoir démontrer, en fait, que nos droits et nos économies se sont dégagés d'institutions similaires aux précédentes.

Nous vivons dans des sociétés qui distinguent fortement (l'opposition est maintenant critiquée par les juristes eux-mêmes) les droits réels et les droits personnels, les personnes et les choses. Cette séparation est fondamentale : elle constitue la condition même d'une partie de notre système de propriété d'aliénation et d'échange. Or, elle est étrangère au droit que nous venons d'étudier. [...]

Les faits que nous avons étudiés sont tous, qu'on nous permette l'expression, des faits sociaux *totaux* ou, si l'on veut – mais nous aimons moins le mot – généraux : c'est-à-dire qu'ils mettent en branle dans certains cas la totalité de la société et de ses institutions (potlatch, clans affrontés, tribus se visitant, etc.) et dans d'autres cas, seulement un très grand nombre d'institutions, en particulier lorsque ces échanges et ces contrats concernent plutôt des individus. Tous ces phénomènes sont à la fois juridiques, économiques, religieux, et même esthétiques, morphologiques, etc. Ils sont juridiques, de droit privé et public, de moralité organisée et diffuse, strictement obligatoires ou simplement loués et blâmés, politiques et domestiques en même temps, intéressant les classes sociales aussi bien que les clans et les familles.

Marcel Mauss,
ESSAI SUR LE DON, FORME ET RAISON DE L'ÉCHANGE
DANS LES SOCIÉTÉS ARCHAÏQUES (1923-1924),
in Sociologie et anthropologie *(1950),*
PUF, Paris, 1993, pp. 150-151, 228-229, 274.

COMMENTAIRE

L'approche strictement économique de l'échange des biens ne permet pas de comprendre toutes les dimensions du phénomène, notamment ses dimensions symboliques, morales, esthétiques, juridiques, religieuses ou politiques. Dans l'*Essai sur le don,* l'anthropologue Marcel Mauss (1873-1950), neveu d'Émile Durkheim, propose d'appréhender la question à travers le don.

L'échange est avant tout une relation sociale qui met en jeu, notamment dans les sociétés étudiées par les anthropologues, des groupes et des collectivités humaines. Reprenant les travaux d'autres anthropologues, notamment ceux de Bronislaw Malinowski, Marcel Mauss montre que le don, qu'il présente comme un « fait social total » est un système de « prestations totales de type agonistique », régi par trois principes essentiels : l'obligation de donner, l'obligation de recevoir, et, sauf à perdre la face collectivement, l'obligation de rendre au moins l'équivalent.
Les anthropologues nous ont appris que, dans les sociétés qu'ils étudient, le surplus n'est pas thésaurisé ou accumulé dans des réalisations durables et des équipements collectifs, mais détruit à l'occasion de manifestations collectives qui contribuent à renforcer la cohésion du groupe, mais qu'il peut aussi être mobilisé dans de longs processus d'échange, avec d'autres communautés. Ces échanges concernent des biens prestigieux dont la valeur est avant tout symbolique.
Ainsi en va-t-il du potlatch étudié par Boas, chez les Kwakiutl du Nord-Ouest américain, qui met en jeu, sur le mode de la compétition entre des groupes, le prestige et le respect. L'enjeu réel de cette destination de richesses n'est pas la rencontre d'une offre et d'une demande en vue de la satisfaction des besoins individuels, mais la renommée de la communauté tout entière.
En prenant le don pour objet d'étude, Marcel Mauss voulait comprendre la fonction sociale des échanges qui échappent à la logique de l'offre, de la demande et du profit monétaire. Marcel Mauss met ainsi en valeur la dimension symbolique des échanges, il rappelle qu'il existe d'autres rationalités que la rationalité économique (au sens de recherche d'un profit monétaire immédiat) et que le principe de réciprocité et de redistribution sont des facteurs essentiels de la régulation sociale.

mots-clés

DON – ÉCHANGE – FAIT SOCIAL TOTAL – POTLATCH – PRESTIGE – RÉGULATION

S 73

Georg Simmel

Le pouvoir social de l'argent

Puisque la *diversité* des produits, ou des désirs se portant vers eux, est la cause pour laquelle on en vient à l'argent, le rôle de celui-ci deviendra évidemment d'autant plus grand, d'autant plus indispensable, que le trafic inclura des objets plus variés ; ou vu de l'autre côté : il n'y aura de spécification notable des prestations qu'à partir du moment où on n'en sera plus réduit à l'échange direct. La chance que le preneur d'un produit ait justement de son côté un objet à offrir qui soit agréable au producteur, va diminuer dans la mesure où augmente la spécialisation des produits ainsi que des désirs. En ce sens, ce n'est donc pas un facteur nouveau qui rattache la différenciation à la souveraineté absolue de l'argent ; au contraire, la liaison entre les deux valeurs culturelles s'opère déjà dans les profondeurs où elles s'enracinent, et si les rapports de spécialisation que je décris forment en économie monétaire, par interaction, une complète unité historique avec cette dernière – ce n'est jamais que le renforcement graduel d'une synthèse déjà donnée dans l'essence de l'une et de l'autre.

Par cette médiation, le style de vie se relie donc, pour autant qu'il dépend de la relation entre culture objective et culture subjective, à la circulation monétaire. Et l'essence de cette circulation se dévoile en ceci qu'elle favorisera aussi bien la prépondérance de l'esprit objectif sur l'esprit subjectif, que la mise en réserve, l'augmentation indépendante et le développement spécifique de ce dernier. Ce qui érige la culture des choses en une puissance tellement supérieure vis-à-vis de celle des personnes, c'est l'unité, l'autonomie close où elle parvient à l'époque moderne. La production, avec sa technique et ses résultats, paraît être un cosmos avec des déterminations et des évolutions fermes, pour ainsi dire logiques, qui s'oppose à l'individu comme le destin à l'instabilité et à l'irrégularité de notre vouloir. Cette suffisance formelle, cette nécessité intérieure qui unifie les contenus culturels en réplique à la cohérence naturelle, ne sont permises que par l'argent. D'un côté l'argent fonctionne comme le système d'articulation de cet organisme ; il permet que ses éléments se déplacent les uns par rapport aux autres, il institue entre toutes les impulsions une relation de dépendance et de relaiement réciproques. D'un autre côté il est comparable au sang, dont le flux continu irrigue les membres jusque dans toutes les ramifications et garantit ainsi, en les nourrissant tous également, l'unité de leurs fonctions. En ce qui concerne le deuxième point : l'argent, parce qu'il s'interpose entre les choses et l'homme, permet à celui-ci une existence *quasi* abstraite, libre de tout égard direct pour les choses, de tout rapport direct avec elles, liberté sans laquelle notre intériorité ne saisirait point certaines chances de développement ; si l'homme moderne se ménage, pourvu que les circonstances s'y prêtent, une réserve de subjectivité, préserve de haute lutte le secret et le retrait de son être le plus personnel, entendu ici non au sens social mais au sens plus profond de la métaphysique – autant de traits remplaçant un peu le style religieux des époques antérieures –, tout cela est conditionné par le fait que l'argent nous épargne de plus en plus les contacts directs avec les objets tandis qu'en même temps il nous facilite infiniment leur maîtrise et la sélection de ce qui nous agrée.

Georg Simmel,
PHILOSOPHIE DE L'ARGENT (1900),
trad. française Gasparini, PUF, Paris, 1987, pp. 601-602.

COMMENTAIRE

En abordant la question de « l'argent », Georg Simmel (1858-1918) cherche à dévoiler les conséquences de l'introduction et de la généralisation de l'usage de la monnaie dans les relations sociales. Le passage d'une société où prédomine le don ou le troc à une société régie par l'échange monétaire correspond à un véritable saut qualitatif. La monnaie est un médium dont les propriétés, notamment les fonctions d'étalon de mesure et de réserve inter-temporelle de la valeur, ont contribué à la transformation des relations sociales, des structures et des institutions. La monétarisation des relations d'échange a historiquement été une source de liberté, elle a favorisé l'apparition de comportements économiques modernes grâce, d'une part, au calcul économique qui préside dorénavant aux activités humaines et, d'autre part, à la production en vue de son écoulement sur le marché afin d'en dégager un surplus monétaire. Sur ce point, la thèse de Georg Simmel rejoint celle de Max Weber concernant le rôle central de la monétarisation dans l'apparition du calcul et la rationalisation des activités économiques.

Pour Georg Simmel, l'apparition de l'impôt monétaire se substituant aux prestations en nature a favorisé le détachement progressif du paysan à l'égard de son seigneur. En incitant le paysan à satisfaire la demande urbaine et à se dégager d'un système clos d'économie rurale, l'impôt monétaire a affaibli le système féodal.
La monétarisation est un phénomène ambivalent inséparable de la formation des États modernes. Vecteur d'autonomisation de la personne, elle sépare, émancipe, facilite l'accès aux biens et leur circulation; facteur d'aliénation, elle contraint, atomise, prépare le règne de la quantité et du calcul généralisé. Si la monnaie a permis la différenciation et la spécialisation des activités, elle rend dans le même temps les individus de plus en plus interdépendants.
Inséparable de la monétarisation des relations sociales, le marché est le facteur décisif de la modernité. La monnaie possède la capacité quasi alchimique de transformer et de réduire les dimensions qualitatives des relations et des objets en de simples dimensions quantitatives. Nouveau « Veau d'or », elle conduit les hommes à privilégier le « combien » au « comment ». La généralisation de son usage est le triomphe de la culture objective sur la culture subjective.

mots-clés

ALIÉNATION – ARGENT – CALCUL – CAPITALISME – CULTURE OBJECTIVE – MARCHÉ – MODERNITÉ – MONÉTARISATION – PRÉVISION – RATIONALISATION – AUTONOMIE – CONTRAINTE – CULTURE SUBJECTIVE – IMPÔT MONÉTAIRE

Le marché

S 74

Karl Polanyi

Le marché : une création sociale

L'enseignement orthodoxe partait de la propension de l'individu au troc ; on en déduisait la nécessité des marchés locaux, ainsi que la division du travail ; et on en concluait pour finir à la nécessité du commerce, puis du commerce extérieur, y compris celui au long cours. Compte tenu de nos connaissances actuelles, il nous faut presque renverser l'ordre du raisonnement : le vrai point de départ est le commerce au long cours, résultat de la localisation géographique de biens, et de la « division du travail » née de cette localisation. Le commerce au long cours engendre souvent des marchés, institutions qui impliquent des trocs, et si l'on utilise la monnaie, des achats et des ventes, ce qui peut ainsi offrir à certains individus, mais cela n'a rien de nécessaire, une occasion de céder à leur prétendue propension à troquer et à marchander. [...]

On peut s'étonner de constater que le marché local typique, où les ménagères se procurent ce dont elles ont besoin tous les jours, et où les producteurs de grains et de légumes, ainsi que les artisans locaux, proposent leurs articles à la vente, ne varie guère, quels que soient l'époque et le lieu. Ce n'est pas seulement dans les sociétés primitives que les rassemblements de ce genre ont un caractère tout à fait général ; ils subsistent presque sans changement jusqu'en plein milieu du XVIIIe siècle dans les pays les plus avancés d'Europe occidentale. Ils constituent un attribut de la vie locale et ne diffèrent que peu les uns des autres, qu'ils appartiennent à la vie tribale de l'Afrique centrale, à une *cité* de la France mérovingienne ou à un village écossais à l'époque d'Adam Smith. Mais ce qui est vrai du village l'est aussi de la ville. Les marchés locaux sont essentiellement des marchés de voisinage et, quelque importance qu'ils aient pour la vie de la communauté, rien n'indique, où que ce soit, que le système économique dominant se modèle sur eux. Ils ont été des points de départ du commerce intérieur ou national. […]

Une séparation toujours plus stricte entre le commerce local et le commerce d'exportation, telle fut la réaction de la vie urbaine devant un capital mobile qui menaçait de désintégrer les institutions de la ville. Pour éviter ce danger, la ville médiévale typique ne chercha pas à combler le fossé qui séparait un marché local qui était maîtrisable des aléas d'un commerce au long cours qui ne l'était pas ; au contraire, elle fit carrément face au péril en appliquant avec la plus extrême rigueur cette politique d'exclusion et de protection qui faisait sa raison d'être.

Cela signifiait en pratique que les villes dressaient tous les obstacles possibles à la formation de ce marché national ou intérieur que réclamait le grossiste capitaliste. En maintenant le principe d'un commerce local non concurrentiel et d'un commerce au long cours également non concurrentiel et assuré de ville à ville, les bourgeois empêchaient par tous les moyens à leur disposition l'absorption des campagnes dans l'espace du commerce ainsi que l'instauration de la liberté du commerce *(indiscriminate trade)* entre les villes du pays. Ce fut cette évolution qui contraignit l'État territorial à se porter au premier plan comme instrument de la « nationalisation » du marché et comme créateur du commerce intérieur.

Aux XVe et XVIe siècles, l'action délibérée de l'État imposa le système mercantile au protectionnisme acharné des villes et des principautés. Le mercantilisme détruisit le particularisme périmé du commerce local et intermunicipal en faisant sauter les barrières qui séparaient ce deux types de commerce non concurrentiel et en laissant ainsi le champ libre à un marché national qui ignorait de plus en plus la distinction entre la ville et la campagne aussi bien qu'entre les diverses villes et provinces.

De fait, le système mercantile était une réponse à de nombreux défis. Du point de vue politique, l'État centralisé était une création nouvelle, née de cette révolution commerciale qui avait déplacé le centre de gravité du monde occidental, forçant ainsi les peuples arriérés des grands pays agricoles à s'organiser pour le commerce *(commerce and trade)*. En politique étrangère, la nécessité du moment voulait la création d'une puissance souveraine ; la politique mercantiliste supposait par conséquent que les ressources du territoire national tout entier fussent mises au service des objectifs de puissance que l'on visait à l'extérieur. En politique intérieure, l'unification des pays morcelés par le particularisme féodal et municipal était le sous-produit nécessaire d'une pareille entreprise. Du point de vue économique, l'instrument d'unification fut le capital, c'est-à-dire les ressources privées disponibles sous forme d'argent thésaurisé, et donc particulièrement appropriées au développement du commerce. Enfin, l'extension du système municipal traditionnel au territoire plus vaste de l'État fournit les techniques administratives sur lesquelles reposait la politique économique du gouvernement central. En France où les corporations de métiers tendaient à devenir des organes d'État, le système des corporations fut simplement généralisé sur tout le territoire du pays ; en Angleterre, où la décadence des villes fortifiées avait mortellement affaibli ce système, on industrialisa les campagnes sous le contrôle des guildes – tandis que dans les deux pays métiers et commerce se répandaient sur tout le territoire de la nation et devenaient la forme dominante de l'activité économique. C'est dans cette situation que résident les origines de la politique de commerce intérieur du mercantilisme.

On eut alors recours à l'intervention de l'État, qui avait libéré le commerce des limites que lui imposaient la ville et ses privilèges, pour mettre fin à deux dangers étroitement apparentés que la ville avait affronté avec succès, à savoir le monopole et la concurrence.

Karl Polanyi,
La Grande Transformation :
aux origines politiques et économiques de notre temps (1944),
trad. française C. Malamoud, M. Angeno, Éditions Gallimard, Paris, 1983, pp. 90-99.

COMMENTAIRE

En s'intéressant quasi exclusivement aux logiques des choix – supposés rationnels – que les individus sont amenés à faire, dans un univers social atomisé, pour affecter des ressources rares à usages alternatifs, les économistes ont développé une conception substantialiste de l'échange. Considérant que les activités de production, de circulation et de consommation sont des phénomènes naturels et universels, les économistes privilégient principalement les mécanismes de fonctionnement du marché.

Pour Karl Polanyi (1886-1964), loin d'être naturelle et universelle, l'économie moderne est le résultat de l'activité humaine : c'est une économie de marché dans laquelle l'allocation des moyens rares et à usages alternatifs est régulée par les prix fixés sur un marché et non par des règlements.

Pour Karl Polanyi, le marché, en tant que système particulier d'échange, ne devient la matrice de comportements orientés par des prix fixés sur un marché qu'à la suite d'un long processus historique. Ce n'est que petit à petit que le travail, le capital, la terre, les biens, ont fait l'objet de transactions et d'achats sur des marchés. Pour cela, il a fallu bâtir les conditions sociales et politiques de leur libre circulation, de leur détachement des systèmes antérieurs de gestion des rapports à la rareté. Par exemple, les lois sur les pauvres ont, en Angleterre, créé les conditions institutionnelles nécessaires à la création d'un marché du travail puis à la généralisation du salariat. Loin d'être une entrave au développement du marché, l'État a participé à sa création par l'unification de l'espace économique et par la centralisation. Ainsi, le marché sur lequel les individus échangent librement et en fonction duquel ils prennent leurs décisions, s'est créé lentement. Nous sommes en présence d'un cas exemplaire de « construction sociale de la réalité ».

mots-clés

CENTRALISATION – ÉTAT – LIBÉRALISME – MARCHÉ – RÉGULATION – ÉCHANGE – ÉCONOMIE DE MARCHÉ

S 75

Max Weber

Ascétisme religieux et éthique du capitalisme

L'homme n'est que le régisseur des biens à lui confiés par la grâce de Dieu. Tel le serviteur de la parabole, il doit rendre compte de chaque sou à lui confié et qui serait pour le moins scabreux de dissiper dans un dessein qui ne vise point à la gloire de Dieu, mais à une jouissance toute personnelle. Pour peu qu'on ait les yeux ouverts, ne rencontre-t-on pas de nos jours encore des défenseurs de cette conception ? L'idée que l'homme a des *devoirs* à l'égard des richesses qui lui sont confiées et auxquelles il se subordonne comme un régisseur obéissant, voire comme une « machine à acquérir », pèse de tout son poids sur une vie qu'elle glace. Plus grandes seront les possessions, plus lourd, si le sentiment ascétique résiste à l'épreuve, le sentiment de responsabilité à leur égard [le devoir] de les conserver intactes pour la gloire de Dieu, et [même, si faire se peut] de les multiplier par un travail sans relâche. Comme tant d'éléments de l'esprit capitaliste moderne, par certaines de ses racines, l'origine de ce style de vie remonte au Moyen Âge[1]. Mais ce n'est que dans l'éthique du protestantisme ascétique qu'il a trouvé son principe moral conséquent. Sa signification pour le développement du capitalisme est évidente[2].

Pour résumer ce que nous avons dit jusqu'à présent, l'ascétisme protestant, agissant à l'intérieur du monde, s'opposa avec une grande efficacité à la jouissance spontanée des richesses et freina la *consommation,* notamment celle des objets de luxe. En revanche, il eut pour effet psychologique de *débarrasser* des inhibitions de l'éthique traditionnaliste *le désir d'acquérir.* Il a rompu les chaînes [qui entravaient] pareille tendance à acquérir, non seulement en la légalisant, mais aussi, comme nous l'avons exposé, en la considérant comme directement voulue par Dieu. Comme l'a dit expressément Barclay, le grand apologiste des quakers, et en accord avec les puritains, la lutte contre les tentations de la chair et la dépendance à l'égard des biens extérieurs ne visait point l'*acquisition* rationnelle, mais un usage *irrationnel* des possessions.

Ce dernier consistait avant tout à estimer les formes *ostensibles* de luxe, condamnées en tant qu'idolâtrie de la créature, pour naturelles que ces formes fussent apparues à la sensibilité féodale, tandis que l'usage rationnel, utilitaire des richesses, était voulu par Dieu, pour les besoins de l'individu et de la collectivité. Ce n'était point des macérations qu'il s'agissait d'imposer aux possédants[3], mais un emploi de leurs biens à des fins *nécessaires* et *utiles*. De façon caractéristique, la notion de « confort » englobe le domaine de la consommation éthiquement permise, et ce n'est évidemment pas un hasard si le style de vie attaché à cette notion a été observé en premier lieu, et avec une netteté spéciale, chez les quakers, représentants les plus conséquents de cette attitude face à la vie. Au clinquant et au faux-semblant du faste chevaleresque qui, sur une base économiquement chancelante, préfère les dehors d'une élégance élimée à la sobre simplicité, ceux-ci opposent leur idéal : le confort net et solide du « home » bourgeois.

1. La séparation de l'atelier, du comptoir, de l'« affaire » en général, et de la demeure privée – la séparation de la firme commerciale et du nom –, celle du capital de l'affaire et de la fortune privée, la tendance à considérer l'« entreprise » comme un corpus mysticum *(au moins dans le cas des biens de la société), tout cela allait dans ce sens. Voir à ce sujet mes* Handelsgesellshaften im Mittelalter (Gesammelte Aufsätze zur Sozial und Wirtschaftsgeschichte, *pp. 312 sqq.*

2. Dans son Kapitalismus *(1re éd.), Sombart a déjà parfaitement mis en relief ce phénomène. Il faut toutefois remarquer que l'accumulation des richesses a deux sources fort différentes. L'une remonte à la plus haute Antiquité. Elle s'exprime par des fondations, des biens de famille, fidéicommis, et, beaucoup plus nettement encore, dans le désir de mourir comblé de biens matériels ; enfin, dans celui d'assurer la pérennité de l'« affaire », fût-ce aux dépens des intérêts personnels des enfants eux-mêmes. En pareil cas, outre le souhait de poursuivre par-delà la mort une vie idéale dans sa propre création, et de maintenir ainsi la* splendor familiæ, *et aussi la vanité d'exalter la personnalité du fondateur, il s'agit en fait de fins égocentriques. Il n'en va pas de même avec les motivations bourgeoises dont nous nous occupons ici. Le principe de l'ascétisme : « Entsagen sollst du, sollst entsagen », se transforme sous nos yeux en un positif et capitaliste « Erwerben sollst du, sollst erwerben », qui, dans son irrationalité pure et simple, est une sorte d'impératif catégorique. Pour les puritains, le mobile est la gloire de Dieu et le devoir personnel, non point la vanité de l'homme ; et, de nos jours, le seul devoir envers sa « besogne ». Quiconque aime à illustrer une idée par ses ultimes conséquences se rappellera la théorie de certains milliardaires américains suivant lesquels il ne faut pas laisser ses milliards à ses enfants afin de ne pas les priver des bienfaits moraux qu'engendre la nécessité d'acquérir par soi-même. À vrai dire, de nos jours, ce n'est plus là qu'une bulle de savon « théorique ».*

3. Il faut le souligner sans cesse, c'est là le dernier ressort, le motif religieux décisif (avec le désir purement ascétique de mortification de la chair). Particulièrement net chez les quakers.

*4. Baxter (*Saint's Everlasting, *Rest p.12) les rejetait conformément à un principe identique à celui des jésuites : accorder au corps ce qui lui revient, sous peine d'en devenir l'esclave.*

Max Weber,
L'Éthique protestante et l'esprit du capitalisme (1905),
trad. française J. Chavy, Librairie Plon, Paris, 1964, pp. 232-235.

COMMENTAIRE

Tous les sociologues ont voulu comprendre l'essence de la modernité et c'est dans cette perspective que Max Weber (1864-1920) se demande pourquoi le capitalisme s'est développé à un moment donné de l'histoire de l'Europe. Il cherche à expliquer un paradoxe : comment se fait-il qu'un système de croyances religieuses (le protestantisme) qui dévalorise le profit personnel et l'hédonisme ait contribué au développement d'une forme d'activité économique (le capitalisme) qui justement, valorise le profit et rejette ou au mieux ignore les préceptes religieux ?

Pour Max Weber, les conceptions que les hommes se font de leur existence et leurs visions du monde peuvent permettre de comprendre leurs comportements. Les conduites religieuses ne sont pas un épiphénomène, elles exercent une influence réelle sur les autres activités humaines, notamment à l'échelle de la vie quotidienne.

À partir des singularités de la société capitaliste moderne, il construit un idéal-type de l'esprit du capitalisme dont les traits caractéristiques sont : l'affranchissement du travail des liens du servage ou de l'esclavage, la dissociation du patrimoine familial et du patrimoine de l'entreprise, la généralisation de l'usage de la monnaie, la production pour le marché et la recherche du profit, la rationalisation des activités, la sécularisation des institutions, la rationalisation du droit et des normes.

L'esprit du capitalisme a des racines religieuses. Les sectes et églises protestantes héritières de la Réforme protestante ont, à partir du XVIe siècle, transformé les représentations qu'une partie des chrétiens se faisait de l'argent et du travail. Les systèmes de croyances relatives au salut ont amené certains protestants à interpréter leur situation dans le monde et dans leur environnement social à la lumière de leur éthique, facilitant ainsi l'apparition de dispositions à des activités congruentes avec l'esprit du capitalisme.

L'explication qu'en donne Max Weber repose sur la notion de « *Beruf* » (vocation ou métier), et les concepts d'ascétisme et de mysticisme. Les membres des sectes calvinistes sont persuadés d'une part que Dieu en a élu certains, et d'autre part que Dieu gouverne le monde. Ils se croient donc les instruments de la volonté divine et doivent travailler sans cesse à sa gloire. La vocation consiste à préparer au quotidien l'avènement du royaume de Dieu sur terre et à organiser tous les actes de sa vie quotidienne conformément à cet objectif.

Dans les religions du salut, l'ascétisme est un moyen permettant de se rapprocher de son Dieu. Il en existe deux formes. La première consiste à se livrer à des activités conformes à la morale religieuse. La seconde forme d'ascétisme consiste à fuir le monde des hommes pour se dévouer corps et âme au seul service de Dieu, comme le firent les moines. Le mysticisme, quant à lui, consiste à se réfugier dans la contemplation du monde pour se rapprocher de Dieu.

L'éthique protestante est un ensemble organisé de croyances dont les plus importantes sont :

– le monde est créé pour la plus grande gloire de Dieu. Ce n'est pas Dieu qui existe pour les hommes mais les hommes pour Dieu ;
– la vie des croyants est tout entière dominée par la religion ;
– les décisions de Dieu sont inaccessibles et incompréhensibles par les hommes, (ce qui rend inutile l'existence de prêtres servant d'intermédiaires) ;
– rien ne pourra changer le décret de la prédestination qui est irrévocable.

Le calviniste est angoissé, il cherche les signes de son élection et il retrouve espoir en mettant en pratique le précepte « Aide-toi et le Ciel t'aidera ! ». Sa réussite matérielle devient un signe de sa propre grâce.

La richesse, fruit du travail personnel, ne permet pas d'obtenir le salut, l'accumulation (à défaut d'une dilapidation qui serait contradictoire avec le refus de la paresse et de la luxure) devient une façon de concilier sa vocation tout en restant fidèle aux préceptes de la foi. La rationalisation des activités quotidiennes est une autre manifestation des affinités électives de l'éthique protestante et de l'esprit du capitalisme. Tous les aspects de la vie quotidienne du calviniste sont orientés vers un but unique : accroître la gloire de Dieu.

Ainsi Max Weber n'a jamais affirmé que les affinités électives de l'esprit du capitalisme et de l'éthique protestante pouvaient s'interpréter en termes de causalité.

mots-clés

ACCUMULATION – AFFINITÉS ÉLECTIVES – ASCÉTISME – CAPITALISME – ÉTHIQUE – ÉTHOS – MÉTIER – MODE DE VIE – PROTESTANTISME – RATIONALISATION – RÉFORME – VALEURS – VOCATION – IDÉAL-TYPE – ARGENT – MODERNITÉ – NORME – RELIGION – TRAVAIL

De l'étude de la consommation à la nouvelle sociologie économique

S 76

Thorstein Veblen

La consommation ostentatoire

Pour s'attirer et conserver l'estime des hommes, il ne suffit pas de posséder simplement richesse ou pouvoir; il faut encore les mettre en évidence, car c'est à l'évidence seule que va l'estime. En mettant sa richesse bien en vue, non seulement on fait sentir son importance aux autres, non seulement on aiguise et tient en éveil le sentiment qu'ils ont de cette importance, mais encore, chose à peine moins utile, on affermit et préserve toutes les raisons d'être satisfait de soi. [...]

L'immémoriale distinction théorique du vil et de l'honorable, en matière de train de vie, garde aujourd'hui encore beaucoup de son acuité. Rares sont les personnes de la bonne société à qui les formes vulgaires du travail n'inspirent pas une répugnance instinctive. Nous avons un sentiment tout rituel de l'impureté de certaines professions, surtout de celles que notre pensée associe aux emplois serviles. Quand on a le goût délicat, on sent bien qu'une contamination spirituelle est inséparable de certaines fonctions ordinairement exigées des domestiques. On condamne sans hésitation et l'on fuit un cadre vulgaire, une habitation humble (c'est-à-dire à bon marché), une activité bassement productive. En de pareilles conditions, le niveau de la vie spirituelle laisse à désirer; ces choses-là sont ennemies de toute «élévation de la pensée». On a bien médité sur ce sujet depuis les philosophes grecs, et les sages ont toujours reconnu que deux choses sont absolument nécessaires à l'homme pour que sa vie soit digne, belle, voire même irréprochable: disposer d'un certain loisir, et n'avoir aucun contact avec ces opérations industrielles qui servent aux usages immédiats de la vie quotidienne. En elle-même et par ses conséquences, la vie de loisir est belle et ennoblissante aux yeux de tout homme civilisé.

Thorstein Veblen,
THÉORIE DE LA CLASSE DE LOISIR (1899),
trad. française L. Évrard, Éditions Gallimard, 1970, pp. 27-28.

COMMENTAIRE

L'économiste américain Thorstein Veblen (1857-1929) exerce son regard critique sur la société industrielle moderne [voir également texte E 13]. Son œuvre influencera John Kenneth Galbraith ainsi que C. W. Mills; elle sera mobilisée, en France, par les sociologues qui critiquent, dans les décennies 60 et 70, la société de consommation.

Rejetant le marxisme qu'il considère comme utopique et non scientifique, aussi bien que l'orthodoxie économique qui ne manipulerait, selon lui, que des abstractions et éviterait toute confrontation au réel, Veblen est un penseur pour qui les conceptions économiques dominantes de son temps sont anachroniques. Dans une société perméable à l'esprit d'entreprise qui se caractérise par la fraude, la duperie, la volonté de se développer, l'esprit de chicane et des comportements prédateurs (*Theory of Business Enterprise,* 1904), les théories économiques dominantes ont, d'après Veblen, pour fonction essentielle la glorification des capitaines d'industrie et des financiers.

Dans la *Théorie de la classe de loisir,* son ouvrage le plus connu en France, il présente sa thèse, désormais célèbre, relative à la spécificité du mode de vie bourgeois et au rôle du loisir comme mécanisme de distinction sociale. La bourgeoisie de l'époque est en mesure de ne pas travailler ou, si elle ne peut l'éviter, de travailler différemment et moins que les autres classes. Elle a, dès lors, du temps non contraint par les nécessités du travail salarié. Elle a une plus grande maîtrise de la gestion de son temps que ne l'ont les autres classes sociales. Pour Thorstein Veblen, il existe des temporalités sociales spécifiques aux différents groupes sociaux.

Le groupe statutaire auquel on appartient vous oblige à avoir certaines consommations quasi obligatoires qui témoignent de votre position sociale. Certaines pratiques, notamment la consommation de certains biens et surtout l'existence des loisirs (défini ici comme une consommation non productive du temps), participent à cette ostentation. Il en va de même du gaspillage.

Pour Thorstein Veblen, la consommation, notamment la consommation ostentatoire, a donc une dimension symbolique très prononcée ; c'est un mécanisme de domination sociale (thème dont on retrouve la trace chez Pierre Bourdieu). Les pratiques ostentatoires rappellent le statut de ceux qui s'y livrent et établissent la frontière, la barrière qui les sépare de ceux qui leur sont étrangers.

mots-clés

CLASSES SOCIALES – CONSOMMATION OSTENTATOIRE – DISTINCTION – INÉGALITÉS – LOISIRS – OISIVETÉ – TEMPS LIBRE – SALARIAT – TRAVAIL – UTOPIE – GROUPE STATUTAIRE

S 77

Karl Marx

Fétichisme de la marchandise

Une marchandise paraît au premier coup d'œil quelque chose de trivial et qui se comprend de soi-même. Notre analyse a montré au contraire que c'est une chose très complexe, pleine de subtilités métaphysiques et d'arguties théologiques. En tant que valeur d'usage, il n'y a rien de mystérieux, soit qu'elle satisfasse les besoins de l'homme par ses propriétés, soit que ses propriétés soient produites par le travail humain. Il est évident que l'activité de l'homme transforme les matières fournies par la nature de façon à les rendre utiles. La forme du bois, par exemple, est changée, si l'on en fait une table. Néanmoins, la table reste bois, une chose ordinaire et qui tombe sous le sens. Mais dès qu'elle se présente comme marchandise, c'est une tout autre affaire. À la fois saisissable et insaisissable, il ne lui suffit pas de poser ses pieds sur le sol ; elle se dresse, pour ainsi dire, sur sa tête de bois en face des autres marchandises et se livre à des caprices plus bizarres que si elle se mettait à danser.

Le caractère mystique de la marchandise ne provient donc pas de sa valeur d'usage. Il ne provient pas davantage des caractères qui déterminent sa valeur. [...]

D'où provient donc le caractère énigmatique du produit du travail dès qu'il revêt la forme d'une marchandise ? Évidemment de cette forme elle-même.

Le caractère d'égalité des travaux humains acquiert la forme de valeur des produits du travail ; la mesure des travaux individuels par leur durée acquiert la forme de la grandeur de la valeur des produits du travail ; enfin les rapports des producteurs, dans lesquels s'affirment les caractères sociaux de leurs travaux, acquièrent la forme d'un rapport social des produits du travail. Voilà pourquoi ces produits se convertissent en marchandises, c'est-à-dire en choses qui tombent et ne tombent pas sous le sens, ou choses sociales. C'est ainsi que l'impression lumineuse d'un objet sur le nerf optique ne se présente pas comme une excitation subjective du nerf lui-même, mais comme la forme sensible de quelque chose qui existe en dehors de l'œil. Il faut ajouter que dans l'acte de la vision la lumière est réellement projetée d'un objet extérieur sur un autre objet, l'œil ; c'est un rapport physique entre des choses physiques. Mais la forme valeur et le rapport de valeur des produits du travail n'ont absolument rien à faire avec leur nature physique. C'est seulement un rapport social déterminé des hommes entre eux qui revêt ici pour eux la forme fantastique d'un rapport des choses entre elles. Pour trouver une analogie à ce phénomène, il faut la chercher dans la région nuageuse du monde. Là les produits du cerveau humain ont l'aspect d'êtres indépendants, doués de corps particuliers, en communication avec les hommes et entre eux. Il en est de même des produits de la main de l'homme dans le monde marchand. C'est ce qu'on peut nommer le fétichisme attaché aux produits du travail, dès qu'ils se présentent comme des marchandises, fétichisme inséparable de ce mode de production.

En général des objets d'utilité ne deviennent des marchandises que parce qu'ils sont les produits de travaux privés exécutés indépendamment les uns des autres. L'ensemble de ces travaux privés forme le travail social. Comme les producteurs n'entrent socialement en contact que par l'échange de leurs produits, ce n'est que dans les limites de cet échange que s'affirment d'abord les caractères sociaux de leurs travaux privés. Ou bien les travaux privés ne se manifestent en réalité comme divisions du travail social que par les rapports que l'échange établit entre les produits du travail et indirectement entre les producteurs. Il en résulte que pour ces derniers les rapports de leurs travaux privés apparaissent ce qu'ils sont, c'est-à-dire non des rapports sociaux immédiats des personnes dans leurs travaux mêmes, mais bien plutôt des rapports sociaux entre les choses.

C'est seulement dans leur échange que les produits du travail acquièrent comme valeurs une existence sociale identique et uniforme, distincte de leur existence matérielle et multiforme comme objets d'utilité. Cette scission du produit du travail en objet utile et en objet de valeur s'élargit dans la pratique dès que l'échange a acquis assez d'étendue et d'importance pour que des objets utiles soient produits en vue de l'échange, de sorte que le caractère de valeur de ces objets est déjà pris en considération dans leur production même.

Karl Marx,
LE CAPITAL (1867),
trad. française Scandéditions - Éditions sociales, Paris, 1965, pp. 83-85.

COMMENTAIRE

La marchandise est une réalité duale qui lie valeur d'usage et valeur d'échange. Dans la société capitaliste où règne la marchandise, les individus ont tendance à ne plus accorder d'importance qu'à la valeur d'échange des marchandises indépendamment de la valeur d'usage qu'elles pourraient avoir pour eux.

Karl Marx (1818-1883) appelle fétichisme de la marchandise cette tendance à identifier la valeur d'échange à la nature intrinsèque des objets et à oublier alors que la marchandise n'a rien de naturel, qu'elle est l'œuvre des hommes, le résultat du travail humain, vivant ou cristallisé dans des équipements productifs, nécessaires à sa production. Dès que, historiquement, la forme marchande préside aux rapports d'échange, l'objet devient marchandise et les rapports sociaux cessent d'être des rapports sociaux entre des hommes pour devenir des rapports sociaux entre des choses. L'homme devient étranger à ses propres créations qu'il autonomise. Le fétichisme de la marchandise n'est qu'un aspect de la théorie plus générale de l'aliénation.

mots-clés

ALIÉNATION – CAPITALISME – EXPLOITATION – FÉTICHISME DE LA MARCHANDISE – FORCES PRODUCTIVES – MARCHANDISE – MODE DE PRODUCTION – VALEUR D'ÉCHANGE – VALEUR D'USAGE – RAPPORTS SOCIAUX – TRAVAIL

S 78

Mark Granovetter

Sur- et sous-socialisation de l'acteur économique ?

« Comment les relations sociales affectent-elles les institutions sociales et le comportement économique ? » est une des questions classiques de la théorie sociale. Puisque ces relations sont toujours présentes, on ne peut imaginer ce qui se produirait en leur absence que par une expérience pensée telle que « l'état de nature » de Thomas Hobbes ou la « position originale » de John Rawls. L'essentiel de la tradition utilitariste, y compris les économies classique et néoclassique, postulent un comportement rationnel, égoïste affecté de façon minimale par les relations sociales, et se réfère donc à un état idéalisé qui n'est pas très éloigné de ces expériences pensées. À l'autre extrême on trouve ce que j'appelle la thèse de l'« intériorisation » *(embeddedness)* : thèse selon laquelle le comportement et les institutions à analyser sont tellement contraintes par les relations sociales existantes que c'est une grave erreur de les aborder comme si elles étaient indépendantes.

Cet article concerne l'« intériorisation » *(embeddedness)* du comportement économique. Longtemps la vision majoritaire, chez les économistes, les anthropologues, les politistes, et les historiens consistait à dire qu'un tel comportement était fortement « intériorisé » *(embedded)* dans les relations sociales dans les sociétés antérieures au marché *(premarket societies)* mais devenait bien plus autonome avec la modernisation. Ce point de vue appréhendait l'économie comme une sphère de plus en plus séparée et différenciée de la société moderne, avec des transactions économiques ne se définissant plus par les obligations sociales ou de parenté de ceux qui faisaient ces transactions mais par les calculs rationnels d'un gain individuel. De plus on propose parfois de renverser la position traditionnelle : au lieu d'avoir une vie économique intégrée dans les relations sociales, on fait de ces relations un épiphénomène du marché. On associe la thèse de l'« enracinement » *(embeddedness)* à l'école « substantiviste » en anthropologie, en particulier à Karl Polanyi (1944 ; Polanyi, Arsenberg, et Pearson, 1957) et à la notion « d'économie morale » en histoire et en science politique (Thompson, 1971 ; Scott, 1976). Ses relations avec la pensée marxiste sont évidentes.

Peu d'économistes ont toutefois accepté cette conception d'une modernité introduisant une rupture dans l'« intériorisation » *(embeddedness)* ; la plupart d'entre eux affirment au contraire que, dans les sociétés primitives, l'« intériorisation » (*embeddedness*) n'y est pas substantiellement plus forte que le degré d'« intériorisation » *(embeddedness)* plus faible que l'on trouve dans les marchés modernes. Adam Smith a donné le « la » en postulant l'existence d'une « certaine propension dans la nature humaine… à troquer, trafiquer et échanger une chose contre une autre » (1776, livre 1, chap. 2) et affirmait qu'étant donné que le travail était, dans les sociétés primitives, le seul facteur de production, les biens devaient s'y échanger en fonction de leurs coûts en travail – comme dans la théorie classique et générale de l'échange (1776, livre 1, chap. 6). À partir des années 1920, certains anthropologues ont adopté une position semblable, qualifiée de « formaliste » : même dans les sociétés tribales, le comportement économique serait suffisamment indépendant des relations sociales pour que l'analyse néo-classique standard reste pertinente (Schneider, 1974). Cette thèse a été récemment renouvelée lorsque des économistes, des historiens et des politistes ont manifesté un nouvel intérêt pour l'analyse économique des institutions sociales – la plupart appartiennent à la « nouvelle économie des institutions » – et affirment que les comportements et les institutions que l'on considérait antérieurement comme étant, dans les sociétés primitives comme dans les nôtres, « intériorisés » seraient mieux compris si on y voyait le résultat d'une poursuite de l'intérêt personnel par des individus rationnels plus ou moins atomisés (*cf.* North et Thomas, 1973, Williamson, 1975, Popkin, 1979).

Ma propre conception diverge de ces deux écoles de pensée. J'affirme que, dans les sociétés sans marché *(nonmarket societies)*, le degré d'« intériorisation » (*embeddedness*) du comportement économique est plus faible que ne le proclament les théoriciens substantialistes et développementalistes, et qu'il a moins changé avec la « modernisation » qu'ils ne le croient ; mais j'affirme aussi que ce niveau a toujours été et continue à être plus important que ne le croient les économistes et les formalistes. Je ne cherche pas ici à traiter des questions posées par les sociétés sans marché. […]

Je commence en rappelant le regret de Dennis Wrong en 1961 relatif à une « conception sur-socialisée de l'homme dans la société moderne » – conception de personnes censées être terriblement sensibles aux opinions des autres et donc obéir aux diktats des systèmes de normes et de valeurs consensuellement développés, intériorisés (*embedded*) par l'intermédiaire de la socialisation, de telle sorte que l'obéissance ne soit pas perçue comme un fardeau. L'ampleur de la domination, en 1961, d'une telle conception s'expliquait en grande partie par la mise à jour, par Talcott Parsons, de la question de l'ordre chez Hobbes et par sa propre tentative de résolution de la question en transcendant la conception atomisée, *sous-socialisée* de l'homme de la tradition utilitariste à laquelle appartenait Hobbes (Parsons, 1937, pp. 89-94). Wrong approuvait la rupture avec l'utilitarisme atomisant et l'accent mis sur l'intériorisation *(embeddedness)* du contexte social par l'acteur – ce facteur décisif et absent de la pensée de Hobbes – mais il mettait en garde contre le risque d'exagération du degré de l'intériorisation et d'évacuation du conflit qu'elle comportait :

> « Le sociologue a fréquemment pour tâche de s'intéresser à l'intensité avec laquelle les hommes désirent et s'efforcent de produire une bonne opinion chez leurs associés immédiats dans des situations variées, particulièrement celles dans lesquelles des théories ou des idéologies convenues mettent, de façon excessive, en relief d'autres motifs... Ainsi, des sociologues ont montré que les ouvriers sont plus sensibles aux attitudes de leurs compagnons de travail qu'aux stimulants purement économiques... Il n'est sûrement pas dans mon intention de critiquer les découvertes de ces recherches. J'objecte que... bien que les sociologues aient critiqué les efforts faits dans le passé pour isoler un motif fondamental de la conduite humaine, dans leur propre pensée, l'idée d'un désir de production d'une image de soi positive en gagnant l'assentiment des autres, revient souvent au même. » (« The Oversocialised Conception of Man in Modern Sociology », *American Sociological Review,* 1961, 26, 2, pp. 188-189).

Les économistes classiques et néo-classiques travaillent, au contraire, avec une conception atomisée, *sous-socialisée* de l'action humaine, prolongeant la tradition utilitariste. Les arguments théoriques interdisent par hypothèse tout impact de la structure sociale et des relations sociales sur la production, la distribution, ou la consommation. Sur des marchés concurrentiels, aucun producteur ni consommateur n'influence de façon sensible l'offre ou la demande globales ni, par voie de conséquence, les prix ou les autres termes de l'échange. Comme l'a noté Albert Hirschman, de tels marchés idéalisés, mettant ainsi en jeu « un grand nombre d'acheteurs et de vendeurs anonymes acceptant les prix et ayant l'information parfaite... fonctionnant sans contact humain ou social entre les parties. Dans la compétition parfaite, il n'y a pas de place pour le marchandage, la négociation, la protestation, ou l'adaptation mutuelle et les divers opérateurs qui contractent ensemble n'ont pas besoin d'avoir des relations continues et récurrentes pouvant déboucher sur une bonne connaissance mutuelle » (1982, p. 1473). [...]

Par conséquent, dans les économies classique et néo-classique, on considère les relations sociales que pourraient avoir les acteurs les uns avec les autres comme un obstacle, une entrave aux marchés concurrentiels. [...]

Une analyse fructueuse de l'action humaine exige que nous évitions l'atomisation implicite des conceptions théoriques extrêmes de la sous- et sur-socialisation. Les acteurs ne se comportent pas ou ne décident pas comme des atomes à l'extérieur d'un contexte social, ils n'adhèrent pas servilement à un scénario écrit pour eux en croisant des catégories sociales particulières qu'ils peuvent occuper. Leurs tentatives d'action intentionnelle s'insèrent en fait dans des systèmes réels et concrets de relations sociales.

Mark Granovetter,
« Economic Action and Social Structure : The problem of embeddedness »,
American Journal of Sociology, *novembre 1985,*
trad. française M. Bitard, pp. 481-510.

COMMENTAIRE

Mark Granovetter est un sociologue américain qui a attaché son nom à l'étude des réseaux sociaux, c'est aussi l'un des artisans du développement de la sociologie économique. Ses travaux sur le fonctionnement du marché du travail et les façons dont les individus trouvent leur emploi ont conduit Mark Granovetter à affirmer que les relations économiques se déroulent à l'intérieur de réseaux de relations personnelles. Puisque toutes les actions sociales sont des relations d'interactions avec autrui, donc possèdent une dimension sociale, il est nécessaire de tenir compte des interactions qui existent entre les individus car les actions économiques ne peuvent s'expliquer par le simple jeu des préférences individuelles. Le concept de réseau lui permet de réintégrer l'activité économique dans la société. On peut dès lors dépasser les faux problèmes de l'opposition entre une vision sur-déterminée et une vision sous-déterminée de l'acteur économique. Considérer les comportements économiques comme des actions sociales, au sens de Max Weber, c'est se donner les moyens de ne plus les expliquer par la culture, par la classe sociale, par la technique, par la rationalisation, ou par l'appropriation privée ou publique des moyens de production. Comme l'a montré la recherche de Granovetter sur le fonctionnement du marché du travail, c'est aussi le moyen de dépasser les insuffisances des approches du marché par l'individualisme méthodologique qui ne permet pas d'expliquer certains aspects des fonctionnements concrets des marchés.

La prise en compte des réseaux d'interactions permettrait selon Max Granovetter de dépasser dans un même mouvement une vision hyperdéterministe d'individus mus par leur culture, par la situation sociale ou les dispositions intériorisées et de dépasser également une vision désocialisée d'acteurs atomisés, affranchis de toutes les déterminations sociales (notamment de classe) que véhicule l'individualisme méthodologique.

mots-clés

AGRÉGATION – DÉTERMINISME – INDIVIDUALISME MÉTHODOLOGIQUE – INTÉRÊT – NORME – RÉSEAU – SOCIALISATION – THÉORIE DES CHOIX – UTILITARISME – INTERACTIONS SOCIALES

INDEX DES AUTEURS ET DES MOTS-CLÉS

INDEX DES AUTEURS ET DES MOTS-CLÉS

INDEX DES AUTEURS ET DES MOTS-CLÉS

INDEX DES AUTEURS ET DES MOTS-CLÉS

T

U

N° de projet 10029682 (1) 16 (OSBTO 80)
JPM - Avril 1996
Imprimé en France - Groupe Landais, 93160 Noisy-le-Grand